S0-BPR-333

BURT FRANKLIN: RESEARCH & SOURCE WORKS SERIES 745
Essays in Literature and Criticism 132

LA

PASTORALE DRAMATIQUE

EN FRANCE

À LA FIN DU XVIe ET AU COMMENCEMENT DU XVIIe SIÈCLE

PQ
578
M2
1971

LA

PASTORALE DRAMATIQUE

EN FRANCE

A LA FIN DU XVIe ET AU COMMENCEMENT DU XVIIe SIÈCLE

PAR

JULES MARSAN

BURT FRANKLIN
NEW YORK

Published by LENOX HILL Pub. & Dist. Co. (Burt Franklin)
235 East 44th St., New York, N.Y. 10017
Originally Published: 1905
Reprinted: 1971
Printed in the U.S.A.

S.B.N.: 8337-4254X
Library of Congress Card Catalog No.: 79-159703
Burt Franklin: Research and Source Works Series 745
Essays in Literature and Criticism 132

Reprinted from the original edition in the University of Texas at Austin
Library.

A LA MÉMOIRE DE MON PÈRE

Mon premier Maître.

J. M.

INTRODUCTION

Il est aisé de prouver, par raison démonstrative, que
la pastorale est, sur le théâtre, le plus artificiel et le
plus monotone des genres, — le plus incapable, en
conséquence, de s'imposer au public. « Nous devons la
pastorale aux anciens, écrit Godard de Beauchamps,
nous avons divisé leur églogue par scènes, nous y
avons joint une action théâtrale et nous en avons fait
une comédie qui n'a jamais réussi. Avant M. Durfé, les
bergers étoient trop grossiers pour plaire ; et après lui
on ne les trouva plus assez galans ; on aima mieux les
chercher dans le roman de l'*Astrée* que venir les voir
sur le théâtre », et il conclut que l'on ne *peut jouer* ni
le *Pastor*, ni la *Philis* de Scire, ni les *Bergeries* de
Racan. — « Le *Pastor fido* est une production inimitable, ajoute Schlegel, un phénomène du plus haut
intérêt, mais il est resté sans influence sur l'art dramatique, et l'on devait en quelque manière s'y attendre... » — Et Alfieri, à son tour : « Intermédiaire entre
la tragédie et le drame, la pastorale est un genre indé-

fini qui, nécessairement, devait paraître insipide sur la
scène[1] ». Condamnation péremptoire.

Par malheur, les arguments les plus solides ne valent rien contre les faits. Or, c'est un fait que des trois
genres auxquels se ramène, d'après Vitruve, l'art dramatique, celui-ci n'est, durant un demi-siècle, sur la
scène française, ni le moins riche, ni le moins vivant.
Le catalogue dressé par Beauchamps donne un dé-
menti à son *Discours*. Je voudrais chercher les causes
de cette faveur du genre pastoral, indiquer ses origines, les divers moments de son histoire, la nature,
enfin, de son influence.

On a signalé déjà quels thèmes et quels épisodes nos
poètes ont empruntés à l'*Arcadia*, à l'*Aminta* ou au
Pastor, — quelle est, d'autre part, l'influence de la
Diane dans la formation d'H. d'Urfé. Peut-être, cependant, s'en est-on tenu trop exclusivement à ces quelques
œuvres essentielles. Il en est d'autres, de valeur inférieure, mais dont l'action ne fut pas moindre. Moins
connues, elles tentent davantage parfois les imitateurs.
Elles permettent des emprunts que l'on n'est pas obligé
d'avouer, et c'est un moyen, comme dira Vion Dalibray, de gagner à peu de frais « la bienveillance du
public »[2]. Traduit par Rolland Brisset en 1591, le
Pentimento Amoroso inspire jusqu'en 1650 toute une
série de pièces et souvent, nous le verrons, c'est à l'influence de Luigi Grotto que l'on doit reporter ce que

---

1. Beauchamps, *Discours sur la comédie française* (*Recherches...*,
t. I, p. 365). — Schlegel, *Cours de litter. dramat.*, neuvième leçon). —
Alfieri, inédit, cité par G. Carducci, *Storia dell' Aminta*, p. 112.
2. Préface de *la Pompe funèbre*, 1634.

l'on attribue d'ordinaire à celle de Guarini. Ni l'*Alceo*,
ni *le Pompe funebri* de Cesare Cremonino, ni la *Mir-
tilla* que recommanderait le nom seul de son auteur,
la comédienne Isabella Andreini, et qui fournit une
variante ingénieuse à la scène du Satyre, ni l'*Amoroso
Sdegno* de Bracciolini, ni surtout la *Filli di Sciro*,
avec toutes les polémiques qui l'ont suivie, ne sont des
œuvres négligeables, — ou que l'on ait négligées. Et
de même encore, si François de Belleforest, le premier
adaptateur de la pastorale espagnole, marche sur les
traces de Montemayor, il ne faut pas oublier qu'il a
connu de près les églogues de Garcilasso.

Surtout, il importe d'indiquer aussi exactement que
possible l'ordre de ces imitations et de suivre, avant
les chefs-d'œuvre du genre, les efforts et les tâtonnements des précurseurs. Faute de quoi, certaines erreurs
peuvent se glisser même dans les études les plus sérieuses, et l'on risque de considérer comme imitation
directe, — presque originale, — chez d'Urfé ou chez
Racan, ce qui n'est que reprise de thèmes connus et de
développements traditionnels.

Mais il y a autre chose. L'Italie et l'Espagne n'ont
pas seulement donné à la France quelques sujets,
quelques manies intellectuelles. Elles lui ont révélé
l'amour; et ceci est bien plus considérable. Dans le
petit drame du Tasse, dans la tragi-comédie de Guarini et de ses successeurs, dans le roman de Montemayor, c'est toujours, sous la différence des genres et
des tempéraments, le même culte de l'amour : partout,
il apparaît le grand mobile des actions humaines, la
seule raison de la vie. Fadeurs de la poésie bucolique,

théories amoureuses des néo-platoniciens, exaltations
des romans chevaleresques, ferveur mystique des *Ama-*
dis, la pastorale s'empare de tout cela. En elle, s'unissent la galanterie italienne et la gravité espagnole :
toutes les sortes de pédantisme, mais toutes les sortes
de poésie; si bien que sa pauvreté apparente est faite de
richesses accumulées... On comprend que la France
ait été éblouie.

C'est pourquoi peut-être elle n'y voit pas très clair
tout d'abord. A la suite des 'raducteurs Rolland Brisset ou Gabriel Chappuys et du prolixe romancier des
Bergeries de Julliette, elle accepte, à peu près au
hasard, tout ce qui s'offre à elle, au delà des Alpes
comme au delà des Pyrénées. Aucun souci d'originalité, ou de vraisemblance, ou de bon sens. Elle se
préoccupe à peine de comprendre. Le désir, avant
tout, de ne rien oublier. Et dans le fatras des œuvres
complexes et diffuses, faites de morceaux disparates
accumulés sans ordre et sans lien, quelques traces seulement de poésie fraîche et sincère.

Cette confusion, cependant, s'éclaircit. Des hommes
vont venir qui, sans cesser d'être des poètes, seront
des dramaturges rompus au métier ou des observa-
teurs plus pénétrants de l'âme humaine. Aussitôt après
les premiers livres de l'*Astrée,* le progrès est sensible;
la pastorale, qui durant une dizaine d'années semblait
avoir perdu de son prestige, retrouve un regain de
vigueur : et ce n'est déjà plus la pastorale de la fin du
seizième siècle. De marche traînante toujours, elle a
rejeté au moins une partie de ses surcharges. L'influence de Guarini n'est plus aussi tyrannique. Quant

à celle de Montemayor, il suffit que d'Urfé ait pris maintenant le rôle réservé jadis à Nicolas de Montreux... De plus en plus nette, cette double idée se dégage et s'impose, que la peinture de l'amour n'a de valeur que générale et que la clarté est la première loi du théâtre. *Généralité* et *clarté*, la pastorale, vraiment, devient *française* et elle devient *dramatique*.

On pourrait même dire qu'elle est, un moment, l'unique genre qui, sur la scène française, se propose l'étude du cœur humain, le seul, par conséquent, qui, malgré ses conventions et par la vertu de ses sujets, puisse prétendre à quelque vérité. De là son importance, — indépendante de la valeur de ses productions. De 1620 à 1630, il semble que la tragédie à l'antique, monotone et figée, que la comédie de la Renaissance, réduite à ses intrigues italiennes, soient toutes deux à bout de course. Seule, nous le verrons, la pastorale, participant de l'une et de l'autre, peut leur révéler une matière nouvelle qui ne s'épuise pas, prendre en mains, contre la tragi-comédie aventureuse, le parti des règles et de la raison, ouvrir toutes larges les voies de notre théâtre classique.

Tel est le service qu'elle a rendu ; et c'est aussi la cause de sa décadence rapide. Ce qui faisait son intérêt, ce qu'elle avait de plus profond, des genres rivaux peuvent, mieux qu'elle, le mettre en valeur. Dès lors, il ne lui reste que ses conventions, ses artifices et ses naïvetés ; elle n'a plus de raison d'être. Elle fut le régal des « doctes », et les doctes la méprisent. Après avoir résisté à la tragi-comédie, elle se confond avec lle, en attendant de se perdre dans l'opéra. Il était dans sa destinée d'aider à l'éclosion de toutes les formes de notre théâtre, et de s'effacer ensuite. Nous lui devons, au moins, un peu de reconnaissance.

Je n'ai pu indiquer ici que la direction générale de ce mouvement, — ce qui, parfois, est dangereux. On se défie, à bon droit, de ces arrangements qui semblent faits *à priori*. Il suffit cependant de parcourir la liste des pastorales imprimées de 1580 à 1630 pour reconnaître, bien distinctes, coupées par des périodes de stérilité, ces quelques périodes de production active, et pour que se détachent d'elles-mêmes, en pleine clarté, toutes les œuvres directrices avec leurs cortèges d'imitations... Puis-je ajouter qu'en tout cela j'ai cherché seulement la vérité des faits et me suis efforcé de ne rien sacrifier aux exigences d'une construction logique?

CHAPITRE PREMIER.

QUELQUES ÉLÉMENTS CONSTITUTIFS DE LA PASTORALE ITALIENNE.

I. — Les origines de la pastorale dramatique. La poésie bucolique ancienne et les églogues représentées. Leur diffusion. Leur caractère.

II. — Les acquisitions successives :

    A) Premières influences dramatiques. *L'Orfeo* et le *Cefalo*. Le rôle de l'amour. Le théâtre mythologique et la pastorale.

    B) L'influence du roman. L'*Arcadia* de Sannazar. Variété de ses emprunts, et comment ces emprunts sont autant d'acquisitions pour le genre pastoral. La matière classique et la matière italienne.

    C) L'influence du milieu. L'idéalisme. Les « comedie rusticali ». L'œuvre du seizième siècle.

La pastorale dramatique française dérive de la pastorale italienne ; chercher les origines de celle-ci, c'est marquer l'importance et le rôle de celle-là.

La question est obscure et complexe. Que la vogue du genre nouveau s'explique d'abord par les enthousiasmes de la Renaissance pour toutes les productions du génie antique, il est à peine besoin de le dire[1]. Poètes, romanciers, auteurs dramatiques apparaissent les héritiers d'une lignée glorieuse : avec eux, s'achève le développement de toute la poésie bucolique. Il y a, cependant, une autre raison. Du jour où les bergers d'églogue sont montés sur la scène, et, par la bouche d'acteurs ou de récitants, ont chanté leurs peines devant des auditoires de choix, une seconde jeunesse a commencé pour le genre ancien, ses qualités de jadis ne suffisent plus ; des nécessités nouvelles s'imposent à lui, auxquelles il doit se plier. C'en est maintenant

---

1. Cf. Fr. Macri-Leone, *La bucolica latina nella letteratura italiana del secolo XV;* Torino, Loescher, 1889.

une forme inédite, proprement italienne. Ses défenseurs le sentent à merveille. Tour à tour et suivant les besoins de leur cause, ils peuvent énumérer les titres de noblesse de la pastorale, ou, au contraire, célébrer sa nouveauté radieuse. A leurs détracteurs, ils opposent l'églogue virgilienne, l'idylle de Théocrite, voire même le drame satyrique et l'autorité d'Aristote; Vitruve, dont le prestige s'impose, tyrannique, ne les a-t-il pas justifiés par avance[1]? Mais ils savent rappeler aussi, à l'occasion, que, dans toute la poésie ou le théâtre antiques, on chercherait vainement une œuvre équivalente à l'*Aminta* ou au *Pastor*. « La favola pastorale », écrit Guarini, « avvegna che in quanto alle persone introdotte riconosca la sua primiera origine e dall' ecloga e dalla satira degli antichi, niente di meno, in quanto alla forma e all' ordine, si può chiamar poema moderno, essendo che non si truovi appresso l'antichità di cotal favola alcun esempio greco o latino[2]. »

Un tel élargissement du genre était, en effet, une création véritable. Guarini veut en rapporter l'honneur au *Sacrificio* de Beccari, représenté à Ferrare, dans le palais de Francesco d'Este, le 11 février et le 4 mars 1554 : « Il primo de' moderni

---

1. « Genera autem sunt scenarum tria : unum quod dicitur tragicum, alterum comicum, tertium satyricum. Horum autem ornatus sunt inter se dissimili disparique ratione : quod tragicae deformantur columnis, et fastigiis et signis reliquisque regalibus rebus; comicae autem aedificiorum privatorum et maenianorum habent speciem, prospectusque fenestris dispositos imitatione communium aedificiorum rationibus; satyricae vero ornantur arboribus, speluncis, montibus reliquisque agrestibus rebus in topiorum speciem deformatis » (Vitruve, V, 7). Cette division est devenue article de foi : « Le scène, écrit G. B. Pigna, son di tre sorti : la prima reale, la seconda popolaresca, l'ultima seluaggia... » (*I Romanzi*, 1554). — Cf. encore le même passage de Vitruve cité à peu près textuellement dans *Iulii Caesaris Bulengeri Iuliodunensis de theatro ludisque scenicis libri duo*, Tricassibus, Petr. Chevillot, 1603. — Cette influence réciproque de l'architecture et de la littérature au seizième siècle est incontestable (voy. Muntz, *Histoire de la Renaissance*). En France même, il faut noter que le traducteur de l'*Arcadia* de Sannazar, Jean Martin, a traduit aussi l'*Architecture* de Serlio (1545 et sq.), *le Songe de Poliphile* de Colonna (1546), l'*Architecture* de Vitruve (1547), l'*Architecture* d'Alberti (1553). — Voy. *Un vulgarisateur, Jean Martin*, par Pierre Marcel, Paris, Garnier; G. Lanson, *Note sur un passage de Vitruve* (*Revue de la Renaissance*, mars-avril 1904).

2. B. Guarini, *Il Verato secondo*, Firenze, Giunti, 1593.

che felicemente ardisse di farlo fu Agostino Beccari...; il quale...
s'avvisò di potere con molta lode occupare questo luogo da penna
greca o latina non ancor tocco, e regolando molti pastorali
ragionamenti sotta una forma di drammatica favola, e distin-
guendola in atti col suo principio, mezzo e fine sufficiente, col
suo nodo, col suo rivolgimento, col suo decoro e con l'altre
necessarie parti, ne fe' nascere una commedia, se non in quanto
le persone introdotte sono pastori : e per questo la chiamò
favola pastorale[1]...» L'auteur du *Pastor* a des raisons — que
nous verrons — de chanter la gloire de Beccari. Ceci, pourtant,
n'est plus absolument juste. Si Beccari, le premier, a donné une
pastorale dramatique véritablement constituée, — et la chose est
loin d'être démontrée, — s'il a, peut-être, trouvé ce titre de
« Favola pastorale », des œuvres nombreuses, naïves certes et
médiocres, mais d'inspiration analogue, prêtant à des personnages identiques les mêmes sentiments, écrites, enfin, pour le même
public et dans des circonstances semblables, lui avaient déjà
marqué la voie.

M. Alessandro d'Ancona, dans ses belles études sur *les Origines du théâtre italien*, et, après lui, avec plus d'insistance,
M. Vittorio Rossi, dans son livre sur *Guarini et le Pastor Fido*,
ont signalé le développement rapide des églogues de cour, dès
la fin du quinzième siècle[2]. Les raisons mêmes qui s'opposent

---

1. Guarini, *Il Verato secondo*. — La plupart des histoires de la littérature
italienne se contentent de répéter les paroles de Guarini (cf. Tiraboschi, Ginguené, etc.).
2. Alessandro d'Ancona, *Origini del Teatro Italiano, libri tre con due appendici... Seconda edizione rivista ed accresciuta;* Torino, E. Loescher, 1891
(2 vol. in-4º). — Vittorio Rossi, *Battista Guarini ed il Pastor Fido, studio
biografico-critico con documenti inediti;* Torino, E. Loescher, 1886, in-8º.
M. Giosuè Carducci, dans un essai très fouillé sur les prédécesseurs du
Tasse (*Su l'Aminta di T. Tasso saggi tre con una pastorale inedita di
G. B. Giraldi Cinthio;* Firenze, Sansoni, 1896, in-8º), se refuse à admettre
cette parenté. Après avoir cité quelques-unes de ces églogues, il les enveloppe
toutes dans le même mépris : « Tre o quattro cose queste, goffe o leggiadre :
ma che hanno a fare con le pastorali del Tasso e del Guarino? » (p. 26).
L'imitation antique et les progrès généraux du théâtre italien au seizième
siècle lui paraissent suffisants pour expliquer la *soudaine* apparition du genre
pastoral, à peu près entièrement constitué dès ses premières manifestations. —
La question, assez controversée (voy. encore un article de M. Rossi dans le

aux progrès du théâtre véritable aident, au contraire, à leur diffusion. Ni la tragédie, en effet, ni la comédie proprement dites ne s'acclimatent aisément. Habituée aux splendeurs des fêtes, des cortèges, des *Représentations sacrées*, l'Italie ne peut se passionner sincèrement pour un genre de spectacle dont la valeur littéraire fait tout le prix [1].

L'églogue dialoguée a cet avantage d'abord d'être courte et de ne pas s'imposer trop longtemps à l'attention. Sa pauvreté dra-

---

Giorn. Stor., XXXI, p. 108), n'est peut-être qu'une question de mots. Que ces *ecloghe rappresentative* n'aient eu aucune valeur littéraire, cela semble incontestable et il est incontestable aussi que nous trouverons dans l'*Aminta*, avec des rythmes différents, un sentiment plus profond et plus délicat de la beauté grecque. Il n'en est pas moins vrai que, dans ces œuvres médiocres, l'ancienne églogue apparaît capable de monter sur le théâtre. Quant à la tragédie et à la comédie, si leurs progrès contribuent à donner au public du seizième siècle le goût du mouvement dramatique et le sens du dialogue, la pastorale, en fait, n'a rien de commun ni avec l'une, ni avec l'autre : là précisément est sa seule raison d'être. — M. Carducci pourrait citer, à l'appui de sa thèse, l'autorité de Guarini (voy. plus haut, p. 3), mais voici, par contre, une phrase de l'*Apologia* de Giason de Nores : « Fin l'altro giorno rappresentavano simili favole nelle feste e ne' banchetti sotto nome di Egloghe, per dar sollazzo forse con un tal trattenimento ne' conviti, mentre si apparecchiavano le tavole. Ma ora improvvisamente le hanno ridotte a maggior grandezza che sono le commedie e tragedie, con cinque atti, con una gran moltitudine d'interlocutori... » (p. 9).

1. Voy. Jacob Burckhardt, *La civilisation en Italie au temps de la Renaissance*, trad. Schmitt, Paris, Plon, 1885, 2 vol. in-8° (part. IV, chap. IV). — Cf. ce passage de l'Ingegneri, *Discorso della Poesia rappresentativa*, Ferrara, 1568 : « Chiara cosa è che, se le Pastorali non fossero, si potrà dire poco meno che perduto a fatto l'uso del palco, e'n conseguenza reso disperato il fine dei poeti scenici... Le Commedie imparate, per ridicole ch'elle sappiano essere, non vengono piu apprezzate, se non quando suntuosissimi Intermedj ed Apparati d'eccessiva spesa le rendono ragguardevoli... Le Tragedie, lasciando da canto così poche se ne leggono, che non abbiano importantissimi è inescusabili mancamenti, onde talora divengano anche irrapresentabili sono spettacoli maninconici... Alcuni oltra di ciò, le stimano di tristo augurio, e quinci poco volentieri spendono in esse i danari e 'l tempo... Ricercano borsa reale, la quale con sano giudicio i Principi d'oggidì riserbano per la conservazione degli Stati loro... Restano adunque le Pastorali... che non incapaci di qualche gravità quasi tragica... patiscono acconciamente certi ridicoli comici, che ammettendo le Vergini in palco e le Donne oneste, quello che alle Commedie non lice, dànno luogo a nobili affetti, non disdicevoli alle Tragedie istesse; e che insomma, come mezzane fra l'una e l'altra sorte di poema dilettano a meraviglia altrui, sieno con i Cori, sieno senza, abbiano o non abbiano Intermedj... » A cette date, il est vrai, d'autres causes, politiques et religieuses, concourent à entraver le développement de l'art dramatique.

matique est un mérite de plus. Ici, point d'effort, poétique ou littéraire, inutile. Avec ses intrigues puériles, ses personnages connus, la banalité de ses lieux communs, on la suit sans aucune peine ; elle entretient les assistants de ce qui, en somme, les intéresse le plus ; c'est un cadre commode où tout peut entrer[1]. La flatterie surtout s'y étale à l'aise, d'autant plus éhontée qu'elle semble se dissimuler sous le voile de transparentes allégories. Facile à écrire, facile à apprendre, facile à mettre en scène, à peu de frais, elle s'improvise à volonté et s'adapte à toutes les circonstances, simple ou somptueuse. Elle ne prétend pas suffire seule à l'agrément d'une fête ; il y a place auprès d'elle pour des divertissements d'autre nature, mais toujours elle a son rôle marqué. Les historiens se perdent à vouloir dresser la liste de ces œuvres qui furent les œuvres d'un jour.

Partout on en retrouve des traces dans les vingt dernières années du quinzième siècle[2] : à la cour romaine[3]; à Ferrare, ber-

---

1. Voy. par ex. l'églogue de Bartolomeo Cavassico représentée au Carnaval de 1513, et publiée par V. Cian (*Le rime di B. Cavassico*, Bologna, 1894).— Analysée par Carducci, p. 31.

2. M. Rossi (p. 164) cite ces vers de Bernardo Bellincioni :

Altri fa Silve e son cannucce in brago,
Altre egloghe vulgari, altri latine,
Si che Elicona s'è già fatta un lago...

Bien entendu, je ne puis ici que signaler quelques problèmes et marquer les résultats acquis.

3. Sur les « Egloghe et comedie » représentées en 1493 pour le mariage de Lucrèce et de Jean Sforza, voy. Burchard, *Diarium*, édit. Thuasne, Paris, Leroux, 1883.
En 1509 et 1510, les trois églogues latines de Pietro Corsi (Petrus Cursius Carpinetanus); l'auteur lui-même attire l'attention sur l'intérêt de sa tentative :

Spectatores, advertite, obsecro, rem novam.
Heic nunc hodie non Ecloga, non Comoedia,
Non tragaedia sunt et non tragi-comoedia
Sed eclocomoedia agitur...

Voy. l'analyse dans un article de Vittorio Cian, *Giorn. Storico della lett. ital.*, XI, p. 240.
Sous le pontificat d'Innocent VIII, probablement, une églogue satirique de Serafino Aquilano. Voy. Ancona, *Del secentismo nella poesia cortigiana del secolo XV*, dans ses *Studj sulla letter. ital. de' primi secoli*, Ancona, G. Morelli, 1884, p. 164-65.
Voy. enfin, dans Luzio, *F. Gonzaga ostaggio alla corte di Giulio II*, Roma, Forzani, 1877, p. 34, une citation du Mantouan Picenardi sur un repas offert par Agostino Chigi : « Cenato che si fu, il duca volse andare a casa, abenchè dreto cena si doveva recitare una bella egloga. »

ceau de l'art dramatique italien, pays d'élection de la pastorale[1] ;
à Mantoue, passionnée pour les divertissements du théâtre depuis
le mariage d'Isabelle d'Este et de François II[2]. Toutes les prin-
cipautés, toutes les villes rivalisent de richesse et de goût :
Milan, qui a déployé un faste incroyable pour le *Paradiso* de
Bernardo Bellincioni[3] ; Urbin, qui donnera, en 1506, le *Tirsi* de
Baldassare Castiglione[4] ; Bologne, Venise[5], Florence, qui, sous
l'influence des Médicis, se détache de plus en plus de ses anciennes cérémonies populaires ; la Sicile, où les « farces » surtout

1. Voy. Giulio Bertoni, *La bibliotheca Estense e la coltura Ferrarese ai
tempi del duca Ercole I* (1471-1505), Torino, Loescher, 1903. — C'est à Hercule I que Niccolo da Correggio a adressé sa *Fabula di Cœphalo;* en présence
toujours de la famille ducale, seront donnés, tour à tour, l'*Eglé*, le *Sacrificio*,
l'*Aretusa*, le *Sfortunato* que suivra de près le succès triomphal de l'*Aminta*.
Mais avant que soit constitué le genre nouveau, les églogues dialoguées tiennent dans les fêtes leur rôle accoutumé. Pour le carnaval de 1508 on en prépare trois, d'Ercole Pio, d'Antonio dall' Organo, de Tebaldeo (voy. Rossi,
p. 172).

2. Voy. Luzio-Renier, *La coltura e le relazioni letter. d'Isabella d'Este*
(*Gior. Stor.*, XXXIX, XL et XLII). — A Mantoue déjà a été représenté
l'*Orfeo;* l'auteur de la *Progne*, Gregorio Cornaro a été un familier de ses
princes, et c'est François II qui accueille Serafino Aquilano après sa rupture
avec le cardinal Ascanio Sforza (voy. D'Ancona, *Del secentismo...*). — Le
8 juillet 1493, Niccolò da Correggio envoie à Isabelle « una egloga pastorale
ove Mopso e Daphni pastori parlano insieme... » Le 24 novembre 1498, c'est
un envoi de Galeotto del Carretto, « una belzereta inserta in una egloga... »
(Rossi, p. 171-172). — Voy. les lettres intéressantes de François II et d'Isabelle (D'Ancona, *Il teatro Mantovano nel secolo XVI*, 2e appendice de ses
Origini...), et, dans Torraca, *Il teatro italiano dei secoli XIII, XIV, XV*,
Firenze, Sansoni, 1885, une *Rappresentazione allegorica di Serafino dell'
Aquila*.

3. Bellincioni, *Rime*, édit. Fanfani, Bologna, Romagnoli, 1878. — De Bellincioni, également, une *Egloga pastorale* où « devisent et discutent d'amour »
Silvano, Piride, Alfeo, etc. (*id.*). — Ici encore, une fille d'Hercule d'Este,
Beatrice, femme de Ludovic le More, semble avoir contribué pour une large
part à répandre le goût du théâtre : « Era la corte sua, dit Calmeta son secrétaire, di uomini in qualsivoglia virtù ed esercizio copiosa, e soprattutto di
musici e poëti, da' quali, oltre l'altre composizioni, mai non passava mese che
da loro o Egloga, o Tragedia, o Commedia, o altro nuovo spettacolo e rappresentazione non si aspettasse » (cité par d'Ancona, *Del secentismo...*, p. 168). Il
faut remarquer la place que Calmeta réserve à l'églogue à côté des deux
genres antiques, et sur le même plan; on dira plus tard : la Tragédie, la Comédie et la Pastorale.

4. Publié par Torraca, *Il teatro italiano...* (1885).

5. Voy. Ancona, *Origini...*, t. II, p. 111 et suiv.

sont en honneur, mais qui possède Sannazar[1]. Auprès des poètes de métier qui, de cour en cour, offrent leurs productions,
des grands seigneurs ambitionnent la gloire de la poésie; le
genre allégorique leur convient à merveille : il suffit d'avoir quelque élégance d'esprit, de tourner avec souplesse les vers galants
et de ne pas redouter la banalité. Cesar Gonzague collabore au
Tirsi; Le Tasse célèbre en quatre madrigaux enthousiastes une
Enone, « favola pastorale », à laquelle Ferdinand II, premier duc
de Guastalla, travaille encore en 1593[2], et Cesar II, son fils, suivra
son exemple dans sa *Piagha felice.* Il n'est pas jusqu'au poème
chevaleresque qui atteste cette faveur de l'églogue. Arrivés dans
un château bâti en pleine montagne, le Roland et la Bradamante
de Cassio da Narni assistent avec leurs compagnons à une représentation dans le goût de la cour de Ferrare : et l'auteur s'empresse de nous donner en entier l'œuvre qui leur est offerte. La
matière, comme toujours, en est assez mince : le berger Lin-
cisco, pris du désir d'aller vivre auprès des puissants, est détourné
de son projet par le berger Scabbia. C'est peu de chose, mais cela
peut prêter à des tirades ingénieuses et à de riches développements. Le public le plus exigeant n'en demande pas davantage[3].

Ce n'est, en effet, ni par la complexité ni par la variété que
peuvent se signaler ces petites pièces. Elles sont d'un usage trop
courant pour qu'il soit facile de les renouveler : d'ailleurs, on se
plaît à les retrouver toujours identiques ; venant d'ordinaire à la
suite de comédies plus touffues, ou faisant partie d'un ensemble
de divertissements, elles doivent être un repos pour l'esprit. A
la fin du quinzième siècle surtout, on y chercherait vainement

---

1. Torraca, *Il teatro italiano...* donne une « Farsa » allégorique de Sannazar, représentée en l'honneur de la prise de Grenade. — Autres églogues
citées par Ancona, *Origini...,* t. II, note de la p. 69.

2. « Il Patrizi, *Poetica,* lib. I, dice che *fa meraviglia a chi l'ascolta;* ma
da certe lettere inedite del Manfredi al Gonzaga... parrebbe che la *disposizione,*
o tela dall' *Enone* fosse appunto del Patrizzi e solo la versificazione del Gonzaga. L'Ingegneri... anch' egli la dice *meravigliosa.* Nonostante tante lodi
de' contemporanei, rimase inedita, e forse non fu mai rappresentata... »
(Ancona, *Origini...,* II, p. 410, note).

3. *La morte del Danese di Cassio da Narni allo Illustro Donno Hercule
la Este suo Signore;* Ferrare, 1521 (liv. I, ch. IX). — Cf., dans le roma-
espagnol *Cuestion de amor,* l'églogue imitée de l'italien.

des traces d'un souci dramatique ; le plus grand nombre a dû
disparaître, et, parmi celles qui survivent, il est malaisé souvent
de déterminer lesquelles eurent l'honneur de la représentation.
Pour monter sur le théâtre, l'ancienne églogue classique, celle de
Sannazar, celle de Virgile, si l'on veut, n'a pas cru nécessaire de
se transformer. Elle est dialoguée, et cela suffit. A ses personnages on ne demande pas d'agir, mais de broder sur quelques
thèmes éternels des variations prévues : débats sur les dangers
et les charmes de l'amour, sur les agréments de la vie paysanne
opposés aux tracas des cours... Deux interlocuteurs, voilà pour
l'ordinaire, l'un dévoré par la passion, l'autre confident attendri
et bon conseiller : Silvano et Ircano chez Serafino Aquilano,
Aminta et Fileno chez Baldassare Taccone [1], Alexio et Daphni
chez Galeotto del Caretto. Parfois, si le poète tient à conclure,
un troisième berger prend la parole à son tour [2] ; rarement il est
donné d'entrevoir la *ninfa*, cause de tant d'angoisses.

La forme, même, se modifiera plus vite que le fonds. Le
rythme, chez certains, semblera s'assouplir ; la terzina primitive [3], sous l'influence peut-être de l'*Orfeo*, cédera la place à
l'ottava ; une canzonetta ou quelqu'une de ces barzellette à la
mode viendra solliciter les applaudissements [4] ; mais, de longtemps, rien n'apparaît qui ressemble à l'esquisse d'une action
véritable. Les personnages cherchent-ils même à se convaincre
l'un l'autre ? Chacun chante pour soi, — et pour le public.

Il arrive pourtant qu'il faille enrichir le spectacle : l'églogue
proprement dite demeurera toujours aussi simple, mais elle s'ac-
compagnera d'épisodes distincts, liés tant bien que mal, et propres seulement à permettre des effets de mise en scène et des
développements nouveaux ; il y a juxtaposition, non pas com-

---

1. *Ecloga pastorale rappresentata nel convivio dell' Illustr. Sign. Io.
Adorno...* (Rossi, *Battista Guarini...*, p. 166, — publiée par Bariola, *L'atteone
e le rime di B. T.*, Firenze, 1884).

2. Autre églogue de Galeotto del Carretto, citée par Bartoli, *I mss. Ital.
della Nazionale di Firenze*, Firenze, 1884, et analysée par Renier dans le
Giorn. Stor. d. Lett. Ital., VI.

3. Voy. la préface de M. Scherillo à son édition de l'*Arcadia*, chap. XII.

4. Chez Bernardo Bellincioni, par exemple. — L'ottava est aussi le mètre
du *Tirsi*.

position. Une lettre de Floriano Dulfo da Gonzaga, publiée par M. d'Ancona[1], est significative à cet égard ; elle est adressée au marquis de Mantoue et raconte une représentation donnée, en 1496, à Bologne, par le protonotaire apostolique Antonio Galeazzo Bentivoglio. Sur la beauté du théâtre, Floriano Dulfo ne tarit pas. Quant à la pièce elle-même, elle se divise en cinq actes. C'est tout d'abord, après « lo annuntiatore del festivo argumento », un mathématicien qui disserte sur l'astrologie avec ·n de ses disciples ; et comme un « frate » passe par là, la discussion s'envenime, les propos deviennent plus aigres, sans cesser d'être « doctes et substantiels ». Les devoirs du berger, les ennuis de la vieillesse, les inconvénients de la cécité, autant de débats pour remplir les actes suivants et faire attendre le cinquième, qui constituera, enfin, « la ultima comedia, overo egloga » : un géant dont l'astrologue avait annoncé la naissance et dont, à vrai dire, il avait été, par la suite, quelque peu question, enlève une nymphe qui chantait en cueillant des fleurs avec un berger-citharède (« pastore citaredo ») ; l'amant gémit comme il convient, ses amis poursuivent le monstre, la belle est délivrée : histoire, certes, toute simple, — quoique l'on puisse y noter le germe d'un des épisodes favoris de la pastorale ; — mais que de trouvailles ingénieuses! Quand le géant s'est jeté sur elle, la jeune fille, « per la amenitade del sito pigliando reposso », chantait précisément le rapt de Proserpine; — on ne saurait avoir plus d'à-propos. Le berger qui la ramène, « pastore barbato, vestito a la turchesca », n'est pas un berger ordinaire... Notez, d'ailleurs, que ces merveilles ne sont encore que l'écorce de l'œuvre. « El nociuolo et lo senso alegorico », ajoute Floriano Dulfo, « lasso a voi interpretare ». Les allusions, en effet, sont continuelles dans les églogues de cour. Je ne parle pas de celles seulement qui, faites à l'occasion d'un mariage, doivent célébrer les vertus ou la noblesse des époux. Mais ce serait de l'ingratitude, de la part du poète-courtisan, ce serait de la maladresse surtout d'oublier celui à qui son œuvre doit tout son

---

1. Ancona, *La rappresentazione drammatica del contado Toscano*, article du *Giorn. Stor.*, V, reproduit en appendice dans les *Origini...*

éclat. On a peine le plus souvent à saisir, à si grande distance, le sens caché de ces inventions bizarres ; pour cette églogue en particulier, le problème paraît insoluble [1] ; mais il est rare que l'on n'ait pas à se poser de question de ce genre et que le poète au moins et son Mécène ne figurent pas parmi les acteurs [2]. Par là, l'églogue de cour se rattache à la tradition de l'églogue antique, à celle de Virgile sinon de Théocrite [3].

Par là aussi, elle annonce la pastorale, qui n'en sera guère que le développement. Écrits en vue d'un public de choix, l'*Aminta*, le *Pastor* et les imitations innombrables continueront, en y apportant d'ailleurs bien des grâces nouvelles, à célébrer cette existence délicieusement artificielle des bergers de cour, à nous montrer l'amant ingénu perdant la vie par métaphore, la nymphe enlevée par le géant ou le satyre cruel, tuée quelquefois, mais toujours rendue à celui qu'elle aime, fallût-il pour son salut une intervention divine. Car l'amour en définitive doit être vainqueur. Ce sera là le thème éternel de la pastorale ; c'en sera le charme, et souvent la philosophie : la souveraineté de l'amour, ses droits absolus, sa noblesse qui élève toutes les âmes, comme disait déjà le vieux Bellincioni :

> Amore un cor villan sa far gentile,
> E chi 'l biasima sempre arà il cor vile [4]...

***

Les premiers essais du théâtre profane italien ne peuvent inspirer à l'églogue le désir d'élargir sa matière, ni surtout lui

1. M. d'Ancona essaie de le résoudre : le géant représenterait le pape Alexandre, ou encore Charles VIII... Quant au berger vêtu à la turque, un aïeul du marquis de Mantoue avait pour surnom « Il Turco »... Peut-être est-ce aller chercher bien loin.

2. Jola du *Tirsi* est Castiglione lui-même, et Dameta, Gonzague. — Cf. les interprétations allégoriques de l'*Aminta*, du *Pastor*, etc.

3. Selon Hortis, *Studi nelle opere latine del Boccacio*, Trieste, 1879, le dialogue d'Alceste et d'Achate dans l'*Ameto* représenterait allégoriquement un débat entre l'églogue virgilienne, toute faite de sous-entendus, et l'idylle de Théocrite, peinture directe de la vie des champs.

4. Eglogue pour le comte de Cajazza. Edit. Fanfani, II, 225 sq.

en donner les moyens. Pas plus dans les adaptations de la comédie latine que dans ces tableaux d'histoire dialoguée de
Carlo ou Marcellino Verardi, il n'y a, pour elle, rien à prendre.
Au nombre de ces pièces pourtant qui, de façon plus ou moins
claire, annoncent la résurrection des formes d'art antiques,
quelques-unes sont d'un caractère plus spontané, on pourrait
presque dire, malgré le choix des sujets, d'un caractère plus
national, sortant assez librement des cadres de la tragédie proprement dite, destinées par cela même à demeurer pour longtemps des tentatives isolées. De genre indécis, les auteurs
mêmes sont embarrassés pour les définir :

> Non vi do questa già per comedia,

avoue le prologue du *Cefalo,*

> Chè in tutto non se observa il modo loro ;
> Non voglio la crediate tragedia,
> Se ben de Ninfe gli vedrete il coro.
> Fabula o historia quale ella si sia,
> Io ve la dono, e non per precio d'oro ;
> Di quel che segue, l'argomento è questo ;
> Silencio tutti, e intendereti il resto [1]...

Niccolò da Correggio semble s'excuser de son audace. Or, l'intérêt de ces drames mythologiques n'est pas ailleurs : à l'antiquité, ils empruntent ce qu'il est essentiel de lui emprunter,
la peinture de l'amour ; ils conservent, d'autre part, un peu des
libertés de l'ancien théâtre, et, maladroits encore, raides de
construction, empêtrés de lyrisme, d'enfantillages et de pédan-
terie, ils paraissent, malgré tout, sincères et vivants.

Ce sont eux, c'est l'*Orfeo,* le *Cefalo,* la *Danae,* que l'on a
donnés souvent comme le point de départ de la pastorale dramatique [2]. Ici encore, il ne faut pas s'exagérer les analogies : la

1. Sur Niccolo da Correggio, voyez un article de M. Luzio-Renier dans le
Giorn. Stor., t. XXI et XXII.

2. « Il Poliziano fu uno di quelli che ardirono portar le Rappresentazioni
pastorali fuori della linea ove furon condotte da Greci e Latini... » (Gravina,
Della ragion poetica, l. II, par. xxii). — De même, Crescimbeni (*Istoria della*

pastorale véritable sera beaucoup plus simple de contours, plus
humaine en son fonds; la mythologie, surtout, y sera moins
encombrante, et il serait étrange enfin de voir une forme d'art
demeurer engourdie pendant une cinquantaine d'années pour se
réveiller ensuite brusquement sous un aspect nouveau. La
parenté cependant est évidente : ces pièces mythologiques, aussi,
sont des pièces de circonstance; elles s'adressent au public que
charment les églogues et partagent avec elles ses applaudissements. L'*Orfeo,* à vrai dire, est un peu plus ancien, mais, écrit
en 1471 et, s'il faut en croire le poète, dans l'espace de deux
jours, il reparaîtra rajeuni sur la scène de Ferrare [1]; quant au
Cefalo, c'est une des pièces favorites d'Isabelle d'Este et l'on y
peut admirer toutes les élégances chères à la cour d'Hercule Ier.

Les unes et les autres, d'ailleurs, doivent peu de chose au
théâtre antique. La facture est restée celle à peu près de la
« sacra rappresentazione »; elles en ont conservé les habitudes,
et certaines transpositions sont curieuses. Mercure, dans la première version de l'*Orfeo,* tient l'emploi de l'ange chargé à l'ordinaire de l'*Annunziazione;* le décor multiple présente à la fois le
séjour de Pluton et de Proserpine, la plaine et le ruisseau
auprès duquel Eurydice doit perdre la vie, et, au fond du théâtre
sans doute, la montagne où apparaîtra le chanteur divin, célébrant le cardinal de Mantoue organisateur de la fête [2]. Dans ce

---

volgar poesia), Ginguené, Mazzoleni (*La poesia drammatica pastorale in
Italia,* Bergamo, Bolis, 1888). — Les historiens plus récents (Carducci,
par ex.) insistent surtout sur les différences qui éloignent la pastorale du
drame mythologique.

1. Cf. les deux versions dans les éditions du Poliziano : édit. Carducci,
Firenze, 1863; édit. Tommaso Casini, Firenze, Sansoni, 1885. — On sait que
la seconde version est en cinq actes (« actus primus pastoricus, — actus secun-
dus nymphas habet, — actus tertius heroicus, — actus quartus necromanticus,
— actus ultimus bacchanalis »).

2. « Orfeo, cantando sopra il monte in su la lira e' seguenti versi latini (li
quali a proposito di messer Baccio Ugolino, attore di detta persona d' Orfeo,
sono in onore del cardinale Mantuano), fu interrotto da un Pastore nunciatore
della morte di Euridice » (*La favola di Orfeo*). Cette montagne remplace le
ciel dont la représentation était inutile avec ce sujet, mais que l'on verra s'entr'ouvrir dans le *Timone* du Boyardo, et se déployer, resplendissant d'étoiles,
dans la *Danae* de Baldassare Taccone (voy. Ancona, *Origini,* II, p. 3 et
suiv.).

décor, l'intrigue se déroule, toute simple, sans apprêts, sans même un soupçon d'habileté dramatique; mais au moins y a-t-il une fable. Les personnages se contentent de chanter devant le public, mais ce sont des personnages qui vivent, qui sentent et qui souffrent, et dont chacun, en somme, peut comprendre les douleurs. L'amour n'est plus seulement un prétexte à développements harmonieux, semés de froides élégances : on pressent qu'il pourra devenir un ressort dramatique; et cela est beaucoup.

Avec le *Cefalo*, la fable, toujours encombrée d'intermèdes lyriques [1], s'humanise encore. Elle a pour objet la peinture de la jalousie, c'est-à-dire la peinture de l'amour sous sa forme la plus scénique : et cette jalousie n'est pas une jalousie tragique et forcenée, hors de la nature commune. Les héros de la légende se rapprochent de nous; quelques nuances permettraient presque de parler de psychologie : la légèreté de Cefalo qui eut le tort de douter de celle qu'il aime, le dépit amoureux dont Procri est sur le point d'être victime. Et surtout, ce sont les sentiments qui déterminent les péripéties de l'action, Diane n'intervenant vraiment qu'au dernier acte, quand son intervention est indispensable pour rendre la vie à la jeune femme, et quand le moment est venu de tirer la morale de l'aventure :

> Tu, Procri, non sarai mai più gelosa,
> Nè Cefal fia mai d'altra innamorato.

Voilà de bons conseils de sagesse pratique, et qui ne sont pas à l'usage des héros seulement.

Cette importance donnée à l'amour, cette façon de le porter à la scène, plus simple et plus général, cette responsabilité des acteurs, cette sincérité naïve, — même inconscientes ou involontaires encore, les qualités qui sont ici en germe ne seront pas perdues. Le théâtre régulier ne sait pas, ou ne peut pas en faire son profit. De plus en plus, la tragédie se cantonne en une sèche

1. Le chœur des nymphes en présence de l'Aurore, à la fin du premier acte. — L'églogue de Coridone et Tirsi qui termine le second. — Au troisième, la danse des Faunes, « cum strani et disusati istrumenti. » — Au quatrième, la lamentation des muses, — et la danse des Nymphes au cinquièm[-]

imitation de l'art antique. En attendant la tyrannie d'Aristote,
Sénèque règne en maître. Avec son souci du théâtre moralisateur, Giraldi Cinzio n'hésite pas à placer le poète latin au-dessus
d'Euripide[1], et quand il s'abandonne à son génie personnel, ce
sont les horreurs brutales de l'*Orbecche* et de la *Selene* : dans
tout cela, il n'y a place pour rien d'humain. L'amour n'est digne
de la scène tragique que lorsque les amants s'appellent Énée et
Didon, Antoine et Cléopâtre, ou encore Canace et Macarée[2].
Chez des êtres de moindre envergure, il pourrait présenter un
caractère commun qu'elle doit éviter ; il lui arriverait même de
toucher au comique, et chacun sait que la séparation des genres
est une loi fondamentale.

La pastorale n'aura pas les mêmes soucis ; elle n'est pas en-
chaînée par une tradition, ou, plutôt, c'est là sa tradition
même. L'églogue aulique restera fidèle à elle-même, en s'enri-
chissant de cette matière dont la tragédie ne veut pas encore et
qu'elle lui rendra, le moment venu. Du jour où elle songe à
se développer, c'est à ces vieilles pièces qu'elle revient tout naturellement[3]. Elle leur emprunte quelques-uns de ses épisodes
favoris ; comme elles, elle se découpe en actes et en scènes, et
s'entoure du prestige du décor ; à leur école, elle apprend à
voir dans l'amour un principe d'action, le principe de toutes les
actions humaines. Elle s'exercera à démêler les finesses de la
passion et, parfois, n'en redoutera même pas les vulgarités. Un
jour viendra où elle se glorifiera d'avoir fondu en elle le tragique et le comique, d'être par là même un genre tout original et
vivant[4].

---

1. *Discorso ovvero lettera intorno al comporre delle commedie e delle tragedie.* — Cf. P. Bilancini, *G. B. Giraldi e la trag. ital. nel secolo XVI*,
Aquila, 1890.

2. La *Canàce* de Sperone Speroni. Voy. la pièce et les polémiques qu'elle a
soulevées, dans l'édition de Venise, 1740, t. IV.

3. Il ne faut pas oublier, d'ailleurs, que la pastorale dramatique est, avant
tout, une production ferraraise. Or, c'est pour la cour de Ferrare qu'a été
composé le *Cefalo* et que l'*Orfeo* a été mis en tragédie. L'*Eglé* de G. B. Giraldi, enfin, qui précède de neuf ans le *Sacrificio* de Beccari marque assez
nettement le passage de l'un à l'autre genre. — En France surtout nous verrons les deux formes dramatiques se pénétrer intimement.

4. « È notevole la corrispondenza fra il principio ed il fine di questo primo

Il s'écoulera toutefois plus d'un demi-siècle avant que la pastorale dramatique commence à prendre conscience de son but, de ses moyens et de sa dignité. Vainement la *Danae* de Baldassare Taccone succède au *Cefalo* : comme qualités dramatiques, elle est loin de marquer un progrès, et l'auteur lui-même, quand il écrit une églogue de cour, ne cherche pas à élargir le cadre traditionnel. En 1506 encore, il semble que la seule préoccupation de Castiglione dans son *Tirsi* soit de n'oublier aucun des grands personnages de la cour des Montefeltro. Quant à songer simplement à animer le dialogue... Il est peu de répliques qui ne soient de véritables discours. Jola et Tirsi s'écoutent l'un l'autre avec une patience admirable; ils ne prennent guère la parole pour débiter moins de cinquante vers; la première tirade de Jola en compte cent trente-six[1]. Timide et modeste, l'églogue hésite à adopter la structure du théâtre régulier. Une des premières sans doute, l'*Amaranta* de G. B. Casalio, sera divisée en cinq actes, mais il est difficile de la faire remonter au delà de 1520[2].

*
* *

Il semble d'ailleurs que l'influence de l'*Arcadia* doive s'exercer en une direction opposée. Avec Sannazar, le genre pastoral, avant de devenir un genre vraiment dramatique, s'affirme une

corso della rinnovata arte scenica : fra l'*Orfeo* da un lato, che ha la forma esterna di *sacra rappresentazione*, ma è pastorale insieme ed eroico, popolare ed aulico ed abbraccia la terra e l'inferno, ed il *Pastor fido* d'all' altra, che, allargando il quadro e gl' intenti dell' *Aminta*, ne' pastori Arcadi simboleggia i caratteri umani più generali e costanti, e nelle selve le corti; e che, cominciato come « Egloga » od al più come « Favola pastorale, » finisce coll' essere una « Tragi-commedia », nella quale con felice ardimento, si confodono i generi più in teorica disparati, ma più nella realtà accosti fra loro, ed ove, come nella vita, si intrecciano insieme tutte le varie passioni del cuore umano. Ma l'*Orfeo* del 1471 è l'alba ancora un po' nebulosa ed incerta..., il *Pastor fido* della fine del secolo XVI è il meriggio caldo e luminoso... » (Ancona, *Origini...*, t. II, p. 576).

1. Il y a bien un semblant d'action dans les deux « Comedie » d'Alessandro Caperano, dont M. Carducci (*Predecenti dell' Aminta*, p. 41) cite une édition de 1508; mais elles ne présentent pas la coupe en actes et en scènes.

2. L'édition de Venise est de 1538. Sur la date, tout à fait incertaine, de la représentation, voyez Rossi, liv. cit., p. 174.

fois de plus tel que Boccace l'avait compris : roman mêlé de prose
et de vers. Et ici, les épisodes demeurent plus que jamais distincts, sans autre unité qu'une certaine harmonie de teintes. Les
confidences d'Ergasto, les chants de Montano, la fête de Palès,
les joutes poétiques des bergers, les regrets de Sincero, les jeux
en l'honneur de Massilia, la mort de Phylli, autant d'églogues
simplement juxtaposées que joignent tant bien que mal les proses
intermédiaires. D'un bout à l'autre de l'œuvre, Sincero demeure
avec sa mélancolie gémissante, sorte de chef de chœur qui encourage ses compagnons à se lamenter ; et c'est le contraire exactement d'une composition dramatique.

On ne peut dire non plus que la peinture de l'amour ait gagné
beaucoup en sincérité. L'originalité, ou du moins l'invention,
chez Sannazar, se réduit à peu de chose. Au premier aspect, son
œuvre italienne et latine risque de faire illusion ; on y goûte une
certaine langueur, coupée par des éclats de violence. Tantôt il
apparaît une âme rude, et tantôt sa poésie s'adoucit en des fadeurs
courtisanesques (« Sed me formosae deterrent jussa puellae... [1] »),
ou se teinte d'une mélancolie que l'on croirait personnelle. Sur
la terre de Naples, sur les pays où s'écoulèrent ses jeunes années
et que l'exil courageusement accepté lui a rendus plus chers, sur
sa campagne de Mergellina surtout, il a des vers dont la grâce
semble faite de franchise ingénue ; et l'on revoit, à les lire, cette
mer scintillant aux rayons de lune, ces chemins envahis d'herbe
feutrée, ces coteaux brûlés de soleil, ces traînées d'ombre dans les
vallons... Sa vie même est artistement composée : une jeunesse
d'enthousiasme guerrier, puis sa fidélité simple, son amour pour
une mère si tôt disparue, et cette figure poétique dont il a dit un
mot seulement... La tentation est grande de découvrir en lui un
lyrique, au sens moderne du mot [2].

Ce serait pourtant une illusion. Dans son *Arcadia*, comme
dans ses poésies latines, Sannazar demeure toujours Actius
Sincerus, de l'Académie du Pontano, le lettré dont l'esprit est

1. *Elégies*, II, 1.
2. Voy. la biographie romanesque de Tréverret : *l'Italie au seizième siècle*.
Paris, Hachette, 1877, t. I, p. 330.

avant tout « un ricco emporio di frasi, di sentenze, di eleganze...
forme vuote e staccate da ogni contenuto[1] ». Les humanistes se
glorifient de ressembler les uns aux autres, de reproduire éternellement des images analogues des mêmes modèles. Ils se
transmettent des formules, des lieux communs qui ne se renouvellent pas à l'usage, mais qui s'amplifient[2]. Tout plein du
souvenir de ses lectures récentes, il est impossible à Sannazar de
s'en dégager. Qu'il n'y ait pas dans son œuvre un sentiment
sincère, ce serait trop dire ; mais ces sentiments sincères prennent
eux-mêmes une expression convenue. Spontanément ils se traves-
tissent, pour s'ennoblir. Son patriotisme est fait de réminiscences
latines ; il s'enthousiasme pour la grandeur italienne, à la façon
de Tite-Live ; il demande pardon à la Rome d'Auguste de sa
haine vigoureuse pour la Rome d'Alexandre VI :

> Parce tamen, veneranda parens, si justa secutus
> Signa sub Alfonso ; rex erat ille meus[3].

Il ne peut s'affliger sur les malheurs du temps, sans se voir sous
l'aspect de Mélibée fuyant le champ de ses ancêtres. Il exprime
sa foi en des termes qui ne surprendraient pas un contemporain
de Virgile ; il comprend la nature à la façon de Théocrite et de
Claudien ; il aime tour à tour comme Catulle, comme Ovide et
comme Boccace.

On a déployé beaucoup d'ingéniosité pour découvrir le nom de
la « picciola fanciulla di alto sangue discesa », dont lui-même
nous dit, sans préciser davantage, avoir été amoureux. Le roman
mis en circulation par son premier biographe[4] a fait fortune ;

---

1. De Sanctis, *Lett. ital.*, I, 368.
2. M. Scherillo (Introduction à son édition de l'*Arcadia*, Torino, Loescher,
1888, p. cxxxvi et suiv.) cite un exemple curieux de ce procédé. Un simple
vers de Virgile (« Nuper me in littore vidi, — Cum placidum ventis staret mare, »
Egl., II, 25), repris par Calpurnius (*Egl.*, II, 88) et par Ovide (*Metam.*, III,
200) devient avec Boccace une sorte de lieu commun (*Ninf. fiesolano*, III, 28)
et fournit tout un récit à Sannazar (8e prose) et à Marguerite de Navarre (*Gentille invention d'un gentilhomme pour manifester ses amours à une reine...*).
3. *Epigr.*, I, 4.
4. *Vita di m. J. S. descritta da G. B. Crispo da Gallipoli.* Voy. l'édit.
de 1723.

Carmosina Bonifacio est devenue la Béatrice du jeune poète;
sans prendre garde aux confusions singulières qui pourraient
faire révoquer en doute les paroles de Crispo, on a bâti, d'après
quelques pièces latines où personne n'est nommé[1], une poétique
histoire d'amour repoussé, presque tragique, et l'on a voulu
retrouver dans l'*Arcadia* le souvenir de la vierge aimée. Même
en admettant que tout ne soit pas légende dans le récit de
Crispo, il est difficile de découvrir des allusions précises, une
émotion véritable. Quelques tableaux, sans doute, sont d'un poète
délicat : « Moy qui ne désiroye moins congnoistre cette Amarātha
que i'auoye esté curieux d'escouter la chāson amoureuse, tenoye
songneusement les yeux fichez sus les visages de ces ieunes ber-
gièrès ..; en les contēplant toutes l'une après l'autre, i'en aduisay
une merueilleusemēt belle et de bōne grâce, qui portoit sus ses
blōdz cheueux un beau coeuure-chief d'un crespe délyé soubz
lequel deux yeux estincellans resplēdissoyēt aussi fort que claires
estoilles par nuyt quād le ciel est pur et serain Le uisage de
ceste bergière estoit de forme perfaicte, un petit plus longuet que
rond, entremeslé d'une blancheur nō fade ou malseante, mais
modérée et déclinante sus le brun, accōpagnée d'une gracieuse
rougeur, qui rēplissoit d'extrême conuoytise les affections des
regardans. Ses leures estoyent plus fraîches et uermeilles que
roses espanyes de la matinée; et chascune fois qu'elle parloit ou
soubzrioit, se descouuroit portion de ses dentz tant blanches et
polyes qu'elles sembloyent perles orientales... Ceste pastourelle, de
riche taille et de uénérable maintien, se promenoit du long de la
prarie et cueilloit de sa main blanche les fleurs qui plus satis-
faisoyent à ses yeux : et desia en auoit plein son giron. Mais
aussitost que par le ieune pasteur elle entendit nommer Ama-
rantha, son deuantier luy eschappa des mains et son esprit

---

1. Il y a bien l'épigramme « De Harmosyne » (I, 5o) :

> Harmosynen quisquis seu vir seu faemina vidit
> Deperit : anne oculos Actius unus habet...

Elle n'est pas très décisive ; et d'ailleurs, d'Harmosyne à Carmosina... Voy.
la discussion de M. Scherillo (Introd., chap. v). — *La Relazione pel concorso
al premio Tenore letta all' Accademia Pontaniana* de B. Croce (Napoli, 1894)
repousse, il est vrai, ses conclusions; de même M. E. Bellon, *De Sannazarii
vita et operibus*, Paris, J. Mersch, 1905.

s'esmeut de sorte qu'elle perdeit presque toute contenance : dont
sans le sentir toutes les fleurs luy tumbèrent et en fut la terre
semée d'une vingtaine de couleurs différentes... Elle se mesla
parmy ses compaignes : lesquelles ayant aussi despouillé la
prarie de sa dignité et icelle appliquée à leurs usages, s'en
alloyent marchant en grauité comme Naiades ou Napées... Les
unes portoyent des couronnes de troesne, entrelassées de fleurs
iaunes et rouges : les autres des liz blancz et bleus attachés à
quelques brāchettes d'orengier. L'une blāchissoit entièremēt de
gensemis et l'autre sembloit estellée de roses...[1]. » Cette grâce
pure et sensuelle à la fois, cette théorie de vierges aux gestes
lents, ces attitudes harmonieuses, ces fleurs à profusion, sur le
sol, sur les robes, dans les coiffures artistement tressées, on
songe à l'admirable *Triomphe du Printemps*, et sans doute il
manque peu de chose à cet épisode pour être exquis; moins
apprêté et plus naïf, il ne lui manquerait rien. De même encore,
l'allégorie célèbre de l'oranger devient presque poignante si l'on
y trouve le symbole de son amour brisé : « Me sembla ueoir un
bel orengier cultiué par moy songneusement, lequel estoit tout
brisé depuis la racine en amont, ses feuilles, ses fleurs et ses
fruitz malheureusement dispersez sus la terre. Lors demandant
qui l'auoit ainsi acoustré... disoye sus le tron tant aymé, ou me
reposeray ie dōcques?...[2]. » Il est fâcheux seulement que l'on en
puisse donner au moins deux interprétations différentes[3].

En vérité, l'amour qui tient tant de place dans l'œuvre de
Sannazar semble en avoir tenu beaucoup moins dans sa vie.
C'est pourquoi, peut-être, ses peintures manquent de variété.
Blondes ou brunes, toutes ces héroïnes se ressemblent comme
des sœurs. Visages délicats où « le lys se marie aux roses »,
cheveux « en auréole », grands yeux ingénus et profonds, lèvres

---

1. Trad. Iehan Martin, Paris, Michel de Vascosan, 1544, p. 21 et suiv. —
Voy., dans l'édition Scherillo, des descriptions analogues de Boccace, *Filocolo*, III, p. 188, *Ameto*, p. 28, et, dans le *Ninfale Fiesolano*, la première
apparition des nymphes de Diane et de Mensola aux yeux du berger Affrico.
2. *Id.*, p. 95.
3. Crispo voit ici une allusion à la mort de Carmosine; il est possible que le
poète songe aux malheurs de la maison d'Aragon, — ou plus simplement à sa
villa de Mergellina qu'il a dû laisser à l'abandon.

« écarlates » sur des dents « de perle », et ce sourire toujours, sourire de candeur, de malice ou de mélancolie ; visions qui apparaissent dans un songe :

> Venuta era Madonna al mio languire,

et s'évanouissent quand on tend les bras :

> Ma dalla bianca mano
> Che si stretta tenea, sentii lasciarmi[1]...

C'est l'éternelle jeune fille des *Canzonieri* de la Renaissance que chante Sannazar. Parfois les cheveux sont bruns, la bouche s'entr'ouvre plus sensuelle, le même charme imprécis demeure, mais la description s'attarde à certains détails : c'est qu'il se souvient alors de Boccace[2].

Dans son intelligente édition critique de l'*Arcadia*[3], M. Scherillo note soigneusement, avec les variantes des manuscrits et des éditions, les passages divers que Sannazar a pu imiter ; peu s'en faut que ces notes ne tiennent autant de place que le texte même. Sans doute, il y a là un peu d'excès. L'*Arcadia* n'apparaîtrait plus qu'une succession de pièces rapportées, un travail de mosaïque ou de marqueterie : Sannazar, certes, ne trouverait pas la métaphore désobligeante. L'imitation presque littérale a grand prix pour un humaniste, elle témoigne d'un esprit bien meublé. Encore faut-il avouer que certaines rencontres ne prouvent pas forcément un emprunt. Pour parler de « frais ombrages », d'« herbes épaisses », de « ruisseaux murmurants » ou de « gracieuses » jeunes filles, Sannazar n'avait pas besoin de se reporter à Boccace. Ce sont déjà des élégances trop coutumières pour qu'il soit utile de faire honneur à l'un ou à l'autre de telle

---

1. Pièces citées en appendice par Tréverret, liv. cit., t. I, p. 420.

2. Cf. Renier, *Il tipo estetico della donna nel medioevo*, Ancona, Morelli, 1885. — Il est à remarquer que, dans ses poésies latines, son idéal de la beauté change avec ses modèles. Il faut aux latins des charmes plus matériels. Cf. Scherillo, Introd., p. LXXV, et l'épigramme « Ad Ninam » (I, 6). Il serait vain de chercher en cela de la sincérité.

3. *Arcadia di Jacobo Sannazaro secondo i manoscritti e le prime stampe con note ed introduzione* di Michele Scherillo, Torino, Loescher, 1888.

épithète traditionnelle. Tous deux puisent au trésor commun des banalités[1].

Avec cette réserve, le tableau qu'a dressé M. Scherillo ne laisse pas d'être curieux. Anciens et modernes, tous les grands noms de l'églogue et du roman chevaleresque y figurent, et certains rapprochements sont singuliers. Bien que l'honneur revienne à Polybe d'avoir inspiré toutes ces descriptions arcadiennes[2], les Grecs n'y tiennent pas la première place : les difficultés de leur langue ne permettent pas encore un commerce assez familier. Pour Théocrite, cependant, Sannazar professe le culte que mérite l'ancêtre du genre pastoral ; il le célèbre à plusieurs reprises et admire sous son nom les idylles de Bion et de Moschus[3]. Avec cela, quelques souvenirs des romans grecs qui circulent encore manuscrits[4]. Quant à Homère, il ne le connaît probablement qu'un peu tard, et à travers des traductions latines[5]. Virgile, en revanche, est le maître des maîtres, toujours étudié, — avec quelles subtilités ridicules parfois[6] ! L'édition princeps a paru à Rome en 1469 ; en 1471, les *Bucoliques* ont été imprimées séparément par le Florentin Bernardo Cennini, et Bernardo Pulci vient de le traduire « per fare experientia se l'artificiosa elegantia del rusticano metro in materno idioma per modo alcuno si potessi exprimere[7]... » A la suite de Virgile, c'est le chœur des

1. M. Torraca partage le sentiment de M. Scherillo : « A ogni pagina dell' *Arcadia*, vedremo il Sannazaro lavorare tenendo innanzi vari modelli. » Mais il éprouve le besoin d'apporter un correctif, nécessaire en effet : « Il Sannazaro non fu imitatore volgare ; scelse, addattò, mutò, combinò tenendo sempre alla mente il disegno del libro, il fine che s'era proposto... il disegno dell' *Arcadia* é tutto suo ». Torraca, *La materia dell' Arcadia del Sannazaro;* Citta di Castella, 1888.

2. Liv. IV. — Niccolò Perotti, professeur à Bologne, a été chargé par le pape Nicolas V de mettre en latin l'historien grec. En 1452 et 1453, il envoie à Rome les trois premiers livres de sa traduction ; les deux autres suivent de près. (Tiraboschi, *Lett. ital.*, T. VI, p. 1, l. III.)

3. La même confusion dans les éditions du temps : Mllanaise de 1493, Aldine de 1495, etc.

4. Xenophon d'Ephèse, Jamblique, Achilles Tatius, etc.

5. « Ecce potest civem dicere Roma suum », s'écrie-t-il dans une épigramme (II, 53).

6. Voy. Comparetti, *Virgilio nel medioevo*, Livorno, 1872.

7. « Prohemio a Laurentio de Medici... » Edit. de 1481 et 1494.

élégiaques et des poètes latins, Tibulle, Calpurnius, Nemesianus, Ovide, à qui Boccace déjà devait tant de choses, Claudien avec l'*Enlèvement de Proserpine*. Il n'est pas jusqu'à Pline l'Ancien qui fournit un précieux contingent de superstitions populaires. Pour les modernes, l'imitation est plus directe et plus continue. L'influence de Boccace est sensible à chaque page. Sannazar est pénétré de ses romans et de ses poèmes chevaleresques ou pastoraux encore si vivants dans le pays de Naples. C'est peu de dire qu'il les imite; il en use comme de son bien. L'*Ameto* donne le cadre de l'*Arcadia*, sa marche générale et sa forme, cette succession d'églogues en vers et de morceaux de prose. Des passages entiers de la *Fiammetta*, du *Filocolo*, du *Corbaccio*, du *Ninfale Fiesolano* se retrouvent, allégés seulement et condensés : la chasse, la lutte des bergers beaux parleurs, les enchantements, les visions surtout. Sincero rappelle à s'y méprendre Florio, ou, quand il est mélancolique, le languissant Fileno; et parfois, derrière ceux-ci, on entrevoit la figure puissante de l'auteur de la *Vita Nuova*. Des dialogues entiers ne sont qu'une transposition. Peu importe, d'ailleurs, que les personnages soient de condition différente; en amour, il n'est que des égaux, et le jeune berger qui dit à Charino sa douleur se souvient, avec un à-propos merveilleux, des paroles du prince Florio, faisant part au duc de ses tourments [1]. Et, de même, il n'est pas un terme pittoresque, un mot faisant image dans la description arcadienne de Sannazar, qui ne soit déjà dans les premières pages de l'*Ameto* [2].

Passe encore pour les paysages de convention. Que le Parthenio lui apparaisse sous l'aspect des montagnes d'Étrurie, il n'y a pas grand mal. Mais pour peindre même les régions qu'il a sous les yeux, où s'est écoulée sa jeunesse et qu'il aime d'un amour profond, il ne peut pas se dégager de ses maîtres [3]. De son pays, Sannazar n'admire guère que ce qu'il est traditionnel d'en admirer : de cela, en revanche, il n'oublie rien; il a la sûreté et la

---

1. *Arcadia*, récit de Sincero, septième prose.— *Filocolo*, l. III.
2. *Arcadia*, première prose. — *Ameto*, description de l'Etrurie.
3. *Arcadia*, onzième prose. — Stace, *Silv.*, III, 5. — *Ameto.* — *Fiammetta*, IV. — *Filocolo*, V et VII.

banalité d'un guide officiel. Il célèbre, après Boccace, avec la
conviction d'un disciple fidèle, la situation « merveilleuse » de
l'ancienne Parthénope, la plaine où « le plaisant Sebetho en
diuers canaulx discourrant à travers la campaigne herbue, puis
réunis tout ensemble passe doulcement soubz les arches d'un
petit pont et, sans murmure, s'en va ioindre à la mer », Baies
et son luxe, la caverne du Pausilippe « doulcement batue des
undes marines », la montagne de soufre, « le grand circuit des
belles murailles », les rues « pleines de belles dames », le port
« refuge uniuersel de toutes les nations », les palais, les temples, et les tours de la ville où les jeux et les tournois se succèdent, tandis que chantent les poètes et que l'on se presse dans
les écoles d'éloquence. Sans doute, chez lui, quelque amertume
se mêle au tableau de ces splendeurs. Pour l'étranger, Sannazar
a une haine implacable ; mais ses haines ne peuvent s'exprimer
que sur le mode classique.

Il est certain que ce procédé constant est fait pour réduire la
valeur littéraire de l'*Arcadia* ; son importance historique, du
moins, demeure entière. Sannazar n'est pas un poète lyrique, il
n'est peut-être pas un poète, — au sens étymologique du mot ;
mais son œuvre est pleine de poésie, ce qui est l'essentiel. Poésie d'imitation ou poésie spontanée, peu nous importe en
somme. La pastorale ne prendra son plein développement que
sous la forme dramatique ; or, le théâtre n'a pas besoin, pour
vivre, de sincérité ; il lui arrive d'en mourir. Au surplus, pour
être sincère, il suffit de croire qu'on l'est, et la franchise que
Sannazar apporte dans ses emprunts leur donne un accent personnel. Il a cette faculté, précieuse pour l'auteur dramatique, de
sembler passionné, alors qu'il reste calme, et parfois de traduire
comme l'on crée. Des sentiments qu'il n'a guère connus, sans
doute, trouvent dans son œuvre une expression presque frémissante de réalité. Tandis qu'il se livre à son travail ingénu de
marqueterie, on croirait que de son cœur, presque malgré lui,
s'échappent des confidences que voile à demi une pudeur exquise.
A défaut d'un vigoureux personnage de premier plan, les
silhouettes qu'il esquisse sont vivantes comme des portraits :
Montano, le beau parleur, le triste et pieux Ergasto, Carino,

dont la beauté tranquille rappelle le Troyen Pâris, ancêtre ou
« toute bergerie », Amaranta, surtout, la vierge aux attitudes
harmonieuses, qui passe à nos yeux parmi les fleurs et disparaît... En cet épisode même, il y a quelque chose de plus : on
serait tenté d'y louer une habileté de metteur en scène.

Dès lors, les emprunts de Sannazar deviennent, pour le genre
dont il est le précurseur, autant d'acquisitions précieuses. Les
auteurs des pastorales futures trouveront condensé dans son
œuvre à peu près tout ce qui doit soutenir leur inspiration. Il
leur suffira presque de l'avoir lu, — et d'être plus poètes que lui.
Ce n'est pas le mouvement seul qui manquait à l'églogue de
cour ; elle était condamnée aussi, faute de matière. Les compliments de circonstance, les médiocres allégories, les petites
fadeurs, les fausses élégances de faux bergers dont les moindres
mots mille fois entendus sont comme fixés d'avance : elle se traî-
nait péniblement, réduite à se recommencer sans cesse. Et voici
maintenant qu'elle peut s'assimiler toutes les ressources de genres, artificiels aussi sans doute, mais autrement riches et divers :
j'entends, pour ne citer que l'essentiel, l'églogue et l'héroïde
antiques, et le roman chevaleresque.

Mieux que chez Boiardo, Francesco Arsochi ou Hieronymo
Benivieni, un peu de la grâce de Virgile et de Théocrite revit
chez Sannazar et, par lui, revivra chez ses successeurs. A l'imitation purement littérale succède une imitation aussi fidèle, mais
plus intelligente, l'imitation d'un homme qui sait, et qui sent. Il
ne se contente plus de leur prendre le jargon convenu de l'églogue, ses formules et sa mythologie. Ce sont leurs paysages rapidement esquissés, avec quelque chose d'ailleurs qu'ils n'ont pas
connu et qui demeure bien italien : une certaine sensualité jusque
dans la description, une façon de goûter la nature non seulement de ses yeux, mais de tout son être, d'en percevoir les contours, les couleurs, les parfums et les harmonies : « Nous nous
reposasmes dedans des couches de Lentisques ou plusieurs
ormes, chesnes et lauriers siffloient de leurs feuilles tremblantes et
se mouuoient dessus noz testes. Auec ce, les murmures des undes
enrouées qui couloient sus les herbes uerdes... rendoient un son
fort plaisant à ouyr... Merles, Luppes et Calendres chantoient...

Les songneuses mousches à miel faisant doux et soef murmure, uolloient à l'entour des fontaines. Brief, toutes choses sentoient l'esté. Les pommes esparses en terre, en si grande abondance qu'elle en estoit quasi toute couuerte, fleuroient si bon que merueilles [1]... » Ajoutez une simplicité de lignes dont Boccace ne lui a certes pas donné l'exemple, un charme de pureté, cet art de noter les attitudes, de grouper les silhouettes, d'enrouler comme aux flancs d'un vase antique les théories de vierges et de bergers : « Par le son de la cornemuse nous entendeismes de loin uenir la compagnie : et quelque espace de temps après (uenant le ciel à s'esclaircir peu à peu) commenceasmes à la descouurir en la plaine ou tous les compagnons uenoient en belle ordonnance, uestuz et parez de feuillars, chascun une longue branche en sa main, tellement qu'à les ueoir de loing, ne sembloit que ce feussent hommes, ains une uerde forest se mouuant uers nous avec tous ses arbres [2]... »

L'âme des personnages ne peut être moins élégante que les paysages où se déroulent leurs aventures; dans l'églogue latine, Sannazar et ses successeurs goûtent surtout la délicatesse amoureuse de ces héros. Indigne de s'établir en maître dans les grands genres, l'amour s'est, à Rome, réfugié dans les genres secondaires : poèmes élégiaques, chants alternés des bucoliques ou récits mythologiques d'Ovide; c'est là que les modernes le retrouvent. Logisto et Elpino sont les héritiers directs des Ménalque et des Coridon. Pour eux, comme pour le moindre des bergers arcadiens, la passion est tout. Le mépris d'une femme aimée les jette dans un état physique lamentable, le « uisaige défaict et mortifié, la perruque hérissée et les yeux tous meurdriz ». Et chacun gémit autour d'eux, car ce sont peines communes, et les forêts même résonnent pour accompagner leurs lamentations [3]...

1. Trad. Jean Martin, p 74. — Cf. la nuit dans la forêt, p. 57, le retour au crépuscule, pp. 8, 14, les nuages au soleil couchant, p. 26. — A cet égard, les morceaux de prose sont supérieurs aux églogues qu'ils accompagnent : Sannazar y est moins esclave de ses souvenirs.

2. Id., p. 82. — Cf. les peintures du Temple, p. 15, la description du vase qu'Elpino propose comme enjeu, p. 23, les troupeaux au flanc de la montagne, p. 28.

3. Id., p. 8.

Toutefois, l'amour a dans l'*Arcadia* et conservera dans la pastorale plus de chaleur que dans les Bucoliques. Le roman et le poème chevaleresques, en effet, n'ont pas moins de part que l'églogue antique dans la constitution du genre nouveau. La chose est toute simple, car, à vrai dire, pour devenir héros de bergerie, les personnages du *Filocolo*, par exemple, n'ont guère qu'à changer de déguisement. Florio, Blanchefleur, Philenas et les autres appartiennent à ce monde artificiel où l'amour est la loi suprême, où jeunes gens et jeunes filles, presque dès le berceau, sont esclaves de Cupidon [1]. Volontiers, ils renonceraient aux honneurs de leur rang : « O que celuy est heureux, lequel innocent demeure en la solitaire métairie [2]... » Ils ont des extases, des douleurs subites et profondes ; ils disputent dans les cours d'amour, comme les bergers d'églogue à l'ombre des hêtres ; ils entreprennent les interminables pèlerinages amoureux. Et rien ne peut les étonner en route, ni les dangers, ni les sources magiques, ni la voix des arbres, — qui furent hommes jadis et qui déplorent encore leurs malheurs. Vainement, les murailles des châteaux se dressent, les tentations veulent leur faire obstacle. S'ils faiblissent parfois, des visions opportunes les rappellent au devoir ; tout, en définitive, après les traverses d'un temps, assure le triomphe des amants fidèles.

Dans le récit de leurs aventures, l'éloge de la vie rustique est un couplet consacré. Une pastorale constitue presque en son entier le septième livre du *Filocolo*, — pastorale, d'ailleurs, plus leste de ton qu'aucun des épisodes de l'*Arcadia;* pénétré d'Ovide, Boccace comprend l'amour à sa manière ; même quand il a l'intention de moraliser, il ne recule pas devant la crudité du détail et les nymphes de l'*Ameto* ne ressemblent en rien à des vierges craintives. Quant à la *Fiammetta*, certaines pages y sont d'une intensité de passion auprès de laquelle toutes les églogues du monde paraissent bien pâles. A cet égard, le *Filocolo*, l'*Ameto*, le *Ninfale* sont des œuvres du même ordre ; peu importe que la forme ou le cadre soient différents : du roman chevaleresque au

---

1. *Filocolo*, liv. II. — Trad. Adrian Sevin, Paris, Robinot, 1575.
2. *Fiammetta*, liv. IV. — Trad. Gabriel Chappuis, Paris, Abel Langelier, 1585, p. 256.

roman puis au drame pastoral, la parenté est évidente; la matière poétique demeure la même. Elle s'épure et s'allège seulement.

De cela, il faut faire honneur au goût de Sannazar, mais aussi à la nature du genre qu'il a adopté. Celui-ci s'accommode moins aisément de tant de bavardages accumulés. Après les débats amoureux du *Filocolo*[1], et le tournoi d'éloquence du roi Félix et de son fils[2], la joute d'Elpino et de Logisto est un modèle de brièveté; l'imitation de Virgile est ici une sauvegarde. D'autre part, la condition même de ses personnages interdit à Sannazar les péripéties qui remplissent les sept livres de Boccace. Bergers de convention, êtres impersonnels, ils sont à l'abri des traverses qui peuvent atteindre le fils du roi de Marmorine. Agir leur est à peu près interdit : ils n'ont que le droit de sentir, et, par malheur, de disserter. En dehors des entreprises de quelque satyre, une seule chose est à craindre pour eux : l'indifférence de celle qu'ils aiment. L'action, dès lors, tend à devenir purement intérieure. Sans doute, cette action est encore à peu près nulle dans l'*Arcadia;* à moins d'attacher à certaines phrases une importance excessive, il est difficile de parler de psychologie, — et, si l'on discerne fort bien ce que Sannazar rejette de Boccace, on a peine à trouver ce qu'il y substitue. Œuvre de transition, son roman ne peut donner qu'une impression un peu indécise. C'est seulement quand la pastorale sera devenue enfin genre dramatique qu'elle pourra prendre nettement sa place. Il est acquis pourtant que le meilleur du roman chevaleresque, ce qu'il y a en lui de plus simple, de plus profond, de plus universel, lui fournira de précieuses ressources[3].

1. Voy. en particulier le liv. V.

2. *Filocolo*, liv. II. — Voy. dans les indications marginales de la traduction Sevin le plan de ces discours : « Remontrance du roy à son fils : Pitagoras, Salomon, Lucine, Androgeus, Minos, Iason. — Response de Fleury à son père : Perseus, Andromède, Paris, Heleine. — Réplique du roy à son fils : Biblis, Apollo, Narcissus. — La persuasion de Fleury au roy son père : Hercules, Ajax, Vénus... » (p. 68).

3. Il faut ajouter que, pour avoir ainsi communiqué sa matière, le genre chevaleresque n'est pas condamné à disparaître. Il subsiste tout au moins sous la forme semi-épique : l'auteur de l'*Aminta* est aussi l'auteur de la *Jérusalem*.

***

Au début du seizième siècle, d'ailleurs, les circonstances extérieures sont plus favorables que jamais à son développement. En même temps qu'elle satisfait la passion de tous pour l'antiquité renaissante, la pastorale répond à ce développement de l'idéalisme si sensible dès le dernier quart du quinzième siècle[1]. A l'esprit bourgeois de l'âge précédent, à ces œuvres d'une réalité parfois triviale, se substituent des tendances toutes contraires; grâce à Marsile Ficin et aux Médicis, Platon est Dieu; l'allégorie reprend ses droits; l'art se sépare de la foule; il ne lui suffit plus de plaire, il veut être compris; il estime surtout qu'il est des choses indignes de lui. Pour les peintres ou les graveurs, comme pour les poètes, la campagne n'est plus que le théâtre bien tenu des scènes d'églogue, peuplé d'amoureux élégants. Malgré sa condition relativement heureuse, le contadino italien ne doit pas se reconnaître dans les bergers de D. Campagnola ou d'Agostino Veneziano[2].

Dès lors, les « comedie rusticali » véritables ne peuvent avoir une action bien profonde. On a essayé souvent de leur attribuer plus d'importance qu'elles n'en ont eu. Giulio Ferrari, qui s'exagère peut-être leur mérite, rappelle les paroles de Gravina sur l'influence néfaste des cours oublieuses des gloires italiennes pour se plier à l'imitation de l'étranger. Ici, au contraire, l'inspiration est purement nationale : « In queste piccole comedie ed egloghe, come talvolta furono da' loro autori chiamate, trovasi la vera semplicità, scorgonsi le passioni ed i costumi tratti fuori veramente dal cuore umano, ed odonsi parole che altrimenti non potevansi dire da uomini fuori di scena ed in fatti veri[3]. »

---

1. Voy. Muntz, *Histoire de l'art pendant la Renaissance*, t. II, liv. II, chap. II et IV.

2. Voy. Muntz, t. II, p. 146. — *Les Bergers*, de D. Campagnola; *le Vieux berger jouant du flageolet*, *le Jeune berger*, d'Agostino Veneziano, etc. — On trouverait des exceptions sans doute, mais elles demeurent exceptions.

3. Giulio Ferrario, *Drammi rusticali scelti ed illustrati*, dixième volume du *Teatro Italiano antico*, Milan, 1812.

Il est certain que ces petites pièces, les « Giostre », les « Maggi », les « Canti carnascialeschi » de Florence ou les « Bruscelli » de Sienne sont des œuvres spontanées et franches. Encombrées de dictons et de proverbes locaux, présentant toute la variété des dialectes vulgaires, on y voit revivre les mœurs, les coutumes et le langage des paysans italiens. La pastorale aurait pu leur emprunter quelque chose de leur vérité naïve. Il n'aurait pas été mauvais pour elle de découvrir que tous les paysans ne sont pas des poètes; mais elle ne s'en est jamais souciée. Aristocratique avant tout, elle n'a rien de commun avec des œuvres qu'anime l'esprit populaire. Et celles-ci, d'autre part, — alors même que la société cultivée goûte leurs fantaisies, que des artistes siennois paraissent chaque année devant Léon X[1] et que leurs successeurs se constituent en une académie, — conservent avec soin la vulgarité dont s'accommode si bien, à l'occasion, l'élégance des cours italiennes. Peut-être la pastorale leur doit-elle certains effets de contraste, quelques notes comiques, qu'elle atténue d'ailleurs; il n'y a rien de plus[2]. Par cela même que l'on serait tenté de chercher entre elles des analogies, la comédie rustique et la pastorale nous apparaissent exactement à l'opposé l'une de l'autre.

Tels sont les éléments qui ont concouru à la formation de la pastorale dramatique. Si humble sous sa première forme, elle est comme le confluent d'à peu près tous les genres, antiques ou modernes, dont ce fut l'objet de présenter l'amour sous ses formes diverses : amour bucolique, amour romanesque, amour lyrique. Elle leur devra, en dépit de ses artifices, de ses conven-

---

1. Tiraboschi, *Storia della lett. ital.*, t. VII.
2. Certaines pièces cependant peuvent sembler intermédiaires entre l'églogue aulique et la comédie : la *Filena*, d'A. Caccia, par exemple, ou les églogues d'Andrea Calmo (voy. Carducci, liv. cit., p. 51 et suiv.). Nous aurons à signaler d'ailleurs les emprunts de la pastorale à la comédie (cf. ch. vi). Sur les représentations « populaires » italiennes, voy. Ancona, *La Rappresentazione drammatica del contado Toscano*, appendice I à ses *Origini*... — Mazzi, *La Congrega dei Rozzi di Siena nel secolo XVI*, Firenze, Le Monnier, 1882, — le catalogue dressé par Giulio Ferrario, liv. cit., et, dans le catalogue Soleinne, les nos 4143 à 4192.

tions, de ses élégances puériles, un caractère véritable d'humanité. Nous sommes loin déjà de la pauvreté des églogues de cour.
Et si trop de richesse est un danger, le seizième siècle est aussi
un siècle d'organisation littéraire. C'est son office de mettre de
l'ordre. De l'incomparable matière que les siècles précédents ont
amassée, il ne rejette presque rien ; la connaissance plus intelligente, sinon plus étendue, la compréhension plus profonde des
modèles antiques lui permettent même d'y ajouter ; mais ces
modèles antiques lui ont enseigné le prix de la clarté. Prenant la
forme dramatique, d'ailleurs, la pastorale, presque malgré elle,
sera conduite à fondre ces éléments parfois disparates. Avec ses
limites étroites, le théâtre oblige à serrer toute diffusion, comme
aussi à éliminer ce qui serait par trop artificiel, et à donner au
moins une apparence de vie à des êtres que l'on prétend nous
montrer acteurs en une action.

CHAPITRE II.

LES TRANSFORMATIONS DE LA PASTORALE ITALIENNE.

Les premiers épisodes pastoraux. Les grandes œuvres.
I. — Les tempéraments. La cour de Ferrare. Le Tasse et Guarini.
II. — Les œuvres :
    A) L'*Aminta* : la matière; les qualités dramatiques; la peinture de l'amour. La place et le rôle de la pastorale dramatique.
    B) Sa déformation. Les emprunts du *Pastor fido*; sa philosophie. L'effort vers la tragédie : le romanesque dans l'intrigue; la *Filli di Sciro* et le romanesque des sentiments. Les éléments comiques.
III. — Les théories. La nature et la portée des polémiques de Guarini. La théorie de la tragicomédie.
    La pastorale et les origines de l'opéra.

M. Carducci a passé en revue, avec une érudition précise et claire, la série des tentatives par lesquelles la pastorale s'achemine lentement vers sa forme définitive[1]. Il est inutile de reprendre ici cette étude. La pastorale italienne nous intéresse seulement en fonction de la pastorale française, et ces œuvres seules comptent pour nous, dont l'action a été durable. Or, à cet égard, trois pièces nous donnent à peu près toute son histoire : l'*Aminta*, le *Pastor fido*, la *Filli di Sciro*; d'autres, sans doute, ont passé les Alpes ; nous en signalerons les traductions et nous en retrouverons l'influence[2]; elles n'apporteront, en somme, rien de vraiment original.

---

1. G. Carducci, *Precedenti dell' Aminta*, liv. cit. — Quelques indications complémentaires dans un compte-rendu de M. Enrico Proto (*Rassegna critica...*, t. I, p. 129 et suiv.), et dans la préface de M. A. Solerti à son édition de l'*Aminta*, Collezione Paravia, p. 127, n. 3. — Voy. encore Achille Mazzoleni, *La voesia drammatica pastorale in Italia*, Bergamo, 1888.
2. Voy. chap. v.

Quant aux prédécesseurs du Tasse, à Agostino Beccari en particulier, peut-être Guarini met-il quelque complaisance à leur rendre justice. Son amour-propre est intéressé à diminuer la gloire de son rival, à signaler ses inspirateurs. Mais, en fait, peu nous importe que le Tasse ait emprunté tel lieu commun ou tel épisode[1]. Avec lui se fondent tous les éléments divers dont nous avons recherché l'origine ; l'*Aminta* est la première œuvre

---

1. Je relève seulement, dans ces premières pièces, quelques-uns des épisodes ou des personnages qui se retrouveront le plus fréquemment :

a) Dialogue de l'amant avec un ami : Dial. de Mopso et d'Aristeo au début de l'*Orfeo*; — Dial. de Fileno et Silverio dans l'*Ecloga pastorale di Flavia* (1528); — Début de la *Silvia* de Fileno Addiacciato (1545), etc...

b) Opposition de la chasteté et de l'amour : Les nymphes dans l'*Eglé* de G. B. Giraldi (1545); — *Il sacrificio* d'Agostino de Beccari (1554).

c) Personnage de la sage confidente : Lucina dans l'*Amaranta* de G. B. Casalio (imp. 1538).

d) Le Satyre : *Orphei tragoedia* (act. III); — *Ecloghe* d'Andrea Calmo (imp. 1553); — L'*Eglé*; — Il *Sacrificio*; — Dans le *Cornacchione*, en prose, de P. M. Scardova (1554), premier monologue du satyre Sperchio : contre les femmes et l'amour, éloge de l'âge d'or (cf. le *Pastor fido*); — Le sauvage dans la *Comedia pastorale* de Barth. Brayda (imp. 1550).

e) La jalousie : Le *Caephalo*; — L'*Amaranta* de Casalio (dans celle-ci, en même temps, l'opposition de la mère au·: amants); — La *Silvia* de Fileno Addiacciato.

f) Le suicide : *Ecloga pastorale di Flavia*; — La *Cecaria* de Marco Antonio Epicuro (vers 1523); — Les *Due Pellegrini* de Tansillo (vers 1506); — La *Silvia*.

g) Intervention ou vengeance de l'amour : *Comedie* d'Alessandro Caperano (imp. 1508); — *Ecloga pastorale* de Luca di Lorenzo (imp. 1530); — La *Silvia*.

h) Consultation du prêtre de l'amour, et oracle : La *Cecaria*.

i) Métamorphoses : *Ecloghe* d'A. Calmo (rôle de la Magie; l'Hermite); — L'*Eglé*; — La *Mirzia* attribuée à M. A. Epicuro (vers 1545); — La *Calisto* de Luigi Grotto (1561).

j) Reconnaissances : L'*Erbusto* de G. A. Cazza (imp. 1546); — L'*Aretusa* d'A. Lollio (1563) : amour d'un frère pour sa sœur. Cf. La *Filli di Sciro*.

k) Déguisement : La *Filena* de G. A. Cazza (imp. 1546).

l) Eléments comiques : Le rôle de Diversa dans l'*Ecloga* de Luca di Lorenzo, et celui d'Eglé dans l'*Eglé* de Giraldi (cf. Corisca dans le *Pastor*); — Murrone dans la *Silvia*; — La *Filena*, etc.

Si la *Theonemia* de Marco Montano était, comme le croit son éditeur, M. Alberto Gregorini (Rocca S. Casciano, Capelli, 1898), antérieure à l'*Aminta*, il y aurait lieu de signaler des analogies frappantes. Mais M. Enrico Proto démontre qu'on ne saurait la faire remonter au delà de 1574 (*Rassegna critica...*, t. V, p. 30). Au lieu d'être un modèle du Tasse, c'en est donc la première imitation.

vraiment harmonieuse et vivante ; elle est la première aussi qui
soit véritablement œuvre de théâtre. C'est ce que l'enthousiaste
G. B. Manso a fort bien indiqué dès 1629 : « Torquato, facen-
dosi scena de' boschi e ritenendo le persone pastorali, si sotto-
pose non men al costume dell' egloghe ch' alle regole della comedia e della tragedia parimente, facendo di tutte e tre una
maravigliosa ma vaghissima e regolatissima composizione : per-
ciocché dall' egloga prese... la scena, le persone pastorali e 'l
costume ; dalla tragedia, le persone divine, l' eroiche, i cori, il
numero del verso e la gravità della sentenza ; dalla comedia le
persone comunali, il sale de' motti e la felicità del fine, più proprio alla comedia ch' all' altre due[1]... » De ce jour, la pastorale
dramatique est constituée. Elle va se transformer suivant certaines lois, dont il n'est pas inutile, en négligeant les détails, de
fixer les principales.

* *
*

Sans s'amuser au petit jeu suranné des comparaisons littéraires, il est nécessaire, pour comprendre cette transformation
rapide et totale, du Tasse à Guarini, de tenir le plus grand
compte de la diversité de leurs tempéraments. Du même âge, à
peu près, vivant dans le même milieu, en relations étroites, sans
doute, au moins pendant une partie de leur existence, ils sont
exactement à l'opposé l'un de l'autre.

Avec ses qualités brillantes, par le demi-mystère aussi qui
enveloppe ses dernières années, le Tasse demeure une des figures les plus séduisantes de la littérature italienne. Il a tout d'un
héros de roman ; il appelle la légende ; et la légende a fait son
travail, — qu'il a fallu détruire. Toute une littérature s'est occu-
pée de ses prétendus amours, et de sa folie[2]. Quand il écrit

---

1. G. B. Manso, *Vita di Torquato Tasso*, Venezia, Deuchino, 1621. Cit. par
Menage, *Osservationi sopra l'Aminta*, à la suite de son édition, Paris,
Courbé, 1655, p. 94.

2. Voy. la très complète biographie de M. Angelo Solerti, les documents, les
appendices et la bibliographie qui l'accompagnent : *Vita di Torquato Tasso*,
Torino, Loescher, 1895, 3 vol. La réaction contre les anciennes légendes a

l'*Aminta*, à vrai dire, il n'a guère dans l'esprit que des images joyeuses ; pourtant, il est déjà tel, ou peu s'en faut, que le trouveront les malheurs de ses dernières années [1], nature nerveuse, exaltée, prompte aux enthousiasmes, vite désemparée, incapable surtout de se reconnaître parmi ce qu'il y a de disparate et de discordant à cette époque : les triomphes de l'orgueil, et, tout proches, des dangers terribles qui menacent dans l'ombre, les élégances de la cour de Ferrare, les cruautés de sa politique, les rigueurs du catholicisme nouveau [2]. Pour se tracer une voie droite, il faudrait une âme autrement trempée que la sienne. L'équilibre est ce qui lui manque le plus ; spontanément, il va à l'extrême ; tour à tour enivré par l'orgueil, révolté par des injustices souvent imaginaires, écrasé par l'angoisse, il sent toutes choses autant qu'il est possible de sentir.

Il a hérité de son père sa mobilité d'impressions, sans en avoir la fermeté ; sa mère Porzia lui a transmis cette délicatesse qui, chez lui, ne s'accompagne plus de résignation tranquille. Sa jeunesse est un enchantement. Il naît à Sorrente, en plein royaume de tous les souvenirs bucoliques, près de cette Naples « tanto piacevole et deliziosa che i poeti finsero essere stata albergo delle sirene [3] ». Au collège des Jésuites, à Rome, à Urbin, à Padoue, enfant précoce, sacré grand poète à dix-huit ans, membre de l'Académie des Eterei, les triomphes se succèdent. Appelé à Ferrare, au service du cardinal Luigi, il y arrive comme dans une apothéose, au milieu de fêtes qui semblent préparées pour le recevoir. Les courtisans le couvrent de louanges ; les

---

commencé surtout avec le *Prince Vitale* de V. Cherbuliez (Paris, 1863), un roman, si l'on veut, mais un de ces romans qui ouvrent et marquent la voie à la recherche scientifique.

1. G. B. Della Porta, au service, comme lui, du cardinal d'Este, déclare — après coup — avoir remarqué de tout temps sur son visage des signes précurseurs de folie : « Torquatus Tassus, acuti ingenii vir et de poesi optime meritus, est et Veneri et mentis alienationi obnoxius... » (*De humana phisiognomia*, 1586 ; cité par Solerti, I, p. 837).

2. V. Campori e Solerti, *Luigi, Lucrezia e Leonora d'Este*, Torino, Loescher, 1888. — A. Solerti, *Ferrare e la corte estense nella seconda metà del secolo XVI. I Discorsi di Annibale Romei*, Città di Castello, Lapi, 1891.

3. Cesare Guasti, *Le lettere di T. Tasso disposte per ordine di tempo ed illustrate*, Firenze, Le Monnier, 1853-55, I, 174.

grandes dames n'ont d'yeux et d'oreilles que pour lui; Lucrezia
et Leonora, celle-ci plus réservée, celle-là plus expansive, accueillent volontiers ses éloges; le duc est d'une affabilité charmante [1]... C'est une grande chose que d'être poète; le talent et
la beauté marchent de pair, bien au-dessus des vains tracas de
l'intrigue : tout doit s'incliner devant leur pouvoir. Le Tasse ne
craint pas de le proclamer lui-même : il méprise les menus offi-
ces par lesquels ses pareils tâchent de se rendre utiles [2]. La vie
ne lui doit que du bonheur sans peine ; de son côté, il n'est
tenu qu'à une chose toute simple, à avoir du génie. Comment
soupçonnerait-il des jalousies ou des dangers dans une société
si brillante ?

La désillusion n'est que plus rude. L'injustice ne le trouve
pas préparé; souvent traité par les princes d'égal à égal, il a
pris au sérieux sa royauté littéraire. Le voyage de France commence à lui ouvrir les yeux [3]. Il découvre brusquement que tout
n'est pas franchise et générosité, et, du jour où il a fait cette
découverte, il ne veut plus voir autour de lui qu'hypocrisie. Des
faveurs nouvelles ne le guériront pas. Les moindres choses
alarment son amour-propre blessé. Cette idée que, sous des
apparences séduisantes, se cache toujours une réalité dure et
impitoyable, que les élégances de la cour sont comme de grandes
fleurs à la surface d'un marais devient chez lui une idée fixe :
c'est la manie de la persécution, un peu ridicule, — et tragique.
L'histoire est longue de ses mésaventures d'abord, de ses mal-

---

1. « Honde fui... conosciuto dal serenissimo signor Duca suo fratello,
e rimirato con buon occhio, ed onorato sopra modo da' principali signori di
questa corte; come erano il signor Ercole de' Pii, il signor Guido Bentivoglio..., etc. ». *Lettere*, t. II, n⁰ 351.
  Quand il passe du service du cardinal à celui du duc, un traitement tout à
fait favorable, exceptionnel même, lui est accordé. Voy. *Lettere*, t. II, n⁰ 123,
et Solerti, p. 162. Il est certain d'ailleurs qu'Alphonse II a témoigné longtemps
à son égard d'une véritable patience.
  2. Pas plus auprès d'Alphonse que du cardinal Louis, il n'a de charge déterminée. Voy. les conditions de son engagement de 1572 dans Solerti, p. 162. Le
duc cependant avait coutume de demander des services politiques aux hommes
de talent qu'il entretenait à sa cour.
  3. *Lettere*, t. II, n⁰ˢ 129 et 351. La maladie pourtant ne commencera que
quelques années plus tard. Voy., dans l'*Aminta* (I, 210 et suiv.), l'épisode de
Mopso, ajouté postérieurement à la représentation.

heurs ensuite. Chacun l'étonne autant qu'il l'accable. Il a des
colères d'enfant, — de fou, disent ses ennemis, non sans raison.
Il fuit Ferrare et demande en grâce qu'on l'y laisse reparaître, il
maudit et il implore[1] ; cela jusqu'au jour où l'hôpital le recueille.
Et ce sont, en même temps, ses scrupules religieux qui s'exal-
tent : remords de sa vie passée, angoisses pour le présent. Avec
sa nature ardente, mystique et sensuel à la fois, le Tasse a
toujours eu l'âme chrétienne. « Egli è il solo cristiano del nostro
rinascimento », comme dit M. Carducci[2], et cela, en effet, est tout
nouveau, après ce pur artiste qu'était l'Arioste. Mais il ne peut
comprendre cette religion des dernières années du seizième siècle,
soupçonneuse, revêche et menaçante. Sa religion à lui est faite
d'élans et d'enthousiasmes. Il a rêvé d'une vie libre et chrétienne
tout ensemble : « Scrivendo come filosofo e credendo come cristiano », dit une de ses lettres[3]. Et voilà que des pontifes impitoyables sont sur la chaire de Léon X, que la peur du protestan-
tisme a chassé l'aimable tolérance de jadis, que le moindre vers
peut devenir un crime. La crainte du Saint-Office le fascine, il
accumule les maladresses, il court au-devant des soupçons. La
Jérusalem s'efforce de devenir un poème purement religieux et
italien[4]. Lui-même avoue des fautes imaginaires, auxquelles personne ne songe, par crainte de se les voir reprocher : « Andava
io pensando di Te (c'est à Dieu qu'il s'adresse) non altramente di
quel che solessi talvolta pensare a l'idea di Platone e agli atomi
di Democrito, a la mente d'Anassagora... a la materia prima
d'Aristotile... Ma dubitava poi oltre modo se tu avessi creato il
mondo, dubitava se tu avessi dotato l' uomo d' anima immortale,
e se tu fossi disceso a vestirti d' umanita[5]... »

---

1. *Lettere*, t. I. — Ajoutez, dans les lettres inédites publiées par M. Solerti,
les nᵒˢ 10, 12, 14, 15, 16 (à Alfonso d'Este), 22 (à Aldo Manuzio), etc.
2. G. Carducci, *Studi letterari*, Livorno, 1880, p. 131.
3. *Lettere*, t. II, p. 93. Sur tout cela, voy. Cherbuliez, *Le Prince Vitalë*.
4. Canello, *Storia d. lett. ital.*, Milano, Vallardi, 1880, cite, d'une *Jérusalem* à l'autre, de curieuses modifications de détail (p. 153). On voit apparaître,
se substituant à l'ancienne idée impérialiste, l'idée d'une unité nouvelle où la
papauté, à la tête des nations chrétiennes, jouerait le rôle que l'empire longtemps a rêvé de jouer.
5. *Lettere*, t. II, p. 15.

L'homme qui s'accuse avec cette ferveur est celui toujours qui marchait triomphant dans sa gloire, en attendant de maudire les bassesses de la cour. Le Tasse, sans acquérir dans ses malheurs aucune expérience, a été ballotté puis brisé par la réalité, car c'était une âme de rêve. Dès lors, la pastorale, avec son caractère artificiel, est le genre peut-être qui lui convient le mieux. Il y voit autre chose qu'un divertissement propre à charmer l'esprit. Cette vie des bergers, c'est bien la vie telle qu'il l'aurait voulue pour lui-même, cet « ozzio letterato », — « amoroso » aussi » — qu'il prétendait trouver à la cour de Ferrare, à l'abri des vulgarités de l'existence, sans autre peine que les douces peines d'amour, sans autre obligation que de chanter harmonieusement, jouissant de la beauté des choses et participant à cette beauté. Au plus fort de ses soucis, ce désir d'une vie tranquille le hante. Il y a de la pastorale encore dans la *Jérusalem*, dans cet épisode exquis du septième chant. Il a essayé d'en mettre jusque dans sa vie, le jour où, déguisé en berger, il fuit auprès de sa sœur Cornelia ses ennemis imaginaires [1]. Ceci n'est pas une fantaisie d'homme de lettres ; le moment est trop grave pour lui, ses craintes sont trop sérieuses, son désappointement trop sincère. Le palais d'Alphonse n'a pas voulu être son Arcadie ; il la cherche ailleurs. Il est vrai que la vie ne tarde pas à le reprendre. Le rêve, à se réaliser, a perdu tout son charme.

Là, surtout, est l'importance de l'*Aminta*. On y trouve la sincérité que ses successeurs ne connaîtront plus. Il s'en dégage une impression de calme, de plénitude. Dans la *Jérusalem*, il sera moins à l'aise, il se heurtera à des scrupules de toute sorte ; dans le monde de la pastorale, aucune contrainte, — et il est exquis.

Le caractère de Guarini est tout différent. De nature moins délicate, d'orgueil plus entier mais plus avisé, il comprend à merveille ce que l'on attend du poète dans ces petites cours italiennes, et qu'on lui saura gré plus volontiers de son génie si l'on trouve profit à ses services. Pour lui, les missions politiques

1. Fuite de juillet 1577. Le 14 novembre 1587 une lettre à Cornélia rappelle ce souvenir. *Lettere*, t. IV, nº 920.

ne sont pas des corvées déplaisantes; — « questo fastidio! » disait
le Tasse[1]. A peine arrivé à la cour de Ferrare, il accepte avec
joie l'occasion de montrer son élégance d'orateur et ses facultés de
diplomate. A Venise d'abord, puis à Turin, puis à Rome, qu'il
s'agisse de prononcer un discours d'apparat, de faire valoir des
droits contestés, de chercher une alliance, le duc Alphonse trouve
partout en lui un serviteur précieux[2]. Son esprit souple se plie
à toutes les besognes. Le latin de ses harangues est d'une solennité harmonieuse[3]; des réserves adroites se glissent, au besoin,
parmi les compliments[4]; quant à ses lettres, elles affectent toute
la précision que l'on peut exiger d'un ambassadeur en titre[5].
Lors de l'élection de Pologne, ses efforts restent vains; encore y
fait-il preuve d'une activité qui ne se lasse pas. Cette activité,
lui-même ne permet pas qu'on l'ignore. Ses missions terminées,
l'impression recueille ses belles périodes, des rapports résument
ses services[6]. Il tient à se faire, parmi les politiques, une place
d'honneur. Sur ses vieux jours, on le considérera comme un arbi-
tre en matière juridique; il donnera des consultations véritables
sur des questions de préséances[7]. Comment ne mépriserait-il pas
un peu les poètes « che altro non sanno fare che versi; in tutto 'l
rimanente poi à valenthuomo spettante spiritati, stupidi e pazzi »[8]?

Le découragement n'a pas de prise sur lui. Regardant les difficultés en face, il ne s'attarde pas à des rêveries bucoliques; sa
retraite de 1583 dans la villa de S. Bellino ne ressemble pas à la

---

1. *Memoria lasciata dal Tasso quando andò in Francia* (Publ. dans
l'édition des *Opere*, Firenze, 1724).

2. Voy. Vittorrio Rossi, liv. cité.

3. Mission de Venise, 1567.

4. Mission de Rome, 1572.

5. Ambassade de Turin, 1569-1570. Cf. les lettres inédites publiées en appendice par M. V. Rossi.

6. *B. Guarini Jun. Oratio ad Serenissimum Venetiarum Principem
Petrum Lauretanum...* Ferrariae, 1568. — Man. cité par M. Rossi, p. 49,
n. 1.

7. *Parere per li Decurioni di spada della Città di Cremona contro la
pretenzione de' Dottori di precedere nel sedere in Consiglio*, Mantova, 1601.

8. *Lettere del signor cavaliere B. G...* Venetia, 1594, 2e éd., p. 100. Rien
ne prouve d'ailleurs que ces mots, comme le suppose M. Rossi, visent le
Tasse, alors à l'hôpital. Que Guarini ait été jaloux de l'*Aminta*, cela est certain, mais il ne semble pas qu'il y ait eu rien de plus.

fuite éperdue du Tasse[1]. La « Guarina » a tous les avantages d'un lieu tranquille, favorable à la réflexion, assez proche toutefois pour qu'il ne coure pas le risque d'y être oublié. C'est surtout un poste commode pour veiller aux intérêts de sa fortune et de son ambition. L'une et l'autre sont la grande préoccupation de sa vie. Lors du mariage de sa fille avec le comte Ercole Trotti, il n'a qu'une pensée, réduire le plus possible le chiffre de la dot. Retors et entêté, il lutte pied à pied dans des procès interminables, contre la république de Venise, contre Bradamante et Marfisa d'Este, contre son gendre, contre sa bru, contre ses fils : luttes pleines de menaces, d'injures, de brutalités, et le duc de Ferrare doit parfois intervenir pour arrêter des scandales dont Guarini ne songerait pas à rougir.

Toujours il déploie la même fermeté. Le hasard semble s'obstiner à retarder la représentation du *Pastor* ; il s'obstine plus que le hasard ; ces retards, en somme, ne peuvent qu'accroître la réputation de l'œuvre attendue. Au surplus, les difficultés ne sont pas pour lui déplaire. L'« ozio » après lequel soupirait l'auteur de l'*Aminta* serait indigne de lui. Il faut le voir en quête d'une cour où puissent briller ses mérites, quand celle de Ferrare, après l'échec de Pologne, ne donne plus matière à son activité. Ses facultés de diplomate ont un emploi tout naturel ; il fait des avances de toutes parts : à Charles Emmanuel Ier de Savoie, qui le fait « Riformatore dello studio Torinese » et « Consigliere di Stato », au grand-duc Ferdinand de Toscane, aux Gonzague de Mantoue, aux Della Rovere d'Urbin, à la papauté, à Marco Pio de Sassuolo, au duc de Bavière même. La mort tragique de sa fille préférée[2] ne le détourne pas longtemps de sa route quelques paroles de désespoir, une épitaphe latine, un procès engagé, — et, un mois après le drame, le père se console en redoublant de duretés à l'égard de son second fils.

La sensibilité n'est pas une arme dans la vie. Elle trouble le jugement. Or, l'essentiel est de voir clair. De très bonne heure,

---

1. Sur cette retraite, voyez une note de Claudio Ariosti publiée par M. Rossi, Documento XII.

2. Anna, assassinée par son mari et son beau-frère. Voy. Campori, la *Figlia del Guarini*, dans la *Nuova Antologia*, t. XII, p. 321 et suiv.

Guarini s'est fait une philosophie[1]. Sur toutes choses, il a des idées nettes. Sur le mariage : « Io reputo che 'l prender moglie ricca sia guadagno giustissimo, per aver egli seco i suoi contrappesi, per cagione dei quali non si sta niente meno a perdita et a guadagno di quello che si faccia nelle merci da mare[2] ». Sur les droits du père : « Tutto quel che viene dal padre, e padre come son io, si de' ricever per bene », écrit-il à son fils Girolamo en 1602... « Io son la vite e voi siete i rampolli. Si meco sarete uniti farete frutto, se sarete tronchi divenete aridi et infelici. E credo pur che tu ne vegga l' esempio. In somma é ti bisogna esser disposto a ricever da me tutto quello che comanderò per buono e per bello, perche son padre e padre che merito... Ciò ti sia detto per sempre e fa che ti serva per un memoriale di non mi provocar mai più come hai fatto[3]... » Il est à remarquer qu'à cette date, Girolamo est le seul de ses trois fils avec lequel il soit en relations cordiales, et qu'il met dans ces quelques lignes à peu près tout ce qu'il a dans le cœur de tendresse paternelle.

Dès lors, la poésie ne peut être pour lui qu'un délassement sans grande importance ou qu'un moyen de se faire valoir. Tous les genres lui sont bons ; il se repose du *Pastor*, qui avance lentement, en écrivant l'*Idropica*. Il affecte, d'ailleurs, de mépriser un peu lui-même ce genre d'exercices : il consent, pour céder aux instances de tous, à tirer parti de ses facultés brillantes, mais ce n'est, à l'entendre, que le moindre de ses soucis. Surtout, que l'on n'aille pas chercher dans ses œuvres un accent personnel ; tout y est artificiel ; sous le travestissement du poète, l'homme disparaît : « Cercai di trasformarmi tutto in altrui, et di prendere à guisa d'Istrione la persona, i costumi e gli affetti ch' i' hebbi un tempo e d' huom maturo ch' i' era sforzaimi di parer giovane, di malinconoso festevole, d' huom senz' amore innamorato, di savio pazzo, e di filosofo alfin poeta. La qual metamorfosi non sarebbe già potuto fare nell' animo mio se non

---

1. Voy. la longue et curieuse lettre du 27 juin 1565 à Livio Passeri, *Lettere*, p. 1.
2. Lettre à la marquise della Mirandola, citée par Rossi, p. 90.
3. Lettre inédite publiée par Rossi, p. 150. — Cf. la lettre au duc Alphonse. (*Id.*, Documento XIV.)

avessi prima cacciatene tutte le cure gravi et tutti i sani et più
maturi pensieri, ponendo in luogo loro la trascuraggine, l' ozio,
la vanità, il riso, il giuoco, il diletto, famiglia vezzosissima delle
Muse ¹...» Bien qu'il ne s'agisse ici que de ses premiers vers, cet
aveu, inspiré par l'orgueil, est la condamnation même du *Pastor*.
Cette désinvolture ne l'empêche pas d'avoir une idée haute de
son talent. A l'occasion, il excelle à chanter ses propres louanges. La moindre pièce envoyée au duc Alphonse s'accompagne
d'un commentaire admiratif : « Mi sono ingegnato di descriuere
lo sgorgheggiare et le tirate et i groppi che si fan nella musica,
cosa nuova et difficile assai, et, per quel ch' i habbia fin qui
ueduto, da niun rimatore, nè tampoco da poeta greco, et tra
latini dal diuinissimo Ariosto in una sua ode, et da Plinio, pro-
satore antico, solamente tentata²...»; car, s'il est moins poète
que le Tasse, il est l'« homme de lettres » dans toute la force du
terme. Il en a les haines, l'orgueil inquiet, la perfidie voilée.
Dans un éloge de l'*Aminta,* une petite parenthèse se glisse,
toute innocente : « fu imitatore della *Canace*³... » Ailleurs, il
signale, chez son rival, des souvenirs de Beccari et de Virgile⁴.
Quant à ceux qui voudront adresser des critiques sacrilèges au
Pastor, ils trouveront à qui parler. Le *Verrato* et le *Verrato
secondo* fourmillent d'idées ingénieuses ; ils valent la peine d'être
lus pour une autre raison encore. On sent à quel point cette
polémique lui tient à cœur. Il ne craint pas d'évoquer le souvenir
de l'*Énéide* attaquée par les sots, et lutte de toute son énergie
contre le pédant Giason de Nores : il défend maintenant son
œuvre, comme il a toujours défendu sa fortune.

1. Lettre du 25 janvier 1582 à Cornelio Bentivoglio (*Lettere,* p. 99). Toute
la lettre, d'ailleurs, est intéressante. Cf. celle du 14 juillet 1586 à Salviati, en
lui envoyant son *Pastor,* « opera di persona che non fa professione d'esser
poeta ma che fa versi per suo diporto e ricreazione d'altri studi di più impor-
tanza »... (citée par Rossi, p. 186). C'est la désinvolture de Scudéry.
2. Billet du 20 août 1581. Publ. par Rossi, Appendice VI. Cf. la pièce V.
3. Lettre du 10 juillet 1585 à Sperone Speroni (*Lettere,* p. 23).
4. Voy. les *Annotazioni al Pastor fido.* La fin de la phrase relative à
Beccari, surtout, est significative : l'auteur du *Sacrificio* a donné au genre
toutes ses ressources, il en a tout créé « se non il choro che fu poi giunta del
Tasso... » A cela se réduit l'originalité du Tasse, et il n'ajoute pas que c'est
peu de chose, préférant nous le laisser deviner,

Par ce fait seul qu'il est postérieur à l'*Aminta*, le *Pastor fido*
ne peut plus avoir cette spontanéité et cette fraîcheur. Guarini,
d'autre part, n'est pas homme à nous donner l'illusion de la
naïveté. Avec lui s'accusera ce que le genre a d'artificiel. Et si
d'autres mérites compensent ce défaut, ce seront des mérites
d'un ordre tout différent [1].

***

La complexité des éléments qui ont concouru à la formation
de la pastorale dramatique était pour elle, nous l'avons vu, un
premier danger. Ayant pour domaine un monde imaginaire où
toute fantaisie est permise, pour héros des personnages pris en
dehors des réalités, pour thèmes quelques lieux communs vite
monotones si des inventions singulières ne venaient les renouveler, il était à craindre encore qu'elle cédât à l'attrait des extravagances romanesques. Enfin, la peinture de l'amour est son
unique objet ; or, dans l'Italie du seizième siècle, l'amour est une
si grande affaire !...

Le plus universel de tous les sentiments est celui, peut-être,
qui a le plus de peine à trouver son expression sincère. A prendre au pied de la lettre les « aveux » des poètes, on bâtirait des
romans étranges, — et on en a bâti. Ils ne songent guère à mettre leur âme dans leurs vers, et l'œuvre de Gaspara Stampa,
avec ses ardeurs brutales, demeure une exception. Aimer l'amour
n'est pas aimer, c'est souvent tout le contraire   pour la plupart
de ces artistes, la passion n'est autre chose qu'une matière à
développements doctes et subtils. Les théoriciens, d'ailleurs, rivalisent avec eux. La diffusion des idées philosophiques a donné
comme un regain à la vieille mode des débats amoureux. Traités
et dialogues discutent sur l'essence, la communauté, la « généa-

1. Sur Bonarelli, voy. la biographie de Francesco Ronconi en tête de l'édition de Rome, Grignani, 1640 ; — G. Campori, *Commentario della vita e
delle opere di G. B.*, Modena, 1875 ; — un article de G. Malagoli dans le
Giornale Stor., t. XVII, p. 177 et suiv.

logie d'amour[1] ». On parle contre les courtisanes[2] et on les défend[3], on multiplie à plaisir « élusions, captions, surprises de paroles et d'arguments[4], » on définit et on distingue. Les vérités les moins contestables prennent une forme abstruse : « le désir et l'amour sont fondés en l'Estre de la chose et non pas au Non-Estre[5] ». On traite de la jalousie, des droits de la passion subsistant au sein même du mariage[6]. On passe des mythes de Platon aux définitions d'Aristote[7]. Les poètes doivent se pénétrer de tout cela et accommoder de leur mieux la tendresse et l'érudition. On leur demande aussi de faire preuve de naïveté, mais cette naïveté n'est pas de la sincérité; elle s'apprend; elle a ses règles... Et c'est là, pour la pastorale, le danger le plus grave de tous.

Par ses qualités, par ses défauts même, le Tasse est fait pour mener le genre nouveau à son point de perfection. Nulle part, plus que dans l'*Aminta*, on ne trouve cette aisance et cette grâce légère. Les emprunts, qu'il ne dissimule pas, prennent comme un charme de nouveauté. Il se contente des épisodes traditionnels, et, faite de morceaux à peine juxtaposés, semble-t-il, l'œu-

---

1. *Philosophie d'amour de M. Léon Hébreu* (Leone Ebreo), *traduicte d'italien en françois par le seigneur du Parc Champenois*, Lyon, Guill. Rouille, 1551.

2. Sperone Speroni, *Orazione contra le cortegiane*, Venise, 1596.

3. « La courtisanye est le propre des femmes... Celles qui viuent autrement corrompent Nature qui ne les a engendrées à autre fin... les mœurs courtisanes sont la voie et l'échelle pour parvenir à la congnoissance de Dieu... » *Les dialogues de Messire Speron Sperone, Italien, traduitz en Francoys par Claude Grugel, Parisien*, Paris, 1551, p. 28. — Cf. les dialogues de Pietro Aretino.

4. Leone Ebreo, trad. citée. — Premier dial. « de l'essence d'amour ».

5. *Ibid.*

6. « L'amour des amans... souffre avec soy la compagnie du mary et de la femme. Aussi n'est-il pas véritable que toute femme qui s'énamoure aye son mary en haine, ny qu'au mary aymant bien sa femme l'amour soyt déniée : entendu mèmement qu'à aultre fin et pour meilleure occasion nous est doné amour que les noces ne furent ordonnées » (Sperone Speroni, trad. citée, p. 71).

7. Voy. *ibid.* : l'hermaphrodite, p. 3-5; le soleil, p. 20; le centaure, p. 23, etc... Cf. la théorie de l'amour dans le *Cortegiano*, de Castiglione (trad. G. Chapuys; Paris, 1585, p. 613); les *Asolani*, de Bembo (trad. J. Martin; Paris, Vascozan, 1547).

vre est de couleur merveilleusement une. Tout se fond et s'harmonise. Tout se condense surtout. Sannazar se défiait déjà des inventions trop singulières ; pour le Tasse, elles ont moins de prix encore. Non pas qu'il ait le moindre souci de la réalité des détails extérieurs. Le lieu de la scène est bien cette campagne du Pô, cette île du Belvédère ; mais en situant ainsi son drame, il se laisse aller simplement au plaisir de célébrer un paysage de prédilection, comme aussi de donner un cadre plus aimable à ses flatteries. Il serait puéril de chercher des intentions plus profondes ; son âme de poète est éprise de fantaisie. Toutefois, il y a loin de la fantaisie au romanesque. Cette fiction pastorale intéresse son cœur plus qu'elle n'amuse son esprit ; or, le cœur n'est pas touché par l'extraordinaire.

Rien de plus simple que la trame de l'*Aminta* : un petit drame intime sans autre ambition que de présenter à nos yeux des âmes souffrantes, fières, dédaigneuses ou craintives, la vérité des sentiments se colorant de poésie délicate. Auprès des inventions merveilleuses de son *Pastor*, Guarini doit trouver que c'est peu de chose. Pour que la « Favola boscareccia » devienne tragi-comédie, il faudra lui donner plus de matière et plus d'acteurs. Aminta et Silvia n'ont rien qui les mette au-dessus des bergers de pastorale ; avec eux, quelques confidents seulement, et un satyre à peine entrevu. Sur la scène, aucune action brutale ; des dialogues et des récits ; aucun oracle dont le sens ambigu puisse éveiller l'attention, aucune reconnaissance qui vienne trancher à la satisfaction de tous un nœud presque inextricable. Peut-on même parler d'action, d'action extérieure tout au moins ? Rien ne sépare les amants, sinon la timidité de l'un, la pudeur farouche de l'autre. Faute de voir clair en elle-même, la nymphe impitoyable risque de faire le malheur de tous deux, et, si l'on pouvait mourir quand on aime, l'idylle finirait en tragédie ; mais la nature est indulgente à la jeunesse, les satyres sont d'éternelles dupes, les loups poursuivent en vain les servantes de Diane, les précipices sont feutrés de mousse et de feuillages, on ne meurt de tristesse que pour renaître pleinement heureux... N'étaient les épisodes et le milieu conventionnels, Marivaux goûterait cette intrigue.

D'autant que, toute simple, la pièce du Tasse est une des œuvres les mieux conduites du seizième siècle italien : j'entends une de celles où les qualités du plan nous apparaissent le plus proches de notre futur idéal classique. Dès le début, on aime cette souplesse qui ne laisse pas de trace d'effort. Au dialogue dans lequel Silvia étale son orgueil de vierge intraitable répondent les lamentations amoureuses d'Aminta : en deux scènes, l'exposition est complète. Le dénouement, un simple récit, sera plus rapide encore. Dans l'intervalle, les épisodes s'enchaînent de plus en plus saisissants. Sauvée par son amant des entreprises du satyre, la jeune fille refuse de se déclarer vaincue ; un danger plus grave la menace, sans rien abattre de sa fierté ; il faut qu'Aminta soit victime de sa passion, pour que l'amour éclate enfin, irrésistible. Chacun des actes a sa matière propre et pourrait porter un titre particulier : la source, — les loups, — le précipice ; ou, si l'on a égard à la psychologie : la coquetterie, — la pudeur, — les regrets et l'amour. Le passage est insensible de l'un à l'autre ; il est peu de pièces où l'unité de temps, à défaut de celle de lieu, soit observée d'une façon plus rigoureuse : ceci, d'ailleurs, par un instinct de poète, bien plus que de propos délibéré. Une demi-heure à peine sépare le premier acte du second ; trois heures s'écoulent entre le second et le troisième ; le quatrième suit immédiatement le troisième... On comprend l'admiration de Ménage[1]. Sans doute, les allusions contemporaines, les flatteries obligatoires tiennent une place fâcheuse ; les chœurs aussi, peut-être, se développent trop complaisamment ; mais ils deviennent plus brefs d'acte en acte, suivant que doit se hâter l'action.

Que cette aisance soit le fruit de beaucoup d'efforts, que le Tasse ait pris grand'peine à établir le plan de son œuvre, qu'il se soit préoccupé des règles d'Aristote, il est permis d'en douter. Encore faut-il lui reconnaître, à un degré éminent, le sens de la mesure et de l'harmonie, c'est-à-dire, en définitive, le sens dramatique.

Cette intrigue, d'ailleurs, n'est que le cadre où se déroule l'ac-

1. Voy. les notes à son édition, Paris, Courbé, 1655.

tion véritable. Là surtout est l'importance de l'*Aminta*; c'est
par là qu'elle occupe sa place dans l'histoire du théâtre. Comme
dans toute pastorale, l'amour est le grand maître, mais ce n'est
plus cet amour raisonneur. Trop souvent affecté encore, il s'est
au moins dégagé du pédantisme. Le Tasse sent le ridicule et la
vanité des livres qui traitent de la science d'amour..... « En
quelle escole et de quel maistre s'apprend la longue et douteuse
science d'aimer? Ce n'est pas aux escoles de philosophie ny
de poésie que cela s'apprend, non pas quand Apollon mesme y
seruiroit de maistre. Ceux qui n'y auront autrement estudié n'en
sçauront guères et en parleront bien froidement... Lise donc
qui voudra les liures des docteurs [1]... » Pour lui, il comprend en
poète la peinture de la passion. Aux dissertations érudites, il préfère la vie.

Le costume ou la qualité de ses personnages n'enlèvent rien à
la vérité de l'œuvre. Le Tasse les sait et les veut artificiels; mais
l'amour les rapproche de nous; il « égale l'inégalité des sujets »,
comme dit le prologue, — et cette phrase a une portée plus
grande que ne l'a soupçonné le poète. Par l'amour, nymphes et
bergers nous apparaissent seulement des créatures humaines.
Aminta et Silvia sont bien vivants à cet égard. Un peu légère,
la psychologie du Tasse est précise; à travers les épisodes successifs, les caractères se développent, demeurant en leur fond
semblables à eux-mêmes.

Au moment où Silvia paraît le plus rebelle au culte de Vénus,
certains traits préparent sa conversion future. L'ironie légère de
la vierge vouée au service de Diane n'est que l'ignorance de
l'amour; toute frémissante de vie robuste, « la taille grande et
droicte [2] », l'ardeur qu'elle apporte aux plaisirs de la chasse
pourra trouver un jour un autre objet. Elle a déjà la conscience
et l'orgueil de sa beauté; elle se mire aux fontaines [3]. « Tais-toy

1. Chœur du second acte. Trad. La Brosse, Tours, 1591.
2. *Ibid.*, I, 1.
3. « Ie la trouuay près de la ville dedans ces grands prez où il y a une
petite isle au milieu des marécages, et au milieu de l'isle un petit estang qui est
si clair : ie la trouuay sur le bord toute penchée en auant... et souvent prenoit
tantost une fleur de troène et puis une rose, et les approchant de sa blanche et

ou parle d'autre chose », répond-elle à son amie; mais elle
écoute, sans trop d'impatience, l'histoire amoureuse de Licori et
d'Elpino : coquetterie et curiosité, les premières maîtresses
d'amour. Instruite par la vie, Dafné ne s'y trompe pas : « Ie
recognoy bien la bizarrerie de ceste première ieunesse : i'ay
esté ce que tu es. Mais de quoy est-ce que le temps ne vient
à bout... » Après cela, Silvia disparaît de la scène, et c'est bien
la plus grande lacune de l'œuvre, — Ménage a eu raison de la
signaler, — que jamais les deux amants ne s'y trouvent en présence. Au quatrième acte seulement, nous la reverrons, obstinée
encore, tout près cependant d'être vaincue. Nous sommes ici au
sommet du drame : Aminta passe pour mort et Silvia est coupable de ce malheur. La scène est, de toutes, la plus finement gra-
duée : l'étonnement d'abord, une incrédulité inquiète : « La
peur que tu as de sa mort sera vaine » ; — puis une angoisse
croissante : « Hélas! que ne le suiuais-tu! »; — les larmes
enfin : « *Dafné* : Tu pleures, toy superbe? O quel miracle!
Quelles larmes sont cecy? Larmes d'amour? — *Silvia* : Ce ne
sont point larmes d'amour, ouy bien de pitié... » C'est la dernière révolte de l'orgueil. Grave maintenant, Dafné l'oblige à se
connaître. « Ce sont vrayment larmes d'amour, car elles continuent : tu ne dis mot, Silvia. Es-tu maintenant amoureuse? Tu
l'es, mais il n'est plus temps [1]... » Quelques répliques de ce
genre peuvent faire passer sur bien des fadeurs.

Moins complexe, le caractère d'Aminta, victime mélancolique
de la timidité, est d'un dessin aussi ferme [2]. Il n'est pas jusqu'aux confidents qui ont leur physionomie nettement distincte :
Tirsi, que le poète a fait insouciant et léger comme lui-même ;
Dafné, conseillère souriante qui regrette, sans amertume, de

---

délicate gorge ou de ses uermeilles ioües, faisoit comparaison des couleurs... »
(*Ibid.*, II, 2). Le développement est connu; mais, comme presque tous les lieux
communs de la pastorale, il prend dans l'*Aminta* une valeur psychologique.
C'en est assez pour le renouveler.

1. IV, 1.

2. Je ne voudrais pas abuser des analyses littéraires, si aisément artificielles,
ni des citations. Voy. pourtant le début du dialogue d'Aminta et de Tirsi
(II, 3); l'effet est un peu gros, il n'en est que plus significatif des préoccupations dramatiques de l'auteur.

n'être plus à l'âge où l'on se défend et fait songer parfois aux soubrettes accortes de notre répertoire : « Oste moy ces amans respectueux, c'est faict de luy s'il en est là logé... Qu'il quitte là tous les respects, qu'il soit entreprenant, qu'il demande effrontément, qu'il soit pressant et importun... Ne sçais-tu pas encore de quelle humeur la femme est composée[1] ?... »

Et ainsi, toutes les formes de l'amour nous apparaissent en un tableau condensé, — toutes, sauf l'amour tragique. Celui-là, le Tasse ne l'a pas connu : « L'homme qui fuit amour, dit-il par la bouche de Tirsi, ne quitte pas pourtant sa part des plaisirs de Vénus; mais, au contraire, il recueille toute la douceur d'amour sans gouster de l'amertume[2]. » Pour lui, la jalousie n'est qu'une blessure d'amour-propre. La gamme de la passion va de la gaieté légère à l'attendrissement. Ses tirades les plus émues ne s'élèvent pas plus haut, et, sans doute, l'œuvre y perd en puissance, mais elle y gagne ce charme d'élégance exquise. La pastorale prend sa place, intermédiaire entre la comédie et la tragédie, capable de servir à toutes deux, si elles cherchent un jour à se rapprocher de la vie. Pour le moment, ni l'une ni l'autre n'y songent, et le plus conventionnel des genres dramatiques se trouve jusqu'ici être celui qui, par la simplicité de ses intrigues, par le thème qu'il s'est imposé, par le génie du Tasse surtout, comporte le plus de vérité générale, — celui, par conséquent, qui satisfait le mieux à la première loi de toute espèce de théâtre. « *Bérénice* n'est qu'une pastorale », dit Voltaire; l'observation serait juste, s'il n'avait le tort d'ajouter : « une pastorale cent fois moins tragique que les scènes intéressantes du *Pastor*[3] ».

Avec le *Pastor*, en effet, le genre nouveau commence à se corrompre. Il ne peut demeurer à ce point d'équilibre et de perfection : le succès même du Tasse pèse d'un poids trop lourd sur ses successeurs. Hantés par le souvenir du chef-d'œuvre, dési-

---

1. II, 2. Voy. dans l'édition Solerti (Collez-Paravia, 1901) la liste des passages dont le Tasse a pu s'inspirer.
2. II, 2.
3. Epitre à la duchesse du Maine, en tête d'*Oreste*.

reux en même temps de s'en dégager, ils sont aussi incapables de faire une œuvre nouvelle que de faire une œuvre sincère. La spontanéité leur manque, qui avait fait le charme de l'*Aminta*. Et d'autre part, consacrée genre dramatique, la pastorale doit s'inquiéter de sa dignité. Il faut qu'elle rivalise avec la tragédie et la comédie, que, sans rien abandonner, elle s'assimile des éléments nouveaux, qu'elle devienne plus complexe, qu'elle ait ses principes et ses lois propres.

C'est là ce qui la perd; elle meurt de l'imitation; elle meurt surtout des efforts que l'on fait pour la renouveler. Sans parler d'Antonio Ongaro et de sa « favola pescatoria », simple décalque[1], Guarini a vu de trop près le triomphe de l'*Aminta*, pour l'oublier un seul instant. Il y puise à pleines mains et ne s'en cache pas; il s'en vante plutôt, ayant la prétention de n'être pas, quand il imite, au-dessous de son modèle. Son *Chœur de l'âge d'or* est, à ses yeux, un tour de force véritable : sur les mêmes rimes que le Tasse, il a bâti un développement tout à fait contraire, célébrant les lois de l'honneur que son rival humiliait aux pieds de l'amour. « Non aspetti il lettore », ajoute-t-il en note, « ch' io dica qual di loro mi paja più bella, perciocchè non conviene a me di dar una sentenza ; ma dico bene, che questa é di maggior fatica, di maggior arte, ed in conseguenza, degna di maggior lode[2]... » Orgueil excessif, sans doute, si l'originalité n'est pas beaucoup plus grande à prendre le contre-pied exact d'un développement qu'à le suivre à la lettre, et si, d'ailleurs, la virtuosité d'un artiste, au théâtre surtout, n'a rien de commun avec la poésie. Encore ne s'agit-il ici que d'un hors-d'œuvre; mais ce parti pris de constante émulation a des effets plus fâcheux. Comme l'*Aminta*, le *Pastor* s'ouvre par un débat où sont opposés les plaisirs de la chasse et ceux de l'amour. Peu im-

1. L'*Alceo*, Venise, 1582 : « Aminta bagnato », comme on a dit. Trad. franç. de Roland Brisset, 1596. — Le Tasse, de son côté, avait eu l'intention, entre 1580 et 1582, d'écrire une « favola maritima » ou « pescatoria ». Voy. les deux sonnets cités dans la préface de l'édition Solerti, 1901, p. 135. Voy. aussi : Mario Mangani, *Origine e svolgimento dell' egloga pescatoria italiana*, Nicastro, Bevilacqua, 1902.

2. *Annotazioni del quarto Coro;* éd. de Verone, 1737, t. I, p. 138.

porte à Guarini que, sans aucun rapport avec son sujet, ce débat ait le grave défaut d'engager une action secondaire et surtout de mettre au premier plan un personnage qui demeure inutile. On le lui reprochera peut-être, car il prévoit toutes les critiques, mais il a, pour se justifier, l'exemple de Térence[1] : à défaut d'autre, cette autorité lui suffit. Et si on le blâmait encore d'avoir suivi trop docilement son prédécesseur, il répondrait que de la nymphe Silvia, il a fait le berger Silvio. Par là, tout est renouvelé, en effet, puisqu'en changeant de sexe l'héroïne profondément humaine du Tasse est devenue un personnage en dehors de toute vérité.

C'est, en somme, ce qui le préoccupe le moins. Silvio, après tout, n'est pas plus artificiel que le fidèle Mirtillo ou que cette Amarilli, étrange créature incapable d'un mot ou d'un geste spontanés, désireuse seulement de ressembler aux solennelles princesses tragiques, de vertu stoïque, d'esprit docte et de cœur nul. La pastorale a renoncé à ce qui faisait tout son prix. Le pédantisme amoureux a repris sa place. Il n'est plus question de dresser devant nous des êtres construits à notre image, de nous émouvoir par leurs angoisses, de nous faire sourire de leurs faiblesses, mais de piquer notre curiosité par des aventures étranges, et d'exciter notre admiration par l'abondance des lieux communs.

On s'est exagéré, parfois, l'intérêt comme la portée des idées de Guarini. Elles affectent souvent, dans les notes plus que dans le texte de la pièce, une rigueur dogmatique qui peut faire illusion. Aussi fier de son renom de philosophe que de sa gloire de poète, il aime citer les pythagoriciens et Aristote, les épîtres de Sénèque et la *Somme* de saint Thomas ; il se souvient de Lucrèce ; il pose, plus nettement que d'autres, l'antinomie de la loi naturelle et des conventions humaines[2], et Bayle lui réservera

---

1. « Nè mi par di tacere, che nel primo atto sempre si notifica l'argomento, cioè la parte, ch'è necessaria. Ma qualche volta, nella prima scena non se ne parla. Cosi fece Terenzio e nell' *Eunuco*, e nell' *Ecira*, nelle quali riserva l'argomento nella seconda scena del primo Atto. » *Annotazioni della prima scena*, ibid., p. 11.

2. Voy. les notes à la scène I, au troisième et au quatrième chœur, etc.

une place dans son Dictionnaire [1]. Il n'y a là autre chose, pourtant, qu'un jeu d'esprit. A vrai dire, les idées philosophiques, comme les simples descriptions, ne sont pour lui qu'une matière à tirades brillantes. D'une verve lyrique inépuisable, il est la première dupe de sa facilité : il se laisse entraîner par elle sans chercher au delà. Les mots emportent les idées. Ce qui constitue une scène, ce n'est plus une progression de sentiments ; ce n'est pas davantage une démonstration logique, c'est une succession de morceaux distincts, pour lesquels, indifféremment, tout est bon. Linco et Silvio dissertent, au premier acte, sur la chasse, sur la jeunesse, sur l'universalité de l'amour, sur les faiblesses d'Hercule ; Amarilli et Corisca parleront, au second, de la nature et de la loi, en attendant que Mirtillo ouvre le troisième par un hymne au printemps. Les monologues ont tout envahi, et le dialogue est fait de monologues alternés. Pas une minute, même dans les situations les plus imprévues, il ne sait être vivant. Jetés dans les bras l'un de l'autre, les amants ne songent qu'à reprendre une fois de plus les développements qui leur sont chers : quatre-vingts vers de l'un répondent à quatre-vingts vers de l'autre, et la scène s'achève par une série d'antithèses ingénieuses : « Armé de la vertu, on peut tout entreprendre. — La vertu ne peut vaincre où l'amour est vainqueur... — Nécessité d'amour ne connaît pas de loi... — Le temps qui détruit tout peut détruire l'amour [2]... » J'en passe : comme sincérité, la pas-

1. De même Canello, historien systématique et philosophe, désireux de ramener toute la littérature du seizième siècle italien à quelques idées maîtresses, est heureux de les signaler chez Guarini : « E qual il concetto speciale che il Guarini ha voluto incarnare in questo elaboratissimo dramma ? Noi crediamo che in esso meglio che in nessun' altra opera teatrale, si rispecchino chiare le condizione e gli ideali della vita privata Italiana verso la fine del cinquecento... Il gran merito di questo dramma consiste nell' avere coragiosamente affrontato e con serena sapienza risolto il problema della lotta tra la legge e la natura, tra il gius positivo e il naturale, che appunto tormenta Amarilli, designata in isposa per legge a Silvio e per affetto di natura a Mirtillo... » (*Storia della lett. Ital. nel. sec. XVI*, p. 224-45). C'est prendre les choses bien à la lettre. Le chœur de l'âge d'or deviendrait alors le centre et comme l'âme de l'œuvre : Canello n'hésite pas à le proclamer ; mais les aveux de Guarini lui-même ne nous permettent guère d'y chercher l'expression de convictions profondes et mûries.

2. III, 3. Trad. de Torches.

torale n'a plus rien à envier aux premiers essais de la tragédie classique.

Naturellement aussi, elle imite ses complications d'intrigue. Vidée de sa substance propre, il lui faut emprunter des éléments étrangers. La matière toute simple de l'*Aminta* ne suffirait plus : sans profondeur, l'œuvre doit s'étendre en surface ; après les huit personnages du Tasse, on en compte dix-huit dans le *Pastor* et treize dans la *Filli*. Le mouvement donnera l'illusion de la vie, l'action, tout en demeurant action pastorale, deviendra une action tragique.

Guarini n'a pas vu le danger de ce progrès, — et qu'il était plutôt un recul. Les héros de l'*Aminta* avaient cet avantage de n'être que des créatures humaines dans l'acception la plus large du mot, dépouillées de tout ce qui est individuel et particulier, des êtres libres de toute attache, de toute obligation, de tout préjugé, chez lesquels rien ne mettait obstacle au jeu de la passion, — par conséquent d'admirables sujets d'études. Guarini se préoccupe de préciser et d'élever leur condition. Tous sont, avec lui, de « nobles bergers », issus de race divine, ayant entre les mains les destinées d'un peuple, avec des devoirs à remplir, une dignité à conserver[1].

L'Arcadie elle-même n'est plus ce monde chimérique où la poésie se jouait à l'aise. C'est une terre lointaine, mais réelle ; la religion s'y fait tyrannique ; l'amour doit y plier devant les convenances sociales ; des ennemis menacent ses frontières : c'est un de ces royaumes où se déroulent les aventures de la tragédie. Guarini est bien le créateur de la « tragi-comédie pastorale », il a raison de le proclamer, il a tort seulement d'en être fier. A un monde poétique et vrai sous ses conventions, il a substitué un monde faux. Le romanesque dépossédé retrouve son empire et les plus adroites complications ne feront pas oublier la vérité perdue.

1. Le décor aussi doit associer la richesse et la simplicité. « A scena tragico pastorale non disconvengono nè i marmi nè le colonne, ma non in tutti i luoghi. Le case de' pastori quantunque grandi non son atte a ricevere architettura, nè prospettiva, nè ordine cittadino. Ma i templi saranno ben capaci, e di colonne, e di marmi, di sculture e di altri grandi e ragguardevoli adornamenti... » *Replica dell' Attizzato...*, édit. Véron, III, 270.

Tout est fait cependant pour retenir l'attention. Simultanées, plusieurs actions s'enchevêtrent, et l'argument, en tête de l'œuvre, n'est pas inutile. Réduits à sacrifier chaque année une jeune fille à Diane, les habitants de l'Arcadie ne seront libres du tribut que lorsque sera satisfait un oracle, obscur comme il convient :

> Vous ne verrez jamais la fin de vos malheurs,
> Que l'amour n'ait uni deux cœurs
> Qui descendent tous deux d'une race immortelle,
> Et qu'un berger fidèle et généreux
> N'ait réparé l'honneur d'une femme infidèle
> Par la noble ardeur de ses feux[1]...

La belle et noble Amarilli, soupçonnée à tort d'avoir violé sa foi, est la victime désignée ; l'humble berger Mirtillo, qui l'aime sans espoir, s'offre à mourir pour elle, quand une reconnaissance opportune le fait découvrir fils du grand-prêtre ; issu de race immortelle, amant dont la fidélité a donné ses preuves, il peut épouser la nymphe : les dieux n'en demandent pas davantage ; — et voilà déjà une première aventure. En voici une seconde, où se combinent des souvenirs du *Cefalo* et de l'*Aminta* : Silvio, destiné jadis à épouser Amarilli, a horreur de l'amour ; il repousse les avances les plus nettes de Dorinda, jusqu'au jour où, l'ayant blessée à la chasse, ses yeux s'ouvrent enfin. Et comme Mirtillo, de son côté, est aimé de la jalouse Corisca, nymphe aux charmes trop mûrs et à la beauté frelatée, et comme Corisca, enfin, est poursuivie par un satyre et par le berger Coridone, une troisième et une quatrième intrigues, comiques celles-ci, se juxtaposent aux deux premières. L'auteur a bien quelque peine à lier les parties d'une action si complexe ; toutes sont à peu près sur le même plan ; les épisodes empiètent souvent sur l'essentiel, et il ne faut pas moins, pour engager la pièce, de quatre expositions successives, et, pour la conclure, de trois dénouements. Au moins fait-il preuve d'une bonne volonté touchante. Philosophe et poète, il tient à se démontrer homme de théâtre. Des brutalités même ne l'effrayent pas ; les spectateurs ont sous les yeux Corisca aux

---

[1]. I, 2. Trad. de Torches.

mains du satyre, Amarilli dans les bras de Mirtillo. Ils écoutent la voix ironique de l'écho. Devant eux est figurée l'entrée de la caverne où se rencontreront, — par un procédé qui deviendra cher aux vaudevillistes de l'avenir, — Amarilli épiant Mirtillo, Mirtillo cherchant Amarilli et le satyre à la poursuite de Corisca. Des cortèges évoluent, prêtres ou chasseurs et le jeu de la Cieca est un ballet véritable qu'il règle avec le plus grand soin. L'art du poète se subordonne à l'art des danseurs et des musiciens[1].

Il serait plus difficile encore de résumer la *Filli di Sciro* et d'énumérer toutes ses richesses. Les événements qui précèdent l'action propre du drame — deux enlèvements successifs, sans parler de l'étrange façon dont Tirsi revoit sa patrie, — tiennent du prodige, et les cinq actes répondent aux promesses de l'exposition. Le jeu des reconnaissances prend une précision toute nouvelle; les pères et les fils, les frères et les sœurs séparés dès longtemps ne se connaissent plus; Filli, sous le nom de Clori, aime Tirsi sous le nom de Niso, lequel aime Celia, aimée aussi d'Aminta qui se trouvera le frère de Filli, en même temps que Celia deviendra la sœur de Tirsi : aimable simplicité, et beauté géométrique du dénouement où, par la vertu d'un anneau brisé, chaque sœur reconnaît son frère et chaque amante son amant! La pièce est construite comme une figure de ballet; la vraisemblance en souffre, mais, comme dit le poète :

Occupez désormais vos âmes retenües
En l'admiration des causes incognues
Et scachez que celuy voit les secrets des Cieux
Qui d'un humble respect baisse en terre les yeux[2].

---

1. « Tutti i motti... sono studiati con numero, e armonia : in modo che non è meno ballo, che giuoco... Ne mi par di tacere il modo, con che il poeta nostro compose le parole di questo ballo, che fu così. Prima fece comporre il ballo a un perito di tale exercizio; divisandogli il modo dell' imitare i moti, e i gesti, che si sogliono fare nel giuoco della cieca... Fatto il ballo fu messo in musica da Luzzasco... Indi sotto le note di quella musica, il poeta fe le parole... » *Annotazioni della scena seconda del terzo Atto*, pp. 53-54.

2. Trad. du Crds, p. 256.

Ce sont les derniers mots de la *Filli*. Dans ses 4.347 vers
(l'*Aminta* n'en comptait que 1.996), Bonarelli a fait entrer plus de
matière que Guarini dans les 6.700 de son *Pastor*, plus de
« matière tragique » surtout, puisque les bergers ont affaire à
Oronte, capitaine du roi de Thrace, à son lieutenant Perindo et
à la troupe de ses soldats, en même temps qu'aux satyres, leurs
ennemis traditionnels.

Il revendique, d'ailleurs, un autre titre de gloire. La grande
nouveauté de son drame est le double amour de la bergère Celia,
entraînée par une égale passion vers Aminto et Niso, blessés
tous deux en prenant sa défense. La jeune fille elle-même est
fière de cette singularité psychologique et se plaît à en faire
parade :

> Tous deux catoient alors bien proches du tombeau...
> La pitié m'estourdit et mon âme confuse,
> Ore à l'un, ore à l'autre innocemment s'amuse ;
> Ie les voulois seruir l'un et l'autre à la fois...
> Enfin ie commencay par ie ne scay quel d'eux ;
> Car alors que ma main fauorable à tous deux
> S'employoit près de l'un auec un soin extrême,
> Mon cœur couroit vers l'autre[1]...

Entre eux, rien ne lui permet de se décider, et la vieille Serpilla la conseille en vain :

> Aime celuy des deux dont l'air a plus d'appas...
> C. — Mais entr'eux iustement la balance est égale.
> S. — Aime doncques celuy qui le premier surprit
> D'un attrait amoureux ton innocent esprit...
> C. — A mesme temps i'ay veu ces amours différans
> Ainsi que deux gemeaux naistre et devenir grands...
> S. — Aime celuy des deux qui t'aime davantage...
> C. — D'une égale mesure ils ont ietté pour moy
> Des pleurs et des soupirs...
> S. — Suy l'inclination qui deuient la plus forte...
> C. — Il semble qu'ore Aminte, ore Nise à son tour
> M'attirent toute entière à leur fidèle amour[2]...

---

1. Trad. du Cros, I, 3.
2. *Ibid.*, II, 2. Bonarelli a pu emprunter cette situation au second livre des

Contre ses ennemis, Bonarelli s'acharne à démontrer la vraisemblance de ses inventions [1]. Il ne songe pas que, vraisemblable ou non, rien dans cette aventure ne peut nous toucher, et
que cette égalité parfaite entre les deux amours de son héroïne
lui enlève tout intérêt dramatique. Une lutte intérieure est chose
vivante au théâtre, mais entre sentiments de même nature, de
même intensité, la lutte est impossible. Il ne reste à la malheureuse
qu'à se lamenter indéfiniment en attendant que le hasard décide
pour elle. L'amour, d'ailleurs, n'est la passion la plus poignante
que parce qu'il est la plus universelle ; dès lors, c'est aller contre
toute logique que de s'amuser à des exceptions. Bonarelli, en
définitive, n'a pas ramené la pastorale sur le terrain psychologique, son véritable terrain. Il a fait un pas de plus dans la voie
où le *Pastor* s'était engagé; jusqu'ici, le romanesque avait envahi l'action : il pénètre, avec lui, dans les sentiments.

Par là s'expliquent certaines admirations dont Guarini, sinon
Bonarelli, a le bénéfice. Voltaire, qui s'est institué pourtant le
champion du Tasse, mais qui voit surtout en lui le poète de la
Jérusalem, n'hésite pas à placer au-dessus de l'*Aminta* le *Pastor
fido,* plus fertile en épisodes saisissants. Il ne recule devant aucune comparaison : « Pourquoi des scènes entières du *Pastor
fido* sont-elles sues par cœur aujourd'hui à Stockholm et à
Pétersbourg, et pourquoi aucune pièce de Shakespeare n'a-t-elle
pu passer la mer ? C'est que le bon est recherché de toutes les
nations [2] ». — « On ne connut que dans le *Pastor fido*, dit-il
encore, ces scènes attendrissantes qui font verser des larmes,
qu'on retient par cœur malgré soi [3]... » Dans cet enthousiasme,
l'amour-propre a sa bonne part. En même temps que le goût
des tirades philosophiques, il trouve ici quelque chose de ce
mouvement que lui-même a essayé de porter sur la scène fran-

Amours d'Ovide. — Quant à l'idée de la rendre amoureuse de son propre frère
Tirsi sous le nom de Niso, cf. dans l'*Aretusa* d'A. Lollio l'amour de Licida
pour sa sœur Silvia qu'il ne reconnaît pas. Nous retrouverons plusieurs fois
la même situation, un peu équivoque, dans la pastorale française.

1. *Discorsi... in difesa del doppio amore della sua Celia*, publ. à la suite
de l'édition romaine de 1640.

2. *Essai sur les mœurs*, chap. cxxi.

3. *Dictionnaire philosophique*, article *Art dramatique*.

çaise. *Berenice* et l'*Aminta* sont des œuvres un peu froides..., et, de fait, toutes proportions gardées, Voltaire succède à Racine comme Guarini succédait au Tasse. La tragédie se perd comme la pastorale s'est perdue.

En prenant le nom de tragi-comédie, celle-ci a témoigné d'ambitions nouvelles et dangereuses. Il était dans sa nature d'attendrir et de faire sourire à la fois, et le Tasse, par cela seul que l'amour était toute sa pièce, avait écrit une œuvre de genre moyen [1]. Ses successeurs ne s'en tiennent pas à cela. Soucieux de tirer de toutes choses tout le parti possible, ils cherchent moins à fondre les éléments divers qu'à en accuser l'opposition : autre principe de mort. Les indécences de l'ancienne comédie suivent les tirades les plus affectées [2] ; les scènes burlesques éclatent et détonnent. Fier de sa force et de sa beauté spéciale, le satyre de l'*Aminta* avait assez grande allure; il représentait, d'ailleurs, quelque chose d'humain, étant comme le symbole de l'amour sensuel, — et il suffisait au Tasse de nous conter ses exploits. Guarini tient à étaler aux yeux la férocité bouffonne du sien. La scène où Corisca, surprise par lui, échappe en laissant sa perruque entre ses mains lui paraît du meilleur comique. Il appelle sur le jeu de scène toute notre attention : « Bisogna avvertire, che quando Corisca si mise le mani in capo, ciò non fu per islegarsi la chioma quasi non potesse far altramenti, volendo fuggire...; ma vi mise le mani per far maggiore la resistenza, accioche il Satiro n'avesse, come nel vero ebbe una caduta quanto più fiera fosse possibile : e però prese con ambedue le mani il conciere di detta chioma, e fece gagliardissima resistenza al Satiro per lasciarla poi subito [3]. » Avec le même sérieux puéril, il justifie ailleurs l'impudeur de Dorinda, « essen-

---

1. C'est une loi générale. Tout théâtre reposant uniquement sur la peinture de l'amour tend, pour se rapprocher de la vie, à se placer à égale distance de la tragédie et de la comédie pures. Notre comédie larmoyante, avant d'avoir trouvé son titre, est réalisée par Marivaux, lequel se rattache à Racine.

2. Telles plaintes sur la malheureuse condition des femmes (*Pastor*, III, 5) rappellent la *Philogenia* d'Ugolini de Parme : « Amore ardeo, parentes metuo. Virginitas quoque, aetatis meae flos unicus et summum decus non me sinit voluntati meae morem gerere... Carne et ossibus nata sum... »

3. *Annotaz. della sesta scena del secondo Atto.*

dosi fatto lecito tutti i comici di produr in scena le pubbliche
meretrici, e trattare de' loro disonestissimi amori [1] ». Ce droit,
Bonarelli en use comme lui. L'indulgente Dafné, dont la grâce
était faite d'expérience et de bonté, ne se reconnaîtrait guère
dans les vieilles bergères Serpilla et Nerea, entremetteuses vulgaires qui ne se contentent pas de regretter les plaisirs de la
jeunesse, mais s'efforcent de les goûter encore, — en y mettant
le prix.

> En amour, la vieillesse achète au lieu de vendre,

dit l'une d'elles, et le petit berger Filino nous renseigne sur ses
mœurs [2].

A distance égale de la comédie et de la tragédie, la pastorale
avait sa raison d'être ; unissant aux pires bouffonneries de l'une
les solennités de l'autre, outrant les invraisemblances de toutes
deux, elle n'est qu'un monstre singulier qui ne saurait vivre,
« un vago mostro », comme dit Ménage.

*
* *

Cette déformation de la pastorale n'a pas été l'œuvre du
hasard, ou du temps : on y reconnaît une volonté très cons-
ciente. Guarini n'est pas un instinctif comme le Tasse. Il prétend
ne rien laisser à l'aventure et ne faire que ce qu'il veut. Il a réfléchi sur les principes de l'art, sur l'essence du théâtre ; il goûte
ces discussions où, pour défendre un vers, on met à sac tout
l'arsenal de la logique, où chacun tire à soi l'autorité d'Aristote,
où l'on distingue, où l'on définit, où l'on argumente, où les injures donnent du piquant aux subtilités philosophiques, où l'on
démontre à l'adversaire qu'il confond une « fin architectonique »
avec une « fin instrumentale », qu'il erre sur la Substance et
l'Accident, — et qu'il est, conséquemment, le dernier des hom-

---

1. *Annotaz. della seconda scena del secondo Atto.* Notez qu'il s'indigne
pourtant des libertés de la *Commedia dell' arte* (Pref. de la *Idropica*).
2. III, 4 ; III, 2.

mes. L'édition complète de 1737 est en quatre volumes : un volume d'œuvres et trois de commentaires. Attaqué, il se défend, avec une abondance infatigable. En 1587, deux ans avant la publication du *Pastor*, Jason de Nores a engagé la lutte. Son *Discorso*[1] établit que toute poésie est dépendante de la philosophie morale et civile et que la tragi-comédie pastorale, non consacrée par Aristote, incapable, d'autre part, de donner aux citoyens de salutaires leçons, n'est qu'un genre bâtard, en dehors de toute règle. Guarini s'empresse de se poser en champion du genre nouveau ; ces polémiques ne peuvent qu'assurer à sa pièce une singulière importance : une seule chose, l'indifférence, est mortelle aux œuvres d'art. Sous un nom d'emprunt, celui du comédien *Verrato*[2], il prend vigoureusement l'offensive, et, sur une réplique de Nores[3], un second *Verrato* précise, avec une violence plus injurieuse, les arguments du premier[4]. Avec l'édition définitive de 1602 se termine cette première phase du débat ; un *Compendio*[5] la résume, et, méticuleusement, scène par scène, des *Notes* réfutent toutes les critiques.

1. *Discorso... intorno a que' principi, cause, ed accrescimenti che la commedia, la tragedia, ed il poema eroico ricevono dalla filosofia morale e civile...*
2. *Il Verrato ovvero difesa di quanto ha scritto messer Jason di Nores contra le tragicommedie e le pastorali in suo discorso di poesia.*
3. *Apologia contra l'autor del Verrato di Jason de Nores di quanto ha egli detto...*
4. *Il Verrato secondo ovvero replica dell' Attizzato, academico Ferrarese, in difesa del Pastor fido...*
5. *Compendio della poesia tragicomica tratto dai duo Verati per opera dell' autore del P. F. colla giunta...* (imprimé déjà séparément en 1601). L'auteur, après cela, n'a plus besoin de se mêler à la lutte. Tant de bruit ne se calmera pas de longtemps ; une série d'escarmouches tiendront l'attention en éveil. Les tomes III et IV de l'édition de Vérone nous donnent la plupart de ces attaques ou de ces défenses successives :
1598, *Della poesia rappresentativa... discorso di Angelo Ingegneri.*
1600, *Due discorsi... de Faustino Summo Padovano.*
1600, *Considerazioni intorno al P. F. de G. P. Malacreta.*
1600, *Risposta alle consideraz... de Paolo Beni.* — *Discorso de P. Beni.*
1601, *Apologia di Giovani Savio Veneziano.*
1601, *Difesa del P. F. contro il Summo e Malacreta de Orl. Pescetti.*
1601, *Replica de Faustino Summo.*
1603, *Apologia de Luigi di F---' ', etc.*

Guarini ne tarit pas quand il s'agit de commenter son œuvre, d'en faire valoir les intentions, d'en montrer les nouveautés, d'en justifier la conduite. Au milieu de ces polémiques qui auraient affolé le Tasse, il se sent parfaitement à l'aise. Cette ardeur combative, dont toute son existence a témoigné, le sert à merveille ; joyeusement, il pousse son solennel adversaire, l'épée dans les reins. Les calembredaines éclatent au milieu des discussions abstraites. Un flot d'épithètes célèbre le *Pastor*, « i suoi periodi non lunghi, non concisi, non intralciati, non duri, non malagévoli da essere intesi[1]... » ; ou écrase l'audacieux, « il immodesto, il colpevole, il provocante, il calogniatore, il pubblicator di libelli famosi, il bugiardo, il malizioso, il falsificatore e maledico[2] !.. » Il raille ses « sconcertate, fiacche, vizze, cadente e moribonde risposte[3] », — et comme ces gentillesses sont écrites au moment où Jason de Nores vient de mourir en effet, la plaisanterie est d'un à-propos fort délicat. Cela ne l'empêche pas, entre temps, de gémir, de se poser en victime, en Adonis meurtri par le sanglier[4], de passer du style badin aux périodes larmoyantes et de s'exclamer : « O Dio buono ! o vituperio ! o tempi ! o costumi ! o gloria de' litterati[5] ! » Ici encore, Voltaire peut reconnaître un précurseur : c'est le même art d'user des pseudonymes, — « il Verrato » d'abord, « l'Attizato » ensuite, — de se permettre, à leur faveur, toute liberté. d'attaquer l'adversaire sur des phrases exactes mais détachées de l'ensemble, procédé commode pour prêter aux gens toutes les sottises, en gardant le bénéfice d'une parfaite bonne foi. C'est le même orgueil[6], avec moins d'esprit, cette façon de triompher bruyamment de victoires faciles et d'accabler de médiocres ennemis.

Les railleries ont beau jeu contre Jason de Nores. Non que tout soit également ridicule dans son pédantesque discours ; ses

---

1. Édit. de Vérone, III, p. 303.
2. *Ibid.*, III, p. 53.
3. *Ibid.*, III, p. 2.
4. *Ibid.*, III, p. 33.
5. *Ibid.*, III., pp. 29, 13.
6. « Contentatevi che la sentenza sia la medesima che diede Augusto sopra l'Eneade... » *Ibid.*, II, p. 308 ; cf. III, p. 384.

conclusions sont justes souvent, mais il les appuie sur des principes singuliers. Pénétré des doctrines d'Aristote et de l'importance de ses propres fonctions, il n'a qu'un souci : humilier toutes
choses devant la science qu'il professe [1]. En fait de poésie, il
n'admet qu'une sorte de « Triarchat » [2] : l'épopée qui fait aimer
l'héroïsme, la tragédie qui inspire la haine des tyrans, la comédie
qui nous dresse à la vie de citoyens; hors des trois genres, il
n'est que monstres et anarchie. Venant après le *Discorso*, les
deux *Verrati* semblent pleins d'idées généreuses; Guarini dit
son fait à ce dogmatisme exclusif, il plaide avec assez d'éloquence
pour la liberté de l'art. A la condition de ne pas violer certaines
lois universelles, tirées de la nature et respectables par cela
seul [3], le poète peut briser toutes les barrières : « Non si vuol
ristringer il poetare in termini si meschini, ma quanto più si può
ampliargli, e dar animo a begli ingegni d'arrichire il tesoro delle
muse e non d'impoverirlo [4]. » Les genres littéraires sont dans un
perpétuel devenir; fonction de la vie, ils se transforment avec
elle; de quel droit prétendre les arrêter, même à un point de
perfection? Être fixé, c'est être mort. Aux divisions des théoriciens, le *Verrato* oppose la complexité de la nature, unique
maîtresse [5]; aux moralistes, il répond que l'art n'a qu'une fin,
« non insegnare, ma dilettare » [6]; et ce sont, à l'adresse de ces
législateurs, des apostrophes véhémentes : « Non si permette, e
da chi? Proferite un poco l'autore di cotesto decreto... Non si
permette. Ed io dico che si permette! [7] »

Sans doute, le poète défend ici une grande cause; il ne faudrait
pas oublier cependant qu'il ne la soutient que par amour-propre
personnel, et dans la mesure où le demandent ses intérêts. Ces

1. « Ciascuna poesia, in quanto artificiosa, deve essere utile; ed in quanto
imitatrice, deve essere verisimile; ed in quanto verisimile, non deve essere mos-
truosa ». Édit. de Vérone, II, p. 362.
2. « Il vostro Aristotelico, anzi Jasonico Triarcato », dit Guarini, III, p. 8.
3. « Nella poetica sono alcuni precetti universali che per esser tratti dalla
natura non si posson mutare... » *Ibid.*, II, p. 233.
4. *Ibid.*, II, p. 233.
5. *Ibid.*, II, p. 239.
6. *Ibid.*, II, p. 222.
7. *Ibid.*, II, p. 271.

écrits théoriques n'ont pas, dans la lutte engagée sur la fin du
seizième siècle contre la scholastique, l'importance qu'on serait
tenté de leur attribuer. L'autorité d'Aristote, d'ailleurs, si parfois
on la conteste en matière philosophique, est souveraine en poésie.
Le prestige des règles demeure absolu, et Guarini, quoi qu'il en
dise, n'échappe pas entièrement à ce préjugé; du moins ne veut-il
pas le heurter en face. Son œuvre ne gagnerait rien à se mettre
en travers de convictions si fermes; il n'écrit pas pour lui faire
des ennemis nouveaux. Plus brutal à l'égard de Nores, mais plus
prudent, l'*Attizzato* se préoccupe d'atténuer quelques phrases
que l'impatience avait arrachées au *Verrato*. Peu importe,
s'écriait-il, que le Dante et l'Arioste aient ou non suivi les règles
d'Aristote, « il mondo è giudice de' poeti ed egli dà la sentenza
inappellabile[1]... » Cinquante pages maintenant ont pour objet
de montrer que, loin de condamner la tragi-comédie, l'auteur de
la poétique en a admis le principe[2]. Qui en doute lui fait injure,
comme nous en informent les indications marginales : « Messer
Jason volendo difender Aristotile l'accusa », et, quelques lignes
plus bas : « Difesa d'Aristotile contra il Nores[3]. » Avec sa souplesse d'avocat, Guarini excelle à renverser les rôles, ce qui est
toujours très habile, mais ce qui n'est jamais très courageux.
« No intendo, dit-il, di difendere altro che il *Pastor fido*,
lasciando a ciascheduno la difesa dell' opere loro[4]. »

En cela, il n'a pas tout à fait tort. Nores se défend bien d'avoir
songé à lui dans son premier discours; il peut même prétendre
qu'en 1587, le *Pastor* n'ayant pas encore paru, il en ignorait
les défauts comme les mérites. Mais le bruit que Guarini avait
fait autour de son drame, ces lectures successives à Ferrare, à
Guastalla, à Padoue, à Venise, ces copies plus ou moins exactes
multipliées de toutes parts, avaient rendu l'œuvre populaire
avant le jour où l'impression en donna le texte officiel. Jason de
Nores était aussi bien placé que personne pour la connaître : il
suffit de voir où tendent ses arguments; aucun d'eux n'attein-

---

1. Édit. de Vérone, II, p. 233.
2. *Attizzato*, 4e partie. Édit. de Vérone, t. III, p. 338.
3. *Ibid.*, III, p. 113.
4. *Ibid.*, III, p. 300.

drait vraiment l'*Aminta*. C'est à la tragi-comédie pastorale seule qu'il en veut; or, Guarini est en droit de s'écrier : « Chi biasima il poema tragicomico pastorale biasimo il *Pastor fido* : non è altro poema tragicomico pastorale al mondo[1] », et de revendiquer pour lui seul le droit de se sentir atteint.

Dégagé de tout ce qui n'est qu'accessoire, personnalités blessantes, dogmatisme creux, préoccupations sociales, subtilités pédantesques et vaines, le débat, en somme, porte sur deux points : le *Pastor*, pour Jason de Nores, est une œuvre artificielle et disparate.

Quel besoin de réunir en une assemblée des courtisans et des citoyens, pour leur présenter des êtres qui n'ont avec eux rien de commun, dont le costume, les manières, les paroles, les façons de penser et de sentir sont différents; qui échappent, par essence, à toutes les préoccupations de la ville; incapables, à la fois, d'être tragiques dans leur misérable situation et de nous égayer par leurs saillies, puisque l'esprit (*urbanitas*) est le propre des villes (*urbes*)? C'est, dès le choix du sujet, se placer hors de la vérité, car, au théâtre, cela seul est vrai que les spectateurs peuvent connaître comme tel[2]. Jusqu'ici, l'argumentation de Nores n'est pas très solide. Échappant à la réalité, ces personnages ont, au contraire, une signification plus profonde; nous trouvons en eux, réplique le *Verrato*, « la natura nostra quasi vergine... senz' alcuno di quelli artifici e di quelle finte apparenze che sono peccati propri della Città[3] ». En quoi leurs amours sont-ils moins vraisemblables que les crimes de Canace, de Phèdre, de Sémiramis, que les adultères, les viols, les indécences, les commerces honteux de la comédie?...

On ne saurait mieux dire, défendre la pastorale pure avec plus de raison, mais aussi — l'auteur, sans doute, n'y songe pas — condamner plus nettement le *Pastor*. Guarini, en effet, a dépouillé la pastorale de cette vérité qu'il prise si fort; lui seul l'a embarrassée de ce qu'il blâme dans les genres rivaux. Ses « no-

---

1. Édit. de Vérone, III, p. 23.
2. *Ibid.*, II, p. 199-203.
3. *Ibid.*, II, p. 231.

bles bergers » rentrent dans la foule des quelconques héros tragiques. Vainement, il s'efforce d'établir qu'un prophète, un grand
prêtre, un prince, un général peuvent demeurer personnages
pastoraux, « siccome l' esser capitano non esclude l' esser sol-
dato [1] ». Abraham, Isaac et Jacob n'ont rien à voir dans cette
affaire : Jésus-Christ moins encore, et tous ces grands souvenirs
n'empêchent pas que Mirtillo et Amarilli nous intéressent seulement par la singularité de leur aventure, Silvio par la singularité
de ses sentiments, Corisca et Dorinda par la singularité de leur
impudeur. Est vraisemblable en art, dit-il encore, tout ce qui
n'est pas absolument impossible : « Il fondamento del verisimile
ne' poemi non è il probabile, secondo l' uso commune, ma il
persuasibile... Al poeta basti quel verisimile, che può esser, ben-
che di rado [2]. » Cette définition a beau être tirée d'Aristote, elle
peut mener loin.

Guarini se défend avec plus d'énergie encore d'avoir manqué à
la loi de l'unité. Il n'est plus question maintenant de l'extérieur
de son œuvre, du costume de ses personnages, mais de sa constitution intime et de sa première originalité. D'ailleurs, tout ce
qui touche au métier dramatique a pour lui une importance capitale. Que divers épisodes concourent à l'action, il ne le nie pas ;
mais tous sont intimement liés ; on n'en pourrait détacher un
seul sans détruire l'ensemble, et, à plusieurs reprises, il nous fait
admirer la charpente de la pièce, oubliant un peu que souder
des éléments divers est tout autre chose que les fondre en un
seul corps, vivant d'une seule vie. Un seul genre d'unité, l'unité
d'impression, s'impose à l'homme de théâtre, ou plutôt il ne
doit se soucier des autres qu'en fonction de celle-là. Toujours
pédant et ridicule, alors même qu'il a raison, Jason de Nores

1. Édit. de Vérone, II, p. 254. Et ailleurs : « Quei tanto grandi e celebrati Profeti
e Patriarchi del popolo Ebreo... Abraam, Isaac e Jacob, non furon essi, e di
nome, e di vita veri pastori?... Udite Basilio Magno... esaltando nella persona
di Gieso Christo redentor nostro il nome e la professione del buon pastore... »
(II, p. 301.)
2. Ibid., III, p. 250. — Cf. la théorie du vraisemblable dans les Discorsi in
difesa del doppio amore... de Bonarelli (Parte prima, capo terzo, édit. de
Rome, p. 49 et suiv.).

répète à satiété le mot de Cicéron : « Turpe comicum in tragoedia, turpe tragicum in comoedia... »

— « E chi glie 'l nega? » s'écrie l'*Attizzato*, qui se débat
contre l'exaspérante formule. « E chi nol sa? Ma tragicum in
comico et comicum in tragico non est turpe... Un solo componi-
mento tessuto di formata e tragedia e commedia sarebbe mostro,
e non sarebbe uno. Ma s' egli sarà misto di qualità tragica e
comica, sara buona e legittima favola [1]. » Ingénieuse, la distinction a le tort d'être vague. Guarini fait tous ses efforts pour la
préciser. Entre les deux genres extrêmes, il se refuse à croire
qu'il existe un fossé infranchissable. Le rire et la terreur semblent bien inconciliables ; mais la terreur n'est pas la substance
de la tragédie, elle n'en est que l'accident. « Le parti tragiche
senza il terribile sono in potenza (quand' elle sono separate) a
produrre poema tragico, ma la potenza è lontana, essendo che
senza quello, non si formi favola tragica, come anche il terribile
senza l'altre, che ci concorrono, non è da se bastevole a farlo. Ma
le medesime parti senza il terribile, come ho detto, sono in potenza prossima al misto tragicomico, avendo elle maggior grado
d' attività guadagnata della separazione del terribile, che le rendono inabili al mescolarsi [2]. » Que la terreur devienne donc simplement de la crainte, une crainte que rendra vaine un heureux
dénouement ; que le rire, de son côté, se fasse plus discret ; que
de nobles héros soient jetés dans une aventure vraisemblable
mais imaginaire : un troisième genre se placera entre les deux
autres, avec ses moyens particuliers, sa fin propre et cette précieuse originalité d'« accopiare insieme, sotto una sola forma di
poesia, il paradiso e l'inferno [3] ».

Ici encore, la justification ne va pas directement au but précis
que se proposait le poète. Le débat a dévié vers un problème
plus général. Dans ces développements qui occupent une bonne
moitié des *Verrati*, ce qui est en question, ce n'est pas à vrai
dire la pastorale, ni même la tragi-comédie-pastorale, mais la

---

1. Édit. de Vérone, III, p. 156, 163.
2. *Ibid.*, III, p. 185.
3. *Ibid.*, III, p. 165. — Cf. II, p. 244.

tragi-comédie toute pure. Cela surtout vaut la peine d'être noté,
car c'est le terme naturel de cette transformation du genre. La
pastorale, qui s'était constituée en prenant conscience de son
objet et en se séparant des genres rivaux, s'est rapprochée d'eux
maintenant. Sa matière est faite de leur matière commune, elle
penche vers l'un ou vers l'autre. « Quando è in forma comica, è
commedia, e quando in tragica, è tragedia, è quando in tragicomica, non è altro che pura tragicommedia [1]. » Quant à être simplement elle-même, il n'y faut plus songer : l'essentiel est
devenu l'accessoire, et, d'une pastorale de forme tragi-comique,
nous passons à une tragi-comédie n'ayant de pastoral que le
costume de ses héros. Guarini explique ainsi le nom qu'il a
donné à son œuvre : « L'autore del *Pastor fido* non si compiac-
que d'intitolarlo favola pastorale, ma partendosi dal generico,
prese il nome specifico, tragicommedia chiamandola », ou encore : « Il *Pastorale* nel *Pastor fido* è in forma di addiettivo [2]. »
Après avoir enlevé à la pastorale son intérêt supérieur, il lui
refuse jusqu'à l'existence, sous prétexte de la justifier.

***

Conclusion logique d'ailleurs. En dépit, ou à cause des imitations innombrables, l'*Aminta* doit demeurer une œuvre isolée
dans la littérature italienne : je veux dire que personne n'en a
saisi le véritable caractère, la sincérité et la vérité, l'art dans la
conduite d'une action toute simple où se révèlent des personnages tout généraux. Personne n'a songé que l'on pût y trouver
le germe d'une rénovation possible de l'art dramatique ; le Tasse
lui-même ne s'en est pas douté, étant trop poète pour voir au
fond de ce qu'il écrit et réduire en principes ses inspirations.
Les bergers triompheront longtemps sur la scène : la *Fida
Ninfa* de Francesco Contarini [3] fait ingénieusement pendant au

1. Édit. de Vérone, III, p. 238.
2. *Ibid.*, III, p. 266-454.
3. Venetia, G. Vincenti, 1598.

Pastor fido ; les fils d'Aminta et de Silvia mêlent leurs aventures à celles des enfants de Mirtillo et d'Amarilli[1], — tels, plus tard, les rejetons des *Trois Mousquetaires*; on se plaît au récit de leurs tristesses ou de leurs joies, on goûte leurs tirades ardentes, mais à la condition que leurs amours soient traversées de péripéties romanesques, ou que la musique, du moins, vienne suppléer à la pauvreté des sujets.

La pastorale avait toujours trouvé dans l'art du musicien, comme dans l'art des décorateurs, des auxiliaires précieux. Tous ceux qui concourent au spectacle, dans ces fêtes de cour, ont droit à une reconnaissance presque égale; le nom d'Alfonso della Viola est inséparable des noms de Beccari et d'Agostino Argenti. Jusqu'au *Pastor* cependant, le rôle de la musique est assez modeste ; mais le jour où l'action se fait extérieure, où un lyrisme vague remplace la psychologie précise, du jour, par conséquent, où la pastorale suit la voie marquée par Guarini, elle peut prétendre à plus d'importance[2]. Ces cortèges, ces jeux et ces ballets, ces éternelles variations sur un thème unique, ces dialogues qui sont des duos régulièrement balancés, ces tirades où l'on ne sent plus le mouvement de la vie, tout semble appeler un accompagnement. « Poco a poco », dit Carducci, — et il ne parle pas de la pastorale toute seule, — « non più invenzione, nè movimento, nè azione, non più caratteri nè passioni, non più stile nè forme ; ma colori e parole e suoni che simulavano lusinghieramente la vita; sin che la poesia evaporò, e fu la musica : la musica sola arte che all' Italia rimanesse dopo il secolo decimosesto[3]... »

1. *I figliuoli di Aminta e Silvia e di Mirtillo e Amarilli, tragedia di lieto fine*, d'Ercole Pelliciari, Venezia, A. Pinelli, 1617.
2. Sur la musique et les intermèdes dans la pastorale, voy. Carducci, *Storia dell' Aminta*, p. 103; — un article de A. d'Ancona, dans le *Giornale storico*, t. VII, p. 54 et suiv. ; — V. Rossi, ouv. cité, *Documenti*, n° XXXVI, p. 307; — U. Angeli, *Notizie per la storia del teatro a Firenze*, Modena, 1891; — A. Neri, *Gl' intermezzi del Pastor fido*, dans le *Giorn. Storn.*, t. XI, p. 405; — A. Gregorini, *Prologo ed intermezzi composti da Giovan Leone Semproni per la Filli di Sciro...* Rocca S. Casciano, Cappelli, 1899, etc...
3. G. Carducci, *Studi letterari*, 2e édit., Livorno, 1880, p. 134.

C'est, en effet, le moment où les artistes et les poètes groupés autour du Florentin Giovanni dei Bardi, comte de Vernio, se préoccupent de la place qui peut légitimement revenir à la musique dans les divertissements du théâtre. Avec Emilio de' Cavalieri déjà, qui met en musique *Il satiro* et *La Disperazione di Fileno* de Laura Guidiccioni, son rôle devient plus riche et plus varié. Quelques années plus tard, les auteurs de la *Dafné*, ceux du *Rapimento di Cefalo* découvrent le secret de la mélodie dramatique qui se substitue aux anciens « madrigaux ». Un ami du Tasse, l'abbé Grillo, a très bien indiqué la nature de cette innovation : « Ella è padre di una nuova maniera di musica, o piuttosto di un cantar senza canto, di un cantar recitativo, nobile e non popolare, che non tronca, non mangia, non toglie la vita alle parole, non l'affetto, anzi glielo accresce, raddoppiando in loro spirito e forza [1]... » Monteverdi, en somme, n'aura qu'à mettre en valeur tous ces efforts pour devenir avec son *Orfeo* et son *Arianna* le créateur du drame lyrique moderne [2]. Dès à présent, l'Ingegneri peut considérer la musique comme la troisième « e ultima parte della Rappresentazione », la première étant l'appareil scénique et la seconde l'action [3].

La tragi-comédie d'une part, l'opéra de l'autre : du genre qui pouvait être le plus vrai, sont naturellement issus les genres les plus faux... Et c'est déjà, en raccourci, toute l'histoire de la pastorale dramatique française.

---

1. Lettre citée par Tiraboschi, t. VII, p. 1321. — Voy. surtout : Romain Rolland, *Histoire de l'opéra en Europe avant Lulli*... Paris, Thorin, 1896 ; — R. Rolland, *l'Opéra avant l'Opéra*, dans la *Revue de Paris*, 1er février 1904.

2. C'est un *Orfeo* aussi et un *Cefalo*, nous l'avons vu, qui, un siècle plus tôt, ouvraient les voies à la pastorale future. Une décadence est souvent une régression.

3. Edit. citée de Guarini, t. III, p. 536.

CHAPITRE III.

LA PASTORALE ET LE THÉÂTRE ESPAGNOL.

I. — Les églogues de la fin du quinzième siècle. Juan del Encina, Lucas
Fernández et leurs successeurs. Éléments italiens et espagnols.
II. — Avortement de la pastorale au théâtre :
    A) Conditions différentes du théâtre en Italie et en Espagne. Le
public, les auteurs et le répertoire.
    B) Les mœurs pastorales et le romanesque espagnol.
III. — Développement de l'églogue primitive :
    A) Les éléments pastoraux dans les *Autos* et les *Pasos.* L'allégorie
pastorale et le réalisme paysan.
    B) Influence dramatique de la *Diana* et des modèles italiens. Les
pastorales de Lope de Vega. La Comedia espagnole et la Tragicomédie.
Le travestissement pastoral.

Entre la pastorale italienne et la pastorale espagnole, les analogies, au premier aspect, paraissent nombreuses. L'art dramatique, à ses débuts, semble, chez les deux peuples, trouver à cette
même forme de l'églogue dialoguée les mêmes avantages. Dès
longtemps, la poésie aristocratique est apparue en Espagne, et
des essais de représentations théâtrales ont joué un rôle important
dans les fêtes officielles. On sait le nombre des artistes et des
poètes qui, malgré la brutalité des temps, se groupent autour de
Juan II, et dont le *Cancionero de Baena* d'abord, puis le *Cancionero general* ont recueilli les œuvres[1]. A la fin du siècle, ces
goûts ne peuvent que se développer. Le mariage de Ferdinand
et d'Isabelle, la conquête sur les Maures du royaume de Grenade

---

1. Voy. *La cour littéraire de Don Juan II, roi de Castille,* par le comte de
Puymaigre, Paris, A. Franck, 1873, 2 vol. — De l'époque de Don Juan, nous
ne connaissons d'ailleurs qu'une œuvre dramatique, la *Comedieta de Ponza*
du marquis de Santillana.

ont véritablement créé l'Espagne; un nouveau monde lui est
ouvert, l'influence italienne la pénètre, les grands seigneurs de
l'un et de l'autre pays rivalisent d'élégance et de libéralité.
Le premier duc d'Albe, D. Fadrique de Toledo, est le protecteur en titre de Juan del Encina; c'est pour lui, pour l'amiral de
Castille, le duc de l'Infantado et le prince Don Juan que sont
représentées de 1492 à 1498 ces petites pièces où l'on a vu si
souvent le germe du théâtre espagnol[1]. Et le poète, qui s'est
dressé à son art en traduisant les églogues de Virgile, est bien
un poète courtisan à la manière italienne[2]. Le Portugais Gil
Vicente, le futur auteur des *Autos* allégoriques et de la *Rubena*,
débute de même au théâtre par une églogue représentée en 1502
à la cour de Manuel le Grand, et la plupart des pièces qu'il écrit
ensuite sont destinées aux palais royaux de Lisbonne, d'Evora ou
de Coïmbre[3]. Comme en Italie, les annalistes conservent le souvenir de solennités célébrées de façon analogue : en 1500, à Perpi-
gnan et Barcelone, en l'honneur du roi Philippe[4]; à Séville, en
1526, lors du mariage de Charles-Quint et d'Isabelle de Portugal; à Vallalodid, en 1527, pour le baptême de l'infant. Ce sont
les mêmes magnificences de mise en scène : mêmes cieux étoilés,
mêmes anges et mêmes démons, mêmes naïvetés enthousiastes
dans la bouche des mêmes bergers[5].

A envisager la pastorale dramatique dans les œuvres de ces
précurseurs, on croirait assister aux débuts d'un genre vraiment

1. Cf. *Viaje entretenido* de Agustin de Roxas, Madrid, 1603; cité par
Schack, *Historia de la literatura y del arte dramático en España, traducida... por Eduardo de Mier*, Madrid, M. Tello, 1886, t. I, p. 259.

2. Il ne songe pas à un autre public. Voy. les titres dans le catalogue de
Moratin : « Representacion por Juan del Encina ante el muy esclarecido é muy
ilustre principe D. Juan... » Et presque à propos de chaque personnage, cette
sorte de refrain : « Entro en la sala á donde el duque é duquesa estaban... »
Voy. encore le *Catálogo... del teatro antiguo Español...* de la Barrera,
Madrid, 1860 ; — Bartholomé José Gallardo, *Ensayo de una biblioteca
española...* Madrid, 1863, — et le *Teatro completo de Juan del Encina, edición
de la Real Academia*, Madrid, 1893.

3. Gil Vicente. Edit. J. V. Barreto Feio et J. G. Monteiro, Hambourg,
1834.

4. Hubert Thomas de Lüttich, *Annales Palatini...* cité par Schack, I, 326.

5. Voy. la machinerie compliquée qu'exigent certaines œuvres de Gil Vicente
(Schack, I, 301).

national. Les premiers essais italiens sont peu de chose à côté de ce théâtre, jeune encore et inexpérimenté, mais qui s'efforce déjà de mettre en valeur une matière singulièrement riche[1]. Églogues allégoriques, historiques[2] et familières, petites œuvres conservant le charme des *Serranillas* d'autrefois, dialogues d'amour ou de piété : en tous sens, on est frappé d'une surabondance de vie jeune. Les malheurs du temps suscitent les plaintes ardentes du *Mingo Revulgo*, et, transparente et vengeresse, l'allégorie n'a presque plus, ici, rien d'artificiel; l'Espagne entière gémit par la bouche de ces paysans. Et c'est une piété bien espagnole encore, grossière souvent et bavarde, mais sincère, qui inspire ces dialogues naïfs où se chantent les louanges du Sauveur[3]. Fêtes religieuses, grands événements de la vie publique ou petites scènes de la vie des champs, tout est matière à théâtre. La naissance, la mort et la résurrection du Christ, les approches du carnaval, la mésaventure de deux paysans bernés, les traités conclus entre la France et l'Espagne inspirent tour à tour Juan del Encina, et la quatrième partie de son *Cancionero* est pleine de promesses.

Plusieurs de ces églogues, il est vrai, manquent de mouvement. Un écuyer qui se fait berger, des bergers qui se font courtisans[4], ces histoires si souvent reprises attestent la force de l'amour, mais ne prouvent pas, de la part du poète, une fertilité d'invention bien remarquable. Le spectacle, en dépit des danses et chansons qui doivent le corser, demeure maigre. Mais quelle fraîcheur, en revanche, dans telle peinture de la vie des champs!

---

1. D'après Weinberg (*Das französische Schäferspiel in der ersten Hälfte des siebzehnten Jahrhunderts*, Frankfurt, 1884), il faudrait même chercher en Espagne les modèles de l'églogue dramatique italienne. Cette question d'antériorité a été très débattue. Voy. Stiefel, *Giorn. Storn.*, V, p. 294, et Rossi, liv. cit., note de la page 176. Ce qui est certain, c'est que les deux pays sont en relations constantes.

2. Par exemple, l'*Egloga* de Francisco de Madrid, écrite à la fin du quinzième siècle et citée par Cañete, *Teatro español del siglo XVI*, Madrid, M. Tello, 1885, note de la page 50. — Cf. La Barrera, articles *Martin de Herrera* et *Bachiller de la Pradilla*.

3. Par ces dialogues religieux surtout, s'accuse la divergence de l'églogue espagnole et de l'églogue italienne, — profane. Nous aurons à y revenir.

4. *Del escudero tornado pastor. — De los Pastores vueltos palaciegos.*

Les regrets de Mingo, au moment de l'abandonner, sont restés un morceau classique[1]; il serait aisé d'en citer d'autres. Ces paysans, quand ils se décident à n'être que paysans, ont une franchise d'allures, une saveur inimitables. L'*Auto del Repelon* est, à cet égard, un petit chef-d'œuvre[2]. Entourés au marché par une bande d'étudiants, dépouillés de leurs provisions et étrillés d'importance, Juan Paramas et Piernicurto déplorent leur mésaventure; c'est un entre-croisement de plaintes, de reproches, de rodomontades, une défiance prudente et ahurie, très heureux mélange de joyeuse caricature et d'observation juste. Avec cela, un art de couper le dialogue, de donner à chacun des interlocuteurs une physionomie personnelle. Les meilleurs *Entremeses* de Cervantes ne seront pas d'une vérité plus finement notée.

Et si cette verve comique n'est pas une des qualités propres de la pastorale, la même sincérité se retrouve dans la peinture de l'amour, — son objet essentiel. L'églogue de *Fileno, Zambardo e Cardonio* est déjà comme un premier et lointain modèle de bien des œuvres futures[3]. Ici encore la trame de l'œuvre est légère : la douloureuse aventure de Fileno qui meurt d'amour n'est pas autre chose que la donnée traditionnelle, mais il suffit de quelques accents profonds pour que l'on y découvre le drame éternel, celui qui n'a besoin, pour toucher le cœur, d'aucun ornement. Ce que l'on reprocherait au poète, c'est au contraire d'avoir cherché trop souvent à enrichir son sujet[4]. Dégagée d'une partie de ses tirades, l'œuvre serait exquise, la plupart des détails étant pris en pleine humanité : l'indifférence de Zambardo qui s'endort au récit de peines qui lui sont

---

1.   Cata, Gil, que las mañanas
             En el campo hay gran frescor
             E tiene muy gran sabor
             La sombra de las cabañas...

(*Egloga representada por las mismas personas que en la de arriba van introducidas, que son : un pastor que de antes era escudero llamado Gil, e Pascuala, e Mingo, e su esposa Menga.* Texte dans Gallardo, ouv. cit., II, col. 914.)

2. Voy. le texte dans Gallardo, II, col. 837.

3. *Egloga trobada por Juan del Encina, en la cual se introducen tres pastores : Fileno, Zambardo y Cardonio.*

4. Disse·tations pour et contre les femmes, etc.

étrangères ; — l'égoïsme de Cardonio trop heureux lui-même
pour s'émouvoir des douleurs d'autrui, attaché sans doute à son
ami et faisant effort pour le plaindre, mais incapable d'y réussir
vraiment, un peu inquiet pourtant, avec quelques remords au
moment de le quitter[1] ; — et surtout le désespoir de Fileno, ces
plaintes coupées par des sursauts de colère, cet accablement qui
n'entend même pas les conseils et ne voit à son mal qu'un
remède :

> Maldigo aquel dia, el mes y áun el año
> Qne á mí fué principio de tantos enojos.
> Maldigo aquel ciego, el cual con engaño
> Me ha sido quià á quebrarme los ojos.
> Maldigo á mí mesmo, pues mi juventud
> Sirviendo, á una hembra he tota expendida ?...

L'habitude s'est un peu trop répandue de laisser Juan del Encina dans un isolement glorieux[3]. Ceci, pourtant, est injuste.
Ignoré longtemps et découvert en 1836 par Bartholomé Gallardo, son contemporain Lucas Fernández se plaît, comme lui,
à ces pénétrantes analyses[4] : amour naïvement sensuel de Bras
Gil, amour léger de Beringuella, amour ardent de Prabos, amour
romanesque de la Doncella : la peinture de la passion offre des
ressources inépuisables. Après eux, la foule des imitateurs. Sans
parler des *Autos* de Gil Vicente, d'un caractère spécial, ou des

1. Voy. la partie du dialogue qui commence à la réplique de Cardonio :
   Á buena fe salva, que tengo temor
   Hermano Fileno, de solo dejarte!...
   (Gallardo, II, col. 832.)

2. Gallardo, ouv. cité, col. 834. — L'églogue de *Placida e Victoriano* est,
plus exactement encore, une vraie pastorale, puisque à la peinture de la passion elle ajoute le romanesque de certains incidents merveilleux : à la suite
d'une querelle, Victoriano a quitté sa maîtresse Placida et s'est efforcé de lui
être infidèle. Mais son premier amour a des racines plus profondes qu'il ne
croyait ; il ne tarde pas à regretter celle qu'il a abandonnée et la cherche à
travers la montagne. Par malheur, Placida s'est tuée, et, pour réunir les deux
amants, il faut l'intervention de Vénus et de Mercure.

3. Cf. Ticknor, Schack, etc.

4. *Farsas y Églogas al modo y estilo pastoril y castellano. Edición de la
Real academia Española*, Madrid, 1867. Voy. une étude de M. Cañete sur
Lucas Fernández dans son *Teatro español del siglo XVI*.

comédies de Torrès Naharro, cette première moitié du seizième siècle, dont Schack déplore la stérilité, nous offre, au contraire, toute une floraison dramatique que l'on peut tenir en médiocre stime, mais qu'il est excessif d'ignorer. Les *Origines* de Moratin, la *Biblioteca* de Gallardo, le *Catálogo* de La Barrera, les notes et additions des commentateurs espagnols à la littérature de Ticknor décrivaient ou analysaient déjà un nombre d'œuvres respectables ; M. Cañete, fièrement, apporte une nouvelle liste de trente-huit auteurs de théâtre, tous antérieurs à 1540, et laissés dans l'ombre jusqu'à lui[1]. Cette production est variée. On rencontre, à la fois, des souvenirs de la *Celestina* et des œuvres d'Encina. Francisco de Aguayo, Fernando de Córdova, Diego Durán, Diego de Guadalupe, Martin de Herrera, Juan Pastor, Juan de Paris, Luis Hurtado de Toledo, Antonio de Torquemada[2] cultivent l'églogue dramatique. Par malheur, aucun d'eux ne tâche à lui donner plus de vie ou d'ampleur[3]. A Encina, ils n'empruntent guère que ses faiblesses, l'insuffisance de ses intrigues, la diffusion de ses tirades, l'extérieur de ses personnages, sans trouver le secret de cette vie intérieure dont il avait su parfois les animer. Qu'ils écrivent une saynète destinée à faire suite à une comédie[4] ou une pièce devant se suffire à elle-même[5], ils ne font pas un effort de plus : ouvriers consciencieux, ils reproduisent un modèle consacré. Le genre est établi, figé. En vérité, la pastorale dramatique n'a pu survivre à ses créateurs.

---

1. Liv. cit., p. 54 et suiv.

2. Les quatre premiers cités par M. Cañete. Sur les suivants, voy. La Barrera.

3. A bien chercher, on trouve chez certains quelques traits heureux. Luis Hurtado, par exemple, apporte dans les intrigues légères de *Preteo y Tibaldo* et de l'*Egloga silviana del galardon de amor* sa pureté coutumière. Voyez l'analyse et les citations qu'en donnent les traducteurs de Ticknor, en particulier les tirades de Polindra, la bergère à l'âme pratique, épouse du richard difforme Griseno, fière de sa fortune et regardant de haut le bel amoureux qui n'a pour lui que sa bonne mine. — Cf. encore sur lui le très bon article de La Barrera.

4. Par exemple, l'*Egloga pastoril* à la suite de la *Clariana* de Juan Pastor.

5. Voy. dans Ticknor l'analyse de l'*Egloga* de Juan de Paris, la seule d'ailleurs qui lui paraisse présenter quelque intérêt.

***

La raison en est simple. Tout l'effort dramatique du seizième siècle italien tend logiquement vers le triomphe du genre pastoral. Jusque dans ses œuvres les plus osées, le théâtre y demeure un théâtre aristocratique. Il ne faut pas se laisser tromper à certaines couleurs vives, à quelques peintures un peu crues. La *Calandra* même et la *Mandragore* sont des œuvres d'inspiration savante, destinées à faire les délices des cours d'Urbin, de Florence ou de Rome. Comme théâtre populaire, on ne trouve guère, au-delà des Alpes, que cette *Commedia dell' arte*, très vivante, sans doute, mais qui se tient en dehors de la littérature véritable. Les artistes et les poètes n'ont que mépris pour cette « vagabonda e publica meretrice [1] »; vivant dans l'intimité des grands seigneurs, grands seigneurs eux-mêmes et courtisans, assurés du lendemain, sans autres soucis que de petites rivalités mesquines, sans autre ambition que les faveurs du maître, adulés, ignorants de la foule grossière, ils polissent à loisir des œuvres dignes de charmer un public de choix. Imitations classiques, subtiles analyses, allusions délicates, recherches raffinées d'expression, tout ce qui est artificiel et faux — irréel au moins — a chance de plaire à leurs auditeurs. Peu importe dès lors que le cadre de la pastorale soit chimérique.

Mais le théâtre espagnol se développe en des conditions toute contraires. Il ne s'enferme pas longtemps dans le palais des roi ou les maisons des grands. Insoucieux de toute tradition, impatient de tout esclavage, sans dédains aristocratiques surtout, il réclame la vie au grand air, en pleine indépendance. Le chroniqueur Rodrigo Mendez de Silva nous parle déjà de « Compagnies » qui, en 1492, représentent en Castille les « comedias » de Juan del Encina [2]. Ces « Compagnies » doivent jouer un rôle

---

1. Guarini, prologue de l'*Idropica*.
2. Cité par A. Gassier, le *Théâtre espagnol*. Paris, Ollendorff, 1898, p. 8.

considérable dans la création et la diffusion du théâtre populaire. Sur les origines, il est vrai, les documents n'abondent pas ; mais, au début du dix-septième siècle encore, Agustin de Rojas fait connaître leur vie errante et leur hiérarchie [1]. Dans les villages et les bourgs, un théâtre improvisé reçoit les comédiens, les jours de fête ou de marché ; dans les grandes villes, un local leur est réservé, sans excès de luxe, d'ailleurs, ou de confort [2]. Et il en sera longtemps ainsi : les théâtres *de la Cruz* et *del Principe,* tels qu'on les a construits en 1579 et 1582, tels qu'ils subsisteront pendant toute cette admirable époque de production dramatique, ne diffèrent pas sensiblement des *Corrales* primitifs. Le gros public des « Mosqueteros » — là est leur caractère essentiel — y demeure toujours souverain maître. Lui seul fait le succès d'un acteur ou d'une pièce, dispense ses faveurs, impose ses goûts ; applaudissements ou sifflets se déchaînant avec rage, gourdins qui frappent sur les bancs en cadence, bruits de grelots, de crécelles, de castagnettes et de pétards, concombres et projectiles variés volant de la salle à la scène ; — on ne résiste guère à ses arguments [3].

Ce sera l'étonnement de tous les voyageurs français qui s'y hasardent. Ils en reviennent assourdis et ahuris. « A Madrid, dit en 1659 un des compagnons du maréchal de Gramont, il y a deux lieux ou salles qu'ils appellent *Corrales* qui sont toujours pleins de tous les marchands et artisans. Quittant leurs boutiques, ils s'en vont là avec la cappe, l'espée et le poignard, s'appellent tous *caballeros*, et ce sont eux qui décident si la comédie est bonne ou non [4]... » Enfermés dans leurs « cages » (*jaulas*), les gens du bel-air seraient bien empêchés d'imposer silence à la multitude, et l'on se soucie peu de leurs suffrages discrets. Le critique influent, roi du théâtre, est presque toujours quelque

---

1. *Viaje entretenido.* Voy. le passage important cité par Schack, t. I, p. 399 et suiv., et surtout p. 406 et suiv. — Cf. encore le morceau bien connu du prologue de Cervantes sur le théâtre au temps de Lope de Rueda, quoiqu'il ne faille pas le prendre à la lettre.
2. Sur tout cela, voy. Schack, première période, chap. IX.
3. Prologue de Cervantes.
4. Cité par Baret, traduction de Lope, p. XXII.— Cf. Morel-Fatio, *L'Espagne en France,* dans ses *Études sur l'Espagne,* Paris, Bouillon, 1895.

pauvre diable loqueteux. « Il y a entre autres », écrira encore
Mme d'Aulnoy, « un cordonnier qui en décide, et qui s'est acquis
un pouvoir si absolu de le faire que... les auteurs vont chez lui
pour briguer son suffrage. Ils lui lisent leurs pièces. Le cordonnier prend son air grave... Quand il se trouve à la première représentation, tout le monde a les yeux attachés sur le geste et les
actions de ce faquin [1]... »

Et la comtesse d'Aulnoy prend en grande pitié le sort des
écrivains. Que leur dignité soit ou non froissée d'écrire pour
cette canaille, la plupart acceptent assez joyeusement les nécessités de leur art. Il y a dans ces improvisations rapides, dans ce
contact perpétuel et direct avec un public aux impressions franches, dans cette sorte de lutte au jour le jour, quelque chose de
grisant. L'auteur dramatique véritable n'écrit pas pour recueillir
les éloges de quelques raffinés. Le mot *autor* ne désigne pas seulement l'écrivain, mais aussi le comédien chef de troupe, et, le
plus souvent, en effet, les deux hommes ne font qu'un.

On s'est étonné parfois que Cervantes fasse remonter les origines du théâtre moderne à Lope de Rueda, qui ne semble guère
avoir été connu avant le milieu du seizième siècle [2]. Pourtant, il
est difficile d'admettre qu'il ignore des noms illustres. C'est que,
pour les Espagnols de ce temps, des écrivains tels que Juan del
Encina et même que Gil Vicente, en dépit du caractère accusé
de ses comédies [3], ne sont guère encore que des poètes épris
d'art dramatique. En Lope de Rueda, au contraire, — l'ancien
artisan de Séville, batteur d'or engagé dans une compagnie errante, devenu à son tour chef de troupe, — les grands fournisseurs de la scène reconnaîtront un ancêtre. Écrites au hasard de
ses courses, suivant les besoins de son répertoire, ses œuvres ne
sont pas œuvres d'amateur. Leur premier mérite sera toujours

---

1. *Relation du voyage d'Espagne*, par la comtesse d'Aulnoy. Édit. de
Mme B. Carey, Paris, Plon, 1874, t. I, p. 343.

2. Prologue. — Lope de Vega n'est pas moins catégorique : « Làs comedias
no son mas antiguas que Rueda, á quien oyeron muchos que hoy viven. »
(*Parte XIII, prólogo.*)

3. Quant à Torres Naharro, il est peu probable que ses pièces aient été
jouées en Espagne. Voy. M. Menéndez y Pelayo, *Bartolome de Torres
Naharro y su Propaladia, Estudio crítico*, Madrid, Fernando Fé, 1900.

d'être vivantes et spontanées. Il sait l'art, avec peu de matière ou sur un fond banal, de construire une pièce capable d'amuser son public. Et la pièce écrite, la tâche n'est faite qu'à moitié ; il faut en apprendre les rôles, régler les détails de mise en scène, trouver ce qui frappera les yeux ou l'esprit d'un auditoire toujours renouvelé et toujours semblable... Quant à l'effet que ces comédies pourront produire à la lecture, — son ami Juan de Timoneda, plus tard, après sa mort, prendra soin de les publier ; lui-même n'y a pas songé [1].

Or, Lope de Rueda n'est pas une exception curieuse et pittoresque dans l'histoire littéraire de l'Espagne. Telle est, le plus souvent, la condition des auteurs dramatiques [2]. Ceux mêmes qui n'appartiennent pas au monde des comédiens savent qu'avant de songer au jugement de la postérité lointaine, il faut obtenir un succès plus immédiat. Les « directeurs de théâtre » sont déjà les tyrans redoutables plus soucieux d'assurer les recettes que de se poser en champions de l'art désintéressé. Revenu à l'art dramatique dans ses dernières années, Cervantes se plaint avec amertume de leur indifférence : « Il y a quelques années, je retournai à mon ancienne oisiveté, et, pensant que durait encore le temps où l'on chantait mes louanges, je revins à composer quelques comédies... Je ne trouvai pas de directeurs qui me les demandâssent quoiqu'ils sussent bien que je les avais écrites, et alors je mis mes comédies dans un coffre et les condamnai au silence éternel... » C'est un vieillard qui parle, et l'on croirait entendre un débutant raconter ses déboires. En désespoir de cause, et puisqu'il faut faire argent de tout, il s'est décidé à publier ces pièces méconnues. « Je pris mon parti et vendis le tout au libraire, qui l'a édité comme je l'offre ici ; il me paya raisonnablement ; je touchai mon argent avec délices, sans avoir à me quereller avec les acteurs [3]. »

1. La Barrera, p. 392.
2. Dans la même compagnie, Alonso de Cisneros dont raffole Philippe II, Alonso de la Vega, l'auteur de la *Tolomea* et d'*Amor vengado*. Puis les comiques Alonso et Pedro de Morales, Villegas, Grajales, Avendano, tant d'autres dont les noms seuls nous sont parvenus. — Cf. La Barrera et Agustin de Rojas, *Loa de la Comedia*, appendice au premier volume de Schack.
3. Prologue, trad. A. Royer, Paris, 1862.

« Sans avoir à me quereller avec les acteurs », — cette joie est-elle bien sincère? Il n'avait pas essayé pourtant de résister aux goûts du public; toutes les concessions, il les avait faites d'avance, et son exemple est singulièrement instructif. Lui-même, autrefois, quand il ne songeait pas au théâtre, se plaignait de ses libertés excessives. Son chanoine de Tolède, homme de sens droit, ne s'en prenait pas moins aux comédies du temps qu'aux romans de chevalerie. Les modèles qu'il aurait voulu proposer à l'imitation, c'étaient la *Filis*, la *Isabella*, la *Alexandra*; il mettait sur le même pied que Lope les Valenciens Gaspar de Aquilar et Tarrega; les grands principes n'avaient pas de défenseur plus ferme; sur les unités, il était irréductible [1]. De ces sages discours, il est curieux de rapprocher le petit dialogue qui commence la seconde journée de *El Rufian dichoso*, cette déclaration, en particulier, de la nymphe Comédie : « Le temps modifie les choses et perfectionne les arts... Je fus bonne au temps passé comme je le suis aujourd'hui, et, si tu veux réfléchir, je ne suis pas devenue mauvaise par la raison que je m'écarte des graves préceptes que m'ont laissés dans leurs œuvres admirables Sénèque, Térence et Plaute et autres anciens que tu connais... Aujourd'hui, la comédie est une mappemonde où, à moins d'un doigt de distance, tu verras Rome, Londres, Valladolid et Gand... La pensée a des ailes [2]... » La tirade continue sur ce ton, un peu surprenante à vrai dire. Imbu des idées françaises, l'éditeur de 1749, Blas Antonio Nasarre, se refuse à comprendre ce revirement. Il lui paraît inadmissible que les œuvres du recueil de 1615 soient des œuvres sérieuses, et il risque cette hypothèse, d'une ingénieuse sottise, que l'auteur, en les écrivant, a voulu parodier les comédies chères au public. Cervantes pourtant s'est expliqué : « Les comédies sont devenues une marchandise à vendre;... les acteurs ne les achèteraient pas si elles n'étaient taillées à la mode [3]. » L'auteur du *Don Quichotte* était bien à l'aise : Cervantes maintenant écrit pour le théâtre.

1. *Don Quichotte*, I, 48.
2. Trad. Royer, p. 165.
3. *Don Quichotte, ibid.*, trad. Viardot, p. 439.

Le « prodige de nature », le grand Lope de Vega, regarde, lui
aussi, l'art dramatique comme un métier lucratif. Son *Arte
nuevo de hacer comedias* est d'une franchise admirable[1], et Chapelain s'indignera d'un pareil cynisme[2] ; mais la foule applau-
dit. Plus cavalièrement encore que Cervantes, Lope ne veut
écrire que pour elle ; 2.000 à 2.200 pièces se succèdent sans in-
terruption, « toutes représentées », remarque Cervantes mélancolique, les unes données à l'impression, d'autres qui demeurent
inédites, n'ayant eu pour objet que d'emplir un moment le
théâtre : cette production formidable ne prouve pas seulement
une fertilité d'invention unique, elle montre surtout, dans la
personne de son plus génial représentant, ce que veut être le
théâtre espagnol... Et nous sommes ici très loin du Tasse écrivant les fines analyses de l'*Aminta* ou de Guarini promenant son
Pastor à travers les cours italiennes. C'est un art nouveau qui
jaillit du sol même de la patrie[3] ; avec ses conventions, ses entraves, sa marche régulière, ses sujets consacrés, ses personnages pris en dehors de la réalité, la pastorale, comme le théâtre
classique, irait à l'encontre de tout ce qu'exige le public.

D'ailleurs, la persistance souvent signalée des mœurs pastorales en Espagne ne peut aider à son développement ; elle y
serait plutôt un obstacle, si ce genre de poésie ne réussit guère
qu'aux époques de civilisation raffinée. Les Italiens, épris de vie
facile, trouvent des héros séduisants dans ces amoureux fidèles
et subtils ; cette simplicité factice les enchante autant que leur
paraîtrait vulgaire la simplicité véritable : est poétique ce qui est
loin. Il leur plaît d'errer en imagination parmi ces campagnes

---

1.   ...Quien con arte ahora las escribe.
                 Muere sin fama y galardón...

(Publié et annoté par A. Morel-Fatio, *Bulletin hispanique*, octobre-décembre 1901. Cf. le prologue de *El Peregrino*.)

2. Lettres à Carrel de Sainte-Garde, dans l'édition Tamizey de Larroque,
Paris, 1883.

3. Sur les essais de l'école érudite de Séville et sur son influence médiocre,
cf. Schack, I, 389 et suiv. Quant aux principes d'Aristote, ils n'inspirent guère
que la *Filosofia antigua poética* du Dr Alonso Lopez Pinciano, la seule
œuvre espagnole qui, au gré de Chapelain, s'élève au-dessus de la barbarie
nationale (Recueil cité, lettre CXVIII).

où tout est harmonie et tendresse, où les ruisseaux chantent des chansons passionnées, où les bosquets corrects s'ouvrent aux songes, où chaque tronc d'arbre porte gravés au couteau des noms et des devises. Il faut n'avoir pas pratiqué la vie des champs, pour la vouloir idéalisée de cette sorte. Dans le lyrisme et le roman, les Espagnols instruits s'abandonneront à ces rêveries ; au théâtre, le public ingénu ne les goûterait pas.

La vie rustique lui apparaît sous deux aspects : l'existence des grands seigneurs hautains et graves, vivant sur leurs domaines familiaux, loin des compromissions de la cour, drapés dans une pauvreté dédaigneuse, protestation vivante contre les mœurs du temps, celle des Prados de Léon, des Tellos de Meneses et des Benavides[1] ; ou, d'autre part, la vie pénible et dure du paysan attaché à la glèbe, ne voyant pas au-delà de ses petits intérêts, âpre au gain et dur à la besogne, avec de brusques éclats de joie grossière, âme naïve et franche, incapable certes de raffiner ses sentiments, de nous en présenter une ingénieuse analyse, de comprendre surtout le jargon consacré des romans[2]. Vainement, Pedro de Urde Malas essaye de l'instruire : « *Clément* : Pedro mon frère, je veux qu'avec un bon conseil tu me tires de là ou que tu m'aides en homme habile. — *Pedro* : T'es-tu borné à des paroles galantes, ou bien as-tu attaqué au cœur de la place où l'amour a établi sa résidence ? — *C.* : Je suis un paysan, parle-moi un langage plus simple. — *P.* : Je te demande si tu es Amadis ou Galaor. — *C.* : Je suis Antoine Clément. — *P.* : Pain pour pain, vin pour vin, voilà comme il faut parler à ces gens-là[3]... » Et Cervantes ne trouve pas Clément si ridicule.

---

1. Lope de Vega. — Cf. Garcia del Castañar, « el labrador mas honrado » dans Francisco de Rojas Zorilla (*Del Rey abajo, ninguno*).

2. Intermédiaire entre ces deux classes, le labrador proprement dit tient à la seconde par la simplicité rustique de son allure et de sa vie, à la première par la noblesse de ses sentiments ou l'ancienneté de sa famille. (Cf. Nuño d'Aybar dans *El mejor alcalde, el rey*, de Lope de Vega, Crespo dans l'*Alcalde de Zalamea* de Calderon.)

3. Cervantes, *Pedro de Urde Malas*, première journée, trad. A. Royer. — Cf., dans *La Casa de los Zelos*, troisième journée, le dialogue du paladin Renaud et de Corinto. On songe à la rencontre du héros de Sorel avec un paysan véritable au premier livre du *Berger extravagant*.

Alors même que l'imitation provençale y était le plus sensible, les *Serranillas* espagnoles ont toujours eu un caractère de réalité vivante. Les vigoureuses paysannes des sierras de Castille, les vachères de la Finojosa, cœurs francs, têtes fermes, poignets solides, sont autre chose que des nymphes chasseresses[1] ; les paysages brûlés de l'Espagne ne ressemblent pas aux coteaux arcadiens ; on ne s'y fait pas berger par désœuvrement. Dans ces pays meurtris par tant de guerres, pâtres et paysans ne songent guère à la poésie de leur condition, et si certaines gens, pour échapper aux lois communes, hantent les montagnes, ce ne sont ni des artistes ni des rêveurs.

Les bergers de pastorale ou de tragédie, avec leur costume soigné, le sayon bordé d'or, le capuchon élégant, l'immense fraise que raidit une bonne livre d'amidon[2], ne peuvent donner aux terribles *mosqueteros* l'impression de la réalité. Ce n'est pas que, dans une œuvre plus complexe, ils répugnent à trouver une idylle. Les drames les plus violents offrent certains morceaux d'une fraîcheur exquise : les jeunes amours de Sol et de Sancho au château tragique des Benavides, les ébats des laboureurs de la vallée de Moraña, la scène joyeuse qui prélude au récit des crimes de Don Tello[3]. Mais ce ne sont là que des épisodes dont on se lasserait. Les mœurs chevaleresques ont pu atténuer la brutalité primitive : au fond elle subsiste. L'amour chevaleresque, d'ailleurs, a une autre allure que l'amour pastoral ; il supplie mais il menace. Ces adorateurs graves, tendres et farouches, rougiraient d'être pris pour des bergers transis. Prêt à donner sa vie pour sa dame, disposé à satisfaire tous ses caprices, le caballero demeure le maître pourtant, — capable, s'il le faut, de corriger son idole, laquelle ne déteste pas toujours d'être battue.

---

1 Voy. la *Vachère de la Finojosa* de Santillana, traduite par Puymaigre, liv. cit., t. II, p. 47, et, plus tard, les *Coplas de Anton, vaquerizo de Morana* (Gallardo, I, p. 695).

2. « Asoma un actor en traje pastoril por el telón, y da motivo á los amigos para hacer varias reflexiones acerca de su traje, ya por el zamarro que llevaba con listas doradas, ya por su galana caperuza, ya, en fin, por su gran cuello con lechuguilla muy tiesa, que debia tener una libra de almidón... » (Lopez Pinciano, *Filosofía antigua...*)

3. Lope : *Los Benavides, El vaquero de Moraña, El mejor alcalde...*

C'est par un soufflet magistral que Don Manuel de Leon, Don Alonzo Enriquez ont conquis la femme de leur choix[1], et, parmi les amants célèbres, D. Diego de Valera invoque Tarquin « qui prit tant de peine[2] !... »

Les héros de théâtre ne vont pas toujours aussi loin. Ecoutez pourtant le cavalier d'Olmedo, furieux de ne pas trouver au premier rendez-vous celle qu'il aime. « Elle a voulu vous punir ! » hasarde son ami Tello ; et lui, éclatant : « C'est mal connaître Don Alonso que, par excellence, on appelle le cavalier d'Olmedo. Vive Dieu ! Je veux lui apprendre une autre façon de corriger l'homme qui la sert ![3]... » Ce n'est pas le ton d'un amant plaintif.

Les jeunes filles, de leur côté, ont une égale franchise d'allures et de discours ; elles dédaigneraient les timidités charmantes de la pudeur, estimant que la vertu n'est pas dans les mots ; pour défendre son honneur avec énergie, il est bon d'être informé de ce qui le menace. Avances et reculs, demi-abandons, plaintes mesurées, aveux délicats, attendrissements et sourires baignés de larmes, scènes de dépit ou de réconciliation, toutes les fines analyses où se complaît la pastorale sembleraient ici vides d'intérêt, s'il ne s'y ajoutait d'étranges complications d'intrigue[4].

Il faut l'amour violent, sans mesure et sans nuances, des drames de Lope et de Calderon. La jalousie ne s'épanche pas en tirades harmonieuses ; elle jaillit, brutale, et, avec elle, jaillissent les épées. L'imagination impatiente réclame des épisodes saisis-

1. L'histoire de D. Manuel est celle que Brantôme attribuera à M. de Lorge. Quant à celle de D. Alonzo Enriquez, il semble que ce soit une déformation de la première.

2.
　　　　　O tu, sancto mucho dino
　　　　　Orpheo, que bien amastes,
　　　　　E tambien Sexto Tarquino
　　　　　Que muchas penas pasastes...
　　　　　　　　　(Cité par Puymaigre, II, p. 201.)

3. Lope : *Caballero de Olmedo*, journée I, sc. 7. Trad. Baret.

4. Voy. de Lope : *Las bizarrías de Belisa, El acero de Madrid, Lo cierto por lo dudoso, Amar sin saber á quien, La boba para los otros y discreta para se.* — Dans *El perro del Hortelano*, pourtant, la pièce est presque uniquement psychologique ; elle repose tout entière sur l'amour de la comtesse de Belflor pour son secrétaire, sur ses préjugés de grande dame, ses hésitations, ses colères... Mais cet amour se manifeste de façon si expressive que la curiosité du public a de quoi se satisfaire.

sants ; une jeune fille violée venant sur scène demander justice, une infante ne sachant plus exactement à qui elle a fait le sacrifice de sa pudeur, un époux contraint à tuer sa femme pour obéir à son roi, une religieuse mettant, pour de funèbres épousailles, sa main dans la main d'un cadavre, voilà qui secoue l'attention[1]. Et ce sont des nuits passées sous les balcons, dans les ruelles obscures, des malédictions et des extases, des rencontres, des meurtres, des embuscades, des fuites éperdues, des remords enfouis dans l'ombre des cloîtres. Les amants n'ont pas à livrer à de petits scrupules de petits combats. Des obstacles presque insurmontables, des devoirs sacrés s'opposent à eux. La lutte entre la passion et l'honneur, ces conflits de sentiments très simples et impérieux peuvent donner matière à des drames innombrables : sur un public aux impressions franches, l'effet, d'avance, est certain. Ces personnages à demi épiques sont des silhouettes sans doute rudimentaires ; ceci n'est pas un mal, la psychologie n'étant pas la seule fin légitime du théâtre. A leur raideur et à leur héroïsme coutumiers, le public les reconnaît plus vite et peut réserver toute son attention pour leurs merveilleuses aventures. Que deviendraient d'ailleurs, parmi ces situations d'une netteté terrible, des âmes trop compliquées, ou délicates ?

En définitive, une absolue contrariété de nature sépare la pastorale dramatique des genres en faveur au-delà des Pyrénées. Contemporaine des pièces d'Encina, l'extraordinaire *Celestina*, empêtrée de pédantisme, chargée de grossièretés, injouable avec la diffusion de ses vingt-un actes, mais spontanée, débordante de vie, exerce bien mieux qu'elles une influence décisive[2]. Et, d'ailleurs, ce que nous avons noté, dans ces églogues mêmes, de vérité et de réalisme brise déjà le cadre de la pastorale et fait pressentir que le théâtre espagnol ne s'en tiendra pas à ces analyses immobiles. Fileno, Zambardo, les paysans qui se font courtisans, les courtisans qui se font bergers sont des héros

---

1. Lope : *El mejor alcalde...*, *Fuerza lastimosa*, *El casamiento en la muerte*, — et tous les drames chevaleresques de Calderon, floraison suprême du théâtre espagnol.

2. Voy., dans La Barrera, la série des suites.

champêtres à la mode italienne : Jean Pieramas et Piernicurto
sont autre chose.

* * *

Grâce à eux surtout, et pour ses pièces religieuses aussi, si
médiocres soient-elles, Encina peut être considéré comme un initiateur. Son premier mérite est, sans doute, d'annoncer Gil
Vicente d'une part, de l'autre Lope de Rueda : mérite point médiocre.

Il faut se défaire de toutes les idées françaises, pour comprendre le succès persistant des *Autos* jusqu'à l'avènement de Charles III. Aucun genre, en effet, ne porte plus nettement l'em-
preinte du caractère national. Ce sont « morceaux palpitants
encore du cœur de cette société disparue »; dans la préface à sa
collection d'*Autos sacramentales*, Eduardo Gonzalez Pedroso
l'a fort bien indiqué [1]. Nous n'avons plus ici de fastidieuses re-
productions d'un même modèle. C'est une forme d'art bien
vivante, et qui s'enrichit selon que l'exigent les goûts du public,
— mais qui, à chaque progrès, s'éloigne davantage du genre pastoral. Des églogues d'Encina aux œuvres de Calderon, pendant
cet espace d'un siècle, une longue évolution s'opère, dont on
aperçoit — un peu confusément, il est vrai — les divers moments.
En prenant plus de profondeur, et quoique la mise en scène en
devienne plus compliquée, les *Autos sacramentales* proprement
dits, de l'*Auto de San Martinho* à la *Divina Filotea*, conservent
leur simplicité primitive, assez semblables toujours aux moralités d'autrefois. Mais, à côté d'eux, des œuvres apparaissent, de
matière plus riche, d'allure plus indépendante, *Autos al Naci-
cimiento*, *Comedias divinas*, *Comedias de Santos*...

Chez Gil Vicente déjà, les préoccupations dramatiques sont
sensibles; il apporte dans ses œuvres religieuses quelque chose
du mouvement qui animera ses pièces profanes ; il a souci d'en

---

1. *Autos sacramentales... colección escogida dispuesta y ordenada por*
D. *Eduardo Gonzalez Pedroso*. Madrid, 1865 (Bibliot. Rivadeneyra).

varier le décor, d'en préciser le détail. Chacune prend une physionomie propre. L'allégorie ne se contente plus de servir de thème à quelques discours ; elle se fait matérielle, et les métaphores se réalisent. La religion nourrit les âmes comme les aliments nourrissent le corps : de cette comparaison assez banale, il tire l'idée de son hôtellerie mystique[1]. C'est dans une foire véritable, parmi les plaisanteries de paysans venus pour écouler leurs marchandises, que le diable vante la sienne et que le séraphin tient boutique de vertus, — boutique médiocrement achalandée[2]. La Barca do inferno, avec un singulière puissance, met à la scène le vieux poème de la danse des morts, et le Summario da historia de Deos ne craint pas de découper en tableaux et en dialogues l'histoire sainte tout entière. Allégoriques ou réels, les personnages se multiplient : le Temps, la planète Mercure, Satan et sa cour, des paysans et des paysannes ne s'étonnent pas de se rencontrer[3] : on ne retrouve plus le genre qui, quinze ou vingt ans plus tôt, se contentait de quelques tirades alternées.

Ce serait jouer sur les mots que de parler ici de pastorale. La bergère Casandra[4] ressemble aussi peu à une bergère d'églogue qu'à une bergère véritable ; sous le travestissement consacré, c'est la sybille prophétesse annonçant la naissance du Christ, en face des trois sybilles ses tantes, et de ses oncles Moïse, Abraham et Isaac... La vie des champs ne fournira plus désormais au drame religieux que des métaphores ou des allégories, singulières souvent, parfois d'une simplicité assez saisissante[5].

1. Auto da Alma.

2. Auto da Feyra.

3. Voici les personnages de la Tragicomedia alegórica del Paraíso y del Infierno, imprimée à Burgos en 1539 et attribuée à Gil Vicente par La Barrera : « un ángel, un diablo, un hidalgo, un logrero, un inocente llamado Juan, un frayle, una moza llamada Floriana, un zapatero, una alcahueta, un judío, un corregidor, un abogado, un ahorcado por ladron, cuatro caballeros que murieron en la guerra contra Moros, el barquero Caron. »

4. Auto de la Sibila Casandra. — Dans l'Auto de Cananea on voit également, sous la figure de bergers, « la ley de Gracia, la natural y la escrita » (cf. Schack, I, 291).

5. A cet égard, la Oveja perdida de Juan de Timoneda n'est pas indigne de sa réputation. Le thème en est clair : l'âme humaine tombée dans le péché est

Quelques paysans aussi, personnages épisodiques ceux-là, d'une réalité presque choquante, continuent à débiter les plaisanteries que les spectateurs réclament jusque dans les sujets les plus graves ; le Mingo et le Bras de Juan del Encina ont d'innombrables descendants sur la scène espagnole. Leur naïveté ne manque pas toujours de finesse : en style villageois et sous ce costume grotesque on peut se permettre bien des audaces. « Peut-être pensez-vous », disait Encina, paraphrasant une églogue de Virgile, « que, pour être d'un style vulgaire, les chants pastoraux ne demandent point de sagesse [1] ?... » Avec sa niaiserie narquoise, le berger que Pedraza a introduit dans son originale *Danse de la mort* — version nouvelle encore et presque souriante de l'ancien thème lugubre — est un grand philosophe. Lui seul, sans soucis ni désirs, est de force à résister à l'impitoyable visiteuse : puissance merveilleuse de la sottise ! Les menaces, pas plus que la persuasion, ne peuvent rien ; il s'obstine à ne pas comprendre. Peu lui importe que les papes et les rois aient subi le destin qu'on lui propose ; modeste, il ne tient pas à s'égaler à eux. A dame Raison, qui discute pour le convaincre de la nécessité fatale, il offre deux bouchées de pain et une gousse d'ail [2].

Plus grossier, il devient le *Bobo* traditionnel, celui que l'on bafoue, que l'on dupe, et sur qui l'on cogne, à la grande joie du public. Le type est un des plus populaires de l'ancien théâtre [3];

une brebis perdue ; les bergers Apetito et Custodio se la disputent comme se querellent en nous la Grâce et l'Instinct, et le poète sait prêter à tous deux des paroles éloquentes. (Publ. dans le recueil de Pedroso, p. 78.)

I   ¿Piensas quizá por ventura,
                  La escritura
                  De los cantos pastoriles,
                  Aunque en palabras más viles
                  Se figura,
                  Que no requiere cordura?
                   (Cité par Cañete, liv. cit., p. 99.)

2.   Decidme, Senora, ¿combrés dos bocados
                  De pan de centeno i un ajo bien liso?...

(Juan de Pedraza, *Farsa llamada Danza de la Muerte*, 1551, publiée par Pedroso, rec. cit., p. 45.)

3. Par certains traits, il correspond au satyre italien ; mais il a plus de réalité, son rôle surtout est plus varié. Nous le retrouvons dans quelques pastorales françaises.

avec Lope de Rueda, il s'appelle le *Simple;* il sera plus tard
le *Gracioso* national. Dans les comédies pures comme dans
les autos, il y a place pour lui. Pour publier les louanges du roi
Manuel de Portugal, il essaye de voler avec les ailes de la Renommée et retombe lourdement[1]; une sonnaille au cou, il accompagne Abraham sur la montagne; il gémit sur les malheurs de
Job ; dans la maison de Putifar, il s'extasie sur la continence du
señor Josef[2]; ailleurs, il se refuse à comprendre le mystère de
l'Immaculée-Conception[3] : autant de plaisanteries qui seraient
scandaleuses, si, mieux que tout peut-être, elles ne marquaient,
chez le poète et ses auditeurs, une foi tranquille, sûre d'elle-
même.

Les *Pasos* ou les *Intermèdes* sont son domaine particulier[4].
Laquais, garçon de ferme ou vieux barbon, son nom change et
sa condition, mais pas son caractère. Dupé par son maître
comme Alameda, par sa femme comme Martin de Villalba ou
par d'ingénieux voleurs comme Mendrugo et Cevadon[5], il a toujours le même genre de naïveté crédule et de grossièreté rustique. Et le public ne s'en lasse pas. On sait le renom prodigieux
de Lope de Rueda, ses succès ininterrompus, ses funérailles
triomphales, — la cathédrale de Cordoue recevant son cercueil, —
et l'enthousiasme de ses successeurs. Quelques fantaisies rapides
ont plus fait pour cette gloire que ses comédies proprement
dites. Assez empêtré quand il s'agit de lier une action un peu
complexe[6], il est inimitable dans ces petits tableaux réalistes où
l'on sent un art consommé, qui gardent pourtant le charme d'improvisations joyeuses. Le *Paso de las Aceitunas,* traduit par

---

1. Torres Naharro, *Comedia Trofea* (voy. Moratin, n⁰ 22).
2. Voy. dans le recueil de Pedroso : *Auto del sacrificio de Abraham; Aucto
de los Desposorios de Josef; Aucto de la paciencia de Job; Aucto del
Magna,* etc...
3. Lucas Fernández, *Egloga ó farsa del nacimiento* (Cañete, p. 83).
4. Voy. Leo Rouanet, *Intermèdes espagnols (entremeses) du dix-septième
siècle, traduits avec une préface et des notes,* Paris, Charles, 1897.
5. Lope de Rueda, *Pasos* publiés par Moratin, *La Carátula, Cornudo y con-
tento, Pagar y no pagar.* — Cf. son catalogue n⁰ˢ 66, 68, 70, 71, 72, 73, 75,
89, 90, 93.
6. *Eufemia, Los Engañados, Medora,* — et surtout la comédie magique
Armelina.

Adolphe de Puibusque[1], offre, dès la première moitié du seizième siècle, un modèle parfait de ce que doit être le style dramatique. Le vieux laboureur Torubio, sa femme Aguéda de To-
ruegano, bruyante et avaricieuse; leur fille Menciguela, dès
longtemps résignée aux bourrades; le voisin pacificateur : cet
intérieur de paysans est merveilleusement en scène et donne l'impression de la vie. Dès les premiers mots, on devine les physio-
nomies, les attitudes et les gestes... Nous avons noté déjà des
qualités semblables dans la farce du *Repelon* : c'est ici la perfection d'un genre, genre tout espagnol, mais qui, lui aussi, a
définitivement rompu avec la pastorale[2]. Cette vivacité précise,
cette franchise sont à peu près exclusives des qualités proprement poétiques. Rien n'est plus loin de l'églogue que le mime.
Alors même que le sujet est un sujet champêtre, — et les habitudes du genre ne l'exigent pas[3], — l'auteur ne cherche pas à
noter les charmes ou l'élégance de la vie rustique : il s'agit d'en
marquer la vulgarité.

Ainsi, des éléments divers qui composaient les églogues de la
fin du quinzième siècle, ceux-là seuls ont survécu qui répon-
daient aux goûts du public : petits tableaux de verve brutale et
de réalisme direct, pièces mystiques où s'exalte la passion religieuse, « comédies » dont l'intrigue emporte l'imagination gri-
sée d'aventures...

Ce n'est pas à dire pourtant que rien d'étranger ne puisse
pénétrer sur le théâtre espagnol. Rebelle à la simplicité classique, et quoique, d'une manière générale, l'influence italienne ait
peu de prise sur lui, il acceptera ce qui peut s'assimiler à sa
propre substance. Le retentissement, d'ailleurs, de certaines
œuvres a été trop grand pour qu'il s'obstine à les ignorer. Le
succès de la *Diane* a fait, ou peu s'en faut, délirer toute la so-

---

1 *Histoire comparée des littérat. esp. et franç.* Le texte, dans Moratin.

2. En dépit de leur nom, les *Coloquios pastoriles* ne s'en éloignent pas
moins. Des aventures romanesques de *Camila* ou de *Timbria*, il n'y a guère
à retenir que quelques scènes comiques, le dialogue, par exemple, où le bouffon Leno s'excuse d'avoir mangé la tourte que Timbria l'avait chargé de porter;
cela est amusant du même genre de notation (cité par Ticknor, trad. Magnabal,
II, 106).

3. Voy. les intermèdes de Cervantès.

ciété espagnole pendant la seconde moitié du seizième siècle. Avant de s'adonner à l'art dramatique, Cervantes et Lope de Vega commencent par être ses imitateurs... Et ils accueillent avec le même enthousiasme les contes des nouvellistes italiens. Cette vie facile qui se révèle à eux, cette gaieté fine et légère, ces aventures imprévues, ces défis, ces combats, ces rencontres, le drame national, sans renoncer à être lui-même, peut en tirer parti. Les œuvres de Boccace, les poèmes du Boiardo ou de l'Arioste, les nouvelles de Bandello, celles ensuite de Cinthio offrent en foule des personnages séduisants, des histoires joyeuses ou romanesques, tragiques si l'on veut, capables toujours de satisfaire la curiosité la plus exigeante. Sans difficulté, la jeune Siennoise que les Italiens avaient applaudie sur la scène des Intronati est devenue espagnole et continue à courir le monde sous des habits masculins. La plupart des héroïnes, à son exemple, possèdent une collection complète de déguisements : tour à tour princesses, pages, villageoises ou étudiants, l'attention se fatigue à les suivre et à les reconnaître.

Le futur auteur du *Don Quichotte* oublie avec elles les angoisses de la captivité. Plus tard, il s'en voudra à lui-même, il en voudra à ses modèles, ou, du moins, à leurs traducteurs ; quelques phrases déjà montrent que sa ferme raison n'est pas sans voir le ridicule de certaines fantaisies poétiques : il les accepte cependant. Il se plaît à nous conduire à travers son *Labyrinthe d'amour,* ou met face à face dans sa *Maison de la jalousie*[1] les grands coureurs d'aventures et les bergers poètes de Sannazar : le triste Renaud, Rustico le niais, l'enchanteur Merlin, la déesse Vénus, l'empereur Charlemagne, Lauso le tendre berger, la cruelle Cloris, l'errante Angélique suivie de sa duègne et de ses deux sauvages... Il serait difficile de concevoir un tissu d'inventions plus incohérentes. « Quand sortirons-nous de ces extravagances »? s'écrie la pauvre duègne brisée de fatigue avant même que se termine la première journée[2] : parole pleine de sens, — mais le poète et les destins sont impitoyables.

---

1. *El laberinto de amor, La casa de los zelos y selvas de Ardenia.*
2. *La casa de los zelos,* trad. Royer.

D'imagination plus calme, d'autres se rapprochent davantage
de la pastorale pure, Joaquin Romero de Cepeda, par exemple,
et le grand Lope lui-même. Il est vrai que le premier est incapable de rendre intéressantes les amours entre-croisées de ses
trois bergers et de ses trois bergères [1], et que le second, pour
donner au genre la variété qui lui manque, méconnaît sa première loi [2]. Dans ce *Verdadero amante* et dans la *Pastoral de
Jacinto* que Lope de Vega, s'il faut l'en croire, écrivit au sortir
de l'enfance, dans l'*Arcadia* qu'il produira plus tard sur le théâtre, comme dans son *Belardo el furioso* resté longtemps inédit [3], l'influence de la pastorale italienne est sensible presque à
chaque scène. Des souvenirs, des imitations s'étalent, dont il
serait aisé de dresser le compte [4]. Il est plus curieux de noter
ce qui, malgré tout, fait ces pièces tout espagnoles d'allure. Ce
n'est pas seulement la couleur générale du dialogue, la solennité
de ses métaphores, l'emphase dont s'aggrave la préciosité italienne, le nombre des épisodes juxtaposés, l'accumulation des
personnages inutiles, la vulgarité de quelques détails : le taureau échappé dispersant la réunion des bergers dans le premier
acte du *Verdadero amante*, le balourd Cardenio caché dans la
statue de Vénus et dictant des oracles en son nom [5]. Les per-

1. *Comedia llamada metamorfosea* (1582), publiée dans le *Tesoro del
teatro de Ochoa*. « Todos los personajes, dit Moratin, hacen y dicen lo
mismo : los seis interlocutores pudieron reducirse á dos, y las tres jornadas á
tres escenas » (*Catálogo*, n⁰ 131).
2. *Obras de Lope de Vega publicadas por la real academia española*,
Madrid, Sucesores de Rivadeneyra, t. V, 1895. — Voy. les *Observaciones
preliminares* de M. Menéndez y Pelayo.
3. Ne parlons pas ici des églogues qui se rencontrent dans le roman de
l'*Arcadia*, de celles encore qui figurent dans les *Obras no dramáticas* (voy.
l'édit. de Don Cayetano Rosell, Bibliot. Rivadeneyra, t. XXXVIII). Plusieurs
sans doute ont été représentées, mais dans des circonstances et pour un public
spécial. Réduites souvent à de simples dialogues, elles sont parfois plus riches :
la *Selva sin amor* a l'allure d'un véritable opéra. Mais ni les unes ni les
autres ne sont, à vrai dire, du théâtre.
4. La scène du jeu, et le jugement dans le *Verdadero amante*; la déclaration
détournée d'Anarda à Anfriso et le monologue de celui-ci, au premier acte de
l'*Arcadia*; les tirades sur la puissance, la soudaineté, la légitimité absolue de
l'amour, etc.
5. *Arcadia*. Il s'agit de décourager Salicio qui, fort de la volonté de ses
parents, veut épouser Belisarda malgré elle. « Celui qui épousera Belisarda »,

sonnages principaux eux-mêmes, les personnages de femmes en particulier, ont un caractère nouveau. Leur amour n'est plus cet amour délicat et nuancé, hésitant, teinté de mélancolie douce. Chez elles, la passion naît impérieuse et brusque, et elles se refuseraient à la dissimuler. Comme dit Silvio, « l'amour dissimulé n'est plus de l'amour..., l'amour est une flamme..., une flamme se trahit toujours [1]... » Elles ont des câlineries, des effusions de tendresse sensuelle ou mystique et de violents sursauts de volonté ; pour un soupçon, pour moins encore, la jalousie en vient aux injures et aux menaces [2]. Prêtes à accuser celui qu'elles aiment d'un crime pour le conquérir [3], elles sont prêtes aussi bien à se tuer pour échapper à celui qu'elles haïssent. L'intrépide Belisarda de l'*Arcadia* est bien l'Espagnole telle que la comprendront les poètes romantiques :

> ... Llevo en este pomo,
> Asido de aquestas perlas
> Con aquesta negra cinta,
> Una ponzoña tan fiera,

proclame la statue de la déesse au moment où va s'accomplir le sacrifice, « Jupiter le condamne à mourir dans l'espace de trois jours... » La fête en est interrompue :

1. Amor es fuego, y el fuego
Aunque le encubran, presumo
Que ha de decir por el humo :
« Aqui estoy », y verse luego...
(*Arcadia*, acte I, p. 711.)

2. Voy. la scène de jalousie de Belarda et Jacinto (*Verdadero amante*, II) ; dans l'*Arcadia*, le rôle d'Anarda ; la jalousie partout occupe la plus grande place : dans la *Pastoral de Jacinto*, le héros est jaloux de lui-même. — Voy. encore le sujet de *Belardo el furioso*, qui rappelle au début celui de la *Dorotea*, pour se rapprocher ensuite de l'*Arcadia*.

3. Voici l'aventure d'amour qui fait le fond du *Verdadero amante* : malgré son amour pour Jacinto, la belle Amaranta a dû s'unir à Doristo, et Jacinto, assez vite, s'est consolé auprès de Belarda. Le dépit amoureux ravive la passion de l'infidèle ; au sortir même du temple, elle est incapable de la maîtriser : à la vue des deux amants, ses larmes éclatent... Que Doristo disparaisse, — et, dès le second jour, une maladie opportune a eu raison de cet époux gênant, — Amaranta n'aura plus qu'une pensée, conquérir à nouveau Jacinto, l'arracher à sa rivale. Le moyen qu'elle emploie est original : en vertu d'une coutume ancienne, le meurtrier d'un homme, si sa femme l'exige, peut être condamné à prendre sa place. Simplement, Amaranta accusera Jacinto d'avoir tué son époux et réclamera les compensations qui lui sont dues... Ce n'est là

Que, en obedeciendo á Ergasto
(Que es bien prestar obediencia
Á un padre á quien debo tanto)
Pienso matarme con ella '...

C'est ainsi que, dans sa corbeille de mariage, tout au fond, Doña Sol cachera un poignard. Et comme son amant veut la sauver d'elle-même, elle se révolte presque :

> Ay, Belisarda! En dos males
> Tan grandes, tu vida venza
> El menor, que es el perderte,
> Pues es mejor que te pierda
> Que no que pierdas la vida.
> B. — Anfriso, tarde me ruegas.
> A. Deja el venono, por Dios;
> No eclipses las luces bellas,...
> Vive tú, goce Salicio
> Tu hermosura, porque sea
> Anfriso el muerto.
> B. — Desvia;
> Que si tú á mí me quisieras
> Más que de otro hombre gozada,
> Estimaras verme muerta.
> No tienes, Anfriso, amor²...

La scène est de belle allure, mais on ne voit plus ce qui distingue la pastorale des comédies chevaleresques ordinaires.

Ici surtout, apparaît ce que le genre peut avoir d'artificiel. Ce que Lope de Vega tâche de réaliser dès son début au théâtre, ce qu'il réalisera par la suite, c'est la tragi-comédie telle, à peu près, que le *Verrato* la définit. En Espagne, le satyre se transforme seulement en un paysan balourd et devient l'ordinaire Gracioso ; les vieilles bergères, revendeuses d'amour, prennent le maintien vénérable des duègnes et s'enveloppent de leurs voiles

---

d'ailleurs qu'une des nombreuses intrigues qui s'entremêlent dans cette œuvre. Belarda est aimée encore de Menalca, de Coridon, d'Ergasto... Et je ne parle pas des conversations empêtrées, affectées, d'une prétention insupportable : « Qué necia filosofia », s'écrie Belarda elle-même (p. 593).

1. *Arcadia*, I, p. 717.
2. *Ibid.* Et à côté de dialogues de ce genre, des scènes burlesques.

noirs, le chapelet à gros grai~~ ~tre leurs mains dévotement croisées. Malgré la différence des costumes ou des conditions, malgré la distance — prodigieuse certes — des deux génies, c'est bien la même surcharge, la même juxtaposition de bouffonneries et de scènes tragiques, la recherche des mêmes effets. « Est vraisemblable tout ce qui est possible », répondait l'auteur du *Pastor* à ses détracteurs ; Lope de Vega accepterait volontiers cette formule. Et, d'une façon toute naturelle, tandis qu'un poète tel que Cristóbal de Mesa, après avoir vécu cinq ans dans l'intimité du Tasse, est pour la comédie espagnole un adversaire désigné, — les défenseurs, au contraire, du genre national s'autorisent du nom et de l'exemple de Guarini [1].

En Italie, le débat pouvait être douteux ; nous avons vu l'acharnement des deux partis. Il ne l'est pas en Espagne, et le public, souverain juge, n'hésite pas à se prononcer. Des personnages tels qu'Aminta et Silvia, appartenant à un monde irréel, mais vrais d'autant plus, ne lui sembleraient pas des créatures vivantes [2]. Dans les pièces qui lui sont destinées, le costume pastoral ne peut être, — parmi tant d'autres, — que l'un des costumes dont s'affublent ses héros favoris. Grâce à lui, la fille du duc d'Urbin endort les soupçons de ses ennemis, l'infante de Leon échappe à la colère de son père, Doña Violante reconquiert

1. « Por qué ha de dexar el Poeta de conseguir su fin que es el aplauso (primer precepto de Aristóteles en su Poética) por seguir las leyes de los pasados, tan ignorantes algunos que inventaron, etc... » (Ricardo de Turia, *Apologético de las Comedias españolas*, cité par Schack, III, p. 227). On croirait entendre Guarini... Et plus loin : « Por evitar proligidad, bolvamos solo los ojos á la tragi comedia que el Laureado Poeta Guarino hizo del *Pastor fido*. »

2. Il est à noter que la première version espagnole de l'*Aminta* (*Aminta, favola pastoril de Torcuato Tasso traducida por Don Juan de Jauregui*) ne paraît qu'en 1607. Le *Pastor fido*, postérieur de neuf ans au poème du Tasse, est traduit cinq ans avant lui, dès 1602 (*El Pastor fido... por Christoval Suarez*). En 1604, s'imprime à Valence une seconde édition (*El Pastor fido... por Cristoval Suarez de Figueroa*), — peut-être faut-il dire : une seconde traduction. Les traducteurs de Ticknor, en effet, et Vittorio Rossi se refusent à identifier Christoval Suarez et Cristoval Suarez de Figueroa (voy. Rossi, liv. cit., bibliogr., p. 318). Il est certain que les deux traductions présentent des différences notables ; toutes deux se réimpriment d'ailleurs et demeurent distinctes : la seconde en 1609, la première en 1622.

son amant[1]. La mode s'est emparée du travestissement ; sur la scène, comme dans la vie, on joue à l'homme des champs. La malicieuse Laura oblige ses soupirants à faire office de meuniers dans son Moulin d'amour, et la comtesse italienne de Tirso, avant de choisir parmi les siens, leur demande de mener sous ses yeux la vie arcadienne et d'égaler les vertus du berger Anfriso[2]. Sous leur costume nouveau, princes et poètes flétrissent en souriant la vie des courtisans; ils ne ménagent pas davantage l'apparente candeur des villageois... Et il y a là, sans doute, d'amusants détails, des oppositions piquantes, une ironie joliment poétique, mais rien, à coup sûr, que l'on puisse dire profondément humain.

Cervantès, Lope et Tirso n'ont pas cherché si loin. La pastorale dramatique espagnole commence par où finit la pastorale italienne : sa carrière ne peut être longue. *Metamorfosea, Casa de los zelos, Verdadero amante, Fingida Arcadia*, traductions de l'*Aminta* ou du *Pastor*, toutes ces pièces ne cherchent qu'à satisfaire à la mode d'un instant. Elles attestent le succès de quelques modèles consacrés, elles n'ouvrent pas des voies nouvelles à l'avenir.

1. Lope de Vega, *La Boba para los otros y discreta para se* (voy. par exemple le premier monologue), *El Vaquero de Moraña,* etc. — Tirso de Molina , *La Villana de Vallecas,* etc.
2. Lope, *El Molino.* — Tirso, *La fingida Arcadia.*

CHAPITRE IV.

LA PASTORALE DANS LA POÉSIE ET LE ROMAN ESPAGNOLS.

Les raisons mêmes qui éloignent de la pastorale le théâtre espagnol y conduisent au contraire la poésie et le roman. Il ne s'agit plus ici d'œuvres populaires destinées à conquérir de haute lutte une foule éprise de mouvement plus que de perfection. Dès son principe, la poésie du seizième siècle s'affirme nettement aristocratique, — on pourrait presque dire artificielle. La jeune école qui, à la suite de Boscan et de Garcilasso, prétend lui marquer la route a pour ambition d'abord de réagir contre le genre national. Elle veut substituer aux naïvetés d'autrefois un art qui n'ait plus de racines espagnoles, art raffiné et subtil, n'acceptant guère de l'héritage ancien que la langue, créant ou empruntant de toutes pièces ses sujets, ses principes de beauté, ses formes métriques.

L'Espagne arrive au sommet de sa puissance, toutes les ambitions semblent lui être permises, des entreprises nouvelles s'offrent à son activité, — et, dans les œuvres de ses poètes, on

ne trouve aucune trace des passions qui, en ces temps de gloire
fiévreuse, font battre tous les cœurs, aucune allusion presque
aux grandes choses que l'on fait ou que l'on prépare. Patriciens,
soldats et hommes d'action, les uns et les autres, quand ils
prennent la plume, n'ont qu'un désir : s'abstraire de leurs préoccupations, faire très net le départ entre leur existence vraie et
leur vie intellectuelle. Ils cherchent dans le lyrisme un dérivatif
à leurs soucis ordinaires, ils se reposent en rêvant des rêves
italiens de mélancolique tendresse. Parfois quelques couleurs un
peu vives semblent rappeler leur origine, mais tout cela se fond
dans l'harmonie de l'ensemble. La foule, ils l'ignorent; et ils
ignorent aussi ces petites rivalités des artistes dont l'art fait toute
la vie, ces jalousies, ces rancœurs, — insoucieux au point que la
plupart négligent de publier eux-mêmes leurs œuvres, abandonnent ce soin à la piété d'une veuve, ou à de fidèles amis.

Dès lors, la poésie nouvelle ne saurait avoir ce caractère de
vigueur originale qui, dès ses premiers pas, marque si profondément le théâtre espagnol du seizième siècle. L'influence étrangère
peut ici régner en souveraine. Ce ne sont pas leurs éducateurs
qui encourageraient Boscan ou Garcilasso à chercher autour
d'eux, dans la vie, leurs inspirations. Ces humanistes, amenés
dans les villes d'Espagne par leurs fonctions diplomatiques, n'en
ont guère senti la beauté.

Celui que Boscan proclame l'initiateur de cette renaissance, le
savant Navagiero, ambassadeur auprès de Charles-Quint de la
République de Venise, a débarqué à Palamos au mois d'avril 1525.
Presque dans tous les sens, il a parcouru la Péninsule : de Barcelone à Saragosse, à Madrid et à Tolède, de Tolède à Séville,
de Séville à Grenade; à la suite de la cour, il a traversé Alcalá,
Cordoue, Linares, Calatrava; il a vu Ségovie, son château et son
aqueduc, Valladolid, fière de ses inépuisables ressources, la froide
et sombre Burgos; lui-même a dressé la liste de ses étapes; à
l'exemple de Guicciardini, il a écrit à son tour son *Voyage en*
Espagne, et c'est merveille de voir la pauvreté naïve de ses
impressions [1]. Qu'il parle de Madrid, de Barcelone ou de Séville,

---

1. Andrea Navagiero, *Il viaggio fatto in Spagna*... Vinegia. 1563. — Tra-

les mêmes épithètes reviennent, et les mêmes étonnements : étendue des faubourgs, fertilité du sol, jardins, orangers et citronniers, de belles villes bien situées, bien peuplées, — Πέλεις εὖ οἰκού-μεναι, — tout le pittoresque de l'*Anabase* ! Il s'extasie devant la richesse du clergé et de quelques grandes familles, les Medina Sidonia ou les Villena dont les rentes dépassent 60,000 ducats. Il est tout heureux de trouver à Séville un air italien ; on y mange pourtant des fruits étranges ; on y rencontre parfois, escortant un missionnaire qui revient des Indes, des êtres bronzés, la figure aplatie, le torse nu sortant d'un jupon court ; la cathédrale aussi mérite d'être vue ; mais ce qu'il a noté de plus curieux, c'est le domestique nègre de Doña Ana d'Aragon[1]... Quant à la poésie ou aux lettres espagnoles, peu lui importe : ses éloges à l'Université d'Alcalá, qui donne en latin son enseignement, marquent simplement son mépris pour le reste de la Péninsule où règnent à peu près seuls les vieux idiomes locaux[2]. Un mot, cependant, a été très commenté : « Je vous envoie, écrit-il de Séville à son ami J. B. Ranusio, le *Primaleon* que vous m'avez demandé... » Il n'en dit pas davantage, désireux surtout de lui décrire un oiseau des îles qu'on lui a montré, « chose la plus merveilleuse du monde ». Peut-être est-il excessif de conclure de cela que la littérature espagnole a vivement frappé son attention[3].

Les poètes que Navagiero a trouvés à la cour de Charles-Quint partagent ses sentiments. Ils reconnaissent en lui le représentant d'une race privilégiée, auprès de qui on peut s'instruire, mais à qui il serait puéril de faire admirer ses propres richesses. Toute élégance, toute poésie viennent du pays de Virgile, de Boccace et de Pétrarque. Eux seuls marquent la voie, et le reste n'est rien.

duit par D. Antonio Maria Fabié, *Viajes por España de Jorge de Einghen, del baron Leon de Rosmithal de Blatna, de Francisco Guicciardini y de Andres Navajero*, Madrid, 1879 (Collect. des *Libros de antaño*).

1. P. 274-390.
2. P. 251.
3. P. 368. — « ... Ramusio, á quien da aviso de enviarle un ejemplar del *Primaleon*, circunstancia que demuestra la atención que Navajero prestaba á las letras españolas » (Introd. de Fabié, p. cvii).

Ce serait exagérer les choses que rappeler ici le souvenir de notre Pléiade. Dans leur dédain pour les vieux genres nationaux, dans leur désir de rénover la poésie espagnole, Boscan ni Garcilasso ne connaissent la ferveur érudite d'un Ronsard ou d'un Du Bellay. Ils ne s'élancent pas avec cette belle furie de jeunesse à la conquête des trésors étrangers. Plus avisés et moins poètes, ils se gardent de ce pédantisme ingénu ; sincère, leur enthousiasme ne les grise pas. Il suffit de rapprocher de tel passage de la *Défence et illustration*... la lettre fameuse de Boscan à la duchesse de Soma[1]. Le hasard seul a tout fait. Une rencontre fortuite avec Navagiero, une conversation, voilà le principe de cette révolution littéraire. C'est par désœuvrement d'abord, et assez froidement, que le jeune poète, fort peu soucieux de gloire bruyante, s'est mis au travail. Et après s'être amusé à de purs exercices metriques, canzones et sonnets, il a entrepris la plus sérieuse de ses œuvres, la traduction du *Corteggiano*, sur les instances de Garcilasso, ne se passionnant enfin lui-même pour ses réformes qu'en présence des attaques qui l'assaillent de toutes parts. « Dans tout ce que j'ai écrit, ajoute-t-il, jamais la pure composition n'a été mon objet : j'ai eu plutôt en vue de divertir les facultés que j'ai et de passer moins péniblement certains passages pénibles de ma vie[2]. »

Les humanistes du siècle précédent avaient une autre ardeur. Durant ces années agitées du règne de Don Juan II, ç'avait été déjà comme une fièvre intellectuelle. Les traductions italiennes, latines, grecques même s'étaient multipliées ; Cicéron, Sénèque, Virgile, Homère, le Dante, toute l'antiquité, toute la Renaissance qui s'offraient brusquement, toutes les idées païennes qui venaient se greffer sur les dogmes chrétiens : l'Espagne en avait été secouée profondément[3]. Du premier élan, les poètes se laissaient aller aux ambitions les plus dangereuses, mais, en définitive, les plus nobles. A ces grands seigneurs artistes, la poésie n'apparaissait pas le simple jeu d'un homme d'esprit. Le mar-

---

1. Publié en tête du second livre des *Obras poéticas*. Cité par Ticknor, trad. Magnabal, t. II, p. 18.
2. *Ibid.*, Ticknor, p. 19.
3. Voy. comte de Puymaigre, *La cour littéraire de Don Juan II*, t. I, p. 28.

quis de Santillana la définissait « un çelo çeleste, una affection divina, un insaçiable çibo del ánimo, el qual, asy como la materia busca la forma é lo imperfecto la perfección, nunca esta sçiençia de poesía é gaya sçiençia se fallaron sinon en los ánimos gentiles é elevados espíritus [1] ». Dans ses vers amoureux, Ausias March apportait cette gravité philosophique, ces raffinements quintessenciés de la *Vita Nuova* [2]; la méditation profonde, pédantesque souvent, se substituait aux galanteries des troubadours, l'idée de la mort donnant à la passion toute son intensité tragique. Des allégories, des *Visions* s'inspiraient du Dante [3]; de Boccace, on appréciait surtout le *De casibus virorum illustrium*, et Pétrarque était d'abord le somptueux poète des *Triomphes* [4].

Il y avait dans tout cela bien de la naïveté et de l'inexpérience. On se perdait dans ces évocations allégoriques singulièrement entremêlées d'allusions contemporaines. Le pédantisme gâtait les meilleures intentions. Mais cette surabondance de jeunesse était riche en promesses d'avenir, et, dans ces imitations excessives, s'attestait encore la vigueur du sang espagnol.

Avec l'école de Boscan tout se clarifie, tout s'épure, mais tout s'anémie. Plus attentifs aux questions de forme, les jeunes poètes se gardent des entreprises dangereuses. Mieux vaut, sur des sujets plus minces, déployer de ces grâces exquises et légères qui ne vieillissent pas, que tous les pays et tous les temps peuvent apprécier tour à tour : autant que poètes, ils sont hommes de goût. Ils assouplissent la langue, s'ils ne l'enrichissent pas; ils tâchent à donner à leur patrie le vers blanc dont l'Italie fait

1. *Prohemio al condestable de Portugal.* Publ. dans Menéndez y Pelayo, *Historia de las ideas estéticas en España*, t. I, vol. II, appendice III, 2e édit., Madrid, Pérez Dubrull, 1891.

2. « Cierta gravedad filosófica, que á veces degenera en pedantesca, cierta mayor pureza y elevación en los afectos, la mayor importancia concedida á lo interno ó subjetivo sobre el mundo exterior y los elementos pintorescos, la preponderancia del análisis psicológico, y cierta varonil y medioascética tristeza, alejan, á no poder más, á Ausías March de la escuela trovadoresca, de que todavía quedan vestigios en el Petrarca; y le afilian más bien entre los seguidores del cantor de Beatriz... » Menéndez y Pelayo, *ibid.*, p. 211.

3. Voy. Puymaigre, liv. cit., t. II, p. 28, 29, 37, 74, etc.

4. Voy. *Prohemio...* du marquis de Santillane, IX.

usage, l'endécasyllabe, la « terza rima » ; leurs allégories prennent le ton de badinages ironiques[1] ; ils cisèlent des sonnets,
des canzones, des élégies. Castiglione, Bernardo Tasso, Boiardo,
Sannazar, autant d'écrivains dont il est permis, en demeurant
soi-même, de s'approprier les délicatesses. L'Italie, désormais,
agira sur l'Espagne par ses artistes subtils plus que par ses penseurs et ses très grands poètes. L'Italie que l'on aime, c'est l'Italie des fêtes et des joyeux devis, l'Italie de ces petites cours dont
Castiglione évoque les splendeurs, où tout est luxe et raffine-
ment, où chaque courtisan est un artiste, chaque existence une
œuvre d'art. Et ce sont, d'autre part, ces campagnes qui demeurent nobles d'avoir inspiré tant de nobles poètes, ces bois épais,
ces ruisseaux où les nymphes se sont baignées, le marbre doré
des ruines dans la verdure des coteaux, les vallons ombreux où
des bergers chantent leurs peines amoureuses sous un ciel éclatant de Sicile...

L'âge de la pastorale est venu. Ses harmonieuses rêveries
offrent aux poètes ce contraste qu'ils recherchent aux soucis de
l'existence commune, et elle a ce mérite encore de se placer en
dehors des temps et des frontières dans un monde de fantaisie.
Là est la première cause de sa fortune. Le génie de Garcilasso en
est une autre, — et le retentissement de son œuvre. Il y a, en
effet, des poètes plus grands, il y en a peu dont l'influence personnelle ait été plus profonde et plus durable; c'est qu'il y en
a peu dont la personne même et la vie aient mieux réalisé
l'idéal de leur temps : noblesse, grâce, culture intellectuelle, bravoure, qualités de cœur et d'esprit, élégance dans le meilleur
sens du mot, rien n'y manque. Sa famille est une des plus considérables d'Espagne; son nom seul, Garcilasso de la Vega, rappelle une glorieuse et poétique aventure[2] ; dans son éducation,
tout a concouru à en faire un type accompli de gentilhomme sui-

---

1. Voy. l'*Alegoria,* de Boscan.
2. Cette tradition est d'ailleurs d'une vérité fort contestable. Sur la biographie de Garcilasso, voy. l'édit. de Fernando de Herrera, Séville, 1580; —
J. H. Wiffen, *The works of Garcilasso...* Londres, 1823, — et surtout l'étude
de D. Eustaquio Navarrete dans le t. XVI de la *Coleccion de documentos inéditos para la historia de España,* de Baranda et Salvá.

vant la formule italienne; son existence se déroule, frémissante
et noble comme un roman de chevalerie : l'amitié de l'empereur,
les campagnes du Milanais, de Hongrie et de Provence, l'aventure romanesque qui semble devoir briser sa carrière, cet empri-
sonnement dans une île du Danube, la blessure sous les murs
de Tunis, la mort enfin, à l'âge de trente-trois ans, en montant
à l'assaut. Et, à distance, cette mort, qui souleva tant de regrets, apparaît une mort bienheureuse. Il n'a connu de la vie
que les années triomphantes, son souvenir n'éveille que des
idées de jeunesse et de beauté, son œuvre harmonieuse et brève
n'a pas eu le temps de s'encombrer de fastidieuses redites.

Entre Sannazar et lui, on saisit aisément des analogies de nature. Le poète napolitain a vécu davantage; il a vu l'écroulement
de ses espérances, son prince en exil, sa fidélité inutile; mais lui
aussi a connu cette fièvre d'enthousiasme; lui aussi a couru les
champs de bataille, « maniant tour à tour la plume et l'épée »[1].
Leur mélancolie surtout les rapproche ; l'un et l'autre se lassent
des sauvageries brillantes de la guerre[2]; ils connaissent la douceur de se perdre en un rêve pâmé, comme on mourait jadis,
lentement, les veines ouvertes, dans la molle tiédeur du bain[3].
Étroitement lié avec le cardinal Bembo et le Tansillo, passionné
pour les choses d'Italie, le jeune Espagnol a trouvé partout
vivant le souvenir de Sannazar[4]. Lui-même, à plusieurs reprises,
s'est arrêté sur les bords de cette baie merveilleuse de Naples,

---

1. « Tomando ora la espada, ora la pluma » (Garcilasso, Egl., III). Publ.
dans la collection des *Poetas líricos de los siglos XVI y XVII* de Don Adolfo
de Castro, Bibliot. Rivadeneyra, Madrid, 1872.

2.
    Oh crudo, oh riguroso, oh fiero Marte
    De tunica cubierto de diamante
    Y endurecido siempre en toda parte!...
                            (*Elegia* II, à Boscan, p. 26.)

3.
    Y acabo como aquel que en un templado
    Baño metido, sin sentido muere
    Las venas dulcemente desatado...
                            (*Ibid.*)

4. « Non è molto tempo, raconte le *Cortegiano*, che essendo appresentati
qui alcuni versi sotto 'l nome del Sannazaro, a tutti parvero molto eccellenti,
furono laudati, con le maraviglie e esclamationi; poi, sapendosi per certo che
erano d'un altro pèrsero subito la riputatione e parvero meno che mediocri »
(cité par Scherillo, p. CCXL).

De ocio y de amor antiguamente llena[1]...

Blessé au siège de Tunis, il a passé quelque temps au pied des coteaux de Sicile ; dans ces campagnes peuplées de grands souvenirs, il a senti renaître ses forces, revivre ses ardeurs, — « Allí mi corazon tuvo su nido »[2], — et les vers de l'*Arcadia*, précieux et tendres, ont chanté dans son souvenir.

On serait tenté peut-être de trouver qu'il se souvient trop. Il ne se contente plus d'emprunter aux Italiens un rythme nouveau[3] ; des pages entières reparaissent. Nemoroso pleurant son amante traduit les derniers vers de l'*Arcadia*[4]. Dans la seconde églogue, l'imitation est encore plus frappante ; la meilleure partie, la seule qui soit vivante, est copiée exactement sur le récit en prose de Charino. Albanio, suivant l'usage, rappelle les origines de son amour ; élevé en compagnie de Camila des sa plus tendre enfance, il a laissé grandir en lui, insoucieux et ignorant, les germes de cette passion qui aujourd'hui le torture. Dans cette familiarité innocente des premières années, on ne les voyait jamais l'un sans l'autre ; consacrés au service de Diane, ils couraient la campagne, chasseurs intrépides, — et tout, dans ce récit minutieux, est copié presque phrase par phrase : la chasse au filet et à la glu, la façon de prendre les grives, les merles, les étourneaux, les corneilles et les perdrix ; pas un trait nouveau, pas un détail qui soit oublié, modifié, déplacé seulement.

---

1. *Elegia* II, p. 26.
2. *Ibid.*
3. Cf. la 1re égl. de Garcilasso et la 2e de l'*Arcadia*.
4.
    — Una parte guardé de tus cabellos,
    Elisa, envueltos en un blanco paño, etc...
                              (Egl. I, p. 5 et 6.)
    — I tuoi capelli, o Filli, in una cistula
    Serbati tegno, etc..,
                              (*Arcadia*, édit. Scherillo, p. 308.)
Sur ces imitations, voy. l'étude de Fr. Torraca, qui, d'ailleurs, n'a pas pu tout citer, *Gl' imitatori stranieri di Jacopo Sannazaro*, Roma, Loescher, 1882. — Il faudrait noter d'autre part une certaine influence de l'Espagne sur l'Italie. Un des personnages de la *Filena* d'A. Caccia porte le nom de Boscan ; le Tasse, dans la 2e scène du IIe acte de l'*Aminta*, semble se souvenir du récit d'Albanio ; de même, au IVe acte du *Sacrificio*, la scène de Carpalio, Turino et Stellinia rappelle celle de Camila et Albanio.

Puis, quand l'heure est venue de l'inévitable aveu, la scène célèbre, d'un charme si délicat

> En aquel prado, allí nos reclinamos...

Il est fâcheux vraiment que ce morceau soit une traduction,
que, par delà Sannazar, on aperçoive des souvenirs de Boccace,
d'Ovide [1]... Du moins est-ce une traduction de poète.

Ces petites scènes bucoliques, d'autres ont pu les tracer avant lui
et d'autres les reprendront. Il les voit à son tour, il les rend avec
une sincérité ingénue, et les tendres bergers ne se sentent pas
dépaysés d'avoir quitté les ruisseaux italiens pour les bords
du Tage, de conduire leurs troupeaux à travers l'Estramadure
ou sur les fraîches montagnes de Cuenca [2]. La légendaire Arcadie n'est pas plus napolitaine qu'elle n'était grecque; c'est la
terre d'élection que rêvent les poètes, elle n'est nulle part, et elle
est partout, — partout où l'on souffre des blessures d'amour.
Garcilasso ne s'attarde pas à situer ses églogues : verdures
épaisses que le soleil ne pénètre pas, pentes douces des collines
feutrées de mousse, ondes limpides sur un lit de sable doré, il
ne lui faut pas un décor plus précis. Il ne regarde pas la nature
avec des yeux d'artiste, il la sent avec une âme de poète, il
l'anime de ses émotions. Ses splendeurs chantent le triomphe
des amants [3]. Trahis, elle leur est douce et accueillante; elle se

---

1. Garcilasso, *Egl.* II, p. 9 et suiv. — *Arcadia*, édit. Scherillo, p. 133, 143.
— Cf. Ovide, *Met.*, III, 407, sqq.; *Fast.*, III, 263; — Boccace, *Ameto*, p. 96;
Filoc., II, p. 162. — Aux origines de la pastorale française, avec Fr. de Belleforest, nous retrouvons la même aventure, empruntée directement à Garcilasso.

2.
> Llesaba, por pasar allí la siesta,
> A beber en el Tajo ni ganado...
> No sabes que sin cuento
> Buscan en el estio
> Mis ovejas el frio
> De la sierra de Cuenca, y el gobierno
> Del abugado Extremo en el invierno?
> (Egl. I, p. 4.)

3
> Por tí el silencio de la Selva umbrosa,
> Por tí la esquividad y apartamiento
> Del solitario monte me agradaba;
> Por tí la verde yerba, el fresco viento,
> El blanco lirio y colorada rosa
> Y dulce primavera deseaba...
> (*Ibid.*)

fait triste avec eux, arbres et rochers écoutent leurs plaintes sous la chaleur du jour, et la grande paix du crépuscule les ramène à leurs chaumières, silencieux et graves, comme apaisés : « Jamais les bergers n'auraient mis un terme à leurs plaintes, jamais ne se seraient arrêtés ces chants que la montagne seule écoutait ; mais en voyant les nuages de feu que le soleil couchant bordait d'une ligne d'or, ils s'aperçurent que le jour touchait à sa fin. Rapide, l'ombre courait déjà sur la robe des hautes montagnes. Tous deux alors, comme s'ils revenaient d'un songe, tandis que le soleil fuyant ne donnait plus qu'une faible lumière, rassemblèrent leurs troupeaux et revinrent pas à pas [1]... »

Lentement, cette mélancolie nous pénètre. Ces victimes de l'amour sont à jamais condamnées, elles vont à la folie et à la mort ; dans leurs paroles, pourtant, il n'y a pas un mot où se révèle la brutalité espagnole ; la sensualité s'atténue et se poétise, la jalousie ignore les violents éclats de colère [2], et les vers, sans une défaillance, se déroulent harmonieux et purs.

Ces qualités ne sont, en aucune façon, des qualités dramatiques. Il semble pourtant qu'on ait porté les *Églogues* sur le théâtre. Don Quichotte rencontre un jour, dans ses courses errantes, une troupe de comédiens, et, comme il les interroge : « Nous allons, répondent-ils, à la ville voisine, jouer les œuvres du seigneur Garcilasso de la Vega. » On peut trouver ici une preuve de l'extraordinaire popularité du poète, mais l'idée de ces comédiens était singulière. Avec leur disposition artificielle, les deux longues tirades de la première églogue n'ont rien à gagner à passer par la bouche d'un acteur, — pas plus que le monologue de la troisième. La seconde, il est vrai, est d'une action plus complexe ; Garcilasso ne s'en tient pas à l'épisode qu'il a emprunté à Sannazar. Après avoir raconté ses misères, Albanio

---

1. Fin de la première églogue. — Cf. *Arcadia*, édit Scherillo, p. 20 et 72.

2.
      Tu dulce habla ¿ en cuya oreja suena ?
      Tus claros ojos ¿ a quién los volviste ?
      ¿ Por quién tan sin respeto me trocaste ?
      Tu quebrantada fe ¿ do la pusiste ?
      ¿ Cual es cuello que como en cadena
      De tus hermosos brazos anudaste ?
                (Egl. I, p. 4).

se trouve de nouveau en présence de celle qui l'a fui; mais le
poète essaye vainement de nous intéresser à cette rencontre;
vainement, il veut nous montrer en un dialogue plus pressé la
pudeur farouche de Camila et ses roueries féminines; vainement,
il conduit le malheureux Albanio jusqu'à la folie et rattache à ce
spectacle un singulier et prolixe éloge des ducs d'Albe[1]. Toute
émotion se perd parmi ces complications naïves, ce mouvement
ne laisse qu'une impression de lassitude et d'ennui. L'églogue
toute pure, tant qu'elle demeure l'églogue, ne peut étendre son
domaine. Elle est condamnée à tourner dans le même cercle, à
redire les mêmes plaintes. La monotonie est la rançon de sa souveraine élégance.

En marchant sur les traces du maître, des artistes délicats
écriront des pages harmonieuses ou touchantes. Il y a bien de la
grâce dans cette églogue qui ouvre le recueil de Don Diego Hurtado de Mendoza[2]; le Portugais Saa de Miranda est souvent l'égal
de son modèle[3]. Mais aucun de ces imitateurs n'enrichira vraiment
la pastorale, ne lui fera faire un pas en avant, — et il serait
injuste de le leur reprocher[4]. D'essence purement lyrique, l'œuvre de Garcilasso vaut par la personnalité du poète; elle n'offre
pas à l'imitation les ressources que d'autres œuvres, moins pures
certes, lui peuvent offrir par l'intérêt romanesque de leur fiction ou leurs qualités extérieures de mouvement. Des trois formes dont le genre pastoral est susceptible et par lesquelles il

---

1. Cf. *La Pastorale amoureuse* de Belleforest, Paris, 1569.
2. Voy. les *Poetas líricos...* d'Adolfo de Castro.
3. Voy. H. Castonnet des Fosses, *La poésie pastorale portugaise*, Angers,
1886; et, d'une manière générale, sur les successeurs de Garcilasso, Ticknor,
t. II et III.
4. La *Canción pastoril* d'Eugenio de Salazar publiée par Gallardo, liv. cit.,
t. IV, p. 388, marque à merveille cet épuisement rapide du genre. Il n'est plus
question de vie, même très générale, de peinture, même abstraite, de la passion. Un thème étant donné dès le début, l'art est seulement de le reprendre à
l'infini, dans une série interminable de couplets, en en variant l'expression.
La glose est indiquée en épigraphe :

> BLAS. — Qui haré Mengo que muero
>   Y costanza huelga y calla?
> MENGO. — Que la olvides, compañero
>   Y pueste deja dejalla...

Et il n'y a vraiment pas autre chose dans la *Cancion* de Blas et Mingo.

passe tour à tour, — églogue, roman, pastorale dramatique, — ce n'est ici que la première : l'*Arcadia* marquait un autre moment. Garcilasso a mis les bergers à la mode, il a donné à la poésie un merveilleux instrument, il a parlé d'amour sans afféterie, sans pédantisme et sans brutalité. Il faut maintenant que la pastorale espagnole, comme la pastorale italienne, s'enrichisse à son tour d'éléments nouveaux, que sa matière se fasse plus complexe, qu'elle s'assimile les ressources des genres voisins, — dût-elle y perdre un peu de son charme et de sa pureté : la vie est à ce prix. Ces églogues demeurent des bijoux précieusement ouvrés, et l'Espagne peut, à bon droit, garder un culte pieux au « Roi de la douce plainte ». On est moins à l'aise pour goûter la *Diane*, imparfaite et diffuse : c'est elle, pourtant, imitée tant de fois et tant de fois traduite, qui appartient, comme l'*Aminta*, à ce que l'on peut appeler la littérature européenne.

* * *

Le roman de Montemayor est, en effet, de trame plus solide, d'intérêt plus varié. Il paraît plus sincère d'abord. Ce que l'auteur a mis dans son œuvre, ce ne sont plus seulement des rêveries de grand seigneur artiste, cette mélancolie un peu lasse, ces désirs de vie paisible dans un décor radieux. Si l'on aimait, dans les *Églogues,* la nature fine de Garcilasso, son existence, du moins, se dérobait. Montemayor, dans l'argument de sa *Diane,* promet des histoires vraies : « Muy diversas historias de cosas que verdaderamente han sucedido, aunque tan disfraçadas debaxo de nombre y estilo pastoril. » Non que le roman nous permette de suivre de très près la vie de son auteur. Sur lui-même, il ne prodigue pas les détails précis, et, en dépit de la célèbre lettre à Miranda, sa biographie demeure obscure. A plusieurs reprises, il a célébré sa patrie ; dans le lointain des souvenirs, il revoit, plus imposante encore, la vieille ville de Coïmbre, ses maisons au flanc de la montagne, ses tours, ses puissants « boulevarts », la somptuosité de ses temples, la courbe noble du pont sur les eaux impétueuses du Mondego, ses forêts d'oliviers, et, dominant la plaine, le vieux château de Montemor, « lumière de l'Espagne [1] ». Il ne peut en parler sans émotion ; mais sur la date de sa naissance, sur son nom véritable, sur ses années de jeunesse, on est réduit à des conjectures [2], la *Diane* n'en dit à peu près rien ; elle parle moins encore de ses voyages à la suite de Charles-Quint, de ses prétendues campagnes militaires aux Pays-Bas.....

Le fil pourtant qui, du premier au cinquième livre, relie les épisodes successifs du roman est une aventure véritable, et cette brève histoire d'amour semble avoir été la grande affaire de son existence, jetant un peu de poésie parmi des préoccupations assez médiocres. La vie de Montemayor, en effet, compliquée par des soucis d'argent, ne présente pas, malgré son dénouement tragique, l'attrait chevaleresque de la vie de Garcilasso. D'origine probablement assez humble, de culture incomplète, puisqu'il ignore le latin [3], il a senti de bonne heure la nécessité du travail [4]. La musique, qu'il a étudiée avec passion, peut l'aider à gagner sa vie plus sûrement que ses talents poétiques, et nous le trouvons en 1548, à la cour de Charles-Quint, chanteur de la chapelle de l'Infante Doña Maria. A ce moment, sans doute, il se prend de passion pour celle qui désormais sera son inspiratrice. La liaison est d'abord assez tendre, l'amour partagé, mais le souci de sa fortune éloigne le poète de Madrid. Du service de Doña Maria, il est passé à celui de Doña Juana qu'il doit accompagner à Lisbonne. Sa situation est bril-

---

1. *La Diane de Georges de Montemaior diuisée en trois parties et traduites d'Espagnol en François. Reueüe et corrigée...* Tours, Jamet Mettayer, 1592 (la première partie traduite par Collin, les autres par G. Chappuys). — Liv. VII, p. 159-163.

2. Voy. Georg. Schönherr, *Jorge de Montemayor, sein Leben und sein Schäferroman...* Halle, Max Niemeyer, 1886. La date approximative de sa naissance entre 1518 et 1528. Peut-être appartient-il à la famille des Païva y Pina, p. 11-12.

3. Voy, le prologue d'Alonso Perez.

4.   Aquella tierra fue de mí querida,
    Dejé la, aunque no quise, porque veía
    Llegado el tiempo ia de buscar vida...

                                    (Cité par Schönherr, p. 15.)

lante maintenant ; Saa de Miranda l'encourage à en tirer parti ;
il se souvient pourtant, et il regrette [1] ; cette domesticité lui pèse,
cette nécessité de flatter sans cesse, la jalousie toujours menaçante... Des pressentiments aussi le troublent, — pressentiments
bientôt justifiés. A son retour en Espagne, le temps a fait son
office, une année a suffi pour vaincre la fidélité de celle qu'il
aime.

Sur cette aventure banale et touchante, Montemayor a construit son roman. Rentrant dans sa patrie après une absence,
Sireno, comme le poète, apprend le mariage de sa maîtresse oublieuse. En compagnie de Silvano, son rival d'autrefois, — plus
malheureux encore, car lui fut toujours méprisé, — il gémit sur
cette trahison. Une douleur commune rapproche les deux bergers ; tous deux rappellent les années écoulées, ressassent, avec
une insistance fâcheuse, leurs cruels souvenirs. Ces lamentations, pendant plusieurs livres, se répéteront ; bergers, bergères
ou grandes dames, d'autres personnages, atteints de la même
peine, viendront tour à tour faire écho à leurs gémissements, et,
de plus en plus nombreuse, la troupe plaintive s'acheminera
vers le temple de la prêtresse Felicia dont les philtres magiques
versent l'oubli... Les épisodes à part, il n'y a pas autre chose, et
c'est peu ; mais un accent de sincérité corrige la monotonie des
éternels dialogues. De leur répétition même, une impression de
tristesse douce se dégage, pénétrante de plus en plus, jusqu'à
cette conclusion, d'un charme délicat, qui, à la fin du sixième
livre, met en présence de Diane Sireno enfin guéri de sa passion. L'infidèle n'a pas été si oublieuse qu'un peu de dépit ne
puisse maintenant la faire souffrir à son tour ; l'indifférence,
d'ailleurs, de Sireno ne s'est pas tournée en colère ou en mé-

---

1. Voy. la lettre à Miranda :

> En cuia casa estoi ora, pasando
> Con mi cansada musa ora en esto,
> Ora de amor i ausencia estoi quejando,
> Ora mi mal al mundo manifiesto ;
> Ora ordeno partir me, ora me quedo ;...
> En una hora mil vezes mudo el puesto ;...
> Ora querria morir me i nunca puedo...
> Enfin me hallo tal que desespero.
>
> (Cité par Schönherr, p. 22.)

pris ; elle demeure tendre toujours, et, n'aimant plus, il se rappelle qu'il a aimé :

> Ah ah, contentemens passez
>   Que cherchez-vous ?
> Laissez-moy et ne me lassez
> Mémoire, s'ouyr me voulez ,
>   Les iours et les heureuses nuicts,
>   I'ay payé de milles ennuis,
>   Plus rien demander ne pouvez,
>   Tout fut perdu quand me partis,
>   Comme scauez :
> Laissez moy et ne me lassez...
>   Si vous venez pour me troubler
>   Rien que troubles n'y trouuerez :
>   Si pour consoler vous venez,
>   Nul mal n'ay plus à consoler :
>   Si vous venèz pour me tuer
>   Bien le pouuez :
> Tuez moy, vous acheuerez[1].

Tandis qu'il chante les chansons de jadis, Diane aussi se souvient. Ils ne s'accusent pas, — est-il des coupables devant les fatalités de l'amour ? Ils ne demandent ou n'espèrent plus rien. Un voile de mélancolie pèse sur eux. « Cependant que les pasteurs chantoient ce que dessus, la bergère Diane estoit auec son beau visage sur la main, dont la manche tombante un petit descouuroit la blancheur d'un bras qui eust obscurcy la neige. Et tenoit ses yeux enclinez en terre, espandante par iceux si grande abondance de larmes qu'elles donnoient à entendre son ennuy plus qu'elle n'en eust voulu déclarer. Et comme les pasteurs eurent acheué de chanter, elle se leua (auec un souspir qui sembloit luy auoir emmené l'âme quand et soy) et sans prendre congé d'eux, s'en alla le long de la vallée, dressant ses cheueux dorez dont la coiffe estoit demeurée prise à une branche, ainsi qu'elle se leuoit. Et si les Pasteurs n'eussent tempéré la grande pitié qu'ils eurent d'elle, par le peu qu'elle auoit voulu auoir

1. Trad. Collin, p. 153.

d'eux, le cœur de l'un ny de l'autre n'eust été suffisant pour le pouuoir souffrir [1]... »

Les lecteurs de la *Diane* peuvent trouver ici l'écho d'un amour sincère, ce qui suffirait déjà à rendre l'œuvre vivante, à joindre au charme de la fiction poétique l'attrait piquant de la vérité. Diane, dans l'imagination des contemporains, demeurera non pas une figure de rêve, mais une grande dame réelle, ennoblie par les pleurs qu'elle a fait couler, par les vers dont elle fut l'inspiratrice. Son inconstance lui devient un titre d'honneur ; elle participe au triomphe de son ancien amant ; d'elle aussi, l'Espagne s'enorgueillit. Dans sa *Dorotea*, Lope nous fait connaître ses origines : « La Diana de Montemayor fué una dama natural de Valencia de Don Juan, junto á Leon [2]. » En 1602, elle y réside encore, et Philippe III, qui s'arrête dans cette ville avec la reine, manifeste le désir de la voir. Vieille alors, belle encore peut-être, très riche aussi, elle vit silencieuse, fière des hommages qui viennent à elle, drapée dans sa glorieuse légende. Le couple royal, raconte Manoël de Faria, se rendit à sa maison, l'interrogea sur son ancien amour ; elle répondit avec grâce et la reine la combla de cadeaux [3].

L'aventure de Montemayor est devenue une aventure nationale. D'ailleurs, toute l'Espagne, amoureuse et héroïque, a sa place dans le roman. C'était la coutume de l'églogue de ne pas oublier parmi ses bergers les gens de cour ; mais les allusions contemporaines ou historiques prennent ici une importance toute nouvelle. Sur les bas-reliefs du temple de Félicia, au-dessus du dieu Mars, d'Alexandre, d'Annibal, de Camille, de César et de Scipion, figurent des chevaliers, l'épée nue à la main, la visière haute, leurs noms inscrits sur des cartels : « Soy el Cid honra de España... — El conde fuy primero de Castilla... » A côté d'eux, Bernardo Carpio se dresse, ses armes semées de lyons et de châteaux, puis Fonseca, Don Luys de Villanova, d'autres encore. Les bergers contemplent avec respect l'image

---

1. Trad. Collin, p. 158.
2. *Dorotea*, II, 2.
3. *Lusiadas de Camoens... comentadas*, Madrid, 1639, II, canto IV. Cf. Sepúlveda, *Historia de varios sucesos*, II, cap. XII (cit. par Schönherr, p. 20).

de ces héros merveilleusement figurés; mais Félicia les entraîne
plus loin, et voici que, dans une chambre luxueuse, Orphée lui-
même, la couronne de laurier sur ses cheveux d'or, chante,
« d'une voix douce et pure, — La grand perfection, et la grâce
et l'honneur, — La vertu, la beauté surpassant la nature, — De
celles qui l'Espagne illustrent de grandeur... » : d'abord, les
anciennes protectrices du poète, Maria, reine de Hongrie,
Juana, reine de Portugal; après elles viennent les infantes, les
duchesses de Nagera et de Sessa, Luysa Carrillo, Eufrasia de
Guzman..., — dames de Portugal, de Castille, d'Aragon ou de
Valence, toutes celles dont la grandeur impose le respect ou
dont les charmes conquièrent l'amour [1]. Avec un souci pieux,
avec une prudence aussi de courtisan, Montemayor se préoccupe
de n'en oublier aucune, de les énumérer suivant l'ordre correct
des préséances : et c'est, autour de Diane toujours présente à sa
pensée, comme une triomphante cour d'honneur. Dithyrambes
ou madrigaux, ces couplets sont d'un effet assez singulier au
milieu des peintures bucoliques; ils ne sont pas faits pour donner au roman plus de vraisemblance, mais ils lui sont, auprès
de son public élégant, un précieux élément d'intérêt.

Au reste, Montemayor se soucie peu de la vie champêtre. Elle
demeure le cadre consacré, — obligatoire presque des peintures
qui ont pour objet l'amour idyllique. Le romancier se rappelle
l'auteur de l'*Arcadia,* ou son illustre prédécesseur espagnol.
D'une manière générale, il situe comme eux ses intrigues, mais
quelques phrases lui suffisent, assez vagues et monotones. Il ne
faut pas lui demander cette couleur harmonieuse, cette fraîcheur
reposante, cette largeur des paysages de Ribeiro [2]. La description

---

1. Liv. IV.
2. Voy. les églogues, ou ce fragment de la *Menina e Moca* : « C'est sur ce
mont désert que je passais mes jours comme je le pouvais. De là, je regardais
comment la terre va se perdre dans les flots et comment la mer s'étend loin du
rivage pour finir où personne ne peut la voir. Et quand la nuit venait recueillir
mes pensées, quand je voyais les oiseaux chercher la retraite et le sommeil, je
rentrais dans ma pauvre cabane, où Dieu est témoin des nuits que je passais.
Ainsi le temps coulait pour moi. Il y a peu de jours, en gagnant la hauteur, je
vis l'aurore se lever et répandre sa lumière entre les vallées. Les oiseaux s'ap-
pelaient par de doux chants. Les bergers conduisaient leurs troupeaux dans la

la plus complète peut-être est celle qui commence le livre III :
« Elles entrèrent, sortans du bois, en une bien plaisante vallée
par le milieu de laquelle couloit un ruisseau impétueux bordé de
part et d'autre de force beaux saux et aliziers... Les nymphes et
pasteurs prirent une sente qui alloit droict entre le ruisseau et
la sausaye et ne firent pas long chemin qu'ils se trouuèrent en
un pré verd et spatieux où il y auoit un fort bel estang d'eau...
Au milieu de l'estang estoit une petite isle où il y auoit quelques arbres... », et tout cela serait, pour l'auteur même, d'un
médiocre intérêt, s'il ne trouvait, pour le relever, quelques traits
de la plus piquante ingéniosité : « Que pensez-vous, s'écrie
Belise, qui fasse croistre l'herbe verde de ceste isle et accroistre
les eauës qui l'enuironnent sinon mes larmes ? Que pensez-vous
qui face ainsi mouuoir et débattre les arbres de ceste plaisante
vallée, sinon la voix de mes tristes souspirs[1] ?... Comme sentiment de la nature, Montemayor n'a pas trouvé mieux.

Il est plus sensible aux splendeurs un peu lourdes du temple
de Félicia, à la richesse de sa garde-robe[2], à l'éclat de ses bijoux
rehaussés de saphirs, d'émeraudes ou de perles orientales qu'à
la beauté d'un coucher de soleil. On ne trouve plus, avec lui, cette
conscience naïve que Garcilasso mettait à conserver la couleur
pastorale, à emprunter aux travaux de la campagne comparaisons et métaphores, à laisser à chacun de ses personnages le
costume, la fraîcheur d'âme et la naïveté traditionnels. Salicio,
Albanio, Nemoroso sont héros d'églogues par nature et tempérament. Même guéris de leurs peines, ils resteraient mélancoliques encore ou n'auraient plus de raison d'être. Sireno et Silvano, dans la *Diane*, appartiennent sans doute à la même
famille ; mais tous ceux, en revanche, qui figurent dans les nombreux épisodes sont d'une autre complexion. Ni Felismena, ni

prairie. Il semblait que cette journée devait être heureuse pour tout le monde.
Mais alors mes chagrins se pressèrent d'autant plus dans mon âme et mirent
devant mes yeux tout le bonheur que m'aurait donné ce beau jour, si tout
n'était changé pour moi. La joie de la nature m'attrista, je voulus fuir... »
(trad. par Villemain, *Tableau de la littérature au Moyen-âge*, t. II, p. 314).
— Cf. Loiseau, *Histoire de la littérature portugaise*, Paris, Thorin.
 1. Trad. Collin, pp. 74, 76.
 2. *Ibid.*, p. 93.

Belisa, ni Arsileo ne se condamneraient pour toujours aux félicités arcadiennes. Sans aller jusqu'à les faire vivants, Montemayor a voulu leur donner quelques-unes des apparences extérieures de la vie. Au moins n'échappent-ils pas à toutes les exigences de la nature. Ils parlent beaucoup ; mais il leur arrive de
se taire pour dormir ou manger ; — les plus affligés, il est vrai,
mangent avec moins d'appétit : « Incontinent se meirent à manger ceux auxquels leurs affections le permettoient, et les autres,
estans importunez de ceux qui se sentoient plus libres, furent
contrains de faire de mesme [1]... »

Nous savons à peu près d'où ils viennent et où ils vont. Au
début de leurs interminables récits, eux-mêmes nous informent
de leurs origines. Belisa, victime d'une épouvantable tragédie,
appartenait à cette race de Labradores demi-nobles, orgueilleux
de « l'ancienneté de leurs maisons et lignages [2] ». Felismena,
née dans la cité de Soldine, en grande Vandalie, se glorifie de
ses parents, les principaux et les plus riches habitants de la province, de son frère, un des courtisans les plus aimés du roi
d'Espagne ; élevée jusqu'à l'âge de douze ans dans un monas-
tère, la colère de Vénus l'a contrainte à sortir de son pays, « et
ensemble de sa bonne renommée ». Belliqueuse bergère, elle
porte l'arc et le carquois garni de flèches; sa main est armée
d'un solide bâton de cormier sauvage à pointe d'acier [3].

Montemayor s'amuse à varier le déguisement pastoral : il
borde de feuillages d'or et rehausse de bijoux la robe blanche
de ses nymphes[4]; il donne à Belisa le simple cotillon bleu pâle
et le corsage gracieusement entr'ouvert sur les rondeurs fermes
de la poitrine[5]. Grands seigneurs vêtus de velours et de satin
blanc, couverts de diamants et de plumes[6], sauvages « armés de

---

1. Trad. Collin, 73. « C'est un trésor, dit Cervantes, parlant de l'histoire de
Tirant-le-Blanc..., ici les chevaliers mangent et dorment, ils meurent dans leur
lit et font leur testament avant de mourir et mille autres choses utiles et nécessaires » (*Don Quichotte*, I, 6).
2. Liv. III, p. 77.
3. Liv. II, p. 49.
4. Liv. II, p. 38.
5. Liv. III, p. 75.
6. Liv. II, p. 61.

salades et corselets de cuir de tygre », des « bouches de serpents »
en guise de brassards[1], Maures en casaque et pourpoint de damas,
cimeterre au flanc, « avec force houppes et glands d'or et de
soie[2] », majestueuses prêtresses, grandes dames et vaillants
chevaliers, tout un monde bigarré se présente à nous, relevant
de ses aventures la monotonie des idylles, mêlant aux églogues
primitives d'extraordinaires récits en prose. Devenue roman, la
pastorale peut adopter tous les héros et toutes les inventions
romanesques.

La matière ne lui manquera pas, dans ce pays qui demeure au
seizième siècle comme la patrie du roman chevaleresque. Lente
à subir l'influence des idées nouvelles, plus naïve et grave que le
reste de l'Europe, moins accessible à l'esprit de critique et d'ironie,
l'Espagne se passionne toujours pour ces aventures merveilleuses,
ces élans de tendresse mystique, ce mélange de vigueur surhu-
maine, de subtilité raisonneuse et de mélancolie. Les *Amadis* se
succèdent, accompagnés de l'admiration fervente de toute une
race, pour rayonner ensuite sur les peuples voisins. Toute poésie
amoureuse subira l'influence du triomphal roman. Le « Beau
ténébreux » a fixé le type de l'amant, qu'il porte les armes du
chevalier ou les attributs de la vie champêtre.

A cet égard, la *Menina e Moca* portugaise a tracé la voie à la
Diane[3]. Le passage du roman chevaleresque au roman pastoral
est d'autant plus sensible dans l'œuvre de Ribeiro, que les deux
éléments y apparaissent juxtaposés plutôt que fondus : on dirait

---

1. Liv. II, p. 48.
2. Liv. IV, p. 109.
3. Le roman de Ribeiro, il est vrai, a paru à Ferrare seulement en 1554,
après la mort de l'auteur. Mais il était écrit depuis longtemps déjà, et Montemayor, en relations avec Ribeiro, a très vraisemblablement pu le connaître. La
date d'ailleurs de 1542 que Ticknor attribue à la *Diana* est erronée. Elle ne
figure, à demi effacée, que sur un seul des exemplaires connus de l'édition de
Valence, et Whitney dit avec raison : « It is by no means impossible that the
date may have been foisted into the title-page when it was offered for sale in
1818. » D'autre part, l'introduction de Montemayor à la première édition du
Cancionero (1554) déclare en propres termes : « Yo doy mi fé que si hasta
aora no he querido que mis obras se impriman... » Enfin, des allusions nombreuses ne permettent pas de faire remonter la publication du roman au delà
de 1558. — Cf. l'appendice de Schönherr.

deux parties distinctes, négligemment liées. Dans un désert peuplé
d'amoureux errants et d'amoureuses aux longs voiles noirs, des
créatures étranges se rencontrent, que l'on a aperçues ailleurs.
Ce chevalier qui, fidèle à un engagement d'amour, s'est placé à
l'entrée d'un pont, provoquant les passants en l'honneur de sa
dame, l'arrivée de Lamentor et sa victoire, la mort de l'une des
deux sœurs qui l'accompagnent, l'amour subit de Bimnander pour
la naïve et délibérée Aonia : ces imaginations n'ont rien qui
puisse surprendre les admirateurs de l'*Amadis*... Mais, pour
demeurer auprès de sa belle, Bimnander congédie son écuyer,
entre au service d'un éleveur de bétail du voisinage, s'affuble
d'un costume de berger, et voici que le roman chevaleresque se
transforme en roman pastoral. Le chevalier errant chante maintenant sous les fenêtres de sa bien-aimée, une soubrette complai-
sante les rapproche, des duos d'amour se succèdent ; puis, un
jour, Bimnander tombe malade ; Aonia, sur l'ordre de son père,
consent à devenir la femme d'un autre.

On comprend aisément que l'œuvre de son prédécesseur ait
fait sur l'esprit de Montemayor une forte impression. Le poète
portugais avait prétendu mettre dans son roman ses propres
douleurs, et, par une analogie singulière de leurs destinées,
Montemayor y trouvait les siennes. Il y trouvait aussi le moyen
d'élever son églogue à la dignité supérieure du roman, en la
chargeant d'ornements parasites. Il faut lui savoir gré cependant
d'avoir réservé pour des épisodes ces invraisemblances romanesques. Les récits que débitent tour à tour les personnages
nouveaux venus dans l'intrigue demeurent, au moins jusqu'au
sixième livre, des morceaux distincts, traités pour eux-mêmes,
formant chacun un tout, n'enlevant rien de sa simplicité à l'histoire de Diane et de Sireno. A côté d'eux, — en dépit d'eux, —
la petite idylle mélancolique subsiste, dans sa naïve pureté.

Il serait fastidieux de résumer ces épisodes, d'autant que la
plupart sont empruntés de toutes pièces. Les éléments les plus
disparates se juxtaposent. Au milieu des imitations presque
constantes de Sannazar et de Ribeiro, interviennent des récits à
demi historiques, des anecdotes imaginées par les romanciers
grecs, arrivées jusqu'ici indirectement sans doute, car Monte-

mayor n'est pas un humaniste, des légendes populaires, flatteuses pour l'orgueil national : tout ce qui l'amuse, tout ce qui peut frapper l'attention des lecteurs[1]. Montemayor n'a pas l'imagination inventive d'un Lope de Vega, mais il se plaît à reproduire les inventions d'autrui, et, de franchise admirable, il n'a garde de s'en cacher. L'unité de couleur lui importe peu : son œuvre, qui jamais ne s'achèvera, est capable de s'enrichir — ou de s'encombrer — indéfiniment.

De là de fâcheuses discordances. L'histoire de la belle Xarifa et de l'Abencerrage, par exemple, arrête sans profit la marche du roman. Mais elle est de si fière allure! Un prisonnier de guerre, esclave de sa parole, qui ne veut pas devoir à un parjure sa liberté, une femme qui tient à partager le sort de celui qu'elle aime, un vainqueur plus généreux encore que le généreux vaincu, des costumes éblouissants de joyaux et de pierreries, de formidables coups d'épée, des chevauchées éperdues, des dialogues nerveux et frémissants : la vieille Espagne, l'Espagne des luttes héroïques et courtoises, revit ici avec un éclat brillant fort éloigné des ordinaires langueurs pastorales[2].

La verve amusante du premier récit de Felismena n'en est pas plus proche. C'est, parmi des nouvelles héroïques, un de ces petits tableaux de mœurs si fréquents dans la comédie, où se retrouve, quoique la peinture soit moins appuyée, moins obscène surtout, le souvenir de l'immortelle *Celestine*. La servante Rosette se rappelle les maximes de la vieille dame, providence des amoureux peu délicats. Elle connaît son rôle à merveille[3]. Chargée par un

---

1. Cf. le début de la *Diana* et le début de Ribeiro, — la description du temple et la caverne de Pan dans l'*Arcadia* (8e et 9e proses), — les deux voyages, etc... L'histoire de Felismena est en germe dans le neuvième livre d'Eustathius. L'histoire de l'Abencerrage est une légende populaire..., etc. Cf. Schönherr, p. 36 et suiv.

2. Liv. IV.

3. « Que pensez-vous donc qu'allait faire là cette vieille Célestine, si ce n'est calmer sa colère, supporter ses caprices, parler en votre absence, recevoir sur sa mante les coups, les affronts, le mépris, le dédain dont ces jeunes femmes sont prodigues quand on commence à leur parler d'amour, afin que plus tard on attache un plus grand prix à leur consentement? Celui qu'elles aiment le mieux, elles le traitent le plus mal; s'il n'en était pas ainsi, il n'y aurait aucune différence entre les demoiselles bien nées et les femmes publi-

cavalier de remettre un billet à sa jeune maîtresse, elle s'attend
à être mal reçue d'abord. Felismena, en effet, s'indigne, menace,
repousse la lettre avec colère. Peu importe ; Rosette n'insiste
pas : « Vous l'eussiez veüe, ô gentilles nymphes, feindre un petit
ris si dissimulé, disant : Jésus, Madame, ie ne la vous ay donnée
seulement que pour nous en mocquer ensemble et pour rire, non
pas pour vous donner telle fascherie..., et reprenant la lettre,
s'osta de ma présence. » A quoi bon se donner du mal ? La
jeune fille se sait aimée, — ou désirée : la curiosité fera le reste.
Quoi qu'elle dise, elle ne peut oublier l'inconnu ; elle voudrait,
malgré son expresse défense, en entendre parler encore ; Rosette
n'a qu'à se taire, elle en parlera la première. « Ceste nuict fut
bien pour moy la plus pénible et ennuyeuse pour sa longueur
qu'autre que i'eusse iamais passée. Et, arrivant le matin (beaucoup plus tard que ie ne désirois), la prudente Rosette entra
dans ma chambre pour me donner mes vestemens et laissa
tomber auprès elle ceste lettre en terre. Et, comme ie la vis, ie
luy dis, qu'est-ce là qui est tombé ? Monstre moy, que ie le
voye. Ce n'est rien, ma Dame, dist-elle. Ça, ça, monstre moy, luy
dis-ie sans me fascher ou dis moy que c'est. Jesus ma Dame,
dist-elle, pourquoy le voulez-vous voir ? C'est la lettre d'hier.
Non, non, dis-ie, ce n'est pas cela : monstre moy que ie voye si
tu ne ments point. Ie n'auois pas encore acheué ce mot, qu'elle
me la mist entre les mains, disant : Dieu me face mal, si c'est
autre chose. Et encores que ie la cogneusse fort bien, si dis-ie :
asseurément que ce n'est elle point : car ie la cognois : il n'y a
point de faute que c'est de quelqu'un de tes amoureux : ie la
veux lire, pour voir les folies qu'il t'écrit[1]... » Et Felismena ouvre
la lettre ; et elle y répond ; et c'est l'éternel premier acte...

ques dont la profession est d'aimer. Quelle distinction pourrait-on faire, si
toutes disaient oui à la première proposition, à la première preuve d'amour ?
Les demoiselles bien nées, quoique dévorées par les besoins et la passion,
témoignent, par respect pour leur honneur, une froideur extrème, un fier
dédain » (Celestine, acte VI, trad. Germond de Lavigne, Paris, 1843, p. 105).
    1. Liv. II, p. 55 et suiv. L'épisode tout entier reproduit l'intrigue des In-
gannati traduits en français par Charles Estienne en 1543 (Les Abusez) :
Lélie, délaissée par son amant Flaminio, se fait admettre à son service en qualité de page sans être reconnue. Chargée de porter à sa rivale Isabelle les

Ainsi, la pastorale, par la souplesse de sa composition, peut nous conduire du roman héroïque au roman d'aventures et au roman de mœurs. Cette variété des épisodes est pourtant plus apparente que réelle : tous, en somme, se ramènent à une attendrissante histoire d'amour. La peinture de la passion reste toujours l'objet essentiel du genre pastoral, et c'est aussi la plus grave faiblesse de Montemayor de n'avoir pas su, en variant le cadre, nuancer le tableau. Par là, malgré la multiplicité des aventures et la richesse extérieure de sa matière, le roman demeure monotone et vide. D'origine ou de costume divers, tous ses personnages reproduisent à l'infini le même type ; tous parlent le même langage harmonieux et diffus ; tous aiment du même amour profond, impérieux et soudain [1], mais humble, fervent, idéalisé, d'une suprême élégance. Pas un seul cri, point de passions violentes, — ils ignorent la jalousie autant que les bergers de Garcilasso [2], — mais des langueurs, des effusions, des chants mélancoliques, avec accompagnement de rebec ou de cornemuse.

Ils poussent la candeur jusqu'à sa dernière limite : l'indélicatesse. Sireno raconte à Silvano, son rival d'autrefois, les faveurs que lui prodiguait Diane : « N'as-tu veu les faueurs qu'elle me faisoit? N'as-tu veu la douceur des paroles avec lesquelles elle me manifestoit ses amours [3]... » Et l'amour-propre de Silvano ne

billets doux de son amant, elle inspire à celle-ci une passion violente... C'est exactement l'histoire de Félismène, de Don Felix et de Celia; seul le dénouement diffère. — L'histoire de Félismène passe, fidèlement reproduite, dans la *Diane françoise* de du Verdier en 1624 (Histoire de Florize et de Clorizel). — En Espagne encore, une intrigue analogue dans *Los engaños* de Rueda, et dans la *Tolomea* d'Alonso de la Vega. — Enfin, Montemayor a pu emprunter aussi aux *Ingannati* l'idée de la ressemblance absolue d'Ismenia et d'Alanio dans l'histoire de Selvaggia au premier livre (Fabricio prenant auprès d'Isabelle la place de sa sœur Lélie). Cf. dans le *Roland furieux* la ressemblance de Ricciardeto et de Bradamante, chap. xxv.

1. Un regard suffit pour le faire naître : « Celia prit la lettre et jetta les yeux sur moy, de façon que je senty l'altération que ma veüe luy auoit causée : parce qu'elle demeura si hors de soy qu'elle ne me respondit pour lors un seul mot... » (Hist. de Felismena, liv. II, p. 66 ; — cf. l'hist. de Selvaggia).

2. Cf. dans la suite de Gil Polo le développement sur la jalousie, l. II, p. 36 et suiv.

3. Liv. I, p. 8. Avec autant de tact, Arsenio fait écrire ses lettres d'amour par son fils, amoureux de la même femme que lui (liv. III).

trouve rien de pénible ou d'humiliant dans ces souvenirs. Mieux
encore, il se sent attendri, en face de son rival ; il l'aime pour
avoir su se faire aimer de Diane, et parce que rien de ce qu'elle
aima ne lui peut être indifférent : « L'amour que ie porte à ma
maîtresse Diane ne permettroit que ie me rendisse ennemy de celuy
auquel auec si grande volonté elle a mis le sien... Deuois-tu
penser Sirène que ie te vousisse mal parce que Diane te vouloit
bien ? Et que les faueurs qu'elle te laissoit fussent suffisantes pour
me faire ton ennemy, puisque ma foy n'estoit de si basse qualité
qu'elle ne suyvist ma maîtresse, non seulement pour l'aymer,
mais pour aymer tout ce qu'elle eust aymé[1]?... » Il se complaît
à rappeler les triomphes de Sireno, et les mépris dont lui-même
fut victime... Psychologie singulière, mais qui ne surprend pas
les lecteurs de la *Diane*. Ce qui importe chez l'amant, c'est
seulement la qualité de son amour, c'est l'idéal qu'il parvient à
réaliser en lui-même. « Jo am l'amor... », disait Ausias March[2].
Or, la valeur d'une passion ne se mesure pas à son heureux
succès, mais à la hauteur de l'âme qui l'éprouve. Être heureux,
la belle affaire, le beau mérite surtout, et comme cela est intéressant pour autrui ! Les amoureux célèbres, sublimes exemplaires d'honneur et de chevalerie, furent toujours en butte aux
rigueurs du sort. Chercher à travers mille dangers celui ou celle
que l'on aime, rester fidèle malgré ses dédains, respectueux et
tendre malgré ses trahisons, verser des larmes que personne n'a
versées, montrer en soi « des nouueautés fort éloignées de l'imagination des hommes »[3], souffrir des maux incurables et se plaire
à sa peine, la cultiver comme une fleur rare et précieuse, être

---

1. Liv. I. — Cf. les paroles de Selvaggia au sujet d'Alanio : « Je prie Dieu,
puisque ma fortune n'a été telle que ie puisse iouyr de luy, qu'il iouysse de
sa future épouse comme ie le désire, qui ne sera pas peu, ne pouvant moins
l'amour que ie luy porte que luy désirer tout le contentement du monde. »
Liv. I, p. 31. — Cf. encore, dans la suite de Gil Polo, les rivaux inséparables
et également malheureux Tauriso et Berardo. — Peut-être H. d'Urfé se souvient-il de cela quand il écrit l'histoire de Celidée (Part. II, liv. I), mais il sait
en tirer un épisode humain et vivant. En cela, nous le verrons, réside la grande
supériorité de l'*Astrée*.
2. *Cants d'amor*, 36. Cf. Menéndez y Pelayo, *Historia de las ideas
estéticas...*, t. I, vol. II, p. 218.
3. Liv. I, p. 8.

inconsolable par plaisir, passer son existence invariablement désolé, héroïque et subtil, voilà le fin du fin.

Mieux qu'une passion, l'amour est un art, — et une science, avec son jargon spécial, ses formules, ses lois, son pédantisme. Traducteur d'Ausias March [1], dressé aux finesses du *Cortegiano*, Montemayor a admiré, comme tout son siècle, les dialogues italiens du juif espagnol Judas Abarbanel (Leon Hebreo). Il sait associer les galanteries vieillottes des troubadours aux subtilités de la doctrine platonicienne, et ses héros n'ont pas la discrétion relative que garderont les héros du Tasse. Ils ont l'impitoyable manie de parler sans cesse de leur passion, — je ne dis pas de l'analyser, mais de disserter sur elle. Arrivés au terme de leur voyage, leur premier soin sera d'instituer, sous la présidence de Félicia, une cour d'amour, et la place même de ces débats, au milieu du quatrième livre, c'est-à-dire au centre de l'œuvre, témoigne de leur importance. Le traducteur Collin dresse soigneusement dans son index le sommaire de leurs sages propos : « Le bon amour ne se peut dissimuler par la raison ; — la playe d'amour difficile à voir, mauuaise à panser et bien fort tardive à guérir ; — en l'amour bon et honnête se trouuent des effects merueilleux ; — le moindre mal qu'amour faict est de nous ôter le iugement et faire perdre la mémoire ; » — et la distinction de l'amour et du désir, et le portrait de Cupidon, aveugle car il précède raison, nu car aucune prudence ne peut le cacher, ailé car l'âme de l'amant est chose légère, armé de flèches car sa blessure, « comme celle que faict la sagette, est étroitte à l'entrée et profonde à l'intérieur de celuy qui aime » [2].

Ces éternels bavards décourageraient les sympathies les plus déterminées. Avec eux, l'intérêt ne sait où se prendre. Dès leur apparition, ils sont au comble de leurs peines, et comme, d'autre part, ils ne veulent pas en être guéris [3], il devient aussi difficile

---

1. *Las obras del Excell. poeta Ausias March... traduzidas de lengua Lemozina en Castillano por... Iorge de Monte Mayor...*, 2e édit., Madrid, 1579.
2. Liv. IV, p. 105.
3. « Ie suis tant accoustumé à douleurs et fascheries, que mesme ie me fascherois de mon bien. » Liv. I, p. 8.

de rien craindre pour eux que de leur rien souhaiter. Eux-
mêmes, au milieu de ce flot d'aventures, n'agissent pas[1] ; immobiles ou errant à l'aventure, ils attendent les fantaisies du hasard ;
ils apparaissent dans l'œuvre brusquement, sortant d'une forêt,
descendant la pente d'un coteau, les yeux extasiés, la chanson
aux lèvres, une viole à la main. Leur présence est-elle gênante,
une maladie soudaine les emporte, maladie dont ils reviendront
aussi aisément, si, plus tard, il est nécessaire[2] : dans ces conditions, il n'est pas d'imbroglio dont on ne puisse sortir. Et il n'est
pas non plus de difficulté psychologique dont on ne triomphe
quand on a recours pour tout expliquer à la mystérieuse intervention d'une magicienne : « Je suis d'avis qu'on ne la brûle
point, disait en parlant de la *Diane* le bon curé de Cervantes,
mais qu'on ôte tout ce qui traite de la sage Felicia et de l'onde
enchantée[3]... »

Il ne faudrait pas conclure de cela que toute psychologie véritable soit absente des épisodes de la *Diane*. Incapable de mettre
en scène un caractère, n'ayant ni le don des nuances, ni le
souci de la vérité, Montemayor s'amuse cependant à de certains
mécanismes de passions ingénieusement combinés. Des sujets de
pièces apparaissent où il ne resterait plus qu'à mettre de la vie,
des situations, qui pourraient, entre les mains d'un autre, devenir terribles, ou finement émouvantes : et l'on songe à de plus
grands que lui. L'histoire de Belisa — un père rival de son
fils, qui le tue sans le reconnaître, — est, en raccourci, une tragédie poignante[4]. Quant à l'épisode de Selvaggia, on peut y

1. S'ils agissent et deviennent, comme Ismenia, artisans de leurs propres
ennuis, leur conduite est si étrange que Montemayor n'en peut donner qu'une
explication : « Ismenia tenendo ya ymaginado de hazerme la burla... » Liv. I.
2. Voy. la mort de Celia dans l'histoire de Felismena : « Le lendemain, au
matin, nous sceusmes et fut encores sceu de toute la cité que ceste nuict luy
auoit pris un esuanouissement auec lequel elle auoit rendu l'esprit, qui ne
donna pas peu d'estonnement à toute la cour. » Liv. II, p. 70. — Cf. la résurrection d'Arsileo au 5e livre.
3. *Don Quichotte*, liv. I, chap. vi.
4. Liv. III. — Malheureusement, le cinquième livre apporte à cette tragédie,
qui se recommandait par une brièveté inaccoutumée, un dénouement postiche :
le meurtrier n'a tué personne, la victime se porte à merveille, le drame n'a été
que supercherie d'un magicien, et les âmes sensibles sont satisfaites.

voir un prototype lointain des *Doubles* ou *Triples inconstances*, des *Surprises de l'amour*, de tous les *Jeux de l'amour et du hasard* de notre répertoire.

Rien de plus logique et de plus simple, au fond, que ces petites complications sentimentales, telles que les comprend Montemayor. Un principe d'abord : on n'est jamais aimé de celle que l'on aime, et l'on n'aime pas celle de qui l'on est aimé ; le principe posé, et six ou huit personnages étant donnés, de sexe différent, on voit aisément les combinaisons possibles. Il est même inutile de jeter dans l'intrigue des êtres vivants ; des entités suffisent, ou des numéros. A aime B, qui aime C, qui aime D, qui aime E.. ; la liste s'allonge au gré de l'auteur, et tout cela manœuvre comme manœuvrent les pièces d'un échiquier. Qu'un seul personnage change de position, le mouvement se propage à travers la série entière. Ismenia qui, trait pour trait, ressemble à son amant Alanio, a pris son nom et son costume, et s'est amusée — espièglerie piquante — à conquérir l'amour de la naïve Selvaggia : acceptez ce postulat singulier, tout s'enchaîne. Amoureuse du faux Alanio, Selvaggia, une fois détrompée, aime le vrai sans plus de peine, et celui-ci, flatté de sa conquête, n'est pas insensible. Piquée de cet abandon et connaissant le pouvoir de la jalousie, Ismenia feint d'aimer à son tour Montano ; cette passion feinte se transforme en une passion vraie, et comme Alanio, par dépit, voudrait alors revenir à son ancienne maîtresse, comme Montano, de son côté, n'a d'yeux que pour Selvaggia, laquelle reste seule fidèle à ses premières amours, un certain effort d'attention devient nécessaire...

Montemayor s'en aperçoit fort bien : il est urgent d'accourir au secours du lecteur, de bien établir ses positions, de fixer avec le plus de netteté possible la situation respective de tous les acteurs. « Ainsi moy (c'est Selvaggia qui parle), me sentant troublée et tourmentée de l'affection que ie portois à Alain, Alain de celle qu'il portoit à Ismenia, Ismenia de celle qu'elle portoit à Montan, il aduint... que Montan me vid conduisant mes brebis à la pasture, et, me voyant, commença à m'aimer : de manière qu'il n'estoit possible que les affections de moy vers Alain, ny d'Alain vers Ismenia, ny d'Ismenia enuers luy peussent estre plus grandes ny parfaictes... » — « Voyez l'estrange brouillerie », s'écrie Montemayor tout joyeux, et il recommence : « Si d'aduenture, Ismenia s'en alloit aux champs, Alain aussitost estoit après elle : si Montan alloit à son troupeau, Ismenia incontinent après luy : si ie m'en allois sur la montagne auec mes ouailles, Montan se trouuoit aussitost derrière moy. Quand ie scauois qu'Alain estoit en un bois où il souloit paistre, là ie m'en allois après luy : c'estoit la plus nouuelle chose du monde d'ouyr comme Alain disoit en souspirant, ah, ah, Ismenia : et comme Ismenia disoit ah, ah, Montan : et comme Montan disoit ah, ah, Selvage : et comme la triste Selvage disoit ah, ah, mon Alain [1]... »

Il est certain que tout ceci est puéril, d'autant plus que l'intention de Montemayor n'est pas le moins du monde de peindre des nuances de sentiments, d'étudier des mouvements d'âmes. Les faits seuls l'amusent, et les conséquences étranges qui procèdent de ces conflits, — non pas leur principe, à savoir l'incertitude du cœur humain. Il ne cherche pas à rendre vraisemblables ces revirements soudains; imprévus, ils ne piquent que mieux la curiosité. Mais nous retrouverons ailleurs, autrement intéressante dès qu'elle sera dégagée du romanesque, cette mathématique du sentiment. Prédécesseur du Tasse, ce psychologue médiocre est l'ancêtre pourtant des grands psychologues de notre époque classique. L'*Astrée* est à peu près calquée sur la *Diane*, l'*Astrée* à qui Racine doit beaucoup. Si indirecte qu'elle soit, la parenté est indiscutable.

Ce n'est pas l'unique service que la pastorale espagnole ait rendu à notre poésie. Sa gravité solennelle, son pédantisme, si l'on veut, ont remédié de façon assez heureuse à certains dangers que pouvait présenter l'influence italienne. Un peu trop portée peut-être à envisager les choses sous un aspect plaisant, la France a besoin, sur la fin du seizième siècle, — et il ne s'agit pas ici des intérêts de la morale, mais de l'art, — qu'on lui enseigne le sérieux de l'amour. Or, les héros de Montemayor sont terriblement sérieux ; leur passion demeure avant tout soucieuse de sa propre dignité. La *Raffaela* et les *Istitu-*

1. Liv. I, p. 27.

zione de Piccolomini seraient ici peu comprises, et la courtisane italienne ne semblerait pas le type idéal de l'amante. Dans ce roman consacré à l'amour, où les jeunes filles souvent ont d'étranges audaces, jamais ne s'offre à la pensée l'idée de l'adultère. Diane aimait Sireno ; elle a épousé, contrainte, un homme qu'elle n'aimait pas, et, pas un instant, le berger délaissé ne pense à une vengeance ou à une compensation possible. Sur ce point, l'Espagne est intraitable. Le dogme de la suprématie morale de la femme n'enlève rien aux droits absolus du mari, gardien du nom et de l'honneur : de porter atteinte à cet honneur, l'honneur de l'amant serait atteint lui-même, et son amour avili.

Le départ est si net entre la « dame » et l'épouse que les hommages dus à celle-là seraient pour celle-ci presque outrageants. Selvaggia, qui plaidait au premier livre la cause de son sexe avec une vivacité amusante[1], change d'attitude au lendemain de son mariage, reproche à Silvano de lui témoigner des égards excessifs, et trouve malséant qu'un mari abdique, même un instant et pour peu de chose, une parcelle de son autorité légitime. Félicia vient de poser une question aux jeunes époux. « Siluan, par manière de courtoisie, fist signe à Seluage de respondre à ce que la sage Félicia auoit proposé, auquel, comme toute confuse de cela, elle dist, en ceste manière. Il n'est pas temps, mon amy Siluan, d'user de ceste courtoisie tant mal séante en mon endroit, veu qu'il ne se trouuera personne qui tienne que ce soit bien fait d'user de ceste cérémonie. Car, combien qu'en commun cela soit louable enuers toutes les femmes, il ne l'est pas néantmoins en particulier, enuers sa femme propre, et trouue malséant au mary de faire tel honneur à sa femme qu'il la vueille préférer à soy-mesme. Car depuis que la femme se met en puissance de

---

1. « Ie ne croy pas qu'il y ait en ce monde plus basse et infortunée condition que celle des femmes : car si elles parlent à vous, incontinent vous estimez qu'elles meurent d'amour; si elles ne vous disent rien, vous croyez qu'elles sont fantastiques ou altérées; si le recueil qu'elles vous font respondantes à voz paroles ne vient à vostre propos et intention, vous le tenez pour hypocrisie; elles n'ont aucune priuauté qui ne vous semble démesurée : si elles se taysent, vous dites qu'elles sont bestes, si elles parlent qu'elles sont ennuyeuses et insupportables... » Liv. I, p. 18.

l'homme, et luy ha possession d'elle, aussy lui engage-elle, par
le lien du doux mariage, le droict et iurisdiction de sa liberté.
J'estimeray donc que vous m'aimerez de bon cœur, si vous usez
des iustes loix du mariage, en laissant les superstitieuses vanitez
de l'amour illicite[1]... » On est tenté de sourire ; mais ce pédantisme, après tout, vaut bien certaines plaisanteries particulièrement gauloises.

**

La *Diane* de Montemayor tient donc une place importante dans
la littérature européenne ; dans la littérature espagnole, elle est,
à l'opposé exactement de la *Célestine*, une des œuvres capitales
du seizième siècle. Sa construction artificielle et monotone, sa
lourdeur, la maladresse ou l'incertitude de ses derniers livres
importent peu. Si éloignées de l'ordre commun que soient leurs
aventures, ces bergers qui n'agissent pas et qui souffrent tous
de la même douleur sont plus proches de nous que les chevaliers errants. Montemayor n'a pas su mettre en œuvre les
richesses qui s'offraient à lui : il n'en reste pas moins que cette
fusion de la pastorale et du roman a humanisé celui-ci, en élar-
gissant le domaine de celle-là.

Le succès, d'ailleurs, fut prodigieux. Éperdument, l'imagination espagnole se jette dans la voie nouvelle ; les enthousiasmes renaissent, qui avaient salué le premier *Amadis* ; avant la
fin du siècle, vingt et une éditions se succèdent[2]. La nièce de
Don Quichotte a raison de redouter pour son malheureux oncle
cette nouvelle manie : « Ah, bon Dieu ! monsieur le curé, — si
mon oncle guérit de la maladie de chevalerie errante, il n'aurait
qu'à s'imaginer de se faire berger et de s'en aller par les prés
et par les bois, chantant et jouant de la musette[3]. » Voué
d'avance à tous les ridicules, le chevalier n'échappera pas à

1. Suite d'Alonso Perez, trad. Chappuys, liv. I, p. 3.
2. Voy. Schönherr, p. 74.
3. *Don Quichotte*, I, 6.

celui-ci [1]. Cervantes lui-même n'y a pas échappé : sans parler de la *Galatea*, œuvre de jeunesse, tout n'est pas ironique dans l'histoire de la bergère Marcelle ou de l'ingénieux Basile [2]. Montemayor, négligeant d'achever son œuvre, a laissé le champ libre aux continuateurs. C'est affaire à eux de dénouer heureusement l'aventure : il faut bien, un jour ou l'autre, que Sireno, par un second prodige, renaisse à la vie amoureuse, retrouve Diane enfin libre de l'importun Delio. Il y a place, en attendant, pour de nouvelles et merveilleuses histoires. La *Diane* d'Alonso Pérez, celle de Gil Polo, parues la même année, avec une hâte significative, ne font qu'ouvrir en 1564 une longue série de suites ou d'imitations [3]. La première s'est surchargée d'un insupportable attirail mythologique. L'érudition s'y déploie largement : sur une admirable houlette, un berger patient a sculpté les fables d'Europe et du taureau, de Junon et

---

1. « Si tu es du même avis que moi, je voudrais, ò Sancho, que nous nous transformassions en bergers... J'achèterai quelques brebis toutes les choses nécessaires à la profession pastorale; puis, nous appela , moi le pasteur Quichottiz, toi le pasteur Panzino, nous errerons par les montagnes, les forêts et les prairies, chantant, par ci des chansons, par là des complaintes, buvant au liquide cristal des fontaines ou dans les fleuves au lit profond » (VIII, 67).

2. Liv. II et VI.

3. *La Diana de Jorge de Monte Maior, compuesta por Alonso Perez, medico Salmantino*, Alcala, 1564. — *Primera parte de Diana enamorada. Cinco libros que prosiguen los siete de la Diana de Jorge de Monte Mayor, compuestos por Gaspar Gil Polo*, Valencia, 1564. — *La Diana de Montemayor, nuevamente compuesta por Hieronymo de Texeda, donde se da fin a las historias de la primera y segunda parte*, Paris, 1587. — *Primera parte de la Clara Diana a lo Divino, repartida en siete libros. Compuesta por el muy Reverendo Padre fray Bartholome Ponce*, Zaragoza, 1581.

Sous ses formes diverses, — romanesque (Antonio de Lafrasso, *Diez libros de fortuna de amor*, 1573; Luiz Galvez de Montalvo, *Pastor de Filida*, 1582; Cervantes, *Galatea*, 1584; Bartholome Lopez de Enciso, *Desengano de Celos*, 1586; Bernardo Gonzalez de Bodavilla, *Ninfas y pastores de Henares*, 1587; Bernardo de la Vega, *Pastores de Iberia*, 1591; Lope de Vega, *Arcadia*, 1598; Cristobal Suarez de Figueroa, *Constante Amarilis*, 1609), — épique (Balbueno, *El siglo de oro*... 1608), — lyrique (Pedro de Padilla, Luis Barahona de Soto, Francisco Figueroa, Vicente Espinel, Pedro de Espinosa, Pedro Soto de Riojas, Francisco de la Torre, etc.), — religieux (Pedro de Encinas, *Versos espirituales*, 1596), — le genre pastoral a envahi la littérature espagnole tout entière. Nous avons vu que le théâtre même, rebelle à son influence, n'a pas échappé absolument à la contagion.

d'Argus, de Vénus et de Pâris ; le vieillard Parisile conte les
aventures d'Apollon et de Daphné, d'Yole et d'Hécube, du serpent Python, du roi Evandre, et chante les louanges des dryades,
des hamadryades et du dieu Pan... Le bon médecin de Salaman-
que, qui reproche à Montemayor de n'être pas un humaniste[1],
en est un lui-même, — impitoyable. « Jetez au feu tout cela »,
s'écrie, impatienté, le curé de Don Quichotte.

Il veut conserver, en revanche, la *Diane* de Gil Polo,
« comme si Apollon lui-même l'avait composée[2] ». Enthousiasme excessif ; mais Cervantes, sans doute, est reconnaissant
à l'auteur de sa sobriété relative. Gil Polo sait arrêter une description avant qu'elle devienne par trop fastidieuse. « J'ai peur
de vous ennuyer par une trop grande prolixité », dit un de ses
personnages[3], ce qui déjà est bien, car pas un des héros de
Montemayor ne songerait à parler ainsi. La magie est absente
de son œuvre, ce qui est mieux encore, — et il apporte dans ses
épisodes, peu nombreux, une vivacité d'allure, une aisance assez
nouvelles. Avec sa tempête, ses enlèvements, ses pirates, son
dénouement providentiel, l'histoire de Marcelio fait du premier
et du troisième livre un petit roman d'aventures qui ne manque
pas de mouvement ; consacré aux perfidies de la jalouse Feli-
sarda, le second pourrait fournir à Lope de Vega une heureuse
matière. Il est vrai que l'intérêt ici n'est plus que dans les faits ;
mais il faut se résigner à cela.

A mesure que s'accuse son succès, la pastorale s'éloigne de ses
origines idylliques et perd de son charme premier. Le couple de
bergers qui, dans chaque roman nouveau, continue à tenir l'emploi traditionnel de Diane et de Sireno devient insignifiant et
médiocre de plus en plus[4]. Cette grâce naïve, cette poésie pénétrante disparaissent, que Montemayor avait su conserver à ses
deux héros. On renchérit, par contre, sur ses bizarreries, sur sa
confusion, sur son pédantisme. Héros bucoliques et chevaleres-

1. Voy. le prologue.
2. I, 6.
3. Trad. Chappuys, liv. III, p. 66.
4. Galatea, Elicio ; — Belisarda, Anfriso, etc. — Nous verrons qu'il en est
de même dans l'*Astrée*.

ques se rejoignent maintenant, tous dressés aux mêmes goûts,
habitués aux mêmes exercices, représentants d'un même monde,
dont c'est le charme d'être faux. Les bergers de Montalvo figurent, armés en guerre, dans un carrousel, et Florisel de Niquée,
dans l'*Amadis de Grèce*, renonce aux aventures pour vivre dans
la paix amoureuse des champs. Les limites des genres se sont
effacées. Tout se mêle et se complique. Les sauvages qui, dans la
Diane, étaient seulement apparus [1], jouent désormais, sous un
aspect nouveau, un rôle capital, leur silhouette massive évoquant à
la fois les géants légendaires, les satyres italiens, et le Polyphème
antique. Alonso Pérez jette au premier plan son Gorforosto, et
Lope de Vega le géant Alosto, monstre à l'âme naïve et passionnée, aux grands gestes menaçants [2], dupé par une petite bergère, accablé pendant le lourd sommeil de l'ivresse sous les
coups d'infimes ennemis De tous les personnages de l'*Arcadia*,
remarque Saint-Marc Girardin, « celui-là m'a le plus intéressé
et exprime le mieux l'amour ingénu [3] ». L'observation est juste ;
il faudrait ajouter cependant que cela est fâcheux.

Plus rapidement encore qu'en Italie, la pastorale, en Espagne,
a été envahie par le romanesque. L'imagination est ici plus
amoureuse de l'étrange, et la forme du roman n'impose aucune
contrainte. Écrivant pour le théâtre, Guarini ou Bonarelli devaient conserver quelque mesure ; les discours ne pouvaient se
prolonger, ni les personnages se multiplier à l'infini ; il fallait
être clair, ne pas dépasser certaines limites, s'en tenir à une
aventure, — complexe, une cependant, — la mettre en scène.
Assis à l'ombre d'un arbre, les héros du roman font succéder à

1. Il est inutile de rappeler le rôle des sauvages et des géants dans le roman
chevaleresque. — Un géant figure dans l'églogue racontée par Floriano Dulfo.
En Espagne, voy. le *Coloquio*, publié par Gallardo (t. I, col. 703), entre une
Doncella, un Pastor et un Salvaje, — la *Comedia Selvaje*, de Joaquin Romero
de Cepeda, 1582, etc.
2. Les bergers, d'une obséquiosité prudente, l'ont invité à leur table : « A
chaque fois que le géant leuoit les bras pour prendre quelques viandes dans
les plats, ils croyoient qu'il les alloit aualer et engloutir tous en vie. » *Les
délices de la vie pastorale de l'Arcadie...* Lyon, 1624, traduction de l'*Arcadia* par Lancelot, p. 160. — Il y a beaucoup plus de simplicité dans la *Constante Amarilis* de Figueroa, traduite par Lancelot, Lyon, 1614.
3. *Cours de littérature dramatique*, III, p. 264.

leur gré les dialogues aux récits, les dissertations aux dialogues ; chaque livre apporte une matière nouvelle, commence une nouvelle aventure avec de nouveaux bergers. Rien ne met obstacle aux inventions les plus étranges. Toute vérité peut disparaître, s'il plaît à l'écrivain d'en faire le sacrifice...

C'est bien plus tard seulement, chez un autre peuple, sous une forme nouvelle, que l'influence de la *Diane*, comme celle de l'*Aminta*, apparaîtra vraiment féconde, cette confusion enfin éclaircie.

CHAPITRE V.

LES INFLUENCES ÉTRANGÈRES ET LE TEMPÉRAMENT FRANÇAIS.

I. — L'influence antique; le Platonisme. La résistance de l'esprit français.
Le sens pratique et le scepticisme : *l'Amye de Court*. L'esprit raisonneur : *le Monophila*. Les cas de conscience.

II. — L'italianisme au seizième siècle :
A) Ses agents. Ses excès.
B) Jean Martin et les imitateurs de Sannazar.
C) Le Tasso en France. Ses traducteurs. Les trois époques.
D) Les autres traductions. L'influence de *la Diéromène*.

III. — L'hispanisme :
A) L'hispanisme au seizième siècle. Les obstacles. Les traductions
de la *Diane*. Les imitations et l'influence espagnoles dans la *Pastorale amoureuse* et la *Pyrénée* de Belleforest, et dans les *Bergeries de
Juliette* de Montreux.
B) L'hispanisme au début du dix-septième siècle. Les vulgarisateurs. Les traducteurs. L'influence de *l'Astrée*.

Il est inutile de chercher en deçà du seizième siècle des origines nationales à la pastorale française. Les pastourelles ou églogues de tradition provençale et française n'ont eu qu'une action
indirecte[1]. Le *Jeu de Robin et Marion*, d'Adam de la Halle,
demeure un fait isolé[2], et si, dans certains divertissements

---

1. Schönherr (liv. cit.) a essayé à tort de leur attribuer plus d'importance.
2. « Le genre inauguré dans cette gracieuse pastorale, écrit Petit de Julleville,
ne s'est pas développé dans la suite du Moyen-âge. Dans le *Jeu de Robin*,
comme dans la *Feuillée*, Adam de la Halle fut tout à fait original et n'eut pas
d'imitateurs. » *Répertoire du théâtre comique en France au Moyen-âge*,
p. 23. — Le nom des deux acteurs se retrouve pourtant dans un assez grand
nombre de dialogues ou de petites pièces (par exemple, le *Jeu de Robin et
Marion* représenté à Angers en 1392 : mais rien ne prouve qu'il s'agisse
ici d'une représentation dramatique véritable, — Petit de Julleville, *ibid.*,
p. 324). — Cf. encore la *Pastorale dans un boccage avec musique et grandes
réjouisances*, qui fit partie, à Nantes, des fêtes données par François II à

populaires ou bourgeois des quinzième et seizième siècles, les
bergers tiennent souvent un rôle, l'analogie ne va pas plus loin [1].
Ce n'est pas par un lent développement, par une série d'acquisitions successives que le genre chez nous s'est constitué. Il nous
est venu, entièrement formé, d'Espagne et d'Italie.

L'influence antique a préparé seulement sa diffusion. Grâce à
elle, d'abord, le sens poétique s'affine et s'élargit ; un désir de
nouveauté s'empare des intelligences, la nature se peuple de
divinités champêtres, elle s'anime, elle vit. Une des premières
révélations du génie grec a été le *Daphnis et Chloé* d'Amyot,
d'un charme artificiel, mais pénétrant, — et que l'on peut goûter
sans effort. Les histoires merveilleuses des *Métamorphoses* en-
chantent l'imagination, et dans la Silvia du Tasse on se plaira à
reconnaître la farouche Daphné, qui hante les bois solitaires,
« velut crimen taedas exosa jugales [2] ». En même temps, et

Antoinette de Villequier; C. Mellinet (*La Musique à Nantes*) suppose, sans
aucune preuve, que ce pourrait être le *Jeu de Robin*.

1. Je relève, dans le même ouvrage de Petit de Julleville, la *Bergerie nouvelle fort joyeuse et morale de Mieulx que devant*, appartenant au milieu du
quinzième siècle (au dernier vers, elle est désignée sous le nom de « farce
joyeuse ») ; — en 1485, pour l'entrée de Charles VIII à Rouen, une comédie
« faicte sur pastoureries,... finction traitée sur bucoliques ; » — le 2 mai 1507,
une « farce moralisée de pastoureaux » donnée au Mans par Philippe de
Luxembourg ; — en 1530, une « bergerie et une « bergerie moralisée » au Puy ; — en 1555, une « bergerie » à Limoges ; — en 1598, à
Bayonne, « une pastoralle... représentée par les escolliers de la ville » (*Ibid.*,
pp. 179, 346, 359, 374, 375, 390, 401). Ce ne sont là, sans doute, que des
farces ou moralités semblables aux autres. Il faut entendre de même les vers
de Jean Bouchet :

> Nous prenions vestemens de pastours
> Et jouyons en très joyeulx atours
> Pour passe temps, satyres, bergeries,
> Et faisions tout plain de mommeries ;
> J'entends es jours que l'escolle cessoit
> Et que chacun ses ébats pourchassoit.

(Cité par Goujet, t. XI, p. 337.) — De même encore les petits tableaux de
la vie courante représentés à Amiens : *Vinchenet et Rosette*, le 2 janvier 1481,
Peu de grains et largement eau, le 27 février..., etc. (G. Lecocq, *Histoire
du théâtre en Picardie*) ; et dans le *Théâtre de l'infanterie dijonnoise*,
publié par Durandeau, *Les Quatre jeux* de 1576, *La Comedie du riz avec
une pastorelle pieuse*, etc. — Nous retrouverons ce caractère populaire dans
un certain nombre de pastorales véritables, plus complexes d'intrigue et moins
naïves. — Cf. en 1607 *la Muse gasconne* de B. Larade ; en 1628, *l'Antiquité
du triomphe de Béziers*, etc.

2. *Daphnis et Chloé*, trad. Amyot, Paris, 1559. Pour les *Métamorphoses*,

grâce surtout aux dialogues italiens, les doctrines platoniciennes
se répandent. La métaphysique amoureuse de Léon Hébreu
soulève des enthousiasmes aussi fervents qu'au delà des Alpes
et des Pyrénées. Fiers de leurs « passionnées conceptions », les
poètes méprisent les simples « rimeurs » qui les ont précédés [1].
C'est une gravité inaccoutumée, un mépris des ornements trop
faciles :

> Perfection d'amour sera mon livre
> Intitulé ; pour lequel accomplir
> Il n'est besoin de fables le remplir
> D'inuentions poétiques ie n'use
> En invoquant ou Erato la muse
> Ou Apollo [2]...

Cela, pourtant, ne va pas sans résistance. En somme, le bon
sens clair de la race répugne à ces obscurités. Le souvenir des
vertes railleries du Moyen-âge n'est pas éteint ; il importe à la
morale même, comme à la bonne ordonnance de la société, que
l'amour, besoin naturel mais vulgaire, ne s'enveloppe pas de
mystères inabordables. Le quatorzième siècle, prosaïque et bourgeois, a enseigné le danger des exaltations mystiques.

> N'aymez que raisonnablement...
> C'est trop aymer quand on en meurt...
> De courte ioye longue douleur [3]...

En fait de philosophie, les poètes se contentaient de la sagesse
des nations : beaucoup estiment encore qu'elle suffit. A la *Parfaicte amye* d'Antoine Heroët, le seigneur de la Borderie s'empresse d'opposer son poème de l'*Amye de court*. Les deux œuvres se
suivent immédiatement, les deux titres se répondent, et le paral-

voy. le premier livre de la traduction de Marot (Lyon, Gryphius, s. d., et
Fr. Juste, 1534), la traduction de Paris, Denys Janot, 1539, etc...
  1. Voy. la dédicace des *Erreurs amoureuses*, de Pontus de Tyard.
  2. Antoine Heroët, *La Parfaicte amye*, Lyon, 1542. Sur le développement
du platonisme en France, voy. Bourciez, *Les Mœurs polies et la littérature de
cour sous Henri II*, Paris, 1886 ; — Abel Lefranc, *Le Platonisme dans la littérature en France à l'époque de la Renaissance (Rev. d'hist. littér.*, III, 1896).
  3. *La fontaine d'amours et sa description*, publ. par Montaiglon, *Recueil
de poésies françaises des quinzième et seizième siècles*, dans la *Biblioth.
Elzévir.*, t. IV, p. 18.

lélisme de leur composition en accuse encore les divergences. C'est
une amoureuse qui répond à l'amoureuse platonicienne d'Heroët,
mais une amoureuse toute française, d'esprit pratique, sans enthousiasmes vains, lectrice assidue de nos vieux auteurs ; pédante,
certes, autant que l'autre, elle s'en tient au pédantisme consacré
par la tradition, allégorique et moralisateur. Sa « tour de fermeté » est le domaine d'Honneur « accompagné de Crainte et
d'Innocence ». Raison veille toujours « au boullevart appelé Sens-
Rassis », et Faux Semblant déploie en vain ses artifices pour en
forcer l'entrée : rien ici n'est fait pour troubler les admirateurs
du *Roman de la Rose*. L'amour, seulement, dépouillé de son
prestige, descend sur la terre, divinité déchue dont notre faiblesse et nos imaginations puériles faisaient la force[1].

La Borderie ne se demande plus si la beauté est d'essence
céleste ; il voit en elle une arme, puissante si l'on sait en faire
usage. Dès l'enfance, son « Amye » a connu le pouvoir de la
coquetterie, l'art

> de porter proprement
> *Ses* blonds cheueux et *son* accoustrement,
> De posément conduire *ses* yeux uerdz[2]...,

et de retenir auprès d'elle la foule des adorateurs. Sûre de ne
rien accorder d'essentiel, car sa raison et sa volonté la gardent
de toute faiblesse, elle sait les limites jusqu'où l'on peut se risquer.
Certaines familiarités ne l'effarouchent pas, la vertu solide n'a
que faire d'une pudeur toujours rébarbative : de tous, elle
accepte les hommages et les cadeaux[3]. Le jour venu, cette petite

---

1.
> Ie ne l'ay poinct ny pour archier congneu
> Ny pour enfant qui soyt aueugle ou nud...
> Ie croy le tout n'estre que Poésie
> Ou (pour mieulx dire) humaine frenaisie...

(*L'Amie de court nouuellement inuentée*, par le Seigneur de la Borderie,
Lyon, Est. Dolet, 1543, p. 5.)

2. *Ibid.*, p. 7.

3.
> l'ay sceu gaigner ung grand seigneur, ou deux
> Pour auoir tout ce dont i'ay besoing d'eulx...
> Chascun des deux faueur me portera,
> Dieu scait comment mon cueur les traictera.
> Toutes les foys, que l'ung i'entretiendray,
> Pour amy seul de bouche le tiendray,
> Et non de cueur, car ie resoulz ce poinct
> D'amys aymez iamais n'en auoir point...

(*Ibid.*, p. 15.)

femme sensée prendra un mari : spirituel, s'il se peut, mais
riche d'abord :

> ... S'il falloit qu'ung sot de bonne race
> Riche de biens et paoure de scauoir
> Me demandast...,
> D'aduis seroys que plus tost on le prit
> Qu'ung plus scauant, qui n'a rien que l'esprit,
> Car il n'y a chose si misérable
> Que paoureté[1]...

Soyez assurés, au reste, qu'elle fera une épouse à peu près parfaite, — et fidèle à peu près.

Le nombre des œuvres que suscite après lui le poème de
La Borderie témoigne de son importance. Une véritable querelle
s'engage, où l'on en vient rapidement, comme il sied entre gens
de lettres, aux grossièretés et aux injures[2]. A vrai dire, ce débat
est d'intérêt médiocre. Auprès du grand effort poétique de la
pléiade, ces petits poèmes s'effacent. La Borderie a pourtant ce
mérite d'être bien dans la tradition française : on le sent à l'aisance de ses vers ; les Célimènes à venir seront un peu les filles
de son *Amye de court,* et, jusque dans la pastorale et parmi les
langueurs de *l'Astrée,* on la reconnaîtra sous le nom de Stelle.
A travers le seizième siècle tout entier, cette veine de poésie
railleuse se propage. Le talent est ailleurs, mais le naturel est là.
Dans les sonnets imités ou traduits de l'italien, toutes les exaltations peuvent s'exprimer en métaphores : passions de poètes,
— et littérature. On serait loin de compte si l'on voulait chercher dans les mièvreries pétrarquistes ce que pensent de l'amour
les sujets de François II et de ses fils.

Les conteurs et les auteurs de mémoires nous éclairent sur
leurs sentiments. Dans toutes les classes de la société, la vulgarité, sinon la corruption, est la même. Je ne parle pas seu-

---

1. *L'Amie de cour* p. 31.
2. *La Contramye de court,* de Charles Fontaine. — *L'Expérience de Mr Paul
Angier.* En 1547, un recueil imprimé à Lyon (*Opuscules d'amour*) réunit
toute la série, mettant sous les yeux du public les pièces du procès. Cf. Goujet, t. XI.

lement des histoires scandaleuses de Brantôme[1], ou des entretiens de bourgeois en goguette que nous rapporte Guillaume
Bouchet[2]. Les femmes les plus vertueuses et les plus cultivées
goûtent des plaisanteries du même ordre : on sait quel est parfois, chez les dames des Roches de Poitiers, le ton de la conversation, quels tournois poétiques y engagent les beaux esprits.
Estienne Pasquier admire[3], et ce sont là, si l'on veut, les débuts
de la préciosité française. Il y a loin, pourtant, de *la Puce* à
la Guirlande de Julie[4].

Les œuvres du dehors doivent, en passant les frontières, se
plier à certaines transpositions par lesquelles de simples traductions deviennent souvent des œuvres originales. Telle est cette
traduction fameuse des *Amadis* où l'emphase espagnole s'atténue, où, au milieu des fictions romanesques, se dessine une fidèle
image de notre seizième siècle, élégant et grossier, spirituel et
pédant, aristocratique et bourgeois tout ensemble[5]. Les vers que
le seigneur de Maisons place en tête du quatrième volume d'Herberay disent assez vrai :

> Tu te fais tort (des Essars cher amy)
> D'intituler l'Amadis translaté,
> Car le suiet tu n'as prins qu'à demy
> Et le surplus tu l'as bien inuenté[6]...

1. Brantôme, édit. Ludovic Lalanne. Voy. t. IX, p. 181 et suiv., — et,
p. 571, quelques conséquences inattendues de l'humanisme et de l'amour des
auteurs étrangers.

2. *Serees de Guillaume Bouchet...* Livre premier, Poictiers, 1585.

3. *La Puce de Madame des Roches...* Paris, Abel l'Angelier, 1581. — Est.
Pasquier, édit. d'Amsterdam, 1723, t. II, p. 161. — Cf. V. du Bled, *La Société française du seizième au vingtième siècle;* Paris, Perrin, 1900.

4. Voy. encore le début du second livre du *Monophile* ou le thème de quelques-uns des *Colloques d'amour* de Pasquier.

5. *Les livres I à XII d'Amadis de Gaule...* Paris, V. Sertenas, 1540-
1556, etc. — Cf. Baret, *De l'Amadis de Gaule et de son influence...* Paris,
1853; — Alph. Pages, *Amadis de Gaule*, Paris, 1868.

6. Herberay des Essarts justifie ses nouveautés par un artifice ingénieux :
« I'ay trouué encores quelque reste d'un vieil liure escrit à la main en langage
Picard sur lequel i'estime que les Espagnols ont fait leur traduction, non pas
du tout suyuant le vray original, comme l'on pourra voir par cestuy : car ils
ont obmis en d'aucuns endroitz et augmenté aux autres ; par quoy suppléant à
ļeur obmission elle se trouuera en ce liure... » (Dédicace à Charles duc d'Or-

Ce « surplus » n'est pas de qualité exquise. Herberay des Essarts, qui connaît ses lecteurs, sait mêler aux aventures poétiques certains épisodes où leur prosaïsme trouve son compte. Il comprend que ses héros ne seront pas amoindris pour céder de temps en temps à l'humaine faiblesse. Si l'on s'effarouchait pour si peu de chose!... A la gravité d'Amadis, la France préfère la légèreté joyeuse de son frère Galaor. Celui-ci, elle l'a choisi aussitôt pour son héros favori. Son amour ne se pique pas de ferveur religieuse, sa bravoure s'accompagne de gaieté, ses galanteries sont ironiques un peu ; il sait ce qu'on lui doit et réclame le prix de ses services ; il est pimpant et jeune ; son type est immortel. Poètes et romanciers, auteurs de pastorales, de comédies ou de drames se le passeront de main en main, le costumant à leur mode, ajoutant à sa physionomie, supprimant certains traits. Un peu grossier d'abord, son esprit s'affinera. Dans le roman de Belleforest, il sera ce Drion qui raille « les philosophes amadysés [1] ». Pasquier le nommera Philopole [2] ; sa verve joyeuse éclairera l'*Astrée* d'un sourire ;... puis, un jour, quelqu'un se demandera s'il a une âme : et ce sera Don Juan. Pour le moment, on se contente d'aimer en lui l'esprit français.

Mais le Français ne prétend pas être spirituel seulement ; il est raisonnable et raisonneur ; sceptique en présence des rêveries philosophiques, il lui faut une règle, des principes arrêtés. Estienne Pasquier, qui s'amuse comme les autres des saillies de son Philopole, tient à leur opposer cependant les sages propos de Glaphire. Ces petits dialogues du *Monophile* sont une adaptation curieuse des dialogues italiens, des *Azolani* en particulier. En face des doctrines platoniciennes, le naturalisme français s'affirme nettement, — et l'auteur ne cache pas où vont ses sympathies. Les théories qui prétendent découvrir les origines ou la fin mystérieuse d'Amour lui paraissent des bavardages assez inutiles. Sur ces philosophes, « qui par une grande perspective pensèrent atteindre à l'intelligence de la nature, imaginant

---

léans). Il serait naïf de rechercher ce manuscrit picard, qui laisse si agréablement le champ libre au traducteur.

1. Fr. de Belleforest, *La Pyrénée...* Paris, Gervais Mallot, 1571, p. 118.
2. Est. Pasquier, *Le Monophile*, édit. d'Amsterdam, t. II.

l'amour estre une excellente idée qui, en tout, outrepassoit l'humaine considération[1] »..., peu s'en faut qu'il ne partage l'opinion cavalière de Philopole[2]. Quand il intervient en personne, un peu impatienté, c'est pour apporter plus de clarté dans le débat, pour ramener l'amour à un instinct, — mais à un instinct qui tend à la propagation de la race[3]. En parlant ainsi, il ne croit pas lui rien enlever de sa noblesse ; il prétend, au contraire, le défendre contre ceux « qui, pour vouloir se rendre ses trop affectionnés protecteurs, le voulant par leurs subtilitez vivifier, nous l'ont cuydé amortir »[4].

Pour lui, il ne veut pas plus justifier l'inconstance méthodique de Philopole que le culte religieux de Monophile ; il est avec Glaphire pour les solutions moyennes et bourgeoises. Entre l'ange et la bête, il y a place pour l'homme. Certains héros, même de pastorale, penseront ainsi. Ni la loyauté, ni la vertu, ni la beauté ne sont choses absolues. Pour en juger sainement, il faut tenir compte des circonstances et des temps ; il faut peser les motifs ou les conséquences de telle dérogation à la loi morale. Historien, moraliste et homme de droit, Pasquier attache une importance capitale à ces considérations d'ordre juridique ; il a réfléchi sur la portée des lois civiles ou des lois de nature, sur leur liaison comme parfois sur leur antagonisme. Sur les mesures destinées à réprimer l'adultère, sur l'amour libre, sur l'institution des douaires, il a des idées fermes, appuyées d'exemples historiques[5]. Des hauteurs de la philosophie platonicienne, le dialogue ne tarde pas à en venir à la question du mariage ; gravement, en magistrat intéressé au maintien de l'ordre, Pasquier disserte des devoirs réciproques des époux, de la dangereuse puissance de l'argent, du luxe ou des ajustements qui, sans péril, peuvent être permis à la femme, des précautions que l'on doit prendre avant un engagement aussi sérieux... Et il s'exalte, à grand

---

1. *Le Monophile*, col. 726.
2. Voy. *ibid.*, p. 751 : « Tous ces anciens, je ne dirai pas philosophes, mais escoliers, etc... »
3. *Ibid.*, p. 730.
4. *Ibid.*, p. 731.
5. *Ibid.*, pp. 705, 706, 709, etc.

renfort de lyrisme, sur les voluptés bourgeoises d'une union bien assortie [1].

Ce sera une des gloires de la pensée française d'avoir apporté en toutes choses ce souci de la réalité, de s'être inquiétée d'abord des problèmes humains, d'être descendue sur la terre. Les amoureux de notre littérature ne se débattront pas dans le vide ; ils auront à lutter contre des obstacles réels ; ils armeront, pour ces combats, leur volonté, c'est-à-dire leur raison droite et vigoureuse, et leur amour semblera plus noble de n'être pas souverain. Le sentiment précis du devoir — de certains devoirs déterminés — se substituera aux aspirations vagues : il s'agit bien moins, en ce monde, de perfection que d'honnêteté. C'est ce qu'avaient exprimé à merveille, longtemps avant, les *Arrêts d'amour* [2], ce curieux ouvrage fait d'ironie et de gravité puérile. De là, leur vogue persistante : la raison s'affirme comme juge de la passion, les vieilles cours d'amour deviennent un tribunal véritable avec son personnel de magistrats, de procureurs et d'experts. Ce tribunal apprécie la gravité d'un dommage, la validité d'un engagement et, si l'engagement n'a pas été tenu, la nature et l'importance des justes compensations; l'on y discute d'un contrat amoureux comme d'un acte de société commerciale [3]... Et cela est un peu ridicule. Mais haussez le ton de ces procès; dégagez-les de toute intention plaisante et de ce pédantisme juridique; choisissez-les de sérieuse conséquence ; qu'il ne s'agisse plus d'un baiser ravi, d'un soufflet reçu, d'un costume déchiré ou taché de boue, mais de quelqu'un de ces conflits simples et terribles dont les acteurs eux-mêmes doivent être les juges : vous aurez les débats passionnés de notre théâtre cornélien.

Jean Bouchet conte dans ses Mémoires une histoire d'amour grave et touchante [4]. Agé de dix-neuf ans, le jeune duc de la Trémouille a été pris d'une passion violente pour la femme d'un de ses amis; à son tour, il en est aimé, et, tous deux, âmes naï-

1. Voy p. 717 : « Je souhaite une fille simple, etc... »
2. *Arresta amorum, cum erudita Benedicti Curtii Symphoriani explanatione*, Lugduni, apud Gryphium, 1533.
3. Cf. certains débats de *l'Astrée*.
4. Edit. de Poitiers, 1527. — Publ. dans la collection Petitot.

ves et pures, incapables de guérir de leur mal, comme de céder à leur envie, ils luttent, exprimant leur douleur en tirades harmonieusement balancées. Le hasard d'une lettre surprise met le mari au courant de l'aventure. Par un effort de volonté généreuse, il s'élève au-dessus des mouvements vulgaires de la jalousie : par la confiance seule, il veut détourner le péril. Loin de chasser son ami, d'enfermer sa femme sous triple verrou, il laissera à tous deux liberté, mais aussi responsabilité entières. Il leur abandonne le soin de son honneur, et, vaincu par cette générosité simple, triomphant aussi du plus beau triomphe, la Trémouille s'éloigne pour ne plus revenir. Tout ce récit, par malheur encombré de trop de rhétorique, n'a-t-il pas déjà comme une saveur de race? L'aventure tout espagnole de « Macias l'enamouré » est, si l'on veut, plus *poétique*; la passion s'y révèle plus ardente, et plus brutale la jalousie. Mais n'y a-t-il pas ici plus de *drame* et de profondeur, et ne semble-t-il pas que l'on devine d'avance toute une lignée de héros naïfs et sublimes, capables de conserver, dans les orages du cœur et sous les coups du hasard, leur raison claire et leur volonté sûre d'elle-même, — héros un peu raides parfois dans leurs attitudes, un peu trop portés à disserter sur leurs sentiments, un peu pédants, mais conformes à notre idéal [1].

* * *

On a célébré souvent — peut-être l'a-t-on exagérée — l'importance des guerres d'Italie. Sans vouloir fixer de date précise, il est certain que, sur la fin du quinzième siècle, un mouvement de vive curiosité entraîne les esprits au-delà des Alpes. Après les lourdes richesses de la cour bourguignonne, on est séduit par cette grâce aisée, par cette noblesse sans effort, par cet art brillant et simple qui renouvelle les traditions antiques et fait fleurir les chefs-d'œuvre sur cette terre d'élection. De plus en

---

1. Ces héros, que l'on chercherait en vain dans la *Diane*, l'*Astrée* les fera vivre à nos yeux. Voy., par exemple, l'histoire de Célidée, part. II, liv. I et XI.

plus pressant d'ailleurs, un danger commun menace l'Europe.
Ne serait-ce pas le moment, pour ses divers peuples, de songer
à la communauté de leurs origines, de leurs traditions, de leurs
intérêts, de réaliser l'union bienfaisante de toute la Chrétienté ?
Bourguignon et Français en même temps, également enthousiaste
de ses maîtres successifs, admirateur passionné de la richesse de
Lyon et des merveilles de Rome, Lemaire de Belges — le poète aux
grandes ambitions mal réalisées — a fait ce rêve de fraternité[1].
Les lettres et les sciences ne sont-elles pas le meilleur instrument
de pacification ; la *Concorde des deux langages* ne doit-elle
pas, entre la France et la Toscane, être le principe d'une concorde
politique féconde, « tout ainsi comme les ruisseaux procèdent
de la fontaine et doiuent viure et perséuérer ensemble en amoureuse concordance[2] » ? Au temple de Minerve, c'est-à-dire dans
les labeurs de la science et de la poésie, les rivalités anciennes
se peuvent oublier. Déjà « plusieurs nobles hommes de France
fréquentans les Itales se délectent et exercitent audit langage
toscan, à cause de sa magnificence, élégance et douceur. Et
d'autre part les bons esprits italiques prisent et honnorent la langue françoise et se y déduisent mieux qu'en la leur propre, à
cause de la résonance, de sa gentillesse et courtoisie humaine »[3].
Lemaire se souvient sans doute de cette ville de Lyon où l'ac-
cueillirent si cordialement tant de lettrés et d'érudits. Peuplée
dès longtemps d'étrangers, la grande cité rivale de Paris est un
centre, merveilleusement actif, d'italianisme. Une magnificence
tout italienne se déploie dans ses fêtes, et durant tout le seizième
siècle son éclat ne faiblira pas[4]. Elle a ses grands marchands,
banquiers venus de loin qui parfois savent être utiles au roi lui-
même. Elle a ses érudits, préoccupés de chercher les origines de
leur patrie. Elle a ses poètes[5]... Et de Lyon, les Italiens se sont

---

1. Sur Lemaire de Belges, voy. la notice de M. J. Stecher et son édition
en 4 vol., Louvain, 1882-91.
2. Edit. Stecher, t. III, p. 98.
3. *Ibid.*, p. 100.
4. Voy. Monfalcon, *Histoire de Lyon*, Lyon, L. Perrin, 1845-47.
5. Louise Labé, par les aventures chevaleresques de sa jeunesse, par l'éléva-
tion de son esprit, par l'indépendance aussi de sa conduite, — car ses défenseurs posthumes ont bien de la peine à dissimuler certains écarts nettement

répandus, de jour en jour plus nombreux, à travers la France[1]. A Paris même, ils s'imposent par leur culture supérieure, par la vivacité de leur esprit fécond en ressources, par une aptitude particulière à flagorner les puissants. Grâce à eux, la France s'imprègne d'humanisme, l'Université parisienne ne craint point de rivales. Leur superbe et leur pédantisme frappent les esprits et forcent le respect. Vienne François Ier, ils accourront en foule, sûrs maintenent des libéralités de « ce roi merveilleux »[2].

A se déraciner ainsi, ils n'ont aucune peine, étant disposés à trouver leur patrie où l'existence leur sera le plus facile. L'humanisme n'a pas laissé en eux grande place à l'amour du sol natal; leur souplesse s'accommode aisément à des habitudes nouvelles; ils sont au-dessus des préjugés et des souvenirs. Ils n'ont d'ailleurs qu'à suivre l'exemple de Quinziano Stoa, l'auteur de la fameuse élégie à Louis XII. Celui-ci, il est vrai, n'est pas facile à égaler; heureux mélange d'orgueil et de bassesse, intelligent à dégoûter de l'intelligence, propre à toute besogne, il a réalisé la perfection d'un type. Mais on peut au moins marcher sur ses traces, et la plupart des Italiens venus en France font de leur mieux. « Cerretani o gonfianuvole », observe M. Flamini avec quelque mélancolie rétrospective, « tutti questi nostri connazionali... non dettero davvero in Francia un gran bello spettacolo della serietà, e — ch' è peggio! — della dignità degli umanisti italiani[3]. »

Dans cette course aux pensions, il leur arrive parfois des

avoués, — n'a-t-elle pas quelque chose de ces grandes courtisanes telles que la Renaissance les a rêvées? Type d'élégance, de finesse, de fière liberté, « plaisir des yeux et passion des âmes », objet d'exécration certes pour les bourgeois corrects, mais sachant réunir autour d'elle toute une cour brillante, spirituelle et docte. Les méchantes langues prétendent bien que l'amour des lettres n'est pas l'attrait essentiel de ces réunions : tous ces propos ne font pas grand tort à son prestige et ne détournent pas l'admiration de ses adorateurs.

1. A Loches, par exemple, où s'est retiré Maximilien Sforza, après l'abandon de ses droits sur le Milanais.

2. Cellini, *Vita*. Cité par Fr. Flamini, *Le Lettere italiane alla corte di Francesco I*, dans ses *Studi di Storia letteraria italiana e straniera*, Livorno, 1895.

3. Fr. Flamini, *ibid.*, p. 223. Cf. la conclusion de son étude : « Son tutti ciarlatani! etc. », p. 337.

mésaventures pénibles. Partis pleins d'espérance, et la tête farcie d'épithètes laudatives, quelques-uns repassent la frontière, la mine piteuse, maudissant la rudesse française, décidés à vivre désormais « in quella quiete che Dio vuole »[1]. Mais d'ordinaire, ils réussissent fort bien. Les protecteurs ne leur manquent pas. Sans parler de François Ier, qui, pour la première fois, apporte sur le trône de France l'élégance et les goûts d'un Médicis, de Marguerite d'Angoulême, esprit généreux et large, ou de la Dauphine, c'est toute une cour de femmes instruites et distinguées, c'est le cardinal de Lorraine, ce sont des gens de lettres, bien pourvus eux-mêmes et désignant aux largesses royales les plus distingués de leurs confrères, Français ou étrangers : Jacques Colin, abbé de Saint-Ambroise, lecteur de François I[er][2], Luigi Alamanni surtout, le plus illustre et le plus estimable, semble-t-il, des Italiens émigrés[3]. Devenu un Français véritable, très attaché à sa nouvelle patrie, il est le protecteur désigné et effectif de ses compatriotes à la cour de France. Il ne se contente pas de parler au roi en leur faveur ; il défendrait leurs intérêts matériels s'ils ne savaient les défendre eux-mêmes[4].

Les Français, de leur côté, sont moins voyageurs. Un voyage en Italie, cependant, est pour eux, — comme pour les Romains un voyage à Athènes, — le complément naturel d'une éducation vraiment parfaite. Aller à Rome, n'est-ce pas visiter le berceau de notre civilisation moderne ? Parmi ces souvenirs, l'esprit s'affine et s'élève. Après avoir fait son droit à Poitiers, Mellin de Saint-Gelais va compléter ses études dans les Universités de Bologne et de Padoue : il en rapportera le dégoût des sciences juridiques et l'amour de la poésie. Erasme, Rabelais, Budé, Pasquier, Montaigne, du Bellay, Remy Belleau, Olivier de Magny,

1. Lettres de Niccolò Martelli. Cité par Flamini, p. 291.
2.   Docte prélat qui doctes conduisez
                     Et aux honneurs les faites parvenir...
                         (Cit. par Goujet, t. XI, p. 400.)
3. Voy. H. Hauvette, *Luigi Alamanni, sa vie et son œuvre*, Paris, Hachette, 1903. Cf. les articles très précis de M. E. Picot, *Les Italiens en France au seizième siècle* (*Bulletin italien*, 1901 et suiv.).
4. Témoin la petite scène que racontent les mémoires de Cellini. Trad. Leclanché, Paris, Quantin, 1881, p. 380.

tous les poètes, les érudits et les penseurs, dans des conditions diverses et dans un esprit différent, accomplissent ce pèlerinage.

A plus forte raison met-on son orgueil à connaître à fond la langue italienne, comme l'espagnol et le latin. Brantôme raille, un peu lourdement mais avec raison, certains ambassadeurs qui, pour les ignorer, se mirent dans de singuliers embarras, « grandz veaux qui ne scavent et ne parlent que leur langue de veau »[1]. Ce n'est pas qu'il faille oublier, ou laisser oublier, la dignité de notre langue. François Ier, dans les grandes occasions, en a le souci ; pour les affaires sérieuses, avec l'empereur Charles, avec les papes Clément et Paul, il s'en tient fièrement à son français ; mais cela ne l'empêche pas de connaître la langue de nos voisins, et de la pratiquer[2]. Marguerite de Navarre, le cardinal de Lorraine en usent de même. Grâce à eux tous, comme dit le *Canzoniere* d'Amomo :

..... la lingua tosca oggi si prezi
Fin dove volge Senna il torto piede[3].

Cet engouement se développe d'année en année. L'influence personnelle de Catherine de Médicis, celle d'Henri III font de la cour de France une « petite Italie » affectée et pédante. Malgré l'opposition du Parlement, les Gelosi, forts de la protection royale, apportent leur répertoire scabreux à la salle des États de Blois, puis à Paris à l'hôtel de Bourbon[4]. Odet de la Noue, le fils du grand capitaine huguenot, charme les ennuis de sa captivité à Tournay en écrivant un canzoniere italien[5] : on peut en admirer, à part certaines incorrections, la pureté remarquable ; mais il faut voir surtout les ridicules de cette mode. Ce qui n'était d'abord qu'une heureuse curiosité d'esprit est devenu un danger véritable. Les poètes, — même les plus délicats, même

1. Brantôme, édit. Lalanne, t. VII, p. 73.
2. *Ibid.*
3. Cité par Flamini, p. 259.
4. Voy. Baschet, *Les Comédiens italiens à la cour de France...* Paris, 1882.
5. Flamini, *Le rime di Odetto de la Noue e l'italianismo a tempo d'Enrico III*, dans ses *Studi di storia letteraria...*

ceux dont la personnalité est la plus vigoureuse, — pillent à
l'envi les trésors d'outre-monts, réduisant leur génie à des imitations sans cesse ressassées, plagiaires ou, suivant le mot de Pasquier, « rabobelineurs de livres ». A la cour, il n'est plus question d'élargir son intelligence au contact d'esprits différents,
mais d'afficher une certaine délicatesse, de se faire un jargon
spécial chargé de tournures italiennes et de formes espagnoles.
La mode l'exige, — et c'est aussi se poser en homme qui a parcouru la Péninsule les armes à la main [1]...

A ce jeu, l'originalité de notre poésie risque de se perdre, et
la pureté de notre langue. On comprend l'impatience des gens
sensés, les dialogues d'Henri Estienne, et ce cri de soulagement
qui salue, en 1589, « la fuyte des impositeurs ». La verve popu
laire se venge rudement de l'influence qu'ils ont su prendre ;
leur royauté littéraire lui importe peu, mais elle leur en veut, —
comme Juvénal en voulait aux parasites d'Orient, — de cette
souplesse d'échine et de cette rapacité également incomparables,
de ces intrigues auxquelles les puissants ont prêté les mains, de
cette jactance qui « d'un gueux de leur pays » fait « un grand
gentilhomme par le témoignage de trois ou quatre pallefre-
niers », de cette adresse à « descouvrir les meilleures cuisines »;
— et, puisque ce fut l'orgueil de ces « barbares » de se rattacher à l'ancienne Rome, elle fait justice de leurs prétentions en
un parallèle naïvement rythmé : « Les Romains usent de droic-
ture, — Italiens de forfaicture ; — les Romains sont de grand
renom, — et les Italiens non [2]... » *Facit indignatio versum.*

Quelle est, dans tout ce mouvement, l'action propre de la littérature italienne ? à quelle date précise ses principales productions se sont-elles répandues en France ? Il est assez difficile de
le déterminer. Une bibliographie exacte des traductions fourni-
rait pourtant, à cet égard, des indications précieuses [3]. Pour ce

1. Brantôme, t. X.
2. *Discours de la fuyte des impositeurs italiens.* . Paris, 1589. Publié dans
la Bibliothèque elzévirienne, *Variétés historiques et littéraires*, t. VII,
p. 261.
3. Voy. Joseph Blanc, *Bibliographie italico-française universelle...* Paris,

qui est du genre pastoral, il se réduit, jusqu'à la fin du siècle, à
l'*Arcadia*, laquelle ne semble pas avoir fait d'abord grande impression. La traduction qu'en donne Jean Martin en 1544
demeure la seule au seizième siècle et n'est pas réimprimée[1]. Ce
n'est pas que l'auteur soit un inconnu, ou son œuvre une œuvre
médiocre. Ses traductions de Serlio, de Vitruve, d'Alberti vont
lui assurer une place glorieuse parmi les grands vulgarisateurs ;
le succès de ses *Azolains* est considérable[2]. Attaché à la maison
de Maximilien Sforza, protégé ensuite par le cardinal de Lenoncourt, il a reçu les faveurs de François Ier et d'Henri II ; il a été
en rapports avec tous les lettrés de son temps. Denys Sauvage
lui fait gloire d'avoir enrichi la langue française « de mille mots
parauant cachés dedans les boutiques des seuls ouuriers »[3] ; en
latin et en français, des poètes chantent ses louanges, et Ronsard
qui ne déteste pas, souverainement olympien, de distribuer à ses
amis de solennels éloges, témoigne pour lui d'une particulière
estime.

Mais aux yeux de tous, son premier titre est d'avoir rendu
service aux « studieux d'architecture »[4]. Tel est le sens très net
de l'épitaphe que lui consacre Ronsard :

> Tandis qu'à tes édifices
> Tu faisois des frontispices,
> Des termes, des chapiteaux,
> Ta truelle et tes marteaux
> N'ont sceu de ta destinée
> Rompre l'heure terminée...

H. Welter, 1886. — Le choix des traducteurs ne s'adresse pas directement
aux très grandes œuvres. Le *Dante* de Balthazar Grangier ne paraîtra qu'en
1596. Des sonnets de Pétrarque qui, plus tard, doivent exercer tant d'influence,
on ne connaît, jusqu'en 1547, que ce qu'a donné Marot ; par contre, ses *Triomphes* sont assez vite populaires. Dans la première moitié du siècle, le gros
succès est pour le *Décameron,* pour le *Courtisan* de Castiglione, et, à partir
de 1543, pour l'Arioste.

1. Peut-être avait-elle le tort d'arriver deux ans après celle du *Filocolo*
(1542), et, surtout, un an après le *Furioso* (1543).

2. Edition princeps en 1545 ; réimpression en 1547 ; autres éditions en 1552,
1553, 1572. Cf. *Un vulgarisateur, Jean Martin*, par Pierre Marcel, Paris,
Garnier.

3. Dédicace de l'*Architecture d'Alberti.*

4. Jean Bullant, cité par P. Marcel, p. 20.

Si délicate qu'elle soit, et si proche, en bien des passages, du charme ingénu de l'original, il n'est pas question de l'*Arcadie* dans ces pièces funèbres. Lui-même en attendait-il beaucoup de gloire ? « Ce n'est espoir de grand loz acquérir, — Qui m'a induict ce labeur entreprendre », disait-il au public ; et au cardinal de Lenoncourt, en lui envoyant son livre : « Pour le moins i'ay fiance que plusieurs gentilz hommes et dames uiuans noblement en leurs mesnages aux champz et autres de moindre qualité luy feront assez bon recueuil... » Pour ne pas rebuter les lecteurs par la nouveauté de certains mots et pour que l'on puisse tirer de son œuvre une utilité directe, il l'a fait suivre d'un vocabulaire bourré de renseignements divers... Précaution assez vaine : à la plupart, le volume dut paraître vide de matière ; l'églogue, sans doute, n'avait pas le droit encore de s'élever à la dignité du roman.

Les poètes, qui pourtant donnent à Sannazar des preuves non équivoques de leur admiration, semblent penser ainsi. Ils imitent surtout ses poésies latines, ses sonnets et ses églogues. « Chante moy, a conseillé du Bellay, d'une musette bien résonante et d'une fluste bien ioincte ces plaisantes écloques, rustiques à l'exemple de Théocrite et de Virgile, marines à l'exemple de Sannazar gentilhomme Neapolitain [1]... » Ils goûtent ces petites pièces qui renouvellent les grâces de l'anthologie ou chantent le baiser avec une ardeur tout italienne. Quand, d'aventure, ils touchent à l'*Arcadia,* c'est pour lui emprunter certains détails détachés de l'ensemble : une dizaine de vers chez Baïf, une pièce funèbre chez Marot, quelques lieux communs dans les églogues de Ronsard, la description de la coupe rustique, un éloge de la vie des champs...

La critique italienne triomphe, un peu bruyamment peut-être, de ces *plagiats.* « Si comprende », écrit Torraca dans la préface de son étude, « che storici e critici, preoccupati dal bisogno di ricostruire con nuovi e sicuri metodi la nostra storia lette-

---

1. *Défence et illustration...* Voy. dans Torraca, *Gl' imitatori stranieri di J. S.*, les imitations de Marguerite d'Angoulême, de Mellin de Saint-Gelais, de du Bellay, de Desportes, etc...

raria e politica, sieno rimontati alle origini, e là, trovando forme
e materiali venuti d'oltr' Alpi, si sieno intrattenuti a determi-
nare quando e come vennero ed a quali trasformazioni il genio
italiano li sottomise. Lavoro utilissimo, che a già dato splendidi
risultati. Ma non è oramai tempo di cominciare il lavoro inverso?
Tanto più che, a furia di ricercare i più umili rivoli di origine
straniera nella letteratura de' nostri primi secoli, pare si sia
venuto esagerando il concetto da cui mossero le ricerche, e si
sia quasi dimenticato di contrapporre, all' elenco de' nostri debiti,
quello, assai più lungo de' nostri crediti [1]? » Il est utile, en effet,
de dresser cette comptabilité avec une rigueur mathématique :
c'est la seule façon de préciser les rapports intellectuels qui
unissent les deux pays. Mais ces imitations, en définitive, n'enlèvent pas grand'chose à l'originalité de du Bellay, moins encore
à celle de Ronsard. La plupart de ces lieux communs sont tombés dans le domaine public, airs de flûte ou de pipeaux que l'on
peut reprendre à la condition d'y montrer une virtuosité personnelle. Derrière le modèle italien apparaît presque toujours un
modèle grec ou latin, et Sannazar, soumis à la même épreuve, ne
fait pas, nous l'avons vu, plus brillante figure que Desportes. Lui
emprunter quelques thèmes généraux que souvent il emprunta à
d'autres n'est pas lui faire grand tort. Ce n'est pas, surtout,
avoir compris le charme particulier de l'*Arcadia*. Ce charme
réside ailleurs, dans l'ensemble même de l'œuvre, dans l'atmos-
phère de pureté et de tendresse où elle baigne, dans la lenteur
alanguie de son développement, dans la monotonie de ses thèmes, dans l'enchaînement des églogues et des proses, dans l'harmonie subtile des paysages, des paroles et des gestes, dans cette
vision délicatement rendue d'une vie où rien de vulgaire ne subsiste. Tout cela, nos poètes ne le sentent pas encore avec précision, incapables de démêler ce qu'il y a d'humanité générale
dans ces héros abstraits. Les morceaux de l'*Arcadia*, séparés de
leur corps, prennent place parmi les productions du genre
idyllique, sur le même plan que tant d'autres églogues. On emprunte à Sannazar, on ne l'imite pas.

1. Torraca, *liv. cit.*, p. 6.

A en croire Pasquier, l'imitation serait plus sensible chez Remy Belleau : « Il voulut imiter Sannazar aux œuvres dont il nous a fait part. Car tout ainsi que Sannazar Italien, en son *Arcadie*, fáit parler des pasteurs en prose dedans laquelle il a glané toute la poésie toscane : aussi a fait le semblable nostre Belleau dans sa *Bergerie*[1]. » Et, en effet, la *Bergerie* en deux journées semble dès l'abord une œuvre de longue haleine, où l'on serait tenté de chercher un plan concerté d'avance. Les vers alternent avec les morceaux de prose. Elle a ses personnages, Tenot, Bellot et Perrot, toujours prêts à célébrer les bienfaits d'une vie paisible ou à se disputer des trophées champêtres; des pêcheurs chantent après des bergers; les lieux communs se développent sans grand souci de nouveauté[2]... Il n'est pas besoin cependant d'y regarder de bien près pour noter que le poète, attaché à la maison du marquis d'Elbœuf, ne demande à Sannazar qu'un cadre commode où puissent entrer toutes les poésies composées en des occasions diverses. Son unique désir est de décrire les splendeurs du château où la destinée l'a conduit, de célébrer l'existence de ses hôtes, de les suivre à la chapelle ou à table, de prendre part à leurs chagrins et à leurs joies, de leur marquer sa gratitude profonde en offrant « tantôt un sonnet, tantôt une complainte, une églogue, une description... » — « Voulant recoudre, dit-il encore, ces inuentions mal cousues, mal polies et mal agencées, sans l'espérer ie trouue un liure ramassé de pièces rapportées, chose véritablement qui n'ha membre ny figure qui puisse former un corps entier et parfaict[3]... » Si lâche que soit le plan de l'*Arcadia*, on ne saurait lui comparer ce « petit ramas ». Pour révéler à la France le roman pastoral, il faudra le succès plus marqué des traductions de la *Diane*, et il faudra le renom triomphal du Tasse pour que le genre nouveau s'empare orgueilleusement de la scène. Jusque-là, l'effort de Jean Martin demeure stérile.

---

1. *Recherches...* VII, 707. La première édition de la *Bergerie* est de 1565; la première édition complète de 1572; Paris, Gilles Gilles.
2. Voy. le détail des imitations dans Torraca, p. 51 et suiv.
3. Dédicace de la seconde journée.

Les premiers biographes du Tasse ont parlé sur le mode lyrique des succès obtenus à la cour de France par le jeune poète, lors du voyage de 1571. Par malheur, aucun témoignage, français ou italien, ne confirme leurs récits. Sur les rapports que le futur auteur de l'*Aminta* put avoir à cette époque avec les poètes de la Pleiade, on ne sait rien de précis. Venu en France parmi les deux cents cavaliers du cardinal Luigi d'Este, il n'y a fait qu'un séjour assez bref : il arrive à Paris le 15 novembre pour en repartir le 19 ou le 20 mars[1]; bien accueilli sans doute, ainsi que ses compagnons, il est peu probable qu'il ait été l'objet de faveurs spéciales. Sur ces cinq mois, d'ailleurs, il passe quelque temps à l'abbaye de Chalis, en attendant son maître, et quand celui-ci, soucieux de diminuer les frais de son séjour, congédie une partie de sa suite, le Tasse est du premier convoi.

Peut-être s'est-il trouvé dans l'intervalle en relations avec Ronsard : l'éloge, précieux au reste, qu'il lui adressera plus tard n'implique pas qu'une intimité profonde les ait jamais unis[2]. Peut-être a-t-il approché Amyot, Michel de l'Hopital ou le conseiller Henri de Mesme : pas un mot de ses lettres ou de ses vers ne les concerne. Comme impressions de voyage, il faut s'en tenir au parallèle qu'il a dressé de la France et de l'Italie, sur la demande du capitaine général comte Ercole Contrari[3]; or, le ton n'en est pas dithyrambique. S'il est frappé des qualités brillantes de notre noblesse, il trouve en revanche le peuple médiocre et « vil » comme tous les habitants des pays de plaine. Il s'étonne du nombre de nos églises et de leur richesse, mais ajoute aussitôt que l'architecture en est barbare et la valeur d'art à peu près nulle. Paris, qui vaut un peu mieux que Milan, ne vaut pas tout à fait Venise. Sur nos poètes et nos penseurs, une seule phrase, mais une phrase de petit maître italien, assez méprisant pour ces bons et solides travailleurs suant à la tâche : l'ignorance des nobles a cette conséquence « che le lettere e particolarmente le scienze

---

1. Voy. Solerti, *Vita di T. Tasso*, t. I, chap. VIII. Ce chapitre, sans les notes et les références, a été traduit dans la *Revue des langues romanes*, t. VI, 1892.
2. Voy. le dialogue, *Il Cataneo ovvero degli Idoli*.
3. *Lettere*, I, n° 14.

abandonate da nobili caggiono-in mano de la plebe : per chè la
filosofia (quasi donna regale maritata ad un villano), trattata da
gl' ingegni de' plebei perde molto del suo decoro naturale; e di
libera e investigatrice de le ragioni, diviene ottusa e scema de
l'autorità ; e di regina moderatrice de gli uomini, ministra de le
arti sordide e de l'ingordigie de l'avere... » Cela est plutôt froid,
et c'est à peu près tout ce que l'on sait sur ce fameux voyage.
L'imagination de Manso a forgé le reste ; elle a composé ces petits
tableaux nobles et touchants que Ménage, Baillet ou l'abbé de
Charnes reproduisent tour à tour : le cardinal présentant le
Tasse à Charles IX, le roi lui réservant l'accueil le plus flat-
teur, en considération de sa *Jérusalem*, — qui doit paraître dix
ans plus tard! — le jeune poète obtenant la grâce d'un criminel,
les courtisans en foule autour de lui, les sourires des belles
dames...

Le Tasse était bien jeune encore pour tant d'admiration, et
nous sommes ici en pleine légende; mais ces légendes mêmes
attestent la popularité dont il a joui par la suite. Quelques années
plus tard, les lecteurs de l'*Aminta* ou de la *Jérusalem* se refuse-
ront à croire que le poète, même à vingt-cinq ans, soit venu en
France sans y être reçu comme un roi. Les légendes aussi sont
des témoignages.

L'enthousiasme que souleva l'*Aminta* à son apparition ne
pouvait que trouver un écho vibrant dans la France d'Henri III,
parmi ces esprits amoureux jusqu'au ridicule des élégances italiennes, passionnés pour le théâtre, les divertissements et les
comédiens d'outre-monts. Abel Langelier édite à Paris le petit
chef-d'œuvre en 1584, c'est-à-dire quatre ans après l'édition de
Crémone, et, sans parler de la prétendue version que Lacroix du
Maine attribue à Henriette de Clèves et dont rien n'est resté[1],
trois traductions se succèdent dans ces dernières années du
seizième siècle. Il semble que les grandes villes de France rivalisent d'ardeur. Bordeaux ouvre la marche. Les *Imitations* de
Pierre de Brach, dédiées à Marguerite de France, reine de
Navarre, sont en 1584 un des chefs-d'œuvre typographiques de

---

1. *Bibliothèque françoise*, édit. Rigoley de Juvigny, t. I, p. 364.

l'imprimeur Millanges[1]; il est vrai que l'œuvre elle-même est, dans l'ensemble, assez médiocre et qu'on n'y retrouve guère cette fraîcheur de sentiment ou cette fermeté de style que le poète gascon avait montrées parfois dans ses églogues originales. La traduction en prose de La Brosse, donnée à Tours en 1591 et 1593, se réimprime à Lyon en 1597[2]. Celle de Belliard, « imprimée en deux langues pour ceux qui désirent auoir l'intelligence de l'une d'icelles », traduction parisienne de 1596[3], est reprise à Rouen en 1598, en 1603 et en 1609, année où le seigneur du Mans donne sa *Lydie*, *fable champêtre imitée en partie de l'Aminte de T. Tasso*[4]. En 1632, l'œuvre bien connue et si souvent imitée n'a pas perdu sa nouveauté charmante : N. Pichon et Vion-Dalibray la traduisent encore[5], et Rayssiguier imprime son adaptation représentée déjà par les comédiens de l'Hôtel de Bourgogne[6].

Les manies des « italianisants » ne suffisent pas à expliquer un succès aussi persistant. La mode peut changer : cette œuvre légère, mieux que le poème de l'Arioste ou que la *Jérusalem*, a des qualités qui lui assurent la faveur constante du public français. Les juges les moins suspects d'indulgence oublient, pour elle, leur rigueur. Les affectations, qu'ils reprennent chez le Tasse poète épique, ne les choquent plus ici, et, comme le remarque Fontenelle, ils savent gré à l'auteur de n'avoir pas abusé de ses charmants défauts[7]. Sans réserve, ils peuvent louer cette pénétration psychologique, cette puissance maîtresse d'elle-

1. *Imitations de Pierre de Brach...* Bourdeaus, S. Millanges, 1584. — Voy. Reinhold Dezeimeris, *Notice sur Pierre de Brach*, Paris, Aubry, 1858.
2. *Aminte pastorale de Torquato Tasso*, Tours, Iamet Mettayer, 1591.
3. *Aminte fable boscagère du seigneur Torquato Tasso italien mise en prose françoise*, par G. Belliard, Paris, Abel Langelier, 1596.
4. Paris, Jean Mallot. — Comme traduction, ou du moins comme adaptation de l'*Aminta*, il faut citer encore la *Trage-comedie pastoralle* ou *Mylas*, de Claude de Bassecourt Haynaunois, Anvers, Arnoult Coninx, 1594. Approbation des Ides de janvier 1594.
5. *L'Aminte pastoralle en vers*, par N. Pichou, Paris, Targa, 1632. — *L'Aminte du Tasse fidèlement traduite en vers françois*, Paris, Recolet, 1632.
6. *L'Aminte du Tasse, tragi-comédie pastoralle accomodée au théâtre françois*, par le Sr de Rayssiguier, Paris, A. Courbé, 1632.
7. Goujet, t. VIII, p. 43.

même, cette régularité de conduite, sans secousses et sans arrêts, cette sûreté de goût qui rejette dans la coulisse toutes les actions violentes pour dérouler sur la scène les dialogues harmonieux. Unité d'action, unité de temps, unité de lieu, jamais les principes d'Aristote n'ont été plus scrupuleusement observés; les règles sacrées ne sont pas une contrainte, mais deviennent un principe de beauté supérieure. Après les fantaisies inquiétantes du seizième siècle, voici une œuvre classique, au sens strict du mot, et légère pourtant, point pédante, pleine de fraîche poésie. N'est-elle pas, pour les défenseurs de l'ordre, le meilleur des arguments. Par là s'expliquent sans doute, si le récit de Ménage est exact, les sympathies de Malherbe pour l'*Aminta* : « Hò più volte inteso dall' illustrissima Signora Marchesa di Rambullietto, quel gran lume Romano

Che quanto 'l miro più tanto più luce,

ch'l Malherba nostro non men famoso giudice della Poesia, che Poeta, non cessava d'ammirar quella favola e sopramodo desiderava d'hauerla composta[1]. »

De 1632 à 1666 il semblerait que l'oubli veuille se faire. Une seule traduction paraît chez Toussaint Quinet, en 1638. Notre théâtre, s'il a résolument accepté le joug d'Aristote, s'écarte de la peinture de l'amour; il demande des aventures terribles — et vraies. Pour les lettrés, cependant, le petit poème a conservé son attrait. Cramoisy donne le texte italien en 1646; l'érudit Ménage enrichit de son commentaire la belle édition d'Augustin Courbé en 1655, et Mlle de la Vergne, la future Mme de La Fayette, en fait ses délices : « Ho designado, écrit Ménage, di dedicarle alcune mie osservationi sopra l'*Aminta* di Torquato Tasso; e massimamente scorgendo, che frà le lingue moderne ama V. S. Ill. con particolar gusto l'Italiana, che frà gli scrittori Italiani legge più volentieri il Tasso, si come frà le opere del Tasso il suo *Aminta*[2]... » Quand l'amour reprendra ses droits sur la scèn[e]

1. Préface de son édition, p. III. — Cf. la préface de l'adaptation de Rayssiguier.
2. Edit. de Menage, Paris, Courbé, 1655, *Dedicatoria*. — En 1654, une très belle édition, chez C. Cramoisy.

française, l'*Aminta* retrouvera son importance primitive. Publiée en 1666, la traduction en vers de l'abbé de Torches se réimprime en 1676, en 1679, en 1681 : c'est l'âge de Racine et de Quinault[1]. Peu d'œuvres étrangères, d'œuvres dramatiques surtout, sont aussi intimement liées au développement de notre littérature. A parcourir simplement la liste de ces traductions, on aperçoit avec une netteté parfaite les divers moments de l'évolution de notre tragédie, — indécise d'abord, confuse et romanesque, trouvant dans l'exaltation des volontés fortes son premier objet, pour revenir ensuite à la peinture de la passion, avant de se perdre dans le romanesque et dans l'opéra. A un point de vue plus particulier, l'histoire de l'*Aminta*, c'est, nous le verrons, l'histoire même de la pastorale.

Le succès de l'*Aminta* entraîne le succès des pièces qui se font à son image ou qui essayent de donner au genre nouveau plus de richesse extérieure et de variété. Elles connaissent les mêmes vicissitudes et souvent ont les mêmes traducteurs. A côté du nom du Tasse, le nom de Guarini s'impose, également triomphant : « Ce sont les docteurs du pays latin », dira A. Hardy[2]. D'autres viennent ensuite, à respectueuse distance, offrant cependant à l'imitation des ressources d'autant plus précieuses qu'on les connaît moins. Et comme, d'ordinaire, nos auteurs dramatiques ne recourent guère au texte original, les noms des traducteurs prennent une importance historique réelle.

La première version du *Pastor fido* est celle sans doute que Mettayer publie en 1595[3]. Bien qu'elle soit anonyme, il est assez

1. Sur les traductions du dix-huitième siècle, voy. la bibliographie de Solerti, *Opere minori in versi di T. Tasso*, Bologna, 1895.

2. Préface du tome III.

3. *Le Berger fidelle, pastorale de l'Italien du seigneur Baptiste Guarini, chevalier*, Paris, Iamet Mettayer, 1595, in-12. (A la fin, l'anagramme *Rus subit ardens sol* [Rolland Brisset]. L'avis au lecteur nous apprend que cette traduction n'a pas été faite pour la représentation, « ains pour estre leue seulement ».) — Le *Catalogue Soleinne*, et, après lui, la *Bibliogr. ital.* de Blanc signalent une édition de 1593 que je n'ai pas trouvée. — Brunet indique à tort comme première édition celle de 1598. — Autre réimpression en 1600 à Rouen (N. et P. l'Oyselet, in-12), augmentée « de plusieurs poulets d'amour et autres poésies non encor' veües », — et en 1609 (Rouen, Cl. le Villain). La

vraisemblable de l'attribuer à Rolland Brisset qui, quatre ans
plus tôt, traduisait le *Pentimento amoroso* de Luigi Grotto, et qui
donnera en 1596 l'*Alceo* d'Antonio Ongaro, cette transposition
de l'*Aminta* dont Guarini a écrit les intermèdes[1]. Les éditions
successives ou les réimpressions marquent le succès de ces tentatives diverses et leur attrait pour le public français[2]. L'amour

même année, la même traduction passe dans une édition bilingue (Paris,
Math. Guillemot, privilège du 12 décembre 1608 ; réimpress. en 1622 et 1625).
— A citer encore au seizième siècle une traduction fragmentaire anonyme en
alexandrins : *Les souspirs de Myrtil, les Regrets de Corisque, les Vœux
d'Amarillis*, Lyon, Iacques Roussin, 1597.

1. *Le Dieromene ou le repentir d'amour, pastorale imitée de l'italien
de L. G. C. d'H., par R. B. G. T.*, Tours, Mathurin Le Mercier, 1591, pet.
in-12. Le catalogue Soleinne et Blanc donnent la date 1592. Réimpress. par
Langelier (Paris, 1595) et par Matthieu Guillemot (Paris, 1598 et 1609), sous
le titre : *Le Repentir d'amour de Dieromene*. — La bibliothèque de l'Arsenal
possède un manuscrit (n° 3263) provenant de la biblioth. du duc de La Vallière : *Le Repentir amoureux, eglogue traduicte d'italien en françois, par
R. D. I.*, à Tours, 1590, in-12. Cette traduction, également en prose sauf les
chansons, diffère de la précédente ; elle est attribuée à Roland du Iardin sieur
des Roches, dont les armes sont reportées sur la feuille de titre.
*Alcée, pescherie ou comoedie marine. En laquelle soubs le nom de pescheurs
sont représentées plusieurs naifues passions d'amour. De l'italien d'Antonio
Ongaro*, Paris, P. Mettayer, 1596 (la dédicace signée Rolland Brisset). Autre
édition à Rouen, chez Cl. le Villain, en 1602. — En 1606, à Lyon, chez Thibaud Ancelin, la même pièce sous le titre : *Les estranges et merueilleuses
trauerses d'amour en forme de comoedie marine en laquelle soubs le nom
de pescheurs*, etc.
2. Il est inutile d'énumérer ici par le détail tout ce que la pastorale française
devra à Guarini : nous aurons l'occasion de signaler ces emprunts. Quant à la
Dieromène, à la jalousie du berger Ergasto, à l'artifice dont il use pour per-
suader à Dieromène que son amant Nicogino est infidèle, au désespoir de la
jeune fille lorsqu'elle se croit trahie, à la complaisance mal récompensée de
Panurgie..., la plupart des grandes pastorales françaises rouleront sur un
thème analogue, de la *Bergerie* de Montchrétien, en 1601, à l'*Amarillis* de
1651 (voy. les *Bergeries* de Racan, les *Urnes vivantes* de Boissin de Gallardon et la *Carline* d'Antoine Gaillard, la *Sylvie* de Mairet, etc.; sur l'*Amarillis* de 1651 et sur son attribution contestable à du Ryer, cf. Rigal,
Théâtre franç., p. 318). Ce n'est pas à la scène de la grotte du *Pastor* qu'il
faut, comme on l'a fait pour quelques-unes, rattacher toute cette série de
pièces : l'analogie est avec la *Dieromène* bien plus frappante. De même,
en 1633, l'*Eromène* de Marcassus (Paris, Pierre Rocolet) en est une adaptation tout à fait directe. — Le même sujet dans l'histoire de Bransil et d'Elynde
au second livre des *Bergeries de Iulliette* (cette histoire est réimprimée sans
nom d'auteur à la suite de *La Goutte*, tragédie attribuée à Blambeausaut,
Rouen, Cl. le Villain, 1605). — Luigi Grotto a pu s'inspirer lui-même de

s'exprime en métaphores subtiles, les amants déploient une ingéniosité charmante : « Nymphes, proteste l'audacieux Menfes-
tio, vos lèures me ressemblaient des roses et mes moustaches
des épines ; dont pour former mieulx un rosier ie les ay voulu
approcher l'un de l'autre[1]... » Avec cela, d'admirables complications d'intrigue, des disputes, des scènes de jalousie, des tirades
passionnées... Et toujours, sur la fin, de multiples mariages
mettent les choses en l'ordre et renvoient chacun pleinement
satisfait. Tout est fait pour séduire dans ces œuvres moyennes,
également distantes des grossièretés de la comédie populaire et
du pédantisme raide des tragédies à l'antique. Les femmes surtout admirent : le *Pastor fido*, écrit à Guarini l'ambassadeur
vénitien Pietro Duodo, est devenu « le delizie delle bellissime et
non mai abbastanza esaltate et riverite dame di Francia[2] ».

Le public tout entier ne tardera pas à se ranger à leur avis.
Les premières années du dix-septième siècle apportent deux
œuvres nouvelles : la *Myrtille*, de la fameuse comédienne Isabelle Andreini, en 1602 ; le *Dédain amoureux*, de Francesco
Bracciolini, en 1603[3]. Quoique son influence, durant une quin-
zaine d'années, soit moins tyrannique, le *Pastor* n'est pas oublié[4], et, en 1624, la *Filli di Sciro* vient prendre place auprès
de ses aînées glorieuses et partager leur succès[5]. Peut-être
même les dépasse-t-elle un instant. La traduction de Du Cros

l'*Amaranta* de G. B. Casalio, de la *Filena* d'A. Caccia et surtout de la
Silvia de Fileno Addiacciato : sur celles-ci, voy. Carducci, liv. cit. — Cf., dans
le *Furioso*, la trahison du duc d'Albanie et l'aventure d'Ariodante, portée sur
la scène française dans *La belle Genièvre* de 1564.

1. *Dieromène*, III, 2.
2. Lettre cit. par Rossi, p. 237.
3. *Myrtille, bergerie d'Isabelle Andreini, comediante des Ialour, mise*
en françois, Paris, Mathieu Guillemot, 1602. La dédicace « à l'excellente
Visalbe la belle des belles » est signée Abradan.
   Le *dédain amoureux, pastorale faite françoise sur l'italien du sieur*
François Braccioliny, Paris, Mathieu Guillemot, 1603. La dédicace est signée
I. P. S. — En 1612, chez Jean Libert, une traduction d'Isaac de La Grange.
4. Réimpressions de la traduction anonyme en 1622 à Paris, en 1625 à
Rouen. — En 1623, traduction d'Antoine de Giraud, lyonnois, Paris, Claude
Cramoisy. — En 1637, autre traduction anonyme chez Aug. Courbé, attribuée
par Barbier à Du Bueil, et par le catalogue Soleinne à Marans.
5. Traduction anonyme de Toulouse, Raymond Colomiez.

en 1630, celle de Pichou en 1631 [1], obtiennent les suffrages les plus flatteurs : Maynard et Mairet célèbrent l'auteur de la première ; quant à la seconde, le cardinal lui-même daigne l'appeler « la plus juste et la mieux travaillée qu'on ait encore veue » [2].

Nous avons vu que l'année 1632 marque dans l'histoire de l'*Aminta* un moment décisif : de la même année est daté le privilège de *la Pompe funèbre* de Vion Dalibray, la dernière de ces pastorales italiennes offertes au public français [3]. Une préface l'accompagne, alerte et curieuse. « J'estime, déclare l'auteur, que nous sommes encore plus obligez de rendre la iustice en ce qui touche les biens de l'esprit, qu'en ce qui regarde ceux de la Fortune : c'est pourquoy, Lecteur, ie te veux déclarer l'autheur de cette Pastorale, bien qu'elle soit si rare, que ie pouuois par mon silence receuoir la gloire de son inuention, sans craindre d'estre découuert. » Voilà, sans que Vion Dalibray accuse personne, qui nous éclaire sur les coutumes de certains traducteurs. Pour lui, il préfère agir en pleine franchise et donner son modèle, Cesare Cremonini ; en le traduisant, il n'a pas oublié qu'une pièce de théâtre est autre chose qu'une œuvre poétique, que des obligations particulières s'imposent à elle. Il s'efforce de justifier les invraisemblances de son intrigue, et, s'il n'a pas le courage de couper, dans l'original italien, les scènes inutiles, du moins indique-t-il les suppressions que l'on pourrait faire... Il ne renonce pas à l'espoir d'être, un jour ou l'autre, représenté.

Ni la *Pompe funèbre,* d'ailleurs, ni le *Dédain amoureux* dont Molière pourtant s'est souvenu [4], ni *Myrtille,* ni *Alcée* n'auront une destinée bien longue. Seuls, dans la seconde partie du siè-

---

1. *La Fillis de Scire du sieur du Cros,* Paris, A. de Sommaville, 1630. Réimprimée et corrigée en 1647 chez Courbé. — Voy. la préface de la traduction Pichou, Paris, Targa, 1631.
2. Voy. Goujet, t. VIII, p. 89.
3. *La Pompe funèbre ou Damon et Cloris, pastorale,* Paris, Pierre Rocolet, 1634. Achevé d'imprimer du 1er mars 1634. Privilège du 16 mai 1632. — En 1632, Vion Dalibray publie chez Rocolet sa traduction de l'*Aminta,* réimprimée par Quinet en 1666.
4. Voy. catal. Soleinne, 2e supplément, no 386.

cle, le *Pastor fido* et la *Filli* connaîtront, avec l'*Aminta,* un
brillant renouveau de faveur. L'abbé de Torches les place à peu
près sur le même plan et les imite tour à tour, en amateur instruit plutôt qu'en auteur de profession[1]. « Quelques endroits
choisis que i'auois mis en vers, selon les occasions qui s'étaient
présentées, dit la préface du *Pastor*, m'ont insensiblement engagé à une traduction plus suiuie. » Ces sujets sont trop connus
maintenant pour piquer encore la curiosité du public; de telles
œuvres sont « plus du cabinet que du théâtre et plus propres
pour être leues que pour être représentées ». Mais ç'a été un
plaisir pour lui de rendre en « vers irréguliers » ces délicatesses
italiennes, « et comme d'ordinaire un plaisir entraîne un autre
plaisir, le *Berger fidèle* et l'*Aminte* ont entraîné la *Philis de
Scire...* » Ne sont-elles pas indissolublement liées dans l'admiration des hommes? « Ie n'ay pas eu le courage, dit-il encore, de
la séparer des deux autres auec qui elle auoit toujours esté de
compagnie; cette diuision me paroissoit cruelle pour la Bergère
et ie ne pouuois luy refuser mes couleurs et mon pinceau après
les auoir employez à l'embellissement de ses compagnes[2]. » Ces
choses-là sont dites en termes trop galants; au fond, elles sont
vraies. Les trois pièces résument admirablement toute l'évolution de la pastorale italienne. En les faisant siennes, la France
n'a laissé de côté rien d'essentiel.

*
* *

L'influence de l'Espagne se détermine avec moins de netteté.
Si elle n'a pas à triompher d'une violente opposition, c'est, chez

1. Sa traduction de l'*Aminta* est de 1666; réimpressions en 1676, 79, 81
(cf. Solerti). Pour le *Pastor*, le privilège est du 20 février 1664; Rossi donne
comme première édition celle de 1665; réimpressions en 1667, 71, 77, 80, 86,
89, 99, etc. Pour la *Filli*, dont A. Bauderon de Senecé a donné le premier acte
chez Loyson en 1667, la traduction de Torches paraît chez Ribou en 1669. De
la même époque, enfin, deux autres traductions en prose du *Pastor* : celle de
De Marande en 1662, réimpr. en 1676, et celle de Blaise Teppati en 1668.
2. *La Philis de Scire.* — Au lecteur.

les lettrés au moins, une sorte d'indifférence. Après avoir ignoré d'une façon à peu près complète sa littérature du Moyen-âge, ils ne s'intéressent pas beaucoup plus à celle du seizième siècle. L'Espagne, sans doute, n'est plus ce peuple qui, péniblement, luttait contre des ennemis intérieurs. A la suite de ses armées, sa langue a franchi les bornes de la Péninsule : elle fait partie maintenant, avec le latin et l'italien, des langues que les gens cultivés doivent connaître, « car, pour les autres, dit Brantôme, elles sont difficiles, et, pour ce, ils en sont excusables » [1]. A la cour de France surtout, on ne peut l'ignorer : François Ier a eu le temps de se familiariser avec elle, sa sœur la pratique comme lui et ses enfants l'ont trop bien connue pour l'oublier jamais [2] ; c'en est assez pour que les courtisans rivalisent de zèle. Ceux mêmes qui seraient incapables de bâtir une phrase correcte tâchent de retenir au moins certaines « gaudisseries, bravades ou gentillesses », ornements des conversations élégantes [3]. Les poètes ne peuvent être plus ignorants ; Pernette du Guillet, Louise Labbé, Maurice Scève parlent le castillan comme l'italien ; des livres espagnols s'impriment à Paris, et, dès le début du siècle, les traducteurs patients ont commencé leur office : Philippe Camus, frère Claude Platin, Jean Maugin qui met en français Le Nouveau Tristan et Palmerin d'Olive, René Bertaut sieur de la Grise, Jacques Vincent, Gilles Corrozet, curieuse physionomie de libraire écrivain, — traducteur, compilateur, archéologue et philosophe tout ensemble...

De cette mode pourtant ou de cette curiosité d'esprit, il ne faut pas conclure encore à une influence réelle et profonde du génie espagnol sur notre tempérament national. Les relations

---

1. Brantôme, t. VII.
2. En 1529, un huissier de la régente envoyé auprès d'eux en Espagne a eu de la peine à leur faire entendre des paroles françaises. Voy. la relation de l'huissier Bordin, citée par Mignet, *Rivalité de François Ier et de Charles-Quint*, Paris, Didier, 1876, t. II, p. 457.
3. Brantôme, *ibid.* — « Il y a environ dix ans, dit-il encore, il s'est trouvé parmi les commedians des Gelosi celuy qui faisoit le brave ou le capitan Espaignol, c'estoit un François qui s'estant longtemps raffiné parmy les bandes espaignolles en parloit le langage et en avoit les mesmes gestes et mesmes trajes, comme dict l'Espaignol, qui est la mesme façon et guarbe... » (t. VI, p. 211).

étroites des deux peuples sont loin d'être cordiales, et cette rivalité acharnée d'un siècle les force à se connaître, mais non pas
à s'admirer. En dehors des raisons précises qu'ils peuvent avoir
de se haïr, ils semblent incapables de se comprendre. En 1617
encore, le docteur Carlos Garcia analysera les causes de cette
« antipathie des Espagnols et des François », antipathie physique, antipathie morale, et qui se manifeste dans les moindres
détails[1]. Le caractère, le vêtement, les habitudes, tout les sépare. Une série de diatribes reprennent à l'infini les vieilles plaisanteries de Robert Gaguin sur la sécheresse de la Castille opposée à la fertilité merveilleuse de notre sol, sur le mauvais état de
ses routes, la malpropreté de ses auberges, la paresse, l'ignorance, la gueuserie orgueilleuse de ses hidalgos : pour les voyageurs français, l'Espagne demeurera longtemps un objet d'étonnement plus que d'admiration. Et les Espagnols, de leur côté,
affectent de conserver au dehors leur tempérament et leurs allures propres ; ils n'ont pas cette souplesse aimable des Italiens,
ce besoin de plaire : prétendant ne devoir rien à personne, ils
dédaigneraient ce genre de conquêtes pacifiques. Presque maîtres de Paris au temps de la Ligue, ils ne font pas le moindre
effort pour le gagner, et il y suffirait peut-être d'un peu de
bonne grâce ; mais leurs intrigues s'accompagnent toujours de
fierté et de mépris. Jusqu'en matière d'art, ils apportent la
morgue hautaine que les désastres futurs ne pourront abattre et
qui s'étale orgueilleusement à l'époque de leurs triomphes[2].

Cette gravité grandiloquente, comme aussi l'exubérance pittoresque de leur langage, séduisent chez nous certaines gens, le
père de Montaigne[3] ou Brantôme[4]... D'une manière générale,

1. *L'opposition et la conjonction des deux grands luminaires du monde,
œuvre plaisante et curieuse où l'on traite de l'heureuse alliance de la France
et de l'Espagne et de l'antipathie des Espagnols et des Français.* Cité par
Morel-Fatio, *Études sur l'Espagne*, p. 35.
2. Voy. par exemple en 1791 le titre de la traduction espagnole de Gil Blas :
*Aventuras de Gil Blas de Santillana, robadas á España, y adoptadas en
Francia por Monsieur le Sage : restituidas á su patria y á su lengua na-
tiva, por un Español zeloso, que no sufre se burlen de su nacion,* Valencia,
Benito Montfort, 1791.
3. Montaigne, II, 2.
4. Celui-ci est le grand champion de l'hispanisme. Il prétend posséder à

elles ont peu d'action sur les esprits de France, ironiques et me-
surés. Nous en avons une preuve matérielle : la langue, qui se
surcharge d'expressions et de tournures italiennes à la fin du
seizième siècle, n'emprunte guère à l'Espagne que quelques proverbes et une trentaine de mots. C'est trop peu de chose pour
soulever des polémiques violentes. Henri Estienne réserve à l'italianisme à peu près toutes ses attaques, et les poètes de la
Pléiade se contentent de sourire en passant des « menteries espagnoles » qui « embabouinent la France » et font le contentement
des « damoyselles »[1]. Ce qu'ils apprécient chez les traducteurs, ce
sont uniquement les qualités de forme, ce qu'ils ont apporté personnellement de clarté et de pureté françaises. Ils jugent leurs
œuvres comme des œuvres originales. De l'invention même, ils
font assez bon marché :

> Celuy qui chanta iadis
> En sa langue Castillane
> Les prouesses d'Amadis
> Et les beautés d'Oriane
> Par les siècles envieux
> D'ung sommeil oublivieux
> Ia s'en alloit obscurci[2]...,

et il ne vient pas à la pensée de du Bellay que le traducteur
doive aucune reconnaissance à ce modèle lointain.

Tel est aussi le sentiment de Herberay[3]. Pour ces imitateurs
dédaigneux, l'Espagne demeure la rivale à demi barbare qui n'a

fond la langue espagnole (prétention, d'ailleurs, qui ne semble pas justifiée).
Il fait parade de sentiments qui ne lui font pas grand honneur : « J'aime les
Espagnols; ce sont esté eux qui depuis cent ou six vingt ans ença ont conquis
par leur valeur et vertu les Indes occidentales et orientales qui sont tout un
monde complet... Ce sont esté eux qui nous ont tant de fois combattus, battus
et rebattus au royaume de Naples et puis nous en ont chassés... » (Cité par
Hanotaux, *Etudes historiques sur le seizième et dix-septième siècles en
France*, p. 65.) Les railleries mêmes que l'on pourrait trouver dans ses *Rodomontades* sont un témoignage de son admiration. On raille souvent pour pré-
venir des railleries possibles, pour éviter le léger ridicule qu'il y a presque
toujours à trop aimer quelque chose ou quelqu'un.

1. Préface de Jodelle à l'*Histoire palladienne* de Colet.
2. Du Bellay, ode au seigneur des Essars.
3. Voy. le prologue de son premier livre.

pas su, même au contact des Italiens, acquérir les grâces de l'esprit. On peut trouver au-delà des Pyrénées quelques merveilleuses histoires, mais elles ont besoin d'être parées et embellies. Il n'y a plus rien ici de cet enthousiasme qui accueillait les œuvres italiennes, de cet enchantement devant tant de génies divers et accomplis, de cet effort pieux pour se hausser jusqu'à une beauté nouvelle. « Pour les armes, écrit le grand admirateur de l'Espagne, ilz n'en cèdent à aucune nation ; pour les sciences et les artz, ilz s'adonnent si fort aux armes qu'ilz les hayssent et vilipendent fort et envoyent les livres au diable, si ce n'est aucuns, qui, quand ilz s'y adonnent, ilz sont rares, excellans et très admirables [1]... »

La *Diane*, dont le succès peut rivaliser en Espagne avec celui des *Amadis*, passe comme eux notre frontière dans la seconde partie du seizième siècle. En 1578, Nicole Colin, chanoine et trésorier de l'église de Reims, secrétaire du cardinal de Lorraine, entre deux traductions spirituelles de Dom Louis de Grenade, son maître favori, donne en français les sept livres de Montemayor [2]. Le savant tourangeau Gabriel Chappuis complète l'œuvre avec les deux suites de Perez et de Gil Polo en 1582 [3], et les trois parties ensemble s'impriment à Paris en 1587 [4]. Une nouvelle édition de 1592, à Tours, ajoute l'épisode d'Abindarraz, qui ne ne figurait pas dans les précédentes [5]. Le succès de l'œu-

1. Brantôme. Cité par Morel-Fatio, *ibid.*, p. 29.

2. *Les sept livres de la Diane de G. de Montemaior, esquels par plusieurs plaisantes histoires... sont decrits les variables et estranges effects de l'honneste amour*, trad. de l'espagnol en françois par Nicole Collin, Rheims, Jean de Foigny, 1578, pet. in-8º. — Réimpress. à Reims en 1579, in-12.

3. Lyon, Loys Cloquemin, in-16 (d'après du Verdier, t. II, p. 5).

4. Les trois parties, avec titre et pagination spéciale, Paris, Nicolas Bonfons, in-12.

5. *La Diane de G. de Montemaior, diuisée en trois parties et traduites d'Espagnol en François, Reueue et corrigée outre les précédentes impressions comme il est mentionné en l'epistre liminaire*, Tours, Iamet Mettayer, 1592, in-12. — Des exemplaires au nom de Sebastien du Molin, Matthieu Guillemot, Georges Drobet, Claude de Montr'oeil, — tous imprimeurs parisiens réfugiés à Tours et associés par un acte de 1591. La *Diane de Montemagior* est, avec les œuvres de Desportes, les tragédies de Garnier, etc., un des ouvrages prévus sur le contrat. (Publ. par le Dr Giraudet : *Une association*

vre ne semble pas avoir été immédiat. L'imprimeur de 1592 en parle encore assez froidement et cherche surtout à sauvegarder l'amour-propre national : « Bien que nous vous proposions des gentillesses espagnoles, ne pensez pourtant que la France n'ait aussi de quoy faire paroistre en ce suiet qu'elle a de l'excellence, comme ès autres[1]. » Jusqu'aux éditions bilingues des premières années du dix-septième siècle, il n'y a pas de traduction nouvelle, et il est difficile, d'autre part, de trouver dans la littérature contemporaine des traces d'une influence de la pastorale espagnole.

A cet égard, un ou deux noms seulement méritent de nous arrêter. Celui d'abord de François de Belleforest[2]. En 1569 déjà il a publié sa *Pastorale amoureuse*, sorte d'églogue dramatique à quatre personnages, sans distinction d'actes ni de scènes, reprenant exactement le sujet et les développements de la seconde églogue de Garcilasso[3]. Il est vrai que Garcilasso lui-même copiait à peu près textuellement Sannazar et que Belleforest pourrait avoir fait comme lui. Mais il n'est pas douteux que le poète Comingeois a eu sous les yeux, en écrivant son œuvre, non pas l'original italien, mais l'imitation espagnole. Garcilasso lui donne le nom de son héroïne, Camille; il lui donne surtout toute cette seconde partie surajoutée, inutile, artificielle, dont il avait compliqué son modèle et que Belleforest reproduit[4]. L'églogue ne s'arrête pas après le récit traditionnel de la chasse et la grande scène de la fontaine. Chassé par celle qu'il aime, le malheureux Sylvie devient fou comme Albanio, Camille a les mêmes regrets que Camila, et la dernière tirade de Turne tient la place de l'amphigourique éloge des ducs d'Albe.

d'imprimeurs et de libraires de Paris réfugiés à Tours au seizième siècle, Tours, Rouillé-Ladevèze, 1877.)

1. L'imprimeur au lecteur.
2. Sur Belleforest, voy. Lacroix du Maine, I, p. 204; Du Verdier, I, p. 607 et suiv. — Je ne crois pas d'ailleurs que ses emprunts à Garcilasso et Montemayor aient été signalés.
3. *La pastorale amoureuse contenant plusieurs discours non moins proufitables que récréatifs. Auec des descriptions de paisages*, par F. de Belleforest Comingois, Paris, Jean Hulpeau, 1569. Privilège du 19 février 1569.
4. Voy. plus haut, p. 106.

Deux ans plus tard, la *Pyrénée* suit la *Pastorale amoureuse*[1].
Belleforest, habitué à des entreprises de librairie plus pénibles,
toujours à la poursuite de l'argent ou de la faveur royale, prend
plaisir, sans doute, à se délasser ainsi de ses travaux acharnés
et à glisser dans une intrigue légère de mélancoliques souvenirs.
Désordonné et de marche indécise, le petit roman a d'ailleurs
une importance historique. Quoique le titre fasse allusion
seulement à l'*Arcadia*, le souvenir de Montemayor est sensible
presque à chaque pas[2]. Comme lui, le romancier-poète célèbre
les gloires de sa patrie, — avec le même souci méticuleux de n'en
oublier aucune; comme lui, il a le culte du coin de terre qui l'a
vu naître : ces campagnes qu'arrosent la Save et la Garonne, ces
villages « de Cominge, Armaignac, des Landes, Béarn et
Bigorre ». En aucun pays on ne se sent aussi « libre et subtil ».
Joyeusement, les gaves bondissent sur leurs lits de cailloux, avant
de s'apaiser à travers les prairies « vertes et molles », parmi
« les sapins, les érables et les pins » ; et les Pyrénées, au loin,
dressent leur éclatante barrière de neige[3]...

C'est là que Belleforest a passé sa jeunesse, qu'il a obtenu ses
premiers succès, succès sans amertume, et à lire seulement les
premières pages on aurait l'impression, malgré certains détails,
d'une œuvre sincère et robuste. Ces vigoureux montagnards ne
sont pas de mièvres poètes : « Les plus délicats ne se soucient en
plein midy et à l'ardeur du soleil de courir par les monts, se
lançans par les pentes des rochers et entrans dedans les grotesques profondes et hideuses pour y poursuivre et l'ours et le loup,
le cheureuil et le fuyard isar et autres bestes de proye. L'hiver n'y
a froidure, neige, ny glaçon qui les puisse destourner auec cette
indisposition de temps d'aller assaillir le pleuuier, ramier et peren-
gle, ny quelque espèce d'oiseaux que telle saison nous apporte :

---

1. *La Pyrénée et Pastorale amoureuse contenant divers accidents amoureux, descriptions de païsages, histoires, fables...* par François de Belleforest Comingeois, Gervais Mallot, 1571. Privilège du 25 novembre 1570.
Dédicace du 20 février 1571. (Les exemplaires que j'ai vus ne contiennent que
les deux livres de la *Pyrénée*.)

2. Belleforest n'a pu connaître la *Diane* que sur l'original, la *Pyrénée* étant
antérieure à la première traduction.

3. P. 3, 6, 7.

en tant que s'il y a noble compagnie de bergers qui aye à contre-
cœur l'oisiveté, ceux-cy la détestent comme domageable et la
fuyent comme la ruyne de la ieunesse... » Les « nymphes »,
leurs compagnes, ne craignent pas de partager leurs fatigues et
« les deuancent sur le mont attendans le plaisir de voir l'isar ou
chamois accrocher ses cornes retorţillées en quelque rocher tendant à quelque grand précipice : et sont si hardies que de ne
point craindre de se trouuer aussi bien à la mort du sanglier qu'à
celle d'un lieure craintif et fuyant deuant quelque gaillard heu-
ron »[1]. Cela est assez savoureux, mais la pastorale traditionnelle
ne tarde pas à reprendre ses droits.

Dès lors reparaissent les thèmes connus : le berger Sylvian qui
retrouve sa nymphe au retour d'un pénible voyage, ces entrela-
cements d'intrigues amoureuses que Belleforest d'ailleurs est
incapable de debrouiller nettement, ces discussions interminables
et ces plaintes, ces allusions contemporaines jetées au hasard,
ces jeux de bergers, ces fêtes et ces combats... La description
du temple, hors-d'œuvre obligatoire, est calquée sur celle de la
Diane; dans cette immense demeure on retrouve tout ce que
l'imagination de Montemayor avait pu amasser de richesses :
colonnes de marbre, de jaspe ou de porphyre, lambris d'or et
d'azur, mosaïques, statues et bas-reliefs. D'admirables tombeaux
se dressent sous les voûtes; des nymphes en pleurs entourent
l'image des héros; des boucliers, des lances, des épées sont jetés
à leurs pieds, et, sur des « tables d'ébène », en lettres d'or, des
inscriptions rappellent leur gloire[2]. Nous sommes loin du temple modeste de Sannazar et de ses attributs rustiques. Les bergers de Belleforest s'émerveillent comme les bergers espagnols;
quelques pages plus loin, pour égayer leur repas, ils leur empruntent leurs chansons; Ergasto chante un « villencico », et
Philarète, « sachant que la plupart des bergers et pastourelles
prenoient plaisir en la rithme castillane », dit en cette langue
ses peines d'amour : « De sola muerte bivo[3]... »

---

1. P. 4 et 5.
2. P. 155 et suiv.
3. P. 191 et suiv. — A noter encore leurs devises espagnoles : « My dere-
cho me tiene muy satisfecho. — My alma se favorece quan padece — No

François de Belleforest était un précurseur : son œuvre pastorale s'est perdue dans l'oubli. Postérieures d'une vingtaine d'années, les *Bergeries de Julliette* connaîtront un succès durable. Encouragé par l'accueil du public, Nicolas de Montreux ne se lasse pas de réimprimer ses premiers livres et de les faire suivre de parties nouvelles ; en 1624, il s'en publiera encore, sous un titre nouveau, une édition abrégée, et l'auteur du *Berger extravagant* leur fera l'honneur de les croire aussi dangereuses que l'*Astrée*[1].

Le roman, cependant, est singulièrement disparate et monotone. Les mêmes personnages, à peu près, demeurent au premier plan : la docte Julliette aimée de Filistel, son frère Phillis amant d'Eminda, le gaillard Belair, le dolent Arcas, la sage Diadelle... ; mais l'auteur ne se soucie pas de nous intéresser à leurs aventures. Il n'y a même plus ici ce semblant d'intrigue qui, dans l'*Arcadie* ou la *Diane*, liait tant bien que mal les épisodes successifs. L'essentiel est que, dans chaque partie, chaque « journée » ait son contingent de morceaux distincts : sonnets, élégies, chansons, énigmes, dissertations, harangues, histoires en prose ou en vers[2]. Ces histoires, Montreux en

---

pierdo my libertad..., etc. » Ceci est d'autant plus curieux que cet emploi de formules espagnoles est assez rare dans les livres français à la fin du seizième siècle. « Je n'ai pas remarqué, écrit M. Lanson à propos des pièces de théâtre, un mot d'espagnol dans les dédicaces ni dans les pièces liminaires avant 1577. A cette date, deux petits poèmes qui sont joints à l'*Adonis* de Le Breton sont suivis de la devise : Mas honra que vida. En 1582, Du Monin, éditant ses nouvelles œuvres, y met des vers espagnols en son honneur... » (*Revue d'histoire littéraire*, juillet-septembre 1901).

1. *Le premier livre des Bergeries de Iulliette*... Privilège du 14 juin et dédicace du 16 juin 1585 (deuxième édition chez Gilles Beys 1587, réimpress. en 1588), in-8º. — Du 6 juin 1587, dédicace du second livre in-12. — En 1592, à Tours, 5e édition du premier livre (G. Drobet) et 3e édition du second (Iamet Mettayer), in-12. —En 1593 une édition à Lyon (Jean Veyrat), in-8º. — En 1594 le troisième livre à Tours (Iamet Mettayer), privilège du 30 octobre 1593, in-12. — En 1595, le quatrième livre à Paris (Abraham Saugrain), privilège du 18 décembre 1594, in-12. — En 1598, le cinquième livre à Paris (Abr. Saugrain), même privilège, achevé d'imprimer du 5 mars 1598, in-12. — L'*Arcadie françoise de la Nymphe Amarille*..., Paris, Gilles et Antoine Robinot, 1625, in-12, privilège du 16 octobre 1624 (cinq parties non divisées en journées).

2. A partir du second livre, surtout, la composition devient tout à fait arti-

a cherché la matière de toutes parts, au delà des Alpes comme au delà des Pyrénées. Dès la première journée du premier livre, la scène italienne des satyres, l'épisode espagnol des deux chevaliers se suivent à quelques pages, témoignant de cette dualité d'inspiration · et il en sera ainsi durant toute l'étendue de l'œuvre. A côté d'aventures qui rappellent les nouvellistes italiens[1], d'autres ont un caractère nettement espagnol : celle de Dellio captif en Afrique (I, 5), de Dom Roderic et de Dom Alphonso (IV, 3), du Portugais Norengue (V, 2), de Dom Joan de Toleda et de l'infante Marie (V, 4). A la *Diane* de Gil Polo, il emprunte l'histoire de Cepio (II, 1); à celle de Montemayor, la disposition même de son œuvre, l'agencement mathématique de quelques épisodes[2], le personnage de Diadelle, proche parente de Felicia, les exploits de Julliette (II, 1), et cette gravité surtout, dont il se détait quand il écrit pour le théâtre, ce désir de montrer que l'amour et l'honneur ne sont pas incompatibles, que toute trahison doit être punie[3]...

Que la future tragi-comédie puisse tirer de ce fouillis quelques sujets, cela se comprend. Nous retrouverons, d'ailleurs, Nicolas de Montreux parmi les créateurs de la pastorale dramatique, et ses quelques pièces de théâtre, nous le verrons, n'ont pas été inutiles. Mais les *Bergeries de Julliette* elles-mêmes n'ont rien apporté de nouveau. Entre la *Diane* et l'*Astrée*, elles ne marquent pas une transition. Le roman pastoral n'a pas pris conscience encore de ce qui, vraiment, fera son intérêt.

ficielle. Dans chaque journée reviennent, dans le même ordre, les mêmes éléments : d'abord quelques épisodes pastoraux, agrémentés de brèves poésies et de longs commentaires; un récit pastoral en vers; une nouvelle en prose; un écho et pour finir une énigme assez graveleuse à l'ordinaire.

1. Voy. par exemple l'histoire de la courtisane Cinthie (liv. I, journ. I), celle des Florentins Curio et Mutio (I, 3), de Bransil et d'Elynde (II, I, sujet analogue à celui du *Pentimento Amoroso* et de la *Dieromène*), de Fabia et Scevole (II, 5), etc.

2. L'imitation est parfois littérale. Voy. le dialogue de Filistel et de Delie : « En allant, il ne disoit autre chose que : Ho, la cruelle Julliette. Et Delie, courant après, souspiroit mille fois, disant : Ha, ha, cruel Filistel... » (5e édit., part. I, journ. 5, p. 244; — cf. *la Diane*, trad. citée, p. 28).

3. Voy. l'histoire de Daphné (III, 4) et celle d'Ollorye (III, 5). Le sujet est le même que celui de sa « pastourelle » de *Diane*, publiée à la fin du même volume; mais le dénouement est ici tragique, — et moral.

C'est dans les premières années du dix-septième siècle que la littérature de l'Espagne commence à se répandre à travers la France. Le traité de Vervins, en mettant fin à sa prépondérance politique, a levé le principal obstacle qui s'opposait à son influence. Les deux peuples, si longtemps ennemis, se rapprochent et désirent se mieux connaître. Les railleries continuent, mais on y trouve moins d'amertume, — une verve qui a cessé d'être haineuse [1]. Quelques années plus tard, les fameux mariages sanctionneront ce changement de direction de la politique française.

Jusque dans les moindres détails, on sent une époque nouvelle. On joue à des jeux espagnols; on danse la sarabande et la séguidille; les extravagances des modes italiennes disparaissent ou s'atténuent; le luxe des costumes de la Renaissance fait place à une élégance plus sévère. Les cavaliers renoncent aux baleines, au busc, à la panse « cotonnée, callefeutrée, emboutie, rebondie », et portent le pourpoint tailladé, de couleurs neutres ou sombres, ajusté sur la poitrine et à basques flottantes. Le « gentil, petit, frisque, gay, troussé mantelin » qui tenait à peine aux épaules est remplacé par la cape où l'on peut s'envelopper à l'aise, le toquet par le large feutre à plume [2]. Il faut avoir l'air « brave » et galant, l'allure martiale : les moustaches s'effilent à l'espagnole... Si la langue française, mieux assise et gardée d'ailleurs par de sévères puristes, n'emprunte plus aussi facilement aux langues étrangères, on se préoccupe, en revanche, de les étudier. Le vainqueur d'Arques et d'Ivry, après avoir résisté longtemps, se décide à apprendre l'espagnol et demande des leçons à Antonio Perez.

Il semble que l'ancien ministre de Philippe II ait fait beaucoup pour la diffusion de l'hispanisme. Dès sa venue en France, le prestige de son ancienne situation et de son aventure romanesque piquent la curiosité de tous, — et il se hâte de la satisfaire. Il a vu tant de choses, et il met tant de bonne grâce et d'entrain à les raconter ! Dans ces révélations, on trouve comme

1. *Emblesmes sur les actions, perfections et mœurs du Segnor espagnol,* *traduit du Castillian*, Middelbourg, Simon Molard, 1608.
2. Voy. Ary Renan, *Le costume en France*, Paris, Quantin, p. 164.

une vengeance des inquiétudes de jadis ; cette victime de l'impitoyable tyrannie espagnole sert la rancune de tous. Lui-même, d'ailleurs, est séduisant. De la solennité castillane, il n'a gardé qu'une courtoisie cérémonieuse, compliquée d'afféterie italienne. Il a toute la souplesse d'esprit et de caractère d'un courtisan dressé de longue date à servir, réfléchi dans ses effusions, souverainement habile dans l'art de flatter. Ses lettres ingénieuses sont le modèle déjà de cet art épistolaire qui fera les délices de la société élégante ; l'emphase et l'esprit s'unissent en un mélange savoureux : c'est lui qui donne le ton de la politesse nouvelle [1].

Mais d'autres ouvriers, plus modestes, travaillent en même temps à rapprocher les deux peuples ; sans grande valeur personnelle, ils s'adonnent patiemment à des œuvres utiles de vulgarisation. La grammaire que César Oudin avait publiée en 1597, non sans quelques précautions oratoires [2], arrive brusquement au succès et connaît la faveur des éditions nombreuses [3]. Les Espagnols établis en France veulent tirer parti de cet engouement et profiter de leur plus intime connaissance de la langue et des choses de leur pays. Lorenzo de Robles donne en 1615 un petit manuel de conversation, de prononciation et d'orthographe. Un an avant, Ambrosio de Salazar a dédié à Louis XIII son *Miroir général de la grammaire* [4], et comme César Oudin, redoutant ce rival, tâche de défendre ses droits acquis, une violente querelle s'engage, où les deux pédagogues apportent une science de l'invective et une âpreté dignes de Vadius et de Trissotin [5]. Rien ne montre mieux que ces injures l'importance que prend, sous la Régence, l'étude de l'espagnol. *Trésors* des deux

---

1. Voy. A. de Puibusque, *Histoire comparée des littératures espagnole et française*, Paris, Dentu, 1843.

2. « Ie ne doubte point que quelques-uns ne se scandalisent, voyant que c'est vouloir enseigner la langue de nos ennemis... », *Grammaire et obseruations de la langue espagnolle...* par Cesar Oudin, Paris, Marc Orry, 1597, Dédicace.

3. 2e édit. augmentée en 1604, — 3e en 1606, — 4e en 1610, — 5e en 1612.

4. Rouen, 1614.

5. Sur la biographie de Salazar et sur cette rivalité, voy. le petit livre de M. Morel-Fatio, véritable modèle d'érudition sûre et précise : *Ambrosio de Salazar et l'étude de l'espagnol en France sous Louis XIII*, Paris, Picard, 1901.

langues, manuels de vulgarisation qui parcourent en quelques
pages une matière prodigieusement complexe, dialogues et an-
thologies, recueils de sentences, de préceptes et d'historiettes,
épîtres morales, proverbes, rodomontades, les ouvrages bilingues se multiplient à Rouen, à Paris, à Bruxelles. Des traducteurs sont à l'affût des nouveautés : à peine parue, la *Vie
de l'écuyer Marcos de Obregon* est mise en français[1]. Avec
les romans et les nouvelles, les récits pastoraux jouissent
d'une faveur marquée. Le premier morceau de Cervantes qui
soit traduit est l'épisode de la bergère Marcelle[2]. Nicolas Lancelot, qui donnera, en 1628, les *Nouvelles... tirées des plus célèbres auteurs espagnols*, traduit, en 1614, *La Constante Amarilis*[3], et, en 1624, l'*Arcadia* de Lope de Vega[4].

La *Diane* a maintenant conquis sa place. Oudin la cite parmi
les œuvres maîtresses de l'Espagne. Une nouvelle version a
paru en 1603, dont Pavillon est l'auteur[5]; revue et corrigée par
Bertranet, elle est réimprimée en 1611, 1612, 1613[6]. L'avis au
lecteur, en même temps qu'il atteste la popularité de l'œuvre,

---

1. Trad. d'Audiguier, Paris, Petit-pas, 1618.

2. *Homicidio de la fidelidad y la defensa del honor : le meurtre de la
fidélité et la défense de l'honneur, où est racontée la triste et pitoyable
aventure du berger Philidon et les raisons de la belle et chaste Marcelle,
accusée de sa mort*, Paris, 1609.

3. *La Constante Amarilis de Cristoval Suarez de Figueroa, divisée en
quatre discours, traduite d'Espagnol en François par N. L. Parisien*, Lyon,
Claude Morillon, 1614. — Privilège du 17 février 1614. Achevé d'imprimer du
20 mars.

4. *Les Délices de la vie pastoralle de l'Arcadie. Traduction de Lope de
Vega fameux autheur espagnol, mis en françois par L. S. L.*, Lyon, Pierre
Rigaud, 1624. Privilège du 22 juin 1622. Le traducteur, avertit le libraire, a
« modéré les superfluités » de l'original.

5. *Los siete libros de la Diana... où sous le nom de bergers et bergères...
traduicts d'espagnol en françois par S. G. Pavillon*, Paris, A. du Breuil,
1603.

6. *Los siete libros... traduicts d'espagnol en françois et conférez es deux
langues P. S. G. P. et de nouueau reueus et corrigez par le sieur J. D. Ber-
tranet*, Paris, A. du Breuil, 1611. — La même à Paris, chez Thomas de la
Ruelle, en 1612 (Salva, catal., n° 1918). — La même à Paris, chez Thomas
Estoc, 1613 (le nom de Bertranet ne figure pas sur le titre, mais il a signé l'avis
au lecteur). — A citer encore une traduction non datée d'Anthoine Vitray (cf.
Schönherr, liv. cit., appendice), et en 1624 chez P. Rocolet la traduction
Abraham Rémy, réimprimée en 1625 par la Société des libraires.

montre chez les traducteurs des préoccupations assez nouvelles d'exactitude. « Combien que ie cognoisse, écrit Bertranet, que mettant la main en cest oeuure, ie m'expose par mesme moyen aux yeux et à la censure d'un chacun... néantmoins le profit que i'ay creu faire au public... m'a faict passer par dessus toutes autres considérations... Ioint aussi que faisant continuelle profession de cette langue des il y a longtemps, i'ay leu familièrement ce liure à plusieurs, qui se trouuant importunez des fautes qui se rencontroient en la version d'iceluy... m'ont prié beaucoup de fois et instamment d'en entreprendre la correction... » Le roman de Montemayor fait partie désormais des livres que l'on ne peut ignorer.

Les esprits habitués aux délicatesses de la pastorale italienne retrouvent ici le même idéal, les mêmes ardeurs, les mêmes tableaux d'une vie innocente et paisible, mais avec quelque chose de plus romanesque et de plus viril : l'influence italienne et l'influence espagnole peuvent se combiner et se compléter. H. d'Urfé se trouve, si l'on peut dire, au confluent de ces deux courants : là est son intérêt. Une bonne partie de *l'Astrée* a été écrite dans cette Italie où il a si longtemps vécu ; lecteur assidu des Italiens, il se plaît comme eux à ces fines analyses de l'amour, à la peinture de ces angoisses, de ces scrupules et de ces fièvres. En attendant qu'il essaye, dans la *Sylvanire,* de donner à la France les « versi sciolti », les thèmes favoris de l'*Arcadia,* de l'*Aminta* et du *Pastor* hantent ses souvenirs [1]. Mais ces grâces légères ne suffisent pas à constituer la trame d'un roman. Des analyses abstraites, des êtres irréels jetés dans un milieu d'absolue convention lasseraient la patience du lecteur ; il y faut plus de réalité extérieure, plus de mouvement et d'action. C'est ici que la *Diane* lui offre de précieuses ressources. Déjà, dans son poème de *Syreine,* il l'a imitée de près : le lieu de la scène, le nom des personnages, ce « despart amoureux », cet « exil long et malheureux » et ce « retour plein de martyre », l'analogie était partout. Par cet essai, H. d'Urfé préludait à l'œuvre qui devait remplir

---

1. Voy. Charlotte Banti, *L'Amyntas du Tasse et l'Astrée d'Honoré d'Urfé,* étude publiée pour l'anniversaire de la mort du Tasse, Milan, 1895.

toute sa vie : l'auteur de l'*Astrée* gardera les mêmes admirations[1].

Comment il a pu, de ces éléments divers, tirer une œuvre personnelle, comment il a su montrer des qualités dont l'Italie ni l'Espagne ne lui avaient donné le modèle, c'est ce que nous aurons à voir de plus près. Il suffit, pour l'instant, de noter la part qui lui revient dans les progrès de l'hispanisme. Si la forme pastorale est celle qui, tout d'abord, semble prévaloir sur la scène française, le succès de l'*Astrée* en est la première cause. En cette période de tâtonnements où notre théâtre est indécis encore sur le choix de son objet, il se passionne pour ces bergers poètes en qui revivent les âmes délicates de Céladon, d'Astrée, de Diane et de Silvandre. Plus tard, la « comedia » lui ouvrira ses trésors, et, pendant un demi-siècle, notre littérature se fera espagnole plus qu'à moitié[2].

A aucun moment, cependant, elle n'a été plus française. Ce goût pour les choses d'Espagne, en effet, n'est pas aussi exclusif que l'avait été la mode italienne. Il ne fait pas oublier à nos écrivains le génie propre de leur langue, les exigences de leur public lettré, ces qualités de mesure, de sobriété qui sont comme la marque nationale. Dans le temps même où cette ferveur est la plus vive, on n'imite pas sans réserves. Sarrazin parle des « conceptions bizarres des modernes Espagnols », et Chapelain traduit assez exactement le sentiment de tous : « Il y a quarante ans, écrit-il en 1662, que je suis éclairci que cette brave nation,

---

1. Il serait trop long de signaler, dans les romans français, toutes les imitations de Montemayor. *La Diane françoise* de du Verdier (Paris, 1624), quoique l'auteur prétende qu'« elle ne ressemble point à ceste Espagnolle qui depuis peu court habillée à la françoise », lui emprunte son point de départ et toute l'histoire de Clorizel copiée sur celle de Félismène, le reste étant, pour la meilleure part, tiré de l'*Astrée* (par ex. l'histoire de Climandre). — De même, dans la *Diane des bois* de Préfontaine (Rouen, 1632), le début des amours de Thirsis et d'Agathine; il est vrai qu'ici l'intérêt roule sur la fidélité de Thirsis à un double amour (voy. p. 241 et la conclusion) : peut-être faut-il y voir un souvenir de la *Filli*. — En 1654, *Les Charmes de Félicie tirés de la Diane de Montemaior*, par Montauban (Paris, Guill. de Luine), privilège du 22 septembre 1653. La pièce doit peu de chose à Montemayor. Il est difficile de reconnaître la sage Felicia dans cette Félicie, sorte de furie jalouse et haineuse. En revanche, l'auteur ne fait pas remarquer que l'enchantement de son dernier acte est copié sur celui de la *Sylvie* de Mairet.

2. Voy. Martinenche, *La Comedia espagnole en France de Hardy à Racine*, Paris, Hachette, 1900.

généralement parlant, n'a pas le goust des belles-lettres et que
c'est un prodige lorsqu'elle produit un scauant entre mille, avec
quelque idée de la raison pour les compositions justes, quelque
teinture des beaux arts, et quelque ombre de la sagesse des anciens... L'imagination étouffe partout le jugement[1]. » Dès lors,
il ne peut suffire aux imitateurs de copier servilement de petites
pièces, d'emprunter certaines manies de langage ; il faut s'approprier, en la transposant, une matière abondante, mais fruste,
« rectifier selon nos manières » des sujets « tirés tous nuds et
tous simples de l'espagnol »[2]. La raison réprime les excès de
l'imagination ; les admirables sujets, sans rien perdre de leur
grandeur, se développent avec une clarté nouvelle ; l'homme
apparaît dans les héros ; le *Cid* français se dégage des brutalités et des complications inutiles du *Romancero*... Et c'est pourquoi, enfin, l'influence espagnole, plus tardive que l'influence
italienne et moins tyrannique, est aussi plus féconde[3].

1. Lettres, édit. Tamizey de Larroque, t. II, p. 204.
2. Préface des *Nouvelles héroïques*, de Boisrobert.
3. Nous n'avons pas, pour plusieurs raisons, à nous arrêter à la pastorale
anglaise, et, en particulier, à l'*Arcadie* de Sidney. A part les jeux de bergers qui
terminent chacun des livres, — églogues sans rapport avec l'action, — et la singulière idée qui fait le point de départ de l'ouvrage, la pastorale proprement
dite n'a pas grand'chose à voir ici. Il est difficile d'imaginer un personnage
plus piteux que ce Basilius qui, par crainte d'un oracle, a imposé à toute sa
famille la vie champêtre, silhouette ridicule de vieillard amoureux. Auprès de
ce fantoche et de Gynécie, sa femme, digne de lui, des monstres comme
Cecropie, des caricatures violentes comme le bouvier Dametas, des scènes
d'une verve brutale et colorée (voy., par exemple, au livre II, l'émeute des
paysans, trad. Baudoin, t. II, p. 256). Que ce mélange soit parfois curieux, que
l'on retrouve ici l'élégance affectée et la grossièreté de la cour d'Elisabeth, cela
peut se soutenir : le tempérament anglais y déborde de vie. Mais la pastorale
n'a rien à gagner à ces qualités. L'œuvre surtout est trop particulière pour que
la France puisse en faire son profit. Elle n'est traduite d'ailleurs qu'en 1624-
1625 (trad. Baudoin en 3 vol., privilège du 4 mars 1623 transféré à Toussainct du Bray le 11 décembre ; achevé d'imprimer du premier vol., 15 juin
1624 ; du second, 20 novembre 1624 ; du troisième, 22 mars 1625), et la première adaptation dramatique française sera celle de Mareschal en 1640 (*La cour
bergère...* Paris, T. Quinet, privilège du 15 déc. 1639). Or, à cette date, nous
le verrons, la pastorale dramatique est morte : la tragi-comédie s'est substituée
à elle. — Sur l'italianisme en Angleterre, voy. Lewis Einstein, *The Italian
renaissance in England*, New-York, Columbia university press, 1902, — un
article de M. E. Bouvy, *Bulletin italien*, juillet-septembre 1903, — et surtout
Windscheid, *Die Englische Hirtendichtung*, Halle, Niemeyer, 1895.

CHAPITRE VI.

FORMATION DE LA PASTORALE FRANÇAISE.

I. — La pastorale et le répertoire dramatique à la fin du seizième siècle. La pastorale dans les collèges et les châteaux. Les *Théâtres de Gaillon.*
II. — Les premières œuvres : Fonteny, Montreux, La Roque.
    A) Indications bibliographiques. Caractères généraux de ces œuvres. Les deux types.
    B) Les éléments poétiques. L'influence du roman chevaleresque. Le merveilleux. Le satyre. La mythologie.
    C) Les thèmes et les lieux communs. La psychologie.
    D) Les qualités dramatiques : 1º la conduite de l'action et le mouvement du dialogue ; 2º les éléments scéniques : les personnages de comédie ; la décoration, la mise en scène et les intermèdes de l'*Arimène.*
    E) La poésie au théâtre.
III. — Résumé et conclusion. Le bilan des influences étrangères :
    A) La *Bergerie* d'A. de Montchrestien. Les imitations italiennes.
    B) La *Grande Pastorelle* de Chrestien des Croix. Les emprunts à Montreux. L'influence indirecte de l'Espagne.

Le nombre des pièces que nous aurons à citer prouve le succès en France du genre pastoral[1] ; mais il est difficile de déterminer

---

1. Il nous impose surtout l'obligation de limiter le sujet. Or, comment faire un choix et tracer une démarcation entre les églogues pures et celles qui, destinées à la scène, pourraient déjà prendre le nom de pastorales dramatiques? Les documents, d'abord, sont rares. Au reste, ils ne nous apprendraient pas grand'chose, de simples églogues de cour ayant eu souvent plus de chances d'arriver à un public, — à un public spécial tout au moins, — que des œuvres plus complexes et plus étudiées, mais ne devant rien aux circonstances. Le souvenir, pourtant, des modèles étrangers dont elle s'inspire nous donne, *à priori*, quelques-uns des caractères essentiels de la pastorale véritable. Une œuvre dramatique et poétique tout ensemble, — poétique au sens large du mot, dans le fond et dans la forme, et non pas seulement oratoire, mais lyrique, — à égale distance de la tragédie et de la comédie, hors du réel, hors du possible parfois, ayant pour objet la peinture de l'amour absolu... Ceci n'est

jusqu'à quel point ce sont là des succès de théâtre et quel est le
public qui est susceptible de les goûter : public de lettrés, sans

pas une définition, et une définition serait prématurée; ce n'est qu'une indication très générale. Elle nous permet d'écarter, représentées ou non :

a) Les simples églogues : la *Pastorale* à quatre personnages qui accompagne *la Soltane* de Gabriel Bonin (1561), et celle qui est imprimée à la suite
de l'*Esther* de Pierre Matthieu (1585); — la *Bergerie* des dames des Roches
(édition de 1579); — la *Pastorale du vieillard amoureux* d'E. Pasquier (édit.
de 1610); — le débat allégorique de *Beauté et Amour* que du Souhait publie
en 1599 (*Les divers souhaits d'amour*); — et de même, quel qu'en soit l'intérêt d'ailleurs, les *Églogues* et le *Chant pastoral* de Ronsard.

b) Les pièces de cour ou de circonstance : la *Pastorale* à trois personnages
par laquelle Jacques Grévin célèbre le mariage d'Elisabeth, reine d'Espagne, et
celui de Marguerite, duchesse de Savoie (édit. du théâtre 1560); — les *Deux
églogues* publiées dans les *Plaintes amoureuses* de Robert Garnier, *la première apprêtée pour réciter deuant le Roy, et la seconde récitée en la ville
de Toulouse donant la maiusté du Roy* (Toulouse, 1565); — la *Bergerie* de
Pierre de Montchault *sur la mort de Charles IX et l'heureuse venue
d'Henri III de son royaume de Pologne en France* (1575); — le *Perrot* de
Claude Binet par lequel se termine la pompe funèbre célébrée en l'honneur de
Ronsard (1586); — la *Pastorale* de Guy Lefèvre de la Boderie sur la mort de
Lafresnaye; — l'*Amarylle ou bergerie funèbre* de Jean Hays (celle-ci écrite
d'abord en l'honneur de « Mr. de Villars, admiral de France », Rouen,
Raphaël du Petit Val, 1595, se retrouve à la fin du volume *Les premières
pensées...* Rouen, Reinsart, 1598, avec de nouveaux noms pour les interlocu-
teurs et sous le titre : *Amarylle ou bergerie funèbre sur la mort de messire
André de Brancas, admiral de France*); — la *Bergerie tant sur le départ
des escoliers...* (1596, d'après le catalogue Soleinne); — la *Salmée* de Nicolas
Romain sur la naissance du fils du prince de Vaudremont (1602); — l'*Aymée*
d'A. Mage, sieur de Fiefmelin, jeu tragecomique en l'honneur du mariage de
Mlle de Marennes (édit. des Œuvres, 1601); — l'*Églogue sur la naissance de
Madame et le chant pastoral sur le trépas de feu Mgr le cheualier de Guise*
de Claude Garnier (1604, 1615); — l'*Églogue... sur cet illustre nom Marguerite de Valois, par J. C.* (Rouen, 1609); — la *Pastourade Gascoue* de
Jean de Garros sur la mort d'Henri IV (Toulouse, 1611); — la *Pastorelle pour
le bout de l'an de Henri le Grand*, dédiée à la régente par E. G. T.
(1611), etc...

c) Les églogues religieuses ou politiques : les deux *Églogues ou bergeries*
de F. D. B. P. (Ferrand de Bez Parisien, 1563); — la *Bergerie spirituelle* de
Louis des Mazures (*Tragédies saintes*, 1566); — la *Bergerie tragique* de
J. B. Bellaud *sur les guerres et tumultes civiles* (1574); — la *Pastorale* qui
accompagne l'*Ombre* de Garnier Stoffacher (1584); — le *Charlot* de Simon
Beliard *sur les misères de la France* (1592). Ce genre de pièces allégoriques
restera en faveur, mais elles deviendront plus complexes : voy. en 1609 l'*Amphithéâtre pastoral ou le sacré trophée de la fleur de Lys triomphante de
l'ambition espagnole*, de P. Dupeschier; — en 1612, l'*Amour desplumé ou la
victoire de l'amour divin* de Jean Mouqué; — en 1620, l'*Iris* de H. D. Coignée de Bourron; — en 1622, la *Tragédie des rebelles*...

doute, et de grands seigneurs, public populaire aussi, puisque
certaines pastorales de Hardy appartiennent incontestablement
aux premières années de sa vie, à ces années de courses errantes.
En joua-t-on cependant sur les théâtres de Paris avant la fin du
seizième siècle ? La chose est assez peu vraisemblable Le Parlement permet aux Basochiens, les 12 et 20 juin 1582, de jouer
« églogues, tragédies et comédies »[1], mais dans quelle mesure
ont-ils usé de la permission ? D'autre part, les Confrères, même
après l'interdiction de 1548, conservent le plus possible l'ancien
système dramatique. Pour plusieurs raisons que M. Rigal a
fort bien déduites, ils répugnent à toutes les nouveautés que
leur ignorance, si souvent raillée, les empêcherait de comprendre[2]. Malgré ces titres nouveaux de tragédie, de tragi-comédie,
d'histoire ou de pastorale, ils s'en tiennent à leur anciens sujets
religieux ou aux farces traditionnelles. Les mots, d'ailleurs, de
bergerie ou d'églogue s'appliquent souvent, après 1548, à des
moralités, à des farces ou à des mystères, et permettent, par un
simple changement de noms, de maintenir les formes d'autrefois. Même quand le sens se sera précisé, on désignera encore à
peu près indifféremment comme pastorales, tragi-comédies,
tragi-comédies pastorales, toutes les pièces qui ne peuvent entrer
dans les genres bien définis de la tragédie et de la comédie[3]...
Mais, jusqu'à l'établissement de la troupe de Valleran, Paris n'a
guère eu l'occasion d'apprécier ou de connaître des divertissements nouveaux.

A la province surtout revient l'honneur d'avoir préparé le

1. Voy. Rigal, *Le Théâtre français avant la période classique*, Paris,
Hachette, 1901, p. 119.
2. Rigal, *ibid.*, p. 129, et *Alexandre Hardy,*... liv. cit., p. 95.
3. Il n'y a, par exemple, rien de tragicomique dans la *Nouvelle tragicomique de Lasphrise*, et Marc de Papillon le sait fort bien :

> Ie n'ensuy en cette œuvre icy
> La façon de l'ardeur antique.
> C'est pourquoy ie la nomme aussi
> La nouvelle tragicomique...

(Collection de l'*Ancien théâtre français*, Paris, Jannet, t. VII, *Biblioth.
Elzévir*). — De même, en 1574, le *Phaëton* de J. B. Bellaud était « appelé
bergerie tragique pour n'estre du tout accompaigné de la grauité des personnes requises à la dignité tragique » (Catal. Soleinne, 790).

triomphe du répertoire moderne : après les articles si rigoureu-
sement exacts de M. G. Lanson, la démonstration n'est plus à
faire[1]. Sur les troupes de comédiens nomades, il est vrai que nous
savons peu de chose. Ni le *Viaje entretenido*, ni le *Roman comique* ne peuvent rien nous donner de précis ; et, par ailleurs, nous
connaissons surtout leurs déboires. Des rivalités et des préven-
tions de toutes sortes s'opposent à eux. Fêtes religieuses, chaleurs
excessives, scandales ou bagarres quelconques, autant de prétextes pour arrêter leurs représentations. Sans parler des
scrupules plus ou moins sincères, les vieilles sociétés locales
voient ces concurrents d'assez mauvais œil. Souvent, ils ont
affaire aux écoliers, ou à des spectateurs entreprenants, et, régulièrement, les choses tournent mal pour eux. En 1600, pendant
les représentations d'une troupe venue à Poitiers pour la foire de
juillet, comédiens et basochiens en viennent aux mains et le
lieutenant criminel fait emprisonner les premiers. Un an plus
tard, nouvelle contestation avec les tambours de ville qui leur
font interdire de battre la caisse pour attirer le public ; en 1604
et 1605 enfin, des incidents tragiques mettent fin aux représentations[2]. Cette série de mésaventures en une seule ville et dans
l'espace de cinq ans ; et partout, sans doute, la même défiance,
sinon la même hostilité... Ces baladins faméliques, pourtant,

> Qui n'ont métier autre que farcerie
> Et bien souuent meurent es hopitaux[3]...

ont, sur les comédiens de Paris, cet avantage d'une liberté relative. Leur répertoire, autant qu'on en peut juger, est plus riche
et plus vivant. Auprès des tragédies ou tragi-comédies françaises,

1. G. Lanson, *Comment s'est opérée la substitution de la tragédie aux
mystères et moralités* (*Rev. d'hist. littér. de la France*, avril-juin et juillet-
septembre 1903).
2. Voy. H. Clouzot, *L'Ancien Théâtre en Poitou*, Niort, 1901, p. 62.
3. Jean Bouchet, *Épîtres familières* (cité par Rigal, *Le Théâtre français...*
p. 8).M. Gouvenain (*Le Théâtre à Dijon*, 1888, p. 42) cite deux lettres du lieutenant général Chabot-Charny, obligé de demander en 1577 aux magistrats muni-
cipaux de ne pas s'opposer aux représentations de certains « joueurs de comédie... veu que cela ne peut porter préjudice au peuple, n'estant personne
contraint d'aller, et n'estant raisonnable que, pour quelques particuliers qui
le pourront trouuer mauvais, le reste de la ville laisse à passer le temps... »

la pastorale y tient sa place. Un exemplaire de l'*Union d'amour
et de chasteté* d'Albin Gaultier, signalé dans le catalogue Soleinne,
semble avoir appartenu à l'une de ces compagnies ; il porte,
avec des corrections manuscrites, les noms de toute une série
d'interprètes : Mathieu Lenoble, Dufresne, femme Dufresne,
Mesnier... Noms de bourgeois amateurs ou d'acteurs de profession,
il serait imprudent de se prononcer[1] ; mais voici un autre témoignage. En 1599 un certain Adrien Talmy « et ses compagnons
Franchois » viennent donner des représentations à Mons, jouant
des comédies et des pastorales avec chant[2].

Au reste, les provinciaux épris de théâtre n'en sont pas réduits
à attendre le passage de ces pauvres hères. Ils se donnent eux-
mêmes leur plaisir favori, ou témoignent ainsi de leur joie dans
les occasions solennelles. Le 27 février 1588, des bourgeois de
Montbrison jouent, en l'honneur de la victoire du duc de Guise à
Aulneau, une pastorale de Loys Papon en cinq actes et en vers[3].
Dans les collèges surtout, d'un bout à l'autre de la France, les
divertissements scéniques sont en honneur. Le collège des Bons-
Enfants de Rouen, le collège de Verceil en Piémont suivent
l'exemple des collèges de Boncourt, de Beauvais, du Plessis[4].
Montaigne s'en réjouit, et ce goût est si vif que l'édit de Blois,
en 1579, croit nécessaire de faire quelques réserves[5]. En 1574,

---

1. Nos 905 et 1147. — Ces noms, du reste, sont assez communs. On ne peut
guère identifier ce Dufresne avec Charles Dufresne, compagnon de Molière,
qui passe à Lyon en 1648, se marie en 1664, est encore vivant en 1679. — Une
femme Dufresne est signalée en Poitou par M. Clouzot en novembre 1648 (elle
y meurt à cette date). — Une Françoise Mesnier signe en 1651 l'acte de baptême du fils du comédien Le Roy (Clouzot, *ibid.*, p. 106).

2. Voy. Fr. Faber, *Histoire du théâtre français en Belgique*, Bruxelles,
Olivier, 1878-1880, t. I, p. 66.

3. *Pastorelle sur la victoire obtenue contre les Allemands Reytres Lans-
quenets, Souysses et François rebelle à Dieu et au roy Très Chrestien
l'an 1587 à Montbrison représentée le vingt-septième iour de féurier 1588.*
Réimpression par Guy de la Grye, Lyon, Louis Perrin, 1857. — Sur Loys
Papon, prieur de Marcilly et chanoine de Montbrison en Forest, voy. Lacroix
du Maine, II, 57.

4. Sur le théâtre scolaire, voy. G. Lanson, art. cité, p. 427 et suiv., et
Boysse, *Le théâtre des Jésuites*, Paris, 1880. — Cf., dans le *Roman comique*,
l'enfance de Lysis.

5. De même la *Ratio studiorum* envoyée aux Jésuites en 1583. Cit. par
Boysse, p. 18.

au collège du Plessis, le *Néron* de Guy de Sainct-Pol Dauphinois est accompagné d'une comédie et d'une « Pastourale de son invention »[1]. En 1575, les Jésuites de Pont-à-Mousson font jouer une pastorale de P. Dupuy; en 1584 à Genève, en 1598 à Bayonne, il en est de même[2]. D'après Tallemant, Laffemas, encore écolier au collège de Navarre, aurait « fait une pastorale qui y fut jouée, où il y avait un berger Lafamas, ou Lemafas, ou Falemas, et un Semblant Beau »[3], et nous verrons en 1614 Isaac du Ryer écrire pour de « petits acteurs » sa *Vengeance des Satyres*[4]. Le *Mercure* enfin nous apprend que, lors des fêtes de 1622 pour la canonisation de saint Ignace de Loyola et de saint François Xavier, dans tous les établissements des Jésuites « les escholiers firent des thèses, jouèrent des tragédies et des pastoralles, le tout en l'honneur desdits saincts[5]... » Il serait facile de prolonger cette énumération. Même quand l'activité dramatique des collèges se sera atténuée, quand on sera plus difficile sur les divertissements permis à la jeunesse, la pastorale restera en honneur : l'allégorie est douce toujours au cœur des pédagogues, et l'on peut déployer tant d'ingéniosité à chanter les louanges du roi et des évêques sous les noms de Daphnis, de Tircis ou de Timandre!

De là encore le succès du genre dans les représentations de château : bien mieux que la tragédie à l'antique, la pastorale est ici à sa place. Finement poétique, n'éveillant à l'esprit que des

---

1. Du Verdier, II, 160. Cité par G. Lanson, *ibid.*
2. G. Lanson, *ibid.*
3. Tallemant des Reaux, *Historiettes*, édit. Monmerqué, t. VI, p. 189. — Sans doute, *L'Instabilité des félicitez amoureuses, ou la tragi-pastoralle des amours infortunées de Phélamas et Gaillargeste, de l'invention de I. D. L. sieur de Blambeausaut*, Rouen, Cl. le Villain, 1605. Ceci serait difficile à admettre, si l'on acceptait pour la naissance de Laffemas la date de 1589; mais M. Depping l'a reculée aux environs de 1584. A la fin de la pièce, la devise : « Fais cas de l'âme. » — Ce qui est certain, c'est que Laffemas s'intéressa de fort près aux choses du théâtre. « On disait encore, ajoute Tallemant, qui d'ailleurs se refuse à le croire, qu'il avait joué de ses propres pièces dans une troupe de comédiens de campagne et qu'il s'appelait le berger Talemas. » Sur cette question, voy. Rigal, *A. Hardy...*, p. 51.
4. *La Vengeance des satyres, pastorelle représentée dans la grande salle de l'église du temple de Paris, de l'invention du sieur du Ryer, secrétaire de la chambre du roy...* Paris, T. du Bray, 1614. — Voy. le prologue de « Cupidon escolier ».
5. *Mercure François*, t. VIII, p. 408.

idées souriantes, elle ne peut être de mauvais augure[1], et elle est toujours de saison. Indifféremment, elle célèbre un mariage, exalte une victoire, met en lumière la générosité d'un Mécène. Elle admet les intermèdes les plus inattendus ; elle est simple ou somptueuse ; les dieux de l'Olympe y viennent converser avec les mortels ; la musique et la danse concourent à sa beauté...

Ajoutez qu'elle a pour elle la tradition. Sans revenir à la vieille églogue italienne représentée, les bergers sont depuis longtemps entreparleurs consacrés, quand il s'agit d'honorer un grand personnage ou de fêter la joyeuse entrée de quelque membre de la famille royale dans une des grandes villes du royaume. Le 5 janvier 1519, lors de la venue de François Ier à Poitiers, auprès de la France « couronnée d'or et vestue de taffetas azuré », du « Lys de France » entouré des douze pairs et de la Foi en soie cramoisie semée de croix d'argent, de jeunes pasteurs chantent « vaudevires et chansons » de l'invention de Jean Bouchet[2]. Et il en est toujours ainsi. Les grands seigneurs peuvent rivaliser avec la famille royale. On sait avec quel luxe Philippe Emmanuel de Lorraine, duc de Mercœur, fait donner, le 25 février 1596, dans la grande salle du château de Nantes, l'*Arimène* de Nicolas de Montreux. Peut-être son *Athlette* dédiée à François de Bourbon, prince de Conti, ou sa *Diane* offerte à Henri de Bourbon, duc de Montpensier, ont-elles été jouées dans des conditions analogues[3]. Les documents n'en disent rien ; ils nous font connaître, en revanche, la représentation, au château de Mirebeau, en

---

1. Voy. dans Brantôme, t. VII, p. 34, les raisons pour lesquelles Catherine de Médicis redoute la tragédie.

2. Jean Bouchet, *Annales d'Aquitaine*, cité par Clouzot, p. 30. Cf., dans les mémoires de Marguerite de Valois (Coll. Petitot, t. XXXVII, p. 33), la description de l'entrevue de Bayonne, le festin dans l'île et le ballet, la table royale servie par des bergères dont les costumes rappellent les diverses provinces, les entrées de satyres musiciens et de nymphes richement vêtues et chargées de pierreries. De même, le fameux *Ballet comique de la reine* du 15 octobre 1581 n'est qu'une sorte de pastorale allégorique. Sur les *Entrées* royales, voy. le catalogue de la collection Ruggieri, Paris, 1873.

3. Dédicace du premier livre des *Bergeries*... Paris, 16 juin 1585. — Dédicace du 3e livre en 1593. Il ne faut pas oublier que Montreux est homme de théâtre et qu'il a commencé de très bonne heure à écrire pour la scène. En 1581, à vingt ans environ, il a fait jouer à Poitiers son *Jeune Cyrus* et sa *Joyeuse* (La Croix du Maine, II, 172).

présence du même duc de Montpensier et de sa jeune femme
Catherine de Joyeuse, de l'*Amour vaincu* de Jacques de La Fons,
le 10 septembre 1599[1].

La pastorale abusera trop souvent de ces avantages et de sa
liberté. Assurée de plaire par le déploiement de la mise en
scène ou par l'agrément de ses flatteries, elle se dispensera de
chercher d'autres mérites. Ce n'est pas seulement le sens dramatique qui manque à certaines de ces églogues représentées et
leurs flagorneries sont parfois un défi au bon sens. Mais quelquefois aussi, nous nous trouverons en présence de pièces véritables que l'histoire du théâtre ne peut négliger. Nous aurons à
revenir sur les pastorales de Montreux; M. Clouzot a donné une
analyse de l'*Amour vaincu*[2] : je m'arrête seulement aux *Théâtres de Gaillon* de Nicolas Filleul.

Au mois de septembre 1566, Charles IX et sa mère, qui, l'année précédente, avaient parcouru les provinces méridionales de
la France[3], furent reçus au château de Gaillon par le cardinal
de Bourbon, archevêque de Rouen. Il fallait donner à ces fêtes
un éclat digne des illustres visiteurs et de la somptueuse demeure. Le grand Ronsard avait composé lui-même les « Stances
à chanter sur la lyre » lors de l'entrevue de Bayonne; Nicolas
Filleul fut chargé de préparer toute une série de spectacles. Ce
poète rouennais n'était pas un inconnu et s'était exercé déjà au
théâtre : professeur au collège d'Harcourt, il y avait fait représenter, en 1563, une tragédie d'*Achille*. Parmi les poètes amis
de la Pléiade, il semble avoir occupé une place honorable : le
quatrième des chants récités entre les actes de la comédie du
Brave, en 1567, sera de lui, et Baïf le range parmi les « chers
mignons » des muses[4]...

---

1. *Amour vaincu, tragecomédie, représentée dauant... le 10 septembre 1599
en leur château de Myrebeau... par Jacques de la Fons, natif dudit Myrebeau aduocat en Parlement,* Poictiers, 1599.

2. Liv. cit., p. 90 et suiv.

3. Sur ce voyage, cf. *Recueils et discours du voyage du Roy Charles IX
de ce nom à présent régnant accompagné des choses dignes de mémoire
faictes en chacun endroit... Faict et recueilly par Abel Jouan, l'un des ser-
uiteurs de Sa Maiesté,* Paris, Jehan Bonfons, 1566.

4. Voy. au 4ᵉ livre des *Poëmes :* « Ça Ronsard, ça Filleul auance... » et

Un petit volume nous a conservé les œuvres qu'il destina aux fêtes de Rouen et nous donne l'ordre des spectacles : « Les églogues furent représentées en l'isle heureuse devant les maiestez du Roy et de la Royne le 26, la *Lucrèce* et les *Ombres* au chasteau le 29ᵐᵉ jour de Septembre [1]. » Les églogues, malgré quelques morceaux assez frais, sont d'intérêt médiocre et se contentent de célébrer, comme il convient, les vertus de Charlot et de Catin. Par contre, *la Comédie* des *Ombres* est déjà une pastorale véritable.

Elle met en scène les personnages habituels : le berger Thyrsis, la bergère Mélisse, la naïade Clion, la chasseresse Myrtine [2], un satyre et Cupidon. L'intrigue en est légère, dépourvue d'incidents ; Nicolas Filleul a dramatisé — à peine — le vieux thème classique de Cupidon enchaîné [3] ; mais, dans cet hymne d'amour découpé en cinq actes, les vers pénétrants ne manquent pas :

> Ainsi que la forest, quant le soleil colore
> Le matin argenté, ses vers cheueux redore :
> Melisse, ton Thyrsis de son mal oublieux
> Revient alaigre ainsi au rayon de tes yeux...   (I.)

A la redoutable puissance du vainqueur des hommes et des dieux, nul ne peut échapper. Le Satyre aime, comme la nature tout entière; aux enfers, les « ombres amoureuses », qui don-

---

dans les *Etrênes de Poezie fransoèze* : « Fileul le hardi : toè le dokte Passerat... » (édit. Marty Laveaux, II, 221, et V, 324).

1. *Les Théâtres de Gaillon à la Royne*, Rouen, Georges Loyselet, 1566 (4 églogues : *les Naïades ou naissance du Roy, Charlot, Téthys, Francine, — La Lucréce, — Les Ombres, — Vers pour la mascarade d'après les ombres*).

2. Le Satyre nous en donne un portrait amusant :

> De couleur de chastagne ell' a toute la peau,
> De roseaux eclissez elle porte un chapeau,
> Ses blancs cheueux tressez en six cordons se fendent,
> Les longs traînent en terre et les plus cours luy pendent
> Sus le sein descouuert de rides labouré,
> Ell' a un manteau blanc tout autour coloré
> De iaune découpé en escailles menues,
> Qui bat iusqu'au mollet dessus ses iambes nuës.
> A bien ietter le dard Diane l'enseigna.
> Depuis les loix d'amour reuerer ne daigna.   (I.)

3. De conception analogue, *Le tuteur d'amour* de Gilles d'Aurigny en 1547. Voy. Goujet, t. XI, p. 168.

nent leur nom à la pièce, gémissent encore de leurs anciens tourments. C'est en vain que Clion s'est promis de demeurer libre :

> Adieu sorciers regars, adieu chansons lasciues,...
> Adieu moites baisers...
> Ie ne veux plus en l'air faire onder mes cheueux
> Pour les faire baiser aux souspirs amoureux... (II.)

ou que Mélisse blasphème :

> L'amour n'est point un dieu, il naist d'oisiueté
> Ainsi qu'au bort fertile aux premiers iours d'esté
> Croissent les grans roseaux... (V.)

Fatigués de souffrir, les bergers auront beau le charger de chaînes : Cupidon a vite fait de se délier et de les punir. De toutes parts, ses flèches volent et frappent tous les cœurs :

> MÉLISSE. — Quelle Circé, Clion, quel venin m'a changée?
> CLION. — Mais qu'est-ce qui me rent de moy mesme estranger?
> M. — Ie sens quelqu'un dans moy mon cœur mesme uoler.
> C. — Les flambeaux Ætnéans ie sens dans moy bruler...
> M. — Ses flames dessus nous tombent ainsi que gresle.
> C. — Cesse amour, désormais ie ne seray rebelle... (V.)[1]

J'arrête le dialogue, car l'amour auquel s'abandonnent les nymphes n'a pas encore la délicatesse que lui donnera Honoré d'Urfé. Entre l'amour et le plaisir, elles ne distinguent pas, et, n'étant pas responsables en somme, elles ont peu de scrupules. Nicolas Filleul est homme de son temps; mais on chercherait vainement cette souplesse de versification, cette poésie simple et parfois puissante dans les tragédies de la même époque : les Ombres peuvent se lire, tandis qu'Achille et Lucrèce distillent l'ennui. Ne serait-ce pas que le théâtre entrevoyait ici son véritable objet ?

A vrai dire, Filleul ne s'en doutait guère. La Comédie des Ombres, jouée après la Lucrèce, n'avait pas plus d'importance

---

1. Un revirement semblable dans l'Amour victorieux de Hardy, acte II.

pour lui que n'en avait eu pour Gabriel Bonin, par exemple, la *Pastorale* publiée à la suite de sa *Soltane* en 1561. La pastorale ne prétendait pas encore à être l'essentiel d'un spectacle [1]; mais après les horreurs d'une tragédie, elle avait ce mérite de reposer et de détendre l'esprit des spectateurs ou du lecteur. Pour un moment, il était agréable d'écouter sans effort de douces chansons d'amour. Une sorte d'intermède lyrique, un *baisser de rideau* rapide et point fatigant, elle ne voulait pas être autre chose.

***

Dans les œuvres de Fonteny, de la Roque et de Montreux, elle prend une dignité nouvelle. Chacun des recueils du premier contient une pastorale [2]; il importe de relever d'abord quelques erreurs de date qui, par la rareté des exemplaires, sont devenues traditionnelles.

En 1587 paraît *la Première partie des esbats poétiques de Iacques de Fonteny*, dédiée à « Madame Isabeau Babou, dame de Sourdy »[3]. Ce sont là ses « prémices », et, en attendant que cinq autres parties viennent couronner son œuvre, il tient à témoigner d'abord de sa vénération pour tous les poètes de la Pléiade, pour « le Pindare Vendomois, Baïf le Sophocle françois, Bellay, Iodelle, Belleau, Tahureau, Des Portes l'Ovide de la cour... » Un *Poème à M*[r] *Thevenet* donne quelques renseigne-

---

1. Elle le deviendra plus tard, et sera alors accompagnée d'une farce rapide. Voy. les derniers vers des *Urnes vivantes* de Boissin de Gallardon, en 1618.

2. Sur Jacques de Fonteny, voy. E. Fournier, *Variétés historiques et littéraires*, t. V, p. 59, *Biblioth. Elzévir.*, et les *Mémoires* de l'Estoile, édit. Jouaust, t. VIII, p. 276, 20 février 1607.

3. *La première partie des esbats poétiques de Iacques de Fonteny. Contenant une Pastorelle du beau Pasteur, Eclogues, amours, sonets spirituels et aultres Poesies*, Guillaume Linocier, 1587. — Achevé d'imprimer du 21 février 1587. (Dédicace. — Pièces liminaires. — *A sa musette*, sonnet. — *Pastorelle : L'Eumorfopémie ou le beau pasteur. — Eclogue marine : Mopse et Dorillas. — Amours de Deiphile*, sonnets. — *Sonets spirituels. — Sonets à divers personnages. — Sonets aux hommes doctes qui ont doré par l'or de leurs poésies le frontispice de mes vers. — Poème à M. Thévenet...*).

ments sur la jeunesse de l'auteur, sur la faiblesse de sa santé,
sur sa vocation, sur ses études au collège de Navarre,

> où durant cinq années
> *Il fit* des sombres nuicts maintes claires iournées.

Cette esquisse biographique, d'ailleurs, ne va pas plus loin, et
le quatrain qui la termine nous permet de conjecturer approximativement l'âge de Fonteny :

> Si ie suis petit d'ans, l'oyseau qui est petit
> Est plus suave au goust qu'un plus grand, et plus tendre.

L'Eumorfopémie ou le beau Pasteur, *pastorelle* en alexandrins
coupés de sonnets et d'odelettes, sans distinction d'actes ni de
scènes, est le morceau principal de ce premier recueil.

La *Bibliothèque du Théâtre François* rapporte à la même
année 1587 *la Galathée diuinement déliurée*. Le seul exemplaire
que j'aie pu voir n'ayant pas de titre, ni de privilège, il est assez
difficile de fixer la date exactement; mais la pastorale a pour
objet de chanter la gloire de Henri IV, de célébrer ses victoires
sur les bords de la « Rivière Eure », et le retour de la paix : on
ne peut donc la faire remonter au delà de 1594 ou, au plus,
de 1590 [1]. Ni *l'Eumorfopémie*, au reste, ni *la Galathée* ne doivent nous arrêter. Celle-là n'est qu'une églogue virgilienne de
sujet assez équivoque, compliquée artificiellement d'un combat
épique entre satyres et bergers, d'une apparition fantastique,
d'une évocation, mais où l'on chercherait en vain une intrigue suivie menant à un dénouement. Quant à *la Galathée*, elle reprend
simplement, avec des intentions allégoriques, un des épisodes de

---

1. Bibliothèque de l'Arsenal, B. L. 11363 *bis*, in-12 (Catal. de Nyon 17 333) :
Dédicace à Messieurs de Fourcy et de Donon ; — *La Galathée diuinement
déliurée*, en 5 actes, vers de douze pieds; — *Sonets* à MMrs de Fourcy et de
Donon; — *Les ressentiments amoureux du sieur de Fonteny pour sa Celeste*,
sonnets, stances, chansons. — MM. de Fourcy et de Donon sont donnés, l'un
comme intendant, l'autre comme « controleur général des bastiments. » Or la
première pièce d'archives sur laquelle ils figurent en cette qualité est un arrêt
du Conseil d'État du 16 novembre 1596 (Arch. Nat., E 1 b, fo 98 vo).

l'*Aminta*, et n'a guère d'original que le nom de ses personnages[1].

Dans *la Chaste Bergère*, pastorale en cinq actes et en vers de huit pieds, on remarque un plus sérieux effort d'imagination et même un véritable souci dramatique. Par malheur, il ne semble pas que Jacques de Fonteny y soit pour rien. Elle figure, il est vrai, avec son *Beau Pasteur*, dans un recueil collectif, *le Bocage d'amour*, imprimé en 1615, et dont les bibliographes signalent une édition de 1578[2]. Mais elle se trouve aussi dans l'édition de 1597 des *Œuvres* du sieur de la Roque et dans toutes les éditions suivantes[3]. Admirable prétexte à conjectures ingénieuses. La Roque a-t-il seulement remanié, pour la donner sous son nom, la pièce que Fonteny avait écrite vingt ans avant? « On peut penser, propose le bibliophile Jacob, que G. de la Roque étant, comme Jacques de Fonteny, confrère de la Passion, l'avait aidé à composer *la Chaste Bergère*, car presque tous les ouvrages des confrères se faisaient ainsi en commun[4]... » La solution du problème est, peut-être, beaucoup plus simple. Il faut noter d'abord que ni Soleinne ni Brunet n'ont vu cette fameuse édition du *Bocage* de 1578, que La Vallière reproduit l'article de Beauchamps, lequel ne donne aucune indication de ville ou d'imprimeur, ce qu'il n'a garde d'oublier quand il a eu les œuvres en main[5]. On s'étonnerait, d'autre part, que la première des pièces de Fonteny soit celle précisément qui témoigne le plus de maturité. Enfin, d'autres raisons rendent cette date suspecte. Com-

1. Calomachite (Henri IV), son compagnon Mélampige, son rival Cunivasilas, etc. — Fonteny a le goût de ces pseudonymes. Dans sa tragédie politique de *Cleophon*, en 1600, figurent Palamnaise (Jacques Clément), Teraptan, chef des rebelles, etc. (Catal. Soleinne, 885).

2. *Le Bocage d'amour contenant deux pastorelles. L'une du beau pasteur. L'autre de la chaste bergère*, Paris, François Iulliot, 1615, in-12. Réimpression chez Jean Corrozet en 1624.

3. *Les œuvres du sieur de la Roque de Clermont en Beauvoisis. De nouueau reueues, corrigées et augmentées par l'autheur*, Paris, Robert Micard, 1597, in-12. — *La Chaste bergère, pastorale du sieur de la Roque... Reueu, corrigé et augmenté de plusieurs élégies par le mesme autheur. A Madame*, Rouen, Raphael du Petit Val, 1599, in-12. Reimpr. en 1602. — Edit. des *Œuvres* de 1609, Paris, veuve Claude de Monstroeil. — Sur S. G. de la Roque, voy. Goujet, t. XIII, p. 428.

4. Catal. Soleinne, n° 803.

5. Voy. sa préface.

ment la concilier avec ce que nous apprennent sur le poète ses *Ébats poétiques* de 1587? Comment expliquer surtout les imitations nombreuses qui sautent aux yeux[1]? La première édition certaine du *Bocage d'amour* est donc celle de 1615. Or, rien ne nous autorise à croire que les deux pièces qui y sont réunies soient d'une même main. Le titre général de l'ouvrage ne porte pas de nom d'auteur. En tête du *Beau pasteur* figure cette mention : « Pastorelle nouuelle de l'inuention de Jacques de Fonteny »; mais *la Chaste Bergère*, imprimée avec une pagination spéciale, est anonyme. N'est-il pas permis de conclure que *le Bocage d'amour* est une réunion purement artificielle, un de ces recueils collectifs si fréquents au début du dix-septième siècle, et que *la Chaste Bergère* doit revenir à S. G. de la Roque, le seul, au reste, qui l'ait jamais revendiquée.

La bibliographie de Nicolas de Montreux ne présente pas de difficultés de ce genre. Nous avons signalé déjà l'importance de son formidable roman, et la confusion dans laquelle viennent se combiner les éléments et les emprunts les plus divers. De 1585 à 1598, les *Bergeries de Julliette* se développent, et, de temps à autre, quelques œuvres dramatiques viennent interrompre la monotonie du récit : chacune d'elles, cependant, forme un tout et ne peut que gagner à se détacher de l'ensemble. *Athlette*, pastourelle en trois actes, en vers de dix pieds, accompagne les éditions différentes du premier livre; elle se vend aussi séparément[2]. *La Diane*, en trois actes et dans le même rythme, paraît, pour la première fois, à la fin du troisième livre[3]. Seul,

<hr/>

1. Le personnage de Lucile est imité de la Silvia du Tasse; celui de Coridon du Silvio de Guarini. — Cf. la scène de Celin et Alexis (I, 1) et celle de Tirci et Aminta (*Aminta*, I, 2); la déclaration d'Ardénie à Coridon (II) et celle de Dorinda à Silvio (*Pastor*, II, 2). L'auteur, nous le verrons, a ajouté à tout cela des éléments espagnols, mais, dans son dénouement, il fait encore effort pour atteindre à la solennité de la conclusion de Guarini.

2. Sur les éditions des *Bergeries*, voy. plus haut, p. 166, note 1. Comme éditions vendues séparément, il faut citer *Athlette pastourelle ou fable bocagère, par Ollenix du Mont-Sacré, gentilhomme du Maine*, Paris, Gilles Bey, 1585, in-8°, — la réimpression de 1587 chez le même éditeur, — l'édition de Lyon, Veyrat, 1592, in-8°. *Athlette* est toujours imprimée d'ailleurs avec titre et pagination spéciale.

3. *La Diane d'Ollenix du Mont-Sacré, gentilhomme du Maine, pastourelle*

l'Arimène ou le berger désespéré, en cinq actes, est tout à fait distinct du roman. Montreux l'a écrit pour une circonstance particulière et lui a donné une ampleur nouvelle; il s'imprime, la même année 1597, à Nantes, chez Pierre Dorion, et, à Paris, chez Abraham Saugrain [1].

A la même époque appartiennent encore, sans parler de la *Bergerie* de Montchrestien et sans arriver jusqu'aux *Amantes* de Chrétien des Croix qui méritent plus d'attention : la *Mylas* de Claude de Bassecourt (1594) et la *Lydie* de Du Mas (1609) [2]; *Clorinde ou le sort des amants, Pastorale de l'inuention de P. Poullet*, Paris, Anthoine du Brueil, 1598 (cinq actes, prose et vers de douze pieds); *La Chasteté repentie*, publiée dans les *Œuvres poétiques du sieur de la Valletrye*, Paris, Estienne Vallet, 1602 (cinq actes, vers de douze pieds); *Les Infidèles fidèles, fable boscagère de l'inuention du Pasteur Calianthe*, Paris, Th. de la Ruelle, 1603 (cinq actes, vers de douze pieds) [3]; *L'Instabilité des felicitez amoureuses ou la tragi-pastoralle des amours infortunées de Phélamas et Gaillargeste. De l'inuention de I. D. L. sieur de Blambeausaut*, Rouen, Claude le Villain, 1605 (cinq actes, vers de douze pieds) [4]; *L'Union d'amour et de chasteté, pastorale de l'inuention d'A. Gautier, apotiquaire Avranchois*, Poictiers, veuve Jehan Blanchet, 1606 (cinq actes, vers de douze pieds); *Le Boscage d'amour ou les rets d'une bergère sont inéuitables par I. Estiual*, Paris, Iean Millot, 1608 (cinq actes, vers décasyllabiques); enfin, les premières pièces de Pierre Trotterel : *La Driade amoureuse*, 1606, et *Théocris*, 1610 [5].

ou fable bosquagère, Tours, Jamet Mettayer, 1594, in-12. Privilège du 30 octobre 1593.

1. *L'Arimène ou berger désespéré, pastorale par Ollenix du Mont-Sacré, gentilhomme du Maine*, Paris, Abraham Saugrain, 1597, in-12. (Des exemplaires au nom de Dominique Salis.) — L'édition de Nantes, Pierre Dorion, 1597, citée par Niceron et par M. E. Destranges, *Le théâtre à Nantes*, Paris, 1893.

2. Voy. plus haut, p. 152, note 4.

3. Goujet (t. XIV, p. 133), après La Croix du Maine, II, 345, croit que ce pseudonyme est celui de Raoul Callier; le catalogue Soleinne (1er supplém., n° 149) attribue la pièce à Gervais de Bazire dont nous rencontrerons d'autres pastorales. Aucune des raisons invoquées n'est convaincante.

4. Voy. plus haut, p. 179, note 3.

5. Beauchamps cite une *Noce pastorale* en vers, Paris, du Breuil, 1595; et

Chacune de ces pièces ne vaut pas, sans doute, d'être analysée d'une façon particulière. Dans toutes, il faudrait noter un défaut à peu près absolu de personnalité ou de qualités dramatiques. N'ayant d'autre ambition que de donner aux grandes œuvres italiennes et espagnoles des équivalents français, ces précurseurs imitent de très près, et leurs œuvres, à part quelques divergences, se ramènent à deux types essentiels.

Les unes mettent en scène plusieurs groupes de bergers. Tous, ou presque tous, sont amoureux; mais, par une fortune singulière, aucun d'eux n'aime celle dont il est aimé : de là des souffrances et des plaintes qui se prolongeront jusqu'à ce qu'un sortilège remette les choses dans l'ordre. La *Diane* espagnole a donné depuis longtemps le modèle de ces sortes d'intrigues[1], et les *Bergeries de Julliette* les ont fait aimer du public français; si l'on n'y peut chercher rien d'imprévu, car elles se règlent avec une précision mécanique, elles ont l'avantage d'admettre toutes les complications accessoires et de se dénouer sans peine, au moment précis où on le désire. Alexis aime Ardenie, Ardenie aime Coridon, Coridon aime Lucile, qui vit sans amour. Il suffira, le temps venu, que Coridon se découvre le frère de Lucile et qu'Alexis, grâce à une fontaine magique, oublie sa passion pour que tout s'arrange. Supposez, dans l'intervalle, que Lucile s'est vouée à Diane, qu'Ardénie s'est costumée en homme pour gagner les confidences de Coridon, que Coridon s'est déguisé en femme pour pénétrer dans le temple où sa belle s'est retirée, que, surpris, il est en danger de mort et qu'Ardénie le sauve en demandant sa main..., vous aurez la matière de cinq actes assez remplis, et un modèle facile à suivre[2].

Au même type se rattachent les trois pastorales de Montreux, — mais avec une complexité croissante, à mesure que

La Croix du Maine une *Bergerie* non imprimée de Jacques Courtin, sieur de Lissé, en 1584.

1. Je n'entends pas que ce genre d'intrigue ne se trouve pas dans la pastorale italienne (voy. par exemple la *Theonemia*, ou l'églogue de Giraldi Cinthio publiée par Carducci, liv. cit. appendice); mais nous avons vu que ces amours entre-croisés sont de règle dans la pastorale espagnole.

2. *La Chaste bergère.* — Le sujet de l'*Alcippo* de Chiabrera (Genova, 1604) offre, avec celui-ci, des analogies curieuses.

s'affirment les goûts dramatiques du poète et que s'offrent à lui de nouveaux modèles. Écrite un an après l'édition parisienne de l'*Aminta* et la traduction de Pierre de Brach, la première, malgré les souvenirs espagnols, était d'une simplicité relative. L'action, où ne s'entassaient pas encore les complications naïves, se déroulait sans secousse, d'une marche lente mais régulière. Un petit nombre de personnages avaient part aux malheurs d'Athlette aimée de Ménalque et de Rustic, empoisonnée, puis rappelée à la vie par la magicienne, sa rivale.

Avec la *Diane* déjà, les choses se compliquent et l'intrigue se dédouble. La jeune bergère, qui jadis aima Fauste, et lui prouva son amour, n'a d'yeux maintenant que pour Nymphis, et Fauste se désespère. Le magicien Elymant vient à son secours : une eau merveilleuse permet à l'amant dédaigné de prendre les traits de son rival et d'obtenir ainsi de précieuses faveurs. La supercherie se découvre pourtant, mais la jeune fille, irritée d'abord, se résigne et revient à celui qui n'a pas cessé de l'aimer[1]. Nymphis, de son côté, aime la bergère Julie que lui dispute le chevalier Hector ; celui-ci le provoque, mais, quand ils vont en venir aux mains, reconnaît en lui un frère perdu ; le chevalier n'a plus qu'à se sacrifier et à reprendre à travers le monde le cours de ses exploits.

Les cinq actes de *l'Arimène* offrent à la curiosité des inventions plus merveilleuses encore. « Alphize bergère est aimée d'Arimène pasteur, elle ne l'aime point. Le même Arimène est aimé de Clorice bergère et ne l'aime point. La même Clorice est aimée de Cloridan pasteur qu'elle ne peut aimer pour aimer Arimène... » C'est ainsi que l'argument présente les personnages, et l'on croirait lire le début des *Bergeries de Julliette*. Désespéré, Arimène se jette à la mer; sur l'ordre de Clorice, Cloridan le sauve. Mais l'auteur n'a garde de se contenter de si peu. La beauté d'Alphize a inspiré aussi une violente passion au chevalier Floridor et au magicien Circiment, qui s'efforcent tous deux

1. Cf. les *Enchantements* de l'Arioste. Peut-être Montreux se souvient-il aussi de la *Calisto* de Luigi Groto, adaptation pastorale de l'*Amphitrion* représentée en 1561, puis refondue et représentée de nouveau en 1582, imprimée à Venise en 1586.

de la conquérir. Héroïque comme l'exige son emploi, le chevalier la défend contre un sauvage ; fécond en ressources, le magicien la plonge, ainsi que son rival, dans un sommeil léthargique. Il resterait vainqueur, s'il ne découvrait, au moment décisif, qu'Arimène et Floridor sont ses enfants. Il guérit celui-ci de son amour, cède à celui-là la jeune bergère, et, pour que la fête soit complète, Clorice, touchée à son tour, se rend à l'amour de Cloridan. Ce n'est là que l'essentiel de l'*Arimène*, mais on se lasse vite à raconter ces puérilités... Et il est inutile, sans doute, d'analyser encore l'*Instabilité des félicités amoureuses* ou les *Infidèles fidèles*[1]. Nous retrouverons la même disposition d'intrigue dans *les Amantes* de Nicolas Chrétien, et, dans tout le cours de son développement, la pastorale française ne se lassera pas d'y revenir.

Parfois cependant, elle veut être plus simple et s'inspire directement de l'*Aminta*. Il n'y faut qu'une chasseresse insensible, qu'un amoureux assez brave pour déliver sa belle des entreprises d'un satyre et conquérir ainsi son amour. Sur ce modèle, Fonteny écrit sa *Galathée divinement délivrée*, Claude de Bassecourt sa *Trage-comédie pastoralle*. Pas à pas, en vers harmonieux, le poète haynaunois a suivi son maître italien. Il en a senti la poésie pénétrante, il a tâché de rendre cette grâce pudique. Surtout, il n'a rien ajouté... Trop souvent, les imitateurs français du Tasse céderont au plaisir de charger l'intrigue légère ou d'appuyer sur le réalisme de certains tableaux. Les leçons de Guarini ne peuvent être perdues[2].

---

1. *L'Instabilité...* nous présente les amours entre-croisés des trois bergers Phelamas, Frisonet et Passerat, et des bergères Gaillargeste, Pauline et Catelle, amours contrariés par les enchantements de la magicienne Pausie. — Dans *Les Infidelles fidelles*, tout le mal vient du magicien Erophile, qui, furieux des dédains de Cloris, s'amuse à intervertir les sentiments de tous les amoureux du pays et ne se décide qu'au cinquième acte à détruire l'effet de ses sortilèges. — Il serait trop long de signaler tous les emprunts faits au *Furioso* (la double fontaine d'amour et d'oubli dans *L'Instabilité...*, l'anneau d'Angélique dans *Les Infidelles...*, etc).

2. Voy. par exemple les belles inventions du sieur Du Mas dans sa *Lydie*, « imitée en partie de l'*Aminte* du Tasse », la jalousie de la bergère Aglaure, l'intervention du dieu Pan, le jugement et la mise en scène du dernier acte.

Simples ou complexes, d'ailleurs, d'imitation espagnole ou italienne, des intrigues de ce genre, où tout est prévu, ne peuvent
offrir aux poètes de grandes ressources. La vie seule est variée ;
or, nous sommes ici en pleine convention. Mais leur imagination est riche d'une foule de souvenirs ; tout un monde poétique et merveilleux s'agite dans leur mémoire ; l'Espagne et l'Italie du seizième siècle, galantes et chevaleresques, semblent avoir
rendu leur jeunesse aux belles histoires de jadis, et les rêves
éperdus consolent des réalités cruelles. On envie ces héros qui
« aux vallées, obscures cauernes, bois estranges, tesnières de
serpens, de lions, d'ours... », trouvaient de jeunes beautés au
printemps de leur âge[1]. Mais ne suffit-il pas de croire aux merveilles pour les créer à nouveau ? le monde a-t-il cessé d'être une
énigme insoluble ? ne sommes-nous pas le jouet de forces inconnues, et, ce que nous nommons la réalité, n'est-ce pas la moindre partie de ce qui est ? « O combien sont d'enchanteresses !
disait encore l'Arioste. O combien d'enchanteurs entre nous, que
l'on ne cognoit point, qui changeans visages par leurs faux arts,
ont attiré et attirent iournellement hommes et femmes à leur
amour[2] !... » La France de François Ier et de Charles IX s'est
passionnée aussi pour le *Roland furieux* et les *Amadis*. Elle
pourrait parler comme parlera Francion : « C'estoit mon passe-
temps que de lire des chevaleries... J'estois au souverain degré
des contentemens, quand je voyois faire un chaplis horrible de
géans, déchiquetés menu comme chair à pasté. Le sang qui
ruisseloit de leurs corps à grand randon faisoit un fleuve d'eau
de rose, où je me baignois fort délicieusement[3]... »

Les grands artistes, il est vrai, se détournent de ces contes et
leur admiration cherche ailleurs des modèles ; mais toute cette
matière poétique conserve cependant son prestige. La pastorale
est là pour la mettre en œuvre. Elle n'a pas les dédains et les
obligations des genres à l'antique. A côté des personnages de

1. *Roland furieux... traduit naïfuement de l'italien en françois.* Edit. de
Rouen, 1618, ch. XIII, p. 130.
2. *Ibid.*, ch. VIII, p. 70
3. *La vraye histoire comique de Francion,* liv. III, édit. de Leyde, 1685
t. I, p. 171.

l'*Arcadie*, de la *Diane* et de l'*Aminta*, elle donne place à ces héros bien disants qui, par amour, parcourent le monde, ou, sous le costume de bergers, s'arrêtent à soupirer pour une noble bergère. Depuis longtemps, le roman pastoral et le roman chevaleresque sont unis d'une parenté étroite, et confondent ou juxtaposent leurs agréments. Le théâtre suit le roman.

A la fin de *l'Instabilité*... quand le dénouement a uni chaque berger à une bergère, une nouvelle histoire commence, qui ne mène à rien : Phélamas, attaqué par le chevalier Menardis, l'a vaincu en combat singulier; d'autres chevaliers veulent le punir de cette victoire; le malheureux berger doit prendre la fuite, abandonnant sa jeune épouse Gaillargeste, et, brusquement, la pièce finit, sans nous en apprendre davantage. Encore ne s'agit-il ici que d'un épisode surajouté, inutile et difficilement explicable. Dans *le Boscage d'amour* de Jean Estival, l'élément chevaleresque deviendra l'essentiel : à part le déguisement que prennent les personnages, la scène du baiser et celle du satyre, il n'y a rien de pastoral dans les aventures du prince Polidor et de la princesse Clermène[1]; Jean Estival a voulu porter au théâtre un roman d'amour héroïque, et, s'il en a fait une pastorale, c'est que le caractère du sujet et son dénouement heureux ne lui permettaient pas d'en faire autre chose.

Peu importe, en effet, la différence des conditions. Chevaliers ou bergers ont la même âme naïve. tendre et passionnée. Ils sont, au début de notre théâtre, les poètes et les amants. Tous chantent leurs peines, gravent sur l'écorce des arbres les noms adorés, engagent d'interminables débats[2], sont prêts à soutenir la lutte

---

1. Le lieu de la scène est l'île d'Abydos. Comme personnages principaux, les princes Polidor et Arminis, amoureux tous deux de la bergère Perline; la princesse Clermène, amoureuse de Polidor, et le berger Arlin. Comme intrigue, le jeu de sentiments ordinaire : Perline, qui d'abord avait permis à Polidor certaines privautés, se retourne vers Arminis qui l'a défendue contre un satyre; mais, par un revirement parallèle, Arminis est, au même moment, devenu amoureux de Clermène. Au dernier acte, un oracle, une reconnaissance, un double mariage.

2. A ces débats, la comédie elle-même s'est intéressée : « Au premier et second acte, annonce l'argument de la *Lucelle* de Louis le Jars en 1576, il se traite d'un mariage... auec une dispute s'il faut aimer ou non : l'origine et

contre les lions, les sangliers, les monstres et les satyres. Aucun danger qui les épouvante, aucune invraisemblance qui les étonne. Dans ces décors imprécis où se déroule l'action, des fontaines merveilleuses, semblables aux fontaines de Merlin, éteignent les feux de l'amour ou font naître des passions subites. Des apparitions révèlent au bon moment les secrets décisifs[1]. Des miroirs enchantés, des philtres, tous les artifices de la magie sont mis en œuvre pour animer l'intrigue, expliquer ce que la psychologie un peu rudimentaire serait incapable de justifier, permettre les brusques revirements, et, surtout, dénouer les situations les plus inextricables.

Le magicien, qui a si vivement préoccupé les esprits du seizième siècle[2], est un des personnages essentiels de la pastorale. Sous les noms d'Urchio (*le Beau Pasteur*), d'Elymant (*la Diane*), de Circiment (*l'Arimène*), d'Erophile (*les Infideles fideles*) ou d'Ismen (*les Amantes*), c'est toujours le même vieillard à l'aspect terrible et repoussant, le visage pâle sillonné de rides sous la broussaille des cheveux blancs. A son approche, les bergers tremblent d'épouvante :

définition d'amour et comme il en faut user... » Il est vrai que *Lucelle* est donnée comme tragi-comédie dans l'édition princeps, mais M. Toldo a eu raison de la rattacher aux comédies d'inspiration purement italienne. (Voy. *La comédie française de la Renaissance*, dans la *Revue d'histoire littér.*, années 1897 et suiv.) A certains égards, d'ailleurs, la comédie à l'italienne a marqué la route à la pastorale française. De nombreux épisodes, qui deviendront épisodes pastoraux traditionnels, se sont présentés d'abord et se sont acclimatés en France comme épisodes comiques. Nous avons signalé déjà l'analogie de l'histoire de Félismène dans la *Diane* avec les *Ingannati* traduits par Charles Estienne en 1543. Ces travestissements et les confusions qui en résultent sont une des ressources habituelles de la comédie ; de même les reconnaissances (« la tragedia senza l'agnizione può essere lodevole, ma la commedia, se è priva d'essa, appena può essere buona », prononce le Quadrio) ; de même les enlèvements, les ressemblances merveilleuses, la série des interventions magiques, les résurrections... La pastorale n'aura qu'à prendre au sérieux ce que la comédie poussait au burlesque ; elle n'aura surtout qu'à substituer à ses débauchés et à ses courtisanes des amoureux véritables.

1. L'ombre d'Elencho, la « Sanguine main » dans *le beau Pasteur*, etc...

2. Magiciens, vrais ou faux, dans *le Negromant* de l'Arioste (trad. de Jean de la Taille), *les Esprits* et *le Fidele* de Larivey, *le Muet insensé* de P. le Loyer, *l'Acoubar* de du Hesnel, la *Nouvelle tragicomique* de Lasphrise, etc... Cf. le 5e liv. du *Filocolo*, trad. Sevin.

> Voyant ces yeux ardans
> Cachés sous un taillis de sourcis, ie m'estonne,
> J'ay le sang tout caillé et le cœur me frissonne
> Voyant sa barbe grise et la blanche fores
> De son poil mal rongné crasseusement espes¹...

Son antre s'ouvre parmi les ronces et les rochers. Le salpêtre suinte des murs. Autour de lui, l'attirail coutumier : serpents, dragons, cornues et alambics, livres rongés par le temps, têtes de morts grimaçantes. Les esprits infernaux accourent quand s'élèvent les formules de l'incantation :

> Esprits cruels à l'immortelle essence
> Dont l'Eternel chastia l'arrogance
> Lorsque du ciel en bas il les poussa...
> Cruels démons dont l'esclatante rage
> Allume en l'air le ténébreux orage
> Qui dans la mer enfla les flots espards²...

Son pouvoir est sans bornes :

> La terre au bruit de mes paroles tremble,

s'écrie orgueilleusement la magicienne Delfe,

> L'air se ternist et au son de mes vers
> Le cours du ciel chemine de trauers.
> Dessus la mer la plus fière tempeste
> Soubz le vouloir de mes charmes s'arreste...
> Du blond Soleil les torches lumineuses
> Quand il me plaist, palissent ténébreuses...
> Pluton me crainct, Minos et Radamante
> Tremblent de peur soubz les vers que ie chante :
> Et bref, le Ciel, la terre, les enfers,
> Et l'Océan, frémissent soubz mes vers...

Seul, l'amour échappe à ses lois :

> Amour est seul, qui superbe en ses armes
> N'a point souci de mes nocturnes charmes³...

---

1. Firmot, dans *le beau Pasteur*.
2. *L'Arimène*, I, 3. La scène est devenue classique. Cf. *le beau Pasteur*, et surtout, dans *les Amantes*, une évocation dans toutes les règles (acte II).
3. *Athlette*, I, 1.

Sans armes, « tout nud, sans raison ni soucy, » le petit dieu redoutable asservit sa puissance et déchaîne ses fureurs. Tout alors est troublé dans les paisibles bocages. Pour satisfaire sa passion, Delfe ne recule pas devant le meurtre et peu s'en faut que Circiment n'abuse d'Alphise endormie[1]. Un an après la publication de *l'Arimène*, Pierard Poullet met en scène une aventure analogue et nous conte l'histoire de Raymont aimé de la fée Mélisse[2].

Dans les pastorales d'inspiration italienne, c'est au satyre qu'il appartient de provoquer par ses méfaits les péripéties, — ou l'unique péripétie. N. Filleul l'avait déjà porté sur le théâtre, mais il n'était encore qu'un de ces amoureux ardents et mélancoliques dont les plaintes constituaient toute la pièce, sans rien de ridicule d'ailleurs, ou d'odieux. Avec l'*Aminta* son rôle se précise et s'arrête. La pastorale ne pourra plus se passer de lui : il a élu son domicile dans ces bosquets et ces bois ; dans les taillis glisse sa silhouette furtive et ses pieds fourchus résonnent sur les feuilles sèches ; au bord des fontaines et des ruisseaux, à travers le fouillis des branches, ses regards lascifs guettent les jeux des nymphes. Parfois, brusquement, dans le silence, un cri étouffé, un corps blanc qui se débat, un rire sonore... Mais un chevalier vengeur est tout proche ! Le satyre est le monstre familier. En lui se symbolise la passion charnelle et brutale, tout ce qu'il y a en l'homme de bestial. Le Tasse, pourtant, avait su lui conserver quelque poésie ; il était une force de la nature ; son impudeur ne manquait pas de grâce. La France ne veut voir en lui qu'un personnage de farce, le ravisseur dupé, et c'est pour cela qu'elle

1. *L'Arimène*, V, 4.
2. *Clorinde*. — Aimée à la fois de Raymont et de Philère, Clorinde a pris la fuite avec le premier. La fée Mélisse, sa rivale, découvre leur retraite, enchante Clorinde et entraîne son amant. Clorinde, grâce à un miroir magique, parvient à le délivrer ; mais, révoltée de sa lâcheté, elle l'abandonne pour Philère, plus digne de son amour. Raymont se consolera dans les bras de Mélisse. — Il faut remarquer que Mélisse n'est pas l'ordinaire magicienne. P. Poullet, qui a présent à l'esprit le *Roland furieux* (voy., par ex., l'acte IV), l'a voulue jeune et lui a donné une certaine grâce amoureuse. Mais, le plus souvent, l'emploi de la magicienne se confond, dans la pastorale, avec celui de l'entremetteuse vulgaire.

l'accueille avec joie. Dans ce monde de poètes et de raffinés, elle est heureuse de rencontrer un héros burlesque dont les lèvres épaisses ne redoutent pas les mots orduriers, dont les yeux pétillent de malice méchante, dont l'échine velue ploie sous le bâton. Moins redoutable que le sauvage, un peu plus homme[1], il a tout ce qu'il faut pour devenir au théâtre un type consacré.

Mais la pastorale ne se contente pas toujours de nous intéresser à des aventures d'amour. Souvent, un sens mystérieux se dissimule sous la fable, les bergers malheureux représentent le peuple de France, et, sous le nom des satyres et des œgypans, c'est à l'ennemi héréditaire que s'adressent les malédictions[2]. Comme en Italie et comme en Espagne, la pastorale emprunte à la satire politique ses colères et ses violences.

> Faisons voir que par nous,

s'écrie le berger Montin en entraînant ses compagnons,

> Dieu veut accramanter ces impudiques boucs
> Qui dépeuplent ces lieux de nos gentes bergères
> Les faisant estre proye aux troupes estrangères
> D'un superbe Espagnol...

et, plus loin, Firmot, le poltron, déploie, à son tour, sa verve populacière :

> Il faut escarbouiller ceste monstreuse beste,
> I'en veux estre bourreau et de son cuir infet
> I'en feray le bouchon du pertuis d'un retret,
> De sa teste un vaisseau pour pisser en malaise...
> Et ses os percheront les brigardes légères
> Des doux chantres de l'air qui merderont dessus[3]!...

---

1. Les sauvages dans la *Diane*, le satyre dans l'*Aminta*, les deux emplois sont voisins.

2. Voy. le sonnet dédicace de la *Galathée* :

> Vous y remarquerez soubs noms feints de bergers
> Ainsi qu'en un miroir mille et mille dangers
> Qui s'estoient preparez pour ruiner la France...

Ailleurs, ce sont simplement des allusions particulières au poète ou à ses protecteurs : de toute façon, l'allégorie ne perd pas ses droits.

3. *Le beau Pasteur.*

Nous sommes loin, remarquait Saint-Marc Girardin, parlant de l'*Aminta*[1], du satyre gracieux et fin de l'art grec!... Ce n'est pas la France qui le fera revivre.

Elle ne craint pas d'en prendre à l'aise même avec les divinités les plus majestueuses ou les plus pures de la mythologie ancienne. L'Olympe se rapproche de nous, petite cour bruyante et débauchée, où les jalousies, les commérages et les querelles vont leur train. Sous le regard indulgent de Jupiter, solennel et débonnaire, tous mènent joyeusement leur vie immortelle : Vulcain suant, soufflant, clochant, résigné d'avance à sa destinée ; Mars, soldat triomphant chéri des déesses ; Vénus, trop indulgente et blonde pour refuser rien à personne. A l'égard des humains, ils exercent leur tyrannie avec un sans-gêne tranquille ; les pauvres bergers portent 'a peine de leurs discordes. Mais s'ils inspirent la crainte, Pan est à peu près le seul qui s'efforce de commander le respect. Cupidon a beau célébrer son antique puissance, il apparaît presque toujours sous les espèces d'une petite divinité égrillarde, batailleuse, le regard effronté et le verbe clair. Diane, elle-même, parfois.... Voici quelques vers de *la Chasteté repentie*. [La pièce n'est, d'ailleurs, qu'un interminable débat entre Amour et Diane ; vaincue par son habituel adversaire, celle-ci capitule et se console assez gaiement :

> Amour, ie m'en vais donc dans ceste forest sombre
> Visiter les bergers qui s'esbatent à l'ombre
> Où si quelqu'un me plaist...
> Mais n'en parle iamais et iamais ne décelle
> Le bruit accoustumé que i'ay d'estre pucelle :
> Car on me pensera touiours vierge aussi bien
> Comme si ie l'estois quand on n'en sçaura rien...

Sur quoi, l'Amour conclut, s'adressant aux dames de l'assistance :

> Faites de vostre honneur comme elle fait du sien
> Qui touiours est entier, mais qu'on n'en sache rien[2]...

---

1. *Cours de littérat. dram.*, t. III.
2. La Valletryè, *la Chasteté repentie*, acte V.

Il est certain que les poètes dramatiques de ce temps admirent médiocrement la chaste déesse. Cette indomptable vertu leur paraît ou suspecte, ou quelque peu ridicule, bonne à exciter la vieille verve gauloise. Albin Gautier accuse la parodie plus encore que La Valletrye. Le débat devient une dispute, pleine de saillies vulgaires, de plaisanteries lourdes et de mots orduriers : on dirait d'une maritorne sentant la cuisine aux prises avec un gamin précoce et vicieux :

DIANE.   —   ... Mais petit avorton...
CUPIDON. —   ... N'offensez ma grandeur,
           Car...
DIANE.   —   Qui sera celuy, sur toute la rondeur
         De la sphère céleste et de la terre verte
         Qui tesmoigne pour toy de m'auoir descouuerte
         Faisant iouir quelqu'un de ma virginité?
         Vénus mère d'amour et d'impudicité
         L'a fait souventes fois [1]...

Assez souvent, nos auteurs dramatiques se plairont à évoquer cet Olympe de fantaisie. Ils n'auront pas de peine à montrer plus de délicatesse que l'« Apotiquaire d'Avranches ».

Le magicien, le satyre, Diane et l'Amour, tels sont les grands maîtres de la pastorale dramatique. Les autres personnages n'interviennent guère qu'à titre de récitants, — dociles à débiter, au nom du poète, les lieux communs traditionnels.

De ces lieux communs, on dresserait aisément le catalogue ; à peu près partout, on les retrouve semblables à eux-mêmes, tels que l'Italie ou l'Espagne les ont déjà traités, — tantôt fondus dans le courant de la pièce, délayés en interminables monologues ou coupés en dialogues harmonieux, — tantôt surajoutés

---

1. A. Gautier, apotiquaire Avranchois, *l'Union d'amour et de chasteté*, I, 1. — Il faut ajouter que la pièce elle-même, après ce prologue, est d'un autre ton. — Voy. encore le monologue de Vénus au 1er acte, et la dispute de Vénus et Cupidon au 3e acte de l'*Adonis, tragédie françoise* de Guillaume le Breton, 1579. Or, l'*Adonis* a eu un réel succès : réimpressions en 1597 et en 1601. — Cf. le prologue de la *Bergerie* de Montchrestien, la *Corine* de Hardy (V, 1), etc.

à la trame de l'œuvre, en forme d'odelettes, de chansons, d'élégies ou de sonnets. Ce sont d'abord ces développements de philosophie mystique que les *Azolains* et la *Diane* ont mis à la mode. Quelle est l'essence de l'amour? L'amour se laisse-t-il guider par la raison [1]? Peut-il être modéré [2]? Ses peines sont-elles guérissables? Est-il contraire à l'honneur ou n'est-ce pas la chasteté plutôt qui est un crime social? Autant de questions que les poètes tranchent avec leurs souvenirs, mais en réservant les droits du bon sens :

> ... La chasteté feroit périr le monde
> Si le monde n'estoit accompagné d'amour,

proclame le dieu Pan dans *la Chaste Bergère* [3], et c'est un point de vue, en effet, qui a son importance. Au surplus, pourquoi se payer de mots? Ce fameux Honneur mérite-t-il tant de respect? Ne serait-il pas une duperie? — Et la bergère Alphize découvre au chevalier Floridor, un peu surpris, la vanité de l'honneur du monde :

F. — Penses-tu donc que l'honneur soit sans prix?
A. — Non pas celuy qui est aux saincts esprits.
    — Que sommes-nous sans l'honneur vénérable?
    — L'honneur mondain n'est qu'une vaine fable.
    — Hé! qui nous peut tant que luy commander?
    — Celuy des dieux qu'il faut seul demander.
    — Quoy sans honneur il faut donc que l'on viue?
    — Non, mais n'en faire une estime si viue [4]...

1.
> L'amour diuin et de forme diuine
> Ne reçoit point ny raison, ny doctrine...
> Il vit en nous, il a sur nous puissance
> Sans que l'on puisse entendre son essence,
> D'où il est fait et quelle est de son corps
> La forme viue et les fréquens accords...

(Montreux, *la Diane*, acte II. — Cf. Montemayor, liv. IV.)

2.
>   — Et quel amour se peut donc dire extrême?
>   — Celuy qui est furieux de luy mesme.
>   — C'est la fureur qui cause nostre mal.
>   — C'est la fureur qui rend l'amour loyal.
>   — La fureur est de l'amour ennemie.
>   — Sans la fureur, l'amour n'a point de vie...

(*L'Arimène*, III, 1.)

3. Sonnet du dieu Pan, à la fin de l'acte IV.

4. *L'Arimène*, V, 2.

Le succès de l'*Aminta*, s'il n'a pas donné aux poètes français le sens des nuances ou l'art de distribuer logiquement une action intérieure, leur fournit, en revanche, des thèmes nombreux. Ses lieux communs, amplifiés plus tard par Guarini, sont de ceux qui peuvent partout trouver place[1] : éloge de la vie champêtre[2], retour du printemps[3], plaisirs de la chasse[4], thème de l'âge d'or[5]. Les détails même du développement sont consacrés. « Ne t'aperçois-tu point que toutes choses en ceste saison sont remplies d'amour..., écrit le Tasse. Vois-tu pas là ce ramier... Il n'est pas jusqu'aux arbres qui ne soient amoureux... »

> Ne vois-tu pas,

répète Rustic dans l'*Athlette* de Montreux,

> qu'il n'est pas iusqu'aux feux
> Qu'on voit au ciel qui ne soyent amoureux?...
> Ne vois-tu pas le lascif passereau...
> Ne vois-tu pas les fleurs s'entrebaiser...

et Ermage dans l'*Arimène* :

> La terre et l'air, l'un de l'autre amoureux,
> Vont produisant mille fruits sauoureux...
> Les vifs poissons ardemment il enflamme[6]...

Certaines scènes deviennent classiques[7] ; *il faut* imiter le prologue de l'*Aminta*, le long récit d'Elpin, le dialogue de

---

1. On les rencontre depuis longtemps déjà dans la tragédie (voy. le chœur du 2e acte dans la *Porcie* de Garnier : sur la vie des champs, etc...). La comédie les reprend pour les parodier (voy., dans *le Fidelle* de Larivey, la tirade de de M. Josse démontrant la puissance de l'amour à grand renfort d'exemples mythologiques, etc.). Et il n'y aurait qu'à choisir chez les poètes de la Pléiade.

2. *La Diane*, III ; — *L'Arimène*, I, 4, etc...

3. *Le beau Pasteur*, etc.

4. *La chaste Bergère*, II, etc.

5. *L'Arcadie* (trad. J. Martin, p. 36). — *L'Aminta* (chœur du 1er acte). — *Le beau Pasteur* (l'ombre d'Elencho), etc...

6. *L'Aminta*, I, 1 ; — *Athlette*, I, 3 ; — *L'Arimène*, I, 1, etc...

7. Un écho, par exemple, est un ornement à peu près indispensable. Chacun

Silvie et de Dafné, avec la pudeur effarouchée de la première, la sagesse un peu ironique de celle-ci. Mais rarement les imitations égalent la délicatesse du modèle. Le rôle de la conseillère d'amour, surtout, est dangereux. Il a quelque chose en soi d'équivoque et la tentation est trop grande d'en faire une de ces vieilles cyniques et expertes, proches parentes de la blanchisseuse Marion, de dame Françoise et de l'immortelle Célestine[1]. Dans *Athlette* déjà, Francine regrette avec amertume d'avoir passé l'âge des ignorances timides :

> Quand l'aage vieil, d'un teinct tout basanné
> Aura blanchy ton chef si bien peigné,
> Quand tes cheueux cendrez de leur nature,
> Par les saisons, changeront de teincture,
> Et que tes yeux comme les miens seront
> Bordez de rouge, et de rides ton front :
> Lors mille fois en un désert seullette
> Tu maudiras la grand'faute qu'as faicte
> De n'auoir point raieuny ton printemps,
> Comme i'ay faict, d'amoureux passe-temps...

Ce sont bien, si l'on veut, les paroles de Dafné : « Croy hardiment que le temps viendra que tu te mordras les doigts... ie ne dis pas seulement lorsque tu fuiras les fontaines où tu prends maintenant tant de plaisir à te mirer si souvent, lorsque tu les fuiras de peur de t'y veoir laide et ridée... » Mais comme il y a plus de poésie, même dans la traduction en prose de La Brosse ! Et Francine insiste :

des poètes imite à son tour le petit dialogue de Du Bellay (*Dialogue d'un amoureux et d'écho*) et déploie son ingéniosité à choisir ses rimes. La divinité mystérieuse encourage Chrisophile dans sa lutte contre les monstres (*le Beau Pasteur*), promet à Rustic la fin de ses peines (*Athlette*, II, 3), répond aux gémissements du chevalier Hector (*la Diane*, II), intervient dans les trois premiers actes de *l'Arimène* (I, 2 ; — II, 3 ; — III, 5), donne des conseils à Philère et à Clorinde (*Clorinde*, II, 1 ; — III, 2), joue son rôle dans *les Infidèles fidèles* (I, 4 ; — III. 3), dans *l'Instabilité* (IV), dans *l'Union d'amour et de chasteté* (II, 2 ; — III, 3 ; — IV, 5), dans *le Boscage d'amour* (IV, 2)... Voy. la longue discussion de Guarini : *Annotazioni della ottava scena del quarto atto.*

1. *Les Ébahis* (1560); — *Les Contents* (1584). — La 5e traduction de *la Celestine* paraît en 1578.

Pourquoy ne suis-ie en Athlette muée,
Et, comme elle est, de Rustic désirée?
Combien de fois ie l'aurois embrassé
Depuis le temps qu'il fut de toy blessé...
O que de nuicts et d'antres effroyables
Auroyent cellé nos plaisirs délectables[1].

Content du personnage, Montreux, dans ses pièces suivantes,
n'hésitera pas à s'imiter lui-même. Arbuste, « fausse vieille hor-
riblement hideuse », donnera dans *la Diane* les mêmes conseils
à Jullie :

A qui veux-tu garder pauure insensée
Ceste beauté qui te rend si prisée,
Ces longs cheueux doucement déliez?...
Un jour viendra qu'une blanche teinture
Fera pallir ta blonde cheuelure[2]...

et Argence dans *l'Arimène* :

Un jour viendra, ô fille dédaigneuse,
Que tu seras comme une autre amoureuse[3]...

Avec celle-ci, le type s'achève. Logiquement, nous arrivons à
la scène burlesque où le valet Furluquin poursuit la mégère de
ses déclarations passionnées, tente de lui faire violence... Ce
n'est plus à la Dafné du Tasse que l'on peut penser ici, mais à
la Corisca de Guarini laissant sa perruque entre les mains du
satyre.

Fonteny, La Roque ni Montreux ne se soucient de ces subtilités curieuses de psychologie, qui, seules, pourraient faire l'intérêt d'un théâtre d'amour et compenser la monotonie des intrigues. Ils ne soupçonnent pas le mouvement que peuvent mettre

---

1. *Athlette*, II, 1.
2. *La Diane*, II.
3. *L'Arimène*, I, 4. — Cf., dans *le Fidèle* de Larivey, le dialogue des deux
servantes, Béatrice et Babille : « Ouy, ouy, ses cheueux qui semblent estre de
fin or deuiendront d'argent; ses tempes s'aualleront, ses ioues deuiendront
plattes et ridées... S'apercevant de son erreur, elle plaindra son temps consommé en vain... » (*Ancien Théâtre français*, Biblioth. Elzévir, t. VI, p. 330).

dans une pièce le jeu simple et la marche des sentiments, alors même que font défaut les péripéties. On aime ou on n'aime pas; on est chaste ou passionné : ils ne voient pas autre chose. Leurs personnages, tout d'une pièce, sont sans nuances. Leurs jeunes filles ignorent ces demi-abandons, ces angoisses inexpliquées, tous les petits manèges d'une coquetterie inconsciente. De l'amour, elles connaissent tous les rites, et, délibérées, ne s'étonnent pas qu'on aille droit au but. Pourquoi faire effort contre soi-même, ou gaspiller un temps qui passe si vite? Athlette rabrouait vertement la vieille Francine quand celle-ci plaidait la cause de Rustic :

> Pourquoy veux-tu par un lascif propos
> Troubler mon aage et mon ieune repos?[1]...

Mais écoutez-la parler de Ménalque et rappeler, une fois seule, ses souvenirs :

> Là ie soullois tout le iour me renger
> Auprès de luy, et mes bras allonger
> Entre les siens : là toute la iournée
> Dessus ses yeux ma bouche estoit collée...
> Ie me pasmois entre ses bras noueux[2]...

Les vers sont gracieux, mais un peu vifs.

> Tout est à toy, fais ce que tu demandes,

lui dira-t-elle encore[3]. Et Athlette n'est pas seule de son espèce. Diane, Clorice et Ardenie ne parlent pas autrement[4]. Excédés, certains bergers ne savent à qui entendre :

> Ie croy qu'il n'y a femme au monde si hardie
> Qu'on en voit maintenant en toute l'Arcadie,

1. *Athlette*, II, 1.
2. *Ibid.*, II, 2.
3. *Ibid.*, III, 2.
4. *La Diane, l'Arimène, la Chaste Bergère,*

gémit Floridor dans *les Infidèles fidèles*,

> On n'a plus ce tourment de les aller prier,
> Elles mesmes d'amour nous viennent supplier.
> Ie n'ay garde vrayment de mourir sans maistresse[1]!...

Leur emploi est-il, au contraire, de rester chastes, leur chasteté n'est pas moins avertie. Devant les douleurs d'amour, elles restent insensibles ; aucune plainte ne les touche. Lucile, « la chaste bergère », estime que :

> Mieux vaut auoir peu de pitié
> Qu'estre à son dam trop pitoyable,

et peu lui importe que, pour l'aimer trop, Coridon se soit mis en danger de mort ; elle ne fera rien pour le sauver ·

> Non, non, ceste mort effroyable
> Me seroit bien plus agréable
> Que de changer ma volonté[2]...

C'est ainsi que, les rôles une fois donnés, — et il n'y en a que quatre ou cinq, nettement arrêtés, — chacun remplit le sien avec une conviction admirable. L'office d'Alexis, de Rustic et d'Arimène est de gémir : ils gémissent en conscience et versent des pleurs ininterrompus. Celin doit être gai ; il passera sa vie

> Racontant en tous lieux
> Touiours des mots facétieux[3].

Raisonneur, Frontin raisonne. Diane, prodige d'inconstance,

---

1. *Les Infidèles fidèles*, III, 7. D'une manière générale, d'ailleurs, la jeune fille manque au début de notre théâtre. Cf. les amoureuses de la comédie : *les Esbahis*, *les Corrivaux*, *les Ecoliers*, *les Contents*, *les Neapolitaines*, — ou la tragédie de *Sichem*.
2. *La chaste Bergère*, III-V. — Cf. Jullie, dans *la Diane*, Alphise, dans *l'Arimène*.
3. *La chaste Bergère*, II.

n'a pas la moindre gêne à se montrer telle qu'elle est. Jadis elle aima Fauste, qui, lui, l'aime toujours :

> Mais tout soudain que i'eus veu les beaux yeux
> Du beau Nymphis, son front, ses longs cheueux
> Et ce corail qui doucement se couche
> Sur les œillets de sa mignarde bouche...
> Lors ie perdis en un prompt mouuement
> Le souuenir de Fauste mon amant...

C'est une tranquillité parfaite, sans pudeur, — puisque la pudeur est la spécialité d'une autre :

> .....Capables noz âmes
> Sont de loger cent différentes flammes
> Et en amour le dernier feu qui prend
> Est tousiours plus que le premier ardent...
> Il n'y a point d'autre gloire en amour
> Que le désir de iouir quelque iour[1]...

Réaliser son type, tout est là. Rien d'imprévu ; pas une hésitation ; une docilité à toute épreuve. Et si les circonstances, la marche de l'intrigue, les exigences du dénouement obligent un personnage à se transformer, il changera brusquement, d'un seul bloc :

> I'aurois désir de viure en liberté,
> Mais puisqu'il plaist à la céleste bande
> Que pour espoux Arimen me commande,
> Ie le veux bien et d'un iuste deuoir
> Me rendre ferme à leur diuin pouuoir[2]...

Par malheur, des marionnettes, même admirablement réglées, ne ressemblent pas à des êtres vivants, et l'art dramatique véritable n'a rien à voir en tout cela. Non que ces œuvres soient proprement injouables. *Le Boscage d'amour* de Jean Millot est parmi les plus monotones et les plus immobiles ; il a été écrit

---

1. *La Diane*, I.
2. *L'Arimène*, V, 3. — Cf. le dénouement de *la Diane*, etc.

cependant pour la représentation[1]. Il n'y a rien, en somme, qui ne puisse se porter sur le théâtre, quand le public y met du sien. Sans être très précises, les indications de mise en scène sont fréquentes. Assez souvent, on peut déterminer les lieux divers que figure le décor : *compartiments* spéciaux à la pastorale, bocages « doux et plaisants » où les entretiens se prolongent, forêts où s'enfoncent les chasseurs, verdoyantes prairies, fontaines, sources et rochers, avec, aux extrémités des tréteaux et suivant les besoins de l'intrigue, une bergerie, un temple (*Chaste Bergère*), l'entrée hideuse d'une caverne de sorcier (*Athlette*). Ces compartiments sont, comme à l'ordinaire, supposés indépendants et même assez éloignés les uns des autres. Par là s'explique que, dans *Athlette*, la jeune bergère et Ménalque causent de leur amour, tandis que Delfe et Rustic préparent leur complot, sans que Montreux ait éprouvé le besoin de marquer un changement de scène[2].

Nous trouvons une indication du même genre au cinquième acte de *la Chaste Bergère*, et, sous nos yeux, les principaux acteurs passent d'un compartiment à l'autre. La Roque a voulu noter tous leurs mouvements. Coridon a quitté Ardénie pour aller revêtir le déguisement convenu ; il la retrouve au rendez-vous fixé :

> Dieu que i'ay fait peu de demeure,
> Ie croy qu'il n'y a pas une heure
> Que ie suis parti de ce lieu,
> Desia ie me trouue au milieu
> Du bois où nous nous deuions rendre.

Tous deux poursuivent leur route :

> Sus, suyuons donc nostre chemin,

et arrivent à la porte du temple :

> Or que nous sommes à la porte...

où les gardes les reçoivent.

---

1. Voy. le prologue de « l'autheur aux âmes généreuses ».
2. *Athlette*, III, 3.

> l'ay apris depuis un quart d'heure
> Que dans ce saint temple demeure...

leur dira Ardénie un instant après [1]. Sur la scène donc, doit être figurée la première salle ou le vestibule ; quant à l'intérieur du temple, il est dans la coulisse et Coridon y pénètre seul. — C'est bien la disposition du théâtre telle que l'a décrite M. Rigal [2].

Mais si ces pièces peuvent se jouer, on ne voit pas ce qu'elles doivent gagner à la représentation. Même à côté des froides imitations de Sénèque ou d'Euripide, elles paraissent dénuées d'action ; — ou plutôt, ce qu'elles ont d'action semble aux poètes un poids mort, à peu près inutile. La pastorale, n'ayant point d'équivalents dans le théâtre ancien, ignore toute contrainte ; elle n'a pas à se plier à des règles, à une technique. C'est un avantage, mais c'est un danger. Elle se développe librement ; mais aussi, elle marche à l'aventure, sans expérience et sans art. Il lui faudra passer par les mains d'un homme dont le métier dramatique soit toute la vie. Jusque-là, elle n'aura souci ni de mouvement, ni de vraisemblance.

Les personnages se présentent eux-mêmes et font avec une complaisance loquace les honneurs de leurs sentiments [3]. Peu importe que leurs entrées ou leurs sorties soient injustifiées, pourvu qu'ils traitent longuement les lieux communs attendus. Peu importe qu'ils passent des scènes et des actes à se poursuivre sans se trouver jamais, s'ils ont la parole facile et abondante : Ménalque et Athlette ne sont en présence qu'à la fin du dernier acte [4] ; pendant les trois quarts de la pièce, ils ont épanché

---

1. Edit. de 1599, p. 42 à 45.
2. Rigal, liv. cit.
3. Voy., dans *Athlette*, Delfe :

> Ie sors du fond de mon antre hideux...

Dans *la Chaste Bergère*, Pan :

> l'ay quitté les déserts et les forèts sacrées...

et Alexis :

> Que fais-ie par ces montagnes,
> Par ces bois, par ces campagnes
> Auec l'horreur où ie suis, etc...

4. *Athlette*, III, 3.

leurs plaintes solitaires. Des événements imprévus, des coups de théâtre couperaient l'harmonie des belles tirades. Rien ne vaut un monologue ou un récit, même quand les choses qu'il nous raconte se sont déjà passées sous nos yeux[1]. Et de là, sans doute, l'importance des rôles de confidents ; de là, le succès de cette scène, si souvent reprise, où un amant aperçoit sa maîtresse endormie et tarde à la réveiller[2].

Le sujet posé, l'action s'arrête d'ordinaire et ne reprend que sur la fin, pour amener la conclusion. L'intrigue d'*Athlette* est tout entière dans la longue narration que Montreux imite de celle du Tasse[3]. Il en est de même de *la Diane*, et je ne parle pas du *Beau Pasteur*, où rien ne se termine, rien en somme n'ayant commencé. Les quatre premiers actes de *la Chaste Bergère* ne sont pas moins vides ; le troisième reprend le second, et le quatrième ne fait pas un pas de plus. Le départ de Lucile pour le temple, le déguisement de Coridon qui veut la suivre, le stratagème d'Ardénie, les apprêts du sacrifice, la reconnaissance et le mariage, tout est condensé dans les dernières pages et présenté à la hâte.

Encore moins trouverait-on une scène conduite d'un mouvement logique. Le dialogue, qui s'en tient aux généralités, ignore ces coupes diverses, ces brusques arrêts, ces réticences, ces élans qui donnent la vie. Il ne cherche pas à se modeler sur l'état d'âme des personnages, à suivre les à-coups de la passion. Voici la composition des deux premiers actes d'*Athlette* : huit tirades de soixante à quatre-vingt-quatre vers, une de cinquante-six, une de quarante, trois de vingt-deux à trente, deux de quatorze et dix-huit, et une seule réplique qui se contente de deux vers. Le troisième acte, il est vrai, est plus varié : c'est qu'Athlette endormie ne peut prononcer de trop longs discours ; c'est aussi qu'il faut couper à intervalles réguliers le récit de Francine (cent vers), et les quatre cent cinquante vers de Tirsis. Ces interruptions, au

---

1. *Athlette*, III, 1.
2. *Ibid.*, III, 2 ; — *La Diane*, III ; — *L'Arimène*, III, 3 ; — *Les Infidèles fidèles*, IV, 1, etc.
3. *Athlette*, III, 4.

reste, d'une monotonie voulue, ne sont pas faites pour donner à la scène beaucoup plus de vivacité [1].

Peut-être ne faut-il pas juger sur *Athlette* toutes les pastorales de cette première époque. D'autres ont une allure moins régulière, moins uniformément tendue et oratoire : elles ne sont pas plus vivantes pour cela. Les quelques idées, très simples, s'ordonnent toujours suivant des procédés identiques. La composition d'une tirade est réglée d'avance, comme les thèmes qui lui servent de matière. Tantôt un refrain véritable scande le développement d'un monologue [2], tantôt une même formule reprise à satiété :

> Ie ne suis plus cet Hector renommé,
> Qui paraissoit deuant un camp armé,
> De qui le front...
> Ie ne suis plus cet Hector généreux...
> Ie ne suis plus héritier du beau nom
> Du grand Hector [3]...

[1].
> Que te dit-elle? O Rustic misérable...
> — Et à cela que te répondit-elle?...
> — ... Pour **tes** vœux acquitter
> Enuers Rustic, achève de compter...
> (III, 1.)
> — Ie te pry donc de me le faire entendre,
> Car tousiours l'âme est cupide d'apprendre...
> — Et bien enfin, le fit-elle iouir
> De ses amours? Ie désire l'ouir...
> — Et bien, comment prit-elle enfin vengeance
> Du fier Ménalque et de son arrogance?...
> — A la parfin par ce présent charmée
> Rustic fut-il de sa maîtresse aymé?...
> — Pauure berger, ie plore son tourment
> Mais conte-moy le reste viuement...
> — Mais conte-moy encore, ie te prie,
> Que fit Rustic et s'il perdit la vie...
> (III, 4.)

2. Voy. l'invocation d'Urchio dans *le Beau Pasteur*.
3. *La Diane*, II. — Cf., dans l'*Arimène* :
> Elle attend donc ce sanglier...
> Elle l'attend ainsi que le chasseur...
> Elle attend donc...
> (I, 4.)
> Ie cherche Alphise et Alphise cruelle
> S'enfuit de moy d'une fuite immortelle
> Ie cherche Alphise et d'un semblable pas
> En la cherchant, ie cherche le trespas.
> Ie cherche Alphise...
> (III, etc.)

et, à la dernière scène, les litanies en l'honneur du duc de Mercœur.

Rien ne marque mieux une âme troublée ou frappée d'admiration..... Les interjections, les interrogations s'accumulent. Si le personnage a des raisons d'hésiter entre deux partis, une série de paragraphes régulièrement balancés développent le pour et le contre : telle la tirade de Rustic, hésitant à profiter du sommeil d'Athlette, ou, au premier acte de l'*Arimène*, celle de Floridor, se reprochant sa faiblesse :

I. — Quoy donc amour? Auras-tu la puissance
   De surmonter ceste male veuillance...

II. — O quel malheur! Mais ce n'est pas misère
   Que réuerer ce que le Ciel reuere...

III. — Mais qu'ay-ie dict? Est-ce faute de cœur?...

IV. — Mais quoy? Ne puis ie estouffer[1]... etc.

Les transitions sont faciles à trouver, et la longueur d'un monologue ainsi construit est à la discrétion du poète; or, les poètes ne sont pas discrets.

Une seule chose, en réglant une scène, les intéresse : l'effet musical. Les actes se déroulent, monotones et diffus. Les chansons qui, de-ci de-là, s'entremêlent au dialogue ne tranchent pas sur la tonalité de l'ensemble. La douleur s'exprime comme la joie, les imprécations s'enveloppent de périphrases, tout s'estompe : plaintes ou prières, les conversations s'ordonnent en couplets, ces couplets se font équilibre, et il est rare qu'à une phrase ne réponde pas une réplique de longueur à peu près égale et de même dessin. Cette langueur fait le charme des interminables entretiens d'Ardenie et de Coridon[2]; elle se trouvait déjà dans la grande scène du premier acte de *la Diane*. Mais, ici, l'effet rythmique du morceau est plus étudié. Sa régularité est parfaite. Fauste supplie Diane, Diane supplie Nymphis, Nymphis supplie Jullie : soit, trois tirades assez longues; mais Jullie représente la chasteté invincible; elle repousse Nymphis, qui repousse Diane, qui repousse Fauste, et ce sont trois répliques en sens inverse, plus brèves celles-ci : petit travail de poésie géo-

1. *L'Arimène*, I, 2.
2. *La Chaste Bergère*, édit. de 1599, p. 13 et 18.

métrique tout à fait ingénieux[1] ! Ailleurs, le rythme décroît de
façon presque insensible, et la scène qui a commencé par de
solides tirades oratoires s'achève sur une série de vers opposés
un à un. Presque toutes les scènes de *l'Arimène* finissent ainsi[2].
Le procédé vient de Sénèque, et l'on sait l'usage — ou l'abus —
qu'en fera notre tragédie pour opposer violemment des sentiments contraires. L'effet, ici, est tout autre — l'on a l'impression plutôt d'une harmonie douce qui s'éteint...

Jusqu'à quel point ces qualités peuvent-elles porter sur le public, s'imposer à son attention et retenir, « la bouche close et les
yeux ouuers[3] », cette foule peu accoutumée à chercher dans les
spectacles un plaisir d'art, éprise de bruit et de mouvement? Les
auteurs comiques, qui tâchent cependant de se plier à ses goûts,
ont souvent à s'en plaindre. Leurs prologues implorent et sup-
plient[4]. Comment écouterait-elle les mélancoliques duos d'amour
de la pastorale? Même devant des spectateurs de choix, celle-ci
risque de paraître vide d'intérêt, si l'on ne prend soin d'en rendre la matière plus abondante et diverse.

Montreux a cédé à des préoccupations de ce genre quand il
présenta *l'Arimène* aux courtisans du duc de Mercœur; il a
voulu écrire une œuvre plus complexe que ses œuvres précédentes. Le malheur est qu'il enrichit sa pièce par le dehors seulement, par l'adjonction d'éléments nouveaux liés tant bien que
mal à la matière traditionnelle. A travers les péripéties de ces
cinq actes, passent des personnages de farce, mêlant leurs saillies
burlesques aux tirades passionnées[5]. Au milieu des invocations

1. Un effet analogue dans *les Infidèles fidèles*, IV, 4, dans *les Amantes* de
Nicolas Chrestien, I, p. 19 et suiv.
2. Voy., I, 1, 2, 4; — II, 4; — III, 1; — V, 2.
3. Prologue des *Contents*.
4. Voy. le prologue des *Esprits :* « A ceste cause, Messieurs et Dames,
vous nous ferez ceste faueur de vous tenir chacun en vos places et de ne parler
d'enchérir le pain, ny si, ces prochaines vendanges, nous aurons bonne vinée;
de ne discourir aussi des armées qui se voyent en l'air, des monstres qui naissent sur la terre, ny si la Flandre sera bientost paisible et si le moindre com-
mandera encor long temps au plus grand, parce que demain matin, vous
pourmenant en la salle du palais vous en pourrez deuiser plus commodément
et à loisir... »
5. Il se souvient sans doute des comédies de ses débuts. *la Joyeuse* et *la*

de Circiment éclatent les plaintes du valet Furluquin, effaré,
affamé :

> Adieu potage, adieu souppe diuine
> Que ie mangeois en la grasse cuisine[1]...

Le pédant Assave traite à sa mode les lieux communs consacrés :

> O le grand cas, mirabile dictu
> Et plus encore admirable factu...
> Verus amor non patitur feintise...
> Eh que ne puis-ie en douceur non pareille
> Osculari ceste bouche vermeille[2]?...

Il semble que l'auteur ait voulu se parodier lui même. Et c'est, à
peu près à la fin de chacun des actes, une de ces scènes grossières, batailles et poursuites, qui doivent faire éclater le rire à
pleine gorge : Furluquin, aux prises avec le diable et les esprits,
sa bataille avec le pédant, ses assauts à la pudeur chancelante de
la vieille Argence[3].

Mais quel que soit leur goût naturel pour ces gentillesses, les
invités de la cour de Nantes sont en droit d'exiger autre chose.
Ils attendent ces merveilles de mise en scène, ces exhibitions
coûteuses et naïves qui sont devenues avec les Valois l'ornement
nécessaire des fêtes de cour, mascarades, cortèges ou ballets. Le
fameux *Ballet de la Reine* sera longtemps dans toutes les mémoires, et Philippe-Emmanuel de Lorraine, à qui le malheur des
temps, la popularité et les droits héréditaires de sa femme sur
l'ancien duché de Bretagne permettent de hautes ambitions, tient

Décevante (voy. La Croix du Maine). Il peut d'ailleurs s'autoriser d'exemples
italiens (scène de la nymphe Diversa et du villano Fantasia, dans l'*Ecloga* de
Luca di Lorenzo; — Murrone dans la *Silvia;* — la conclusion purement
comique de la *Filena;* — et, dans le *Pastor*, tout l'épisode de la grotte et le
rôle de Corisca).

1. I, 3. — Cf. la parasite Gaster dans *les Néapolitaines.*

2. I, 5. — Cf. le pédant dans *les Abusez* de Charles Estienne, dans *le Laquais* et *le Fidelle* de Larivey.

3. III, 1, 2. — Cf., dans *la Trésorière* de Grévin, le rôle de Boniface, valet
du Protonotaire, poltron et vantard, et ses amours avec la fille de chambre
Marie. Tous ces personnages sont de tradition italienne.

à déployer une magnificence quasi royale. La pastorale, nous l'avons remarqué déjà, ne s'y prête que trop. Ses bosquets, ses grottes et ses fontaines sont le cadre habituel de ces spectacles où la musique, la poésie et la danse unissent leurs prestiges. Les nymphes et les satyres qu'elle met en scène sont dressés à chanter les louanges des grands; avec ses divinités, solennelles ou familières, ses incantations, ses lieux communs, ses couplets harmonieusement balancés, elle contient en germe l'opéra futur, et l'exemple du *Pastor fido*, récemment traduit, a montré ce que lui peuvent ajouter de grandeur les intermèdes et les machines. Le duc de Mercœur, à en croire Montreux, aurait travaillé lui-même à rendre le spectacle digne de son nom. Les princes antiques, dit-il, « se contentoyent de paroistre par les frais honorables, relaissans toute l'inuention au Poëte, où vous auez et frayé largement et donné vie à l'inuention de la chose... » Mais il faut se défier d'une épître dédicatoire.

Les renseignements assez précis que le poète donne ensuite sur la mise en scène de son œuvre et la plantation du décor sont plus intéressants [1]. Celui-ci reste toujours le décor multiple du Moyen-âge, mais avec quel luxe italien! Toutefois, la pièce étant un drame véritable et non plus un simple scénario de ballet, certaines libertés sont impossibles. La décoration ne peut, comme elle l'avait fait dans le *Ballet de la Reine*, se répartir à la fois sur la scène et sur les côtés de la salle. Les acteurs ne peuvent, sans une invraisemblance choquante, débiter leur rôle parmi les sièges du public. Il faut s'en tenir à cette estrade « de 25 pieds en quarré, esleuée à l'un des boutz de la grand'salle du chasteau », et c'est une difficulté déjà. Balthazarini lui-même aurait été gêné pour dresser en cet espace restreint son « Bocage de Pan », sa « voûte dorée », son « chateau de Circé », ou pour y présenter des machines comme « le char de Pallas » et « la fontaine de Glauque ». Mais l'ingéniosité de l'auteur sait y suppléer. Le théâtre dont « la face estoit abaissée d'un pied et demy

---

1. « Au lecteur ». — Voy. Louis Lacour, *Mise en scène et représentation d'un opéra en province vers la fin du seizième siècle*, Paris, Aubry, 1858 (extr. de la *Revue française*, t. XII); — Et. Destranges, *Le Théâtre à Nantes*, Paris, Fischbacher, 1893.

pour en rendre plus apparente la perspectiue, portoit en face
quatre pantagones, chacun rendant cinq diuerses faces, et ces
pantagones estoient meuz et tournez par une seule viz de fer
qu'un homme seul pouuoit tourner soubz le téastre ; les faces estoient peinctes diuersement selon le subiect de la pastorale et des
diuers intramèdes, les chapeaux des pantagones semez de fleurs
meslez de lambrisseaux d'or et portans chacun quatre flambeaux
alumez. Sur le téastre estoit un grand ciel portant la face noc-
turne pour supporter les corps célestes représentez aux intramèdes. Les pantagones laissoient diuerses ouuertures entre eux
par où sortoient les acteurs. A l'un des boutz du téastre estoit la
grotte de Circimant, magicien, d'où sortoient les démons alors
de ses coniuremens et de l'autre un antique rocher duquel sortoient partie des effects de sa magie comme feux, fontaines, serpens et autres choses. Les deux costez du téastre estoient garniz
de rang de lampes de verre, plaines d'huiles odorantes et de
toutes couleurs... » Avec ces pentagones, imités de l'antique[1],
quelques monstres articulés, des jets de fumée et de flamme,
une trappe ménagée dans le plancher de la scène, une machine
permettant à Jupiter d'apparaître au milieu des nuages, et à
Persée d'en descendre, fièrement campé sur un Pégase de bois et
de carton, on pouvait tout oser.

A chacun des entr'actes, des intermèdes présentèrent une
scène mythologique tout à fait indépendante de la pièce[2]. A la
bataille d'Assave et de Furluquin succède, sans transition, le
combat des dieux et des géants : « Les faces des pantagones...

---

1. Ce sont, avec deux faces de plus, les Périactes que décrit Vitruve, V, 6.
2. Sur l'utilité des intermèdes, voy. l'argument de la *Bradamante* de Garnier : « Et parce qu'il n'y a point de chœurs comme aux tragédies précédentes
pour la distinction des actes : celuy qui voudroit faire représenter ceste Bradamante sera, s'il lui plaist, aduerti d'user d'entremets et les interposer entre
les actes pour ne les confondre et ne mettre en continuation de propos ce qui
requiert quelque distance de temps... » Voy. aussi les intermèdes du *Braue* de
Baïf. — M. Toldo (art. cit.) signale dans le théâtre italien la fréquence de ces
intermèdes : parfois, dans le *Vecchio amoroso* de Giannotti, dans l'*Errore* de
Gelli, etc., de simples morceaux en vers récités par le chœur; ailleurs, dans
l'*Amor costante* et dans les *Due fratelli rivali* de Della Porta, ce sont des
danses, des tournois, une chasse au taureau (« abbattimenti et caccie di tori »).
— Cf. Vittorio Rossi, *Battista Guarini*...

changèrent représentantz plusieurs rochers antiques. Les géantz armez à l'antique et hault esleuez parurent sur le téastre, arrachantz ces rochers les uns sur les autres. Il demeuroit au lieu d'eux sur les pantagones une certaine représentation que laisse une pierre arrachée. Au bruit de ces hommes, Jupiter parut au ciel en un globe tournant qui venant à s'ouurir feit voir ce dieu assis sur l'arc du ciel [1]... » Le second intermède figura l'enlèvement d'Hélène; ce fut ensuite la délivrance d'Andromède, la mort d'Argus avec une « belle vache » vivante qui courait sur le théâtre, et, pour finir, l'histoire d'Orphée dans un décor infernal « semé d'ombres, de serpens, de feux et de mille horreurs... ».

Ces merveilles durent frapper vivement les yeux des grands seigneurs assis près de la scène, sur un « perron couuert de tapisserie », et des spectateurs de moindre importance rangés sur l'amphithéâtre ou dans les galeries qui occupaient l'extrémité et les côtés de la salle. « Les inuentions qui ont formé le corps des intramèdes, déclare Montreux avec modestie, ont rauy les âmes des spectateurs en leurs obiects et la naïfue prononciation des vers esmeut à les entendre. Aussi ont-ils esté honorez par le vœu des plus belles âmes de ceste prouince [2]. » Il en coûta 4,000 écus au duc de Mercœur... Mais quel profit le genre même de la pastorale devait-il retirer de telles exhibitions? C'était, si l'exemple trop coûteux eût pu souvent être suivi, l'engager dans une voie contraire à son objet véritable et le pervertir au lieu de lui faire faire un pas en avant. Même au point de vue scénique, *l'Arimène* ne marque pas un progrès; la confusion augmente, non pas la richesse de l'œuvre.

Et pourtant, ces premières pastorales, confuses et mal conduites, ne sont pas négligeables. La souplesse de cette nouvelle forme dramatique, sa nonchalance insoucieuse des règles et des nécessités du théâtre, les maladresses mêmes de Montreux, tout

1. Peut-être un souvenir du ballet de *la Défense du Paradis*, donné aux Tuileries pour le mariage du roi de Navarre. Voy. Celler, *Les origines de l'opéra*, Paris, Didier, 1868, p. 76.
2. Dédicace.

cela ne manque pas d'un certain charme, auprès de la raideur de
la tragédie. Dans une littérature où tout est conscient, volon-
taire, un peu tendu, on goûte cette ingénuité puérile. Ajoutez
que ces petits drames parlent d'amour, ce qui déjà les fait plus
proches de nous, — qu'ils en parlent avec toute la délicatesse
dont sont capables des Français du seizième siècle, — qu'un peu
de sincérité suffit parfois à nous intéresser au plus rebattu des
lieux communs, et qu'il serait étrange que jamais une émotion
véritable ne parvînt à se faire jour, à travers les affectations ou
les recherches du style. On s'habitue assez vite, en somme, au
rythme sautillant de *la Chaste Bergère* ou à la redondance d'*Athlette*. On se résigne même à l'indispensable phraséologie, dimi-
nutifs mignards, épithètes et métaphores, — « corail des lèvres,
sourcilz voutés, monts de lait caillotté, beaux soleils, joues ver-
meillettes, ou rondelettes, ou tendrelettes, cheveux troussés en
ondelettes... » Toutes les écoles poétiques ont leurs innocentes
manies. L'essentiel est qu'elles ne se contentent pas de cela.

Or, ici, la préciosité n'exclut pas toujours la grâce sincère et
même la profondeur du sentiment. Je ne parle pas seulement
de quelques vers qui nous surprennent par les rapprochements
qu'ils évoquent ; ce mot de Rustic, par exemple :

> Puis on dira, estant dessoubs la lame
> Rustic mourut pour aymer trop sa dame[1]...

ou ce cri de colère d'une amante jalouse :

> Arimène ayme et n'en suis appercue ![2]...

ou ces deux vers d'Alphise, impatiente et boudeuse :

> Ou vis ou meurs ie ne me soucie pas
> De te voir viure ou courir au trespas[3]...

Il serait puéril d'attacher de l'importance à des rencontres fortuites ; des situations analogues amènent les mêmes mots, et ni

1. *Athlette*, III, 2.
2. *L'Arimène*, I, 5.
3. *Ibid.*, II, 1.

Marivaux, ni Racine, ni Corneille ne se sont souvenus d'Ollenix du Mont-Sacré, gentilhomme du Maine... Mais voici de jolis vers, d'une grâce légère :

> Où t'en vas-tu si belle et si iolie
> Ainsi seulette, ô céleste Iullie?
> Où court ton pied si gaillard et dispos
> Qui n'a iamais qu'en cheminant repos?
> Qu'est-ce qui rend plus vermeille ta face
> Que de coutume et plus rouge ta grâce?
> Est-ce l'amour qui aux rais de son feu
> Va rougissant ton beau front peu à peu,
> Ou le trauail que tu prens à la chasse?[1]...

Malgré quelques détails trop précis, la tirade dans laquelle Fauste rappelle son bonheur d'autrefois est d'une poésie assez pénétrante :

> Lorsque seulets sous les hauts alisiers
> Nous nous perdions en mille doux baisers...
> Nes lèures lors de souhait affolées
> L'une sur l'autre estoient ferme collées
> Et se pressoient de touchemens si forts
> Que nous n'estions qu'une bouche et un corps...
> Les fleurs montroient, comme nous amoureuses
> D'un mesme bien, leurs faces gracieuses,
> S'entortilloient à l'entour de noz bras
> Et parfumoient noz seins à demy las.
> Les arbres hauts dégouttoient sur noz testes
> A blancs bouquets mille douces fleurettes[2]...

Ces bergers de convention sont sensibles, vraiment, aux magies de la nature :

> Mais voy ces champs par noz mains labourez
> Qui de fourment iaunissent tous dorez :
> Voy le beau grain, voy sa paille arrangée
> Qui monte en haut de couleur orangée.
> Voy ces espics, qui barbus font encor
> Honte au soleil, plus luisans que fin or[3]...

1. *La Diane*, II.
2. *Ibid.*, I.
3. *Ibid.*, II.

Ils ont des impressions vives et curieusement notées ; tout les intéresse ou les touche, la paix religieuse du crépuscule :

> Parmi les bois un silence s'espand...,

les jeux du soleil à travers les arbres :

> L'on voit ton front par petites lumières
> Luire au trauers les branches forestières...,

le flamboiement des plaines ardentes :

> Le front barbu du froment porte graine
> Blanchit en feu au milieu de la plaine[1]...

Le décor familier vit de leur vie. La campagne s'anime, peuplée de divinités :

> ... Dans la main les flutes forestières,
> L'on voit courir parmi les bois branchus
> D'un pied gaillard les satyres fourchus.

A leurs jeux se mêlent

> les nymphes qui iolies
> Portent souuent les robes racourcies,
> La cotte courte en rond d'un casaquin
> Et en marchant le gaillard brodequin[2]...

Ils se sentent renaître aux premiers souffles du printemps, et, dans les nuits tièdes, ils ont deviné, sous les branches, le lascif cortège de Vénus :

> Ia la molle Vénus
> Monstrant ses membres nus
> Danse sous la sérée
> Au lunaire flambeau
> Auec le gay troupeau
> De sa bande sacrée[3]...

1. *La Diune*, I.
2. *Ibid.*, I.
3. *Le beau Pasteur.* Cf. le *Retour du printens* de Du Bellay (*l'Olive et autres œuvres poétiques,* ode VIII) :

> Venus ose ia sur la brune
> Mener danses gayes et cointes
> Aux pasles Rayons de la Lune,
> Ses Grâces aux Nymphes bien iointes...

Et je ne dis pas que tout ceci soit nouveau en soi, ou de grande valeur. Parmi les poètes de la Renaissance, Fonteny et Montreux sont loin de s'élever au premier rang; mais ce sont des poètes et nous devons être reconnaissants à tous ceux qui, écrivant chez nous pour le théâtre, voulurent être autre chose que des dialecticiens, des rhéteurs ou des professeurs de morale. Grâce à eux, ou plutôt grâce au genre pastoral [1], la poésie s'empare de la scène, où ne s'étalaient guère que les froides horreurs de la tragédie à l'antique. La tentative échouera ; notre théâtre classique se gardera du lyrisme avec un soin farouche : c'est une raison de plus pour être indulgent à ces petites œuvres monotones, naïves, d'un charme archaïque et délicat.

*
* *

Deux pièces, l'une de Montchrestien, l'autre de Chrestien des Croix, sans avoir une valeur propre, résument au début du dix-septième siècle les acquisitions de la pastorale et nous offrent, comme en un tableau d'ensemble, toutes les ressources et les éléments qu'elle mettra en œuvre. Leur titre même, de caractère tout à fait général *(Bergerie, — les Amantes ou la Grande pastorelle)* [2], semble annoncer des œuvres typiques, modèles d'un genre. Et il est vrai qu'elles paraissent contenir assez de matière pour qu'il soit inutile, désormais, de puiser ailleurs.

1. Même dans les jeux populaires, il apporte quelques notes de franche poésie. Témoin, dans le théâtre de l'*Infanterie dijonnoise (les Quatre Jeux* de 1576), la chanson des satyres :

> Le gran Pan forestier, de Syrinx amoureux
> Pour la femme quicta les antres ombrageux,...
> Car la femme n'est rien que la douceur du monde.

(Édit. Durandeau, p. 46.)

2. *Les tragédies de Ant. de Montchrestien, sieur de Vasteuille, plus une bergerie et un poëme de Susan*, Rouen, Jean Petit, s. d., in-8° (privilège donné à Paris le 12 décembre 1600, et à Rouen le 9 janvier 1601). La *Bergerie* qui manque dans l'édition de 1604 (Rouen, Jean Osmont) se retrouve dans celle de 1627 (Rouen, Pierre de la Motte). — *Les Amantes ou la grande pastorelle, enrichie de plusieurs belles et rares inuentions et releuée d'intermèdes heroyques à l'honneur des François par Nicolas Chrestien, sieur des Croix*, Rouen, Raphaël du Petit Val, 1613, in-12.

On a souvent marqué le contraste frappant qui existe entre la vie agitée d'Anthoine de Montchrestien et la mollesse, la langueur, le charme de ses vers[1]. Cet aventurier, pour qui la littérature ne fut qu'un divertissement, mêlé ou compromis dans les affaires les plus singulières, très en avance d'ailleurs sur les idées de son temps, exempt de timidité et même de scrupules, reste, à envisager son théâtre, un élégiaque égaré dans la tragédie. Sous l'apparente variété des titres, ses pièces se déroulent, tranquilles, fleuries, sans un effort jamais vers la vie ou le mouvement. Un sujet tragique n'a pour lui d'autre intérêt que de fournir des thèmes généraux à une série de méditations lyriques.

On croirait qu'avec ses personnages assez nombreux, la *Bergerie* puisse avoir quelque liberté d'allure. Le mélange de la prose et des vers — Montchrestien passe de l'une aux autres avec beaucoup de souplesse[2] — semble devoir donner au dialogue plus de vivacité, plus de variété surtout. « Cette pièce, déclare la *Bibliothèque du théâtre François*, est, sans contredit, le meilleur ouvrage de Montchrestien ; elle est bien dialoguée et le sujet en est ingénieux[3]... » Nulle part, cependant, la pauvreté d'invention n'est plus sensible et plus fâcheuse qu'ici. Le sujet essentiel tient en quelques dialogues ; Fortunian, amoureux de Dorine, ne peut triompher de sa pudeur malgré le secours de la vieille Philistille : voilà pour les quatre premiers actes ; un dénouement tiré du *Pastor* les unira au cinquième. A cette intrigue principale sont juxtaposées trois intrigues épisodiques, d'une non moindre originalité : les deux sœurs Célestine et Lucrine sont aimées de Blondin et de Grinand ; elles résistent d'abord,

---

1. Voy. G. Lanson, *La littérature française sous Henri IV. Antoine de Montchrestien* (*Revue des Deux-Mondes*, 15 septembre 1891).

2. A remarquer, le caractère rythmique de cette prose et le nombre des vers blancs : « Et si ie meurs en ma poursuite, — Ce ne sera point sans honneur... (édit. de 1627, p. 377). — Mais ne perds iamais le courage, — Le pouuant tousiours conseruer... (p. 380). — C'est un serment d'amoureux, — C'est assez s'il dure un quart d'heure... (p. 382). — Le feu, Que tes diuins regards allument en mon cœur.» (p. 383). — Ie t'obéirai, voire aux despens de ma vie... (p. 393). — Le ruisseau de mes pleurs et le cours de mes plaintes... (p. 432), etc.

3. T. I, p. 307.

mais Grinand sauve Lucrine des mains d'un satyre, ce qui mérite une récompense et décide Célestine à suivre l'exemple de sa
sœur ; — les calomnies d'Alerin (proche parent de l'Ergasto de
la *Diéromène*) ont réussi à rendre Dioclaste jalouse de Formino ;
désespérée, la jeune fille se jette, tel Aminta, du haut d'une roche ; la roche, par bonheur, n'était pas très haute, et l'amant se
trouvait là pour recevoir dans ses bras celle qu'il n'avait jamais
cessé d'adorer ; — Mirthonis et Cornilian, amoureux d'Aglaste,
se la disputent en bergers beaux parleurs (cf. *Bergerie*, II, 5,
Diéromène, I, 3) ; celui-ci garde l'avantage ; fou de colère,
son rival blesse sans raison la malheureuse Célestine dont le seul
tort était de l'aimer (cf. *Bergerie*, IV, 5, *Diéromène*, IV, 1,
Pastor, IV, 8) ; est-il besoin de dire que la blessure ne sera pas
mortelle ?... Toutes ces intrigues, d'ailleurs, se développent,
indépendantes, sans jamais s'entre-croiser ; les épisodes nouveaux
s'ajoutent simplement aux épisodes anciens ; Fortunian ne connaît ni Grinand ni Blondin, Formino ignore jusqu'à l'existence
de Mirthonis et de Cornilian. Les actes se subdivisent tous en
quatre groupes de scènes, absolument distincts, disposés toujours avec une régularité parfaite, dans un ordre identique,
chacun ayant ses personnages propres, reprenant leur histoire
au point exact où l'acte précédent l'a arrêtée, s'en tenant strictement à sa matière. Sans supprimer une ligne, sans ajouter une
transition, sans changer un mot, on pourrait dissocier le tout et
jouer en même temps les morceaux de la pièce sur quatre scènes
différentes :

1º Les amours de Fortunian : I, 1 — II, 2 — III, 2, 3 —
IV, 1 — V, 1, 2 ;

2º Les amours de Blondin et de Grinand : I, 2 — II, 3 —
III, 4, 5 — IV, 2, 3 — V, 3 ;

3º Les amours de Formino : I, 3 — II, 4 — III, 6 — IV, 4 —
V, 4 ;

4º Les amours de Mirthonis et de Cornilian : I, 4, 5 — II, 5 —
III, 7 — IV, 5, 6 — V, 5.

Restent les tirades de Cupidon (Prologue II, 1 — III, 1) et
les chœurs, assez généraux pour s'appliquer indifféremment à
tout.

C'est le contraire, à peu près, de ce qu'on est en droit de chercher dans une pièce, même médiocrement conduite. A cet égard, la *Bergerie* est inférieure à la *Diane* et à l'*Arimène*. Pas le moindre souci de rien préparer, de rien justifier, de rien expliquer. Une ou deux tirades seulement ont quelques prétentions psychologiques et n'en valent pas mieux pour cela. Blondin, révolté des mépris de Célestine, vient de l'abandonner; la jeune fille, regrette maintenant : « Il est furieux ; mon Dieu comme il tempeste. Ha quelle émotion m'agite le cœur; c'est l'amour, si ie ne me trompe, qui l'abandonne et vient se saisir de moy. Il prend vigueur en mon âme, et la haine qui la possédoit n'est assez forte pour l'en déchasser. Chose estrange! de la mort de son affection la mienne a sa naissance. Celuy que i'ay tousiours mesprisé ne tien conte de moy, quand ie commence à le priser. Ileuien, Grinand, rcuicn. Ce quo ton amour n'a sceu faire, ton desdain le fait auiourd'huy [1]... » Comme analyse de sentiments, c'est tout ce dont est capable Montchrestien.

Mais cette intrigue successive a l'avantage de laisser la place libre aux imitations. L'*Arcadie*, l'*Aminta,* le *Pastor*, la *Diéromène*, l'*Alcée*, sans parler d'*Athlette*, de la *Chaste Bergère* ou de l'*Arimène*, Montchrestien prend son bien où il le trouve, et il le trouve partout [2]. Souvenirs mythologiques, comparaisons, antithèses, ordinaires formules, récits de chasse, tirades philosophiques sur l'âge d'or, sur l'honneur, sur la jalousie, sur la puissance de Cupidon, sur la rivalité de Vénus et de Diane, sur la fragilité de la jeunesse, sur les délicieux tourments de la passion..., on dirait une mosaïque consciencieuse et naïve. Tous les emprunts, disséminés ailleurs, sont ici réunis. La *Bergerie* suffirait, en somme, pour dresser une liste des éléments traditionnels. Rien n'y manque : les vierges pudiques, les amantes exaltées, les bergers passionnés ou insensibles, les confidents, le père désespéré, la vieille femme experte à composer des philtres amoureux, le satyre, l'écho, l'oracle, le sacrifice interrompu, les

___

1. III, 3. — Une situation analogue dans la *Mirzia* (voy. Carducci, liv. cit., p. 63).

2. Voy. par ex. la réponse de Dorine à Fortunian : « Meurs, vi, chante, pleure; ce m'est tout un... », etc. (III, 3). — Cf. Alphise dans l'*Arimène*, II, 1.

reconnaissances, des colères, des remords, des crimes, des résurrections... Les personnages semblent avoir vécu dans l'intimité
des héros de Guarini, du Tasse ou de Luigi Grotto. Il les offrent
en exemple, rappellent leurs paroles. « Souuenez-vous de Diéromène », dit Blondin [1] ; et Dioclaste, conseillant la sagesse au
trop impétueux Formino : « Toy qui fus autrefois disciple du
bon Thirsis [2]... » Avec cela, des souvenirs antiques : « Ie voy
mon bien et ie l'approuue, mais ie suy pourtant mon dommage [3]. » — « Il ne m'appartient pas d'accorder de si grands
débats entre vous [4]... »

Jamais encore, si ce n'est dans les traductions avouées, l'imitation n'avait été si directe et si soutenue. Sauf quelques détails
sur la légèreté de Vénus et les cornes de « son boiteux », le premier discours de Cupidon n'est qu'une amplification du prologue
de l'*Aminta* :

« Encor que ie vous semble petit, ie suis le grand dieu
d'Amour, qui commande absolument au Ciel, à la Terre, à la
mer et aux enfers. Ie viens d'auec ma mère Vénus... Me recog-
noissez-vous point en ceste forme ?... »

> Chi crederia che sotto umane forme...
> Fosse nascosto un Dio? Non mica un Dio
> Selvaggio, o de la plebe de gli Dèi,
> Ma tra grandi e celesti il più potente...
> In questo aspetto, certo, e in questi panni
> Non riconoscerà si di leggiero
> Venere madre me suo figlio Amore.
> Io da lei son costretto di fuggire...

« Escoutez donc en toute reuerence les discours de mes ieunes
bergers... Vous orrez les echos souspirer des plaintes et les
aires respirer des douceurs... »

> Queste selve oggi ragionar d'amore
> Udranno in nuova guisa...

1. II, 3, p. 413.
2. II, 4, p. 415.
3. I, 2, p. 383.
4. II, 5, p. 422.

« Auez-vous rien ouy conter de la paix que i'ay faicte au ciel...
A mon seul regard, la foudre tomba des mains de Iupiter ; Mars
quitta son horrible hâche d'armes ; Vulcain mesme... »

. . . .
Che fa spesso cader di mano a Marte
La sanguinosa spada, ed a Nettuno...

La grande scène de Silvie et de Dafné a de même son équiva-
lent tout à fait exact dans celle de Dorine et de Philistille (« Cangia, cangia consiglio, — Pazzarella che sei... Deuiens donc sage
petite folle... — Conosco la ritrosa fanciullezza... Ton esprit est
bien occupé de ces folles opinions dont la plus belle partie de
mon ieune âge fut abusée... — Qual tu sei, tal io fui... Ie fus
longtemps ieune et folle comme toy... — Altri segua i diletti de
l'Amore... Aime l'amour qui voudra » [1]...).

Et voici pour les plaintes de Fortunian :

« Sexe ingrat et plain de cruauté ! Qui ne blasmera la nature,
d'auoir mis au visage des femmes tout ce qu'elles ont de beau,
d'agréable et de gentil et caché dans leur cœur plus de rigueur
et de félonnie que n'en eurent iamais les lyons et les ours... »

Oh crudeltate estrema! oh ingrato core!
Oh donna ingrata!...
... E tu, Natura,
Negligente maestra, perché solo
A le donne ne 'l volto e in quel di fuori
Ponesti quanto in loro è di gentile,
Di mansuetto e di cortese, e tutté
L'altre parti obliasti? [2]...

Ailleurs, c'est Guarini qui a servi de modèle. Il a fourni surtout quelques épisodes qui doivent frapper plus vivement l'imagination. Mais ici, l'imitation change de méthode. Montchrestien, qui noyait sous un flot de paroles les indications délicates
du Tasse, recule, un peu interdit, devant la prolixité de son
rival. Il coupe à travers ces broderies d'une richesse encom-

1. *Aminta*, I, 2. — *Bergerie*, II, 2.
2. *Bergerie*, IV, 1. — *Aminta*, III, 1. — Cf. le *Pastor*, I, 2.

brante ; il supprime, il allège... On reconnaît cependant les grandes lignes, et, pour ainsi parler, toutes les arêtes du développement. Lucrine, aux prises avec le satyre, essaye d'abord, comme Corisca, de le tromper par de douces paroles :

« Mon pauure satyre, ne me tire pas si rudement, tu me descoiffes toute... Mon amy, ie t'ay touiours tant aimé... »

> Cime le chiome!...
> Corisca son ben io, ma non già quella
> Satiro mio gentil, ch' a gli occhi tuoi
> Un tempo fù si cara...
> Deh, Satiro gentil, non far più stratio
> Di chi t'adora...

Les insultes succèdent aux câlineries :

« Ha vilain, bouquin, punais.,. Ie t'arracherai ceste barbe bouquine... »

> O villano, indiscreto, ed importuno
> Mezzuomo, e mezzo capra, e tutto bestia..

et, pour finir, les lamentations du satyre battu :

« Ha les reins!... la teste! le ventre! Ie suis moulu de coups... »

> Oime il capo! oime il fianco! oime la schiena!'...

On pourrait suivre de même le cinquième acte tout entier, que rien ne justifie et qu'explique seul le désir d'emprunter au *Pastor* un de ses tableaux les plus animés. Les termes mêmes de l'oracle attestent le plagiat que Montchrestien n'a garde de dissimuler :

> Quand un berger fidelle issu du sang des dieux
> De gré viendra s'offrir à souffrir mort cruelle²...

Et c'est ensuite le vieux Thionis hésitant, comme Montano, devant un cruel devoir ; ce sont les apprêts du sacrifice, avec un

---

1. *Bergerie*, IV, 2. — *Pastor fido*, II, 6.
2. V, 1, p. 461.

chœur de nymphes qui rappelle le chœur des bergers italiens ; c'est Fortunio, disposé comme Mirtillo à donner sa vie ; c'est la reconnaissance inattendue, le mariage des amants, l'universelle allégresse...

Malgré sa date plus récente, *la Grande Pastorelle* de Nicolas Chrestien n'apporte rien d'original. Loin d'annoncer des préoccupations nouvelles ou de témoigner au moins d'un progrès technique, son unique objet a été de reprendre le passé[1].

Il est inutile d'analyser, une fois de plus, les éléments italiens toujours identiques qui se retrouvent ici : le prologue de l'Amour, le débat d'Eurialle et d'Ariston sur les attraits de leurs maîtresses, les trois scènes d'écho, la triple tentative du satyre

---

1. Voici, très brièvement et dans ses grandes lignes, le sujet. D'abord les acteurs ; l'argument les présente comme l'argument de l'*Arimène* : « Eurialle est amoureux de Floris et hay d'elle ; Ariston ayme Cloride qui le dédaigne pour chérir Eurialle ; Elice et Filine ayment Delfis qui les méprise à cause que ses vœux sont dressez à Floris, qui ne désire que Ariston... » Nous avons rencontré déjà ce type de pièces. Avec les bergers, et pour porter le trouble dans la vie des champs, trois personnages : le Satyre et le capitaine Briarée, amoureux l'un et l'autre de Cloride ; le magicien Ismen, épris, malgré sa vieillesse et son expérience, de la jeune Elice (cf., dans *la Diane* de Montreux, le chevalier Hector et le magicien Circiment). L'action se distribue en deux séries de scènes parallèles : 1º Eurialle, qui a consenti à servir les intérêts du Satyre, reçoit de lui une herbe qui lui donnera le visage d'Ariston ; grâce à cette métamorphose, il obtiendra un instant les faveurs de celle qu'il aime ; mais, la supercherie découverte, Floris le chassera et Eurialle n'aura d'autre refuge que la mort (II, 1, — III, 2, — IV, 3 ; — cf. *la Diane*, III). — 2º Ismen et Briarée ont, de leur côté, conclu une alliance analogue : le capitaine enlève Elice et la livre au magicien, mais Delfis la délivre ; Ismen, en récompense, a donné à Briarée une baguette magique qui lui permet de se faire aimer de Cloride, et la vertu de la vierge n'y résisterait pas, si elle ne reconnaissait en Briarée un frère depuis longtemps disparu (IV, 2, 4, — V, 1 ; — cf. le dénouement de *la Diane*). Il ne reste plus qu'à régler les unions : Briarée épouse Filine et Cloride se résout à donner sa main à Ariston. Eurialle, sauvé de la mort par Floris, la récompense en cédant à ses vœux ; Delfis se contente d'Elice, et Ismen, touché par la grâce, renonce aux artifices de l'enfer pour célébrer la gloire de l'immortelle religion. Seul le Satyre, trois fois berné et battu, restera dans sa fange, jusqu'à ce qu'une pastorale nouvelle lui permette de reprendre ses exploits. Ajoutez enfin quelques songes et quelques batailles, les sages conseils de Tityre aussi raisonnable que les vieillards de Guarini, l'horrible apparition de Sathan, de Beliad et d'Astaroth, et les grossièretés de Frontolin, un valet glouton à la manière du Furluquin de l'*Arimène*.

s'attaquant tour à tour, avec le succès qui convient, à Cloride,
Filine et Elice, le mode original de suicide que choisit Eurialle :

> ... l'ay dedans ma logette
> Mainte peau d'ours, il faut que ie me mette
> Dedans quelque une, et puis dans ces vergers
> Ie m'en viendray parmy tous ces bergers,
> Qui pour montrer leur valleureuse adresse
> S'euertueront tous ensemble à la presse
> De me tuer, pour ma dépouille auoir[1]...

C'est de Montreux surtout, le plus grand propagateur avant
l'*Astrée* de la pastorale espagnole, que l'auteur des *Amantes*
s'est souvenu. Au nombre de ses épisodes, on reconnaît, découpées et reproduites, toutes les scènes principales de la *Diane*
française et de l'*Arimène*. Chrestien des Croix ne fait, au surplus, aucun effort personnel ; moins scrupuleux dans l'imitation
que Montchrestien lui-même, il les transporte dans sa pièce sans
en modifier la construction ou la marche. Nous avons signalé, au
premier acte de la *Diane*, ces séries de prières suivies de répliques en sens inverse ; les *Amantes* commencent de la même façon[2]. Floris, interdite devant les deux sosies, exprime, comme
Diane, son étonnement d'abord, sa colère ensuite, — et Eurialle,
désespéré comme Fauste, se résout comme lui à mourir. Briarée
retrouve une sœur, comme Hector retrouvait un frère. Et l'imitation va jusqu'aux moindres détails. Avec cette patience qui est
sa grande vertu, N. Chrestien emprunte à Montreux ses développements[3], le rythme de ses tirades, tantôt déroulées sur un mode

---

1. V, p. 175. — De même Delfis et Elice se couvrant d'une peau de bouc et
s'offrant au sacrifice, V, 3. Cf., dans le *Pastor*, Dorinde blessée par Silvio
(IV, 2, 7) et l'histoire de Céphale dans les *Métamorphoses* : or, N. Chrestien
a donné en 1608 un *Rauissement de Céfale*.

2. Ariston supplie Cloride, qui supplie Eurialle, qui supplie Floris, qui supplie Ariston ; mais Ariston repousse Floris, qui repousse Eurialle qui repousse
Cloride... (I, p. 19 et suiv.).

3.   ... L'air, la terre, les cieux
> Ce beau soleil, la lune, les estoilles,
> Les saisons même et Neptun porte voilles
> Vont tous par ordre, amour seul excepté,
> Qui ne connoît raison ny équité...

(I, p. 14. — Cf. dans *la Diane*, I, le dialogue d'Hector et d'Arbuste.)

oratoire, tantôt haletantes et martelées [1], ses dialogues antithétiques, ses couplets [2], ses oppositions, ses répétitions, ses énumérations : tout, sauf sa poésie. Parfois, il cesse d'imiter, — pour copier simplement :

> Cela n'est rien car iamais des amans
> On ne punit les pariures sermens :
> Iupin s'en rit [3]...

Cette influence indirecte de l'Espagne explique encore l'importance donnée au rôle d'Ismen, doublure de Circiment, et au capitaine Briarée. Le matamore, à vrai dire, est bien un personnage d'invention italienne. Depuis longtemps, les *Gelosi*, les *Confidenti* en ont fait un de leurs héros habituels. A travers toutes les farces, ont retenti ses éclats de voix et le bruit de ferraille qui l'accompagne [4]. On s'est égayé de sa jactance, de sa goinfrerie, de sa poltronnerie tapageuse. Avec ses moustaches en crocs, son interminable rapière où des araignées suspendent leurs toiles, sa fraise rigide, ses manchettes à tuyaux, il est une de ces caricatures énormes qui n'ont point de patrie. Mais l'imagination po-

---

1.
>   I'ayme un cruel qui ne porte de cœur...
>   I'ayme un farouche...
>   I'ayme un peruers, etc..

(I, p. 14. Cf. dans l'*Arimène*, III, 2, la tirade de Floridor : « Ie cherche Alphise », etc.)

2. Voy. le début du monologue d'Ismen, en strophes de quatre vers (IV, 1).

3. I, p. 16. — Cf. dans *la Diane*, I :

>   ... Ie scay bien que iamais des amans
>   On ne punit les pariures sermens.
>   Iuppin s'en rit...

On pourrait citer d'autres exemples :

>   *Athlette*. — Ie veux baiser son beau sein et sa bouche...
>   *Amantes*. — Ie vay baiser et ses yeux et sa bouche, etc..

4. Matamores dans les farces de l'*Aventureux*..., — de *Colin fils de Thenot le Maire*, — du *Gaudisseur*... (voy. Petit de Julleville, *Répertoire du théâtre comique*... p. 110, 122, 144). — Pour la comédie à l'italienne, voy. *la Reconnue* de Remy Belleau, *les Contents* d'Udet de Turnèbe, *les Jaloux*, *le Fidelle*, *les Tromperies* de Larivey. — Quant à la pastorale, voy. dans *l'Instabilité des félicitez amoureuses*, de Blambeausaut, la tirade assez bien venue de Menardis :

>   Vous me regardez tous et d'un graue regard
>   Vous pensez m'estonner comme un chétif soldart...

(V, p. 65.)

pulaire, qui cherche en toutes choses de la réalité, a voulu depuis longtemps trouver en lui le type de ces soldats espagnols, objets de tant de craintes et de colères. « Le capitan espagnol, petit à petit, écrit Riccoboni, détruisit le capitan italien. Dans le temps du passage de Charles-Quint en Italie, ce personnage fut introduit sur notre théâtre. La nouveauté emporta les suffrages du public ; notre capitan italien fut obligé de se taire et le capitan espagnol resta le maître du champ de bataille [1]. » Dès lors, tout en lui rappelle sa nouvelle patrie. De ses souliers de cuir aux plumes de son feutre, son costume tout entier est bariolé de jaune et de rouge. Il arbore fièrement des noms terribles aux sonorités étranges : « Sangre y fuego, Cuerno de Cornazan, Escobombardon della Papirotonda. » La tradition veut que, dans ses discours, roulent et détonnent les syllabes espagnoles : c'est là sa langue naturelle, il la parle, ou l'écorche et la travestit à la joie de tous [2]. Aussi est-il, des types de la comédie italienne, celui peut-être qui doit soulever chez nous la gaieté la plus débordante et la plus spontanée. C'est un plaisir, et comme une vengeance, de rire de lui. Les Espagnols, d'ailleurs, ne refusent pas de le reconnaître pour un des leurs. Il ne leur déplaît pas que l'on campe cette silhouette truculente et bouffonne après les chevaliers symboles d'honneur et de courage. Nous l'avons vu, c'est par des recueils de proverbes et des recueils de rodomontades que se manifestent les premières conquêtes de l'hispanisme en France au début du dix-septième siècle. Chrestien des Croix a connu, sans doute, *Les Brauacheries du capitaine Spavente*, traduites de l'italien, en 1608, par J. de Fonteny ; mais il doit se souvenir aussi des *Rodomontades Espagnoles... du capitaine Bombardon*, publiées en espagnol et en français en 1607 et imprimées de nouveau en 1612, c'est-à-dire un an avant l'apparition de *la Grande Pastorelle*.

Le capitaine Briarée, toutefois, n'est pas simplement un héros de farce. D'abord, il parle en vers, et de ceci déjà N. Chrestien

1. Cité par Maurice Sand, *Masques et bouffons...* p. 192.
2. Voy. le capitan Cocodrillo dans l'*Angelica*, traduite en français en 1599 : *Angélique, comédie de Fabrice de Fournaris... mis en françois des langues italienne et espagnole par le sieur L. C.*, Paris, Abel Langelier.

pourrait être fier, puisque Mareschal, vingt-trois ans plus tard, se glorifiera d'avoir risqué *cette nouveauté*[1]. Mais il y a autre chose. Par instants, le personnage se transforme, et, derrière le matamore, on entrevoit un chevalier véritable. Fanfaron et trembleur le plus souvent, il lui arrive aussi d'être courageux et simple. Après avoir sauvé Cloride, il l'aborde avec une aisance qui ne manque pas de noblesse, — et sans trop de paroles :

> C. — Ie vous rends grace, o caualier d'honneur,
> Cet impudent sans vous m'eust outragée :
> De ce bonheur ie vous suis obligée.
> B. — Voulez-vous pas autre chose de moy ?[2]...

C'est sa première apparition dans la pièce, et cette entrée est assez cavalière. Par la suite, la caricature s'accuse, les vantardises s'accumulent, nous sommes en pleine fantaisie bouffonne ; puis, brusquement, au dernier acte, le ton change de nouveau :

> Toy, cheualier et généreux et braue,

dit le vieillard Tityre, en s'adressant à lui ; et il ajoute, sans qu'on puisse trouver rien d'ironique dans ses paroles :

> ... Valeureux entre les preux gendarmes
> Tu recherchas la louenge des armes...
> Et me souuient pareillement du temps
> Qu'on te nomma le vaillant Briarée,
> Pour ta valleur hautement honorée[3]...

Le capitan s'apparente ici aux chevaliers Hector et Floridor, et

---

1. Voy. l'avertissement de sa comédie, *le Railleur ou la Satyre du temps*, 1636 : « Ie dirai pourtant en sa faveur que c'est le premier capitan en vers qui a paru dans la scène françoise, qu'il n'a point eu d'exemple et de modèle devant lui et qu'il a précédé, au moins du temps, deux autres qui l'ont surpassé en tout le reste et qui sont sortis de deux plumes si fameuses et comiques dans *l'Illusion* et *les Visionnaires* » (cité par Marty Laveaux, *Œuvres de Corneille*, t. II, p. 424). M. Marty Laveaux accepte d'ailleurs cette prétention de Mareschal, et oublie non seulement le capitan de Chrestien et celui de Laffemas, mais le *Brave* de Baïf, qu'il a pourtant édité lui-même.
2. II, 1, p. 59.
3. V, 1, p. 185.

par eux, quoique de très loin, aux héros du roman espagnol[1]. Chrestien des Croix, sans doute, n'a pas su fondre ces oppositions pour en composer un caractère vivant. Il y a deux hommes en Briarée, et cela est fâcheux; mais cette dualité du personnage, attestant deux modèles distincts, n'en est que plus significative.

Ce que nous avons noté jusqu'ici fait de la *Grande Pastorelle* une imitation assez naïve de l'*Arimène* et de la *Diane* française; on ne peut parler encore d'une action directe de l'Espagne. Cette action directe était-elle possible d'ailleurs, et de simples adaptateurs pouvaient-ils suivre Montemayor aussi aisément que le Tasse ou Guarini? Il faut se contenter d'analogies moins saisissantes. La distance qui sépare les genres ne permet plus ces transcriptions à peu près textuelles que nous avons remarquées dans la *Bergerie*. Et, d'autre part, pour transporter sur notre scène ce que contient de matière dramatique le roman de Montemayor, il faudrait imiter, c'est-à-dire, dans une certaine mesure au moins, créer de nouveau : on ne peut en demander autant à Chrestien des Croix. S'il s'est inspiré de la *Diana* et surtout de l'*Astrée*, dont la première partie a paru déjà, la parenté des œuvres se reconnaîtra seulement dans certaines tendances générales.

A prendre au sérieux l'Épître dédicatoire, Chrestien des Croix aurait voulu donner à son œuvre une assez haute portée morale : « Ces poures Bergers, déclare-t-il au jeune roi Louis XIII, apportent simplement leurs Mirthes à l'ombre de vos sacrez Lauriers. Leurs pudiques amours ne représentent que l'innocence : mais leur vertueuse constance les authorise à vostre Maiesté... Leur guide est une Muse Chrestienne pour approcher du Roy Très-Chrestien... » Sans doute, ce sont là des formules qui n'engagent à rien et l'auteur refait, à sa manière, la dédicace fameuse d'Honoré d'Urfé. Il est certain cependant que Chrestien des Croix a cherché à tenir sa promesse. Malgré quelques scènes un peu vives, des préoccupations morales et religieuses sont

---

1. Il faut noter inversement que, dans l'*Arimène*, le chevalier Floridor penche un peu par instants vers le matamore (voy. par ex. III, 6). — De même, dans son *Isabelle* de 1594, Montreux fait du Rodomont de l'Arioste un matamore accompagné, comme il convient, d'une sorte de valet, son écuyer Sicambras.

presque partout sensibles : au milieu des évocations païennes de
la pastorale, les idées chrétiennes tiennent à s'affirmer. Cupidon
conserve son rôle, le prologue lui appartient; mais c'est un autre
Dieu que l'on invoquera au cours de la pièce :

> Il n'est de Dieu deffenseur du péché...
> Le ciel prendra vengeance de ton fait
> Dieu punira ton outrageux forfait[1]...

Il n'est pas jusqu'au magicien Ismen qui ne tienne, en une
tirade de soixante-quinze vers, à abjurer ses anciennes erreurs, à
lire la vertu de

> ... Cette eau qu'aux plus célèbres iours
> Le prêtre orné sacre et bénit tousiours...

et à chanter sa conversion :

> Ie vous renonce, ô démon de l'Auerne,
> Un autre esprit maintenant me gouuerne[2]...

L'amour n'est plus cet instinct brutal auquel les personnages
de Montreux trouvaient si naturel de satisfaire. C'est « l'honnête
amitié », ce sont « les pudiques flammes » qui brûleront les
jeunes héros de notre théâtre classique[3]. Après les brillantes
fantaisies du *Pastor fido,* on trouve dans les discours une gravité espagnole, un goût des discussions abstraites, un certain ton
dogmatique et pédant que la pastorale italienne ne connaissait
pas. Ni le Tasse, ni Guarini, ni leurs imitateurs n'avaient eu ce
désir de subtilité philosophique. Fastidieux mais clairs, leurs
lieux communs s'en tenaient à quelques idées simples : ils dé-
montraient, à grand renfort de comparaisons et de souvenirs
mythologiques, la puissance de l'amour; ils opposaient ses
droits aux exigences de l'honneur, mais ne prétendaient pas découvrir son essence. Aux bergers de Chrestien des Croix,

---

1. I, p. 26.
2. V, 2, p. 197. — Cf. le dialogue d'Ariston et de Tytire sur le suicide,
IV, 3, p. 157.
3. Voy., par exemple, IV, 3, p. 136.

comme a ceux de Montemayor et d'Honoré d'Urfé, il ne suffit
pas d'être éloquents; ils veulent être des penseurs. Ils compliquent les symboles traditionnels[1], ils usent de paraboles[2], ils
prodiguent les conseils pratiques ou moraux, ils cherchent la
formule plus que la tirade, et les banalités prennent un air de
mystère et de profondeur[3].

Le poète redoute pourtant que ces aventures pastorales, même
rehaussées de méditations philosophiques, soient indignes de la
majesté d'un roi. Aux « libres chansons », aux « rudes propos »,
il a voulu joindre de « plus graues accents ». Ces pauvres bergers, dit-il encore, « ont eu la subtilité de chercher un sauf-con-
duit pour estre honorez de vostre aspec. Ce sont de grand héros,
vos prédécesseurs, couronnés de trophées et riches des despouilles des ennemis de vos fleurs de Liz, qui vous viennent faire
hommage... »[4]. Honoré d'Urfé avait dit plus clairement :
« Nous deuons cela au lieu de notre naissance et de notre demeure de le rendre le plus honoré et renommé qu'il nous est
possible[5]... » N. Chrestien tient à célébrer les fastes de la monarchie française. Il n'ose pas placer dans les campagnes gauloises le lieu de son action ; mais les intermèdes, au lieu de nous
étonner seulement par des richesses de mise en scène, peuvent,
en quelques tableaux, évoquer à nos yeux de puissantes visions
épiques : la conversion de Clovis sur le champ de bataille, Com-
postelle qui tombe aux mains de Charlemagne, Godefroy de
Bouillon recevant à Jérusalem la couronne de fer, la prise de
Damiette, la mission et les exploits de Jeanne. Le poète a voulu
déployer ici toute sa poésie : les alexandrins majestueux se substituent au rythme trop menu de la pastorale; l'esprit divin

---

1.   Ah! que d'amour les flèches inégalles
          Sont amplement à mon malheur fatalles,
          Celles-là d'or vont le feu nourrissant,
          Celles de plomb l'étaignent en naissant;
          De l'une d'or iusqu'au vif enflamée...

(I, p. 15. — Cf. Cinquième livre du *Filocolo*, trad. A. Sevin, p. 318; — *Seconde
partie de la Diane*, liv. II, édit. de 1592, p. 49.)

2. Voy. la parabole de Tytire, III, 3, p. 102.

3. Voy. I, p. 30 et 31.

4. Dédicace.

5. *L'auteur à la bergère Astrée.*

anime les guerriers ; les chœurs de l'armée française répondent
aux chants des païens ; les murailles s'écroulent, les incendies
flamboient et chacun des ancêtres, tour à tour, annonce la puissance de celui par qui s'apaiseront les guerres civiles, ou la
venue du jeune roi qui gagnera le monde,

> Faisant florir ses liz du Gange aux Hespérides
> Et iusqu'où le soleil au soir void les Phorcides ![1]

C'est ainsi que, dans la *Diane* espagnole, les bergers regar-
daient avec une religieuse admiration les bas-reliefs du temple
de Felicia, et que le chant d'Orphée arrêtait l'intrigue pour célébrer les gloires de la patrie.

En cherchant à s'élever jusque là, Chrestien des Croix avait
trop présumé de ses forces. Pour quelques vers heureusement
venus[2], combien d'autres sont lourdement prosaïques, ou d'une
naïveté prétentieuse ! Mais ce qui nous intéresse ici, ce n'est pas
la valeur de l'œuvre, c'est sa signification historique. Or, à ce
point de vue, l'importance de la *Grande Pastorelle* est indénia-
ble. Ce souci moral, ce goût des subtilités métaphysiques, ces
préoccupations nationales : autant de traits qui nous éloignent
des premières pastorales françaises, rappellent le roman de Montemayor et marquent, à ses débuts, l'influence de l'*Astrée* sur
notre théâtre.

Nous avons vu les acquisitions successives de la pastorale française, les modèles auxquels elle s'est adressée dès l'abord, et
cette complexité qui s'accroît sans que se développe le sens dra-

---

1. Ce sont les derniers vers de la pièce.
2. Dans la tirade de Clotilde, par exemple :

> Dieu en tout est parfait, les vostres nez en vice
> Adultères, boiteux et auteurs d'iniustice ;
> Dieu est fort et prudent ; les vostres effrontez
> Folastrans dans les bras des sales voluptez...

(Intermède I, p. 35) ;

ou dans l'invocation de Charlemagne :

> O Dieu secourez moy, car c'est pour vostre gloire
> Que ie cherche et débats cette heureuse victoire :
> Aidez moy, monseigneur, et qu'on ne die pas
> Que pour vous obeyr ie souffre le trépas...

(Intermède II, p. 23). etc.

matique. Nous avons même noté quelques traces de cette poésie qui sera un de ses principaux mérites. Il nous faut arriver maintenant à l'homme qui lui apprendra le secret du mouvement et de la vie et à celui qui lui découvrira sa véritable matière : j'entends Alexandre Hardy, le grand imitateur de la pastorale à l'italienne, et Honoré d'Urfé, qui, le premier, tirera du roman espagnol une œuvre vivante, souple, féconde pour le théâtre en enseignements précieux. Par eux, la double influence se perpétuera, — en se précisant.

CHAPITRE VII.

LES GRANDES INFLUENCES FRANÇAISES.
A. HARDY ET H. D'URFÉ.

I. — Alexandre Hardy.

A) Les pastorales de Hardy. — Son rôle et son importance.

B) La structure extérieure, la matière et les sources : prédominance des éléments italiens; les imitations espagnoles et françaises. — Les simples idylles. Les combinaisons d'amours contraires. La complexité croissante et les remaniements.

C) Les qualités scéniques : construction des pièces ; les préparations; les procédés ; le dialogue vivant.

D) Orientation dramatique de la pastorale : 1o Parenté de la pastorale et de la tragi-comédie; la résistance de Hardy. — 2o Ses tendances vers la comédie moyenne : le souci de réalité ; l'adaptation des types conventionnels ; l'étude des sentiments. — 3o Insuffisances de cette psychologie. Le rôle du hasard.

II. — Honoré d'Urfé et l'influence de Montemayor.

A) Infériorité de l'idylle pure. L'aventure d'Astrée et de Céladon. L'amour platonique et les correctifs nécessaires. Le rôle d'Hylas.

B) Le roman d'amour. La formation de la tragédie : la vérité du décor ; l'histoire et la politique se substituant à la légende; la matière tragique dans les épisodes; les cinq actes de l'*Astrée*.

C) La psychologie dramatique. La variété et la tenue des caractères. Les héros français : la passion et la volonté.

Il serait intéressant de connaître quelle part exactement dut tenir la pastorale dans l'œuvre de Hardy. Par malheur, le problème est insoluble. Quand il songea à l'impression, la nécessité s'imposa de faire un choix dans ce répertoire prodigieusement étendu et d'en retenir seulement une faible partie : les pastorales étaient sacrifiées d'avance, et la place leur était mesurée plus encore qu'aux genres rivaux. Publiant cinq volumes, Hardy, suivant l'usage [1], en a choisi cinq. Le mémoire de Mahelot nous

1. La pastorale occupe presque toujours la même place, à la fin des recueils

donne encore un titre : *la Folie de Turlupin* ; le reste est perdu.
La pastorale, d'ailleurs, ne doit pas avoir, pour Hardy, un intérêt
égal à la tragédie ou à la tragi-comédie ; elle est inférieure en
dignité à la première, et, réduite toujours à quelques épisodes
déterminés, elle n'offre pas tout l'imprévu de la seconde. Ses
qualités personnelles ne peuvent trouver ici tout leur emploi, et,
s'il en écrit pour se conformer à l'usage et satisfaire aux nécessités de sa fonction, il attend la gloire d'autre chose. Tous ceux
qui ont fait de ces légères esquisses dramatiques leur objet principal étaient des poètes ou des artistes plutôt que des hommes
de théâtre.

Pour la même raison, on ne saurait attribuer aux pastorales
de Hardy une date précise. En établissant la chronologie au
moins approximative de ses œuvres, M. Rigal a très bien senti
qu'il se heurtait, sur ce point, à des difficultés insurmontables.
Les renseignements, certes, ne manquent pas dans les répertoires du dix-huitième siècle. Les frères Parfait n'ont pas hésité le
moins du monde : de 1601, date de l'établissement à peu près
définitif des comédiens à Paris, à 1623, année où commence la
publication, ils ont réparti l'œuvre entière avec une harmonieuse
régularité, en vertu de ce principe que le poète a dû imprimer
ses pièces dans l'ordre même où il les avait écrites ; pour les
deux derniers volumes seulement, une phrase mal interprétée de
Hardy leur a fait juger une interversion nécessaire [1]. Dans ce
classement, d'une précision imperturbable, chacune des pastorales se présente à son tour. Et comme elles sont au nombre de
cinq, à distribuer sur un espace de vingt ans, ce sera, de l'une à

---

d'œuvres dramatiques : voy. le recueil de Montchrestien, le recueil de l'éditeur Mansan, ou celui de Borée. — De même, nous l'avons vu, dans le premier
et le troisième livres des *Bergeries de Julliette*, et à la suite de certaines tragédies (la *Soltane* de Bonin, l'*Esther* de P. Matthieu, *l'Ombre de Garnier
Stoffacher*, de J. Duchesne.

1. « Ie donne un droit de primogéniture contre l'ordre à ce dernier volume... » (Préf. du t. IV). Les frères Parfait en concluent que les pièces du
t. IV sont postérieures à celles du t. V. Mais M. Rigal (*Alexandre Hardy et
le théâtre français...*, p. 80) a très bien montré ce mot de primogéniture
marque ici une simple idée de préférence. — Ai-je besoin de dire que, pour
tout ce qui concerne Hardy, il est impossible de ne pas recourir à ce volume
d'une précise et abondante érudition?

l'autre, un égal intervalle de quatre ans : *Alphée* (tome I) en 1606, *Alcée* (tome II) en 1610, *Corine* (tome III) en 1614, *l'Amour victorieux* (tome V) en 1618, *le Triomfe d'amour* (tome IV) en 1623 ; classification purement arbitraire et dont on ne saurait tirer même une simple indication. L'hypothèse sur laquelle elle est établie ne supporte pas l'examen. Quand il publie son premier volume, Hardy ignore s'il le fera suivre d'un second : le moyen d'admettre qu'ayant à choisir une pastorale parmi toutes celles qu'il avait écrites il se soit astreint à prendre la plus ancienne ?

Les titres et les préfaces, d'autre part, ne nous apprennent pas grand'chose. Le premier volume désigne bien *Alphée* comme *pastorale nouvelle*, mais je ne sais jusqu'à quel point nous sommes autorisés à conclure de cette formule que la pièce était vraiment récente en 1624[1]. Pour *Alcée* et *Corine*, l'auteur a été plus explicite. « Ce n'est qu'un bouquet bigarré de six fleurs vieillies, dit-il du tome II, depuis le temps d'une jeunesse qui me les a produites[2]... », et, en tête de *Corine*, nous lisons cette excuse : « Quinze jours de passe-temps me l'ont mise sur pied, il y a plus de douze ans[3] ; » ce qui confirme, à peu près, la date des frères Parfait.

Resterait enfin l'étude des œuvres : ici, surtout, il convient d'être prudent et de ne rien affirmer sur une simple impression. Il semble cependant qu'*Alcée*, de style plus archaïque, doive appartenir, en effet, à la jeunesse de Hardy, ainsi que *Corine* dont la conception est singulièrement naïve ; — et l'on peut supposer, en revanche, que *le Triomfe d'amour*, reprise plus surchargée du sujet d'*Alcée*, et que *l'Amour victorieux*, avec son

---

1. « Puisque le titre du volume la désigne sous le nom d'*Alphée, pastorale nouuelle*, cette pièce a été composée à une date plus proche de 1624... » (Rigal, p. 78). Ce n'est là qu'une de ces formules usuelles, — et engageantes : *La Guisiade* de P. Matthieu est encore donnée, à sa troisième édition, comme *tragédie nouuelle;* de même, en 1621, la *tragœdie nouuelle...* de Ph. Bosquier, imprimée déjà en 1589 ; ou en 1624, *le Temps perdu et gayetez d'Ysaac du Ryer nouuellement mis en lumière* (la seconde édition du *Temps perdu* est de 1609).
2. Dédicace à Mgr le duc d'Alvyn.
3. T. III, Préface.

satyre raisonneur, sont d'une époque plus récente. Mais de là à dresser un classement rigoureux, il y a loin. Ces déductions n'ont de valeur que si des preuves d'un autre ordre les accompagnent; elles aident à démontrer seulement ce que, déjà, l'on savait par ailleurs.

Au surplus, cette question est secondaire. Ce qui nous intéresse, c'est l'influence générale de Hardy. Eussions-nous perdu toutes ses pastorales, n'en eût-il même pas écrit une seule, nous n'aurions pas le droit de le négliger. Comme la tragédie et la tragi-comédie, la pastorale fait, grâce à lui, un pas vers la vie : voilà l'important. Hardy n'est plus un poète ou un lettré désireux de révéler une nouvelle forme d'art. Qu'il suive les traces de l'antiquité ou qu'il imite les maîtres italiens, c'est toujours en vue du public qu'il écrit, — non pas d'un public spécial, mais de cette foule dont il faut, pour vivre, satisfaire les goûts. Peut-être lui a-t-on fait, à cet égard, la part trop belle[1]. Il ne suffit pas, pour comprendre les origines de notre théâtre, de considérer les professionnels; d'autres que lui, d'ailleurs, durent travailler au même métier; il y eut, sans doute, des troupes rivales, — et tout un répertoire que nous ne connaîtrons jamais. La troupe de Valleran fut plus heureuse que les autres, et le nom d'Alexandre Hardy résume et symbolise tous ces efforts.

Quelles que soient, par instants, ses prétentions à l'originalité, la pastorale demeure, chez lui, ce qu'elle était en somme chez ses prédécesseurs; mais, un peu flottante jusque-là, elle semble s'établir et se fixer. Etant un homme de métier, il ne s'abandonne pas au hasard ou à sa fantaisie. Il raisonne son art. Sur les limites des genres, sur leur objet, sur les lois qui leur conviennent, il a des idées nettes et n'hésite pas. Par lui, la tradition se

---

1. C'est le défaut que l'on pourrait reprocher à l'étude de M. Rigal. Voici, par exemple, qui est tout à fait paradoxal et inexact : « Si les pastorales de Hardy ne doivent rien à *l'Astrée,* on pourrait au contraire soutenir, et sans ombre de paradoxe, que *l'Astrée* doit quelque chose à ces pastorales... Cet usage du temps (l'habitude de donner aux récits amoureux la forme pastorale), qui l'avait surtout établi et fait prévaloir, sinon Hardy ? Ainsi, en vulgarisant en France la pastorale italienne, Hardy a contribué à donner à *l'Astrée* sa forme » (p. 504, n. 3).

forme. Respectueux des principes classiques, il estime qu'une pièce en trois actes est une œuvre trop grêle, indigne de la scène, et il se risquerait encore moins aux six actes de l'*Isabelle* de Paul Ferry [1]. Il croit de même que le rythme de la pastorale française doit rappeler le plus possible « les Scazontes des latins » [2], et il renonce, en faveur du vers de dix syllabes, aux octosyllabiques sautillants de *la Chaste Bergère,* comme aux alexandrins [3] ou à la prose rythmée de Montchrestien... Avec cela, il a souci des impatiences du public. Passe pour les arguments qui ne sont faits que pour la commodité des lecteurs ; mais rien ne doit ralentir le spectacle. Le prologue, presque toujours artificiel et inutile, ne subsiste — en forme de dialogue — que dans l'*Amour victorieux,* justifié ici par le caractère mythologique de l'intrigue. Les chœurs et les intermèdes disparaissent, et l'on en voit aisément la raison : les premiers arrêtaient d'une manière fâcheuse la marche de l'action ; quant aux seconds, si, dans quelques représentions exceptionnelles, ils concouraient à la beauté de la fête, une troupe de comédiens ne pouvait guère se permettre un luxe pareil.

Pas plus que la forme extérieure des œuvres, la matière n'en est proprement nouvelle. Lui-même, d'ailleurs, ne cache pas ses admirations. Cette préface de *Corine,* dans laquelle il résume ses idées sur la pastorale, commence par rendre justice aux créateurs du genre : « L'inuention de ce poëme est dûë à la galantise italienne, qui nous en donna le premier modelle ; ses principaux et plus célèbres auteurs sont Tasse, Guarini et autres sublimes esprits... Ce sont les docteurs du pays latin, sous lesquels i'ay pris mes licences et que i'estime plus que tous les rimeurs d'auiourd'huy... »

De l'Espagne, en revanche, pas un mot. A-t-on le droit

---

1. En trois actes, *Athlette* et *la Diane* de Montreux, *la Pastourelle* et *les Amours contraires* d'Isaac du Ryer (1609-1610). — En six actes, *l'Isabelle* de Paul Ferry (1610). — En quatre actes, *les Urnes viuantes* de Boissin de Gallardon (1618)...

2. Préface de *Corine,* t. III.

3. En alexandrins, les pastorales de Fonteny, *la Mylas,* *l'Amour vaincu,* *la Chasteté repentie,* et la plupart des pièces postérieures à 1597.

d'affirmer pour cela que son action est nulle? M. Rigal ne
serait pas éloigné de le croire : « C'est aux Italiens, Sannazar, le
Tasse et Guarini, que Hardy doit les éléments avec lesquels il a
composé ses pastorales [1]... » Ceci est vrai dans une assez large
mesure, mais ne l'est pas absolument. Sous prétexte qu'une
critique fantaisiste a voulu faire jadis du poète français un émule
ou un imitateur sans scrupules de Lope de Vega, voire même
de Calderon [2], il ne faut pas tomber dans l'excès contraire.
S'il ne doit rien à la *Comedia*, le roman espagnol, — directement ou grâce à ses premiers adaptateurs, peu importe, —
n'a pas été sans influence. Il donne comme ses modèles ceux-là
seuls qui ont porté la pastorale sur la scène, mais il ne s'ensuit
pas qu'il ait ignoré ou méprisé la *Diane* de Montemayor.
Interpréter autrement ses paroles, c'est lui faire dire plus qu'il
n'a dit en réalité. N'est-ce pas encore ainsi qu'il faut le comprendre lorsqu'il prétend à l'invention d'une pièce? « Elle n'a
mendié son inuention de personne », dit-il de *Corine*, et le
titre d'*Alphée* la présente comme une « pastorale de l'inuention
d'Alexandre Hardy ». Ces mots n'impliquent en aucune façon
qu'il ait vraiment *inventé* le sujet [3]; entendons seulement qu'il
est, ou croit être le premier à l'avoir mis au théâtre sous cette
forme. Les sujets, écrit-il encore à propos de son premier volume,
« sont du tout miens » [4], et il n'excepte que la *Didon* : or, nous
avons, dans ce premier volume, une *Procris*, une *Alceste*, une
Ariane... A supposer même que Hardy ignore la langue espagnole, ce qui est possible mais non prouvé, nous le savons à
l'affût de toutes les traductions qui peuvent apporter des sujets
nouveaux. Sans parler de Chappuys ou de Colin, Montreux,
Chrestien des Croix, d'autres encore ont familiarisé le public français avec les inventions de Montemayor. Il serait étrange qu'ayant

---

1. Voy. liv. cit., p. 234 et suiv.
2. Vov. Demogeot, *Histoire des littératures étrangères*... Paris, Hachette,
1880.
3. « Pastorale de l'inuention de... », encore une formule courante, et qui
n'a plus grand sens. Voy. le titre de *Clorinde*, des *Infidèles fidèles*, de *l'Instabilité*..., etc.
4. T. I, Au lecteur.

emprunté à la *Diane* une tragi-comédie *(Felismène)*, il ne lui doive rien dans ses pastorales.

Il suffit d'indiquer le sujet de celles qui nous restent pour retrouver, avec leurs caractères très définis, leurs intrigues immuables, leurs maigres ressources poétiques, les deux types de pastorales que nous avons rencontrés déjà, et pour qu'apparaisse la filiation des œuvres.

I. — D'abord, les simples idylles dramatiques, d'inspiration à peu près purement italienne : *Corine* et *Alcée*.

Corine et Mélite, amoureuses toutes deux de l'ingénu Caliste, ne peuvent triompher de son insouciance ; le berger ignore tout de l'amour et n'en veut rien apprendre. Poussé à bout, il promet d'épouser celle qui saura le plus longtemps garder le silence, et voilà les jeunes filles muettes[1]. Grand émoi dans toute l'Arcadie. Le père de Mélite se désole ; le berger Arcas, qui l'aime et l'a défendue contre un satyre luxurieux, joint ses plaintes aux siennes ; la magie est impuissante et la colère grandit contre l'auteur de tant de maux. Mais Caliste a pris la fuite et ce n'est pas trop de Vénus, de Cupidon et d'une troupe de génies pour le faire renoncer, à force de coups[2], à sa chasteté malencontreuse... Il est bon de noter tout de suite que, de toutes les pastorales de Hardy, celle-ci est, sans conteste, la plus franchement détestable. La niaiserie du jeune homme qui se lamente sur son passereau envolé[3], ses puérilités étudiées, ses effarements devant les déclarations de Corine et de Mélite, les épreuves qu'il leur impose et la patience qu'elles mettent à s'y soumettre, — la pastorale avait atteint rarement ce degré de sottise prétentieuse. On croirait volontiers que le poète s'est amusé à donner une caricature du Silvio de Guarini, si le ton de l'œuvre et l'enthousiasme de la préface ne l'attestaient, hélas ! trop sérieux. La France d'Henri IV est maladroite, décidément, à peindre la chasteté masculine.

---

1. Les femmes muettes, sujet traditionnel de plaisanteries. Voy. la farce perdue dont parle Rabelais (*Pantagruel*, liv. III, chap. xxxiv). Mais Hardy prend les choses au tragique.

2. Voy. Furluquin aux prises avec les esprits (*l'Arimène*, I, 3).

3. Cf. Carino et sa vache (*Arcadia*, trad. J. Martin, p. 33), Silvio et son chien (*Pastor*, II, 2), Celia et son chevreau (*Filli*, III, 2)...

Alcée est de valeur très supérieure. En dépit de son titre, elle n'emprunte rien à l'œuvre d'Antonio Ongaro que la profession de ses personnages, et ce qu'elle doit à l'*Aminta* ou au *Pastor* est accommodé de façon assez personnelle. Deux prétendants se disputent la main de la belle Alcée : le vieux Dorilas,

> Riche de biens, issu de parentage
> Qui dessus tous lui donnent l'auantage...,

et le jeune Démocle qui n'a pour lui que son âge et sa bonne mine. Recueilli jadis, après un naufrage, par Phédime, père d'Alcée, il est resté dans sa demeure. Côte à côte, les enfants ont grandi ; l'amitié lentement est devenue de l'amour, ils sont promis l'un à l'autre. Mais Dorilas fait valoir sa fortune aux yeux du pauvre Phédime. Le moyen de résister à cet argument ? Ses enfants, sans doute, avaient fait un autre rêve, Alcée sera au désespoir ; mais les peines d'amour n'ont qu'un temps, la misère est chose cruelle, c'est le devoir des pères d'écouter la raison... et Phédime chasse Démocle. Alcée, cependant, se refuse à l'oublier ; le chagrin l'a rendue gravement malade et la magicie: ne Testile déclare que seule la présence de Démocle pourra la guérir. Le jeune homme, sauvé du suicide par Cupidon, revient ; mais sachant bien d'avance que, la malade une fois rappelée à la vie, on l'écartera de nouveau, il enlève de nuit celle qu'il aime[1]. Les fugitifs sont repris, Démocle est condamné au bannissement, quand le riche Lygdame reconnaît en lui un fils qu'il avait perdu. Dès lors Phédime ne s'oppose plus à son bonheur ; Dorilas se contentera de Cydippe qui depuis longtemps le poursuivait, et la pastorale finit en comédie véritable.

II. — Avec *Alphée* et *l'Amour victorieux*, Hardy a voulu aborder des sujets plus complexes et charmer le public par « ce mélange agréable[2] » d'amours contraires dont Montreux avait emprunté le modèle à la *Diane* de Montemayor.

Ayant appris par un oracle que le mariage d'Alphée, son uni-

---

1. Cf. les enlèvements dans les *Bergeries de Julliette* (Histoire de Cepio et d'Emilie, — Histoire de Fabia et de Scevole. Liv. II, journées II et V).
2. Argument d'*Alphée*.

que enfant, ne s'accomplirait pas sans des calamités effrayantes, Isandre, « renommé parmi les Arcades par ses richesses et sa preudhommie », la tient jalousement recluse. Mais, aux fêtes de Palès, la bergère, perdue dans la foule, a rencontré Daphnis. Malgré les efforts du père et de la magicienne Corine, les jeunes gens s'aiment et se le disent. Des calomnies habilement répandues les brouillent un instant[1], et c'est le sujet des trois premiers actes, assez simples en somme, quoique la magicienne, amoureuse de Daphnis, soit de son côté aimée d'un satyre, le satyre d'une dryade, la dryade d'Euriale et Euriale de Mélanie. Au quatrième et au cinquième actes commencent les sortilèges et les métamorphoses : Corine, furieuse de plus en plus, change Daphnis en rocher, Alphée en fontaine, Isandre en arbre : abus de pouvoir intolérables; les bergers se révoltent, la bataille s'engage, Cupidon intervient, détruit les charmes de la magicienne et donne à chaque berger celle qu'il aime : Corine, pour sa peine, obtient la main du vieil Isandre .. On reconnaît la jalousie de la magicienne Delfe (*Athlette*) et de la fée Mélisse de P. Poulet, les métamorphoses de *la Dryade amoureuse* et de *Théocris* de P. Trotterel, les étonnantes merveilles de *la Chaste Bergère*, de *l'Arimène*, de la *Bergerie* et des *Amantes*[2].

Pastorale mythologique, au moins par son point de départ, *l'Amour victorieux ou vengé* est une combinaison adroite d'éléments qui se retrouvent dans la *Bergerie*, *les Infidèles fidèles*, et *l'Union d'amour et de chasteté*. Vénus se plaint amèrement de l'indifférence de Lycine et Adamante, pour qui soupirent en

---

1. Isandre fait croire à sa fille que Daphnis se vante d'avoir obtenu ses faveurs. C'est une variante du procédé employé par Ergasto dans *la Diéromène*. Ce genre de calomnie, d'ailleurs, ne manque pas, en ce temps, de vraisemblance; « les entretiens ordinaires des assemblées et des tables, remarque Montaigne, ce sont les vanteries des faveurs reçues et de la libéralité secrète des dames... » (cit. par Du Bled, *La Société française...*, t. I, p. 13). Cf. la question résolue dans le premier des *Arrêts d'amour*.

2. Des métamorphoses déjà dans l'*Eglé* de Giraldi, la *Mirzia*, la *Calisto* de Luigi Groto. — Il est inutile de marquer, dans chacune des œuvres de Hardy, les emprunts faits au *Pastor*. Quant aux pastorales françaises, *Alphée* est, sans doute, postérieure à toutes celles dont le titre est ici rappelé. Il va de soi cependant qu'ignorant la date précise, on ne saurait conclure à une imitation; j'indique seulement la parenté des sujets.

vain Philère et Nérée : les bergères, pour se garantir à jamais
des atteintes de la passion, ont décidé de se vouer au culte de
Diane. C'est, encore une fois, la vieille rivalité des deux déesses,
et, comme toujours, les humains portent le poids de leurs discordes. Soumis aux ordres de sa mère, Cupidon la venge par une
de ces espiègleries cruelles dont il a le secret[1], et renverse les
rôles. Par lui, les deux bergères éprouvent à leur tour les
angoisses amoureuses ; elles brûlent, elles implorent, elles sup-
plient ceux qu'elles repoussaient, et les bergers, devenus insensibles, leur font expier leurs dédains de jadis[2]. Vénus ne s'en
tient pas à cela. Un oracle condamne Lycine à devenir la femme
de Philère ou à mourir de sa main : le sacrifice va s'accomplir,
lorsque, touché enfin de sa résignation, le berger la sauve en lui
rendant son amour[3].

III. — A mesure que se développe sa carrière, Hardy doit se
plaire davantage à ces intrigues plus touffues : lui-même n'hésite
pas à remanier en ce sens ses pièces antérieures. Tel est le cas
du *Triomfe d'amour* publié dans ce quatrième volume où il a
groupé « une élite de poëmes soigneusement élabourez »[4]. Rivalité du pauvre Céphée et de l'opulent Atys, amour désintéressé
de la bergère Clitie, avarice de son père Phaedime, enlèvement,
procès, intervention de Cupidon : à part la reconnaissance,
Alcée a donné la matière des deux premiers actes et du cinquième
qui sont, ou peu s'en faut, de pure comédie[5]. Voici maintenant,

1. Cf. le rôle dé Cupidon dans la *Bergerie*, et ses fantaisies dans l'*Union
d'amour et de chasteté*. Voy. aussi le prologue de *Myrtille*.
2. Cf. la scène de Philère et Lycine (III, 4), et celle, plus vulgaire d'ailleurs,
de Filandre et Armande :

> Ie ne vous ayme plus, liore de mon soucy
> I'en vais chercher quelque autre et ie vous laisse icy.

(*Infidèles fidèles*, III, 2.) Voy. encore dans la *Bergerie* le revirement de Célestine croyant que Grinand a cessé de l'aimer (IV, 3), celui de Cloris dans
l'*Amoureux dédain* (IV, 4), et, au sixième livre de *la Diane*, la chanson de
Sireno ; mais, ici, l'explication était purement psychologique.
3. Encore un nouveau modèle de dénouement dérivant du *Pastor*. A côté
des imitations directes (*Bergerie*), l'épisode du jugement admet des variantes
nombreuses : *Chaste Bergère*, *Alcée*, *Triomfe d'amour*. Nous en rencontrerons d'autres encore : *Bergeries* de Racan, *Aristène* de Trotterel, etc.
4. T. IV, Au lecteur.
5. Les deux premières scènes (discussion d'Atys et de Céphée, épreuve de la

au troisième et au quatrième, les embellissements : quelques
coups de bâton feront merveille et l'ordinaire ennemi des bergers
est tout désigné pour les recevoir. Il suffit d'intercaler, en le
développant plus que de coutume, un épisode traditionnel. Un
satyre qui aime Clitie et qui a découvert ses projets de fuite
trouve le moyen, aidé d'un de ses compagnons, de prendre la
place de Céphée et de l'enlever avant lui. Le berger arrive bien
au moment décisif, mais, tandis qu'il s'attarde à battre le premier satyre, le second entraîne la jeune fille. De là toute une
suite de scènes assez variées (le premier satyre aux mains de
Céphée, — la poursuite, — les plaintes de Phaedime et d'Atys, —
les prédictions de la sorcière, — Clitie prisonnière et délivrée),
scènes parfois indécentes, souvent bien conduites, mais dont il
ne faudrait s'exagérer ni la nouveauté, ni l'intérêt[1].

Ces remaniements mêmes en sont une preuve, Hardy n'est
pas homme à débarrasser entièrement la pastorale de son fatras.
Le pourrait-il, d'ailleurs? Connaissant à merveille les exigences
de son métier, il doit sentir, d'instinct, qu'il est imprudent de
heurter les habitudes du public, que la seule originalité permise
au théâtre est dans la manière d'accommoder des choses anciennes, d'effet sûr, et que les novateurs intransigeants ont toujours
tort, — pour de longues années... Or, il n'a pas le temps d'at-

course à laquelle les soumet Clitie) sont empruntées à *Corine* (I, 1, 2; — II, 2).
Le sexe seulement des personnages est changé. Les mêmes vers reviennent à
peine retouchés :

> O le grand coup! O la ruse oportune
> Pour me tirer de leur presse importune!...
>
> (*Corine*, II, 2.)
>
> ... O la commodité
> Pour se tirer d'une importunité!...
>
> (*Triomfe*, I, 1, etc.)

1. Cf., dans la *Galathée diuinement déliurée* de Fonteny, les satyres Hircale
et Lenlatique enlevant Galathée pour Cunivasilas. Et l'analogie est ici tout à
fait frappante. Il n'y a plus une simple rencontre; on a l'impression d'un
décalque fidèle. Voy., au quatrième acte du *Triomfe*, la troisième et surtout la
quatrième scène : Céphée conduit par son chien entendent les plaintes de
Clitie. C'est exactement le cinquième acte de la *Galathée* : Cunivasilas qui veut
abuser de la jeune fille, Calomachite et Timale qui la cherchent, entendent sa
voix, etc. — Les méfaits de deux satyres donnent aussi le sujet des *Amours
contraires* de Du Ryer, mais la situation est un peu différente.

tendre. Et, comme par le passé, les coups pleuvent joyeusement
sur l'échine velue des satyres, et les magiciennes déchaînent
leurs fureurs, et Cupidon exerce sa puissance, et l'écho encourage les amants effrayés par les oracles et les songes, et la rhétorique pastorale déploie tous ses attraits : « la grâce des cir-
conlocutions, l'insensible douceur des digressions, le naïf rapport
de comparaisons, ... un graue mélange de belles sentences qui
tonnent en la bouche de l'acteur et résonnent jusqu'en l'âme du
spectateur [1]... »

Rien n'est changé : l'effet produit, cependant, est tout autre.
C'est que, pour la première fois, nous sommes en présence d'un
homme de théâtre ; et on le reconnaît bien vite à la façon dont
il use de ces emprunts, à son adresse à les combiner, à coudre
les éléments divers, à faire, avec des épisodes connus, des œuvres
nouvelles, — j'entends capables de retenir l'attention et d'exciter
la curiosité. Ni *Alcée,* ni *l'Amour victorieux,* ni *le Triomfe
d'amour,* malgré la diffusion de quelques scènes, ni *Alphée,* si
complexe qu'elle soit, ne sont des pièces ennuyeuses : ce qui est
merveilleux, quand on songe de quoi elles sont faites.

On ne trouve plus ici ces intrigues maladroites qui se traî-
naient péniblement de tirade en tirade, rejetant toute l'action
dans un interminable récit, enchevêtrant au hasard des histoires
diverses, immobiles, sans lumière et sans air. Claires et rapides,
les expositions nous portent au milieu même du sujet. Dès la
première scène, les amants sont face à face et l'on devine les
obstacles qu'il leur faudra vaincre : c'est Alphée qui rencontre
Daphnis dans le tumulte des fêtes de Palès, c'est le vieux Dorilas
qui implore Alcée vainement, c'est la querelle de Céphée et d'Atys
en présence de Clitie. Et les personnages une fois posés, sans
retard, l'action s'engage. Pas un instant, l'auteur ne perd de
vue son sujet principal, le but qu'il se propose, les chemins qui
doivent l'y conduire. Chacun des actes a sa matière, ajoute quelque chose aux actes précédents. Le premier acte *d'Alcée* nous
intéresse aux jeunes amours d'Alcée et de Démocle ; nous au-

1. T. V, Au lecteur.

rons, au second, la grande scène de Phédime et de Dorilas ; au troisième, la maladie d'Alcée et le désespoir de son père ; au quatrième l'enlèvement, au cinquième le procès[1]. Autour de l'intrigue principale se rangent et se coordonnent les scènes parallèles, sans que jamais elles soient un principe de confusion. Toutes demeurent à leur place, se développent d'un mouvement égal, arrivent à leur conclusion. Pas un personnage n'est inutile ; le chœur, devenu acteur, joue son rôle et prend part à l'action[2]. On a une impression d'aisance, de souplesse et de vie.

L'invraisemblable même ne surprend plus, car Alexandre Hardy connaît le grand art des préparations. Après ce que nous a dit Phédime, après les plaintes répétées de Ligdame et les enquêtes patientes du fidèle Ergaste, qui s'étonnera que Démocle retrouve au dénouement son père et sa fortune ? Et qui ne serait heureux de voir Dorilas s'unir à Cydippe, quand les trois premiers actes nous ont intéressés aux amours longtemps dédaignés de la jeune fille, nous en ont montré la sincérité et l'ardeur[3]? N'est-ce pas ainsi — au génie près — que Racine placera aux côtés d'Iphigénie la jalouse Eriphile ?

Sans doute, il serait imprudent d'insister sur des rapprochements de ce genre. Même à ne voir en lui qu'un dramaturge, il y a dans ces pastorales de Hardy des naïvetés encore et des maladresses d'exécution. Certains procédés commodes reviennent avec une régularité fâcheuse : songes ou pressentiments qui mettent les personnages en garde, aparté qui nous révèlent leurs sentiments. Les amoureux affichent avec complaisance les secrets qu'ils auraient intérêt à tenir cachés ; ceux, d'autre part, qui doivent les connaître arrivent toujours au bon moment pour les surprendre[4], et, si tout s'enchaîne, tout est loin de se justifier. Le moyen, d'ailleurs, de justifier toutes choses avec de pareils

---

1. De même dans *Alphée* : acte I, la rencontre; II, Alphée laisse voir son amour à Daphnis, et Corine surprend leur secret; III, la brouille des amants; IV, les métamorphoses; V, la bataille et l'intervention de Cupidon. — Voy. encore, dans *le Triomfe d'amour*, comment les deux intrigues sont encastrées l'une dans l'autre.

2. *Alphée*, V, 1; — *Alcée*, V, 2; — *Amour victorieux*, V, 1.

3. *Alcée*, I, 3; — II, 2; — III, 3.

4. *Alphée*, II, 3; — *Alcée*, IV, 3; — *Triomfe d'amour*, II, 2.

sujets? La pastorale a ses franchises, que l'habitude a consacrées. Hardy en use sans trop de scrupules; il ne prendra pas
une peine inutile à chercher un dénouement ingénieux, ou logique, ou simplement vraisemblable : il est si simple, quand la
situation paraît sans issue, d'invoquer ces puissances célestes,
providence des dramaturges dans l'embarras.

L'art dramatique ne peut arriver du premier coup à sa perfection; mais quelques artifices un peu puérils n'empêchent pas Hardy
de se placer bien au-dessus de ses prédécesseurs ou de ses
contemporains. Il a le don du mouvement et de la vie, l'imagination dramatique, cette faculté précieuse de pouvoir reprendre
à plusieurs fois des situations analogues, sans se répéter cependant. Il a surtout le sens de la mise en scène. Voyez la délivrance de Clitie dans *le Triomfe d'Amour*, ou, au dernier acte
de *l'Amour victorieux*, le tableau du sacrifice, ou la bataille
d'*Alphée*, ou, dans *Alcée*, la fuite des amants, en pleine nuit,
avec les aboiements du chien, les cris du père, la curiosité des
voisins... Même dans les scènes les plus rebattues, c'est une mo-
dification légère, une invention gracieuse, — Lycine qui tâche
de réveiller Philère sous une pluie de fleurs[1]; une idée de
farce jetée au milieu d'une idylle, — Mélite et Corine, muettes
par amour[2]; un détail imprévu, d'autant plus piquant que l'on
s'attendait moins à le rencontrer parmi ces banalités qui semblaient à jamais fixées, immuables... Jusqu'à la fastidieuse mésaventure des Satyres qui devient amusante!

Ces tendances nouvelles exigent une forme nouvelle : le style
aussi doit tendre vers plus de franchise. A plusieurs reprises,
Hardy a marqué son dédain pour « ces artistes liaisons de paroles affectées, ampoules d'eau plus propres à délecter la vue
des petits enfans qu'à contenter un esprit solide et judicieux ».
S'il a la haine de ces génies étiques qui, sous prétexte de pureté, « dépouillent les muses » et rendraient « totalement
gueuse » notre langue « pauure d'elle-même », il n'estime pas
davantage ces « délicatesses efféminées qui, pour chatouiller

---

1. *Amour victorieux*, III, 4.
2. *Corine*, IV, 4.

quelque oreille courtisane, mécontenteront tous les experts du métier ». Pour lui, les nécessités de la scène, la rapidité de sa production, le souvenir de Ronsard le gardent des excès de la préciosité. Attaqué à la fois par les raffinés et par les disciples de Malherbe, pour qui la pureté du langage est la première vertu, il se débat contre les uns et les autres. Il plaide pour le bon sens ; il défend les prérogatives du génie et les droits de l'inspiration qui ne peut s'attarder à peser toutes les syllabes : doctrine fort soutenable, mais au nom de laquelle un improvisateur pourra justifier ses négligences. Ce qu'il prescrit c'est « la recherche des mots plus significatifs et propres à l'expression d'une chose..., une grande douceur au vers, une liaison sans jour, un choix de rares conceptions exprimées en bons termes et sans force ». Sans force, c'est-à-dire sans effort et sans recherche. « Les vers tragiques, écrit-il encore, ne veulent emprunter leur beauté que de la nature [1]. »

Hardy, d'ailleurs, ne s'en tient pas à des théories ou à des promesses. De toutes ses pastorales, le seul *Triomfe d'amour*, par sa surabondance verbale, porte la marque de son temps. Dans ce poème, plus travaillé, comme tous ceux du même volume, l'auteur a tenu manifestement à étaler les grâces de son style, à ciseler avec soin ses couplets : le Satyre consacre soixante vers à maudire les injustices de l'amour (II, 1), et la douleur du vieux Phaedime est à peine moins loquace (51 vers, IV, 1). Mais ces monologues constituant à eux seuls des scènes entières, reprenant à satiété les mêmes plaintes, sans profit pour l'action, n'apparaissent plus qu'à titre exceptionnel [2]. A l'ordinaire, les tirades les plus diffuses ne dépassent pas des limites raisonnables en somme (40 à 45 vers au plus), et n'arrêtent pas la marche de la pièce. S'il n'a pas le courage de renoncer aux thèmes consacrés, Hardy se contente du moins d'allusions rapi-

---

1. Voy. t. I, Dédicace. — T. III, Au lecteur. — Préface de *Corine*. — T. V, Au lecteur.

2. On peut citer encore, dans l'*Amour victorieux*, la première tirade de Vénus (64 vers, I, 1), le monologue de Philère (36 vers, III, 1) et celui de Lycine, le plus long de tous, mais en revanche le plus varié (70 vers, III, 4). — Rien d'approchant dans les trois premiers volumes.

des. Il taille de larges éclaircies dans le fouillis des développements habituels; tout devient plus sobre et plus bref : les fureurs de la magicienne jalouse [1], les rodomontades de Cupidon :

> l'iray trouuer Neptune dans les ondes,
> Le fier Pluton dedans ses nuits profondes,
> S'il est besoin le tonant Iupiter,
> l'iray d'esclaue auec eus garoter [2]...

l'éloge de l'âge d'or :

> ... Le siècle innocent de iadis
> Lorsque pressez de l'amoureuse rage
> Dessus la langue on portoit le courage
> A la beauté qui captif nous tenoit,
> Si que dès l'heure aux effets on venoit.
> Bel âge d'or, siècle heureux ha! de grâce
> Reprends chez nous ton empire et ta place [3]!

Quelques mots lui suffisent pour évoquer les grands souvenirs de la mythologie [4], et, quand les comparaisons risquent de s'étendre à l'excès, il a l'esprit d'y couper court :

> DAPHNIS. — Donc n'as-tu veu (rustique passe-temps)
> S'entrebaiser les tourtres au printemps,
> Les oisillons sous l'obscur des ramées
> Voler après leurs femelles aymées :
> Donc n'as-tu veu les taureaux négliger
> Es prez herbus le boire et le manger...
> Donc n'as-tu veu les passereaux mignards...
> ALPHÉE. — Hola, pasteur, ces exemples suffisent [5]!

Voici quelques-uns encore de ces lieux communs. Sur la nuit :

> Heureuse nuit aux amours fauorable!
> Nuit, des labeurs le charme secourable,
> Nuit destinée à ma félicité
> Qui du cercueil m'auras ressuscité,
> Tu es venue, o mère du silence
> Qui ia muet de tous costez s'élance [6]...

---

1. *Alphée*, II, 2; 20 vers.
2. *Amour victorieux*, I, 1; 10 vers en tout.
3. *Corine*, I, 3. Une allusion analogue dans *Alcée*; 2 vers seulement (IV, 4).
4. *Alphée*, III, 2.
5. *Alphée*, I, 1.
6. *Corine*, III, 1.

Sur la loi de nature :

PHAEDIME. — L'autorité paternelle précède
Car tout aux lois de la nature cède.
CÉPHÉE. — Qu'appelez vous de nature la loy
Sinon laisser une âme libre à soy,
L'affection des enfans ne contraindre?[1]...

Sur la fragilité de la jeunesse :

Tu changeras, à mesure que l'âge
S'écoulera, d'enuie et de langage.
Son cours emporte auec soy la douleur
Que nous sentons du plus cruel malheur[2]...

On a plaisir à retrouver, ainsi allégé, ce que ses prédécesseurs délayaient avec tant de conscience. Aucun d'eux encore n'avait fait preuve de cette discrétion, car aucun n'avait eu une conscience aussi nette des nécessités du théâtre. Même dans la fâcheuse idylle de *Corine*, une certaine aisance cavalière anime le dialogue[3]. Les répliques s'entre-croisent, inégales, éloquentes ou heurtées suivant que l'exigent les situations. De l'harmonie certes; mais une harmonie qui ne fait pas oublier ce que les personnages ont à dire, qui admet la variété, qui n'engourdit pas l'attention par un balancement ininterrompu... Et Hardy ne s'amuse pas davantage au petit jeu des antithèses renouvelé de Sénèque. S'il use parfois du procédé, ce n'est pas, comme Montreux ou Chrestien des Croix, pour le vain plaisir d'opposer des abstractions banales, mais pour marquer le heurt des volontés :

DEMOCLE. — Ma récompense est la couche d'Alcée...
La possédant ie ne manque de rien.
Sans elle, au monde il n'est assez de bien!
PHAEDIME. — Ta volonté me suffit reconnue.
D. — Non pas à moy ceste promesse nue.
P. — Si te dois-tu contenter de raison.
D. — Ouy, conspirant à nostre liaison.
P. — Ne luttc plus contre une destinée.
D. — Souuenez-vous de vostre foy donnée[4]...

1. *Triomfe d'amour*, V, 2.
2. *Amour victorieux*, III, 2.
3. Voy., par exemple, I, 3, vers 145 et suivants.
4. *Alcée*, II, 3.

Avec cela, de véritables trouvailles d'expression : ce vers où déborde la tendresse de Daphnis :

> Tu n'es qu'amour, que douceur, que merueilles [1]...,

cette formule de l'autoritaire et solennel Isandre parlant à sa fille :

> Ta gloire gist à viure solitaire,
> A m'obéir et apprendre à te taire [2]...,

ou ces mots de Phaedime non moins péremptoire :

> l'affecte Athis, il est mon gendre éleu,
> Il te plaira malgré toy m'ayant pleu [3].

Il semble qu'avec ces qualités de vigueur et de netteté, armé comme il l'était pour le théâtre, ayant au surplus à satisfaire un public avide d'émotions brutales, Hardy aurait dû chercher à pousser la pastorale à son maximum d'effet dramatique. Dès l'instant où elle n'apparaissait plus comme un simple poème dialogué, pourquoi lui refuser ce genre d'intérêt qui naît de l'imprévu des situations ? Sans trop en avoir conscience, ses premiers propagateurs français n'avaient-ils pas trouvé en elle une sorte de tragi-comédie, plus verbeuse seulement et plus tendre, et les deux genres n'étaient-ils pas voisins par leurs caractères essentiels comme par leurs modèles ? Complexité des intrigues, mélange du comique et du tragique, juxtaposition de personnages héroïques et de types vulgaires, liberté d'allure, recherche des effets scéniques, tous les droits que réclame la tragi-comédie, la pastorale s'en est emparée déjà. Montemayor a multiplié dans son roman les épisodes romanesques, les déguisements et les surprises ; personne ne s'étonne plus, après l'*Arimène*, ou le *Bocage d'amour*, ou le premier livre de l'*Astrée*, de voir des chevaliers embrasser la vie pastorale ou de retrouver, houlette en main, de véritables princesses lasses des grandeurs ; et si l'admi-

---

1. *Alphée*, I, 1, vers 29.
2. *Alphée*, I, 2, vers 189-90.
3. *Triomfe d'amour*, I, 4, vers 449-50.

ration de Hardy va de préférence à « la galantise italienne »,
l'exemple de Guarini, ses virulentes répliques à Jason de Nores
peuvent autoriser toutes les audaces.

A part certaines brutalités, l'un et l'autre genre mettent en
œuvre une matière analogue. La jalousie du noble Straton disputant à l'humble Calistène la main d'Aristoclée, Frégonde
repoussant l'amour du marquis de Cotron et l'aimant à son
tour quand il est devenu insensible : la pastorale a souvent
exploité des sujets de ce genre[1]. Ces choses peuvent, à volonté,
devenir plaisantes ou terribles, attendrir légèrement ou frapper
les imaginations, s'arranger à la satisfaction générale ou provoquer des catastrophes sanglantes. Les *Narrations d'amour* de
Plutarque, les *Nouvelles* de Bandello, d'Agreda et de Cervantes,
les *Histoires* de Rosset[2] : inépuisable mine de drames frénéti-
ques ou de douceâtres bergeries.

Pour peu qu'il en eût envie, Hardy pourrait aisément forcer
l'effet tragique de la pastorale, en développer l'intérêt romanesque : ailleurs, il a fait ses preuves. Ici, cependant, il s'en est
gardé, — et à dessein. C'est qu'en somme, M. Rigal l'a très
bien montré, peu d'esprits sont plus attachés à la tradition.
A ne considérer que l'abondance de son œuvre ou la nature de
quelques-uns de ses sujets, on lui prêterait volontiers une imagination disposée à toutes les audaces, impatiente de toute con-

---

1. Voy. *Aristoclée* et *Fregonde* tragi-comédies, l'une et l'autre dans le
même volume que *le Triomfe d'amour*. On pourrait suivre l'analogie dans le
détail : voy., dans *Aristoclée*, la dispute des deux rivaux, la scène de Théo-
phane et de Straton (II, 1), analogue à celle de Phédime et Dorilas dans *Alcée*
(II, 1); dans *Fregonde*, le rôle de la nourrice « vieille d'expérience es cautelles
d'amour », la colère de Fregonde :

> Ne t'émancipe plus déloyale mégère
> A qui le suborneur ses passions suggère
> De paroître à mes yeux pollus de ton aspec.
>   (II, 1, etc.)

Les sujets de *Dorise* ou de *Gésippe* prêteraient aussi aisément à des pastorales. Et il serait trop long de chercher à travers les tragi-comédies de Hardy
tous les développements que la pastorale leur a fournis : premier monologue
d'*Arsacome*, tirade de Sophronie (*Dorise*, III, 4)), etc.

2. Une rectification en passant : tous les bibliographes donnent pour la première édition des *Histoires tragiques* de F. de Rosset la date de 1619. J'ai
entre les mains un exemplaire de Cambray, Iean de la Rivière, 1614, approbation du 27 août 1614.

trainte... Mais il suffit de lire une de ses préfaces. Cet écrivain
fécond et turbulent est le contraire, à peu près, d'un Lope de
Vega. Malgré ses révoltes contre le pédantisme de ses ennemis,
il a le respect profond et naïf du passé ; il invoque le souvenir
des anciens et de Ronsard ; obligé d'écrire pour la foule, son
ambition est d'obtenir les suffrages des doctes. Il croit à la hiérarchie des genres. Les libertés qu'il doit se permettre lui sont
importunes : il les subit plutôt qu'il ne les réclame. Dans la pastorale, il place sur le même rang le Tasse et Guarini, mais c'est
au premier surtout qu'il cherche à se rattacher et, s'il prend au
second quelques épisodes, il ignore ses théories et ses prétentions
bruyantes. Pas une fois, ces termes de *Tragi-comédie pasto-*
rale, ou de *Tragi-pastorale*, si communs cependant, n'apparaissent dans son théâtre. Point de déguisements, de princesses,
de chevaliers. Quand il emprunte à Montemayor sa *Felismène*, il
la nomme *Tragi-comédie* et n'a garde de la mettre au rang de
ses pastorales.

Cela est calculé. Hardy, évidemment, a voulu laisser à la
pastorale son unité d'impression, écarter les alliages qui auraient
altéré sa pureté, admettre le romanesque dans les sentiments
plutôt que dans les faits. Et la pastorale ainsi prend, chez lui
comme chez le Tasse, une place bien nette, intermédiaire entre la
comédie et les diverses formes du genre tragique. Elle a son
caractère propre, défini, son genre d'émotion particulier. Elle
n'est ni la tragédie solennelle, ni le drame brutal et vulgaire, ni
la farce. Capable de nous émouvoir sans que l'émotion devienne
jamais trop violente, inclinant au comique sans tomber dans la
bouffonnerie, et consacrée toujours à la peinture de l'amour,
c'est elle, en somme, qui, de tous les genres dramatiques, peut
être le plus susceptible de nous présenter une image fidèle de
nos sentiments et de notre condition.

Du merveilleux traditionnel, Hardy n'a conservé que ce qui
pouvait sembler indispensable. Si la colère de Vénus est le principe des souffrances de Lycine et d'Adamante[1], la pièce ne s'en
déroule pas moins, purement humaine, de la seconde scène du

---

1. *L'Amour victorieux.*

premier acte jusqu'à la fin du quatrième. Et il en est toujours ainsi. Les puissances divines n'ont part à l'action que lorsqu'il s'agit de l'engager ou de la conclure. L'intervention de Cupidon, ou celle de Pan, les oracles qui s'expliquent, les colères célestes qui s'apaisent, autant de moyens de dénouer rapidement une situation difficile : moyens commodes, mais qui n'ont pas pour l'auteur plus d'intérêt que n'en auront pour Molière la découverte d'Anselme ou la grande tirade de l'exempt[1]. Le bon sens français fait déjà son œuvre. Et quand Alexandre Hardy veut laisser au surnaturel une place plus grande, quelle que soit son habileté de facture, on a l'impression très nette que c'est là un élément surajouté, inutile : une petite comédie toute simple subsiste encore, presque distincte, à côté des épisodes merveilleux. Les deux derniers actes d'*Alphée*, nous l'avons vu, sont pleins de métamorphoses et de maléfices ; mais les trois premiers n'annonçaient rien de pareil : simple histoire d'amour et de jalousie, ils ne s'attachaient qu'au jeu des sentiments. De jeunes amants luttaient contre l'avarice d'un père, et, malgré tous les obstacles, leur triomphe était certain. On était ému, — légérement. La Dryade et le Satyre, en dépit de leur nom, n'apparaissaient pas des êtres fabuleux. La magicienne Corine, irritée des mépris de Daphnis, n'avait pas recours, pour le punir, à des incantations diaboliques : elle se vengeait à la bourgeoise, par une bonne calomnie[2]... Etait-ce une pastorale ? C'était surtout la vieille et l'éternelle matière de la comédie moyenne. Rien, à coup sûr, n'empêchait la pièce de continuer et de finir sur le même ton.

Presque toujours, d'ailleurs, les magiciennes de Hardy sont assez sceptiques elles-mêmes sur leur art. Vieilles femmes expertes, leur pouvoir vient de l'âge plutôt que de la science, et Testile avoue humblement son impuissance à Phédime :

---

1. Voy. le dénouement d'*Alphée*, de *Corine* et du *Triomfe d'amour*, et, dans *Alcée*, Cupidon empêchant la mort de Démocle (III, 2).

2.
> Treuue le père et mot à mot luy dy
> De ses amants le dessein mal-ourdy :
> N'épargne ruse ou imposture aucune
> Qui puisse aigrir son leuain de rancune :
> Verse de l'huile en ce feu trop épris...

(II, 3.)

De la guérir désormais n'imagine,
Par les secrets de ce diuin mestier,
Que Loroastre enseigna le premier.
Simples cueillis aux rayons de la Lune,
Pendant l'horreur d'une nuict opportune
Escheuelée, et nuds pieds, en la main
Portant exprès une serpe d'airain [1]...

Pour guérir une jeune fille malade d'amour, elle estime que la présence de l'être aimé aura plus d'effet que tous les philtres mystérieux. Hardy ne pense pas qu'elle ait tort. Deux fois seulement, il s'est amusé à porter sur le théâtre une scène d'évocation [2].

Avec le Satyre, il est plus difficile de rester dans la vraisemblance. Son rôle et sa silhouette sont fixés dès longtemps. Hardy cependant s'efforce de le rapprocher, lui aussi, de la condition humaine, et, au moins, d'atténuer sa difformité physique. Nous revenons au personnage, tel que le Tasse l'avait conçu. Ecoutez le Satyre du *Triomfe d'amour* essayant de convaincre la jeune Clitie de ses agréments personnels :

Ne troues-tu que le poil qui te fâche ?
N'ay-ie imparfait que cette seule tache ?
O la folie, un semblable défaut
Vient d'ignorer, simple, ce qu'il te faut,
Qu'en luy consiste une robuste adresse...
Velu par tout ie serois laid sans doute,
Mais n'en ayant que l'estomac couuert
Ma grâce rien de sa grâce ne perd [3]...

Ailleurs, le portrait est plus expressif encore :

Ce front sanguin sous sa rouge teinture
Montre un amant de robuste nature ;
Cette perruque a parmi l'époisseur
Ie ne scay quoy de luisante noirceur,
Qui me plaist plus que ces blondes frisées
De l'artifice et du fard composées ;
Après ce nez me contente, aquilin,
Nez de qui penche à l'alégresse enclin ;
Sa bouche plus que la rose vermeille
M'excite en l'âme une ardeur non pareille [4]...

1. *Alcée,* III, 5.
2. *Alphée,* IV, 5 ; — *Triomfe d'amour,* IV, 2.
3. *Triomfe d'amour,* IV. 3. Cf. l'*Aminta,* II, 1.
4. *Alphée,* III, 2.

C'est la Dryade qui parle ainsi, et une dryade, en somme, peut bien aimer ce mâle vigoureux : ce n'est pas un Adonis, mais ce n'est pas non plus la « monstrueuse bête », le « bouquin infect et puant » des premières pastorales françaises. Il s'est humanisé. *L'Amour victorieux*, enfin, en fera un raisonneur, une sorte de philosophe égoïste, mais point méchant, et capable de donner un bon conseil[1]. Il est vrai que la sagesse ne lui réussit pas mieux que l'impudicité; l'une et l'autre ont toujours le même salaire : homme ou bête, sa destinée est d'être battu[2].

En diminuant ainsi la part de la convention dans la pastorale, Hardy lui donnait un intérêt nouveau. Elle devenait plus vivante, c'est-à-dire plus dramatique, et, du même coup, elle révélait son objet à la comédie perdue encore dans la farce ou dans les imitations artificielles de l'Italie : de ce que le théâtre imprimé de Hardy ne contient pas une comédie proprement dite, il ne faudrait pas conclure que son influence ait été nulle à cet égard.

La bouffonnerie, sans doute, ne perd pas tous ses droits, — ni la grossièreté. Les satyres goûtent toujours les plaisanteries lourdes. L'âge n'a pas appris la délicatesse aux vieilles femmes complaisantes[3]. Au moins, les autres personnages ont-ils cessé de rivaliser avec elles d'impudeur. Que sont, au surplus, les indécences de *l'Amour victorieux* ou du *Triomfe d'amour*, auprès des audaces que Montreux s'était permises. Pour juger avec justice, il faut se rappeler *Athlette, Diane, l'Arimène* ou *les Amantes*, — je ne parle pas des comédies du seizième siècle, — et songer aux exigences du public. Ici encore, certaines libertés s'imposent à Hardy; certains détails sont traditionnels, et certaines scènes, — qui doivent se traiter de certaine façon. « Ne parlons pas de la liberté de langage qui est extraordinaire, » dit M. Rigal, faisant allusion à une tirade de *l'Amour victorieux*; il serait bon d'ajouter que tous ces détails licencieux, ces mièvre-

---

1.   ... Un amour vagabond
        Plus que l'hymen en malheurs est fécond...
        Croy moy Berger qu'une femme t'èt deue
        De bons parents honnête descendue,
        Belle...
                                        (II, 3.)
2. Voy. IV, 1.
3. Voy. *Alphée*, II, 2; — *Triomfe d'amour*, IV, 3; — V, 3, etc.

ries indécentes, ces métaphores, Hardy les a presque textuellement empruntées à Montreux[1].

Et il a le mérite de ne pas rechercher ce genre d'agréments.
Il se contente d'indiquer, lorsque la situation le demande, ce
que l'on développait jusqu'ici avec complaisance. Audacieux dans
la tragi-comédie[2], il est beaucoup plus prudent dans la pastorale et peu de choses, en somme, seraient embarrassantes à
citer. Même dans ce dialogue où Lycine charge la vieille Ruffie
d'intercéder pour elle auprès de Philère, l'aisance du style, sa
légèreté vivante font passer les choses :

RUFFIE. — A tout hazard, i'entreprend l'ambassade
Mais dy, afin que ie le persuade,
De quels propos le conuient aborder?
LYCINE. — Ie te voudrois ce doute demander.
R. — D'une humble vois, et en cette manière
Ie luy diray, Lycine, ta meurtrière.
L. — Oste ce mot qui me creue le coeur.
R. — Te reconnoit d'orénauant vainqueur.
L. — Encore pis.
R. —   Et me suit désireuse
Pour se pâmer sur ta bouche amoureuse.
L. — Que tu me fais ton secours acheter.
R. — Et bien adieu, quite pour tout quiter.
L. — Hé dieux! reuien, ne te mets en colère,
Tant seulement ta requeste tempère
D'un peu de honte et ne vueille d'abord
Luy decouurir le soucy qui me mord[3]...

1. Rigal, liv. cit., p. 529. — Tirade de Ruffie dans l'*Amour victorieux*,
II, 1, p. 478. Cf. la tirade de Fauste au premier acte de la *Diane*.
2. Voy. *Gésippe, Lucrèce*, etc.
3. *Amour victorieux*, II, 1. On peut rapprocher, dans *la Sœur* de Rotrou
(II, 3), les recommandations d'Eroxène à la suivante Lydie :

Confesse lui ma crainte et dis lui mon martyre...
Mais non ne touche rien de ce jaloux ombrage,
C'est à sa vanité donner trop d'avantage :
Dis lui que puisqu'il m'aime,...
Il m'afflige aujourd'hui d'une trop longue absence.
Non, il ne voudroit voir avec trop de licence...
Va, Lydie, et dis-lui ce que pour mon repos
Tu crois de plus séant et de plus à propos...
Ne dis rien si tu veux, mais j'attends sa réponse.

Une scène analogue encore dans l'*Arlette* de Basire (II, 3). Hardy soutient
avec avantage la comparaison.

Comparez cette inquiétude aux paroles de l'Alphise de Montreux, devenue, elle aussi, soudainement amoureuse [1]. Et notez encore que, parmi les héroïnes de Hardy, celle-ci est une des plus ardentes ; victime des colères de Vénus, l'esprit et la chair troublés, elle est, entre ses mains, un jouet irresponsable : l'occasion serait belle de lui prêter toutes les libertés d'allure et de langage. Le poète a préféré nous intéresser à ses angoisses. Ne sont-elles pas touchantes, ces paroles mélancoliques et tendres avec lesquelles elle se résigne, quand l'instant est venu pour elle de mourir de la main de celui qu'elle aime?

> Rasseure toy, Philère, ie ne veus
> T'adresser plus mes inutiles vœus...
> Le désespoir de fléchir ta fierté
> Me rend le iour d'odieuse clarté...
> Si tu lisois combien mon cœur content
> Le coup mortel de ta faueur attend,
> Si tu scavois combien ie te désire
> Complaire auant que l'âme ie soupire...
> ... Que ie scache à mon heure suprême
> N'emporter rien de ta haine au tombeau [2]...

Peu importe que la donnée de la pièce soit invraisemblable, — puérile si l'on veut : le sentiment est sincère et profond. « La langue a vieilli, note Saint-Marc Girardin dans une charmante analyse, les mots n'expriment plus pour nous ce qu'ils exprimaient autrefois ; mais quelle passion touchante et vive se sent encore sous ce vieux langage [3] ! » Peut-être y a-t-il un peu de complaisance dans cette admiration. Perdues dans le fatras de cinq volumes, quelques pages sincères frappent plus vivement l'attention, et l'on est tenté de s'en exagérer le mérite : la surprise se traduit en enthousiasme... Il n'en reste pas moins qu'après les Alphise, les Diane ou les Floris, voici enfin des jeunes filles véritables, — j'entends des jeunes filles au sens précis du mot, — point ignorantes, mais chastes, et ne tenant pas le mariage pour une formalité accessoire, sûres d'elles-mêmes, confiantes en

1. *L'Arimène*, III, 3.
2. *Amour victorieux*, V, 2.
3. *Cours de littérat. dramat.*, t. III, p. 312-316.

celui qu'elles ont choisi, capables de défendre leur bonheur[1], délibérées et raisonnables, à la Française, telles à peu près que Molière les aimera.

Devant la prudence morose des vieillards, leur jeunesse ne se déclare pas vaincue. A plusieurs reprises, Hardy a porté sur la scène ce conflit[2], et, chaque fois, il en a tiré autre chose que des effets de bouffonnerie. D'*Alcée* surtout, une émotion pénétrante se dégage. La pièce a été trop souvent analysée pour qu'il soit nécessaire de nous y arrêter longtemps[3] : il faut en parler cependant. Le second acte tout entier est nuancé avec une délicatesse exquise, et, sauf quelques longueurs, mené de main de maître. Les personnages, — personnages moyens que l'on croirait avoir connus, — vivent devant nous. Le vieux Phedime d'abord,

> Plus que demy sur le sueil de la mort
> Tout recourbé sous le faix des années...,

accablé par une existence de dur labeur, plein de tristesse quand il songe aux menaces de l'avenir. Les offres du riche Dorilas, c'est pour sa fille et pour lui l'avenir assuré; il hésite pourtant à la séparer de l'humble Démocle; il se rappelle ces jeunes amours qu'il a encouragées, qu'il va briser maintenant :

> Ouy, mais nourris ensemble de longtemps,
> Comme deux fleurs qu'enfante le printemps,
> Ma fille et luy sympathisent de sorte
> Que l'un sans l'autre est une chose morte,
> Que de vouloir faire échange d'amour,
> Est le priver de la clarté du jour...

Avec une gravité douce, il cherche à convaincre les jeunes gens :

> Songez enfans quelle misère apporte
> Le mariage à ceux de vostre sorte.
> La faim leur fait connoistre au premier jour,
> Qu'où elle habite il n'y a point d'amour.
> Sont-ils chargez d'une race chétiue...,
> Encore pis...

1. Voy. Clitie dans *le Triomfe d'amour*, II, 2, p. 514-515.
2. *Alcée, Alphée, le Triomfe d'amour.*
3. Voy. Saint-Marc Girardin, Rigal, liv. cit.

Mais Démocle s'indigne contre la sagesse qui le sacrifie :

> O iustes dieux, du parjure ennemis !
> Qui le vengez sur ceux qui l'ont commis,
> Dieux protecteurs d'une foible innocence,
> Ne permettez qu'en la sorte on m'offense !...

Et le dialogue s'anime, et les injures éclatent... Vainement, Alcée intervient à son tour, suppliante, en une tirade qu'un grand poète ne désavouerait pas :

> Vous scauez trop la coustume, mon père,
> De l'innocent lorsqu'on le désespère ;
> Et de ma part, ie vous prie à genoux
> Ne me donner autre que luy d'espoux.
> L'oracle ouy de la voix paternelle,
> Ie luy vouay mon amour éternelle
> Qui ne peut plus et ne doit varier ;
> Ne vueillez donc ores déparier
> Ceux que le Ciel, vous, l'âge et la nature
> Ont assemblez iusqu'à la sépulture.

Les prières n'auront pas plus d'effet que les menaces. Parce qu'il a conscience, peut-être, de sa cruauté, le vieillard s'emporte :

> Toy, faynéant, as-tu depuis hier
> Fait nos filets au Soleil essuyer ?
> As-tu repris leurs mailles échappées ?
> As-tu d'osier des branchettes coupées
> Pour habiller nostre nasse ? Respon.
> De tout cela ie gageray que non...

La conclusion ne se fait pas attendre :

> Cherche fortune ailleurs...

Puis, le grand mot lâché, brusquement cette colère tombe. Pourquoi se quitter sur des paroles de haine ? Les choses s'arrangeraient si bien, si Démocle se sacrifiait de bon gré :

> P. — Sortons amis, et meshuy qu'on te donne
>   Ce qui sera trouué t'appartenir,
>   Ie ne veux rien de l'autruy retenir.
> D. — Rien de l'autruy, et ma jeunesse usée
>   D'un faux espoir, vous seruant abusée ?
>   Et ma pauvre âme esclaue des beautez
>   Que vont meurtrir vos dures cruautez.
>   Rien de l'autruy, me rauissant Alcée ?[1]...

1. Voy. II, 1, 3. — Cf. le dialogue d'Aymon et Béatrix dans la *Brada-*

Il y a là autre chose que d'heureuses rencontres de style. Ces nuances sont marquées avec une sûreté dont on trouverait peu d'exemples dans notre théâtre, à la même époque. La pastorale devenait vivante, et, dès cette pièce de jeunesse, Hardy donnait un exemple qui pouvait être fécond.

Il est fâcheux, vraiment, que la pièce ne se soutienne pas à ce niveau, et que cette franchise d'accent ne se retrouve plus par la suite. Quand le vieillard reparaît, Alcée est à l'agonie, et il se désole ; mais ses plaintes ne nous touchent plus. C'est une douleur forcée et déclamatoire, sans rien de profond. Voici tout ce que le remords lui inspire :

> Las ! Ie ne puis accuser de sa mort
> Que la rancœur implacable du sort.
> Sort qui toujours a voulu que ma vie
> Fust d'un reflus de misères suiuie,
> Que l'indigence assiegeast ma maison [1]....

Phedime n'est plus que le vieillard égoïste et d'esprit borné, incapable de regretter sa faute ou de la comprendre, soucieux seulement de tenir son emploi de père sans cœur. Il ne reste qu'un fantoche sans nuances et sans vie. Dans sa cervelle étroite, une seule pensée : sauver sa fille, s'il se peut, mais d'abord ne pas se reconnaître vaincu, ne pas céder... Dorilas peut admirer son machiavélisme puéril :

> O preuoyance ! O sagesse qui passe
> Sur le commun de la mortelle race [2]...

Ses subterfuges ne sauraient nous inquiéter ni nous émouvoir. Ce qui faisait l'intérêt du caractère s'est perdu. Nous touchons ici à la grande faiblesse de Hardy. Sa psychologie, assez fine quand une situation intéressante le soutient, manque de sou-

---

mante de Garnier (II, 1) et le rôle de Mersant dans *les Corrivaux* de Troterel : le ton est d'ailleurs tout différent. Cette scène des pères deviendra une des scènes classiques de la pastorale française. Après les *Bergeries* surtout, nous la retrouverons souvent. Ce que nous savons de la date d'*Alcée* nous permet d'affirmer, ici, l'originalité et l'influence de Hardy. Elles sont indéniables.

1. *Alcée*, III, 3.
2. *Ibid.*, IV, 3.

plesse et de variété. Il s'entend mieux à mener une scène qu'à composer un personnage, à le suivre au travers des péripéties, à le reprendre d'acte en acte, à ajouter des traits nouveaux qui ne détruisent pas l'impression déjà donnée, mais la complètent, la précisent.

A défaut du merveilleux, le hasard joue, dans ce théâtre, un rôle considérable : et c'est un progrès médiocre. A chaque instant, il intervient en maître, dresse devant les amants des obstacles imprévus, ou les fait tomber, lorsqu'il est temps de finir. L'action, pour employer une vieille formule, ne se subordonne pas aux caractères. A l'avance, les épisodes successifs déterminent l'attitude des personnages, dictent leurs discours. Alcée ne diffère pas essentiellement d'Alphée, Démocle de Céphée ou de Daphnis, Atys de Dorilas et Phedime de Phaedime. Ils n'ont pas d'existence propre, ils sont les pères, les amoureux, les jaloux, et cela suffit au poète, son habileté ne s'intéressant qu'à l'extérieur de l'intrigue.

Même avec ces réserves, la part de Hardy dans l'histoire de la pastorale demeure importante. Il serait injuste de lui reprocher de n'avoir pas prévu toute l'évolution de notre théâtre classique ; c'est déjà beaucoup qu'il ait dégagé le genre pastoral d'une partie de ses conventions, qu'il l'ait rendu digne de la scène, qu'il lui ait donné, avec plus de mouvement, un certain intérêt général et humain.

*
* *

Les qualités que n'aurait pu lui donner l'exemple de Hardy, la pastorale française les empruntera à l'*Astrée* [1]. La disposition romanesque qu'Honoré d'Urfé a adoptée lui permet de s'attarder, sans souci des impatiences du public, aux analyses subtiles de

---

1. Il va de soi que je dois me contenter ici de quelques indications. Ce qu'il faut marquer surtout, c'est l'intérêt dramatique de l'œuvre, l'action qu'elle a pu avoir sur le développement du théâtre contemporain. — La première partie de l'*Astrée* paraît en 1607 (voy. *Revue d'hist. littér. de la France*, juillet 1898), la deuxième en 1610, la troisième en 1619 (?), la quatrième et la cinquième en 1627, celles-ci posthumes, publiées par Baro. — Voy. B. Germa, *L'Astrée d'Honoré d'Urfé*, Toulouse, Privat, 1904.

sentiments, aux dissertations morales, aux tableaux poétiques et
gracieux. Parallèlement à l'influence italienne, c'est l'influence
espagnole qui maintient ses droits. Le romancier, qui s'est essayé
d'abord dans le poème de *Sireine*[1], est plein de souvenirs de
Montemayor et de ses continuateurs. Il entreprend de faire goûter
à la France cet amour respectueux et grave, un peu pédant, mais
profond et sincère. Toutefois, il ne se contente pas d'être un imitateur. Il veut rendre française cette matière poétique ; des bords
de l'Elza, il transporte ces aventures sur les rives du Lignon ; il
s'efforce de faire revivre, aux yeux de ses lecteurs, la Gaule ma-
ternelle ; et, surtout, il apporte un souci d'ordre, de clarté, de
vraisemblance même qui renouvellera ce monde de convention
et mettra en valeur ce qu'il y avait d'humain et de dramatique
chez son modèle. De là son importance. Les auteurs de théâtre
n'auront désormais qu'à ouvrir son œuvre, pour y trouver en
abondance des sujets et des caractères.

Il faut reconnaître cependant que la partie purement idyllique
de l'*Astrée* est médiocre. La sincérité fait défaut. On sent que
l'auteur n'a pas été conduit à la poésie pastorale par une lente
évolution du génie de sa race, que cet insensible travail de pré-
paration a manqué. Les jeux de bergers ne l'intéressent pas
comme ils intéressaient Montemayor ; certains épisodes traditionnels manquent de fraîcheur et d'ingénuité[2]. On en pourrait dire

---

1. *Le Sireine de Messire Honoré d'Urfé, gentilhomme ordinaire...*, Paris,
Toussaint du Bray, 1611, pet. in-8°, privilège du 1er juin (l'exemplaire de la
bibliothèque de l'Arsenal, B. L. 6722ᴬ, a été offert par l'auteur au père Sir-
mond). L'avertissement du libraire donne cette édition comme la première
édition correcte, et fait allusion à une édition antérieure imprimée à l'insu de
l'auteur sur une copie fautive. — Aug. Bernard (*Les d'Urfé, souvenirs historiques et littéraires du Forez au seizième et au dix-septième siècle*, Im-
primerie Royale, 1839) signale, outre la première édition qu'il n'a pu trouver,
une édition de 1606, in-12, Paris, Micard : ne serait-ce pas celle dont parle
l'éditeur de 1611 ? — La Bibliothèque Nationale possède un manuscrit autographe du *Sireine* (Fr. 12486) qui nous donne quelques dates ; au début, cette
mention : « A Chambéry le vint et quatriesme nouembre 1596 », et une dédicace au duc de Savoie du 1er juillet 1599. Après le premier livre : Chambéry,
10 décembre 1596. A la fin : Cenoy, le 1er juillet 1599. — Plusieurs réimpressions : 1615, 1617, 1618...

2. Voy. par exemple l'épisode de la piqûre d'abeille : Partie II, liv. XII. —
Comme éléments pastoraux, on peut citer encore : la jalousie de la magicienne

autant des aventures de Céladon. La plupart des études consacrées à l'*Astrée* s'arrêtent surtout à cette histoire[1] : or, si elle
est, dans la pensée de l'auteur, la plus importante de son livre,
elle n'est, à coup sûr, ni la plus originale, ni la plus profondément sentie : ces deux amants-types, l'un avec sa timidité théâtrale, l'autre avec sa pudeur intransigeante et son orgueil, sont
peut-être les caractères les moins vivants du roman. Les malheurs
de Céladon, chassé par la colère d'Astrée, sauvé des eaux du
Lignon où, dans son désespoir, il s'est précipité, aimé de la nymphe Galathée, mais demeurant fidèle malgré tout, refusant de reparaître aux yeux de celle qui l'a repoussé, mais heureux de la
revoir sous un costume d'emprunt, — cette aventure assez
mince, soigneusement répartie sur plusieurs volumes, fut accueillie sans doute avec enthousiasme et fit tourner bien des cer-
velles. En tout cela, pourtant, H. d'Urfé restait bien au-dessous
de son maître.

Il n'a pas, à vrai dire, la délicatesse nécessaire pour nous intéresser à une simple idylle. Ses qualités poétiques sont médiocres :
tous ses morceaux en vers en donnent la preuve irréfutable. Il a
besoin d'être soutenu par un sujet; sans quoi, il demeure puéril,
en voulant être compliqué. Il exagère la fadeur, ou se laisse aller
à des gentillesses équivoques; il traîne indéfiniment ce qui, dans
l'*Amadis*, n'était qu'un épisode[2]; il ne s'aperçoit pas que le

Mandrague (I, 11), la guérison de la brebis de Diane (II, 1), les débats con-
tradictoires très nombreux, les jeux de bergers (III, 10), l'oracle (IV, 2, 6),
l'apparition de l'amour (V, 9), etc.

1. Voy. A. Le Breton, *Le Roman au dix-septième siècle*, Paris, Hachette,
1890. — Ph. Godet, *Le roman de l'amour platonique : l'Astrée d'H. d'Urfé*
(article de *la Vie contemporaine*, 1er décembre 1893).

2. Voy., dans l'*Amadis*, la jalousie et la colère d'Oriane et l'épisode du
Beau Ténébreux. — Il serait trop long de citer, par le détail, toutes les sources
possibles de l'*Astrée*. L'épisode du suicide est un épisode classé. — Voy., dans
la suite de la *Diane* de Pérez, Stèle qui, poursuivie par le géant Gorforoste,
tombe dans une rivière et est accueillie par les nymphes (liv. III, trad. Chappuys, édit. de 1592, p. 72). — L'amant désespéré fuyant le monde se retrouve
dans un grand nombre de romans ou de pièces de théâtre; je rappelle seulement, dans *les Bergeries de Iulliette* (III, 4), l'histoire d'Ermande chassé par
Clodille, obéissant à ses ordres et refusant de paraître à ses yeux, même quand
elle le rappelle : c'est exactement, avec plus d'invraisemblance encore, le scrupule de Céladon. — Quant au déguisement d'un homme en femme, sans re-

déguisement de Céladon prenant les habits et le nom de la nymphe Alexis n'est, pour le jeune homme, qu'une ingénieuse façon de rester fidèle à sa parole, tout en la violant, et qu'il atteste une âme soucieuse de tenir à la lettre ses engagements, mais d'une loyauté douteuse. De cette invention, d'ailleurs, il n'a su tirer rien de vraiment émouvant, rien qui vaille, comme simplicité poétique, la rencontre de Sireno et de Diane au sixième livre de Montemayor...

De longtemps, il a préparé cette entrevue, la première depuis qu'ont été prononcées les paroles irréparables. Voici enfin les deux amants en présence. Astrée ne soupçonne pas la supercherie, mais elle ne peut qu'être frappée de la ressemblance d'Alexis avec celui qu'elle aima. « Parce que Daphnide s'estoit reculée expressément après auoir salué Léonide, Astrée s'auança pour en faire de mesme à la déguisée Alexis, mais quelle deuint elle, quand elle jetta les yeux sur son visage? Et quelle deuint Alexis quand elle vid venir Astrée vers elle pour la baiser? Mais enfin, ô amour, en quel estat les mis-tu toutes deux quand elles se baisèrent? La bergère deuint rouge comme si elle eust eu du feu au visage, et Alexis transportée de contentement se mit à trembler comme si un grand accez de fieure l'eust saisie... » De cette émotion, Astrée se reprend assez vite : « Elle fut la première à rompre le silence de cette sorte : Quand ie considère la beauté de vostre visage et les grâces dont le ciel vous a aduantagée par dessus les plus belles de nostre aage, ie l'appelle presque iniuste d'auoir voulu priuer si longtemps cette contrée de ce qu'elle a iamais produit de plus rare en vous cachant parmy les Vierges Druydes, si loin de nous : mais quand ie me remets deuant les yeux que de tout ce qui est en l'Vniuers, il n'y a rien d'assez digne pour seruir la grandeur de Dieu, ie dis qu'il est très juste d'auoir fait choix de vous... » Céladon réplique à son tour : « Pleust à Dieu que les perfections que la ciuilité vous

monter à Parthenius, à Pausanias ou à l'*Achilleide*, voy. Boccace (*Il Ninfale Fiesolano*), le *Pastor fido* (récit de Mirtillo, II, 1), l'*Arcadie* de Sidney (déguisement de Pyrocles), *la Chaste bergère* (V) imitée elle-même dans l'*Alcippo* de Chiabrera (1604), *la Finta Fiammetta* de Fr. Contarini (1610), l'*Argenis*..., etc. — Cf., dans la comédie, *le Laquais* de Larivey...

fait dire estre en moy y fussent aussy véritablement que tous
ceux qui vous voyent les recognoissent en vous, afin que ie fusse
en quelque sorte aussi digne de seruir le grand Tautates que
d'affection ie dédie le reste de mes iours à son seruice[1]... » Et
la conversation se prolonge, froide, élégante et ornée, sans que,
parmi ces politesses calmes, un seul mot vienne du cœur.

« Qui pourroit dire le contentement d'Astrée, et qui représenter celuy d'Alexis? » continue plus loin le romancier[2]... Pour
sa part, en effet, il y a renoncé. Il préfère décrire les douces
privautés que permet à la fausse Alexis son incognito. Le druide
Adamas, dans sa complaisance équivoque, a logé dans la même
chambre les deux amants : la situation, on le voit, est tout à fait
piquante. Quel secret pourrait garder la bergère, en présence
d'une vierge si pure et si noble? De jeune fille à jeune fille, la
familiarité est naturelle, et la discrétion respectueuse de l'amant
ne ferme pas ses yeux à certains spectacles : Astrée a défendu à
Céladon de jamais la revoir, elle n'a pas défendu à Alexis de la
regarder. « Quant à Alexis, s'estant un peu releué sur le lict,
elle aidoit à Astrée, lui ostant tantost un nœud et tantost une
espingle, et si quelquefois sa main passoit près de la bouche
d'Astrée, elle la luy baisoit et Alexis... rebaisoit incontinent le
lieu où sa bouche auoit touché... Encores fust-ce auec une grande
peine que Léonide fit résoudre Alexis de laisser aller Astrée, qui
estant presque toute déshabillée sur le pied de son lict laissoit
quelquefois nonchalamment tomber sa chemise iusques sous le
coude quand elle releuoit le bras pour se décoifer, et lors, elle
laissoit voir un bras blanc et poly comme de l'albastre[3]...
Enchanté de cette scène, d'Urfé l'a refaite plusieurs fois[4].

Il serait injuste d'abuser de quelques tableaux un peu montés de
ton, pour nier la noblesse de l'*Astrée*. Il est certain que l'amour,

1. Partie III, liv. II, édit. de 1647, t. III, p. 98 et 109.
2. Part. III, liv. V, p. 377.
3. Part. III, l. X, p. 943.
4. Le coucher d'Astrée, t. III, p. 941. — Le lever d'Astrée, t. III, p. 943,
et IV, p. 52. — Le sommeil d'Astrée, t, III, p. 945. — Cf. une comédie
italienne dont Brantôme nous indique le sujet (t. IX, p. 407) et une dissertation
de Charilée dans le *Monophile* (liv. I, col. 702).

tel qu'Honoré d'Urfé le présente à ses contemporains, tout im-
prégné de spiritualisme platonicien, n'est plus l'amour des anciens
conteurs français : c'est l'amour-vertu, l'amour-religion, on pourrait presque dire l'amour-Dieu. En lui, réside toute beauté; toute
grandeur morale en dérive. Dans les interminables leçons métaphysiques de Sylvandre, philosophe et beau parleur élevé dans les
écoles des Massiliens, il y a autre chose que du bavardage et du
pédantisme. On sent qu'une société va naître, éprise d'un idéal plus
haut. Mais une pareille transformation ne se fait pas en un jour :
la mode change d'abord, les mœurs s'épureront ensuite. La vie
de cour, nous l'avons vu, est en France moins brillante et moins
ancienne qu'en Espagne; la société est plus dure; c'est une autre
aristocratie moins affinée, plus vulgaire d'allures, ayant le sens
des réalités plutôt que le goût des rêves, — bourgeoise en somme.
Assez naïve d'esprit, sinon de cœur, elle peut se passionner pour
ces exaltations; mais elle se reprend : Herberay des Essarts, en
traduisant pour elle les *Amadis,* a dû les adapter à ses goûts,
insister sur les familiarités d'Oriane et du beau Ténébreux,
changer assez souvent la couleur du roman chevaleresque :
H. d'Urfé est obligé de déformer de même le roman pastoral.

« Il semble qu'il y ait mille ans de Brantôme à H. d'Urfé »,
écrit M. Le Breton[1]. Le public cependant auquel s'adresse
celui-ci n'a pas changé sensiblement, au moment au moins où
paraissent les premiers livres. Devant les importations poétiques
de l'étranger, le bon sens prosaïque de la race n'a pas abdiqué;
l'ironie ne désarme pas. Ecoutez les conseils d'Adamas à l'amoureux Corilas : « Et Adamas en sousriant luy dit : Mon enfant, le
meilleur conseil que ie vous puisse donner en cecy, c'est de fuir
la familiarité de cette trompeuse, et, pour vous deffendre de ses
artifices et contenter vos parens qui désirent auec tant d'impatience de vous voir marié, lorsque quelque bon party se présentera, receuez le sans vous arrester à ces ieunesses d'amour : car il
n'y a rien qui vous puisse mieux garantir des finesses et surprises
de cette trompeuse, ny qui vous rende plus estimé parmy vos
voisins que de vous marier, non point par amour, mais par rai-

---

1. Liv. cit. p. 19.

son. Celle-là estant une des plus importantes actions que vous puissiez iamais faire, et de laquelle tout l'heur et tout le malheur d'un homme peut dépendre[1]... » Voilà qui est excellemment pensé. Mais, vraiment, nous sommes loin de l'Amour Idéal, de la Prédestination et de la Fusion des Ames...

Les lecteurs du *Monophile* doivent goûter cette sagesse aimable et souriante. Ils n'en veulent pas à Lycidas d'avoir, malgré sa passion pour Phylis, cédé aux avances d'Olympe, et approuvent celle qu'il aime de lui pardonner l'infidélité d'un jour[2]. Ces faiblesses passagères des sens n'empêchent pas un cœur d'être loyal, un amour d'être réel. Il ne faut pas attacher aux choses plus d'importance qu'elles ne méritent. « Je ne vous nieray pas, disait E. Pasquier, que le principal poinct d'amour... ne soit la loyauté enuers sa dame : toutesfois cognoissant ceste grande fragilité qui est en nous, pour estre tous hommes,... je veux dire que si, par auenture,... il aduient qu'il faille m'absenter d'une longue absence de ma dame et, par cas fortuit, je tombe en quelque autre femme,... n'y aura aucune autre faute... L'amitié gisant au cœur ne me semble estre violée par une nécessité, forcée d'un instinct, causé de nature[3]. »

D'un bout à l'autre du roman, H. d'Urfé a senti le besoin de donner une contre-partie aux interminables débats de métaphysique passionnée, de placer auprès des amants fidèles un compagnon joyeux qui fasse parade de son infidélité, qui réponde aux plaintes par des railleries, qui tienne tête au grave Sylvandre[4] :

1. Part. I, l. v, p. 332.
2. Phylis se laisse fléchir assez aisément. Furieuse d'abord, elle veut fuir la vue de l'infidèle; mais celui-ci la poursuit, suppliant : « Enfin ne scachant plus ou fuyr, elle s'arresta en un cabinet où Lycidas, entrant et fermant les portes, se remit à genoux deuant elle, et sans luy dire autre chose attendoist l'arrest de sa volonté. Cette affectionnée opiniastreté eut plus de force sur elle que mes persuasions, et ainsi après auoir demeuré quelque temps sans luy rien dire : Va, luy dit-elle, importun, c'est à ton opiniastrete et non a toy que le pardonne... » (P. I, l. iv, p. 231). — Voy. encore l'infidélité de Damon amoureux de Madonte (P. II, l. vi). Il y a sans doute ici un souvenir de l'aventure d'Amadis et de Briolanie.
3. *Monophile*, liv. I, col. 719.
4. Voy., par exemple, la façon dont il retouche les douze tables des lois d'amour (P. II, l. v).

c'est l'élégant et frivole Hylas. Les lecteurs de l'*Astrée* le reconnaissent pour l'avoir rencontré déjà. Il a été, tour à tour, le sceptique Saffredent, l'intrépide Galaor, le brutal Drion, le sage Philopole, le placide Glaphire, le misogyne Belair, le pimpant
Tyrsis[1]... Mais ce n'étaient là que des esquisses, ou de pures
abstractions : maintenant, le type s'achève et s'accomplit. Avec
sa séduisante désinvolture, sa légèreté spirituelle, — sa grossièreté, aussi, à l'occasion, — il est bien le grand seigneur français
de ce temps. Orgueilleux et fat, il se plaît à raconter ses amours
diverses ; il dit volontiers ses succès ; il ne cache pas non plus
ses mésaventures : quel séducteur de profession n'a jamais
échoué ? En quête de sensations nouvelles, il a couru de province en province, toujours insouciant, laissant derrière lui des
trahisons et des larmes. Lui aussi vit pour aimer, — pour aimer à
sa manière, — curieux, d'ailleurs, plutôt que sensuel. A ces bergers qui ne rêvent qu'amour absolu, il vient dire que tout est
relatif, la beauté plus qu'autre chose[2]. Et un peu étonnés, scan-
dalisés, mais ravis de cette bonne grâce rieuse, tous s'égayent
de ses plaisanteries, même les moins délicates. Car son esprit
est parfois de qualité médiocre[3] ; assez souvent une brutalité
foncière remonte à la surface[4]... Mais il est gai, d'une parfaite

---

1. *L'Heptameron*, — *L'Amadis*, — *La Pyrénée* de Belleforest, — *Le Monophile*, — *Les Bergeries de Iulliette*, — *Les Infidèles fidèles.* — Cf. encore,
dans l'*Arcadie* de Sidney, l'épisode de Pamphilus et le supplice que lui infli-
gent les neuf jeunes filles victimes de son inconstance (liv. II, trad. Baudoin,
t. II, p. 54 et suiv.) : on sent très bien la différence des deux pays.

2. « Les Gaulois disent que les plus blanches, voire mesmes quand cette
blancheur est telle qu'elle s'approche de la pasleur, sont les plus belles; les
Mores estiment celles qui sont les plus noires, voire qui reluisent de noirceur;
les Transalpins... estiment les femmes qui sont grandes et presque outrées de
graisse et les Gaulois les veulent délicates... Les Grecs louent l'œil noir et toute
la Gaule estime l'œil vert, et enfin toute l'Europe estime la bouche petite, les
leures délicates, le nez iustement proportionné. Les Affriquains, au contraire,
trouuent plus belles celles qui ont la bouche grande, les leures renuersées et le
nez large, camus et comme écrasé. Or mon amy, dis moy maintenant en quoy
consiste la beauté... » (P. IV, l. II, p. 122). Cf. dans *Philis, tragédie* de
Chevalier (Paris, Iean Iannon, 1609, privil. du 13 janvier 1609), une tirade
tout à fait analogue (I, 4).

3. Voy. ses plaisanteries dans le deuxième livre de la troisième partie. « Tous
les bergers se mirent à rire des paroles d'Hylas », continue le romancier (p. 70).

4. Voy., par exemple, sa lettre à Carlis : « Ie ne vous escris pas à ce coup,

santé physique et intellectuelle, égoïste surtout : il n'en faut pas davantage pour être charmant.

Hylas, à qui l'insouciante Stelle donne la réplique, fit beaucoup pour le succès du roman. Cela tient, sans doute, à l'habileté avec laquelle d'Urfé a tracé son caractère, mais aussi à la philosophie particulière dont il s'est fait le champion. Parmi tant de poètes, il fait entendre la voix du bon sens ; il est la prose même ; il est, dans le roman pastoral, la négation de l'amour pastoral. Or, en dépit de toutes les métaphysiques, l'amour, pour les Français, éveillera toujours certaines idées très précises et très simples. Platon n'y peut rien, ni Montemayor, ni l'hôtel de Rambouillet, ni H. d'Urfé. Celui-ci, d'ailleurs, ne songe pas à s'en plaindre. Il esquisse même avec complaisance ces silhouettes de jeunes filles délibérées : Floriante qui, poursuivie par Hylas, se laissa choir fort à propos derrière un buisson [1], Ormante qui s'employa de si bon cœur à rendre Thersandre infidèle [2] ; il ne recule pas devant une scène de viol [3] ; il se plaît à décrire l'accouchement d'Olympe, entouré d'ailleurs de circonstances romantiques du plus heureux effet [4] : la sage-femme, personnage habituel de la comédie, n'avait eu, ni dans le *Pastor*, ni dans l'*Aminta*, ni dans la *Diane,* à exercer son office.

Nous nous éloignons, certes, des pures traditions de la pastorale. Mais il reste un roman d'amour, singulièrement riche et varié, et parfois profond. A cet égard, H. d'Urfé reprend tous ses avantages.

La précision, d'abord, avec laquelle sont situés les épisodes de l'*Astrée* suffirait à leur donner plus de vraisemblance. Il ne s'agit plus seulement, comme dans la *Diane* espagnole, de substituer à l'Arcadie conventionnelle une contrée particulière-

Carlis, pour vous dire que ie vous ay aimée, car vous ne l'auez que trop creu, mais bien pour vous dire que ie ne vous aime plus... », etc. (P. I, l. viii, p. 522; cf. P. III, l. ii, p. 67). Il serait facile de multiplier les exemples.
1. P. I, l. viii, p. 537.
2. P. II, l. vi.
3. P. II, l. xii.
4. P. I, l. iv.

ment chérie, mais de dérouler, en des décors réels, les diverses parties de l'œuvre. Si délicates ou émues que soient les peintures dans lesquelles il célèbre son pays du Forez, les eaux claires du Lignon qui s'attardent parmi les prairies coupées de saulaies et de bouquets de chênes, le grand rocher de Montverdun dominant la plaine, H. d'Urfé ne croit pas que la vie soit possible seulement en ce coin de terre privilégié. Lui-même a beaucoup voyagé. Grands voyageurs aussi, — et narrateurs infatigables, — ses héros nous conduisent avec eux à travers les provinces de France. Nous suivons Hylas, parti des plaines marécageuses de la Camargue pour remonter le cours du Rhône[1]. En une série d'étapes, dont chacune est marquée par quelque aventure galante, défilent à nos yeux les « bonnes villes » qui se mirent dans les eaux du fleuve, Avignon et la gaieté de ses « branles » populaires, Vienne où nous apparaît la modeste et mélancolique Cloris, Lyon, enfin, la cité des fêtes somptueuses, des grandes entrées et des cortèges triomphaux[2]... Après ces tableaux riants, des tableaux de meurtre et de guerre : Calais dans sa ceinture de remparts[3], la Provence dévastée par les troupes d'Euric[4], et, au delà des Alpes, les derniers débris de l'empire s'écroulant sous les coups d'Attila et de Genséric[5].

C'est, en un vaste tableau, toute la Gaule du cinquième siècle

1. P. I, l. VIII.
2. Voy. la fête de Vénus, P. I, l. VIII. — Cf. l'Entrée de Sigismond et de Rosiléon, P. V, l. XI : « Ils estoient encore esloignez d'une demie lieue quand ils virent venir à eux une multitude d'hommes, disposez comme pour donner une grande bataille, ils estoient armez diuersement, les uns auec des frondes, les autres auec des arcs, des picques et des arbalestes, et quelques autres portoient d'une main un escu et de l'autre un cimeterre... A la porte, Clotilde les attendoit, et, auec elle, cent des plus belles filles qui fussent dans Lyon qui parurent sur des cheuaux blancs, les plus beaux qu'il estoit possible... Ils allèrent descendre au Temple de Vénus où la musique des voix et des instruments les receut... Toute cette première journée se passa en festins, et dès que la nuict approcha, toute la cour se mit sur la riuière pour aller voir un feu de joye que l'on auoit préparé... », etc. (t. V, p. 862). C'est prévoir d'un peu loin les Entrées de la Renaissance.
3. Histoire de Lydias et de Mélandre, P. I, l. XII.
4. Histoire d'Euric, Daphnide et Alcidon, P. III, l. III.
5. Histoire de Placidie, fille de Théodose et sœur d'Honorius; — Histoire d'Eudoxe, fille de Placidie, P. II, l. XII, et P. V, l. VIII.

que nous présente l'*Astrée*, la Gaule où s'établissent les royaumes barbares : les Wisigoths maîtres de l'Aquitaine, aux ambitions insatiables [1], les Burgondes fixés dans la vallée du Rhône [2],
les Francs de Mérovée dans les plaines du Nord [3]. Que cette histoire soit fantaisiste et naïve, il est à peine besoin de le dire ; le
romancier se fait de ces petites cours une idée singulière. Gondebaud, ni même Sigismond, ne semblent guère appartenir à
la race de ces « géants de sept pieds » aux cheveux graissés de
beurre dont parle Sidoine Apollinaire ; l'amour a sur le cœur
d'Euric, « l'homme de fer », un pouvoir inattendu, et l'on pré-
férerait que d'Urfé fût moins informé du caractère de Childéric.
Dans ses souvenirs, toutes les époques se brouillent. En face des
royautés voisines, le Forez jouit d'une organisation féodale tout
à fait régulière : peu de traces, en revanche, du christianisme,
auquel il n'est fait, par scrupule peut-être, que des allusions dis-
crètes et voilées... H. d'Urfé, évidemment, n'a pas soupçonné les
règles et la rigueur de la critique historique. Mais, en somme,
c'est beaucoup déjà de l'intention : or, les préoccupations scien-
tifiques, archéologiques même, sont incontestables chez lui [4].

Il tient à connaître, et à faire parade de ses connaissances.
Les questions d'étymologie [5], les détails de mœurs ou de coutumes le passionnent. Sur les origines de l'ancienne religion

1. Histoire d'Euric, P. III, l. III et IV.

2. Histoire de Chryseide et Arimant, P. III, l. VII et VIII; — Histoire de
Dorinde, Gondebaud et Sigismond, P. IV et V.

3. Histoire de Childéric, P. III, l. XII ; P. V, l. III.

4. D'après une lettre de Huet à Mlle de Scudéry, du 15 décembre 1699 (citée
par E. Roy, *La Vie et les œuvres de Ch. Sorel*, Paris, Hachette, 1898, p. 117),
d'Urfé se serait informé des antiquités gauloises auprès du jurisconsulte Jean
Papon, lieutenant général de Montbrison. Lui-même, outre les auteurs anciens,
a pu lire le *De rebus Gothorum* de Jornandes (1515, édit. de Lyon 1597), le
De Gallorum imperio et philosophia en sept livres d'E. Forcadel (Paris,
G. Chaudière, 1579) et il a lu sûrement l'*Histoire de l'estat et république des
Druides, Eubages, Sarronides, Bardes, Vacies...* de Noël Tallepied (Paris,
Parant, 1585). — Nous avons d'ailleurs une preuve de l'importance qu'il
attache à la couleur locale et à l'exactitude. Les feuillets 64, 65, 66 du manuscrit du *Sireine* de la Bibliothèque Nationale sont couverts de notes historiques
jetées au hasard, en réserve : sur les Maures et l'Espagne, sur les grandes
familles de Grenade, de Gênes.

5. Tome II, p. 541.

druidique, il est intarissable; il distingue, comme Noël Tallepied, les eubages, les sarronides, les vacies et les bardes[1]. Il se plaît à décrire les cérémonies religieuses[2], — et aussi les opérations militaires. Il ne se contente pas des hauts faits toujours identiques des *Amadis*, de ces grands coups d'épée qui, invariablement, brisent les casques, font éclater les crânes et fendent jusqu'aux dents la tête des chevaliers monstrueux. L'attaque du château fort, au onzième livre de la quatrième partie, est une bataille véritable, aux détails variés et précis[3]. Dans toute cette histoire de Dorinde d'ailleurs, d'allure si joliment française, H. d'Urfé n'a eu garde de laisser un rôle à des géants ou à des enchanteurs. Ce n'est plus un roman héroïque qui se juxtapose à l'idylle de Céladon et d'Astrée, mais une esquisse déjà de roman historique. Le rôle de l'histoire dans les œuvres d'imagination se précise : elle doit servir de cadre aux aventures d'amour. Les passions s'ennoblissent d'être ainsi mêlées aux soucis de la politique, d'avoir leur influence au conseil des rois, de déchaîner les horreurs de la guerre ou de faire renaître les bienfaits de la paix.

Sur ce fond de vérité relative, H. d'Urfé a laissé sa fantaisie se déployer à l'aise. Le procédé de composition qu'il emprunte à la *Diane* lui permet d'encastrer dans son action principale toute une série d'actions secondaires, tantôt développées largement et

---

1. Tome II, p. 540.
2. P. III, l. II.
3. « D'abord que Polemas fut arrivé... on vid toute son infanterie faire comme une demy-lune tout à l'entour de la ville... Lors faisant tirer les frondes et les cranequiniers, c'est ainsi qu'ils nommoient les arbalestriers à cause des cranequins qui estoit une sorte de bandage ainsi appellée, ils couurirent les créneaux et les deffenses d'une nuée de pierres et de traits... Ils jettèrent en diuers endroits dans les fossez... ces grandes clayes cousues à de grandes poutres qu'ils nommoient du nom de tortue... A peine ceux qui estoient aux deffenses eurent-ils le loisir de se présenter aux créneaux qu'ils virent les crochets des eschelles de cuir et de cordage agraffez sur les murailles... D'autre costé, les colonnes ou grues esleuoient desià leurs paniers pleins d'hommes,... et les sambuques,... etc. » (t. IV, p. 1275). Il y a bien, au quatrième livre de l'*Amadis*, une bataille à la moderne, inspirée des commentaires du seizième siècle, mais les géants y jouent un rôle. De même, au XVIe chant du *Furioso*, les exploits de Rodomont durant le siège de Paris. — Il est intéressant de rapprocher de l'attaque du château de Marcilly celle du château de Cécropie dans l'*Arcadie* de Sidney, série de combats singuliers à la mode chevaleresque (l. III, trad. Baudouin, t. II, p. 558 et suiv.).

tantôt rapides. « Il y a dix fois plus d'invention dans l'*Astrée* que dans l'*Iliade* », écrit Ch. Perrault, et cela est incontestable, mais cela ne prouve pas que l'*Iliade* soit inférieure à l'*Astrée*. De toutes ces histoires, une seule rappelle la monotonie artificielle des épisodes de Montemayor ; encore se trouve-t-elle dans les deux parties posthumes de l'œuvre : c'est l'histoire d'Alcandre, Amilcar, Circène, Palinice et Florice, enchevêtrement d'amours multiples et contraires [1], véritable travail de patience, si compliqué que l'auteur, pour s'y reconnaître, est obligé de tracer un schéma explicatif [2], et qu'au dénouement, un seul moyen lui reste pour arranger les choses : s'en remettre au hasard [3]. Ici, comme dans l'histoire de Selvaggia de la *Diane*, les personnages ont exactement la valeur d'automates ; dociles à la main qui les conduit, ils avancent ou reculent, se rapprochent, se croisent ou s'éloignent : les mouvements seuls importent, — avec les combinaisons qui en résultent. Quand l'auteur a épuisé la série de ces combinaisons, le jeu est achevé...

H. d'Urfé n'est pas de tempérament à s'arrêter à ces exercices géométriques. Il tient à mettre en scène, non pas des entités, mais des êtres vivant dans un milieu déterminé ; il veut que les sentiments se traduisent en actes. L'imagination est une de ses qualités maîtresses, — j'entends l'imagination inventive, le don de s'imposer à l'attention par des spectacles ou des événements imprévus. De là une infinie variété... Les exploits de Lindamor

---

1. « Tout ainsi que la maison de Circène estoit partagée pour Clorian et pour moy, la nostre la fut incontinent pour Lucindor et pour Cerinte ; parce que ces deux cheualiers aimoient comme ie vous ay dit ma sœur Florice, et ie tenois le party de Lucindor parce qu'il estoit frère de Circène ;... et Amilcar fauorisoit Cerinte, frère de Palinice, pour les mesmes intérests ; et incontinent après, la mesme dissention arriua entre Clorian et Cerinte parce que Clorian estoit pour Sileine qui aimoit Palinice et Cerinte parloit à Palinice pour Amilcar parce qu'il estoit seruiteur de Florice. Voyez, ie vous supplie, comme Amour auoit pris plaisir d'embrouiller cette fusée... » (t. IV, p. 961). — « Voyez l'estrange brouillerie... », disoit Montemayor.

2. T. V, p. 276.

3. « Il faut de nécessité que les dieux fassent particulièrement cognoistre qui, de ces cheualiers, vous a esté destiné pour mary ;... chacune de vous ayant les yeux bouchez aussy bien que les deux amants de qui elle aura esté maîtresse, se fera elle-mesme sa destinée et elle espousera celuy qui luy tombera le premier entre les mains » (t. V, p. 326.)

(P. I, l. ix), le combat de Damon et d'Argantée (III, vi), l'histoire de Rosiléon (IV, x) semblent des épisodes nouveaux de l'*Amadis*. L'histoire de Dorinde et Sigismond se déploie comme un récit chevaleresque à la française. Celles de Tircis et de Cléon (I, vii), de Celion et Bellinde (I, x), de Damon et Fortune (I, xi), de Doris et Palémon (II, ix) se rattachent à ces brefs récits dont la mode s'est répandue au début du siècle, nouvelles tragiques, violentes et ramassées [1]. Celle de Daphnide, enfin (III, iii), ou de Sylvanire (IV, iii) annoncent à distance les horreurs futures du mélodrame romantique.

Les yeux bandés, des chevaliers sont conduits à des rendez-vous mystérieux, et, pour avoir tenté de pénétrer le mystère, se voient plongés dans des cachots. Dans le vacarme des fêtes, des conspirations se trament ; « au bas de rochers épouvantables », dans l'obscurité sinistre de la nuit, au milieu des plaines ravagées par la guerre, des maisons isolées s'ouvrent aux amants. C'est tout un jeu de déguisements, de portes secrètes et d'escaliers dérobés. Aux murailles des vieilles tours, des échelles de corde se balancent au vent, et, sur l'eau bouillonnante des torrents, de frêles barques attendent les fugitifs. Des jeunes gens emportent dans leurs bras le cadavre décomposé de leur maîtresse, ou, stupéfaits, la voient soulever la dalle de son tombeau [2] !...

Et cette richesse qui, à la fin du siècle, ravira le grand champion des modernes, s'ordonne avec une sûreté digne de remplir d'aise tous les défenseurs de l'antiquité classique. H. d'Urfé, déclare Baro au début de la quatrième partie, « m'a fait autresfois l'honneur de me communiquer qu'il vouloit faire de toute son œuvre une tragi-comédie pastorale et que, comme nos Français ont accoustumé de les disposer en cinq actes, chaque acte

---

1. Voy., par exemple, *Les véritables et heureuses amours de Clidamant et de Marilinde par le S*r* des Escuteaus*, Paris, 1603, in-18 ; — *Les tragiques et infortunez amours d'Amphion et de Philomélie*, Paris, 1604, in-18 ; — les dix histoires du S*r* de Nervèze, publiées séparément de 1598 à 1610 et réunies dans ses *Amours divers* de 1611 ; — les quinze *Histoires tragiques* de Fr. de Rosset en 1614, etc. — Un seul épisode de Montemayor, celui de Belisa, appartient à ce genre.

2. Part. I., l. ii et vii. — P. III, l. iii et viii. — P. IV, l. iii.

composé de diuerses scènes, il vouloit de mesme faire cinq volumes composez de douze liures, afin que chaque volume fust pris pour un acte et chaque liure pour une scène[1]... » On peut ne pas accepter à la lettre ces paroles de l'enthousiaste disciple ; les scènes de cette vaste tragi-comédie seraient singulièrement disparates, et cela a plus l'air d'un arrangement trouvé après coup que d'un plan conçu tout d'abord. Ce qui est certain, cependant, c'est qu'H. d'Urfé attache à la composition une importance toute nouvelle ; et c'est aussi que, pour des esprits français, la composition d'une tragédie ou d'un drame restera le modèle et comme le type de toute composition.

La trame de l'œuvre, ici, ne disparaît plus, comme dans la *Diane,* sous l'accumulation des épisodes ; l'auteur a eu soin de la faire assez résistante, et d'un tissu assez serré. Durant les cinq livres, les amours de Céladon et d'Astrée, les amours de Sylvandre et de Diane se développent parallèlement, intimement liés, par étapes correspondantes. Un double roman chevaleresque fait équilibre à ce double roman pastoral : celui de Galathée et Lindamor dans les trois premières parties, celui de Dorinde et Sigismond dans les deux dernières. De ces quatre romans, enfin, et de l'histoire d'Hylas qui court, capricieuse, sur toute l'étendue de l'ouvrage, dérivent tous les autres récits. Sans effort et sans obscurité, ils s'en dégagent, spirituels ou tragiques, simples ou compliqués, politiques ou amoureux, se faisant valoir mutuellement[2]. A chaque livre presque, de nouveaux personnages entrent en scène, de façon naturelle, pour disparaître ensuite et revenir à point nommé quand leur présence sera nécessaire. Rien ne commence qui ne doive finir ; pas une minute, l'auteur ne s'égare ou ne perd les fils de son œuvre ; aussi bien que Hardy construisant les cinq actes d'une pièce, il sait où il veut aller et il y va, — lentement, certes, avec de fréquents détours, mais sûrement. On a quelque peine parfois à le suivre, il y faut de la patience et de l'attention, mais on peut se laisser conduire : on

---

1. Part. IV, Aduertissement au lecteur.
2. Une analyse de l'*Astrée* nous mènerait trop loin. Voy. d'ailleurs N. Bonafous, *Etude sur l'Astrée et sur H. d'Urfé*, Paris, Didot, 1846, in-8° — J'indique en appendice la distribution générale de la matière.

sent que tout est mesuré, calculé, combiné, et que le dénouement ne laissera rien en souffrance [1].

Même virtuosité dans la disposition du détail, — jamais hors
de propos, d'ailleurs : H. d'Urfé sait ne pas être ingénieux,
quand il suffit d'être simple. Les scènes essentielles se détachent
en pleine lumière, traitées sans artifices, avec une belle franchise [2]. Mais quand la matière le demande, il a des inventions de
dramaturge rompu au métier, des trouvailles inattendues, de
petites habiletés amusantes. Il sait rendre acceptables des revirements soudains [3]. Avec une donnée banale, il excite la curiosité et soutient l'attention. Il n'y a rien qui puisse prêter à autant de confusions, plaisantes ou tragiques, que l'absolue ressemblance de deux personnages; il n'y a rien aussi qui soit plus
artificiel. Nicolas de Montreux, pour nous en tenir à la pastorale
française, avait écrit sur ce thème le troisième acte de sa *Diane;*
mais son imagination était courte. D'Ambillou et Chrestien des
Croix, qui suivent son exemple dans la *Sidère* de 1609 et *les
Amantes* de 1613, ne trouvent rien de nouveau. Voyez, au contraire, le parti que d'Urfé a tiré de la ressemblance de Ligdamon et de Lydias, l'aisance avec laquelle se déroule la série des
quiproquos, et la clarté, surtout, de cet agencement [4].

Cet art de composition, à cette date et dans une œuvre de
cette envergure, est à noter. « Il est meshuy temps que sonnions
la retraite, écrivait Pasquier après avoir lu le roman d'H. d'Urfé;
le temps qui court maintenant est revestu de toute autre pareure

---

1. Dans les deux dernières parties, il faut tenir compte sans doute de la
collaboration de Baro; ces deux parties appuient davantage sur le côté chevaleresque et tragique de l'œuvre. Peut-être Baro y est-il pour quelque chose.
Mais lui-même nous dit avoir travaillé en secrétaire fidèle, sur des indications
très précises d'H. d'Urfé; la quatrième partie a été imprimée « sur le manuscrit mesme de feu son maistre » (P. V, Au lecteur).

2. Voy. l'enchaînement dramatique des scènes au début du sixième livre de
la cinquième partie : Diane et Pâris, — Diane et Sylvandre, — Diane et sa
mère. C'est de la besogne toute faite pour les adaptateurs dramatiques.

3. Voy., par exemple, le revirement de Diane (P. IV, l. vi).

4. Part. I, l. xi. — P. IV, l. xii. — Il faut remarquer d'ailleurs que la plupart des pièces inspirées de l'*Astrée* se signaleront par une habileté technique
facilement explicable. Voy. entre autres *les Amours d'Astrée et de Céladon...*
de Rayssiguier.

que le nostre [1]... » Une époque nouvelle, en effet, commence avec l'*Astrée*, une époque qui sera le grand siècle dramatique de notre littérature, qui prisera d'abord les qualités d'ordre et d'harmonie, et qui fera porter son plus grand effort sur l'étude logique du cœur humain.

H. d'Urfé a poussé cette étude très profondément. Même parmi ses personnages de second plan, il n'en est aucun qui n'ait sa physionomie propre, marquée de traits vigoureux : Stelle, jeune veuve de vingt-huit ans, ivre d'indépendance, faite pour « le monde » et ses galanteries, mais reculant toujours devant un engagement définitif [2] ; Mélandre, héroïne de roman chevaleresque [3] ; la légère Floriante et la sérieuse Aymée [4] ; Phylis, surtout, la jeune amie d'Astrée, une des figures les plus séduisantes du roman, spirituelle et bonne, capable de tenir tête à Hylas lui-même, sincèrement éprise de Lycidas, mais s'amusant de ses brusques accès de jalousie, savoureux mélange d'ironie légère et bienveillante, de franchise, de gaieté et de ferme raison, véritable type de jeune fille à la française [5]... Puis, la série des amants : Corilas, naïf et passionné [6] ; Lycidas, boudeur [7] ; l'impétueux Damon, corrigé de sa violence par une passion sincère [8] ; Téombre, le galantin sur le retour qui « passe son automne auec une si bonne opinion de luy-même », persuadé que toutes les femmes meurent en songeant à lui [9].

1. Lettre à d'Urfé (livre xviii, lettre X, p. 533).

2. Part. I, l. v, voy. p. 309. — Celle-ci rappelle *l'Amye de Court* de la Borderie : voy. ci-dessus, p. 133. — A rapprocher encore, en attendant Célimène, le personnage de Charis dans *le Palais d'Angélie* de Ch. Sorel, 1622.

3. Part. I, l. xii.

4. Voy. sa réponse à Hylas : « Puisque l'amitié que ma mère vous porte ny la condition en quoy ie suis ne vous a pu destourner de vostre mauuaise intention, ie vous asseure que ce que le deuoir n'a pu faire en vous, il le fera en moy... Vous voyez comme ie vous parle froidement : ce n'est pas que ie ne ressente bien fort vostre indiscrétion, mais c'est pour vous faire entendre que la passion ne me transporte point mais que la raison seulement me fait parler ainsi : que si ie vois que ce moyen ne vaille rien pour diuertir vostre dessein, ie recourray après aux extrêmes... » P. I, l. viii, p. 536.

5. Part. I, l. iv, p. 231. — P. I, l. viii. — P. II, l. ix, p. 617, etc.

6. P. I, l. v.

7. P. I, l. viii.

8. P. II, l. vi.

9. P. II, l. iv, p. 233.

Tous sont des amoureux, — ne pas aimer c'est ne pas être, — mais la passion commune se nuance à l'infini. Diane, si longtemps inflexible aux prières de Sylvandre, mais conquise du jour où la jalousie a prise sur elle [1], ne ressemble pas plus à Astrée fière de son pouvoir, que Sylvandre le beau parleur, triste, marqué au front, par l'obscurité de sa naissance, d'une sorte de fatalité romantique, ne ressemble au larmoyant Céladon. D'ailleurs, ce ne sont pas seulement des indications éparses : chacun des caractères se soutient, fermement établi, logique même à l'excès, H. d'Urfé ayant, à l'ordinaire, le seul tort de trop expliquer.

Galathée aura beau adopter le costume de bergère, elle demeure toujours la nymphe orgueilleuse de la première partie. Habituée à voir ses fantaisies se réaliser, impatiente de toute contrainte, elle n'a aucun scrupule à abandonner Polémas pour Lindamor, Lindamor pour Céladon ; et comme sa fidèle Léonide hasarde quelques objections timides : « Ie vous ay dit que ie ne voulois point que vous me tinssiez ces discours, ie scay à quoy i'en suis résolue, quand ie vous demanderay aduis donnez le moy et, une fois pour toutes, ne m'en parlez plus si vous ne voulez me déplaire... [2] » Sa dignité ne lui permet-elle pas toutes les audaces ? Quelqu'un pourrait-il s'aviser de lui résister ? Ses avances à Céladon sont d'un cynisme ingénu : « Quelle raison pouuez-vous dire, sinon que vous aymez ailleurs et que vostre foy vous oblige

---

1. Voy. Part. III, l. xi. Diane a vu Sylvandre s'éloigner avec Madonte. « Cela n'est qu'un effet de courtoisie enuers cette estrangère », essaye d'expliquer Phylis. « Et cette si ardente supplication de l'accompagner, réplique Diane, que direz-vous que c'est?... Se jetter à genoux, pleurer à plains yeux, et, pour dire ainsi, jetter des sceaux de larmes, s'en aller presque par force auec elle et nous laisser sans nous en rien dire, si vous appelez cela courtoisie, ie ne scay ce que vous nommerez amour. Mais, dit-elle un peu après, ie confesse qu'en cette action, il m'a grandement obligée, parce qu'il est vray, quelque mine que i'en fisse, que sa cõtinuelle recherche, la discrétion auec laquelle il viuoit auprès de moy : mais plus la bonne opinion que i'auois conceue de luy me portoit insensiblement à luy vouloir du bien... Et Dieu scait en quel estat il m'eust mise, pour peu qu'il eust attédu encore : i'aimerois mieux, puisqu'il estoit de cette humeur, que luy et moy fussions morts que si i'eusse retardé dauantage à recognoistre son dessein... » (t. III, p. 1055). — Cf. une autre scène de jalousie, de Lycidas celle-ci, développée d'une façon toute différente, par la différence des caractères. (P. I, l. viii, p. 558).

2. Part. I, l. iii, p. 113.

à cela? Mais la loy de nature précède toute autre, cette loy nous commande de rechercher nostre bien : et pouuez-vous en désirer un plus grand que celuy de mon amitié? Quelle autre y a-t-il en cette contrée qui soit ce que ie suis, qui puisse faire pour vous ce que ie puis[1]? » Au moindre soupçon, elle prend des allures de reine outragée[2]. Méprisante et dure avec ceux qu'elle aime, rien ne lui coûterait pour se débarrasser de Lindamor et de Polémas qu'elle n'aime plus : « Ie ne voudrois pas que ce fût par leur mort, mais plus tost par quelque autre moyen, et toutes fois ie me sens si fort importunée d'eux et i'aime de sorte Céladon, que s'il ne se peut autrement, i'y consentiray pourveu que ie n'y mette point la main[3]... » Un peu plus d'hypocrisie mondaine, et nous aurions ici une princesse de tragédie véritable, — monstre d'orgueil en qui la crainte, un jour, fera apparaître la femme, faible, affolée, cherchant un appui[4]... Personnage de tragédie encore, parmi tant d'autres, Polémas, le sujet révolté, infatué du pouvoir que lui ont valu ses services, de son prestige sur les soldats qu'il commande, ne voyant plus de bornes à son ambition[5]. En face d'Adamas, symbole de droiture et de fidélité, il est disposé à pousser jusqu'au bout sa fortune; par la ruse d'abord, puis par la force, il veut conquérir le trône, épouser Galathée dont il aime d'ailleurs la fière beauté.

Bravoure et habileté tortueuse, orgueil et bassesse, ces vertus et ces vices sont composés avec un art qu'A. Hardy n'a jamais connu. Et par là surtout les héros de l'*Astrée* sont des êtres vivants. Les puissances surnaturelles qui ont peu de part à la conduite de l'intrigue n'ont aucune action sur leurs sentiments[6].

---

1. Part. I, l. xi, p. 770.
2. Voy., part. I, l. ix, sa réponse à Lindamor, à qui elle n'a pas renoncé encore, mais qu'elle croit coupable d'une faute légère : « Quelle offense est la mienne ou quel changement est le vostre? » demande le jeune homme surpris de sa froideur. « Elle respondit en s'en allant : ny offense, ny changement, car ie suis tousiours Galathée, et vous estes tousiours Lindamor qui estes trop bas sujet pour me pouuoir offenser... » (p. 591).
3. Part. II, l. x, p. 727.
4. Voy. part. IV, l. i, p. 16.
5. Cf. Lycogène, dans l'*Argenis* de Barclay.
6. C'est l'Amour cependant qui, pour se venger de Damon, lui inspire sa

Les volontés diverses se heurtent en des dialogues précis [1]. Des tirades de forme large et oratoire mettent en lumière les mouvements et les contradictions du cœur [2]. Ailleurs, un simple mot, mais de ces mots qui ouvrent une âme ; cet aveu de Diane, par exemple, pudique toujours, mais incapable de contenir son amour quand Sylvandre va s'exposer à la mort : « Souuenez-vous, Sylvandre, que ie ne vous hay pas... » Pourquoi faut-il que, même ici, H. d'Urfé — ou B. Baro — ne puisse résister à cette insupportable manie d'expliquer, de développer, qu'il ne sache pas arrêter sa phrase au bon endroit! Plus ramassé, ce serait le cri admirable de Chimène [3]...

A chaque instant, au reste, des rapprochements de ce genre viennent à la pensée. Les pages abondent, où l'on admire cette logique précieuse que Corneille fera sienne. C'est bien la conception française de la tragédie, non pas seulement sa structure extérieure, — un drame de passion ou de volonté dans un cadre historique ou légendaire, — mais son âme même. Ces cas de conscience que l'on verra si souvent sur notre théâtre, l'*Astrée* déjà les a posés nettement : luttes de l'ambition et de la loyauté, conflits entre l'amour et le devoir, poignants débats où la raison se défend contre les entraînements du cœur. Aux êtres de volonté énergique et brutale se heurtent des créatures de douceur et de bonté : Isidore en face de Valentinien, Silviane devant Chilpéric, Chriséide contre Gondebaud, Amasis contre Polémas. Et dans ces situations terribles, sans peine, les âmes tendres s'élèvent

passion pour Fortune : mais ce n'est là que le point de départ de l'épisode (P. I, l. xi).

1. Voy. le dialogue de Celion et de Bellinde (P. I, l. x ; nous le retrouverons dans la *Clorise* de Baro) ; la scène de Valentinien et d'Isidore (P. II, l. xii, p. 895) ; la querelle de Gondebaud et de Sigismond (P. IV, l. viii, p. 774)... etc.

2. Voy. les tirades de Thamyre et de Célidée (P. II, l. i, p. 53 et 60), le monologue de Diane (P. IV, l. i, p. 68), la déclaration de Sylvanire (P. IV, l. iii, p. 218)... etc.

3. Voici la phrase entière : « Vous me forcez insensiblement à vous faire une confession bien estrange, ie vous auoue que i'aime Astrée, et que si dois-ie perdre l'espérance de la reuoir, ce me sera déplaisir extrême ; mais souvenez-vous, Sylvandre, que ie ne vous hay pas, et que si la volonté que i'ay pour vous estoit mesurée à celle que i'ay pour ma compagne, peut-estre l'emporteriez-vous par-dessus elle... » (P. V, l. i, p. 8).

aux résolutions viriles. Les héros de l'*Astrée* n'attendent pas de la magie ou du ciel la fin de leurs peines. Le malheur ne les surprend pas. Ils connaissent les joies de l'abnégation et du dévouement absolu; l'humble Bellaris est prêt à mourir pour sauver son maître : « Quant à ce qui est de moy, ne vous en souciez point... Si ie meurs, qu'est-ce autre chose que faire un peu plus tost ce qu'enfin il faut que ie fasse, et puis ie finir mes iours pour un plus beau ny pour un plus honorable suiet qu'en vous donnant la liberté?... Ne me rauissez point cette gloire, Seigneur, ie vous supplie; ie vous la demande en récompense de tous les seruices que ie vous ay rendus [1]... » Tombés entre les mains de Polémas, Astrée et Céladon se disputent de même le droit de mourir [2]...

Il est vrai que ce genre de sacrifice est, pour un héros de pastorale, le plus élémentaire des devoirs. Mille déjà l'ont fait... Les personnages de d'Urfé sont capables de mieux que cela. Avec l'héroïsme de l'amour, ils ont l'héroïsme de l'amitié qui est plus haut, étant plus difficile. Palémon, époux de la vertueuse Doris, se désespère que son bonheur soit le malheur d'Adraste [3]. Thamyre consent à livrer Célidée qu'il aime à son ami Calydon [4]. Quant à la jeune femme, devant tant de souffrances, elle se résout simplement à détruire sa beauté fatale et

---

1. Part. III, l. VIII, p. 758.
2. Part. IV, l. XI. Cf. le *Pastor fido*, V.
3. Voy. sa lettre assez singulière à Doris : « Il faut, chère Doris, que vous l'aimiez puisqu'il le mérite et que ie le veux. Vostre vertu me défend de prescrire des limites à cette bonne volonté... » (P. V, l. V, p. 373).
4. Part. II, l. I. — Dans l'*Isabelle* de P. Ferry (1610), Caliante, amoureux de Clorifée, pousse l'abnégation jusqu'à vouloir, les armes à la main, forcer son rival préféré à accepter l'amour de la jeune fille (II, 2). Mais Caliante n'est pas aimé : tout est là. — Cet épisode a été sans doute inspiré à d'Urfé par une nouvelle de Boccace (*Gésippe ou les Deux Amis*. — *Décaméron*, journée X, nouv. VIII), nouvelle souvent imitée et d'où A. Hardy a tiré une tragi-comédie (*Théâtre*, t. IV) : il faut voir ce que devient le sujet entre les mains du dramaturge (voy. en particulier l'acte III). — Enfin, la même situation est reprise dans *la Diane françoise* de Du Verdier, Paris, Sommaville, 1624, l. I, p. 150 et suiv. : Climandre prêt à céder Amarante à son ami Filamon. Cette histoire de Climandre et Amarante est d'ailleurs une combinaison de deux histoires de l'*Astrée* : l'histoire de Damon et Madonte (P. II, l. VI) et celle de Célidée, Thamyre et Calydon (P. II, l. I).

se défigure avec un diamant. Un peu longuement, elle s'en
explique devant son miroir : « Ah ! miroir de qui ie soulois
prendre conseil... pour accompagner et augmenter la beauté de
mon visage, combien est changé ce temps là ! Et combien est
différente l'occasion qui me fait à cette heure te demander conseil ! C'est une douce chose que d'estre belle ! Mais combien
plus amers sont les effets qui s'en produisent et qu'il m'est
impossible d'éuiter en vous conseruant... L'amour suit la beauté
et rien n'est plus agréable que d'estre aimée et caressée. Mais
combien plus désagréables sont les importunitez de ceux que
nous n'aimons point et les soupçons de ceux à qui nostre deuoir
nous oblige d'estre et de nous réseruer entièrement ! Ne dis-tu
pas qu'au lieu que chacun m'adoroit belle, chacun me méprisera
laide ? Tant s'en faut, cette action si peu accoustumée me fera
admirer [1]... » Action peu accoutumée, en effet, — d'autant plus
singulière qu'elle sacrifie son bonheur, sans qu'il en puisse
résulter aucun profit. Voilà de l'héroïsme pur de tout alliage,
non seulement désintéressé, mais sans raison, de l'héroïsme
pour le plaisir de se torturer, la volonté s'affirmant, jusque dans
ces histoires d'amour, le meilleur de l'âme humaine.

La matière du roman de Montemayor est ainsi devenue française. Par une conséquence naturelle, elle est devenue aussi
plus dramatique. L'amour, tel que l'avait conçu le platonisme
espagnol, supprimait dans l'individu, en envahissant l'être entier,
tout conflit de passions diverses, c'est-à-dire toute psychologie :
l'homme d'un seul sentiment n'est pas un personnage de théâtre.
Les héros de la *Diane* en étaient réduits à de continuelles et
harmonieuses lamentations. Métaphysiciens et poètes, ils disser-
taient volontiers sur l'opposition du devoir et de l'amour, de la
nature et de la loi... Les héros de l'*Astrée* souffrent de ces conflits.
Leurs âmes sont tenaillées; ils se débattent, ils luttent, ils sont
vivants. Du roman lyrique et philosophique, le drame s'est
dégagé.

Malgré certaines indications, A. Hardy ne pouvait donner à

---

1. Part. II, l. xi, p. 774.

notre théâtre qu'une vie extérieure; H. d'Urfé lui ouvre d'incomparables trésors. N'eût-il écrit que les premiers livres de l'*Astrée*, il aurait fait plus, pour la scène française, que tous les poètes que nous avons rencontrés jusqu'ici; — et si les pastorales futures doivent nous conduire jusqu'à l'avènement de la tragédie et de la comédie classiques, c'est à lui surtout, nous le verrons, qu'il conviendra d'en reporter la gloire.

CHAPITRE VIII.

DU PREMIER LIVRE DE L'« ASTRÉE » AUX « BERGERIES » DE RACAN.

On aimerait trouver des traces immédiates de l'influence de Hardy et d'Honoré d'Urfé. Si l'histoire littéraire se développait en ligne droite, sans hésitations et sans secousses, tout serait mieux sans doute. Par malheur, il lui arrive de procéder autrement. L'ignorance où nous sommes restés, relativement à la classification chronologique des pastorales de Hardy, jointe à la facilité avec laquelle lui-même prenait son bien où il le trouvait, nous oblige à beaucoup de réserve et de prudence. Si, d'ailleurs, le succès de *l'Astrée* est rapide, il faudra de longues années avant que l'on apprécie la fécondité du dramaturge, avant même que l'on soupçonne qu'il y a là un art nouveau et vivant. Les premières apparitions de la troupe de Valleran à Paris ne semblent pas avoir excité une curiosité bien vive et son établissement définitif à l'Hôtel de Bourgogne ne marque pas, dans l'histoire du théâtre, une période nouvelle; les mêmes incertitudes demeurent. Les prologues de Bruscambille nous disent la qualité et l'attitude du public, et les distractions qui lui sont chères; de grands personnages s'y montrent aussi, les grands ne l'emportant pas sur la foule en délicatesse; les honnêtes femmes, en tout cas, ne s'y hasardent guère[1]. Sur les pièces jouées, sur l'effet qu'elles produisent, sur leur succès, sur la composition du répertoire et sur les tendances des écrivains, les documents ne sont pas plus nombreux que par le passé. C'est que le théâtre, à Paris du moins, n'a pas pris encore dans les préoccupations des lettrés la place qui lui reviendra un jour.

Les mémoires contemporains, les correspondances particulières ne s'en soucient pas. Le journal de l'Estoile ne donne presque rien. Une seule pièce, jouée le 26 janvier 1607, est restée dans les souvenirs de l'annaliste; à un dialogue imité des vieilles farces se mêlaient des traits de satire assez mordants contre les gens de justice, et il a fallu l'intervention du roi pour que les comédiens n'expient pas leur audace. « Chacun disoit, ajoute-t-il, que longtemps on n'avoit veu à Paris farce plus plaisante, mieux jouée, ni d'une plus gentille inuention, mesmement à l'Hostel de Bourgogne, où ils sont assez bons coustumiers de ne joüer chose qui vaille[2]... » Avec cela, quelques paroles dédaigneuses à l'adresse de Valleran, « bouffon de l'Hostel de Bourgogne[3] », ou du comédien Laporte[4], et c'est à peu près tout.

---

1. Voy. Rigal, *Le Théâtre français avant la période classique*, Paris, 1901, ch. v. « En général et pendant la plus grande partie de la carrière de Hardy, ce qu'on appelle la bonne compagnie ne fréquentait pas le spectacle. C'est peu à peu, c'est lentement que la bonne compagnie prit le chemin de l'hôtel de Bourgogne... » (p. 212).

2. *Mémoires-journaux* de Pierre de l'Estoile, édit. Brunet, Champollion, etc. Paris, Jouaust, t. VIII, p. 273.

3. *Ibid.*, p. 301.

4. « Le mardi 2e (octobre 1607), M. du Pui m'a envoyé ung escrit nouveau... intitulé : *Prologue de la Porte, comœdien*, prononcé à Bourges le 9e septem-

Il n'en faudrait pas conclure que les choses littéraires le laissent indifférent. On sait à quel point il est fier de sa bibliothèque. A partir de juillet 1606, les notes bibliographiques tiennent, dans le journal, une place considérable. Au jour le jour, il nous met au courant de ses achats, des sommes qu'il y a consacrées, des ouvrages que l'on crie, de ceux qu'il emprunte, ou qu'il prête, de ses recueils manuscrits, de ses copies, de ses rapports avec les Du Pui, de l'organisation de son cabinet. A côté des ouvrages de polémique religieuse, des pamphlets contre les Jésuites, des traités historiques ou moraux, des « drolleries » ou « bagatelles du temps », quelques romans ou quelques poèmes : *les Douces affections de Lydamant et de Calliante*, données par l'imprimeur T. du Bray le 17 mars 1607, *l'Homme de bien* de Fonteni le boiteux, offert par l'auteur le 28 août 1607, les *Sérées* de Bouchet, achetées cinquante sols en février 1608, le *Recueil des beaux vers de ce temps*, les *Satyres* de Regnier, le *Satyricon* de Barclay, *le Dauphin* de J. de la Fons, *l'Introduction à la vie dévote*... Et il se réjouit à voir livres et paquets s'empiler « sur les tablettes hautes de sa galerie »[1]. Seuls, les ouvrages dramatiques lui paraissent à peine dignes d'être mentionnés. Voici, au reste, l'unique passage du journal qui, pour l'histoire de la pastorale, présente quelque intérêt : « Le samedi 19ᵉ (septembre 1609), M. Estienne m'a donné une pastorelle intitulée *Sidère*, de l'invention du Sr. Dambillou, imprimée nouvellement à Paris par lui, in-8° », et, un peu plus loin, à la date du mercredi 23 : « Ce jour, M. Estienne estant en sa bonne humeur (car tel jour est qu'il ne me salue et ne me congnoist) me vinst voir et m'apporta encore une de ses pastorelles qui n'est qu'une pure fadèze, encores que, pour l'avoir imprimée, il en face estat, laquelle j'ai envoyée et donnée au sieur de Courval[2]... » C'est, de la part d'un bibliophile, une singulière preuve d'indifférence.

bre 1607, contre les Jésuites, qui le vouloient empescher de jouer sur peine d'excommunication à tous ceux qui iroient. Le discours en est gauffe et mal fait, digne d'un bouffon et comœdien... » (*Ibid.*, p. 348). Les Jésuites étant, à ce moment, de grands organisateurs de spectacles, n'y aurait-il pas entre eux et les comédiens professionnels une certaine rivalité?

1. T. IX, p. 75.

2. T. X, p. 21 et 23. Je ne connais pas de pastorale autre que *Sidère*

Les lettres à Peiresc, qui appartiennent aux années suivantes, témoignent d'un mépris égal. Malherbe, qui note avec une minutie parfois puérile jusqu'aux moindres événements, qui s'attarde à de médiocres anecdotes, qui attache une importance capitale au choix d'un ballet, à la confection d'une petite pièce de vers, affecte, quand il s'agit de théâtre, un laconisme dédaigneux. En septembre 1613, il va assister à une représentation de la troupe d'Arlequin « par commandement exprès de la reine », mais sans y prendre de plaisir; les farceurs italiens lui paraissent vieux et défaits : « Ils jouent la comédie qu'ils appellent *Dui Simili*, qui est le *Menechmi* de Plaute. Je ne sais si les sauces étaient mauvaises ou mon goût corrompu, mais j'en sortis sans autre contentement que de l'honneur que la reine me fit de vouloir que j'y fusse [1]. » Un mois plus tard, les Espagnols, établis à la porte Saint-Germain, ne l'amusent pas davantage : « Ils ont fait des merveilles en sottises et impertinences... Je suis de ceux qui s'y sont excellemment ennuyés et en suis encore si étourdi que je ne sais ni où je suis, ni ce que je fais [2] » ; et en novembre de la même année : « L'on a renvoyé quérir les comédiens français; le roi ne goûte point les Italiens; les Espagnols ne plaisent à personne [3]. » Les comédiens français ont-ils plus de succès ? Malherbe, en tout cas, n'en dit rien. Les représentations, pour lui, font partie toute naturelle des fêtes de la cour; mais il ne lui vient pas à la pensée que la poésie ait grand chose à voir avec tout cela, ou que les œuvres jouées puissent intéresser encore, les chandelles une fois éteintes [4]. L'esprit a peu de part à ces fêtes qui doivent, avant tout, charmer les yeux, et le ballet lui semble la forme dramatique la plus heureuse.

imprimée par R. Estienne à cette date. — Un mot encore sur l'*Amphithéâtre pastoral* (de P. Dupeschier), « poëme nouveau qui est une pure bagatelle et de laquelle toute l'invention est meilleure que les vers qui ne valent rien du tout » (t. IX, p. 163). Ici, il était difficile de ne pas louer au moins les tendances de l'œuvre.

1. Lett. 134, édit. Lalanne, t. III, p. 337.
2. Lett. 138, p. 350.
3. Lett. 141, p. 358.
4. Tout au plus peut-on retenir certaines pièces de vers intercalées, mais indépendantes du scenario.

Les allusions sont fréquentes, mais peu précises. « Il y eut
hier au soir comédie à la galerie... — Il ne se parle que de comédies et de ballets... — Les ballets sont cessés, mais les comédies
continuent à l'entresol où la reine a fait faire le plus agréable
théâtre qui se puisse voir avec des sièges pour environ quatre-
vingts personnes [1]... » Peiresc, sans doute, ne tient pas à en
savoir davantage. Et si son informateur particulier donne plus
de détails sur la fameuse représentation de la *Bradamante* en
1611, c'est à cause seulement de la qualité des acteurs [2]. Quant
aux pastorales dramatiques, Malherbe les ignore ou les méprise.
Il n'en cite pas une seule. Sa correspondance avec Racan porte
sur toute autre chose que sur des questions littéraires et il ne
fera à ses *Bergeries* qu'une allusion rapide, par plaisanterie :
« Du côté des *Bergeries*, son cas va le mieux du monde ; mais
pour ce qui est des bergères, il ne saurait aller pis [3], »
Il faut attendre jusqu'aux environs de 1630 pour qu'il se

1. Lett. 110, 114, 115, — pp. 274, 290, 292. — Le jeune roi Louis XIII,
d'après le fidèle Héroard (*Journal*, publ. par E. Soulié, Paris, Didot, 1868), a
d'ailleurs pour les divertissements du théâtre un goût assez vif. En dehors des
spectacles de la cour et de ceux qu'il fait donner lui-même, il assiste assez
souvent à des représentations de l'Hôtel de Bourgogne : voy. les dimanches 11,
18, 25 sept. 1611, etc. A partir de 1613 surtout, les notes de ce genre deviennent continuelles dans le *Journal*. Pendant ses voyages, les divers collèges de
Jésuites se mettent en frais : le 3 sept. 1614, aux Jésuites de la Flèche, représentation de la tragédie de *Godefroy de Bouillon*, puis, le même jour, « en la
grande allée du parc, la comédie de *Clorinde* ». Le 2 sept. 1615, aux Jésuites
de Poitiers, des « jeux » dont le sujet est l'*Assemblée des Dieux*. Le 20 déc.
1621, aux Jésuites de Toulouse, la tragédie d'*Andromède*. Cependant, le 4 déc.
1615, à Bordeaux, il se refuse à aller chez les Jésuites voir « représenter en
comédie *le Mariage de Salomon*... J'aime bien leurs jeux, quand ils prêchent
bien, dit-il, mais je n'aime pas ces petites badineries... » — Il est à remarquer
que, pour ces représentations de collèges, Héroard donne toujours le titre de la
pièce, ce qu'il ne fait jamais quand il s'agit de l'Hôtel de Bourgogne. N'est-ce
pas que celles-là lui paraissent autrement sérieuses et importantes ?

2. Lettre 98, p. 247. M. G. Lanson (art. cit., p. 223) remarque avec raison
qu'il est peu vraisemblable que des enfants de trois à neuf ans aient pu
apprendre et jouer la tragédie de Garnier dans son intégrité. — Deux ans avant
la représentation de Saint-Germain (2 août 1611), nous lisons dans le *Journal*
d'*Héroard*, à la date du 27 mai 1609 : « A neuf heures, il va chez le Roi où
quelques-uns de ses petits gentilshommes se préparent à jouer *quelques vers
de la Bradamante* devant le Roi. Il avait sept vers à dire de Charlemagne »
(t. I, p. 392.)

3. Lettre à Balzac, t. IV, p. 94.

décide à consacrer un sonnet à la *Philine* de La Morelle [1].
Parmi les intrigues et les agitations fiévreuses de la Régence,
l'attention n'a pas besoin de se porter sur le théâtre. Trop de
comédies véritables, — et de tragédies parfois, se jouent encore
dans la réalité. Le Pasquil des *Comœdiens de la cour,* qui a
fait tant de bruit en septembre 1603, n'a pas cessé de dire
vrai :

> Sire, défaistes vous de ces comœdiens,
> Vous aurez, malgré eux, assez de comœdies ;
> I'en scay qui feront mieux que ces Italiens
> Sans que vous couste un sol leurs fascheuses folies [2]...

C'est dans les provinces toujours que l'on doit chercher des
traces de la vie dramatique. Quoique nous y touchions, nous ne
sommes pas arrivés au moment où Paris seul comptera dans le
royaume et où les grandes villes laisseront s'éteindre leur activité particulière.

Lyon, déjà, a perdu une bonne part de sa prééminence. Les
dernières années du seizième siècle lui ont porté un coup redoutable : l'occupation de la ville par les protestants, son adhésion
à la ligue, sa soumission enfin, tous ces troubles, toutes ces luttes ont arrêté sa prospérité et rompu le cours aisé de son développement. Les franchises qui avaient fait sa grandeur sont impossibles désormais et la monarchie absolue ne peut s'en
accommoder. L'organisation du consulat a été modifiée ; des
charges nouvelles pèsent sur son commerce et son industrie ; les
marchandises étrangères ont appris à suivre d'autres chemins.
Tour à tour se sont éteints les poètes et les écrivains dont elle
était fière, et des générations nouvelles ne les ont pas remplacés. Les lettres lyonnaises, d'ailleurs, se sont compromises trop
nettement dans les troubles religieux, les imprimeurs ont joué
un rôle trop actif pour ne pas subir le contre-coup de leurs im-
prudences [3]. Le collège de B. Aneau est aux mains des Jésuites ;

---

1. Edit. Lalanne, t. I, p. 291.
2. *Journal de l'Estoile,* t. VIII, p. 104.
3. Voy. les histoires de Lyon : Colonia (t. II, p. 610 et suiv.) ; — Monfalcon

aux œuvres de l'ancienne école, vivantes et vibrantes d'idées nouvelles, succèdent le *Moyses Viator* du P. Antoine Milieu, le *Corpus poetarum* du P. Alexandre Fichet, les Notes et commentaires latins de Pierre Builloud. En fait de théâtre, de la mort de Neyron à la venue de Molière, M. Brouchoud n'a trouvé à citer que quelques pièces jouées au collège de la Trinité : l'histoire d'*Agerisina*, le 3 mars 1601; le fameux *Jugement dernier*, les 7, 8 et 9 août 1607 [1]...

Arrivées plus tard à la vie littéraire, les provinces de l'Ouest semblent avoir moins perdu. De nombreuses troupes de comédiens les parcourent [2], et ce n'en est pas tout à fait fini de ces enthousiasmes poétiques que rappelle Vauquelin de la Fresnaye [3]. Poitiers, qui a publié la *Médée* de Lapéruse, l'*Aman* de Rivaudau, qui est devenu, grâce aux dames des Roches, le rendez-vous des beaux esprits, tient à rester digne de sa pléiade poitevine. Longtemps, la grande famille des Sainte-Marthe lui sera un titre de gloire. Scévole vient achever ses jours au pays natal [4]; son neveu, René Bouchet, sieur d'Ambillou, marche sur les traces de Jacques de la Fons. Julian Thoreau imprime les *Tragédies* de J. Prévost, les *Bergeries* de Bernier de la Brousse, en 1634 encore, la *Luciane* de Benesin...

Quelque importance, cependant, qu'aient les Marnef et les Bouchet dans l'histoire de notre théâtre, ils ne peuvent soutenir la comparaison avec les imprimeurs rouennais [5]. Raphaël et

---

(en particulier la bibliogr. lyonnaise du t. III); — C. Brouchoud, *Les Origines du théâtre de Lyon...* Lyon, Scheuring, 1865.

1. Voy. *Récit touchant la Comédie jouée par les Jésuites...* 1607 (réimp. par Léon Boitet, avec la réponse des Jésuites, Lyon 1837). — En 1622, en même temps que *Philippe-Auguste donteur des rebelles...*, une *Pastorelle* jouée en l'honneur de la reine (*Réception de très chrestien... Louis XIII...* Lyon, 1622, cit. par G. Lanson, p. 229).

2. Voy. H. Clouzot, liv. cit.

3. En ce temps, ô quel heur! sans haine et sans enuie,
    Nous passions dans Poitiers l'Auril de nostre vie;
    Au lieu de démesler de nos Droits les débats
    Muses, pipez de vous, nous suiuions vos ébats...

    (Art poét., l. II.)

4. P. de Longuemare, *Une famille d'auteurs... Les Sainte-Marthe*, Paris, Picard, 1902.

5. Quant aux impressions datées de Tours (*Théâtre tragique* de Brisset,

David du Petit Val, Abraham Cousturier, Jean Petit, Théodore
Reinsart sont, au même titre que les parisiens Abel Langelier
ou Toussainct du Bray, les éditeurs consacrés pour les œuvres
dramatiques, dans les vingt premières années du dix-septième
siècle. Le catalogue Soleinne nous en donne une preuve matérielle. De 1568 à 1600, sur 64 numéros environ (les éditions de
Garnier mises à part), 6 seulement étaient imprimés à Rouen,
contre 12 à Lyon et 24 à Paris. De 1600 à 1620, sur 104 numéros, Lyon n'en compte plus que 8, Paris que 31, tandis que
Rouen s'élève à 48 : ces chiffres, sans doute, n'ont pas une
valeur absolue, mais la proportion, au moins, est à retenir.
Après l'école lyonnaise et la pléiade poitevine, la Normandie
prend place à son tour à la tête de nos provinces, apportant à
la littérature française ses qualités propres, et comme un sang
nouveau.

En attendant le majestueux in-quarto d'Augustin Courbé, l'in-
douze des Petit Val est devenu le format traditionnel des pièces
de théâtre, et l'imprimeur rouennais, « libraire et imprimeur
ordinaire du roi », est surtout le libraire et imprimeur ordinaire
des auteurs dramatiques. Ils rendent hommage à la conscience
qu'il apporte à établir le texte de ses éditions. En 1626 encore,
Hardy, qui, pour ses trois premiers volumes, s'était adressé à
Jacques Quesnel, a recours, pour le quatrième, celui qui lui est le
plus cher, à Raphaël du Petit Val et s'en explique clairement :
« Veu que les précédents me font rougir de la honte des imprimeurs, ausquels l'auarice fist trahir ma réputation, estans si
pleins de fautes, tant à l'orthographe qu'aux vers [1]... » Quant
aux comédiens, tout naturellement, il descendent la vallée de
la Seine ; Rouen est devenu leur « ordinaire séjour » [2]. Les
presses d'Abraham Cousturier nous ont transmis toute une série
d'œuvres, sans noms d'auteurs et sans dates, tragédies, tragi-
comédies ou comédies, dont le texte, conservé longtemps sur de

Athlette, Isabelle...), nous avons noté déjà qu'elles sont dues à des libraires
de Paris (Cl. de Montr'œil, J. Richer, etc.) réfugiés à Tours et réunis en
société (oct. 1591-oct. 1593). — Voy. chap. v, p. 162, n. 5.
1. T. IV, Au lecteur.
2. Bruscambille. Cit. par Rigal, *A. Hardy*, p. 118.

mauvaises copies, a dû subir, avant d'arriver à l'impression, des altérations nombreuses, et où l'on peut voir, semble-t-il, le répertoire de leurs troupes errantes[1].

Pour en revenir à la pastorale, c'est à Rouen que paraissent le théâtre de Montchrestien, *l'Instabilité des félicitez amoureuses*, *la Driade amoureuse* et le *Théocris* de Troterel, *les Amantes*, *l'Iris* de Coignée de Bourron, *le Berger inconneu* de Basire... Ajoutons à cela que nous avons la preuve de la venue de comédiens dans les provinces méridionales[2], — que ni la Bourgogne, ni la Picardie où avaient été si nombreuses les troupes locales, ni le Maine et l'Anjou, ni la ville de Nantes où le duc de Mercœur a déployé les somptuosités de *l'Arimène* ne doivent avoir perdu le goût de ces divertissements, — que, de toutes parts, les collèges font assaut de zèle[3]... La conclusion s'impose : pour une vingtaine d'années encore, l'histoire du théâtre appartient à l'histoire des provinces plutôt qu'à celle de Paris; le répertoire des comédiens officiels ne constitue qu'une partie, — la moins intéressante peut-être, — de la production dramatique.

Dès lors, il serait téméraire de rien affirmer sur l'action réciproque des pastorales que nous allons rencontrer, de vouloir en marquer la filiation, de les considérer comme une suite d'œuvres se déterminant les unes les autres, formant les anneaux d'une seule et unique chaîne. Jusqu'à quel point René Bouchet, sieur

---

1. Catal. Soleinne, nos 959 et suiv.

2. Voy. Rigal, liv. cit., p. 118. — Un arrêt du parlement de Bordeaux du 24 janv. 1609 signale la présence de comédiens. Le 4 janv. 1612, une représentation en présence du gouverneur de Roquelaure. Voy. A. Detcheverry, *Histoire des théâtres de Bordeaux*, Bordeaux, 1860. — Le journal de Me Jean de Jolle (publ. par M. J. de Carsalade du Pont, *Revue de Gascogne*, t. XVIII) mentionne, le 9 février 1614, la représentation d'une pastorale à Auch, dans la maison de M. de Chauaille, bourgeois : « Ayant fait inviter pour l'apré-souper toutes les plus apparentes familles de la ville à voir le plaisir d'une pastorale, après trois ou quatre actes parachevés, tout le planché de la salle basse s'enfonça sous les pieds... » Il est difficile de savoir, d'ailleurs, s'il s'agit d'une pastorale française et quels sont les acteurs.

3. Voy. G. Lanson, art. cit. Représentations chez les Jésuites à Bruxelles, Liège, Malines, Valenciennes, Namur, La Flèche, Tournay, Béthune, Lyon, etc...

d'Ambillou, qui « exerce une petite charge de judicature dans une province éloignée de Paris »[1], — ou Paul Ferry, le futur ministre protestant, qui se délasse de ses études théologiques en écrivant à Montauban et en faisant représenter *Isabelle ou le dédain de l'amour*[2], — ou le mystérieux auteur de *l'Heureux désespéré*[3], — ou François Ménard, « docteur ès droits et advocat en parlement de Tholose et du présidial de Nîmes »[4], — ou

1. *Sidère, Pastorelle de l'inuention du sieur d'Ambillou. Plus les amours de Sidère, de Pasithée et autres poésies du même autheur*, Paris, Robert Estienne, 1609. Privilège du 22 sept. 1609. Dédicace à la princesse de Conti. — M. Clouzot, liv. cit. p. 128, donne à tort comme une seconde pastorale *les Amours de Sidère et de Pasithée*.. Parmi les poésies qui terminent le volume : un *Genethliaque de Mgr le Daulphin*, des *Stances à la Royne*, à *Scevole de Ste-Marthe*, à M. et Mme de Brezé, à *Isabelle de Mornay*, à M. Bertaut..., des vers écrits *pour des mascarades*, etc. Sur René Bouchet, neveu de Scévole de Sainte-Marthe, conseiller au siège de Saumur, voy. Goujet, t. XV, p. 54 et suiv.; P. de Longuemare, liv. cit., p. 33.

2. *Les premières œuures poétiques de Paul Ferry Messin ou soubs la douce diuersité de ses conceptions se rencontrent les honnestes libertés d'une jeunesse*, Lyon, Pierre Coderc, 1610. — Sur Paul Ferry, voy. le dictionnaire de Bayle, — Dom Calmet, — Begin, *Biogr. de la Moselle*, Metz, 1829-32. — L'exemplaire de la bibliothèque de l'Arsenal (6699 B. L.) porte une note manuscrite d'une écriture du dix-septième siècle : « Entreprise et commencée le mercredy vingtiesme de Januier et acheuée le 18e de Feburier suiuant 1610 à Montauban et jouée aux frais et au logis de M. le Baron de Monbartier l'après souper de la mercredy 24..., approuuée de Messieurs de l'Académie. Jouée depuis à Mauvoisis ville de Gascogne par l'adeu et en présence de M. Gardes (?), M. d. S. Gr. au dit lieu, de par l'autorité de messieurs les consuls au chateau nommé la... (?) le samedy 16 d'octobre 1610 publiquement après dîner. »

3. *L'heureux désespéré trage-comédie pastorelle par C. A. Seigneur de C.* Paris, Claude Collet, 1613. — « Sur le titre, fait remarquer le catalogue Soleinne, n° 956, le premier C. est en majuscule italique de manière à nous faire penser qu'il représente une qualité plutôt qu'un nom. Serait-ce alors Comte Adrien, seigneur de Cramail ou de Chabannois? » C'est au moins douteux. Je ne trouve pas, en tous cas, les « quelques similitudes » que signale encore Paul Lacroix avec la *Myrtille* d'Isabelle Andreini : peut-être fait-il allusion aux plaisanteries du goinfre Pansatonde; mais le personnage est, en France, traditionnel (cf. Montreux).

4. *Les œuures de François Menard dédiées à Monseigneur le marquis d'Ancre*, Paris, François Jacquin, 1613. Privilège du 17 février 1613. M. Garrisson les a fait entrer dans son édition de François Maynard, président au présidial d'Aurillac. MM. Durand Lapie et Lachèvre (*Deux homonymes du dix-septième siècle...*, Paris, Champion, 1899) démontrent qu'il n'y a entre les deux poètes qu'une similitude de noms,

Joachim Bernier de la Brousse, avocat et banquier à Poitiers[1],
— ou le Boullenois Jean Mouqué[2] ont-ils vu dans A. Hardy ce
que l'on reconnaîtra plus tard en lui quand de longues années et
cinq volumes successifs auront prouvé sa maîtrise? Ont-ils seulement connu le fournisseur attitré de la troupe de Valleran et
s'en sont-ils souciés? A supposer même que toute difficulté chronologique disparaisse, le problème resterait entier. Individuelle-
ment, chacun de son côté, dans l'ignorance des autres[3], ils écrivent leurs œuvres, n'ayant de commun que leur admiration
naïve pour les poèmes italiens, leur fidélité aux conventions et
aux épisodes traditionnels. Et, l'œuvre écrite, la plupart reviennent aux occupations plus graves de leur existence privée, disparaissent dans l'ombre... Nous ne savons plus rien sur leur
compte.

Parmi eux, en effet, les auteurs dramatiques véritables sont
rares. Pierre Troterel est à peu près le seul qui ait joué un rôle
important dans l'histoire de notre théâtre, et dont l'œuvre présente quelque variété. Né aux environs de Falaise vers 1586[4],

1. *Les œuvres poéticques du sieur Bernier de la Brousse*, Poictiers, Julian
Thoreau, 1618. Privilège du 16 octobre 1617. Sur Joachim (et non François)
Bernier de la Brousse, voy. Dreux-Duradier, qui se trompe d'ailleurs, sur la
date des deux *Bergeries* (*Histoire littéraire du Poitou*, Niort, 1842-49, t. I,
p. 186).

2. *L'Amour desplumé ou la victoire de l'amour divin, pastorelle chrestienne, de l'invention de J.-M. Boulenois*, Paris, Chappelain, 1612.

3. En tête, pourtant, de *la Driade amoureuse* de Troterel sont imprimées
des stances signées de Bazyre.

4.
    Il faut lecteur que ie te die
    Que ie demeure en Normandie :
    Le lieu de ma natiuité
    Est près Falèze, du côté
    Où le soleil commence à luire
    A l'opposite de Zéfire,

dit une épigramme en tête de *Philistée*. — Nous lisons, d'autre part, dans les
stances de Bazyre qui précèdent *la Driade amoureuse*, en 1606 :

    Et luy n'a point conté ses cinq fois quatre années
    Et nonobstant peut viure à toute éternité...

Plusieurs erreurs de dates et de titres dans l'article de Mme N. Oursel (*Nouvelle biographie normande*, Paris, Picard, 1886-88). — Pierre Troterel
commence par deux pastorales : *La Driade amoureuse*, en cinq actes et en
alexandrins, dédiée à Charlotte de Haute-Mer (Rouen, Raph. du Petit Val,
1606), et *Théocris* (cinq actes, alexandrins, Rouen, Petit Val, 1610). Viennent
ensuite la « comédie facétieuse » des *Corrivaux* en 1612, la tragédie de

ses pièces se succèdent à des intervalles assez réguliers ; d'une imagination fertile, il ne s'en tient pas au genre pastoral ; le mouvement, les grossièretés même ne l'effraient pas. Jamais, cependant, il ne renoncera définitivement à ces délicates histoires d'amour que doivent goûter ses protecteurs Pierre de Rouxel, seigneur de Médavy, et très noble et vertueuse dame Charlotte de Haute Mer [1].

Pour Isaac du Ryer encore et pour Gervais Basire d'Amblainville, le théâtre semble avoir été autre chose qu'un simple divertissement. De celui-ci nous ne savons à peu près rien, mais le premier nous a fait connaître ses mésaventures. Ancien secrétaire de Roger de Bellegarde, disgracié et réduit à vivre péniblement d'un emploi médiocre au port Saint-Paul [2], il ne cesse de gémir ou de plaisanter sur ses misères. Misères qui le rendent ingénieux. Il sait l'art de tirer parti de ses inventions : la *Pastourelle*, qui figure dans son premier recueil en 1609, reparaît dans l'édition de 1610, avec quelques variantes qui ne justifient pas ce titre nouveau : *les Amours contraires* [3]. En 1614 le même sujet, augmenté de deux actes, donnera *la Vengeance des Satyres*, représentée avec un prologue de Cupidon-écolier dans la grande salle de l'église du Temple [4]. Ce n'est qu'en 1621 qu'il se

---

Sainte-Agnès et *l'Amour triomphant*, « pastorale comique » en cinq actes et en prose, dédiée à P. de Rouxel, seigneur de Medaui en 1615 (privilège de *l'Amour triomphant*, 7 août 1615). En 1620, *Gillette*, « comédie facétieuse ». En 1624, la tragi-comédie de *Pasithée*. En 1626 et en 1627, les deux pastorales d'*Aristène* et de *Philistée*, dédiées, la première à M. le comte de Grand Cey et de Medauy, la seconde à Renée de Rouxel de Medauy ; toutes deux sont en cinq actes et Troterel a adopté maintenant, comme Hardy, le vers de dix pieds. En 1632, enfin, *la Vie et saincte conversion de Guillaume duc d'Aquitaine escrite en vers et disposée en cinq actes*. (Les frères Parfait citent encore un *Ravissement de Florise* que La Vallière déclare n'avoir pas trouvé. Ne serait-ce pas une confusion avec la tragi-comédie de Cormeil?)

1. Sur la famille des Médavy, voy. Mme Oursel, liv. cit.

2. Voy. Goujet, t. XV, p. 276.

3. *Le Temps perdu d'Isaac du Ryer, seconde édition reueue et augmentée*, Paris, Jean Regnoul, 1609 ; je ne connais pas la date de la première édition que Beauchamps déclare introuvable. — *Le Temps perdu d'Isaac du Ryer, reueu et augmenté par l'autheur*, Paris, Toussainct du Bray, 1610 (les deux dédiés à Mgr de Bellegarde).

4. *La Vengeance des satyres, pastorelle représentée dans la grande salle de l'église du Temple de Paris, de l'inuention du sieur du Ryer, secretaire*

décidera à chercher autre chose et empruntera à la *Diane* de
Montemayor *le Mariage d'amour*, joué, dit encore le prologue,
par

> une petite ieunesse
> Pleine d'ardeur et d'allégresse [1]...

Gervais Basire procède de même : *Lycoris ou l'heureuse bergère*
de 1614 devient *le Berger inconneu* en 1621, et, en 1627, avec
des modifications importantes d'ailleurs, *la Princesse ou l'heureuse bergère* [2] : c'est ainsi, nous l'avons vu, que, de son *Alcée*,

---

de la chambre du Roy, auec quelques meslanges du mesme autheur, Paris,
T. du Bray, 1614. — Le prologue est assez curieux :

> Au demeurant, dedans ces ieux icy
> Tout est petit, succint et racourcy,
> Acteurs petits, pastorelle petite...

Faut-il en conclure que *la Vengeance des Satyres* et *le Mariage d'amour*
ont été écrits pour des écoliers, peut-être pour les Jésuites? La chose est possible. Pourtant, il y a une nuance entre des écoliers et des enfants, et les
représentations de collèges sont assez fréquentes pour qu'il soit inutile de
signaler chaque fois la jeunesse des acteurs. C'est bien d'une troupe excep-
tionnellement jeune qu'il s'agit ici, d'une troupe d'enfants... Peut-être ces
« enfants d'honneur », élevés avec Louis XIII,[4]« ses petits » comme les appelle
Héroard. Très souvent, le jeune roi se fait donner par eux le spectacle. Voy.
Héroard : le 7 janvier 1610, « il s'amuse en son cabinet à faire chanter par ses
petits des chansons d'amour »; — le 26 mars 1613, « il fait jouer dans sa
chambre la tragédie de *Emon*, tirée de l'Arioste, par ses petits, la Reine présente »; — le 28 mai 1613, « il fait jouer une comédie par ses enfants d'honneur, ce qui lui arrivait souvent... », etc. Ces prologues de Du Ryer rappellent
assez exactement, comme ton, les vers récités par Monsieur à la représentation
enfantine de la *Bradamante*, en 1611. Il faut remarquer enfin que le poète
qui, en 1609 et 1610, se plaignait d'avoir été contraint par la faim à accepter
un emploi misérable, prend en 1614 le titre de « Secrétaire de la chambre du
Roy ». Peut-être était-il rentré en grâce auprès de son ancien protecteur, le
duc de Bellegarde dont on sait l'influence sur le jeune roi.

1. *Le mariage d'amour, pastorelle de l'inuention du Sieur du Ryer, auec
quelques meslanges du mesme autheur*, Paris, Pierre des Hayes, 1621.

2. *Lycoris ou l'heureuse bergère, tragédie pastoralle*, Paris, René Ruelle,
1614. — Autre édit. sans date, René Ruelle (l'exemplaire de la Bibl. de l'Arsenal, 11391, porte, manuscrite, la date 1627). — La même, Troyes, Nicolas
Oudot, 1627 (Catal. Soleinne, 1011), et Paris 1631 (Arsenal, 11392). — *Le
Berger inconneu, pastoralle ou par une merueilleuse aduenture une bergère
d'Arcadie deuient Reine de Cypre. De l'inuention du sieur de B.* Rouen,
Claude le Villain, 1621. — *La Princesse ou l'heureuse Bergère, pastorale de
l'inuention du sieur de Basire*, Rouen, Claude le Villain, 1627. — G. de
Bazyre d'Amblainville a donné en 1601, chez Anth. du Brueil, *la Bergère de*

Hardy a tiré *le Triomfe d'amour.* Peut-être, enfin, faut-il ranger auprès d'eux Boissin de Gallardon ; dans le même volume
que *les Urnes vivantes* sont réunies quatre autres pièces sous ce
titre commun : *Les Tragédies et histoires sainctes* [1]. L'Avis aux
lecteurs nous informe que le poète a négligé d'écrire des chœurs,
« attendu qu'on les retranche le plus souuent en représentant
les histoires », et les derniers vers de la pastorale indiquent
qu'elle fut, sur la scène, accompagnée d'une farce :

> Messieurs, ce dur conuoi pour un peu nous retire,
> Mais c'est pour apprêter une farce pour rire.

Quant aux autres, ils affectent de faire bon marché de leurs
propres inventions, « ou s'excusent sur leur âge ». La pastorale
est pour eux ce que sera, beaucoup plus tard, la petite comédie
« en un acte et en vers », début obligatoire de tout bon jeune
homme épris de poésie : un exercice de pure rhétorique où il n'y
a qu'à suivre la route tracée, — et qui n'engage à rien. Dans ce
cadre, volontairement étroit, une originalité trop marquée cho-
querait comme un manque de goût ; les personnages sont depuis
longtemps déterminés, les épisodes fixés, la qualité des intrigues
immuable ; il n'est que de prouver quelque délicatesse de style
et une parfaite docilité d'esprit. « Ce sont icy les fleurs de ma
jeunesse, dit le S[r] d'Ambillou, fleurs à l'auenture vaines et
sans grâce, mais, au moins, blanches, pures et sans mauuoise
odeur. » Paul Ferry promet, à l'avenir, des sujets plus « dignes
d'y auoir obligé ses veilles », et Boissin de Gallardon demande
l'indulgence pour « ces premiers fruits qu'une veine naturelle l'a
fait enfanter » [2].

---

la Palestine, roman chevaleresque inspiré de la *Jérusalem,* avec des épisodes
pastoraux (privilège du 10 avril 1601, deuxième édition reveue et corrigée en
1605).

1. *Les Tragédies et histoires sainctes de Jean Boissin de Gallardon,*
Lyon, Simon Rigaud, 1618 (*Les Urnes viuantes ou les amours de Phélidon et
Polibelle*).

2. Au lecteur. — Il ne faut pas, d'ailleurs, prendre trop au sérieux ces précautions oratoires. La modestie, aussi, est traditionnelle.

*
* *

Poètes-courtisans pour la plupart, leur grand souci est encore d'envelopper de mystères ingénieux des flatteries lourdes et banales. Les rivalités de la France, et de l'Espagne inspirent en 1609, à P. Dupeschier, la singulière histoire du berger Lys de Fleur et de l'Espagnol Dom Flores se disputant l'amour de la nymphe Francia [1]. Dans l'*Iris* de Coignée de Bourron en 1620, Cupidon lui-même sera amoureux de la bergère Anne, et les rivières de France devenues des nymphes célébreront les puissants attraits du couple royal [2]. L'office du poète n'est-il pas de chanter à la fois l'amour et la puissance?

En fait de poésie, d'ailleurs, ils suivent l'exemple de leurs devanciers. Que la *Pastorale* de François Ménard ait été ou non représentée, il importe assez peu. Il n'a cherché en l'écrivant qu'à faire œuvre poétique, il n'a pas songé une minute aux exigences de la scène ou du public véritable. Il a voulu plaire seulement à cette société cultivée qui s'efforce de continuer les élé-

---

1. *L'amphitéâtre pastoral ou le sacré trophée de la fleur-de-lys, triomphante de l'ambition espagnole, poëme bocager. De l'inuention de P. Du Pescher, parisien*, Paris, Abr. Saugrain, 1609. Voy. l'analyse dans La Vallière, t. I, p. 433. Ce n'est plus ici la simple églogue allégorique, mais une tragi-comédie véritable, surchargée d'incidents et d'invraisemblances, étrange combinaison de l'*Aminta*, du *Pastor*, de la *Diéromène*, d'épisodes empruntés au *Furioso* ou plus simplement à la *Clorinde* de Pierard Poulet, avec, aux derniers actes, des souvenirs de *la Chaste Bergère*; scènes de magie, quiproquos, batailles, grossièretés, rien n'y manque. Comme personnages, encore, la nymphe Hispania, la magicienne Ambition, toujours en quête d'un amant disposé à la satisfaire, un fantôme, l'Amour, un satyre, le berger français Roidemer, le vieillard Univers, les gardes du temple de l'Amour...

2. *Iris, pastorale de l'inuention du sieur de Coignée de Bourron*, Rouen, David du Petit-Val, 1620. — Cf. encore, en forme de pastorale, *la Tragédie des Rebelles où sous des noms feints on voit leurs conspirations, machines, monopoles, assemblées, pratiques et rébellions découuertes*, Paris, veuve du Carroy, 1622 (attribuée par le Catal. Soleinne à Pierre de Brinon). — Dans l'Avertissement de *Sidère*, René Bouchet écrit : « Tu seras aduerty que sous le nom de Cléon s'entend le Roy et la Royne sous celuy de Florilée. » Mais ce n'est ici qu'une flatterie; l'intention allégorique n'apparaît pas dans la pièce; l'intérêt est ailleurs.

gances du siècle précédent. Comme ses rivaux, il est tout à l'admiration de Ronsard, de Baïf et de Du Bellay. Il s'en tient à la poésie amoureuse telle que l'ont comprise les maîtres de la Pléiade, imprégnée d'italianisme, relevant la monotonie des sujets par l'éclat des pointes, avec ses mièvreries, ses élégances factices, ses périphrases, ses mots composés, ses épithètes dont on ne se lasse pas[1]. La *Pastorale* ne se détache pas véritablement des œuvres diverses qui l'accompagnent. L'action n'y est pas plus vivante que dans les *Amours de Cléande* : le poète célèbre une fois de plus, sous une forme nouvelle, cette maîtresse idéale ou réelle à qui sont consacrés ses premiers vers.

Comme point de départ de la pièce, une simple allusion, sans doute, à un départ pour Paris, aux tristesses de l'éloignement et à un retour. Avec cela, quelques épisodes accessoires : une bergère insensible qui est punie de sa cruauté, un amant dédaigné qui se tue, un autre amant qui, plus énergique, sait se rendre libre, un satyre amoureux et jaloux ; autant de personnages nécessaires, mais à qui Ménard s'intéresse peu. Il ne prend même pas la peine de les tirer d'embarras, de les unir et de nous donner le dénouement attendu[2]... La poésie, il est vrai,

---

1. De même, René Bouchet, qui a voulu essayer dans sa *Sidère* écrite en prose « si la naturelle beauté de notre langue rempliroit la scène sans estre relevée de nombres, de mesures et de rimes », cite comme ses modèles Ronsard, du Bellay, Belleau et Desportes, — et sa prose s'infléchit en cadences harmonieuses : « Les amandiers commençoient encore à jetter de leurs tendres bourgeons la première blancheur des fleurettes, quand Pasithée emmena Hanno dans son île d'Ortygie. On disoit par ces forêts, Hanno n'a plus d'amour à Sidère, etc... » (I, 2). Voici quelques élégances, prises presque au hasard :

— Or ainsi que le fer baisé d'un fin aimant
Se retourne vers lui comme à son cher amant :
Tout de mesme vostre œil calamite des âmes
Ayant touché mon cœur de l'esclair de ses flames...

(*Driade amoureuse*, II, 2.)

— Possible ce berger entre ses bras la presse,
Hume le doux nectar de son corail iumeau...

(*Pastorale* de Ménard, II, 4.)

— Le laict donne-desir de deux sphères lumelles...

(*Isabelle*, I, 2), etc.

2. Intrigue principale : Amoureux de Cléande, Silvandre se plaint de ses peines (acte I) Après avoir hésité longtemps, la bergère se rend à ses vœux (II). Mais un satyre jaloux oblige Silvandre à prendre la fuite (III). Après une assez longue absence, le jeune homme revient et est uni à celle qui l'aime (V).—Episodes accessoires : 1o Philis, consacrée à Diane, repousse l'amour

ne manque pas ; les plaintes éternelles de Silvandre sont d'un
charme assez pénétrant ; quelques couplets paraissent sincères :

> Allons mon cher Tirsis : las ! qu'une longue absence
> Traîne avec soy de maux ! Toujours la défiance
> Accompagne nos pas, nos yeux et nostre cœur,
> Nostre âme est aux aguêts sur le pied de la peur,
> Au moindre bruit, hélas ! elle affole de crainte,
> Et sent plus tost couler les larmes et la plainte
> Qu'en sauoir le subiect, tant l'amour est ialoux,
> Et sensible aux soupçons, et bref, pront au courroux[1]...

Mais chacune de ces tirades se classerait aussi bien parmi les
Stances ou les *Elégies*. C'est le même genre de développements
harmonieusement équilibrés, d'une élégance fluide, d'une tranquille ampleur. Le souci de l'action, la forme dramatique n'y
ont rien introduit de nouveau ou de différent ; mêmes lamentations et mêmes discours : thème de la puissance d'amour, thème
de l'absence et du souvenir, thème de l'inconstance et de l'oubli[2].
Jusque dans les mots, les analogies sont frappantes. En voici
quelques exemples :

> 1° — Las ! que ne tranches-tu le fil de ma douleur
> Ou que ne brusles-tu le tison de ma vie,
> O ciel puisqu'eslongné de ma belle ennemie
> Le dueil sur mon repos marche d'un pied vainqueur ?...
> O ciel, que si ma plainte à ton oreille arrive
> Rends-moy le doux plaisir dont l'absence me prive
> Ou oste-moy la vie ainsi que le subiect... (*Amours*, LIV, p. 49.)
> O ciel injuste, ciel jaloux de mon bonheur
> Qui t'esjouis du mal qui trauerse mon cœur,
> Pourquoy ta cruauté ne me rauit la vie ?
> Ou pourquoy te rends-tu contraire à mon enuie ?
> Redonne-moy celuy que la rigueur du sort
> M'a si longtemps rauy ou bien fais que la mort
> Estaingne tout d'un coup et ma vie et ma flamme.
>
> (*Pastorale*, V, 4, p. 3oo.)

---

de Calidon et n'éprouve aucun chagrin de sa mort; elle est métamorphosée en
rocher (II, 4). — 2° Silvie repoussait de même Tirsis; effrayée par la punition
de Philis, elle renonce à ses rigueurs, mais trop tard ; Tirsis a brisé sa chaîne
et la méprise à son tour (I, III, IV). Cf. Hardy, *l'Amour victorieux*.

1. V, 6. — Edit. Garrisson, I, p. 3o9.

2. Thème de l'absence : cf. *Amours*, LIV, p. 49 ; LXIV, p. 55, etc.; *Stances*,

2⁰ — Depuis que ce bel œil roy de ma liberté...   (*Amours*, p. 43.)
Depuis qu'un œil jumeau surprint ma liberté...
                            (*Pastorale*, p. 229 ; cf. *Elégie* IX.)

3⁰ — Abattons ces autels et ceste vaine idole...   (*Amours*, p. 43.)
Abattons ces autels où ceste vaine idole...   (*Pastorale*, p. 267.)

4⁰ — Cher desdain qui destruis les amours plus solides
Et auec l'eau d'oubly estains le feu d'amour,
Viens marcher sur le front de ces beautés perfides. (*Stances*, p. 73.)
J'estains de l'eau d'oubly ton ingrat souuenir
                    ... Maintenant ma raison
Marche d'un pied vainqueur sur ton orgueil superbe...
                            (*Pastorale*, p. 283.)

MM. Lachèvre et Durand Lapie ont eu raison de marquer le caractère différent des deux homonymes François Ménard, disciple de la Pléiade, et François Maynard, élève de Malherbe, au talent net et précis, irréductible ennemi de la poésie dramatique[1]. De la *Pastorale* du premier, cependant, au *Philandre* du second[2], il y a peu de distance. La pièce de théâtre n'est pas de construction plus solide que le roman en vers. Celui-ci se découperait sans aucune peine en scènes dialoguées et il suffirait de supprimer quelques développements intermédiaires pour que les cinq livres deviennent cinq actes[3]. Une seule différence : la pièce que l'on obtiendrait ainsi serait plus riche en péripéties que les amours monotones de Silvandre et de Cléande, et, si l'on voulait

pp. 67, 86; *Pastorale* (V). — Thème de l'inconstance : cf. *Stances*, pp. 73, 83, 91, 207; *Pastorale*, pp. 267, 283, etc.

1. Voy. brochure citée.
2. *Le Philandre de Maynard*, Tournon, Cl. Michel, 1619.
3. Livre I (4 scènes) : Philandre amoureux de Florize, qui, sur les conseils de Cléonize, se décide à le payer de retour (cf. les deux premiers actes de la *Pastorale*).
Livre II (4 scènes) : Leurs amours sont traversés par la jalousie de Lysis (cf. le satyre de la *Pastorale*). La chute d'un rocher enferme Philandre dans une grotte et Florize le croit mort.
Livre III (4 scènes) : Triste d'abord, la bergère, inconstante, oublie auprès de Lyridan son premier amour et consent au mariage.
Livre IV (4 scènes) : Philandre, par contre, poursuivi par les assiduités de Callyrée, femme d'Iphis, persiste à demeurer fidèle. En apercevant le cortège nuptial, il tombe évanoui. Florize, à sa vue, sent renaître son ancienne passion.
Livre V (5 scènes) : Lyridan, jaloux, jette dans un précipice Philandre et Florize et s'y jette après eux (cf. *le Dédain amoureux*, IV, 1).

trouver dans l'une des deux œuvres quelques qualités vraiment scéniques, c'est dans le poème surtout qu'il faudrait les chercher. Cette observation, au surplus, ne s'applique pas à Ménard seulement ou à Coignée de Bourron, ou à Bernier de la Brousse dont il serait abusif de considérer les *Bergeries*[1] comme des œuvres dramatiques. L'*Isabelle*, de Paul Ferry, malgré ses six actes, n'est pas de matière beaucoup plus abondante[2].

D'une manière générale, le développement du théâtre populaire a eu peu d'action sur la pastorale. Rien, jusqu'ici, ne rappelle en France cette évolution rapide qui, dans l'espace de vingt ans, avait conduit la pastorale italienne de l'idylle simple aux complications de Guarini ou de Bonarelli. Sa marche est chez nous moins directe, mais aussi moins aventureuse, et, si elle n'a pas donné un chef-d'œuvre comparable à l'*Aminta*, elle se garde assez sagement des audaces puériles du *Pastor*. Cette étiquette même de tragi-comédie dont Guarini était si fier et qu'A. Hardy — nous avons vu pour quelles raisons — a toujours évitée, ne se rencontre, entre 1610 et 1620, qu'à titre exceptionnel[3] : les poètes préfèrent les appellations anciennes, pastorale ou pastorelle, ou pastorale comique, ou fable bocagère, à peu près indifféremment. Ils continuent à dérouler les tirades coutumières, coupées d'élégies et de chansons ; ce qui suffisait à

1. La première *Bergerie*, en trois journées, nous présente, sous la forme d'un roman en prose coupé de dialogues en vers, les amours de plusieurs bergers. Peut-être faut-il y voir une imitation de la *Diane* ou de la *Pyrénée* de Belleforest, dont Bernier cite le nom dans l'argument de ses *Heureuses infortunes*; quelques passages sembleraient prouver des souvenirs assez précis : les énigmes, les chansons et les débats, la description de la « grotte des Pères » avec ses statues et ses mosaïques... La seconde n'est qu'une suite de huit églogues, avec, des unes aux autres, des transitions en vers.

2. La « princesse bergère » Isabelle est aimée à la fois de Cléandre, de Dorel et de Philiris, qui a renoncé aux avantages de sa naissance pour se faire valet d'un « lourt paysan ». Les trois amants, suivant l'usage, poursuivent la bergère de leurs assiduités, se querellent, ont recours à la magie, la défendent contre un satyre. Un collier de pierres précieuses fait reconnaître le rang d'Isabelle et elle épouse le prince Philiris. C'est une simple juxtaposition des éléments ordinaires. Quelques ressemblances avec *le Boccage d'amour* de J. Estival (1608).

3. Avec *l'Heureux désespéré, trage comédie pastorelle*, par exemple, et avec la *Lycoris* de Basire, *tragédie pastorale*. — *Les Urnes vivantes en forme de tragi-pastorale,* dit aussi Boissin de Gallardon, qui d'ailleurs emploie de préférence le vieux mot *Histoires.*

Montreux leur suffit encore ; ils se contenteraient même à moins de frais. Ce n'est pas seulement faiblesse d'imagination ; une certaine timidité, bien française, les retient dans la tradition, leur fait craindre les nouveautés.

Parfois, il semblerait que l'un d'eux ait voulu relever la dignité de son intrigue, en la plaçant dans un cadre différent, qu'il ait eu des velléités d'indépendance. René Bouchet, en mettant à la scène les aventures de l'infidèle Hanno devenu amoureux de Sidère et reconquis par sa femme légitime Pasithée, a entrevu un sujet de tragi-comédie véritable [1]. Le caractère surtout du berger Africain est marqué de traits assez forts : c'est l'homme aux impressions vives et changeantes. Tour à tour, il a aimé plusieurs femmes, du même amour violent, bientôt effacé : « Il me souuient du jour qu'Eriphile mourut : tu sçais comme il en estoit amoureux; il n'y auoit point d'assez hauts précipices par ces montagnes, et ces vallées ne pouuoient contenir toutes ses larmes ; mais la première étincelle d'un feu nouueau lui sécha les yeux [2]... » Pour l'instant, il est tout à Sidère. Et son amour ne ressemble pas à la fade passion de tous les bergers. Jaloux, il s'efforce de se tromper lui-même [3] ; il passe des prières aux gémissements, des gémissements aux menaces : « Ce n'est plus de moy que fer, sang et flamme ! A moy Aminte ! A moy Sidère ! A moy les deux plus douces puissances de ma volonté ! Vous mourrez donc : mais comment vivray-ie sans vous? Ie mourray auecques vous : mais vous mourrez ! [4]... » Puis, au milieu de

---

1. La scène est en Sicile, sur le mont Eryx, au bord du fleuve Crinise. Un oracle a jadis empêché le berger Hanno de s'unir à la nymphe sicilienne Sidère, et il a épousé Pasithée. Mais, à la nouvelle que Sidère va appartenir à Aminte, la jalousie réveille son ancien amour. Il abandonne sa femme et passe en Sicile. Pasithée le suit. Un anneau magique lui permet de prendre à son gré la figure de sa rivale. De là des surprises nombreuses : Hanno s'étonne de se trouver tour à tour en présence de deux Sidères toutes différentes. Un satyre amoureux de Sidère s'y trompe comme lui et poursuit Pasithée. Hanno la délivre, et, reconnaissant sa femme, se repent de son infidélité... — Combinaison des pastorales italiennes et de la *Diane* de Montreux. — Pour l'épisode de Floris, Eurialle et Ariston (*les Amantes*, IV, 3), Chrestien des Croix a dû se souvenir de Sidère.

2. *Sidère*, I, 3.

3. Voy. la scène de Sidère et Hanno, IV, 5.

4. IV, 1.

ces fureurs, quelques poussées de remords, — de remords
égoïste. Il suffit que Sidère se montre un peu rude, pour que
son souvenir se reporte sur celle qui, du moins, l'aime sans
partage, et pour qu'il se plaigne, en la plaignant : « Ha! belle
Pasithée, que dis-tu maintenant de moy, indigne de tes célestes
volontés que ie vay fuyant!... Pardon, fille diuine, pardonne
l'erreur de ma fuyte à la violence d'amour... Ie t'ay laissée,
hélas! ie t'ay laissée, pensant retrouuer icy le premier cœur de
Sidère : mais, ô Dieux, ie n'y ay trouué que des transissements
et de l'amertùme ! [1]... » La Jalousie n'avait pas tort de célébrer
dans le Prologue son souverain pouvoir : elle a failli, dès 1609,
donner à la pastorale française de la vérité et de la vie!... Les
temps, par malheur, n'étaient pas encore venus. Malgré ces
quelques indications, le hasard, dans la pièce du Sr d'Ambillou,
demeure seul maître, et nous retombons dans les épisodes traditionnels.

Il faut reconnaître, du moins, que, de ces épisodes, on usera
désormais avec plus de réserve. *Les Amantes* de Chrestien des
Croix, *l'Amphithéâtre pastoral* de Du Peschier restent en
somme des exceptions et l'effort est sensible vers plus de simplicité. La mode passe vite, d'entasser péniblement, dans chaque
pastorale nouvelle, *tous* les éléments que pouvaient offrir les œuvres italiennes ou espagnoles, de multiplier à l'infini le nombre
des acteurs et d'entrelacer leurs aventures avec une ingénuité
plus ou moins maladroite. On se préoccupe de faire un choix.
Sous l'influence peut-être des premiers livres de *l'Astrée*, les
modèles anciens perdent de leur prestige : de 1609 à 1622, la
série des traductions du *Pastor* est interrompue [2] ; la scène solennelle du sacrifice n'est plus l'ornement obligatoire de tout cinquième acte ; l'action ne repose plus invariablement sur un
oracle mystérieux ; on ne voit dans les reconnaissances qu'un
moyen commode d'aider aux dénouements. Gervais Basire, à
peu près seul, s'obstine en 1614, en 1621, puis en 1627, à combiner les inventions de *l'Aminta*, du *Pastor*, de la *Philis*, de

1. I, 4.
2. En 1622 et dans les années suivantes, elle reprendra. C'est que la pastorale française s'engagera à cette date dans une voie nouvelle.

la *Diéromène* et de l'*Isabelle*[1]. Chez les autres, à défaut d'originalité véritable, l'imitation s'est faite plus sobre : quelques scènes de *Sidère* rappellent directement Guarini[2], ainsi que le dernier acte de l'*Heureux désespéré*[3]. Paul Ferry, encore, semble se souvenir de la *Philis*[4], et Boissin de Gallardon tire de la *Diéromène* la grande péripétie de ses *Urnes vivantes*[5]. Cela est peu de chose à côté des laborieuses mosaïques de Chrestien des Croix et de Montchrestien. On sent le prix de la clarté.

L'œuvre de Troterel est significative à cet égard. Dans la *Driade amoureuse*, publiée en 1606, sept amants et quatre bergères se trouvaient encore en présence et les sympathies réciproques étaient brouillées à souhait. Un satyre jouait son rôle accoutumé, un magicien, bienfaisant par extraordinaire, distribuait ses enchantements : c'étaient des batailles, des métamorphoses, des morts et des résurrections[6]... Quatre ans plus tard,

1. Voici le sujet de sa *Lycoris* de 1614 : le berger Doralis, amoureux de la pudique Lycoris, est aimé de Myrtine. Lycoris, de son côté, ne peut, malgré ses vœux, se défendre d'un tendre sentiment pour Hylas que les Maures ont chassé loin de sa patrie ; et comme les assiduités de Doralis lui sont insupportables, elle demande au satyre Arcadin de le tuer (cf. *Diéromène*, IV). Arcadin promet, mais il se contente de cacher Doralis dans une caverne et de répandre le bruit de sa mort. Lycoris, accusée de meurtre, est condamnée ; Hylas veut se sacrifier à sa place (cf. *Pastor*, V, 2) ; mais Arcadin ramène Doralis vivant et l'on reconnaît en lui le frère de Lycoris (cf. *Philis*, V). Doralis épousera Myrtine, qui s'était tuée à la nouvelle de sa mort, mais que Diane a ressuscitée, et Lycoris sera unie à Hylas que Chypre réclame pour son roi (cf. *Isabelle* de Paul Ferry, VI, 2). — En outre, les rôles épisodiques de Damon et de Philiris. A noter, l'abondance des lieux communs proprement italiens : la tempête et le naufrage, l'éloge de l'âge d'or, les attaques contre les grands seigneurs (cf. *Pastor*, V, 1, et chœur du 4e acte de *la Princesse*). Nous aurons à revenir sur les transformations que Basire a fait subir à ce premier essai ; le souci du style est fort intéressant dans son œuvre, et son *Arlette* de 1639 est une des plus élégantes parmi les pastorales françaises.

2. L'oracle. — La scène de la grotte.

3. Angeralde, que les cruautés de Phénice ont réduit au désespoir, s'est retiré dans un bois, couvert d'une peau de loup. Diane le blesse d'une flèche, devient amoureuse de lui et l'enlève après l'avoir guéri (cf. *Pastor*, IV).

4. Cf. II, 2, et la *Philia*, IV, 6. Au dénouement, le collier

5. Toujours la vieille intrigue de la calomnie. — Cf. *Urnes vivantes*, III ; *Diéromène*, III, 4, 5, 6, 7.

6. *La Driade amoureuse* (1606). — 1o Amoureuse de l'insensible Myrtin, la dryade repousse un silvain ; celui-ci se venge en métamorphosant en arbre son rival ; mais le bon magicien Herlin lui rendra sa première forme et l'unira à la dryade (I, 1, 2 ; — II, 4 ; — III, 3 ; — IV, 1, 4 ; — V, 1, 2. — cf. Hardy).
— 2o Célidon, jadis insensible, maintenant épris d'Ydamie que son père vou-

les amours d'Arline et de Théocris donnent à eux seuls la
matière de sa seconde pièce; les trois premiers actes se réduisent à une idylle simple, sans épisodes proprement dits, sans
action extérieure, n'ayant d'autre sujet que les scrupules d'Arline à rompre un vœu imprudent. Il est vrai qu'au quatrième
acte, une pièce nouvelle semble commencer et qu'un monstre
menace le bonheur des amants; mais Théocris n'aura pas de
peine à le vaincre[1], et ce monstre, naïvement allégorique, n'est
pas fait pour nous émouvoir beaucoup : « Monstre, dit l'argument, d'une fort bizarre figure, ayant tout le corps couuert
d'yeux comme un second Argus, et ayant deux grandes oreilles
comme un second Midas, et portant un arc et des flèches ainsi
qu'un Hercule et finalement ayant en la bouche une langue de
vipère; » il est facile de reconnaître l'envie et la calomnie[2].
Quant à *l'Amour triomphant* de 1615, dégagez-le des « histoires »
merveilleuses que Troterel, fidèle imitateur de l'*Astrée*, a cru
devoir y introduire, il ne restera plus que la rivalité du magicien
Demonace et du berger Pyrandre, tous deux amoureux de
l'Oréade, et la victoire de celui-ci[3]. Il est certain, quand on se

---

drait donner à Norcen, triomphe des scrupules de la jeune fille et l'épouse se-
crètement (I, 3; — II, 2, 5, 6). — 3º Terpin, aimé de Mélice, est tué par Mirtin
et rappelé à la vie par le magicien Herlin. Mais, devant les menaces de son
rival Cydon, il renonce à la bergère, et c'est celui-ci qui, après avoir sauvé celle
qu'il aime du satyre, est récompensé de son dévouement (I, 3, 4; — II, 3; —
III, 1; — IV, 2). — 4º Arbas, amoureux de Pasquise, et ne pouvant la fléchir
malgré l'aide d'Herlin, veut se tuer; sur l'ordre d'Apollon, Pasquise renonce à
sa cruauté (II, 1, 2; — III, 2; — III, 3; — V).

1. *Théocris* (1610). — Actes I, II, III : Théocris ne peut fléchir Arline et se
désespère; la jeune fille l'aime pourtant, mais elle s'est vouée à Pallas; malgré
les conseils de son amie Corice et du joyeux Néridon, elle hésite. Pallas lui
apparaît en songe et la relève de son vœu. Dès lors, rien ne s'oppose plus à
leur bonheur; Lidas lui-même, le père d'Arline, croyant que Théocris est
riche, a donné son consentement. — Actes IV, V : Mais le monstre jaloux fait
revenir le vieillard sur sa décision; aidé de Pallas, Théocris engage la lutte
contre le calomniateur et triomphe.

2. Cf., dans les *Bergeries de Julliette* (liv. V, journée V), le monstre allégorique Orgueil « ayant la hure d'un porc..., la peau, l'oreille et la couleur d'un
rugissant lyon,... le ventre d'un mutin léopard... les pattes d'un griffon, la
queue d'un serpent », tué par la « Pucelle Humilité » (p. 732).

3. *L'Amour triomphant* (1615). Fille d'un favori du roi de Chypre (cf. la
Lycoris de Basire, 1614), aimée du prince de Turlin, l'Oréade s'est retirée sur
le mont Olympe, où elle se livre, en compagnie de ses nymphes, à la chasse son
unique plaisir. Poursuivie, ici encore, par les prières du magicien Demonace

rappelle le dialogue des *Corrivaux* ou les épisodes de *Sainte-Agnès*, que cette simplicité et cette médiocrité d'action sont voulues. Troterel, comme Hardy, fait effort ici pour ne pas dépasser les limites du genre.

Effort moins heureux, — et qui reste vain : A. Hardy ne dégageait pas seulement la pastorale de ses traditions et de ses surcharges, il lui ouvrait un chemin nouveau. En cela surtout, il est regrettable que ses contemporains ne suivent pas son exemple. Seul, le rôle du père dans *Théocris* semblerait indiquer des tendances analogues. Il y a chez le vieux Lidas une bonhomie assez naturelle, un mélange de bonté, d'égoïsme naïf, d'avarice et de médiocrité d'esprit qui rappellent les deux Phédime[1]. Mais cet exemple demeure unique. Moins invraisemblable peut-être que par le passé, la pastorale ne devient pas plus vraie pour cela.

Faut-il en accuser les poètes, — ou le public? Si de grandes complications sont inutiles pour le retenir, il n'a nul souci, d'autre part, de peintures vraiment humaines. D'une curiosité encore enfantine, il ne demande pas du nouveau; il s'amusera longtemps de ce qui l'a, une fois, amusé. Un ravisseur battu, des rivaux qui en viennent aux mains, de malheureux amants victimes devant lui de cruelles métamorphoses, quelques bonnes plaisanteries savoureuses pour assaisonner tout cela, il n'en faut pas davantage. Et c'est pourquoi le satyre et le magicien restent, plus que tous les autres, les types populaires de la pastorale et ne perdent rien de leur faveur. L'essentiel est d'occuper les yeux, sans exiger un effort d'attention. « Si on vous donne quelque excellente pastorale où Mome ne trouueroit que redire, proteste Bruscambille, cestuy cy la trouue trop longue, son voisin trop courte : et quoy, ce dit un autre, allongeant le col comme une grue d'antiquité, n'y deuroient-ils pas mesler une intermède et des feintes? Mais comment appellez-vous, lorsqu'un Pan, une

et du berger Pirandre, elle n'est pas tout à fait insensible aux mérites de celui-ci, mais veut conserver sa liberté. Elle repousse même durement le jeune berger que son rival a calomnié auprès d'elle (cf. *Alphée*). Mais Pirandre débarrasse le pays des loups qui l'infestaient et l'Oréade se laisse toucher enfin.

1. Théocris, III, 2; IV, 1. 2. — Cf. Hardy, *Alcée, le Triomfe d'amour.*

Diane, un Cupidon s'insèrent dextrement au subiet; quand aux
feintes, ie vous entens venir, vous auez des sabots chaussez, c'est
qu'il faudroit faire voler quatre diables en l'air, vous infecter
d'une puante fumée de poudre et faire plus de bruit que tous les
armuriers de la Heaumerie[1]....» L'action c'est le mouvement;
la vivacité des gestes supplée au vide de l'intrigue comme à la
nullité des caractères.

Lorsqu'il remanie pour le théâtre, sous un titre nouveau, ses
premières pièces, Isaac du Ryer ne croit pas utile d'y ajouter
grand'chose. Cette légère histoire d'amours inverses, suivant la
formule, peut s'étendre ou se condenser à volonté. Pour passer
des trois actes de la *Pastourelle* et des *Amours contraires* aux
quatre premiers actes de *la Vengeance des Satyres*, il n'a qu'à
distribuer les scènes d'une façon différente[2]. Toute la nouveauté

---

1. *Les œuvres de Bruscambille.* Edit. de Rouen, 1635, p. 73. — Est-il
besoin de dire qu'il fait allusion ici à la scène classique, et toujours aimée, de
l'incantation (voy., par exemple, au 4e acte de l'*Isabelle*). — De Bruscambille
encore, un prologue « pour Pastorales » (*ibid.*, p. 479), celui-ci de ton tout
différent, s'adressant à un public sans doute plus délicat et cultivé.

2. Voici, dans les trois pièces, la distribution différente des scènes communes :

Pastourelle et *Amours contraires.* (3 actes.)	*Vengeance des Satyres.* (Actes I à IV.)
I, 1. — Coridon dit son amour pour la ber- gère Lilis, et Tillis célèbre la beauté de Clorise.	I, 1.
— 2. — Mais Clorise aime Coridon et Lilis est éprise de Tillis.	II, 1.
II, 1. — Deux satyres forment le projet d'enlever les bergères.	III, 1.
— 2. — Coridon et Tillis battent les satyres, mais chacun d'eux par erreur délivre la bergère qu'il n'aime pas.	— 2. Quelques variantes ou additions
III, 1. — La sorcière Dorinde célèbre son pouvoir.	de détail insignifiantes.
— 2. — Obéissant à Dorinde, Coridon re- porte sur Clorise l'amour qu'il éprouvait pour Lilis.	IV, 1.
— 3. — Le Temps ordonne à Cupidon de rendre Tillis amoureuse de Lilis.	— 2.
— 4. — Désolé d'abord, Tillis se rend à la volonté de Cupidon. Silène célèbre le retour de la paix.	— 3.
	— 4. (La tirade de Silène dis- paraît, la pièce n'étant pas achevée.)

est dans un cinquième acte, jugé nécessaire sans doute, mais qui n'est qu'une sorte d'intermède comique, surajouté, indépendant et dont certains jeux de scène feront tout l'attrait. Battus par les bergers, les satyres jurent de se venger ; une poudre qu'ils sèment sur le sol a l'étrange pouvoir d'immobiliser jusqu'à la première pluie tous ceux qui traverseront le théâtre. Et successivement deviennent immobiles, à la grande joie des spectateurs, les bergers et les bergères, et leur cortège nuptial, et les satyres, pris eux-mêmes à leur propre piège, et le vieux Silène qui a eu l'imprudence de s'approcher. Quelques gouttes de pluie permettent enfin aux acteurs de revivre et de se retirer après les compliments d'usage [1]... Facéties qui ne font pas avancer la pastorale dramatique vers cette comédie moyenne, humaine et simple, que Hardy, à peu près seul encore, paraît entrevoir.

*   *
*

Avec l'*Astrée* en revanche, nous sommes en présence d'une œuvre dont le succès a été immédiat et universel. Ce n'est pas ici le lieu d'en chercher les causes : peut-être ses mérites réels y sont-ils pour peu de chose ; il faudra du temps pour qu'on les aperçoive. Mais le roman d'Honoré d'Urfé a eu cette bonne fortune de paraître exactement à son heure, de répondre à un besoin

---

1. L'argument indique tous les jeux de scène. — Dans le *Mariage d'amour* de 1621 cependant, l'intrigue est plus difficile à suivre. C'est d'abord que Du Ryer a emprunté son sujet principal à l'un des épisodes les plus étranges de Montemayor (Histoire de Selvaggia). C'est aussi qu'il y a cousu des intermèdes et des éléments disparates : scène du satyre, — métamorphoses, — amours de Jupiter fidèlement servi par Mercure (« Juppiter nourrit-il des poulets dans les cieux? », répond au messager la bergère Selvage), — allusions au retour de la paix qui réduit les soldats à la misère (« Douce guerre, jamais ne te reverrons nous »), mais qui remplit de joie et de gratitude les honnêtes paysans :

> Tout se portera bien, et, la prochaine année,
> Nous aurons, si Dieu plaist, une pleine vinée,
> Nous aurons à deux liards la pinte du meilleur...
> Nous autres villageois n'estions pas si contens
> Alors que le Qui viue, auec tant d'asseurance,
> Le pistolet au poing voltigeoit par la France
> Et que les deux partis nous trauailloient d'impos!

(II, 1

général de paix, de tranquillité. Il est autre chose qu'une œuvre d'art, et sa portée sociale explique cette popularité rapide.

La société polie qui, au sortir des convulsions du siècle précédent, veut se constituer, en une France plus calme, trouve un idéal tout tracé, un code poétique et moral auquel il est séduisant de se soumettre, des modèles qu'il suffit d'imiter ; elle découvre l'art de sentir avec délicatesse et de s'exprimer finement. Après les brutalités récentes, ou les galanteries outrées de l'Italie, voici une élégance raffinée encore, mais plus légère et française. Ces amoureux que le romancier nous présente sont ardents comme les personnages du Tasse et de Guarini, romanesques et subtils comme les héros de Montemayor. On les devine cependant d'une autre race. Ils ont plus de simplicité, ce goût de la mesure, cette raison prudente et cette aisance que nous aimons à nous reconnaître. Leurs discours, d'où le pédantisme certes et l'afféterie n'ont point disparu, savent se relever d'une pointe d'ironie et donnent à la fois la matière et le ton des conversations mondaines.

C'est un plaisir de se substituer en imagination à ces philosophes passionnés et bien-disants, de se rêver héroïque et tendre à leur image, de souffrir de leurs peines et de s'exalter de leurs enthousiasmes, de revivre le roman, de se distribuer les rôles et les noms évocateurs. Cette « simplicité rustique » n'a rien qui puisse offusquer la délicatesse des courtisans. Il ne s'agit point de parler le langage des champs, de « sentir les brebis et les chèvres » ou de préférer la campagne à la cour. Un parc aux pelouses soignées et aux bosquets ombreux, des rocailles où coule une eau limpide, une grotte artificielle : cela peut se trouver dans Paris, ou tout près. Quelques « houlettes peintes et dorées », des « pannetières bien troussées, faites de toiles d'or ou d'argent »[1], il ne faut pas autre chose. Dans la prairie et parmi les roches du château de Rambouillet, la marquise et ses amies reçoivent leurs invités en un galant costume de nymphes[2]. Cet extravagant Vauquelin des Yvetaux s'offre, en

1. *L'autheur à la bergère Astrée.*
2. Tallemant, édit. cit., t. III, p. 216.

plein Paris, des distractions du même genre[1]... Le premier
devoir de l'homme du monde est de « savoir son *Astrée* »[2].

A part la *Madonte* de Pierre de Cotignon publiée dans *la
Muse champestre* de 1623, la série des adaptations dramatiques
proprement dites ne s'ouvrira que beaucoup plus tard ; elles se
groupent, toutes ensemble, dans les années voisines de 1630[3].
Mais, dès l'apparition des premiers livres du roman, son influence est déjà sensible. Dans la plupart des œuvres qui s'impriment de 1609 à 1620, il est aisé d'en trouver des traces[4]. Grâce
à d'Urfé, le petit monde de la pastorale s'élargit et se rapproche de nous. Il n'est plus en dehors de toutes les réalités sociales. Égaux par la passion, ses personnages sont de situations
et de fortunes diverses. Les mots de bergères et de nymphes,
autrefois synonymes, marquent aujourd'hui des classes distinctes. Les premières sont restées humbles et modestes ; mais les
autres ont cette fierté de paroles, cette indépendance d'allures
que nous avons notées chez Galathée[5].

Comme chez H. d'Urfé encore, les allusions au temps présent
sont continuelles et directes. Quand les poètes célèbrent les bienfaits de la paix et la douceur de vivre, leurs paroles sont un
hommage rendu à l'œuvre d'Henri IV. Quand ils parlent de
« princes de Chypre » ou de « dames du Mont Olympe », c'est

1. Tallemant, t. II, p. 14.
2. On connaît le passage de Tallemant : « Dans la société de la famille
(Mme de Guéméné en étoit), on se divertissoit entre autres choses à s'écrire des
questions sur l'*Astrée*; et qui ne répondoit pas bien payoit pour chaque faute
une paire de gants de frangipane. On envoyoit sur un papier deux ou trois
questions à une personne, comme, par exemple, à quelle main estoit Bonlieu,
au sortir du pont de la Bouteresse et autres choses semblables, soit pour l'histoire, soit pour la géographie; c'étoit le moyen de savoir bien son *Astrée*. Il y
eut tant de paires de gants perdues de part et d'autre que quand on vint à
compter, car on marquoit soigneusement, il se trouva qu'on ne se devoit
quasi rien. D'Ecquevilly prit un autre parti ; il alla lire l'*Astrée* chez M. d'Urfé
même, et, à mesure qu'il avoit lu, il se faisoit mener dans les lieux où chaque
aventure étoit arrivée... » (*Ibid.*, t. VII, p. 21).
3. Voy. Appendice.
4. Un fait, d'abord : dans les trois années 1608-1610, nous comptons sept
pastorales imprimées (trois en 1609, trois en 1610) contre six seulement dans
les huit années précédentes (une en 1601, une en 1602, une en 1603, une
en 1605, deux en 1606).
5. Voy. l'Oréade dans *l'Amour triomphant*.

pour nous inciter à substituer des noms véritables à ces titres
imaginaires, et quand ils montrent combien est brillante et fra-
gile la fortune des favoris, plus d'un grand seigneur peut tirer
profit de la leçon [1]. Ils invoquent toujours les dieux de la mythologie, mais ces formules prennent un sens symbolique : le culte
de Vénus représente la vie mondaine ; on sait ce qu'ils entendent par les Vestales, et que se vouer à Diane, c'est proprement
entrer en religion. « Les dieux ne haïssent rien tant », nous
apprend l'Arline de Troterel :

> Que celle qui son froc aux ronces va jettant [2]...

L'imprécise Arcadie ne leur suffit plus, ni la Sicile chère aux
poètes, ni l'île de Chypre, lointaine et mystérieuse. Dans les
intrigues artificielles, un souci national apparaît. Ce que les poètes anciens ont fait pour leur patrie, ils ont le droit de le faire à
leur tour [3]. Riantes et fécondes, les provinces de France peuvent
servir de cadre à ces histoires d'amour. N'ont-elles pas des rivières douces et paisibles, des bosquets où l'on peut deviser
d'amour, tandis que flambent les ardeurs du soleil ? Et chacun
décrit les paysages familiers : les prairies où s'alanguissent les
eaux du Tarn [4], les bois de Borneau et la vallée du Clain [5], les
grasses plaines de la Beauce « où Cérès choisit sa demeurance » [6].

1. L'Amour triomphant, I, 1.
2. Théocris, I, 4.
3. « Nous deuons cela au lieu de nostre naissance et de nostre demeure, a
proclamé l'Astrée, de le rendre le plus honoré et renommé qu'il nous est possible. » (L'autheur à la bergère Astrée.)
4.
>   C'estoit en ceste part où le Tar coule-doux,
>   Après s'estre disioint un peu de temps pour nous,
>   Retraînant peu plus bas ses belles ondes iointes
>   Fait une petite isle en forme de deux pointes :
>   Tout près où le Tescou y rend ses basses eaux :
>   Le lieu est tout meslé de touffes d'arbrisseaux
>   Qui rampent contre terre et d'autres plus superbes
>   Ne frappent que du pied les verdissantes herbes...
>   (Isabelle, III, 1.)

5. Seconde Bergerie de Bernier de la Brousse.
6. Boissin de Gallardon, les Urnes vivantes, I, 1. — Cf., dans une pièce de
1611 (citée par J. Durandeau, Aimé Piron et la vie littéraire à Dijon, p. 18),
le dialogue du berger Philire et d'une nymphe :

>   Las ! le ressouvenir de Dijon me retire !...
>   Merveille des cités, ô cité des merveilles...
>   O ville de l'honneur Dijon, l'honneur des villes...

Ils prennent, il est vrai, des libertés étranges avec la géographie : Alcione, dans *les Urnes vivantes*, se jette à la mer du haut d'un rocher du Vivarais [1]!... Mais il faut leur savoir gré de l'intention. C'est ainsi, quoique avec plus d'accent et de précision, que d'Urfé célèbre le Forez, et qu'au siècle précédent, Belleforest a chanté sa Gascogne et Montemayor les rives de l'Elza.

Les personnages offrent des analogies encore plus saisissantes. Si les auteurs dramatiques négligent, pour l'instant, les parties historiques ou chevaleresques de l'*Astrée*, les épisodes purement pastoraux leur donnent en revanche quelques silhouettes poétiques vite populaires, ou, pour mieux dire, quelques attitudes nouvelles. Aux magiciens jaloux et méchants de jadis, a succédé le « mage » bienfaisant [2]. La mode est revenue, pour les amants malheureux, de fuir le monde des vivants, d'aller cacher au fond des bois leur désespoir, arborant de nobles devises et des attributs ingénieusement symboliques [3], et de cultiver, solitaires, leurs angoisses. Pyrandre dans sa retraite de l'île d'Ofinze, Angeralde dans la « forêt de l'Écho enchanté » [4], se souviennent sans doute des Beaux Ténébreux que le seizième siècle mit en honneur ; mais ils se souviennent surtout de Céladon, qui, jalousement, cachait sa tristesse et refusait, même regretté par elle, de reparaître aux yeux de sa dame : la passion ne se nourrit que de larmes...

Hylas, au reste, n'a pas moins d'imitateurs. Partout, nous retrouvons les boutades de ses disciples, esprits insouciants et frivoles, disposés à jouir de la vie, érigeant en doctrine leur inconstance, non moins pédants et artificiels. Le confident de

---

1. *Urnes vivantes*, IV, 1.
2. Cf. Targante dans *l'Heureux désespéré* et Adamas dans l'*Astrée*.
3. Angeralde, dans *l'Heureux désespéré*, a orné son chapeau d'une « teste de mort d'yuoire entre deux branches de mirthe et de cyprès », avec cette devise au-dessous : « No quiero mas » (II, 3). — Souvenir de la *Diane*, si l'on veut. Il est tout naturel qu'en imitant l'*Astrée*, la pastorale se rapproche aussi de Montemayor. Mais si les thèmes et les épisodes espagnols persistent quand paraît s'effacer l'influence du *Pastor*, c'est surtout au roman de d'Urfé qu'il faut l'attribuer.
4. *L'Amour triomphant*, *l'Heureux désespéré*. Cf. le *Philandre* de Maynard.

Théocris, le joyeux Néridon, rappelait encore Tircis de l'*Aminta*,
plutôt que le héros sceptique de d'Urfé ; instruit par l'expérience, il savait les dangers d'un amour profond et donnait à
son ami de sages conseils :

> Et si, i'ay néanmoins tous les plaisirs cogneus
> Qui se vont praticquant au métier de Vénus.
> Mais pour quelque beauté que i'aye recherchée
> Mon âme ne fut onc d'aucun ennuy touchée[1]...

Sagesse un peu vulgaire, peut-être ; bon sens dépourvu de grandeur. Mais, au moins, cet homme prudent ne se posait pas en
théoricien de la légèreté amoureuse. Surtout, il n'avait pas
l'égoïsme ingénu des « conquérants » professionnels. Sincèrement attaché à son ami, il s'entremettait pour assurer son
bonheur, intervenait auprès du père de la jeune fille et, de son
mieux, tâchait d'adoucir aux autres les peines que lui-même ne
connaissait pas... Dans l'*Heureux désespéré*, le type s'est accusé.
Fier de sa devise « A tous vents », Floridon raille la fidélité
naïve d'Angeralde ; d'une légèreté étudiée, courant comme son
maître à la poursuite des aventures d'un jour, parfois berné
comme lui, c'est Hylas qui parle par sa bouche. Ecoutez, enfin,
dans l'*Isabelle* de Paul Ferry, Philiris affecter la liberté d'allure
et la fatuité qui conviennent à un prince français :

> Moy, l'on m'oste l'amour, m'ostant la récompense...
> Moy qui n'ayme jamais si ce n'est librement...
> Moy qui n'ayme sinon ce qui m'est profitable[2]...

Et notez que Philiris est réellement amoureux, qu'il n'y a pas
un mot de vrai dans ces belles déclarations... Pour être maladroite et forcée, l'imitation n'en est que plus significative.

Il y aurait autre chose, certes, à emprunter à l'*Astrée* ; mais
les contemporains n'ont pas été très sensibles aux fines nuances
psychologiques qui, plus tard, expliqueront l'admiration de Boi-

---

1. *Theocris*, II, 1. — Cf. *Aminta*, II, 2.
2. Cf. Bonicel dans *les Urnes vivantes* et les théories du second acte d'*Iris*.

leau[1] ; ils en aiment surtout ce qui est artificiel ou inutile. La pastorale, nous l'avons vu, s'est dégagée d'une bonne partie de ses surcharges italiennes. L'*Astrée*, mieux comprise, pourrait lui donner la vie dramatique qui lui manque. Son premier effet est, au contraire, de l'alourdir et de la rejeter vers le roman.

P. Troterel lui-même ne songe qu'à étaler son bagage philosophique. Le titre de *l'Amour triomphant* annonce des merveilles : « *L'Amour triomphant*, pastorale comique où, soubs les noms du berger Pirandre et de la belle Oréade du mont Olympe, sont descrittes les amoureuses auentures de quelques grands Princes, le tout enrichy de plusieurs belles remarques, inuentions, histoires, raisons, arguments et discours tirés de la philosophie tant morale que naturelle. » Dès les premières pages, il vise à la profondeur et explique aux « amans fidelles » que par « cet énigme de la transmigration ou metempsicose des âmes », Pythagore, « ce bel esprit subtil », a voulu désigner les affections des amants, « lesquels meurent en eux pour viure en la chose aimée ». Les mystères de l'astrologie ne l'effraient pas[2], ni les considérations ethnographiques[3], ni les problèmes de métaphysique amoureuse[4]. Commodément assises à l'ombre des arbres, nymphes et bergères posent de graves débats et chacune, tour à tour, fait preuve d'ingéniosité ou de pénétration. Suivant la coutume des romans, l'intrigue, très légère en elle-même, s'interrompt pour laisser place aux belles histoires — inutiles mais si attachantes ! — habilement distribuées et découpées, interrompues ici et reprises plus loin, de façon que tous les actes aient leur part. Histoire du prince de Turlin contée par Philodice[5], histoire de Calisthène[6], histoires d'Aronthe[7] et de Pirandre[8],

---

1. *Dialogue et discours sur les héros de roman.*
2. *Amour triomphant*, II, 2.
3. *Ibid.*, II, 5.
4. *Ibid.*, IV, 2, 4. — Cf. dans *l'Heureux désespéré* le débat du second acte sur le suprême plaisir.
5. *Amour triomphant*, I, 1 ; — II, 2.
6. *Ibid.*, I, 4.
7. *Ibid.*, II, 1.
8. *Ibid.*, III, 1 : — V, 7.

histoire burlesque du magicien matamore Démonace [1], aventures
de cour et descriptions champêtres, duels et déguisements, combats contre les Tartares et les pirates..., et c'est, en une pièce
fort simple, toute une série de romans compliqués. Singulier procédé de composition. Il ne suffit pas que nous connaissions les
personnages ; il faut nous informer de leurs familles ; les récits
se déroulent avec une imposante lenteur : « Afin de vous mieux
faire entendre toute l'histoire, commence Philodice, il sera bon
que vous scachiez premièrement quels ont été les père et mère
de l'Oréade [2]... » ; elle n'a garde, après cela, d'omettre un seul
détail. A quoi bon se hâter ? Dans l'*Astrée* comme dans la
Diane, ces hors-d'œuvre ne sont-ils pas l'essentiel [3] ?

Si Troterel adopte la prose pour cette troisième pastorale, —
les deux précédentes étaient en alexandrins, — ce n'est pas pour
se libérer d'une contrainte importune ou pour donner au dialogue plus de naturel [4] : c'est seulement pour se rapprocher
d'H. d'Urfé, maître de la pastorale française. Il faut reconnaître
que l'effort n'a pas été tout à fait malheureux. Dans le roman,
il a trouvé au moins le secret de cette langue harmonieuse et
souple, cadencée, un peu solennelle sans lourdeur ni pédantisme, presque entièrement dégagée des importations étrangères.
La prose peut rejeter ces pointes à l'italienne qui demeurent
encore, en vers, un ornement indispensable, et les exaltations
espagnoles se sont apaisées. Le grand siècle commence.

Graves et polis, les personnages s'abordent en gens de cour,

---

1. *Amour triomphant*, II, 5.
2. *Ibid.*, I, 1. — Cf., dans l'*Astrée*, Céladon commençant l'histoire d'Alcippe, son père (P. I, l. 11).
3. Dans *la Driade amoureuse* de 1606, nous avions déjà l'histoire de
Rafane et de Médon (II, 6).
4. En prose également, *Sidère* et, sauf quelques scènes, *l'Heureux désespéré*. Par contre, après *les Amantes*, Gervais Basire est le seul qui conserve le décasyllabique, jusqu'à l'apparition des recueils de Hardy (1624-26) ;
à cette date, le rythme d'*Alcée* et d'*Alphée* s'impose de nouveau (*Aristène*,
1626, et *Philistée*, 1627, de Troterel ; *la Carline* de Gaillard, 1626 ; *la Justice
d'amour*, de Borée, 1627 ; *Endymion* de La Morelle, 1627, etc.). Mais le prestige de Hardy s'efface devant le succès de la *Sylvie* et, à partir de 1628,
l'alexandrin remplace de nouveau le décasyllabique. Ces variations dans la
forme du vers marquent très nettement les divers moments de l'histoire de la
pastorale et indiquent les influences qui, tour à tour, sont prédominantes.

d'une élégance aisée : « DÉMONACE : Ie loue les dieux, belle déesse, de ce qu'ils m'ont fauorisé d'une si heureuse rencontre et les prie de vous combler d'autant de félicité que vous auez de mérite. — L'ORÉADE : Ie leur fais la même prière pour vous, vénérable chasseur. — DÉMONACE : Vous m'obligez plus qu'il ne m'appartient et ie vous seray encore plus redeuable, s'il vous plaist de me dire si vous n'auez pas veu un cerf que nous chassons [1]... » Au plus fort de leur amour ou de leur joie, ils restent maîtres d'eux-mêmes, de leur raison et de leur volonté. Ils s'expriment sans hâte. Leur jeunesse n'est ni impétueuse, ni étourdie. La phrase se développe, noblement drapée, logiquement conduite, avec son cortège d'incidentes bien à leur place, sans ces brusques secousses par quoi se marquerait le désordre de la passion. Ils n'oublient pas ce qu'impose l'usage quand on est de bonne naissance : « L'ORÉADE : Ie voy bien, Pyrandre, qu'il faut que ie cède aux destins... Les astres ont arresté que ie vous ayme, le ciel le veut ainsi. Vos mérites y poussent mon inclination, et pour moy, ie te suis particulièrement redeuable, ô amour, de m'auoir blessée pour un si iuste suiet, et à vous, Influences célestes, pour l'heureuse fatalité que vous auez marquée sur l'heure de ma naissance. — PYRANDRE : Vous me comblez d'un si grand aise, ma belle, qu'en estant tout hors de moy mesme, cest excès de contentement me fait perdre haleine et m'empesche de proférer des paroles assez dignes pour vous en remercier mille fois [2]... »

Voici encore, dès 1609, dans la *Sidère* de René Bouchet, les plaintes du berger Hanno, dévoré par la jalousie et incapable de briser ses chaînes : « O estranges effects de la puissance d'amour! Ie reuiens à Sidère qui m'auoit laissé, et, d'une si grande playe receue au cœur, il n'en paroist desia plus de cicatrice en mon sein. Mais pourquoy aussi voudrois-ie plustôt croire ma mort que Sidère? car si ie ne croy Sidère, quelles imaginations feray-ie de précipices, de riuières profondes, de déserts, de

---

1. *Amour triomphant*, II, 5. C'est l'allure et le mouvement des dialogues de d'Urfé.
2. *Ibid.*, IV, I.

bestes farouches et de dards ensanglantez?... Sidère, tu m'es
fidèle. O Sidère, comme tantost ie fuyois ta prison, ie caressois
ma liberté, i'appellois mon doux salut : mais si tu scauois, cruelle,
combien de larmes et de souspirs ie meslois à ces caresses de ma
liberté et de mon doux salut ! Tout indigné de dépit et troublé de
ialouse fureur, ie rompois les beaux liens de ma captiuité : mais
i'emportois chèrement auec moy les tronçons de ces chesnes...
O cruelle, ma veue à chaque pas se retournoit deuers toy, mon
cœur ne pouuoit abandonner mes yeux et ma raison se laissoit
aysément flatter en mon cœur qui me parloit de ta fidélité et de
ma vie [1]... » Un peu plus dégagé, ce serait déjà le style classique
français. Et, par ce mot de *style*, je n'entends pas seulement un
certain arrangement de la phrase, mais encore une façon particulière de penser et de sentir, d'exprimer sa pensée et de rendre
ses sentiments [2].

Toutes les pastorales de ce temps ne se rattachent pas aussi
directement à l'*Astrée* que l'*Amour triomphant*. A peu près
toutes cependant ont quelque chose qui les fait reconnaître françaises : ici un trait railleur que l'on n'attendait pas [3], une apologie
convaincue des bonnes amours naturelles [4]; ailleurs une grossiè-

---

1. *Sidère*, IV, 5 : « Tu ne trouueras pas en mon style, annonce l'Avis au lecteur, ces rencontres et ces pointes recherchées qu'admirent les curieux. Ie suy
les simples et chastes loix de l'antiquité, m'estudiant à dire proprement les
choses en langage intelligible et fuïant ces ageancemens et ces retours de
paroles qui ne persuadent que l'industrie de l'auteur... » Pierre Cottignon, en
tète de sa *Madonthe*, tirée de l'*Astrée*, fait, en 1623, une déclaration du même
genre. — Cf. les préfaces de Hardy.

2. Même dans les rôles purement comiques, on pourrait, à cette date, noter
une transformation analogue. Les valets goinfres et bouffons se rapprochent
des valets de la haute comédie. Voici une tirade assez savoureuse de Moro-
sophe à son maître Démonace : « Contraignez moy cette nymphelette à vous
aimer mesme en dépit d'elle, par un régiment entier d'œillades, de caresses et
de bonnetades que ie luy donneray de votre part... Vertubieu, un homme t el
que vous, un Adonis, un Narcisse qui n'a ny la roupie au nez, ny la mousta-
che gelée, n'a-t-il point assez bonne mine pour paroistre autant agréable à une
maîtresse qu'un matou l'est à sa femelle au mois de Januier... » (*Amour
triomphant*, II, 3). Le personnage est toujours un personnage de farce, mais
on a l'impression d'une farce plus littéraire, d'une vulgarité plus étudiée...
Voy., au contraire, Gorgo dans la *Myrtille* d'Abradan, Furluquin dans l'*Arimène*, etc.

3. Voy. *le Mariage d'amour* de Du Ryer, III, 2; V, 2.

4. Voy. le chœur du premier acte de *Sidère*.

reté assez appuyée ; presque toujours, un souci de l'ordre et de la règle, comme une défiance du bon sens national devant les dangers de la poésie. C'est la sagesse bourgeoise qui s'exprime par la bouche des parents d'Isabelle :

> Sauuez bien vostre honneur; voyez bien, Isabelle,
> Que de tous ces bergers les lubriques discours
> N'eschauffent vostre cœur d'impudicques amours...

Ils ne lui demandent pas, certes, une intraitable pudeur. Ils savent les exigences de la jeunesse ; mais les roses, une fois cueillies, se dessèchent bien vite, et la beauté de la jeune fille les inquiète :

> Ie ne pense pas
> Que soubs tant de beautez, de traits, d'attraits, d'appas
> Vous puissiez toujours ôtre à l'amour inuincible...
> Si vous voulez aimer, aimez, aimez, ma fille,
> Mais qu'un trop chaud désir le sang ne vous frétille...
> Aimez, mais sagement, gardez-vous et sauuez
> Auec discrétion ce que vous vous deuez,
> Patiente, attendant le lict des espousailles[1]...

Il faut éviter tous les extrêmes et créer l'ordre en soi : c'est le secret du bonheur et le fondement de la morale. Même adonnées au plaisir, les nymphes de la pastorale sauront garder quelque mesure, car « il n'y a point de voluptés dont la satiété n'engendre le dégoût »[2]. Vertueuses, elles n'aimeront pas la vertu d'un amour mystique ; elles seront sages, simplement, — sans excès, mais avec fermeté, et cette sagesse parfois peut être très noble. Cette exclamation de Sidère ne donne-t-elle pas la formule de toutes les héroïnes de notre théâtre : « O tous les enfers, estaignez la vie de Sidère... auuant qu'on die iamais : Sidère a des passions desréglées![3]... »

---

1. Paul Ferry, *Isabelle*, II, 1.
2. *Heureux désespéré*, IV, 4. C'est Dimitille qui parle, et elle « ne répugne point aux lois de la nature »; mais elle n'est point pour cela « de celles qui peuuent tout aymer »; elle se « contente de quelques-uns! »
3. *Sidère*, III, 1.

***

Là est, en somme, le grand progrès qu'a réalisé la pastorale, de Chrestien des Croix à Racan, sous l'influence d'H. d'Urfé. Elle est devenue plus française, — partant plus humaine. Elle a appris à parler avec plus de simplicité et de délicatesse des choses d'amour. Et il y a là autre chose qu'un progrès général ; la pastorale, à cet égard, est en avance sur les autres genres dramatiques : il suffit de comparer, pour s'en convaincre, les églogues et les tragédies que Bernier de la Brousse a réunies dans le même volume.

Cette pureté de la forme, cette vérité simple des sentiments, cette aisance toute française, tels sont encore les premiers mérites des *Bergeries* de Racan[1]. Le poète cependant a eu la prétention

---

1. On ne peut déterminer, même approximativement, la date de la représentation des *Bergeries*. Les frères Parfait la placent en 1618, sans apporter de preuve; M. Dannheisser (*Studien zu Jean de Mairet's Leben und Wirken*, 1888, et *Zur Geschichte des Schäferspiels in Frankreich*, 1889) hésite entre 1625 et 1626; M. Arnould (*Racan*, Paris, Colin, 1896, p. 183 et suiv.), après une discussion approfondie, adopte 1619. Je ne pense pas cependant qu'il ait raison de s'appuyer sur les vers du vieil Alcidor :

... Ce fut l'an que la France
Se vit couuerte d'eau en si grande abondance.
Depuis ce jour fatal, les moissons de Cérès
Ont par *dix et neuf fois* redoré nos guérets...
(V, 3.)

et d'y voir une allusion à l'inondation de 1600, ces vers étant textuellement traduits du *Pastor* :

Fà tuo conto
Che son passati già *dicianove anni*
Dal gran diluvio, e son tant' anni a punto...
(V, 1.)

D'autre part, les imitations de saint François de Sales ou des deux premiers livres de l'*Astrée* ne nous fournissent sur la date aucune donnée. Quant au nom de Chindonnax, il est peu probable que Racan soit allé le chercher dans les *Inscriptiones antiquæ* de Gruterus, mais rien ne prouve qu'il l'ait emprunté au livre de Guénebauld (*le Réveil de Chyndonax, prince des Vacies...*), paru seulement en 1621 et dédié précisément au duc de Bellegarde. Ce tombeau de Chyndonnax, mystérieusement sorti du sol, a été une des grandes curiosités dans les vingt premières années du siècle. Guénebauld nous dit lui-même que, depuis longtemps, Bellegarde s'est passionné pour « ceste antique », et il

de nous donner autre chose qu'une élégie : M. Arnould l'a fort bien montré, et la lettre à Malherbe qui sert de préface aux *Bergeries* serait une preuve suffisante. Racan ne s'est pas formulé encore cette théorie, un peu désabusée, qu'il exposera en 1654 à l'abbé Ménage. Il ne pense pas — le pensera-t-il jamais, vraiment? — que l'auteur dramatique doive bannir de ses œuvres tout ce qui est poésie, « les fables, les descriptions, les hyperboles, les prosopopées et toutes ces belles figures, » pour considérer uniquement « ces esprits médiocres qui remplissent le plus souvent les trois parts de l'Hostel de Bourgogne », et de qui seuls on peut attendre « de la réputation en ce genre d'écrire ». Il n'aurait garde surtout de risquer cette boutade que les vers ne sont « introduits [sur le théâtre] que pour soulager la mémoire des acteurs.[1] » Mais il comprend déjà à merveille — et quoi qu'en pense Malherbe — qu'une œuvre écrite pour la scène ne peut se juger comme un morceau fait pour être lu. « Vous scauez, écrit-il à son maître, qu'il est malaisé que ceste sorte de vers qui ne sont animez que par la représentation de plusieurs acteurs puissent réussir à n'estre leus que d'une seule personne. D'où vient que ce qui semblera excellent sur un théâtre sera trouué ridicule dans un cabinet. Outre qu'il est impossible que les grandes pièces puissent être polies comme une ode ou comme une chanson. Et s'il y a aucune raison qui me dispense des reigles que vous m'auez prescrites, ce doit estre la multitude des vers qui sont en cet ouurage. Il est plus aisé de tenir cent hommes en leur deuoir que dix mille, et n'est pas si dangereux de naviguer sur une riuière que sur l'Océan[2]... »

énumère de très nombreuses personnes qui sont venues le voir. — Tout ce que l'on peut dire, c'est que les *Bergeries* doivent être antérieures à la mort du marquis de Termes (1621) et que, certainement, elles ont précédé la *Sylvie*.

On n'a pas de date non plus pour la représentation provinciale que signale Pellisson (voy. Arnould, p. 281) ni pour celles dont parle Tallemant (voy. l'édit. de Racan de Tenant de Latour, p. LXIV), et l'on ne sait rien de la seconde bergerie de Racan en 1633 (Arnould, p. 404). — La première édition des *Bergeries* est de 1625 (voy. la bibliogr. de M. Arnould, p. 643).

1. *Lettre de M. de Racan à M. l'abbé Ménage touchant la poésie dramatique*, du 17 oct. 1654 (édit. Latour, t. I, p. 354).

2. Cf. la préface du t. III de Hardy.

La comparaison, peut-être, est audacieuse. Mais, d'avoir pu mettre en ordre une œuvre aussi considérable, Racan conservera toujours un peu d'orgueil, — avec un peu d'étonnement. L'action des *Bergeries*, en effet, si elle n'est pas très nouvelle, est riche en épisodes divers. Persuadé que seules « les actions » empêchent l'ennui sur le theâtre et que, d'autre part, « les pièces sont plus agréables quand le sujet en est fort connu »[1], il emprunte sans scrupules. De toutes les lectures qui ont fait impression sur son esprit, on trouvera ici un souvenir : d'abord la gravité noble d'H. d'Urfé, la ferveur de ses amoureux, la sincérité pénétrante de ses paysages français, la majesté de ses druides, la pureté de ses vestales, — celles-ci plus émouvantes, plus chrétiennes aussi depuis que saint François de Sales a fait de la religion la forme suprême de l'amour ; puis, à côté de ces extases, de petits tableaux où se retrouve le réalisme savoureux de Hardy ; et c'est encore la grâce légère de l'*Aminta*, ce sont les complications de la *Diéromène* et du *Pastor* : car les Italiens, un peu délaissés, nous l'avons vu, après les premiers livres de l'*Astrée*, vont reprendre leur ancienne influence. Personne plus que Racan n'est capable de les remettre en faveur ; les origines de sa famille, ses relations avec les habitués de l'Hôtel de Rambouillet, le caractère même de son génie, souple, harmonieux et tendre, tout le porte vers eux. Et sans doute Malherbe qui, personnellement, admire l'*Aminta* et qui, plus tard, encouragera La Morelle à publier sa *Philine*, ne cherche pas à l'en détourner.

Nous n'avons pas à revenir, après M. Arnould, sur l'analyse de la pièce, ni à reprendre, à propos des sources, ce qu'il a établi déjà avec beaucoup de précision[2]. Ce qu'il faut remarquer

---

1. *Lettre à M. Chapelain touchant la poésie héroïque*, du 25 oct. 1654 (édit. Latour, I, p. 350).

2. M. Arnould a indiqué, scène par scène, les emprunts de Racan (voy. p. 575). Il semble avoir un peu trop négligé cependant les pastorales dramatiques françaises qui ont précédé les *Bergeries*. De là certaines affirmations contestables, celle-ci par exemple : « Le premier, Racan a transporté le théâtre de la pastorale dramatique, de l'Arcadie de convention... dans un paysage réel » (p. 260). Bien avant Racan et même l'*Astrée*, la *Pastorale amoureuse* de Belleforest déroulait son intrigue sur les bords de la Garonne ; de même, l'*Instabilité des félicitez amoureuses* de Blambeausaut ; cf. l'*Isabelle* de

seulement, c'est l'unité de ton, l'harmonie de l'ensemble. Si complexe qu'en soit la matière, les *Bergeries* ne rappellent en rien
la confusion des *Amantes*. L'intrigue, sans doute, n'est pas régulière ; la pièce pourrait s'arrêter après le troisième acte, quand

P. Ferry, la deuxième *Bergerie* de Bernier, *les Urnes vivantes* de Boissin de
Gallardon. — Il est inutile, aussi, de rappeler les *Caves* de la Touraine pour
expliquer que Racan ait logé son magicien dans un *antre* (p. 261); tous ses
prédécesseurs en ont fait autant. — Quelques rectifications encore paraissent
nécessaires, et quelques additions. Voici donc un certain nombre de rapprochements. Je dis *rapprochements*, à dessein et par prudence; les épisodes
et les thèmes de la pastorale étant une matière commune dont chacun peut
user, il est difficile, à moins que l'on soit en présence d'une transcription littérale, de déterminer si l'un quelconque des poètes de la série s'est reporté à
l'œuvre originale ou simplement à une imitation antérieure à la sienne, — si
les emprunts, en d'autres termes, sont faits de seconde, ou de troisième ou de
quatrième main.

Pour le fond de l'intrigue, d'abord. — Le rôle de Lucidas, comme conception générale, rappelle bien plutôt celui d'Ergasto dans la *Diéromène* que celui
de Corisca dans le *Pastor* et surtout de Sémire dans l'*Astrée* (Diéromène
renonçant à l'amour, repoussant Nicogino qu'elle croit coupable; désespoir de
Nicogino qui veut mourir; regrets de Diéromène quand elle le croit mort,
III, 8, 9, 11, 12; IV, 6; — cf. Racan, II, 4, 5; III, 4). Il n'y a rien de pareil dans
le *Pastor* que M. Arnould donne comme la source principale. — Cf. le rôle
d'Alerin dans Montchrestien, III, 6. — Peut-être peut-on voir dans le double
amour d'Arténice un souvenir de la *Philis*.

Prologue. — Aucun rapport avec celui de l'*Aminta*. Le prologue se rencontre dans la plupart des pastorales antérieures à Racan, celles de Hardy
mises à part : *Chaste bergère* (Pan), *Arimène*, *Bergerie* de Montchrestien
(Cupidon), *Amantes* (l'amour), *Sidère*, *Isabelle*, *Vengeance des Satyres*, etc.
Racan le fait prononcer par la nymphe de la Seine : cf., dans l'*Iris* de Coignée
de Bourron, le rôle des nymphes Olonie et Séquanie, — *les Naïades* dans les
Théâtres de Gaillon, — dans les *Mascarades* de Ronsard, *les Sereines représentées au canal de Fontainebleau*, — et surtout, de Du Bellay la *Prosphoné-
matique au roy très chrestien Henry II*.

Acte I. — Sc. 1 : Monologue d'Alcidor sur la nuit et l'insommie; cf. *Athlette*,
III, 2 ; Prol. et sc. 1 de la *Philis*. — Sc. 2. L'aveu d'impuissance du magicien ;
cf. dans *Alcée* de Hardy le même aveu dans la bouche de Testile, III, 5.

Acte II. — Sc. 2 : Tisimandre repoussé par Ydalie la défend contre le satyre ;
peu de rapports avec la scène correspondante du *Pastor*, II, 6; au contraire,
une situation et des sentiments analogues chez Montchrestien, IV, 2, et V, 3 ;
on pourrait rapprocher aussi l'amour de Caliante pour Clorifée dans l'*Isabelle*
de P. Ferry, III, 4. — Sc. 4 : Le même épisode dans le *Timandre* de Bertaut;
c'est là, semble-t-il, la véritable source. M. Arnould rattache la scène de
magie aux pièces de Hardy, mais la seule évocation magique qui, chez lui, ait
de l'importance se trouve dans le *Triomfe d'amour* dont nous ignorons la
date : celles de *Corine*, IV, 4, et d'*Alphée*, IV, 5, n'ont aucun rapport avec la

Arténice éclairée enfin sur l'amour d'Alcidor est revenue à lui, ou à la fin du quatrième acte, quand Ydalie, reconnue innocente, s'unit à Tisimandre ; pour avoir son cinquième acte, le poète a été obligé, artificiellement, de renouveler les difficultés qui semblaient aplanies. Mais cette inexpérience technique n'enlève rien à l'œuvre de sa clarté. Trop successifs, les épisodes, du moins, s'enchaînent et se développent aisément, sans que soient dépassées les limites des vingt-quatre heures : et ceci est d'autant plus significatif que l'auteur n'y a même pas songé.

Peu importe, d'autre part, qu'il s'inspire de modèles divers. Racan, qui a beaucoup lu, a lu en poète. Il ne se contente pas, à la façon des adaptateurs ordinaires, d'une imitation patiente, sans émotion personnelle. Il a gardé de ses lectures mieux que des souvenirs, — des impressions profondes, et qu'il traduit directement. Ainsi, les disparates s'effacent, pour faire place à

---

scène de Racan ; par contre, scènes d'évocation très étendues dans la *Diane* de Montreux, II, l'*Arimène*, I, 3, *la Dryade amoureuse*, III, 2, *les Amantes*, II, 1, *l'Amour triomphant*, I, 3, IV, 3, l'*Isabelle*, IV, 1 ; dans celle-ci, en particulier, la frayeur de Cléandre devant les phénomènes magiques fait songer à la frayeur d'Arténice et de Lucidas. Un miroir magique dans la seconde *Bergerie* de Bernier de la Brousse. — Adieux d'Arténice au monde, cf. les adieux d'Arbas, *Dryade amoureuse*, III, 2. — Sc. 5 : Reproches d'Arténice à Alcidor ; la même scène dans la *Diéromène*, III, 11.

Acte III. — Sc. 1 : Arténice retirée du monde ; cf., dans *la Dryade amoureuse*, III, 1, Mélice voulant, par dépit amoureux, se consacrer au culte de Diane ; dans *Isabelle*, VI, 3, Cléandre se faisant ermite. Comp. au dialogue d'Arténice et Philothée le dialogue des *Amantes*, dans lequel Tytire célèbre la grandeur de Dieu et oppose la piété sereine et calme à l'amour mondain, III, 4. — Sc. 3 et 4 : Ces épisodes empruntés à l'*Astrée* se retrouvent dans plusieurs pastorales. Au monologue d'Alcidor regrettant le passé, comp. la tirade de Fauste au premier acte de la *Diane*.

Les actes IV et V sont assez directement tirés du *Pastor*, mais avec les réserves que nous avons indiquées plus haut. Aux sources, déjà très nombreuses, du grand morceau d'Alcidor, V, 1, on peut ajouter la tirade d'Aldire dans l'*Arimène*, I, 4 ; mais c'est un des lieux communs habituels de la pastorale.

Si Racan « prend l'idée des chœurs au Tasse et à Guarini », il faut remarquer qu'il les conçoit autrement. D'abord, il recherche davantage la variété ; de plus, il ne leur conserve pas ce caractère de développements oratoires : c'est bien du lyrisme français (voy. la chanson des jeunes bergers qui termine le premier acte). Comme rythme et comme sentiment, on peut rapprocher le deuxième chœur de Montchrestien.

une harmonie nouvelle. De l'*Astrée*, il rejette tout ce qui était purement chevaleresque, tous ces princes-bergers et tous ces héros dont les aventures n'avaient rien à voir dans une histoire d'amour ; des pièces de Hardy, tout leur appareil mythologique et, en même temps, toutes leurs inventions bouffonnes. Il sait choisir ; or, choisir, c'est créer.

Il sait aussi mettre en valeur ce qu'il a choisi. Les rôles de pères, tels que les a compris l'auteur d'*Alcée* et du *Triomfe d'amour*, offraient à la pastorale une précieuse ressource, mais il y avait un danger : le personnage étant un personnage de tradition comique, il était difficile de ne pas se laisser entraîner. Hardy n'avait pas le goût assez sûr pour garder une juste mesure ; capable de bâtir une scène vivante, il ne l'était pas de construire un caractère et recourait assez vite à de banales complications d'intrigue. Et ces complications pouvaient plaire à la foule ; mais quel besoin de nous émouvoir d'abord aux plaintes de ces vieillards pour ne plus en faire, par la suite, que des barbons dupés, sans conscience et sans cœur ? Racan semble l'avoir compris. Il conserve à Silène ce bon sens solide et averti, cette expérience, cette verdeur de langage, une certaine vulgarité même, et voici, parmi plusieurs autres, quelques-uns de ses emprunts :

HARDY. — Vienne Cloton ma vieillesse attaquer,
    Ioyeux, ie marche à son port m'embarquer
    Franc du soucy qui chagrinoit ma vie...
    Ie partiray de ce monde content...
RACAN. — Ie n'auray plus regret de luy quitter la place
    Quand ie verray mon sang reuiure en vostre race...

HARDY. — Tu méconnois de malheur un berger
    Qui t'idolâtre...
    En volonté possible de choisir
    Quelque muguet empreint en ton désir...
RACAN. — Mais ces ieunes bergers, si beaux et si chéris,
    Sont meilleurs pour amans qu'ils ne sont pour maris,
    Ils n'ont aucun arrest, ce sont esprits volages...

HARDY. — Il te plaira malgré toy, m'ayant pleu...
RACAN. —   ... C'est comme ie l'entends...

HARDY. — Plus que demy sur le sueil de la mort
              Tout recourbé sous le faix des années
              A un mestier ingratement données...
RACAN. — Ce froid et pasle corps victime du tombeau
              Verra bientost ses iours esteindre leur flambeau.
              Attendez le succès ses tristes destinées
              Qui détordent desià le fil de mes années[1]...

Fermement attaché au sol, le vieillard n'est pas plus tendre que
Phédime aux illusions de la jeunesse ; il n'a pas souci de danses,
ou de chansons ou de bergers d'églogue ; le gendre qu'il lui faut,
c'est un « bon ménager » aux « façons mâles », un paysan
comme lui. Sa vulgarité cependant n'est jamais grossière ni
bouffonne. Nous ne le verrons pas user de finauderies ridicules,
ou, réveillé en pleine nuit, ameuter de ses cris le voisinage[2].
Même après le grand dialogue d'Arténice et de Philothée, d'une
inspiration si haute, ses propos ne nous choquent pas. Ce n'est
pas qu'il se soit transformé : il s'étonne devant ces exaltations
religieuses comme devant les exaltations d'amour, il parle toujours le langage du bon sens :

    Les Dieux que vous seruez en ce désert austère
    N'ostent point les enfans d'entre les bras du père,
    Ce n'est point leur conseil qui vous meut à cecy...   (III, 2.)

Il a gardé sa rudesse raisonneuse, ce besoin de morigéner même
hors de propos[3]. Mais il souffre d'une douleur que l'on sent

---

1. Hardy, *Triomfe d'amour*, I, 4 ; — *Alcée*, II, 1 ; — Racan, *Bergeries*, I, 3 ; III, 2. — Pour *Alcée*, l'antériorité de Hardy ne fait pas de doute. Il
semble bien aussi, quoique nous ignorions la date du *Triomfe d'amour* imprimé seulement en 1626, que Racan s'en soit inspiré. Mais le contraire fût-il
démontré, l'observation resterait légitime. Que Racan ait allégé une scène de
Hardy, ou que Hardy ait surchargé une scène de Racan, la conclusion est la
même.
2. Cf. *Alcée*, IV, 3 et 5.
3. Voy. les consolations qu'il adresse à son frère :

    Vous auez en sa faute autant de tort que luy...
    Laisser sa fille seule auec ces ieunes fous,
    C'est mettre une brebis à la garde des loups.
    Si vous eussiez eu soin de la tenir subiecte,
    Elle n'eust iamais fait la faute qu'elle a faicte.
                                            (III, 2.)
Avec Damoclée ces rôles de pères s'élèvent à une dignité tragique : c'est un
point sur lequel nous aurons à revenir.

sincère, et la douleur des humbles a sa grandeur. Racan s'est éloigné de son modèle quand son modèle s'est éloigné de la vérité humaine pour tomber dans les conventions de la farce. Pour la première fois, le rôle est composé, — et vivant.

Tous les emprunts de Racan témoignent de ce même désir d'harmonie. Parce qu'il a, avant tout, le souci de l'ensemble, il abandonne ces rôles d'entremetteuses chers à la comédie et à la pastorale italiennes ; il oublie volontairement, dans le *Pastor,* les aventures burlesques de Corisca et les quiproquos de la grotte ; il se débarrasse le plus rapidement possible de l'épisode du satyre. Ce qui n'était que jeu d'esprit, sans utilité dramatique ou psychologique, disparaît : point de scène d'écho ; au lieu de l'oracle aux termes ingénieusement ambigus, un songe ; et ce songe, il a le bon goût de ne pas le développer, il s'en tient aux quelques mots indispensables [1] : discrétion inaccoutumée et courageuse.

Certains thèmes s'imposent à lui ; mais en les reprenant, il conserve, sur le Tasse lui-même, l'avantage de la brièveté [2]. Quant à Guarini, il suffit de prendre un exemple. La première scène de l'acte V du *Pastor* a servi de modèle à la scène correspondante des *Bergeries.* Carino est le prototype du vieil Alcidor ; son rôle est analogue, ainsi que ses sentiments. Eloigné dès ses jeunes années de la maison familiale, le vieillard a couru à travers le monde ; à respirer de nouveau l'air natal, il éprouve une indicible douceur, et Guarini certes a trouvé, pour rendre cette joie du retour, des vers émus et pénétrants. Mais il ne peut renoncer à ses habitudes, à son goût des idées générales, à son amour des comparaisons oratoires ; il ne peut, surtout, s'oublier

---

1. Ie ne scaurois choisir un plus parfait Berger,
    Tout le mal que i'y trouue est qu'il est estranger :
    Et la bonne Déesse à qui, dès ma naissance,
    Mes parens ont remis le soing de mon enfance,
    M'apparoist en dormant presque toutes les nuicts
    Et menace mes iours d'incurables ennuis
    Si iamais ie me lie au nœud de mariage
    Qu'à ceux de mon pays et de mon parentage.

    (I, 3.)

2. Voy., par exemple, le développement sur l'honneur (*Aminta*, Ier chœur.
— *Bergeries*, I, 3), et la tirade du satyre (*Aminta*, II, 1 ; — *Bergeries*, II, 1).

lui-même. A son héros, le poète prête ses idées personnelles ; il exprime par sa bouche ses propres rancunes et ses désillusions ; nous retrouvons cet orgueil de gentilhomme de lettres, toujours en éveil et toujours blessé. Carino devient le poète voyageur, infatué de son art, aigri, jaloux des courtisans plus habiles que lui, ou plus heureux :

> Scrissi, piansi, cantai, arsi, gelai,
> Corsi, stetti, sostenni, or tristo, or lieto,
> Or alto, or basso, or vilipeso, or caro...,

et le dialogue se prolonge, emphatique, traînant, haineux [1].... Racan n'a pas à traduire de rancunes de ce genre ; d'ailleurs, seraient-elles ici à leur place ? Alcidor a-t-il besoin, pour nous émouvoir, de cesser d'être, comme Damoclée ou Silène, un simple paysan ? L'amour du sol sera-t-il, pour cela, moins sincère chez lui et moins profond ? Racan rejette toute cette vaine littérature. Il retient seulement quelques mots perdus au milieu du développement artificiel :

> Pur è soave cosa a chi del tutto
> Non è privo di senso il patrio nido...,

cette réplique du confident Uranio :

> Oh mille volte fortunato e mille
> Chi sà por meta a’ suoi pensieri, in tanto
> Che per vana speranza immoderata,
> Di moderato ben non perde il frutto...

A sa mémoire, encore, sont présents certains tableaux des *Géorgiques*, l'épisode fameux du vieillard de Vérone... Mais il se dégage de tout cela, ou, pour mieux dire, ces souvenirs ne font qu'éveiller en lui des émotions personnelles. Il ne s'agit plus de la patrie, mais du petit coin de terre où peinèrent ses aïeux. Au lieu du grand morceau, d'un pathétique étudié et voulu, nous aurons un tableau pittoresque, d'une intimité touchante. En

---

1. Guarini, d'ailleurs, imite ici la grande tirade de Tirsi (*Aminta*, I, 2).

quelques traits, le décor et le personnage se précisent. Le poète n'a fait effort ni pour décrire brillamment, ni pour être éloquent : nous voyons cependant ce que lui-même a vu, et, de ces images toutes simples, se dégage une impression de grandeur calme et de sérénité [1].

La tirade est trop connue pour qu'il soit utile d'en rien citer. Ce qui en fait le charme, ce n'est plus la grâce mélancolique de Virgile, ou la rhétorique de Claudien, ou la facilité brillante et diffuse de Guarini. A la fermeté solide du vers, on reconnaît bien l'élève de Malherbe, mais cet élève est plus poète que son maître. Il l'est sans chercher à l'être, — et de fait on ne l'est guère autrement.

En lui viennent se résumer tous les progrès antérieurs de la pastorale française. Il a retrouvé cette finesse gracieuse que nous avons signalée dans la *Diane* de Montreux [2], mais en y ajoutant des qualités nouvelles, quelque chose de souple à la fois et de fort. Avec plus de maîtrise que Hardy, il a réalisé ce dialogue purement français, précis sans sécheresse, élégant sans mièvrerie, noble sans contrainte, éloquent, simple, d'une tenue régulière et ferme, capable d'exprimer toutes les nuances, admirable instrument d'analyse. Et ainsi, par la vertu du style, ces *Bergeries* où, scène par scène, on peut signaler les emprunts et les réminiscences, où rien n'est inventé, — au sens vulgaire du mot, — est cependant, sur notre théâtre, la première pièce où, vraiment, une personnalité s'affirme. Avec plus ou moins de bonheur, les poètes à venir devront chercher des qualités du même ordre, et ils en concevront un orgueil nouveau. Ils com-

---

1. Voy. le discours de Balzac, *du Charactère et de l'instruction de la Comédie* : « N'auous-nous pas vù chez les Poëtes Courtisans des villageoises coquettes et affétées ; des Bergères chargées de pierreries et de toile d'or, peintes et fardées de tout le blanc et de tout le rouge de nos voisins ? Dans la plus part des Fables que nous auons veues, nous n'auons rien vù qui leur fust propre, rien qui fust pur, rien qui fust reconnoissable... On se mescouteroit pourtant bien fort, si on pensoit mespriser généralement tout ce qui se nomme populaire... Cette bassesse apparente... et cette modeste expression des actions ordinaires ne laissent pas d'auoir une dignité secrette... », — et il cite comme exemple quatre vers d'Alcidor.

2. Voy. le chœur du premier acte.

prendront que l'auteur dramatique est autre chose qu'un traducteur humble et attentif, que l'œuvre d'art, avant tout, doit être
l'œuvre de quelqu'un. C'est ce qu'indique — en brouillant un peu
les dates — la *Bibliothèque* de Sorel : « Depuis que Théophile
eut fait jouer sa *Thisbé* et Mairet sa *Sylvie*, M. de Racan ses
Bergeries et M. de Gombauld son *Amaranthe,* le théâtre fut
plus célèbre et plusieurs s'efforcèrent d'y donner un nouvel entretien. Les poètes ne firent plus de difficulté de laisser mettre
leur nom aux affiches des comédiens, car auparavant on n'y en
avoit jamais vu aucun ; on y mettoit seulement que leur auteur
leur donnoit une comédie d'un tel nom... »

CHAPITRE IX.

LA PASTORALE ET LES ORIGINES DU THÉÂTRE CLASSIQUE.

I. — L'apogée de la pastorale française. Abondance de sa production entre
1624 et 1631. Les formes diverses et la matière identique ; la reprise
des anciens modèles ; les éléments allégoriques, tragi-comiques et
lyriques. Les représentations.

II. — La pastorale et la comédie.

A) La pastorale et la comédie d'origine italienne. La comédie de
1620 à 1627. La Folie de Silène. La Carline.

B) Les germes, dans la pastorale, d'une comédie nouvelle. Le principe des intrigues. La transformation des sujets, des épisodes et des
personnages traditionnels : la scène du jugement dans Aristène ; les
pères dans Endymion et Philine ; Hylas au théâtre.

C) Naissance de cette comédie. Les éléments |pastoraux dans la
Mélite de Corneille. Les conséquences, pour la pastorale, de cette
transformation : la Célimène de Rotrou. La comédie d'amour.

III. — La pastorale et la tragédie.

A) L'Hôtel de Bourgogne. La production tragique et tragi-comique.

B) Les traditions de la pastorale lui sont une sauvegarde. La
matière tragique dans les Bergeries. L'analyse de la passion et les
délibérations politiques dans la Sylvie.

C) Les deux Silvanire. La technique de Mairet. Les adaptateurs
de l'Astrée : Rayssiguier et Baro.

IV. — La pastorale et les théories classiques. Le rôle des poètes pastoraux.
Les préfaces d'Isnard, de Mairet et de Gombauld. L'autorité de Guarini.
Le vraisemblable.

Conclusion. Ce qui manquait à la pastorale et à la tragi-comédie.
La Virginie et la Sophonisbe. L'amour dans la tragédie.

La période qui s'étend des *Bergeries* de Racan à l'*Amaran-the* de Gombauld marque l'apogée de la pastorale française. Sa
production qui, après le regain dû au succès des premiers livres
de l'*Astrée*, s'était ralentie en 1616 pour s'arrêter à peu près
entièrement en 1622 [1], reprend avec une abondance nouvelle, et

1. Il ne s'imprime aucune pastorale en 1616, 1617, 1619. Seulement, en
1618, *les Urnes vivantes*; en 1620, *Iris*; en 1621, *le Mariage d'amour* et

si elle ne donne pas de chef-d'œuvre authentique, c'est qu'elle
n'en donnera jamais.

A défaut de chefs-d'œuvre, d'ailleurs, les pièces estimables
ne manquent pas. C'est en 1625, nous l'avons vu, que paraissent les *Bergeries*; Hardy a commencé en 1624 à livrer au
public un choix de ses productions; le privilège de la *Sylvanire* d'H. d'Urfé, publiée seulement en 1627, est du
12 avril 1625; la triomphante *Sylvie* de Mairet (imprimée en
1628) sera suivie, trois ans après, de la *Silvanire*. D'année en
année, des pastorales nouvelles viennent se joindre à ces œuvres
capitales : en 1624, la *Folie de Silène,* qui termine le recueil de
Paul Mansan et Claude Colet; en 1625, le *Guerrier repenty* de
Jacques Le Clerc, la *Chasse royale* de Pierre Mainfray; en 1626,
la *Carline* d'Antoine Gaillard, l'*Aristène* de Pierre Troterel;
en 1627, la *Philistée* de Troterel, la *Carite,* la *Justice d'amour*
de Borée, l'*Endymion* de La Morelle, la *Princesse* de Gervais
Basire; en 1628, la *Prodigieuse recognoissance...* de Thullin;
en 1629, l'*Agimée* de S. B. (Bridard?), la *Climène* de La Croix;
en 1630, la *Cléonice* (de Passard, suivant le *Mémoire* de Mahelot), la *Philine* de La Morelle, l'*Amphitrite* de Monléon, les
Amours d'Astrée de Rayssiguier[1]... Il est permis de conclure,

---

le *Berger inconnu*, réédition d'une pièce ancienne. De 1621 à 1624, arrêt complet, sauf *la Tragédie des Rebelles*, d'un genre tout particulier, en 1622.
Comme représentations de collèges provinciaux, *la Pastorelle* des Jésuites de
Lyon et les pièces des Jésuites de Douai en 1622, la *Philis retrouvée* des
Jésuites de Metz en 1624 (voy. *Mercure franç.*, 1622, et G. Lanson, art. cit.).
   1. Voy. les titres complets et les indications bibliographiques en appendice.
En 1628 encore, le *Iardin deys musos provensalos...* de Claude Brueys, Aix,
E. David (quelques éléments de farce pastorale dans la première partie);
l'*Antiquité du Triomphe de Béziers...,* Béziers, Jean Martel (pastorales burlesques et tragi-comiques). — Enfin, on peut reporter à la même époque : la
Clorise de Baro, imprimée en 1632 (privilège de novembre 1631), le *Ligdamon* de Scudéry (privilège du 17 juillet 1631, achevé d'imprimer le 18 septembre), l'*Inconstance d'Hylas* de Mareschal (privilège seulement du 28 mars 1635,
mais la dédicace parle de sa « vieille réputation continuée de cinq à six ans »),
peut-être même l'*Arlette* de G. Basire (privilège du 20 mai 1638; nous lisons
dans la dédicace : « Il y a longtemps que cette bergère Arlette attendoit le
jour qu'elle devoit parestre sur un théâtre, et si son action luy succède heureusement, elle aura sujet d'accuser la paresse de son autheur, le loysir ne luy a
pas manqué pour luy donner autant d'embellissement... Cette pièce est une
action de jeunesse... »).

sans doute, que la pastorale dramatique, même aux yeux du public, a conquis son rang.

En cet espace de quatre à cinq ans, toutes les variétés du genre que nous avons rencontrées jusqu'ici se présentent encore à nos yeux. Pour établir la liste de ses ressources, de ses emprunts, de ses épisodes et de ses effets, il serait presque inutile de chercher ailleurs. Les poètes hésitent toujours entre ces termes, également consacrés : pastorale, comédie pastorale, tragédie pastorale, pastorale tragique et morale, tragi-comédie pastorale, — l'étiquette importe peu. Ils emploient tour à tour l'alexandrin, le vers de dix et parfois de huit pieds ; l'un d'eux risque le vers libre non rimé ; ils n'ont renoncé qu'à la prose[1]. Idyllique et relativement simple avec *la Justice d'amour* et *Arlette*[2], la pastorale se surcharge de complications romanesques avec *Agimée* et *Cléonice*[3] ; elle a recours à la mythologie

---

1. Nous avons indiqué plus haut (p. 320, n. 4) le triomphe de l'alexandrin à partir de 1628, — peut-être faut-il dire après la *Sylvie*. La Morelle, qui, en 1627, écrivait en décasyllabiques son *Endymion*, adopte le vers tragique pour sa *Philine* de 1630. De même l'*Arlette* de Basire ne se trouve que dans la *Folie de Silène*, associé à l'alexandrin. Quant au vers blanc de la première *Sylvanire*, combinaison de vers de 12, de 6 et de 10 pieds, ce n'est qu'un essai isolé, à l'imitation de l'Italie, — et médiocrement heureux, quoique l'auteur n'en soit pas médiocrement fier : voy. sa préface.

2. *La Justice d'amour* de Borée (1627) reprend un des épisodes de la *Clorinde* de Piérard Poullet (1598) : une bergère que se disputent deux amants est sauvée par celui qu'elle repoussait et abandonne son préféré pour se donner à lui. — Mais Borée a tenu à accroître, sinon l'importance des péripéties, du moins le nombre des personnages. Aussi met-il en scène quatre bergères d'Arménie, défendues contre quatre satyres par quatre bergers arabes, tandis que les quatre bergers arcadiens qu'elles aimaient ont pris la fuite devant le danger. — Dans *Arlette*, Basire reprend, avec une délicatesse assez heureuse parfois, le sujet de l'*Aminta* ; il y ajoute quelques épisodes nouveaux : l'oracle, la magie, les amours de Floris et de Lucrine (cf. Dorinda et Silvio dans le *Pastor*, Ardenie et Coridon dans *la Chaste bergère*; la scène III, 3, Thirsis faisant croire à Arlette que Méris est mort, empruntée peut-être à *la Fida Armilla* d'Horatio Serono, Venetia, 1610)

3. Voici quelques épisodes purement tragi-comiques : dans *Agimée*, la fuite de la princesse Agimée et du prince Dyseraste sous un déguisement, — la méprise qui en résulte (cf. la *Comédie des proverbes* imprimée en 1633, mais depuis longtemps populaire), — Agimée prisonnière dans une tour, — Dyseraste blessant sa maîtresse, en voulant lui envoyer une échelle de corde fixée à une flèche, — le combat en champ clos dans lequel Agimée reconquiert son amant (cf. *Astrée*, etc.). Seul, le troisième acte constitue un intermède pastoral ; la

de jadis dans *Endymion,* dans *Philine* et dans *la Princesse*[1] ;
elle est allégorique et morale dans *le Guerrier repenty*[2] ; grossière et indécente souvent, elle fait effort ailleurs pour s'élever
au lyrisme[3]...

pièce, d'ailleurs, porte le titre de tragi-comédie. — Au quatrième acte de
Cléonice, la scène se passe sur le navire qui conduit les amants fugitifs de
Sicile à l'île de Chypre : soixante-deux vers suffisent pour nous faire suivre
tout le voyage, et nous avons eu dans l'intervalle une tempête qui a mis les
infortunés à deux doigts de leur perte.

   1. Une intervention divine au dénouement de *la Folie de Silène,* de *la Justice d'amour,* de *la Princesse* et de *Philine.* — Dans l'*Endymion* de La
Morelle, l'amour d'Endymion pour la bergère Roselle, la jalousie de Diane, la
bataille de Diane et de Cupidon constituent, dans les deux derniers actes, une
petite pièce distincte. Nous reviendrons sur l'étude de jalousie paternelle qui
donne la matière — au moins étrange — des trois premiers.

   2. Jacques le Clerc, à la fin de son œuvre, en précise le sens allégorique :
Phallacide représente le pêcheur qui n'est que folie et fureur. Lorican et Cla-
rine symbolisent les pauvres gens victimes des puissants, Doréas est l'orgueil,
le magicien est « l'erreur père de superbité... ». Je renonce, et pour cause, à
raconter la pièce. Sur Le Clerc, auteur encore en 1628 de l'*Uranie pénitente,*
poème sur la vie de Marie-Magdeleine, voy. Goujet, XV, p. 122.

   3. Ce lyrisme est encore celui des premières pastorales françaises. Voy.,
dans le second acte de *la Folie de Silène,* p. 288, la disposition musicale du
dialogue de Corile, Tyrsis et Mélie, les mêmes vers répétés tour à tour par les
divers personnages :

>   Corile, *à Tyrsis.* — Berger ingrat, au moins permets moy que ie die
>   Ce que tes yeux cruels ont causé dedans moy.
>   Tyrsis, *à Mélie.* — Bergère ingrate, au moins...
>   Mélie, *à Tyrsis.* — C'est en vain raconter quelle est ta maladie
>   Si ie ne puis auoir de remède pour toy.
>   Tyrsis, *à Corile.* — C'est en vain raconter...
>   Corile, *à Tyrsis.* — Cruel, hélas ! comment ton âme n'est esmue
>   De me voir languissante et demandant secours ?
>   Tyrsis, *à Mélie.* — Cruelle, hélas !..., etc.

Nous avons signalé une disposition analogue dans la *Diane* de Montreux, *les
Infidèles fidèles,* IV, 4; les *Amantes,* I, p. 19. Cf. la *Sylvanire* de d'Urfé.
III, 7; la *Clorise,* II, 4. — Voy. encore, dans *la Folie de Silène,* IV, 1, la
tirade du Satyre avec ce refrain : « Pleurez, Nymphes, pleurez le malheur de
Tyrcis » (cf. *la Galathée...* de Fonteny, IV, 1, et le *Beau Pasteur,* tirade
d'Urchio); — Dans la *Sylvie,* I, 2, un dialogue lyrique; — Dans la *Sylvanire*
de d'Urfé, la scène II, 7; — Le dénouement de la *Silvanire* de Mairet; —
Dans *Philine,* le monologue lyrique de Léandre :

>   Chantez, luth bien aimé et d'un air gracieux
>   Rasserenez mon cœur...
>   Ne chantez pas pourtant, la chanson n'est pas belle
>   A un que la douleur et le soucy bourrelle :
>   Chantez, mais tristement...
>   Triste ne chantez pas...

(II, 1 ; cf. les monologues antithétiques de Montreux.) — Dans la *Philine,*
toujours, les scènes II, 3, et V, 1, séries de répliques de quatre vers harmo-

Mais, sous ces formes diverses, la matière demeure identique. Ni les auteurs, ni le public ne semblent avoir conscience de cette insupportable monotonie des mêmes épisodes, des mêmes jeux de scène, des mêmes tirades toujours ressassées. La *Lycoris* de Basire, parue en 1614, était devenue, en 1621, *le Berger inconnu*; en 1627, le poète en tire, après des retouches patientes, *la Princesse ou l'heureuse Bergère* [1]. Pour produire une œuvre que l'on puisse dire « nouvelle », il est inutile de rien inventer. Troterel, sept ans après sa comédie de *Gillette*, émerveille la foule avec la terrible bataille qui termine *Philistée*, et cinq personnages, tués l'un après l'autre sur la scène, reviennent à la vie grâce au pouvoir d'un magicien. On ne se lasse ni des satyres, ni des oracles, ni des réponses de l'écho, ni de la grande scène du jugement, ni des enfants perdus et retrouvés, ni de la série des reconnaissances, ni des travestissements [2].

nieusement balancées (cf. la 4ᵉ églogue de Ronsard). — Le chant alterné de Philémon et Léandre, V, 1 (strophes de 2 alexandrins et 2 vers de 6 pieds). — Dans *les Amours d'Astrée...*, les scènes I, 1, 3; II, 2; IV, 4; V, 4. — Dans *Clorise*, la chanson en dialogue, IV, 1. — Dans *Hylas*, les stances II, 4. — Dans *Arlette*, le monologue de la bergère en vingt strophes de quatre vers :

Claires eaux qui coulez des fontaines humides
Et portez quant et vous mes larmes dans la mer,
Dites en arriuant aux belles Nereides
Que pour auoir hay, je meurs par trop aimer...

(III, 5), etc.

1. Voy., p. 309, nᵒ 1, l'analyse et les sources de *Lycoris*. Les retouches de 1627 ne changent rien au fond et à la conduite de la pièce. Pourtant le rôle du satyre Arcadin est dédoublé dans *la Princesse* (le Satyre et le Bouvier); quelques scènes encore sont interverties. — D'une manière générale, les parties inutiles à l'action sont abrégées, tandis que les scènes essentielles prennent plus d'importance (récit d'Hylas, I, 2); certaines tirades trop longues dans *Lycoris* deviennent des dialogues dans *la Princesse* (monologue de Doralis, I, 1). Il semblerait donc que les retouches tendent à rendre la pièce plus scénique; mais on s'étonne alors que *la Princesse* ait mis en récit tout le dénouement. — Ce qu'il faut louer, ce sont les corrections de forme. G. Basire a un grand souci de style et la pièce est réécrite presque vers par vers. Je prends seulement un exemple dans la première scène :

Lycoris (p. 8).	*Princesse* (p. 27).
I'auois conté trois lustres de mon aage,	I'auois compté trois lustres de ma vie
Sans que l'amour me logeant en prison	Exempt d'amour; ce superbe vainqueur
Eust pu frapper le fort de ma raison,	Regnoit partout sinon dedans mon cœur.
Non que mes yeux n'eussent vu mainte fille	Non que mes yeux ne vissent à toute heure
Et mainte nymphe à la grâce gentille,	Mille beautez qui font ici demeure;
Mais mon désir reuesche et non dompté	Mais mon ieune age, autre part arresté,
En apres lieux estoit lors arresté...	Adoroit trop le nom de liberté...

2. Métamorphoses dans *la Folie de Silène, le Guerrier repenty, Endy-*

L'éditeur de la *Philine*, en 1630, nous annonce une pièce pleine de « rares inventions » ; le sujet est « un des plus beaux qui ait jamais été mis en lumière », un des plus neufs aussi ; il a « contenté l'esprit des plus iudicieux censeurs du monde » ; son succès a été universel ; Malherbe n'a pu contenir son admiration [1]... Or, la *Philine* est construite simplement sur le type archaïque des pastorales à « amours contraires » : Amaranthe aimé de Philine aime Florelle, Philémon aimé de Florelle aime Licaste, Licandre aimé de Licaste aime Philine ; sur l'avenir de tous ces amoureux, nulle inquiétude ; une longue expérience permet dès le premier acte de prévoir le dernier (le genre veut « que chacun s'aparie », comme il est dit dans la *Carline*), — et ce n'est pas la querelle de Philine et de son père, le déguisement et la folie d'Amaranthe, ou l'épisode du Satyre qui peuvent, dans l'intervalle, paraître des épisodes inaccoutumés...

Tous les modèles anciens ont gardé — ou repris leur prestige. Le Clerc est hanté par les souvenirs de l'Arioste. Rayssiguier, N. Pichou et Vion Dalibray travaillent, au même moment, à des adaptations de l'*Aminta* (1632). Des traductions de Guarini, les premières depuis celle de 1598, s'impriment ou se réimpriment en 1622, 1623, 1624, 1625. La première traduction de Bonarelli paraît à Toulouse en 1624, et Simon du Cros et Pichou reprennent le même travail en 1630 et 1631 [2]. Ni la *Diéromène* [3], ni les

---

mion... — Magicien dans *Philistée*, dans *Climène*, *Cléonice*, les deux *Silvanires*. — Satyres dans *la Folie de Silène*, *le Guerrier repenty*, *Carline*, *Aristène*, *Carite*. *la Justice d'amour*, *Philine*, *la Princesse*. — Scènes d'écho dans *la Folie de Silène*, *le Guerrier repenty*, *Carite*, *Philine*, *la Princesse*, *Climène*, première *Sylvanire*. — Oracle dans *Philine*, *la Prodigieuse recognoissance*, *Arlette...*, etc. — Jugement dans *Aristène*, *la Princesse*, *la Prodigieuse recognoissance*, les deux *Silvanires*, *Agimée...*, etc.

1. Le libraire au lecteur.

2. Voy. plus haut, chap. v. — *La Filis de Scire* de Pichou et *le Berger fidelle* (sans nom d'auteur) figurent sur le *Mémoire* de Mahelot et appartiennent par conséquent au répertoire de l'Hôtel de Bourgogne. (Voy. le *Mémoire* publié par M. E. Dacier dans les *Mémoires de la Société de l'histoire de Paris*, tirage à part, Paris, 1901 ; cf. Rigal, *Théâtre franç.*) Il en est probablement de même de l'*Aminte*.

3. Après les imitations de Basire, nous aurons l'adaptation de Marcassus (*Eromène*, 1633), en attendant l'*Amarillis* anonyme de 1651 attribuée sans preuves à Du Ryer.

pièces de Hardy ne sont oubliées, ni les *Bergeries de Julliette*, ni surtout le roman d'H. d'Urfé : après la *Silvanire* s'ouvre la série des grandes adaptations qui portent sur la scène à peu près toute sa matière[1].

Quant aux emprunts de détail, ils sont innombrables : nous retrouvons dans *Agimée* (III, 2) le jeu de la Cieca du *Pastor* ; dans *la Princesse*, la lutte de générosité des amants qui veulent mourir l'un pour l'autre. Les indécisions de la bergère Ioesse dans *Aristène*[2], les angoisses de Pimandre dans *la Folie de Silène*[3] rappellent la *Philis,* — quoique, à dire vrai, l'analogie soit ici moins évidente. La *Princesse* finit comme l'*Isabelle* de Paul Ferry[4], et *Carite* commence comme *l'Amour triomphant*[5]...

Cela ne peut aller sans quelque confusion. C'en est fait, en tout cas, des scrupules qui nous étaient apparus chez les premiers admirateurs de l'*Astrée*. Il semblerait, par instants, que l'on veuille revenir aux procédés de Chrestien des Croix, et cette

---

1. Voy. les adaptations de Mairet, Baro, Scudéry, Rayssiguier, Mareschal (Appendice I).

2. Voy. en particulier IV, 3. Peut-être Troterel se souvient-il simplement d'Arténice.

3. Acte II : Pimandre, amoureux de Mélie, croit aimer sa sœur; dans la *Philis*, Celia aime sans le savoir son propre frère Tirsis. La situation n'est pas la même dans les deux pièces, mais elle est, dans l'une et l'autre, également équivoque. La pastorale, tournée uniquement vers les passions de l'amour, ne recule pas devant les complications de sentiments les plus inquiétantes (voy. dans *Endymion* l'amour d'un père pour sa fille). — Cf., dans *les Amantes*, l'épisode de Briarée, dans la *Virginie* de Mairet, la déclaration de la princesse à celui qu'elle croit son frère :

> l'ay pour vous des accès d'amoureuse tendresse
> Tels que pour un amant auroit une maîtresse.
> Ie languis quand il faut vous séparer de moy,
> Et me meurs de plaisir alors que ie vous voy...
> A vostre seul abord tout de frère qu'il est
> Ie sens ie ne scay quoy qui me trouble et me plaist...
>
> (I, 3.)

C'est exactement le dialogue de Pimandre et Mélie, presque dans les mêmes termes. La même situation se retrouvera chez Quinault, véritable type du poète pastoral.

4. Hylas, prince de Chypre, rappelé par son peuple, regagnant ses états avec Lycoris. Cf. le départ d'Isabelle et de Philiris.

5. Née de grande famille, Carite, voyant que sa beauté a été fatale à de nombreux cavaliers, s'est retirée, après la mort d'Argolant, dans une solitude. Cf., dans *l'Amour triomphant*, l'histoire de l'Oréade, I. 1.

furie d'imitation ne recule pas toujours devant le plagiat le plus
éhonté. Jordan a signalé le premier, dans son *Voyage littéraire*,
les emprunts audacieux que le sieur de la Croix a faits à Paul
Ferry : « Je trouvay ce même jour la *Climène*, tragi-comedie par
le Sr. de la Croix, imprimée à Paris, 1632, in-8°. Voici ce que je
trouvai écrit sur le premier feuillet de la main de Paul Ferry,
ministre de Metz... : La plupart de cette *Climène* a été plagiari-
sée et prise et dérobée de mon *Isabelle*, comme j'ai dit à l'imprimeur étant à Paris en 1634 ; et pour cette cause l'ay acheptée
après avoir reconnu le larrecin en y lisant sans y penser : et m'a
dit l'imprimeur que le Sr. de la Croix qui s'en dit l'autheur est un
avocat. — Paul Ferry [1]. » Il suffit, en effet, de jeter les yeux sur
les deux pièces pour apercevoir autre chose que des analogies.
La bergère Climène est aimée à la fois par le prince Alcidor, le
berger Silandre et le riche Liridas ; Clorifée, sa sœur, aimée de
Caliante, poursuit de ses assiduités Liridas, qui ne veut rien entendre... La Croix a simplement calqué la première moitié de sa
pièce sur l'œuvre, sans doute oubliée, de son prédécesseur. Rien
n'y manque : les inquiétudes d'Alcidor jadis insouciant, l'opposition du caractère des deux sœurs, le bon sens indulgent du
vieux Sémire, l'héroïque désintéressement de Caliante. Ce sont
les mêmes vers transcrits textuellement ou retouchés à peine :

> Moy l'on m'oste l'amour, m'ostant la récompense...
> Moy qui ne puis aymer si ce n'est librement...
> Qu'on ayme Clorifée ou que l'on se dispose
> A mourir par mes mains...
> Bruslez, ne bruslez pas, le mal qui vous tourmente
> Ne me sera jamais que chose indifférente [2]..., etc.

Dans ces trois premiers actes, une seule nouveauté, la folie de

---

1. Jordan, *Histoire d'un voyage littéraire fait en 1733 en France, en Angleterre et en Hollande*, La Haye, 1735, p. 47.

2. Dans l'*Isabelle* de Paul Ferry :

> Moy, l'on m'oste l'amour, m'ostant la récompense...
> Moy qui *n'ayme iamais*, si ce n'est librement...
> Qu'on ayme Clorifée *ou bien qu*'on se dispose...
> Gesnez vous, plaignez vous ou ne vous plaignez pas,
> Ou courez à la vie ou courez au trespas :
> Ie ne m'en donne point : au mal qui me tourmente
> Vostre mort, vostre vie est chose indifférente..., etc.

Liridas, nouveauté qui n'a pas exigé, de la part de l'auteur, un grand effort d'imagination [1]. Il s'est montré, il est vrai, plus indépendant dans la suite. P. Ferry, d'abord, avait eu l'audace d'écrire six actes, et l'action flottait, indécise et maladroite. La Croix, ici, renonce à son premier modèle, mais c'est pour en prendre un second et pour emprunter à H. d'Urfé le grand épisode mélodramatique de sa *Morte vive*.

Si médiocres qu'elles soient le plus souvent, ces pastorales ont cependant une importance nouvelle. Pour la première fois on a, avec certitude, cette impression de lire des œuvres qui s'adressent au public, qui n'ont pas été écrites pour charmer un petit cercle de gens de goût ou pour concourir à l'éclat de fêtes solennelles, mais pour être jouées sur un théâtre véritable par des comédiens de métier. Si elles se contentent des épisodes traditionnels, il est à remarquer qu'elles se dégagent, à l'ordinaire, de ce qui n'était que développement verbal, qu'elles renoncent à ces interminables éloges de l'âge d'or, aux grandes tirades sur l'honneur, sur la chasteté ou sur les droits de la passion [2]. Plus compliquées que *l'Heureux désespéré* ou que *l'Amour triomphant*, elles marchent aussi d'un mouvement plus rapide. L'usage s'étant répandu de supprimer les chœurs sur le théâtre [3], la plupart des poètes rejettent cet ornement superflu.

1. La Croix n'a même pas besoin de remonter à l'*Astrée* ou au *Roland furieux*. Il lui suffit de se rappeler, dans *Carite*, le personnage de Filidas. L'amoureux devenu fou est, entre 1624 et 1630, un des personnages les plus habituels de la pastorale. Ses excentricités et ses coq-à-l'âne plaisent sans doute au public. Cf. *le Guerrier repenty*, *Philine*, *Cléonice*, etc.

2. Ceci, bien entendu, ne s'applique pas à toutes les œuvres de cette époque, mais seulement aux plus intéressantes. Il est certain que la pastorale n'a jamais été plus pédante qu'elle ne l'est avec Jacques Le Clerc. Ce « précepteur de lettres latines » accumule, avec des enseignements moraux, tous les souvenirs classiques dont est chargée sa mémoire. Voy., II, 1, — et IV, 1, un développement de cent dix vers sur les Géants de la légende.

3. « Je n'ay point accompagné mes œuures de chœurs, disait Boissin de Gallardon, attendu qu'on les retranche le plus souuent en représentant les *Histoires* » (Avis au lecteur des *Tragédies et histoires sainctes*). Cf. Troterel, préface de *Sainte-Agnès*; Hardy, préface de *Corine*. — Baro risque, dans la préface de sa *Clorise*, un calembour d'un goût douteux : « Ma *Clorise*, dit-il au lecteur, se pourra vanter de ne porter point d'enuie aux plus beaux chœurs

Par contre, les indications scéniques sont assez fréquentes et
précises. Dans sa *Carline*, Antoine Gaillard marque avec soin les
attitudes et la place des acteurs, indique les accessoires nécessaires, se préoccupe de la vraisemblance des jeux de scène, règle
les entrées et les sorties : « Nicot estant entré s'en retourne incontinent chercher Lysete, ayant apperçeu Palot qui dormoit puis
reuient avec Lysete : mais il faut qu'il y ait quelque espace entre
deux pour donner temps à Palot de s'endormir et à Nicot de
trouuer Lysete... (III, 1). — Nicot reuient avec Carline à
laquelle il monstre à l'autre bout de la salle Palot et Lysete...
(III, 3). — Le silvain faict semblant de se retirer, cependant demeure caché pour voir la contenance de Nicot (IV, 1). — Pendant ces discours amoureux du satyre et de la vieille, les autres
se séquestrent un petit et s'entretiennent tout bas (V, 2), etc [1] »

Quelquefois, enfin, un avis, une préface, un manifeste nous
font connaître les ressentiments ou la joie des poètes et nous
permettent de deviner l'accueil fait à leurs productions. Dans le
chœur du quatrième acte de *la Princesse*, véritable parabase à la
manière antique, éclate la colère de Gervais Basire contre l'avarice et la sottise des grands, princes ladres et vaniteux qui doivent aux éloges des poètes tout le lustre qu'ils s'imaginent devoir à leurs « maigres victoires », lamentables ignorants

> Qui font estat de l'œuure la mieux faite
> Comme un pourceau des perles qu'on luy iette [2]...

Aussi violent, l'auteur d'*Agimée* s'en prend aux critiques qu'il
traite, tour à tour, de corbeaux, de pourceaux et de hiboux...
Que voilà bien des aménités d'auteur dramatique incompris ! Les

du monde, si tu me fais l'honneur de lui donner le tien ! » — Les chœurs ne
subsistent que dans *le Guerrier repenty*, non destiné au théâtre, ou dans les
œuvres dont la forme a été particulièrement travaillée (*les Bergeries*, *la
Princesse*, les deux *Silvanires*).

1. Sans parler des traductions ou des œuvres perdues, le *Mémoire* de
Mahelot donne la décoration de six pastorales de cette époque : *Sylvie*, *Cléo-
nice* de Passart, *Silvanire* de Mairet, *Amaranthe*, *Amours d'Astrée*,
Clorise. (Voy. Appendice iconographique.)

2. Ce n'est plus une imitation des tirades de Guarini contre les courtisans
(*Pastor*, V, 1) ; on sent une colère sincère.

chutes au théâtre sont retentissantes et l'on a peine à s'en consoler. Mais c'est là seulement aussi que l'on peut goûter les joies véritables et complètes du triomphe ; Mairet n'oubliera pas le succès exagéré de sa *Sylvie* : même après *le Cid*, il en sera tout rayonnant encore ; et la joie de La Morelle n'est pas moins profonde, quoique, modestement, il laisse à l'éditeur de *Philine* le soin de l'exprimer en son nom. C'est « le libraire », en effet, nous l'avons vu, qui recommande aux lecteurs et aux théâtres privés cette pastorale « qui a tant de fois paru sur le théâtre de l'Hostel de Bourgongne... C'est un sujet facile à représenter, ajoute-t-il, et qu'il n'y a personne qui ne scache, pour auoir été joué dans les meilleures maisons de la France ; tous ceux qui l'ont veüe auant que de sortir de mes mains ont pris un singulier contentement à la lire... » Puis reparoît le commerçant soucieux de son négoce : « Si par hasard tu n'en scais le suiect... tu l'apprendras par la lecture, car s'il y falloit faire un argument, il faudroit une main de papier entière, joinct que la principale raison pourquoy on en fait point, c'est le peu de curiosité que beaucoup de personnes ont d'en achepter après que tout un matin ou une après dinée, ils en ont leu l'argument sur la boutique d'un libraire qui leur apprend pour rien ce qu'ils ne scauroient que pour de l'argent ; chacun ayme son profit, ne t'en estonne pas. Adieu [1]. »

---

[1]. C'est pour cette raison, sans doute, que plusieurs poètes suppriment l'argument. Il est difficile cependant de rompre avec une vieille habitude. Le Clerc, Gaillard, Borée, Thullin, Mairet, d'autres encore se conforment à l'usage, et La Morelle, quand il n'est encore que l'auteur d'*Endymion*, s'excuse d'y avoir manqué, faute de temps. Baro s'en explique nettement en tête de *Clorise* : « Ie t'aduertis que les pièces que tu verras de moy... n'auront iamais d'arguments, ie ne les trouue pas seulement inutiles, mais i'oserois dire qu'on les deuroit absolument condamner : ma raison est qu'on ne doit pas traitter d'autre sorte celuy qui lit, que celuy qui escoute. Et iamais on n'a veu qu'au récit d'un poème, on ait préoccupé les spectateurs par la cognoissance du sujet ; autrement il seroit impossible qu'ils ressentissent les passions qu'on leur veut inspirer... Ie ne prétends pas toutefois que mon sentiment passe pour loy ; ie scay trop bien qu'il y a de la difficulté à estoufer une mauuaise habitude ; ie suis fasché seulement de quoy ceux qui ont eu la mesme pensée que i'ay, n'ont pas eu assez de résolution pour la suiure et ont mieux aimé se laisser emporter à la coustume que non pas à la raison... »

*
* *

On s'expliquerait malaisément des succès de cette nature et la faveur persistante du genre à la veille du jour où, par une série de coups d'éclat, va se révéler notre théâtre classique, si l'on ne considérait dans les œuvres de ce temps que ce qu'elles contiennent de banalités ou d'éléments traditionnels. Mais, en dehors de cette vaine surcharge, il est aisé d'y découvrir au moins des germes qui pourront se développer. Par elles, se préparent à la fois la comédie et la tragédie classiques ; la pastorale participe de l'une et de l'autre : c'est ce qui la perdra plus tard, mais c'est ce qui, pour le moment, fait son intérêt.

Ce n'est pas assez de dire que la pastorale se rapproche de la comédie. Pendant une vingtaine d'années, elle en tient lieu. M. Toldo, qui a étudié de près la comédie de la Renaissance et ses sources italiennes [1], s'est efforcé de nous conduire, par une série d'étapes régulières, des adaptations de Jodelle et de Jacques Grévin jusqu'aux premiers essais de Corneille et de Rotrou. Est-il juste pourtant de parler ici d'évolution, et cette comédie s'est-elle vraiment développée ? Elle nous apparaît, au contraire, immuable et figée ; dès le début, elle est en possession de tous ses éléments, de ses personnages, de ses péripéties, et, fidèle toujours à son parti pris d'imitation, sans racines dans la réalité, elle n'y ajoutera rien. La langue se transforme, il est vrai, et s'affine ; le dialogue devient plus léger et plus vif ; mais, à part ce progrès général, la comédie de Troterel n'est supérieure, ni comme vraisemblance, ni comme étude des sentiments, à celle de Jean de la Taille ou de Rémy Belleau. « Loin de marquer un progrès, observe M. Toldo, les *Corrivaux* de 1612 se rapprochent des débuts du seizième siècle », et *Gillette*, parue en 1619, évoque, ou peu s'en faut, le souvenir des anciennes sotties : « le regrès chez Trotterel est donc évident [2]. »

---

1. P. Toldo, *La comédie française de la Renaissance* (*Rev. d'hist. littér.*, 1897, et années suiv.).
2. *Rev. d'hist. littér.*, 15 avril 1900, p. 265.

Ceci est très juste ; il faudrait ajouter seulement que, de cette régression, Troterel n'est pas responsable. C'est le genre lui-même qui, n'étant pas viable, disparaît. Entre *Gillette* et le *Duc d'Ossonne*, il ne se publie pas en France une seule comédie véritable. Les frères Parfait citent seulement, en 1618, un *Amour médecin* dont ils ne connaissent que le titre, et, en 1620, *les Ramoneurs*, comédie en prose anonyme et restée manuscrite. *Les Déguisés* de Charles Maupas, en 1626, ne sont qu'une réimpression des *Contents* d'Odet de Turnèbe. C'est par un abus de mots, d'autre part, et parce que les limites des genres ne sont pas fixées, qu'Antoine Gaillard ou Charles Mainfray présentent sous le nom de comédies *la Carline* et *la Chasse royale*, pastorales toutes pures : confusion qui suffirait seule à prouver combien ces étiquettes sont loin d'exprimer encore des notions précises [1].

Le public sans doute désire, comme par le passé, être diverti. La vieille farce n'a pas perdu son attrait et il est possible que Hardy lui-même n'ait pas dédaigné de s'y essayer [2] ; peut-être

---

1. L'épisode du satyre constitue à peu près toute l'intrigue de *la Chasse royale*. — *La prodigieuse recognoissance...* de Thullin est donnée également comme comédie. — De même *la Supercherie d'amour* du Sr. de Ch... en 1627, singulier mélange de pastorale et de tragi-comédie, en cinq actes et en prose.

2. M. Rigal cite, d'après le *Mémoire* de Mahelot, *la Folie de Turlupin*, farce pastorale, sans doute, à en juger par la décoration et les accessoires (liv. cit., p. 220). — On serait tenté de l'identifier avec *la Folie de Silène*, publiée dans le recueil anonyme de Mansan et Colet, en 1624. Malheureusement, certaines indications de Mahelot ne s'expliqueraient plus (« un antre d'où l'on tire une flèche à un ours, — un arbre fourchu où l'on faict paroistre une nymphe »). Peut-être y a-t-il eu plusieurs versions de la même pièce. — Quant au recueil lui-même, P. Lacroix (Catal. Soleinne, n° 1018), trompé par des analogies de titres, l'attribuait à Bauter dit Méliglosse. M. P. Toldo (*Influence du Furioso..., Bulletin italien*, t. IV, p. 114) démontre qu'il n'y a aucun rapport entre les tragi-comédies du recueil Mansan et celles que Bauter a données sous le même nom. De plus, la préface du recueil n'est pas signée M (Mansan, ou Méliglosso), comme l'a écrit P Lacroix; elle se termine par un monogramme assez bizarre, un H coupé d'un trait vertical et chargé de feuillages. — Le second supplément, d'ailleurs, du Catal. Soleinne (n° 133) renonce à l'attribution à Bauter et propose Hardy. Cela pourrait se défendre; mais n'est-il pas plus vraisemblable de croire à un recueil factice dû à des auteurs différents? Le privilège, du 10 octobre 1623, est délivré à Paul Mansan pour imprimer « en un ou plusieurs volumes... un liure intitulé *Le Théâtre françois*, contenant plusieurs tragédies, pastorales... de diuers auteurs. »

même y a-t-il apporté plus de soin que les ordinaires fournisseurs de grasses plaisanteries, un certain souci d'art et quelques
qualités dramatiques... Il n'a pas songé, en tout cas, à léguer à
l'avenir aucune production de cette espèce. Pour lui, il n'est que
trois genres : la tragédie d'abord, « qui tient rang du plus grave,
laborieux et important de tous les autres poèmes [1] » ; la tragi-
comédie, moins pure, mais plus libre et plus capable, avec ses
complications romanesques, de tenir haletante la curiosité de la
foule ; la pastorale enfin, qui sait émouvoir plus doucement et qui
peut joindre à ses invraisemblances une peinture fidèle des sentiments vrais. De la comédie proprement dite, il n'est pas question, et lorsque, dans ses recueils successifs, il veut terminer
chaque volume par une pièce d'un genre moins tendu, c'est une
pastorale toujours qui clôt la série des œuvres tragiques.
L'éditeur du *Théâtre François* de 1624 pense de même, et
lorsque l'auteur de *Gillette* reviendra au théâtre il donnera
la tragi-comédie de *Pasitée*, les pastorales d'*Aristène* et de
Philistée [2].

Seule, en effet, la pastorale maintenant représente le genre
moyen. Entre la comédie italienne de la Renaissance et la future
comédie, bien française celle-là, que nous donnera Corneille, il
y a une solution de continuité, et c'est elle seule qui fait la
transition ; elle tient encore à la première, mais elle prépare
celle-ci.

Nous avons vu déjà la pastorale française s'approprier, dès
l'origine, quelques-uns des éléments de la comédie italienne et
couper par les plaisanteries traditionnelles du pédant, du matamore et de son valet la monotonie de ses intrigues. Même en
devenant plus délicate et plus fine, elle n'a pas eu le courage de
renoncer à cette ressource précieuse, et le satyre a conservé, avec
la brutalité de ses instincts, toute la verdeur de ses propos. Le
dialogue de Turquin et de la vieille Francine, dans la *Carline*

---

1. Tome V (Au lecteur).
2. *Pasitée* est d'ailleurs une pastorale, au moins par son sujet : Pasitée
s'étant retirée du monde pour se consacrer à Dieu, son amant Cléostène, grâce
à l'intervention de Cupidon, parvient à lui faire rompre ses vœux. Troterel,
évidemment, se souvient des *Bergeries* de Racan.

de Gaillard, n'est pas moins indécent et vulgaire que celui de Furluquin et d'Argence dans l'*Arimène* :

> Voyez ma vieille, elle n'a qu'une dent,
> N'en avoir point est une chose estrange...

Il serait difficile de pousser plus loin la citation ; une fois lancé, le « philosophe plaisant » s'en donne à cœur joie[1]. Pierre Trotterel, en revenant à la pastorale, n'oublie pas non plus qu'il fut, dans l'intervalle, l'auteur des *Corrivaux* et de *Gillette* : les colères et l'avarice du vieil Hermon, le prix qu'il exige pour calmer ses ressentiments, sa façon de couper court à la conversation quand le moment serait venu de tenir sa parole[2], autant d'inventions burlesques qui tranchent sur les scènes d'amour et ne permettent guère de prévoir l'horrifiant cinquième acte de *Philistée*. Dans la *Folie de Silène*, le contraste est plus marqué encore : au milieu d'une intrigue toute romanesque, à côté d'épisodes lyriques et de dialogues harmonieux, une farce véritable se déroule, d'un comique violent et outrancier, tout à fait distincte de l'action principale, écrite même en un rythme différent et qui paraît sans doute à l'auteur d'une invention charmante, car c'est elle qui donne son nom à la pièce[3].

---

1. *La Carline*, acte V. Peut-être se souviendra-t-il plus tard de ces plaisanteries quand il s'en prendra grossièrement à Mlle de Gournay, « Pucelle de mille ans, vieille muse authentique... » (*Œuvres du sieur Gaillard*, Paris, Jacques Dugast, 1634), — à supposer toutefois que les deux Gaillard soient un même poète ; l'exemplaire de l'Arsenal réunit en un seul tome les deux volumes (11368). Sur l'auteur du recueil de 1634, voy. Goujet, XV, p. 327 ; — Catal. Soleinne, no 1024, et premier supplément, no 189.

2.　　　　Une douleur d'une rude collique
　　　　Subitement m'est venu torturer.
　　　　Dieux! qu'est cecy, ie ne scaurois durer,
　　　　Quelle douleur m'époinçonne le ventre,
　　　　Excusez-moy, s'il vous plaist, si ie rentre...
　　　　　　　　　　(*Philistée*, III, 2.)
Tartuffe, au moins, trouvera un prétexte plus honnête.

3. Le vieux Polite, qui se découvrira au dénouement le père de Tyrsis, n'est qu'un vieillard amoureux suivant la formule. Il a chargé son valet Silène de porter une lettre, mais Cupidon s'amuse à brouiller la cervelle du messager, et, prenant son maître pour une nymphe, celui-ci le poursuit de déclarations burlesques : I, 4 ; — III, 1, 4 (ceci semble emprunté aux *Infidèles fidèles* de 1603, IV, 8). — Pour cette partie de sa pièce, l'auteur a adopté le vers de huit

Il est inutile de s'attarder à ces gentillesses qui attestent la persistance encore de la vieille farce. Il vaut mieux remarquer que, parmi les grossièretés traditionnelles, la pastorale déjà a fait un choix. Si elle a conservé toute la série des amoureux grotesques ou impudiques, certains types au moins ont disparu, que Montreux et Chrestien des Croix avaient empruntés à la comédie italienne : le matamore au verbe truculent, le goinfre perpétuellement en quête de victuailles, le pédant malpropre et solennel, personnages conventionnels dont la présence dans une intrigue avait pour premier effet de la paralyser, de la ramener toujours dans le même cercle de folies prévues. Pour se rapprocher de la comédie, la pastorale n'a pas besoin de chercher au dehors, ni de rien emprunter; elle y va d'elle-même, logiquement. Ces intrigues qui reposent toutes sur les jeux de l'amour et de la fortune, ces angoisses des amants contrariés par des volontés étrangères, ou, mieux encore, par leurs propres scrupules, par leurs hésitations, leurs timidités, leurs accès de dépit, il y a là la matière d'une comédie nouvelle, non plus bouffonne et bruyante, toute de grâce et de délicatesse au contraire, doucement émouvante, — et humaine. Pour que cette comédie, brusquement, se réalisât, il suffirait d'atténuer certains contrastes, de renoncer à certaines horreurs, de ne plus vouloir forcer l'émotion, et d'être simple. Mais il faudrait pour cela un homme de génie : c'est ce qui manque le plus.

Un premier pas est fait cependant. Si *la Folie de Silène* rappelle encore les effets de contraste de *l'Arimène*, en général ces oppositions violentes s'atténuent. L'exemple de Hardy s'impose maintenant. La pastorale ne passe plus avec la même désinvolture qu'autrefois des exaltations mystiques aux plaisanteries ordurières et des scènes de farce aux scènes d'horreur. Elle s'est établie dans un domaine qui est le sien, elle a trouvé les couleurs qui lui conviennent et qui conviendront aussi à la comédie; le ton est plus uni et plus simple, d'une simplicité bourgeoise assez

pieds, rythme de la vieille comédie antérieure à Larivey, repris aussi dans les *Corrivaux* et dans *Gillette*; le reste de la pastorale est en alexandrins. — On peut comparer, en particulier, le premier dialogue de Polite et Silène et celui de Josse et Marion dans *les Esbahis*, I, 2.

souvent. Et par là, les sujets les plus vieux prêtent à des effets nouveaux.

Parmi les pièces de l'époque précédente, il n'en est pas de plus larmoyante que *les Urnes vivantes* de Boissin de Gallardon, pastorale au titre évocateur, toute pleine de gémissements sans cause, humide d'attendrissements contenus, si triste et si lamentable que les héros, lorsqu'ils touchent au bonheur, n'ont plus la force d'en jouir et meurent brusquement, — ou se dissolvent... Antoine Gaillard tire du même sujet une petite comédie, médiocre sans doute, si l'on regarde à l'étude des sentiments, mais alerte, et vive, et point ennuyeuse en somme [1]. De l'*Aristène* de Troterel encore, se dégage une impression analogue : une intrigue banale, des personnages connus, mais, au milieu de ces vieilleries, un souci de réalité. Entre ses deux prétendants, la belle Ioesse hésite ; son cœur l'inclinerait plutôt vers l'impétueux Aristène, mais elle a donné sa parole au bouvier Déolis, assez digne lui aussi d'être aimé, car de cet homme d'âge, Troterel — et il faut lui en savoir gré — n'a pas voulu faire simplement le barbon ordinaire de la farce. Une querelle a mis aux prises les deux rivaux ; le bouvier a pris la fuite, poursuivi à coups de pierre ; il a disparu... Il n'est pas nécessaire d'avoir une grande pratique du théâtre pour deviner qu'Aristène sera accusé de l'avoir tué, et l'on voit arriver avec inquiétude la vieille scène du jugement, prétexte naturel des grands déploiements de mise en scène. Elle arrive en effet, mais au lieu des grands-prêtres accoutumés, de leur appareil solennel et de leur majesté fleurie, c'est un juge véritable que nous avons devant les yeux, bon bourgeois soucieux de remplir honnêtement sa fonction, inquiet de la gravité du procès :

> LE IUGE. Le grand malhenr, ô que i'en suis marry !
> Que ce pasteur du ciel tant fauory
> Ait pu commettre un fait si détestable...
> LE GREFFIER. Mais vous voyez il en est accusé.

---

1. *La Carline.* Il serait injuste cependant de parler ici d'imitation directe. Le sujet n'appartient pas plus à Boissin de Gallardon qu'à Gaillard. Les deux pièces dérivent simplement, comme tant d'autres, de l'antique *Diéromène* (cf. encore la *Mélite* de Corneille).

LE IUGE.   Et qui sont ceux qui vous l'ont déposé ?
            — Trois vieils bergers de façon vénérables.
            — Que scavez-vous s'ils ne sont point sannables?
            — Ie croy que non.
                        — Faites les nous venir...
            Ie veux l'un d'eux à part entretenir.
            — Hola tesmoins, l'un de vous se présente...   (IV. 1).

Et l'audience se poursuit, — telle à peu près une audience véritable : l'audition des témoins un peu effarés par la majesté
du lieu et la grosse voix du greffier, l'interrogatoire du prévenu,
la discussion des charges, le vote enfin et la sentence ; tout cela
clair, direct et rapide, sans rien de guindé : c'est bien le langage
de la comédie [1].

Jusque dans les pastorales les plus traditionnelles, les morceaux de ce genre ne manquent pas, ni les épisodes amusants et
bien traités [2]. Quelques types, même, sont heureusement esquissés. Rosalie et Larsidon, dans *Carite*, tiennent, avec plus d'élégance, l'emploi des grands valets du répertoire [3]. L'éternel
malentendu des pères et des enfants est posé par La Morelle
d'une main assez ferme : dans son *Endymion* déjà, le vieux
Pincille écarte jalousement tous les bergers qui prétendent à
la main de sa fille, mais ce n'est pas le seul amour paternel qui

---

1. Cf. les plaidoyers à la fin de la *Sylvanire* de d'Urfé. — Le dénouement
d'*Aristène* nous ramène à la farce : Déolis, en fuyant, est tombé dans un
bourbier d'où il a eu grand'peine à sortir.
2. Voy., dans *Carite*, le premier monologue de la jeune fille, ces vers de
belle allure :
    Ie croyois que le iour ne paroissoit au monde
    Que pour faire éclater l'or de ma tresse blonde...,
                        (I, 1),
la déclaration détournée de Florestan à celle qu'il aime, en présence de son
père (IV, 2) et la scène de dépit amoureux du cinquième acte. — Dans la *Clorise*, la scène III du quatrième acte, très vivante. — Dans la *Silvanire*, Fossinde défendant son amie contre ses parents (III, 4), etc.
3. Aidée de son complice Larsidon, Rosalie feint de servir les intérêts de
Florestan, de Damon et de Filidas, tous trois amoureux de Carite, et les encourage et les trompe tour à tour :
    Que vostre esloignement luy a causé de peine...
    Plus qu'à votre retour, elle n'aspire rien...
    En ses plus grands malheurs redoutant le trespas
    Elle ne souhaitoit que son cher Filidas...
                        (III, p. 47.)

inspire cette jalousie, et la situation serait pénible, si, dans une pastorale, il fallait s'effaroucher de rien[1] ; avec la glorieuse *Philine*, nous revenons à des sentiments plus naturels. Dès le début de la pièce, ce sont les plaintes de la jeune fille :

> Captiue tous les iours dans le logis enclose
> Ie n'ay point de plaisir sinon quand il repose,
> Iamais ie ne suis seule et le soir et matin
> En tous lieux il me suit comme fait le mastin
> Qui conduit le troupeau...   (I, 2.)

Plus loin, ce dialogue où se heurtent l'insouciance de la jeunesse et la prudence hargneuse des vieillards :

CLORIN. — Te plains-tu d'estre aymée ?
PHILINE. —   Ouy sans discrétion...
  ... Ceux-là ayment vraiment
Qui sans estre ialoux laissent plus librement
Leurs filles en repos sans les forcer de viure
A leurs vieilles humeurs qu'elles ne peuuent suiure...
CLORIN. — On voit tant de bergers qui trompeurs et méchans
Feignent d'estres espris d'une beauté légère..., etc. (II, 2.)

Aucun auteur de pastorale cependant n'a su comprendre, après Hardy et Racan, ce qu'il peut y avoir de poignant dans cet antagonisme, et écrire le petit drame bourgeois dont l'auteur d'*Alcée* avait au moins indiqué la matière[2]. Comment intéresser le public à un personnage qu'une longue tradition a toujours présenté dans des postures grotesques ?

Ils s'arrêtent plus volontiers à des types franchement gais, à cet Inconstant, par exemple, dont on ne se lasse pas. Celui-là est vraiment la gaîté, et comme le sourire de toutes ces pièces.

---

1. « Elle est trop peu grande », dit-il à Fillidon qui la demande en mariage :
> Ce n'est encor qu'une petite fleur,
> Qu'en luy touchant on luy faict grand douleur;

mais quand il est seul avec elle, le ton change :
> Ie ne veux rien, sinon que ton amour...
> Si faut-il bien m'accorder cette clause
> Soit par amour, par force, ou autrement...
>   (I, 2.)

2. Rôles de pères dans *la Prodigieuse recognoissance*..., la *Cléonice*, les deux *Siluanires*, la *Clorise*.

Plusieurs fois déjà, et sous des noms divers, nous l'avons rencontré, mêlant aux plaintes amoureuses ses railleries; mais il
ne faisait que traverser des intrigues où d'autres jouaient les rôles
essentiels. Mareschal le porte au premier plan [1].

Avec quelle faveur il fut accueilli, l'auteur nous le fait connaître : « Qu'il vienne, écrit-il à Henry de Lorraine quand il
imprime sa pièce,-paré de ses grâces naturelles qui l'ont fait
souuent admirer sur le théâtre et dans les plus beaux cabinets ;
qu'il se serue afin de vous aborder plus honorablement des applaudissements qu'il a receus de tout Paris et d'une vieille réputation continuée de cinq à six ans... » L'Avis au lecteur parle
encore de « l'applaudissement et de l'honneur » que son héros
« a receus sur un théâtre de cinq ans... » Mareschal voudrait être
modeste, mais le moyen? Le titre seul de sa pièce parle pour
lui : « C'est tout dire en deux mots : voici Hylas. Tous ceux qui
l'ont connu l'attendent depuis un long temps avec impatience... »

Voici Hylas, en effet, tel que l'*Astrée* nous l'a fait aimer,
insouciant et jeune et pimpant et léger, toujours en quête de
nouveaux triomphes, suivant, le rire aux lèvres, les joyeux chemins de la vie, si joliment Français d'esprit et d'allure, et séduisant surtout peut-être par ses défauts. De ses conquêtes passées
et de ses abandons, il ne lui reste ni un regret, ni un remords.
Être infidèle, c'est ne pas être dupe.

> Floriante, il est vray, par son affetterie
> Cueillit avec les fleurs mon cœur en la prairie ;
> Mais qu'elle fut subtile à me le dérober !
> Cette fille courut seulement pour tomber...

Et comme Périandre lui rappelle un autre souvenir,

> Et Cloris ? — Ie diray qu'elle auoit plus de charmes,
> Mais i'estois amoureux seulement de ses larmes...   (I, 2.)

---

1. *L'Inconstance d'Hylas...*, représentée, d'après la dédicace, en 1629 ou
1630. Cf. encore Crisis dans la *Philistée* de Troterel :

> Auiourd'huy tout, puis demain n'aimer rien.
> Voilà comment ie traite nos Bergères,..
>   (I, 1),

Alcidor dans *Climène*. — Rôle accessoire d'Hylas dans *les Amours d'Astrée...*,
et dans les deux *Silvanires*.

Car Hylas est, en amour, un artiste et un dilettante. Ce n'est pas la beauté seule qui l'attire, mais souvent quelque chose de plus compliqué et de plus subtil :

> Vos yeux me font mourir,

dit-il à Dorinde,

> puis plaignent en effet
> Et la mort que i'endure et le mal qu'ils ont fait.
> Dans ces diuersitez ma flamme perséuère
> Qui vous treuue à la fois triste, gaye et séuère ;
> Ce mélange subtil rend mes esprits contens... (I, 2.)

Ces déclarations, d'ailleurs, ne sont pas plus sincères que les autres ; mais il suffira que Dorinde ait l'air de le mépriser, et surtout qu'il sache la passion qu'elle inspire à son ami Périandre, pour qu'il brûle du désir de la lui enlever :

> L'amour de Périandre augmente mon enuie,
> Ma flame de ses feux tient la force et la vie ;
> Montrons-luy qu'en amour tout effort est permis,
> Qu'Hylas pour estre amant, ne connoist point d'amy. (I, 5.)

Aucune perfidie ne lui coûtera. Le bonheur en amour n'est-il pas de tromper et de faire souffrir [1] ?... Il serait injuste, certes, et imprudent, de vouloir écraser cette fantaisie sous une comparaison redoutable, mais Mareschal a su marquer l'égoïsme impi-

---

[1]. Voy., en particulier, la scène où Hylas se trouve en présence de Florice et de Dorinde :

> Puis-je même, à leurs yeux, les tromper toutes deux...

(II, 6),

et plus loin, quand sa perfidie est découverte, ses injures à Dorinde :

> Vos charmes causent moins d'amour que de pitié...
> Apprenez que mon cœur, qui rit à vos dépends,
> Ne vous a point aymée ou que je m'en repents...

(III, 6.)

Cf., dans *les Charmes de Félicie* de Montauban, 1654, la tirade de l'inconstante Ismène, I, 2, p. 7. Le rôle est d'ailleurs finement indiqué, et, entre les complications mélodramatiques du premier et du cinquième acte, il y a un acte au moins de jolie comédie ; l'acte du jardin avec ses quiproquos très adroitement agencés est comme une première esquisse de la fameuse scène des marronniers du *Mariage de Figaro*.

toyable que cache cette désinvolture souriante, et parfois, à une
certaine dureté brutale qui remonte à la surface, à quelque chose
de violent dans l'ironie, ce n'est plus seulement l'inconstant traditionnel que l'on croit avoir devant les yeux : on pressent
l'immortel et terrible Don Juan... Et voici, auprès de lui, la série
des amantes, celles dont il suffit de rappeler le nom pour que
s'éveillent les souvenirs : Styliane, Carlis, Floriante, Cyrcène,
Polynice; celles aussi dont le pouvoir fut plus durable ou qui
souffrirent davantage : Stelle qui triomphera de sa légèreté en le
battant par ses propres armes, et Dorinde surtout. Mélancolique et grave, celle-ci semblait être à l'abri du charme dangereux :

> Hylas est quelquefois entré dans la balance,
> Mais il ne peut se taire et i'ayme le silence.   (II, 2.)

Elle faiblira cependant, étonnée elle-même :

> Qu'estes-vous deuenus, transports, hayne, dédain?
> Ils ne m'écoutent plus, ie les appelle en vain,
> Mes propres sentiments à ce coup me trahissent   (II, 3),

et, en s'abandonnant, elle ne se fera pas illusion :

> Ie tasche de vous croire, et vous me tromperez.   (III. 2.)

Ce vers, encore, n'est-il pas exquis?

Il ne faudrait pas conclure qu'Antoine Mareschal soit un grand
écrivain méconnu, qu'une réhabilitation s'impose... Avec ses
autres pièces, on serait déçu. S'il y a dans celle-ci quelque chose
de jeune et de vivant, c'est à H. d'Urfé surtout qu'elle le doit.
Le personnage lui appartient et Mareschal a suivi fidèlement
— trop fidèlement — son modèle. Comme Rayssiguier mettant
à la scène les aventures d'Astrée et de Céladon, il est hanté par
le désir de ne rien oublier et de remplir en conscience son rôle
d'adaptateur. De là, dans les deux derniers actes surtout, un peu
de confusion. L'intérêt se disperse et faiblit. Hylas, que Stelle,
insouciante comme lui, a réussi à fixer, ne nous amuse plus
guère, et il faut être un fanatique de l'*Astrée* pour se soucier de
Théombre, de Mérindor ou de Bellymarthe, pour suivre avec

plaisir l'histoire de Dorinde poursuivie par Gondebaud et défendue par Sigismond, sa retraite au château de Marcilly sous la
protection d'une escorte de bergers. Il n'en reste pas moins que
voici trois actes de bonne comédie : et vraiment il n'était pas
inutile de prouver enfin que la comédie était, elle aussi, capable
de quelque tenue et même d'une certaine élégance, qu'elle pouvait admettre d'autres personnages que des personnages grossiers, d'autres plaisanteries que des indécences ou des calembredaines de farce, et que, puisqu'on l'écrivait en vers, autant valait
ne pas la destituer de toute poésie.

Le mérite de la pastorale est d'avoir démontré cela. Nous
n'avons rencontré, sans doute, que des indications, que des intentions vagues encore, inconscientes souvent, et qui, régulièrement, n'aboutissent pas. Mais la pastorale, avec ses intrigues
amoureuses, est venue à son heure. L'amour, si l'on veut, n'était
pas absent de la comédie de la Renaissance ; elle insistait fâcheusement sur ses réalités. Mais quel triste amour et quel
triste monde que celui de ces vieillards imbéciles, de ces débauchés sans élégance, de ces jeunes filles dont la chambre s'ouvrait
si aisément, prêtes toujours à tendre les bras pour tout accorder! Ce qui manquait, ce n'était pas seulement toute pudeur,
c'était toute délicatesse, toute nuance, toute analyse de sentiments. Il est acquis maintenant que d'autres histoires sont capa-.
bles de passionner le public. Les œuvres peuvent disparaître,
l'influence demeure et se propage.

Les représentants de la comédie nouvelle n'ont pas rendu,
cependant, pleine justice à ses initiateurs. L'examen de *Mélite*
rappelle seulement en quelques mots assez dédaigneux « les
exemples de feu Hardy, dont la veine étoit plus féconde que
polie, et de quelques modernes qui commençoient à se produire,
et qui n'étoient pas plus réguliers que lui ». Corneille recherche
avec son ingénuité coutumière les causes du succès si rapide et
si brusque de sa pièce, après les trois premières représentations
médiocres; mais ce succès ne lui paraît devoir rien à personne : « La nouveauté de ce genre de comédie, dont il n'y a
point d'exemple en aucune langue, et le style naïf qui faisoit

une peinture de la conversation des honnêtes gens furent sans
doute cause de ce bonheur surprenant qui fit alors tant de
bruit. On n'avoit jamais vu jusque là que la comédie fît rire
sans personnages ridicules, tels que les valets bouffons, les parasites, les capitans, les docteurs, etc. Celle-ci faisoit son effet
par l'humeur enjouée de gens d'une condition au-dessus de ceux
qu'on voit dans les comédies de Plaute et de Térence qui
n'étoient que des marchands[1]... » Et Rotrou, aussi content de
lui-même avec moins de sujet : « Puisqu'enfin la comédie est en
un point où les plus honnêtes récréations ne peuvent plus luy
causer d'envie, où elle peut se vanter d'être la passion de toute
la France et le diuertissement même de votre Maiesté... l'ay tant
trauaillé à la rendre capable de plaire, ie l'ay rendue si modeste
et i'ay pris tant de peine à polir ses mœurs, que, si elle n'est
belle, au moins elle est sage, et que d'une profane i'en ay fait
une religieuse[2]... »

Tous deux, en vérité, s'exagèrent l'importance de leur rôle
personnel et la nouveauté de ces premiers essais. Si la comédie
proprement dite ne s'est guère avisée jusqu'ici de poursuivre des
qualités de cet ordre, il est excessif de conclure que ces qualités
soient absolument inconnues sur le théâtre. La pastorale, nous
l'avons vu, a frayé le chemin. Dans la *Mélite* de Corneille,
comme dans l'*Hypocondriaque*, la *Bague de l'oubli*, la *Diane*
ou la *Célimène* de Rotrou, on en retrouverait sans peine à peu
près tous les éléments. De tempérament plus romanesque,
Rotrou en goûte surtout les complications et les épisodes merveilleux : les sortilèges, les déguisements, les poursuites et les
reconnaissances, les amours complexes et enchevêtrées[3]. La
matière de *Mélite* est plus simple : est-elle plus nouvelle ?

---

1. Fontenelle faisait remonter la représentation de *Mélite* à 1625. Les frères
Parfait, avec assez de vraisemblance, reportent cette date à 1629 ou 1630
(t. IV, p. 460; — cf. Taschereau, et la notice de Marty Laveaux dans son
édition, t. I, p. 129). L'édition originale est de 1633. Mais on sait que les
Examens ne se trouvent que dans les éditions parues depuis 1660. Corneille, à
cette date surtout, peut avoir oublié.

2. Epître au roi, en tète de *la Bague de l'oubli*, 1635.

3. Il faut tenir compte, sans doute, en tout cela, de l'influence de la *comedia*
espagnole (voy. le livre de M. Martinenche). Mais cette influence est-elle di-

Il serait puéril, sans doute, de prendre au pied de la lettre les accusations sans preuve que Claveret a portées contre Corneille : « A la vérité, écrit-il dans sa fameuse lettre, ceux qui considèrent bien votre *Veuve*, votre *Galerie du Palais*, le *Clitandre* et la fin de *Mélite*, c'est-à-dire la frénésie d'Éraste que tout le monde avoue franchement être de votre invention et qui verront le peu de rapport que ces badineries ont avec ce que vous avez dérobé, jugeront sans doute que le commencement de la *Mélite* et la fourbe des fausses lettres qui est assez passable n'est pas une pièce de votre invention. Aussi on commence à voir clair en cette affaire et à découvrir l'endroit d'où vous l'avez pris et l'on en avertira le monde en temps et lieu [1]. » Voilà des menaces bien vagues, et dont Claveret certes ne se contenterait pas, s'il avait les moyens de convaincre son adversaire d'un plagiat véritable; mais pour qu'il ait pu, d'autre part, risquer une calomnie de ce genre, il faut bien que la lecture de *Mélite* éveille à la pensée certains souvenirs. Pour la scène de folie, Corneille avoue tout le premier n'y avoir vu qu'un « ornement de théâtre » d'un effet sûr et éprouvé ; « je le condamnois dès lors en mon âme », ajoute-t-il ; il n'a pas osé cependant résister à l'usage; il a tiré tout le parti possible de ces « grands égarements », et l'importance qu'il donne à cet épisode montre à merveille combien la comédie naissante a de peine à se dégager du vieux bagage pastoral et romanesque [2]. Mais l'imitation est ailleurs encore. La « fourbe des fausses lettres », si ingénieusement que le poète l'ait mise en scène, n'est qu'une de ces ruses dès longtemps

recte? La *comedia* d'ailleurs ne suffit à expliquer ni le ton, ni l'objet, ni la portée de ces comédies.

1. *Lettre du Sr Claveret à Monsieur de Corneille...*

2. Corneille, cependant, à part le jeu de scène qui termine la scène VI du quatrième acte et la déclaration à la nourrice (V, 2), a eu le bon goût et la délicatesse de ne pas pousser au burlesque les scènes de folie. Son génie tragique se révèle déjà dans ces comédies et la grande tirade d'Éraste ne fait songer que de très loin aux excentricités de Liridas dans la *Climène*, ou d'Arimène dans *Cléonice*. C'est plutôt le ton des imprécations d'Oreste :

> ... Mais d'où vient que tout mon corps chancelle?
> Quel murmure confus! et qu'entends-je hurler?
> Que de pointes de feu se perdent parmi l'air!
> Les dieux à mes forfaits ont dénoncé la guerre...

(IV, 6.)

habituelles aux jaloux de la pastorale pour séparer les amants trop heureux[1], et, si l'on cherchait des analogies plus précises, on pourrait rapprocher des remords d'Éraste les remords de Nicot coupable dans la *Carline* d'un crime pareil, ou ceux de Lucidas dans les *Bergeries*.

Tous ces personnages, nous les connaissons de longue date. Nous avons rencontré déjà ces amants qui désespèrent alors qu'ils espèrent encore et qui meurent pour ressusciter, ces indifférents qui font parade de leur légèreté et que la passion sait réduire à leur tour[2], ces jeunes filles tendres ou dédaigneuses, railleuses ou mélancoliques, ces vieilles femmes donneuses de bons conseils[3]. Nous avons entendu ces dissertations pour ou contre la fidélité, ces tirades sur la jalousie, ces plaidoyers en faveur des trahisons légitimes[4], ces dialogues étudiés où chaque réplique veut être ingénieuse et pétillante. Ce que nous ne connaissions pas encore, en revanche, c'est cette grâce légère, cette souplesse, ce tour de main où l'on pressent le dramaturge né. Le quatrième acte sans doute ne peut nous émouvoir bien profondément, et l'auteur reproche au cinquième d'être inutile ; mais les trois premiers sont menés de main de maître. Liées avec aisance, les scènes ne se déroulent plus avec cette régularité monotone ; sans effort, les péripéties se préparent et se succèdent ; les monolo-

---

1. D'ordinaire, le jaloux tâche de perdre son rival en lui ménageant, à son insu, un rendez-vous compromettant avec une autre bergère dont il est aimé (voy. *la Diéromène* et toutes les pièces qui en dérivent : *les Urnes vivantes*, *la Carline*, etc.). — Ailleurs, il a recours à la calomnie et l'accuse de se vanter de bonnes fortunes imaginaires (voy. l'*Astrée*, I, 9, l'*Amour triomphant*, V, 1, *Alphée*, III, 1, etc.). — Voy. encore l'artifice du portrait dans l'*Astrée*, II, 4, le miroir magique dans les *Bergeries* de Racan). — Quant à la lettre supposée, ou détournée de son sens, ou remise à une autre personne que celle pour qui elle a été écrite, voy. le 41e des *Arrêts d'amour*, — dans l'*Arcadia* de Lope, la lettre qu'Anarda fait écrire à Belisarda et qu'elle porte à Anfriso, — l'*Astrée*, I, 4, et V, 11. — L'ami, traître par amour, dans la onzième histoire de François de Rosset, mise au théâtre par Hardy (*Dorise*).

2. Cf. le Tircis de la première scène et le Tirsi de l'*Aminta*.

3. La nourrice, IV, 1.

4.   En matière d'amour, rien n'oblige à tenir...

(I, 3.)

Cf. dans *la Diane* de Montreux :

... Ie scay bien que iamais des amans
On ne punit les pariures sermens...

gues ne s'étalent plus lourdement [1] ; tout s'explique et se justifie. En dépouillant leur costume traditionnel, en cessant d'être de « vertueux bergers » pour devenir les « honnêtes gens » dont parle Corneille, les héros de la pièce ont rejeté cet insupportable fatras où s'embarrassaient les sentiments. Pédants encore parfois, ils semblent, au moins, avoir conscience de leur pédantisme et s'en faire un jeu. Une nuance d'ironie sauve jusqu'aux galanteries les plus alambiquées, rend leur prétention amusante [2]. Cela suffit pour que ces vieilleries paraissent toutes jeunes et pimpantes. Cette comédie vient d'éclore, qui, lentement, se préparait dans le fatras des productions médiocres, confuses et surchargées de la pastorale.

Rien, au reste, n'est plus dangereux que des œuvres pareilles pour la pastorale proprement dite. Si les qualités qui jusqu'ici appartenaient à elle seule se retrouvent ailleurs, elle n'a plus ni intérêt, ni raison d'être. L'exemple de la *Célimène* de Rotrou est significatif à cet égard. On connaît les quelques phrases placées en tête de l'*Amarillis* parue en 1653 et attribuée à Tristan : « Il y a dix-huit à vingt ans que feu M. Rotrou ébaucha cette pastorale et qu'il se proposoit dès lors de donner au théâtre, mais comme ce genre dramatique n'étoit guère du temps il s'avisa de l'habiller en comédie et la fit depuis mettre au jour sous le nom de *Célimène*. Depuis la mort de ce célèbre auteur, quelques-uns de ses amis ayant rencontré le premier crayon de sa pastorale imparfaite, ont cru que c'étoit un ouvrage qui pourroit plaire au public, pourvu qu'il fût achevé par quelque agréable plume. Un bel esprit, à leur prière, fit les stances, les scènes des satyres et quelques autres endroits que vous verrez ; si bien que c'est ici un tableau où deux différens pinceaux ont contribué [3]... » Faut-il

---

1. Corneille parle, dans l'Examen de *la Veuve*, de « l'aversion naturelle qu'il a toujours eue pour les apartés... si fréquents chez les anciens et les modernes de toutes les langues ». Il faut que, par d'autres moyens, l'amour paraisse « entre ceux qui n'en parlent point ».

2. Voy. le dialogue précieux de Philandre et Cloris, I, 4.

3. Voy. Parfait, t. VII, p. 329. — *Célimène, de M. de Rotrou, accommodée au théâtre sous le nom d'Amarillis, augmentée de l'épisode des Satyres*, Paris, A. de Sommaville, 1653, in-4°. — Voy. encore les *Nouvelles françoises* de Segrais, t. II, p. 178.

ajouter foi à cet avertissement et Rotrou n'a-t-il écrit sa comédie qu'après avoir essayé d'abord d'une autre forme, il est assez difficile de rien affirmer, quoique la chose paraisse vraisemblable si l'on considère la fréquence des thèmes purement pastoraux[1], la façon dont se présentent certains épisodes[2], le développement parallèle des scènes et des sentiments et la variété lyrique des rythmes[3].

Ce qui, en tout cas, est certain, c'est que le sujet de *Célimène* était un sujet de pastorale aussi bien que de comédie et que Rotrou a pu hésiter. Filandre, qui jadis aimait Florante, l'a trahie pour Célimène; mais celle-ci demeure insensible à ses déclarations passionnées. Souffrant de son abandon, et furieuse contre son amant, Florante le raille du médiocre succès de ses efforts; avec un peu plus d'adresse ou de mérite, il aurait triomphé depuis longtemps de la cruauté de Célimène et la preuve en est aisée à faire : que Filandre lui prête un de ses costumes, et, sous ce travestissement, elle se charge de s'en faire aimer. Amusé, un peu piqué aussi, Filandre tient la gageure; si Florante réussit, il s'engage à revenir à elle.... — et je ne dis pas que tout cela soit vraisemblable, mais il importe peu. Florante a pris le nom du cavalier Floridan; son succès est soudain, plus complet même qu'elle n'espérait, car elle séduit, avec Célimène, sa sœur Félicie. De l'une et de l'autre, elle obtient un rendez-vous le même jour, à la même heure; colère d'Alidor et de Lysis qui aimaient les deux sœurs et se voient trahis; ils veulent se battre contre leur rival, mais le prétendu Floridan leur révèle la vérité et volontiers leur cède la place. Dès lors, tout s'arrange : Filandre revient à celle qu'il avait trahie, la trouvant plus piquante sans doute sous ce déguisement; Célimène cède aux prières d'Alidor qui l'a défendue contre des voleurs survenus fort à propos pour se

---

1. Voy., II, 1, le dialogue des deux sœurs Félicie et Célimène sur la puissance de l'amour; — II, 2, les vers d'Alcidor sur la fragilité de la beauté, etc.
2. La scène des voleurs, V, 5, simple transposition de l'épisode du Satyre.
3. Voy. I, 2; II, 2; III, 1... Ceci, cependant, n'est pas une preuve; on trouve les morceaux lyriques dans les tragi-comédies de Rotrou. Voltaire dit qu'il mit les stances à la mode (voy. Jarry, *Essai sur les œuvres dramatiques de Jean Rotrou,* Paris, Durand, 1868, p. 38).

faire battre, et Félicie n'a garde de se montrer plus rigoureuse [1].

Une intrigue de ce genre peut se dérouler indifféremment dans
les environs de Paris ou dans les campagnes imprécises de la pas-

1. Ai-je besoin d'indiquer l'analogie de ce sujet avec l'histoire de Felismène,
dans la *Diane* de Montemayor, — avec celle de Florize et Clorizel dans *la
Diane françoise* de Du Verdier, — ou, plus simplement, avec les *Ingannati*?
Les biographes de Rotrou signalent une comédie perdue, *Florante*, qui figure
sur le *Mémoire* de Mahelot. M. Chardon (*La vie de Rotrou mieux connue*,
Paris, Picard, 1884) croit que cette comédie n'est autre que la *Célimène* pré-
sentée sous un titre différent. Ses arguments sont assez sérieux : Florante est
l'héroïne de la *Célimène*; la décoration est analogue, quoique Mahelot ne parle
pas pour *Florante* de la « casaque de laquais et des deux habits de volleurs »
nécessaires à la représentation de *Célimène*... Mais cette analogie évidente
n'implique pas identité; pour que Mahelot puisse considérer les deux pièces
comme distinctes, il faut qu'il y ait au moins quelques différences entre elles.
Peut-être est-il plus prudent de supposer que cette *Florante* était, comme
l'*Amarillis*, un autre « état » de la pièce, une reprise, ou un premier crayon,
et que, pour l'impression, Rotrou a choisi entre les trois. A moins encore que
Florante soit précisément cette pastorale non publiée par Rotrou et *accommodée au théâtre sous le nom d'Amarillis* en 1653. On s'expliquerait alors la
seule différence notable des deux décorations de Mahelot : *Florante* étant une
pastorale (et le *Mémoire* ne dit pas qu'elle soit une comédie), les voleurs doivent y être remplacés par des satyres dont ils tiennent exactement l'emploi.
M. Rigal (*le Théâtre français...*, p. 315) se refuse à admettre aucune analogie
entre les deux pièces : « Le titre de *Florante* se trouvant bien après celui de
Célimène dans le *Mémoire*, on ne comprend pas pourquoi celui de *Célimène*
aurait reparu en tête de la pièce imprimée ». L'argument n'est pas décisif.
Nous avons vu que, même après que Gervais Basire a retouché sa *Lycoris* pour
en faire *la Princesse*, en 1627, la *Lycoris* ne disparaît pas pour cela; elle
continue à se réimprimer, indépendante, sous sa première forme et avec son
premier titre (Troyes 1627, Paris 1631).
Une lettre de Chapelain soulève une autre question : « La comédie dont je
vous ay parlé, écrit-il à Balzac, n'est mienne que de l'invention et de la disposition. Le vers en est de Rotrou, ce qui est cause qu'on n'en peut avoir de
copie, pour ce que le poëte en gaigne son pain... » L'éditeur de la correspondance
de Chapelain, M. Tamizey de Larroque, s'est demandé quelle pouvait être cette
pièce et propose la *Célimène* « jouée en 1633 » (t. I, p. 27). M. Chardon, sans
en être bien convaincu, accepte cette hypothèse. Il faut remarquer cependant
que, sur les dates de représentation, nous n'avons que le témoignage, sujet à
caution, des Parfait. De plus, la lettre de Chapelain est du début de 1633
(17 février), et rien ne nous dit que la pièce en question ait été représentée
récemment : Chapelain déclare, au contraire, en avoir parlé dans ses lettres
précédentes. Il est donc peu probable qu'il s'agisse d'une comédie de 1633.
D'après Beauchamps, dont le témoignage sur ce point ne me paraît pas avoir
été relevé, c'est à la *Diane* que Chapelain ferait ici illusion (II, 108). Lui non
plus n'apporte d'ailleurs aucune preuve.

torale. Ecoutez Orante, d'ailleurs, célébrer les charmes de
la contrée :

> On y voit des beautés, on y voit des amants,
> On entend comme ailleurs des plaintes de leurs bouches;
> Et rien n'est insensible en ces bois que les souches...
> Ces lieux ont chaque jour de nouueaux habitants :
> Ils y viennent fâchés et s'y trouuent contens,
> Les cœurs sont enchantés de l'air qu'on y respire...   (I. 1.)

C'est le pays de liberté où l'on aime soudain, et où l'on trahit
de même, où des poètes passionnés s'endorment sur des lits de
mousse, rêvent à haute voix et trouvent, à leur réveil, des mes-
sages mystérieux, mystérieusement glissés entre leurs doigts[1].
Pour que la comédie devienne pastorale, il est presque inutile
d'y rien changer, et le « bel esprit » qui se chargera de la besogne
n'aura pas besoin d'ajouter grand'chose. Il suffira de réserver
aux satyres le rôle qui leur convient, de remplacer par des
stances les monologues, et la pièce, ainsi retouchée, obtiendra
un triomphe à l'Hôtel de Bourgogne d'abord, devant la cour
ensuite[2].

Qu'elle ait gagné à la transformation, ceci est une autre affaire,
et ce succès, à la vérité, n'est pas sans étonner un peu. Les frères
Parfait l'attribuent au jeu des acteurs; le ballet que promettent
les vers-annonce du comédien de Villiers et, lors de la fête de
Ruel, les merveilles qu'énumère la *Muse historique* y sont pour
beaucoup aussi. Peut-être enfin faut-il faire entrer en ligne de
compte une autre raison. La pastorale en 1653 est un genre
mort, il a pu sembler amusant de la voir renaître un instant;
bien souvent, le public du théâtre s'est pris de passion pour des
œuvres dont tout le charme était de paraître artificielles et
surannées.

Il est assez inutile de chercher des souvenirs de la pastorale
dans toutes les comédies de ce temps. Toutes, en effet, sont à peu
près construites sur le même modèle. *La Veuve* et *la Suivante*
nous offriraient encore des histoires, bien conduites d'ailleurs,

---

1. Voy. II, 2, 3, 5.
2. Voy. la *Muse historique* du 30 juin 1653. Citée par Parfait, VII, p. 336.

de dupeurs dupés; la *Diane* et le *Filandre* de Rotrou s'amusent à des combinaisons d'amours contraires[1], et *Clorinde* reprend, en tâchant de le rendre plus romanesque, le sujet de *Mélite*... La monotonie est, en effet, le grand défaut de cette comédie d'amour, purement fantaisiste, qui n'ose pas se risquer à la peinture des caractères et ne peut se renouveler en suivant l'éternelle varia-tion des usages et des ridicules. C'est pourquoi l'on s'en lasse assez vite. Elle a pourtant un charme pénétrant, et c'est pour-quoi l'on y revient. Régulièrement, à intervalles presque égaux, comme en vertu d'une loi, nous la voyons reparaître dans l'his-toire de notre théâtre, renouvelée chaque fois, mais cherchant à nous toucher de la même façon. C'est la comédie de Marivaux après celle de Molière, ce sont les fantaisies de Musset... Et auprès de ces chefs-d'œuvre, les pastorales maladroites et naïves des premières années du dix-septième siècle font bien piètre figure. C'est par elles, cependant, que la série s'est ouverte...

***

Le théâtre sérieux ne doit pas moins à la pastorale que le théâtre comique. Ici encore son influence s'exerce dans le même sens.

M. Rigal a montré quelles difficultés d'ordre matériel retardent l'apparition de la tragédie véritable et prolongent, jusqu'aux en-

---

1. Trahie par le seigneur Lysimant, amoureux d'Orante, Diane s'est mise au service de sa rivale, suivie par le berger Sylvain qui l'adore et qui est aimé à son tour de Dorothée. Orante étant amoureuse d'Ariste, Lysimant se rejette sur Rosinde, à qui Diane se présente sous le costume masculin, et comme Rosinde est aimée de Lysandre, la situation serait étrangement compliquée, si Lysandre ne retrouvait en Diane une sœur qu'il croyait morte (cf. toujours la Félismène de Montemayor). — Le *Filandre* est d'une beauté toute géométrique : les deux frères Filandre et Thimante aiment tous deux Théane qui n'aime que celui-ci; leur sœur Nérée est aimée de Célidor qui aime Céphise, sœur de Théane. Filandre et Céphise, dédaignés tous deux, unissent leurs rancunes. Par leurs artifices, Théane croira que Thimante aime Céphise, Célidor soupçonnera Nérée de le trahir. Et l'on sait très bien, dès le premier acte, ce qu'il en advien-dra, mais ces chassés-croisés de déclarations et de soupçons amusent encore le public (c'est un peu le genre de l'histoire d'Alcandre, Amilcar... dans l'*Astrée*, IV, 9, combinée avec la vieille intrigue des jaloux calomniateurs).

virons de 1630, cette période d'indécision et de tâtonnements. Ce n'est pas que les poètes se soient tous délibérément écartés de ces modèles anciens dont la Pléiade avait si hautement célébré la grandeur et préconisé l'imitation. Ce n'est pas non plus, comme on l'a dit trop souvent, que la tragédie à l'antique n'ait été chez nous, à la fin du seizième siècle, qu'un divertissement de lettrés, ignoré de la foule [1]. Hardy lui-même conserve une prédilection pour la tragédie régulière, « peinture laborieuse, pleine de raccourcissements et capable d'épuiser les plus féconds esprits ». En ce « superbe palais », où circulent l'air et la lumière et dont toutes les parties s'ordonnent avec une simplicité magnifique, « la plus grave des muses » se trouve plus à l'aise qu'en ce « labyrinthe de confusion » où se déroulent les intrigues de la tragicomédie romanesque [2].

Mais le système décoratif de l'Hôtel de Bourgogne se prête mal à la tragédie pure ; pour le mettre en valeur, il faut des œuvres complexes où les péripéties s'accumulent, où, d'acte en acte, de scène en scène, le lieu de l'action se déplace, où les personnages se perdent pour se chercher et se retrouvent pour se fuir. Or, l'importance de l'Hôtel augmente avec les années, en même temps que diminue celle des représentations provinciales. Jusqu'aux environs de 1630, il est, à Paris, le seul théâtre véritable ; ses exigences s'imposent à toute la production dramatique et en déterminent la forme. De cette tyrannie, le public ne songe pas à se plaindre : une aventure compliquée le touche plus aisément qu'une analyse subtile ornée de vers élégants ; plus qu'aux joies de l'intelligence, il tient au plaisir des yeux, et Rayssiguier, en présentant son adaptation de l'*Aminta*, gémit de la vulgarité de ses goûts : « La plus grande part de ceux qui portent le teston à l'Hôtel de Bourgongne veulent que l'on contente leurs yeux par la diuersité et changement de la face du Théâtre et que le grand nombre des accidens et aduentures extraordinaires leur ostent la cognoissance du sujet, ainsi ceux qui veulent faire le

1. Je renvoie une fois de plus à l'article de M. G. Lanson, *Revue d'Histoire littéraire*, 1903.

2. Cit. par M. Rigal, *A. Hardy*, p. 261.

proffit et l'aduantage des messieurs qui récitent leurs vers sont obligez d'escrire sans obseruer aucune règle[1]. »

De *Pyrame et Thisbé* à la *Sophonisbe*, il serait difficile de citer une pièce, je ne dis pas strictement régulière, mais d'une sobriété relative, ou dont l'objet principal soit l'étude de sentiments vrais. Les quelques tragédies de sujet antique ne sont pas plus simples pour cela; d'ailleurs, le nombre en est réduit de plus en plus[2]. Et, d'autre part, on n'hésite pas à qualifier de même des œuvres irrégulières et purement romanesques, ou de simples adaptations de l'Arioste. Tragédie et tragi-comédie : chez A. Hardy, les deux genres, sans se distinguer toujours bien nettement, ne se confondaient pas tout à fait. La confusion maintenant est complète[3]. Sous l'un ou l'autre titre, c'est la tragicomédie qui règne en souveraine. Auprès des complications qu'elle met en scène, *Pyrame et Thisbé* paraît de construction admirablement logique. Ici, au moins, on s'intéressait vraiment à la peinture de cet amour, sincère malgré les pointes et les raffinements puérils. Dans tous les sujets que le *Roland furieux* ou des romans de moindre rang dispensent aux adaptateurs, l'amour, certes, est toujours au premier plan, mais il n'intéresse plus que criminel[4], « extravagant[5] » ou forcené, traversé par les malheurs les plus étranges, conduisant aux catastrophes

1. *L'Aminte du Tasse… accommodée au théâtre français*, 1632. Au Lecteur. — Rayssiguier a mis en scène, dans cette adaptation, tout ce qui chez le Tasse était en récit : l'amour d'Elpin pour Nérine, II, 1; l'épisode du Satyre au troisième acte, et, au cinquième, l'essai de suicide d'Aminta et tout le dénouement.

2. Voy. *Tomyre victorieuse* et *Achille victorieux* dans le recueil de Borée, 1627. On peut citer encore l'*Antioche* de Frère J. B. le Francq, imprimée à Anvers en 1625, et quelques tragédies religieuses représentées en province : en 1627, la vieille tragédie de Louis Desmasures, *David combattant*, jouée à Montbéliard par « les élèves des écoles »; et, chez les Jésuites d'Anvers, une tragédie de *Saint-Norbert*; en 1628, à Pont-à-Mousson, *le Martyre et la mort de saint Sébastien…*

3. Voy. *La Tragédie des amours de Zerbin et d'Isabelle*, 1621 (dans celle-ci, même, le dénouement est heureux; analyse dans La Vallière, I, 536); — *Les Amours de Dalcméon et de Flore*, tragédie, 1621; — *Madonthe, tragédie*, 1623; — *La Mort de Roger* et *la mort de Bradamante, tragédies*, recueil de 1624… — Par contre, la *Silvanire* et la *Sophonisbe* prendront, comme *Pyrame*, le titre de tragi-comédies.

4. Voy., par exemple, la *Tragicomédie sur les amours de Philandre et de Marisée* de Gilbert, Giboin, 1619.

5. *Agimée ou l'Amour extravagant*, 1629.

les plus imprévues. Les artistes, les poètes véritables ne peuvent se plaire à ce jeu : ils s'écartent du théâtre, ou, comme Racan et Mairet, s'adonnent à la pastorale.

Non pas que celle-ci ait su se garder du bizarre et du romanesque. Il serait hardi de chercher dans la *Climène* ou la *Cléonice* le prototype de la tragédie régulière ; la pastorale s'accommode à merveille de la décoration multiple en honneur à l'Hôtel de Bourgogne, et elle se plie volontiers aux conséquences qui en résultent. D'une pente naturelle, elle tend vers la tragi-comédie et, logiquement, elle en arrivera à se fondre avec elle. Mais nous avons noté déjà combien cette évolution, si rapide en Italie, est lente chez nous. Pendant une dizaine d'années, nous l'avons vue faire effort vers une simplicité relative, renoncer à certaines imitations. Même quand elle y revient ce n'est pas sans remords et — quelques œuvres ridicules mises à part — sans une louable prudence. Elle peut admettre toutes les complications d'événements ; mais elle ne les exige pas. Elle a sa matière propre en somme, ses thèmes, ses épisodes assez simples, — qui lui suffisent. Il lui arrive trop souvent de chercher autre chose, il lui est permis cependant de s'en contenter ; dégagée de ce fatras romanesque, elle conserve son intérêt : le cinquième acte de *Sylvie*, avec toute sa mise en scène, ne doit pas nous faire oublier la sobriété des quatre premiers. Elle a le droit, dût-il même s'ensuivre quelque lenteur et quelque monotonie, d'en revenir toujours aux mêmes sujets, de balancer harmonieusement ses dialogues, de développer ses lieux communs ; et si l'*Astrée* lui présente une inépuisable matière tragi-comique, elle y trouve aussi de pures idylles, dont la délicatesse et la vérité profonde font tout le prix. Le public n'est pas capable peut-être de les comprendre, mais la pastorale n'est pas tenue de ne songer qu'à lui. Elle n'oublie pas toujours qu'elle est d'essence et d'origine aristocratiques, elle conserve certaines prétentions. Si barbare que soit sa *Recognoissance* [1], le Sr Thullin la

---

1. On y trouve, à chaque instant, des alexandrins de ce genre :

Ou une jeune bergère qui se nomme Cloris.. (p. 12).
Eole des bourrasques fist de petits souspirs... (p. 15).
De peur qu'ils ne m'excitent à faire quelque désastre (p. 35), etc.

Ce mépris de l'e muet est systématique.

dédie aux « esprits espurez de la cour » ; Gombauld ne parle pas
avec moins d'amertume que Rayssiguier de l'ignorance de la
foule, et Mairet tient à nous faire savoir qu'il a écrit sa *Silvanire* pour l'Hôtel de Montmorency plutôt que pour les comédiens.

Nous avons déjà remarqué chez Racan cet effort, souvent
heureux, pour donner à la pastorale plus de délicatesse et, en
même temps, plus de profondeur. Il y a, dans *les Bergeries*,
autre chose qu'une poésie harmonieuse; dès les premières scènes,
à côté des tirades fermes et colorées où le poète célèbre la beauté
des champs, des passages nombreux se détachent en relief,
d'une noblesse et d'une gravité toute nouvelles ; des vers de
théâtre expriment fortement des sentiments vrais [1]. Le satyre
lui-même renonce à ses grossièretés coutumières ; il s'interroge
et se gourmande, et ses plaintes ne sont pas indignes de nous
toucher :

> Pourquoy, mon vain espoir, viens-tu m'entretenir
> D'un bien où mes trauaux ne scauroient paruenir?
> O Dieu! qui soubs tes loix tiens mon âme asseruie,
> Donne m'en le mérite ou m'en oste l'envie !...   (II, 1.)

Mais c'est au troisième acte, quand Arténice s'est retirée du
monde, que le drame prend toute son ampleur. Que Racan
subisse ici l'influence de saint François de Sales, la chose est
probable. Il est possible encore qu'il se souvienne de la Lucile
de la Roque [2] et de toutes les bergères qui suivirent son exemple. Cela n'enlève rien à l'originalité et à la valeur dramatique
de son épisode qui, d'épisode pastoral, devient vraiment, et pour
la première fois, épisode tragique [3]. Nous n'avons plus ici les
tirades traditionnelles sur la chasteté. Arténice n'est plus la
vierge insensible et froide, vouée au culte de Diane : c'est une
âme qui a souffert et qui cherche un recours auprès de celui qui

1. Voy. le dialogue de Tisimandre et Ydalie :
   Est-ce là le loyer de vous auoir sauuée... etc.
                                      (II, 2.)
2. *La chaste Bergère.*
3. Parmi les imitations, voy. la *Pasithée* de Troterel, 1624; *la Supercherie
d'amour* du Sr. de Ch., 1627, etc.

ne trahit pas. Et ce n'est pas davantage le culte de l'honneur tel
que l'entendaient les personnages du *Pastor*, cet honneur vague,
indéterminé, bavard, qui inspire les colères de Damoclée croyant
sa fille coupable. Le vieux paysan a, comme un héros de tragédie, le culte de sa race et de son nom. Vainement, Lucidas essaye de faire appel à l'affection paternelle, le vieillard demeure
inflexible :

> Pensez-vous m'empescher de fairé mon deuoir?...
> Chacun scait le péché dont ma fille est blasmée :
> Mon deuoir seulement préuient la renommée.
> Lucidas. — Le deuoir vous oblige à chérir vostre enfant.
> D. — Quand il est vicieux, l'honneur me le défend.
> L. — Quoy! la loy de l'honneur est-elle si cruelle
> Qu'elle fasse oublier l'amitié paternelle?
> D. — Ie fais ce que ie dois...   (IV, 4.)

Et devant le druide Chindonnax, lui-même viendra demander la
punition de sa fille :

> En cest excez d'ennuis qui me vient tourmenter,
> Ie ne scais quelle perte est plus à regretter
> Celle de son honneur ou celle de sa vie...   (IV 5.)

Ces personnages droits et absolus, ces conflits de sentiments,
ces oppositions de l'amour et du devoir, ce sera la matière et la
grande noblesse de la tragédie cornélienne.

Le même souci de vérité doit se retrouver dans la peinture de
l'amour. Ramenés toujours par les lois du genre et ses traditions
à un certain nombre d'épisodes, n'ayant pas à chercher des
combinaisons imprévues d'événements, c'est par l'analyse des
sentiments que les meilleurs de ces poètes peuvent s'élever au-
dessus des autres. Leurs amoureux, il est vrai, se ressemblent,
et ils ressemblent à leurs devanciers : un peu de monotonie est
préférable aux extravagances que l'on se permet ailleurs. Même
irrités et jaloux, ils savent garder une sorte de dignité triste [1]
Entre les malheureux, blessés des mèmes blessures, apparaît

---

1. Voy., au contraire, dans la tragi-comédie, — même dans celle de Rotrou,
— à quelles injures en arrivent les querelles des amants (*Diane*, III, 3 ; —
Occasions perdues, IV, 3, etc.).

comme une solidarité de souffrance, comme une sympathie mélancolique. Pris tout entier par Ydalie, Tisimandre ne peut
répondre à la passion d'Arténice, mais il a pitié de sa peine :

> Ie scay que vos appas sont adorez de tous
> Et, si i'auois deux cœurs, i'en aurois un pour vous;
> Mais le mien, désormais, n'est plus en ma puissance[1].

Dans *la Folie de Silène*, cette pièce étrange qui passe de la
farce à la tragédie, Tircis repousse Corile avec la même douceur :

> Corile, ie te plains et ie me plains aussy,
> De ne pouuoir t'aymer et de m'aymer ainsy ;
> Plût aux dieux que mon âme à la tienne asseruie
> Pût oublier un iour les amours de Mélie ;
> Corile, tu serois alors tout mon soucy,
> Ie serois tout à toy, tu serois mienne aussy;
> Un rigoureux destin (belle, ie le confesse)
> Me contraint d'adorer une ingrate maîtresse,
> Et ne me permet pas de te pouuoir aymer...   (IV, 2.)

La pastorale toutefois n'en est pas éternellement réduite à ces
langueurs; elle peut peindre un autre amour que l'amour dé-
couragé et las. La passion souvent s'anime, devient éloquente et
dramatique. Saint-Marc Girardin a eu raison de le remarquer,
quoiqu'il entre, semble-t-il, un peu de complaisance dans l'admiration qu'il témoigne à la *Sylvie*[2]. Mairet a-t-il bien aperçu

---

1. *Bergeries*, II, 2. — Cf. la réplique d'Alcidor à Ydalie :

> Hélas! ie vous entends et tiendrois à bonheur
> D'auoir en moy de quoy mériter cet honneur.
> I'ay pitié de vous voir le visage si blesme.
> Assez depuis trois ans i'ay cogneu par moy mesme
> Quel tourment c'est d'aymer et de n'espérer rien
> Ie déplore en cela vostre sort et le mien...
> (II, 5.)

2. Je rappelle brièvement le sujet. La scène 1re est une sorte de prologue :
Florestan, prince de Candie, pénétré d'amour à la vue du portrait de Méliphile,
princesse de Sicile, part pour la conquérir. Dès la scène 2, commence, en
Sicile, l'action principale : malgré son rang, malgré les efforts de ses parents
et les conseils de sa sœur Méliphile, le prince Thélame est amoureux de la bergère Sylvie (I). Damon et Macée, le père et la mère de la jeune fille, s'effrayent
de cette intrigue, et préféreraient lui voir épouser le berger Philène qu'elle
repousse (II). Celui-ci, voyant ses prières inutiles, a recours à la ruse tradi-

lui-même, dans le grand duo sur lequel s'achève son premier acte, toutes les beautés qu'y découvre une ingénieuse analyse? « Au commencement du deuxième acte [c'est à la fin du premier], Thélame et Sylvie sont assis l'un à côté de l'autre dans une belle prairie ; ils s'entretiennent de leurs amours et de leurs espérances, ils goûtent le charme de quelqu'une de ces heures où tout nous enchante et nous sourit, où les bois sont plus verts et le ciel plus pur et plus serein. Ces moments de l'âme ne comportent ni action ni mouvement, ils sont pleins d'une sorte de langueur amoureuse... » ; et Saint-Marc Girardin (est-ce pour grandir Mairet, est-ce pour diminuer Hugo?) rappelle les extases passionnées du cinquième acte d'*Hernani*. En se reportant à la *Sylvie* après une analyse de ce genre, on risquerait d'être déçu. Il y a de la grâce certes, de la sincérité même, si l'on veut, malgré certains traits d'esprit ; mais Thélame se permet des plaisanteries fâcheuses ; mais « l'inquiétude amoureuse » de Sylvie n'est guère autre chose que la crainte d'être surprise, et pour parler de sa « naïveté », il faut faire parmi les vers qu'elle prononce un choix attentif :

SYLVIE. — Ie scay bien que i'ay trop d'indulgence amoureuse,
Ie te serois meilleure estant plus rigoureuse.
Si tu mourois durant cet aimable transport
Sans doute ie serois coupable de ta mort :
Outre que i'ay si peur que quelqu'un ne nous voye,
Que i'en sens de moitié diminuer ma ioye.
Ie croy que ces rochers ne sont point assez sours
Pour n'auoir pas ouy nos folastres discours,
Que ce petit ruisseau tacitement en gronde,
Qu'il graue nos baisers sur le front de son onde ;

tionnelle des jaloux et lui persuade que le prince la trompe avec Dorise (III). Furieuse et désespérée un instant, Sylvie ne tarde pas à découvrir la vérité ; mais le roi, décidé à mettre fin à cette aventure, la fait saisir par ses gardes (IV). Un magicien, sur l'ordre du roi, a enchanté les deux amants ; le roi, maintenant, regrette sa rigueur ; mais un chevalier intrépide peut seul rompre le charme. C'est alors que se présente Florestan : malgré les fantômes et le tonnerre, il accomplit sa tâche. Les amants sont réunis ; Florestan est récompensé par l'amour de Méliphile et Philène épouse Dorise (V). — Soit : trois actes de pastorale se rattachant à la *Diéromène* et aux *Bergeries* (I-III), un acte de tragédie où triomphent les considérations politiques (IV), un acte de tragi-comédie ou d'opéra (V).

Que ces feuilles enfin et ces fleurs que ie vois
Sont pour nous descouurir autant d'yeux et de voix.

THÉLAME. — Que crains-tu, l'amour mesme est nostre intelligence,
Il veille sur nous deux auecque diligence,
C'est luy qui tient exprès ces rameaux enlassez
Pour défendre au soleil de nous voir embrassez.
Mais quoy! Veux-tu desia me quitter ma déesse?...

SYLVIE. — Ie ne scaurois icy faire un plus long séiour,
Il me faut ramener mes troupeaux au village ¹...

Une égale complaisance est nécessaire encore pour admirer, dans la tirade de Thélame refusant de renoncer à celle qu'il aime, la généralité des « idées philosophiques ». Sylvie redoute qu'il la sacrifie aux intérêts de la couronne :

Et le bien de l'Estat!

THÉLAME. — C'est de quoy ie me mocque.
I'ayme bien mes subiets, ie ferois tout pour eux,
Mais par raison d'Estat me rendre malheureux
C'est le dernier effect d'une imprudence extrême
Que tu ne voudrois pas me conseiller toy-mesme :
Crois-tu que pour se voir dans un thrône doré
D'une presse idolâtre à genoux adoré
On nage pour cela dans un fleuve de ioye?... (IV, 2.)

Thélame répète ce que dirait à sa place tout amoureux de pastorale ². L'auteur du *Cours de littérature dramatique* a le goût

---

1. Saint-Marc Girardin (*Cours de littér. dramat.*, III, p. 322) cite seulement quelques vers. — Cette scène eut moins de succès d'ailleurs que le dialogue en distiques de Philène et Sylvie, ce dialogue « tant récité par nos pères et nos mères à la bavette ». (Fontenelle, cité par Bizos, *Jean de Mairet*, p. 107). Celui-ci soulève un petit problème intéressant : « On sait, écrit Corneille dans son *Avertissement au Besançonnois*..., que le dialogue qui a tant plu à la cour et qui auoit couru plus de deux ans avant qu'on sût qu'il y eût une *Sylvie* au monde étoit de la façon de Théophile... » Le morceau auquel Corneille fait allusion est sans doute la *Comédie ou dialogue de Philène et de Sylvie*, en vers, publié en 1627 (Catal. Soleinne, nᵒ 1026), — Desbarreaux, qui avait connu Théophile, prétend qu'il est l'auteur de la *Sophonisbe* (Parfait, t. IV, 278). Sur cette question des plagiats de Mairet, voy, Mˡˡᵉ K. Schirmacker, *Théophile de Viau, sein Leben und seine Werke*, Leipzig, 1897, p. 244 et suiv.; C. Latreille, *Pierre de Boissat et le mouvement littéraire en Dauphiné*, Grenoble, Allier, 1900, p. 80.

2. Cf. Philiris dans l'*Isabelle* de Paul Ferry, l'Oréade dans l'*Amour triomphant* de Troterel, etc.

trop sûr pour évoquer ici le souvenir du Titus de Racine, mais est-ce bien le lieu de conclure : « C'est là un des caractères particuliers de notre théâtre : toujours l'idée générale s'y mêle aux sentiments individuels. Les héros n'y parlent pas seulement pour eux-mêmes, ils parlent pour tout le monde ; ils n'expriment pas seulement leurs passions, ils tâchent aussi d'exprimer les passions générales de l'humanité... ? » (P. 326.)

Ce n'est pas à dire cependant que la *Sylvie* soit une œuvre négligeable, ou que la tragédie future n'ait rien à tirer de tout cela. Elle est simple d'abord et conduite avec sûreté. Rejetée tout entière dans le cinquième acte, la partie romanesque de l'intrigue n'en encombre pas le développement régulier ; la passion s'exprime en un langage ferme et soutenu, d'une noblesse sans trop d'emphase ou d'ornements ; on reverra ces délibérations où les soucis de l'amour se heurtent aux nécessités de la politique, ces tirades sur la raison d'Etat[1] ; il suffirait que, dans le cœur de Thélame, se livrât une lutte véritable, pour que son personnage devînt en effet le personnage tragique que Saint-Marc Girardin a voulu découvrir en lui... Quand il se permit ce « ridicule parallèle » dont parle Corneille entre *la Sylvie* et *le Cid*[2], Mairet faisait allusion à la fortune analogue des deux pièces, au succès éclatant qui les avait accueillies, mais il voulait dire autre chose encore : il y avait dans la *Sylvie* déjà — parmi quelles surcharges, hélas, et quelles fadeurs ! — un peu de cette jeunesse, de cette chaleur, de cette éloquence passionnée que tout Paris admira dans le chef-d'œuvre de Corneille.

La *Silvanire* fut loin d'obtenir un succès égal à celui de la première pastorale de Mairet et son unique édition ne peut rivaliser avec les treize éditions de la *Sylvie*[3]. Elle marque cependant

---

1. Cf. la querelle de Sigismond et Gondebaud dans l'*Astrée* (P. IV, l. viii).

2. « Si ie ne craignois de vous ennuyer, ie dirois que ma *Sylvie* et votre *Cid*, ou celui de Guillen de Castro, comme il vous plaira, sont les deux pièces de théâtre dont les beautés fantastiques ont le plus abusé d'honnêtes gens... Il est encor vrai que le charme de ma *Sylvie* a duré plus longtemps que celuy du *Cid*, vu qu'après douze ou treize impressions, elle est encore aujourd'huy le *Pastor fido* des Allemands... » (*Épître familière sur la tragédie du Cid*.)

3. C'est un point établi qu'il faut revenir, pour la chronologie des œuvres de Mairet, aux dates que lui-même indique dans la préface du *Duc d'Ossonne*,

une date capitale dans l'histoire de notre théâtre, Sarrazin a eu raison de le remarquer. Pour comprendre la portée de l'œuvre, il ne suffit pas, comme on le fait trop souvent, d'en rappeler la préface, assez banale en somme. Ce qui nous importe, ce ne sont pas les théories que Mairet a pu emprunter de toutes pièces, c'est la façon dont lui-même les met en pratique, le sens dans lequel il dirige son effort. Or, ni dans le choix du sujet, ni dans la conception des caractères, il ne s'est donné la peine de rien inventer. D'Urfé avait déjà mis au théâtre cette aventure qui se retrouve dans la quatrième partie de l'*Astrée*; Mairet n'a aucun scrupule à le suivre de près. Il n'en est que plus curieux de noter les changements qu'il a crus nécessaires et d'en chercher la raison.

Voici, scène par scène, la distribution de la matière dans la pièce d'Honoré d'Urfé; je laisse de côté le prologue et les chœurs, qui ne tiennent pas à l'action et pour lesquels Mairet a gardé son indépendance :

ACTE I. — Sc. I. Aglante, amoureux de Sylvanire, et Hylas discutent sur leur façon différente d'aimer. — II. Ménandre et Lerice, le père et la mère de Sylvanire, veulent la contraindre à épouser le riche berger Théante. — III. Aglante, qui les a entendus, se désespère et se plaint aussi de la cruauté de celle qu'il aime. — IV. Sylvanire en effet refuse d'écouter ses déclarations.

c'est-à-dire à 1625 ou 26 pour *Chriseide*, 1626 ou 27 pour la *Sylvie*, 1630 ou 31 pour la *Silvanire* (cf. les recherches de M. E. Dannheisser). Il est certain que, sur la date même de sa naissance, Mairet se trompe ou trompe le public, et qu'on doit la reporter de 1609 à 1604; mais pourquoi reculer aussi de cinq ans chacune de ses pièces? Ce serait admettre qu'il a vraiment composé la *Chriseide* à seize ans, la *Sylvie* à dix-sept, et, dès lors, sa supercherie ne s'explique plus. Il avait intérêt, non pas à se rajeunir, mais à faire croire à sa précocité : si cette précocité est véritable, quelle est l'utilité de ce mensonge? — Pouvait-il aussi, en 1636, tromper le public sur la date de plusieurs pièces assez récentes et dont l'une au moins avait eu un retentissement considérable? — Pour la *Silvanire*, d'ailleurs, il y a des raisons particulières : la pièce est calquée sur la *Sylvanire* de d'Urfé dont le privilège est du 12 avril 1625; cette preuve serait suffisante. — Enfin, nous lisons dans l'avertissement de la troisième édition de *Sylvie* : « Contente-toy de cet ouvrage cy, en attendant que ie te donne une tragicomédie purement pastorale de ma dernière et meilleure façon. Ce que ie promets à ta curiosité, ie le tiendray dans cette année 1630. Adieu. » Ne s'agit-il ici que de l'impression de cette nouvelle pièce?

— v. Hylas console son ami et lui promet d'intercéder pour lui.
— vi. Monologue d'Hylas contre l'amour passionné. — vii. Sylvanire arrive avec sa compagne Fossinde; Hylas essaye vainement de la fléchir. — viii. De nature plus tendre, Fossinde
cherche à faire comprendre à la jeune fille qu'il est des plaisirs
supérieurs à ceux de la chasse (cf. *Aminta, Pastor*, I, 1). —
ix. Adraste, que son amour pour Doris a rendu fou, les aborde
et les amuse de ses extravagances (scène comique).

ACTE II. — Sc. i. Monologue du satyre : il aime Fossinde,
qui aime Tirinte, qui aime Sylvanire (les choses se compliquent,
suivant la formule). — ii. Sylvanire se plaint de l'esclavage où
l'on tient les femmes et de la tyrannie paternelle (théories féministes empruntées au *Pastor*, III, 4 et 5); elle déteste Théante;
Aglante lui inspire au moins de la pitié. — iii. Tirinte l'aborde,
amoureux lui aussi; longue discussion sur l'amour; elle le
repousse et lui conseille d'adresser ses vœux à Fossinde qui sans
doute y répondra. — iv. Le vieux Ménandre fait part à Tirinte
et à son ami Alciron de ses projets : les filles qui ignorent tout
de la vie refusent d'écouter leurs parents, mais il saura réduire
la sienne à accepter le gendre qu'il a choisi (c'est la grande scène
d'*Alcée* et des *Bergeries* : d'Urfé y ajoute des développements
généraux tirés du *Pastor*, III, 5, sur « la loi de nature » et « la
raison d'aimer »). — v. Tirinte avoue à Alciron qu'il aime Sylvanire, et qu'étant sans espoir, il préfère mourir; Alciron s'engage
à le rendre heureux. — vi. Sylvanire conseille à Fossinde de
renoncer à l'ingrat Tirinte. — vii. Plaintes de Fossinde, première scène d'écho. — viii. Le satyre l'aborde, mais elle se
débarrasse de lui par une ruse (la même que dans *la Mirtille*
traduite par Abradan; scène comique).

ACTE III. — Sc. i. Hylas essaye de guérir Aglante de son
amour; il lui parle en ami véritable, avec une franchise rude et
salutaire (ce nouvel aspect du caractère d'Hylas est à noter). —
ii. Sylvanire repousse encore Aglante ; développement sur l'honneur (*Pastor*, II, 5; III, 3); mais, dans un aparté, elle découvre
ses sentiments véritables. — iii. Ménandre et Lerice ordonnent
à leur fille d'épouser Théante ; ses supplications; elle s'éloigne
sans rien promettre. — iv. Fossinde prend la défense de son amie

et rabroue Ménandre avec la verve d'une soubrette de bonne comédie. — v. Alciron donne à Tirinte un miroir magique qui le fera aimer. — vi. Joie de Tirinte. — vii. Arrivent Sylvanire et Fossinde. Celle-ci supplie Tirinte qui répète à Sylvanire les mêmes prières (c'est le dialogue lyrique que nous avons trouvé déjà dans *la Folie de Silène,* etc...); Sylvanire, impitoyable, consent cependant à accepter le miroir. — viii. Monologue de Fossinde. — ix. Le satyre la surprend et l'entraîne malgré ses cris. — x. Adraste intervient; plaintes du satyre battu, excentricités d'Adraste (scènes comiques).

Acte IV. — Sc. i. Aglante et Tirinte célèbrent celle qu'ils aiment en présence d'Hylas. — ii. Tirinte repousse encore Fossinde. — iii. Un messager vient annoncer que Sylvanire se meurt; Aglante s'évanouit. — iv. Monologue d'Hylas sur les malheurs de l'homme. — v. Ménandre et Lerice conduisent leur fille au temple d'Esculape; d'un baiser elle ranime Aglante évanoui et défaille à son tour. — vi. Lamentations générales. Sylvanire revient à elle; elle avoue enfin son amour pour Aglante et demande à l'épouser avant de mourir; son père y consent. — vii. Monologue de Fossinde plaignant le sort de Sylvanire. — viii. Reprise de l'éternelle scène de Fossinde et Tirinte. — xi. Tirinte cherche, pour le punir, Alciron coupable de la mort de Sylvanire. — x. Nouveau récit du messager : Sylvanire a été mise au tombeau.

Acte V. — Sc. i. Monologue d'Aglante désespéré. — ii. Deuxième scène d'écho. — iii. Alciron explique à Tirinte son stratagème : Sylvanire n'est pas morte; le miroir l'a plongée seulement dans un sommeil léthargique. Ils soulèvent la pierre du tombeau et la morte-vive revient à la vie. — iv. Elle résiste d'ailleurs plus que jamais aux prières de Tirinte qui veut l'entraîner de force (sa première tirade est imitée de celle d'Alcidor dans les *Bergeries,* III, 4). — v, vi, vii. Arrive Aglante, suivi du chœur des bergers et de tous les acteurs : Tirinte va passer en jugement. — viii. Ménandre refuse maintenant de tenir la parole qu'il a donnée à Aglante (cf. *Alcée*) et celui-ci en appelle aux druides. — ix. Ménandre, Lerice et Sylvanire : reprise de la scène III, 3. — x. Monologue d'Aglante décidé à mourir s'il ne peut épouser Sylvanire.   xi. Celle-ci lui promet de ne pas être à un autre. — xii. Alciron vient raconter l'issue du procès : après de véritables plaidoyers d'Hylas et de Fossinde, les druides ont décidé l'union des deux amants : Tirinte a été condamné à mort, mais Fossinde l'a sauvé en le prenant pour époux. — xiii. Conclusion : Ménandre, enfin, à la joie de tous, consent au mariage[1].

On voit quels sont les éléments d'origine italienne — développements oratoires et intermèdes burlesques — que d'Urfé avait joints au simple récit de l'*Astrée*, et en quoi consiste, dans le fond de l'œuvre, cette nouveauté dont il était fier. Mairet, à son tour, s'autorise des mêmes modèles ; mais ce qu'il veut imiter des poètes italiens, c'est leur habileté technique, non pas leurs surcharges ou la forme extérieure de leur poésie. Le théâtre régulier ne peut, quoi qu'en ait pensé Guarini, admettre la fusion du tragique et du comique. Même dans un « sujet composé », l'unité d'impression est nécessaire, et Mairet supprime d'abord le rôle d'Adraste et celui du Satyre (I, 9 ; III, 10 ; II, 1, 8 ; III, 8, 9). La fable est donc réduite à ses éléments essentiels : l'amour de Sylvanire et d'Aglante contrarié par la jalousie de Tirinte et par l'opposition des parents ; à côté des personnages principaux, Fossinde, Hylas et Alciron sont, à titre d'amis et de confidents, intimement liés à l'action.

Cette action simplifiée a besoin d'être menée d'une marche plus rapide. Bien des développements sont inutiles ou font double emploi : les deux scènes d'écho (II, 7 ; V, 2), plusieurs monologues ou débats (I, 6 ; I, 8 ; IV, 1 ; IV, 7) peuvent disparaître. D'autres gagneront à être allégés. Quel intérêt dramatique présen-

---

1. Outre les imitations de détail que j'ai signalées (*Aminta, Pastor, Myrtille, Alcée, Bergeries*), il faut remarquer l'analogie de l'épisode principal avec le sujet de *Romeo et Juliette*. Il est certain que d'Urfé connaît la nouvelle de Bandello, au moins par la traduction de Boaistuau (*Histoires tragiques...*). La ressemblance est plus frappante encore avec l'histoire de Miradaph et Siriach dans les *Bergeries de Julliette* (III, 4). Ici, comme dans la *Sylvanire*, c'est un amant repoussé qui, par ruse, plonge celle qu'il aime dans un sommeil semblable à la mort et va ensuite l'arracher à sa tombe. — Sur la date respective de la *Sylvanire* de d'Urfé et du quatrième livre de l'*Astrée*, voy. Appendice.

tent ces tirades traditionnelles, tirées de l'*Astrée* ou du *Pastor*, sur le plaisir et la passion (I, 1, 5), sur les agréments de la chasse (I, 6), sur la fragilité de la beauté (III, 3), ces discussions sur les droits de la femme et sur la loi de l'homme (II, 2 ; III, 1), ces allusions à des héros de l'*Astrée* qui n'ont rien à voir ici (I, 3 ; I, 5) ? Mairet coupe largement à travers tout le fouillis de son prédécesseur ; il sent que, sur le théâtre, cela seul a du prix qui fait vivre devant nous l'âme des personnages[1] ; il comprend aussi combien sont fatigantes les redites. Si intéressante que puisse être l'opposition de Sylvanire et de son père, à quoi bon y revenir quatre fois ? Mairet conserve la scène au premier acte (I, 2) et au troisième (III, 3), mais il l'efface au second (II, 4) et la réduit, au cinquième, à quelques mots rapides (V, 9)[2]. C'est une loi enfin que les actes doivent autant que possible s'arrêter sur une scène à effet : le quatrième s'achèvera rapidement après les adieux poignants et les aveux de la mourante, quelques répliques de transition remplaçant les quatre scènes qui dans la première Sylvanire coupaient l'émotion et faisaient languir l'intérêt (IV, 7, 8, 9, 10).

Ces retouches n'ont pas seulement pour effet d'alléger l'action, elles donnent aux caractères plus de vie, et Sylvanire, aussi chaste mais d'une pudeur moins bavarde, a plus de chances de nous toucher. Elles sont d'autant plus significatives, d'ailleurs, que Mairet, évidemment, s'applique à suivre fidèlement son modèle : même en supprimant les développements parasites d'une scène, il en conserve, autant qu'il est possible, toutes les articulations[3], et, partout où la marche de la pièce lui paraît

---

1. Dans les monologues, il supprime à peu près tout ce qui est d'ordre général et conserve ce qui touche particulièrement l'acteur en scène. Dans la tirade de Silvanire, au second acte, les 59 premiers vers sur la tyrannie masculine et la malheureuse condition des femmes sont réduits à 11. Les 67 suivants, relatifs aux débats de la jeune fille et de son père, sont traduits en 70 alexandrins (d'Urfé, II, 2 ; Mairet, II, 1). De même, au 4e acte, les généralités d'Hylas ramenées de 100 vers à 22 (d'Urfé, IV, 4 ; Mairet, IV, 2).

2. De même, pour la scène Fossinde-Tirinte. D'Urfé l'a reprise trois fois : III, 7 ; IV, 2 ; IV, 8, et, ici surtout, elle était pénible et déplacée, arrivant après la grande scène de Silvanire mourante. Mairet ne la conserve qu'au troisième acte.

3. Voici, par exemple, les répliques qui marquent les divers moments de

régulière et logique, il procède à la façon d'un traducteur, substituant ses alexandrins à la prose rythmée d'H. d'Urfé (d'Urfé, IV, 5; Mairet, IV, 3).

Quant à ses inventions personnelles, elles sont peu nombreuses, et il faut reconnaître que l'originalité n'en est pas très frappante : le songe de Silvanire (II, 2), la fuite d'Alciron devant Tirinte (V, 2) ne sont que des artifices commodes, mais sans nouveauté, pour annoncer les péripéties futures ou interrompre la monotonie des discours. Quelques modifications de détail, encore, destinées à donner plus de vraisemblance : Acte V, scène VII, par exemple, d'Urfé faisait arriver ensemble Lérice, Ménandre, Hylas et Fossinde ; Mairet dédouble la scène, et, ce qui vaut mieux, il l'abrège en la dédoublant. Mais c'est surtout au dénouement qu'il s'écarte de son modèle. Avec le récit d'Alciron, H. d'Urfé revenait au procédé archaïque des plus vieilles pastorales ; avec une belle lenteur, il nous offrait tour à tour, en une seule narration, le plaidoyer d'Hylas, le réquisitoire de Fossinde [1], la défense de Tirinte, le double arrêt des druides ; et

la scène 2 de l'acte III. Au début, Silvanire veut fuir la présence d'Aglante et Fossinde s'efforce de la retenir :

D'Urfé :

S. — Mon Dieu, ma sœur, tournons nos pas ail-
[leurs.
F. — Est-ce un serpent que vous auez trouué ?

Venez, venez, il n'est pas venimeux.
A. — O courtoise Fossinde,
Serpent se peut bien dire
Ce malheureux berger
Si le serpent est haï de la femme...

Mairet :

S. — Fuyons, fuyons, ma sœur, fuyons-nous en
[de grâce.
F. — Et pourquoy fuirions-nous, puisque rien
[ne nous chasse?
Aglante à mon auis n'est pas si dangereux.
A. — Ah! Fossinde, elle craint l'abord d'un
[malheureux...

Mairet s'éloigne ensuite de son modèle vraiment trop affecté, mais il y revient, après la tirade d'Aglante, avec cette réflexion de Fossinde :

Vrayment il scait aimer.

Vrayment, il ayme bien...

et cette réplique de Sylvanire :

Iamais ie n'aymeray
Que qui i'espouseray...

Autre que mon mary ne sera mon amant...

Pour finir, après avoir diminué de moitié l'interminable discussion sur l'honneur, cet aparté de la jeune fille :

O quelle force il faut que ie me fasse,
Nul ne le scait que mon cœur seulement.

Las que i'épreuue bien qu'il n'est pas de martyre
Comme de bien aimer et de ne l'oser dire!

1. Il y a dans ce discours de Fossinde des effets oratoires curieux. L'*Astrée*, IV, 3 : « O sage Cloridamante, demandez... à tous ceux qui ont veu Sylvanire..., si pour des endormissements on a de si cruelles douleurs, des convul-

l'interminable tirade était coupée seulement de quelques questions des auditeurs et de quelques cris d'étonnement. Mairet n'a pas entièrement renoncé à ce procédé narratif : Hylas vient apprendre en peu de mots à Sylvanire et à Aglante qu'ils ont gain de cause (V, 11), mais le récit ne va pas plus loin. L'auteur porte sur le théâtre le jugement de Tirinte déchiré maintenant par le remords, l'intervention de Fossinde, et la scène ne manque pas de grandeur. Les développements oratoires de son modèle ont fait place à un débat ardent et rapide : l'amour de la jeune fille s'exprime en des phrases brèves et passionnées ; d'abord insensible, Tirinte se laisse gagner à son tour, et quand elle triomphe enfin de sa froideur, il semble que le Forez entier tressaille de joie (V, 12). Le lyrisme qui, dans le courant de l'action, n'était pas sorti des limites des chœurs [1], peut maintenant se mêler à la pièce sans la ralentir. Très brefs, très variés, très harmonieux, de petits morceaux lyriques coupent le dialogue avec beaucoup d'art : Mairet s'est complu sans doute à développer toute cette conclusion (V, 13, 14, 15) ; il songe aux auditeurs délicats de l'Hôtel de Montmorency : il se souvient aussi que, dans la pastorale, la poésie est un élément essentiel,

sions, des contractions de nerfs, et bref tant d'autres accidents tant espouuentables, et puis iugez si ce n'estoit pas un très véritable et très mortel poison que les dieux par un miracle très éuident ont rendu inutile. Mais ce cruel n'estant point satisfait encores de la mort de celle à qui tout autre souhaittera tousiours beaucoup de vie, il veut de ses yeux mesmes la voir dans le tombeau et saouler sa cruauté de ce spectacle... Il la va désenterrer, et la treuuant viue, car tout le reste sont des contes faits à plaisir, peut-être que touché de la grandeur de sa faute, il se iette à ses pieds pour luy en demander pardon. Au contraire, aioustant crime sur crime, il la veut enleuer..., etc. » — *Sylvanire*, V, 12, p. 406 :

Et toutesfois, il n'a pas seulement	De faire à ces beautez
Présenté le poison	Un si cruel outrage.
A ceste belle fille,	Mais de sa mort s'est-il encor saoulé ?
Mais le cruel l'a-t-il pas veu mourir	Non, non, sages Druydes,
Avec tant de douleurs,	Il la va déterrer,
Qu'il faut bien n'auoir point	Il veut paistre ses yeux
Ny d'amour, ny de cœur,	D'un forfait qu'une Tigre
Pour auoir le courage	N'auroit pas perpétré..., etc.

Voilà bien, dans toute sa beauté, l'éloquence judiciaire...

1. Une exception, III, 7. Mais c'est là, à la fin d'un acte, une scène particulière d'essence lyrique. (Nous avons signalé la même disposition de dialogue dans *la Folie de Silène...*, etc. Voy. plus haut, p. 338, n. 3.)

qu'elle seule — à la condition de n'arrêter jamais mal à propos le mouvement de l'œuvre — peut donner au spectacle tout son charme et toute sa grandeur.

Tel est le travail de retouche, travail patient et réfléchi, par lequel Mairet s'est efforcé de corriger son modèle. Il faut lui savoir gré de ces préoccupations que l'on ne rencontrerait guère, au même moment, chez les ordinaires fournisseurs de l'Hôtel de Bourgogne. Sarrazin l'a très bien vu : « Il n'y a pas encore fort longtemps que la Fable estoit ce qui faisoit aux poètes le moins de peine,... ils traitoient indifféremment toutes sortes de matières, et pourveu que dans leurs poèmes ils eussent meslé confusément les Amours, les Ialousies, les Duels, les Déguisemens, les Prisons et les Naufrages sur une scène diuisée en plusieurs régions, ils croyoient auoir fait un excellent poème dramatique... Nous auons cette obligation à Mr. Mairet qu'il a esté le premier qui a pris soin de disposer l'action, qui a ouvert le chemin aux ouvrages réguliers par sa *Silvanire*... » Or, la Fable, dit-il encore, « est sans contredit la perfection et l'achèuement d'un beau poème[1] ». Là est en effet le premier mérite de la *Silvanire*.

Est-ce le seul ? On a été injuste parfois pour la forme même de l'œuvre et pour sa valeur poétique. N'eût-il fait, cependant, que transposer en alexandrins la pièce de son prédécesseur, Mairet l'aurait au moins rendue plus lisible. En voulant imiter les rythmes italiens, H. d'Urfé avait commis une fâcheuse erreur : « Ie remarquay, dit-il, qu'il n'y auoit que le vers de six à sept syllabes qui redoublé fait l'alexandrin et le vers commun qui peussent bien souffrir d'estre couplez ensemble : et cela d'autant que le vers commun estant formé de deux membres, le premier de quatre et le second de six ou de sept s'il est féminin, la fin du vers commun tomboit en la structure du vers de six, si bien que sans offenser l'oreille, l'on entre de l'un en l'autre insensiblement... » C'est précisément parce que les vers qu'il a associés « tombent en la structure » les uns des autres, que le rythme de la première *Sylvanire* est à la fois monotone et sautillant ;

1. *Discours de la tragédie ou remarques sur l'amour tyrannique, de M. de Scudéry.* Edit. des *Œuvres* de 1656, p. 345.

d'un bout à l'autre de la pièce, le vers de six pieds prédomine et s'impose et quelques décasyllabiques ne suffisent pas à couper l'uniformité endormante de ces moitiés d'hexamètres accumulées. L'alexandrin de Mairet n'a pas ce défaut; celui-là est le grand vers tragique; il est capable de soutenir la pensée, d'en exprimer toute la force, de traduire sur la scène ce qu'il y a de poignant dans l'épisode du roman [1].

Car il faut en revenir encore à ce que nous disions au sujet de *l'Inconstance d'Hylas*. Si la pastorale dramatique française est capable maintenant de quelque vérité; si elle peut, malgré ses conventions, nous présenter parfois des créatures humaines; si l'on devine en elle le germe en même temps de la comédie et de la tragédie futures, l'*Astrée* reste la source de ses meilleures inspirations. Par malheur, les poètes ne comprennent pas assez qu'une pièce de théâtre est autre chose qu'un épisode de roman, et surtout qu'elle ne peut être un roman tout entier [2]. Au lieu de

---

[1]. Je ne puis citer ici que quelques exemples :

D'Urfé :	*Mairet :*
l'ay plus aimé tout seul	l'ay plus aimé tout seul que n'aiment tous ensemble
Que n'ont pas fait, mais ie dis tous ensemble,	
Vos bergers de Lignon...	Vos bergers de Lignon... (I, I.)
Ne voilà pas, dois-ie dire mon père	Si l'on peut toutefois donner un nom si beau
Ou Ménandre plustôt,	A qui vend son enfant et le met au tombeau. (II, 2.)
Sans ce doux nom de père,	
Puisque le père à son enfant iamais...	

Voy. en Appendice un morceau plus important.

[2]. Voy. Rayssiguier, *Tragicomédie pastorale où les amours d'Astrée et de Céladon sont meslées à celles de Diane, de Siluandre et de Paris auec les inconstances d'Hilas*, Paris, N. Bessin, 1630. Il faut remarquer cependant, si complexe que soit la matière, une certaine habileté technique. Rayssiguier n'observe ni l'unité de temps, ni celle de lieu (la scène va de la forêt où se trouvent la fontaine des lions et le temple d'Astrée à la demeure d'Adamas), ni celle d'action (comme dans le roman, l'histoire de Diane est juxtaposée à celle d'Astrée). Mais la marche de la pièce demeure aisée et claire, les deux intrigues se lient avec adresse, les personnages, secondaires ou principaux, demeurent à leur plan. Chaque acte a sa matière : I. Céladon dans la forêt, la lettre. — II. Les cérémonies funèbres, l'amour de Silvandre. — III. Le déguisement de Céladon, la rivalité de Pâris et de Silvandre. — IV. La colère d'Astrée, le désespoir des amants, la fontaine des lions. — V. Le sacrifice et les reconnaissances. — Mieux vaudrait sans doute un peu de psychologie. Les scènes où quelque profondeur serait nécessaire sont médiocres (III, 4, et surtout IV, 1; cf. la scène correspondante dans l'*Astrée*, P. V, l. vi), et il n'y aurait à citer

dégager les éléments dramatiques de l'*Astrée,* ils semblent prendre plaisir à les noyer dans un fatras inutile. Honoré d'Urfé ne leur a-t-il pas, tout le premier, donné l'exemple ?

« Mon premier dessein, dit Balthasar Baro, son fidèle disciple, en tête de sa *Clorise,* estoit de prendre dans l'*Astrée* de M. d'Urfé l'histoire de Celion et de Bellinde : mais la voulant accommoder au théâtre, ie me suis veu comme forcé d'y ioindre tant de choses qu'enfin i'en ay voulu changer les noms, aymant bien mieux qu'on m'accuse de luy auoir dérobé quelques accidents que d'auoir eu la vanité d'adiouter quelque grâce à ses riches inuentions[1]. » Baro a « ajouté », en effet. Les amours de Clorise et d'Alidor ne lui suffisent pas ; il faut qu'Alidor ait un frère Philidan, que ce frère aime Eliante, laquelle, à son tour, sera précisément amoureuse d'Alidor : admirable combinaison et nouvelle ! Avec cela une lettre qui se trompe d'adresse, des aveux qu'arrache le sommeil, un amant qui se précipite dans le Lignon ou plutôt fait semblant de s'y précipiter[2] et reparaît ensuite... Nous aurons, dans les trois premiers actes, une pastorale quelconque, inutile et sans intérêt. Mais, au quatrième, Baro revient à l'épisode primitif ; et aussitôt, par la seule vertu de son modèle, les banalités cèdent la place à des analyses de sentiments sobres et sincères ; aux plaintes monotones succède un dialogue nerveux :

CLORISE. — Mon père me destine un autre espoux que toy...
ALIDOR. — Ma vie et mon trespas sont en vostre pouuoir.
Qu'auez-vous résolu ?
                    — De faire mon deuoir.
Sors de ton intérêt et te mets en ma place,
Demande à ta raison ce qu'il faut que ie fasse... (IV, 4).

Le style se dégage et se raffermit. Je cite encore, dans la même

---

que quelques vers assez bien frappés (V, 1). C'est un simple·travail d'adaptation, mais un travail exécuté honnêtement, et par un bon ouvrier.
1. Au lecteur. Baro n'emprunte pas seulement à d'Urfé. Cf. sa première scène :
            Heureux qui loing des Cours dans un lieu solitaire...
et la grande scène d'Alcidor dans les *Bergeries* de Racan, V, 1.
2. Il a jeté un mannequin, habillé d'un de ses costumes !

scène, cette tirade de Clorise s'efforçant de relever le courage de celui que son devoir l'oblige à abandonner :

> Arreste, mon berger, tes fureurs criminelles
> Et si ton amitié n'est esteinte pour moy
> Permets que ie t'impose encore cette loy.
> Hélas ! Tu cognois bien que ta douleur me touche,
> Ie t'en parle des yeux, autant que de la bouche,
> Et le ciel m'est tesmoin si ie ne voudrois pas
> Acheter ton repos au prix de mon trespas :
> Mais puisqu'à ce malheur tu n'as point de remède,
> Tâche au moins d'alléger le mal qui te possède ;
> Et sur tout ne meurs point, mais cherche doucement
> Le moyen de guérir par un esloignement :
> Aussi bien, dans l'excès où se porte ta rage
> Ie voy que mon honneur receuroit quelque outrage.
> Ce qui n'auiendra point si tu veux approuuer
> La loy que ie te donne et la bien obscrucr...   (IV, 4) [1].

*
* *

Un peu dédaigneuse de la foule, recherchant les suffrages des esprits cultivés, de ceux qui, habitués aux élégances italiennes,

---

[1]. Il n'est que juste de mettre en face le modèle de Baro (*Astrée*, P. I, l. x, édit. cit., p. 625) : « Berger, ie vous veux aduouer que i'ay du ressentiment de vostre peine, autant peut-estre que vous mesme et que ie ne scaurois douter de vostre bonne volonté, si ie n'estois la plus mécognoissante personne du monde. Mais à quoy cette recognoissance et à quoi ce ressentiment? Puis-que le Ciel m'a sousmise à celuy qui m'a donné l'estre, voulez-vous tant que cet estre me demeurera que ie luy puisse désobéyr?... Armez vous donc de cette résolution, ô berger, que tout ainsi que par le passé nostre affection ne nous a iamais fait commettre chose qui fut contre nostre deuoir quoyque nostre amour ait esté extrême, de mesme pour l'aduenir, il ne faut point souffrir qu'elle nous puisse forcer... Il est vray qu'ayant disposé de mon affection auant que mon père de moy, ie vous promets et ie vous iure que d'affection ie seray vostre iusques dans le tombeau... A ces dernières paroles, préuoyant bien que Celion se remettroit aux plaintes et aux larmes, elle se leua et le prenant par la teste le baisa au front. Célion n'eut ny la force de lui répondre ny le courage de la suiure, mais s'estant leué et tenant les bras croisez, l'alla accomgnant des yeux tant qu'il la pût voir, et lorsque les arbres lui eurent osté la veue, leuant les yeux au ciel tous chargez de larmes, après plusieurs grands souspirs, il s'en alla courant d'un autre costé, sans soucy ny de son troupeau, ny de chose qu'il laissast en sa cabane. »

ont, comme dit Gombauld, « la science du théâtre » et, pour cette
raison, n'y fréquentent guère, il est tout naturel que la pastorale
accepte volontiers le joug de la règle, qu'elle mette comme une
coquetterie à s'interdire, la première, certaines facilités vulgaires [1]. Il est naturel aussi qu'elle s'intéresse aux questions de pure
théorie : ses productions sont tout autre chose que des « pièces
à l'aventure [2] ». Assez oubliées en France pendant une trentaine
d'années, les discussions ont continué en Italie, et les maîtres du
genre pastoral y ont joué leur rôle ; nous avons vu quels acharnés disputeurs furent Bonarelli et surtout Guarini : leurs imitateurs français peuvent-ils ignorer ce qui les passionna [3] ?

Le débat, cependant, n'est pas engagé par eux. Racan, qui
a réuni dans une seule journée tous les événements de sa pièce,
ne se posera que beaucoup plus tard la question des unités.
H. d'Urfé ne songe guère, en 1627, qu'à justifier ses innovations
personnelles. C'est le théâtre irrégulier qui porte les premiers
coups [4]. Si modéré qu'en soit le ton, le fameux morceau de
François Ogier est, en 1628, un véritable manifeste ; moins
connue, la préface de *la Généreuse Allemande* (privilège du
1er septembre et achevé d'imprimer du 18 novembre 1630) est
plus nette encore. « Ie parle hardiment, s'écrie Mareschal, et de
la mesme sorte que i'ay bien osé commettre un crime contre les
maximes de l'ancienne poésie... Toutefois quelque plainte qu'elle
fasse, ie ne scaurois me repentir d'un péché que ie trouue raisonnable, et n'ay pas voulu me restraindre à ces estroites bornes

---

1. H. d'Urfé dit avoir composé sa *Sylvanire* à l'italienne sur la demande de
la reine mère (Epît. dédicat.). Mairet déclare que le cardinal de La Valette et
le comte de Cramail lui donnèrent l'idée de la sienne (Préface ; je ne sais
cependant s'il faut prendre cela au pied de la lettre ; peut-être la phrase n'est-
elle qu'une ingénieuse flatterie). — On connaît enfin le rôle attribué au comte
de Fiesque (*Segraisiana*, édit. 1723, p. 160).

2. Préface de *Silvanire*.

3. Voy. H. Breitinger, *Les unités d'Aristote avant le Cid de Corneille*,
Genève, H. Georg, 1879.

4. Voy. cependant la *Sophonisbe* d'Helye Garel, Bordeaux, A. du Brel,
1607 :

> Ie scay ce que permet et défend Melpomène,
> Ce que sur son théâtre elle veut que l'on mène...
> Car la muse tragique est ainsy ordonnée
> Qu'elle contient sans plus l'œuure d'une iournée...

ni du lieu, ni du temps, ni de l'action. » Il ne cherche pas à se justifier, il se glorifie de son audace, il secoue joyeusement le joug « de cette rigoureuse antiquité, de qui la vieillesse est capricieuse, et se donne authorité sous le droit d'aînesse » ; il défend les droits de son siècle et de son pays : « Mon Aristandre est François moderne, ie parle à ceux qui le sont » ; et, posant en principe que « la fin du dramatique est l'action », que la fin de l'action est « de plaire », la tragi-comédie, libre de toutes les entraves, lui paraît « la perfection des autres poèmes ».

Contre de pareilles audaces, la pastorale, seule encore, peut prendre le parti des doctes. Dans la même année 1631, paraissent la préface du médecin Isnard (en tête de la *Philis* de Pichou, privilège du 8 mars, achevé d'imprimer du 3o avril), celle de Mairet (privilège du 3 février, achevé d'imprimer du 31 mars), celle de Gombauld (privilège du 3 juillet, achevé d'imprimer du 12 juillet), suivies, six mois après, de la préface de l'*Aminte* de Rayssiguier (privilège du 15 août 1631, achevé d'imprimer du 3o janvier 1632). A vrai dire, on y chercherait vainement des arguments nouveaux ou ingénieux. Partisans et ennemis des règles ressassent tous à peu près les mêmes formules, discutent sur les mêmes exemples [1], s'autorisent des mêmes modèles. Le *Pastor* et la *Philis*, qui paraissent à Mairet [2] ou Isnard démontrer la salutaire puissance des règles, servent à Mareschal pour les combattre. Chacun des deux partis s'efforce comme par le passé à tirer à lui l'autorité d'Aristote. C'est au nom du vraisemblable que l'on attaque la liberté — et qu'on la défend [3].

1. *Le Cyclope, Amphitrion, l'Andrienne...* Cf. le *Verrato* de Guarini, p. 235, 241, 270. Mairet emprunte des phrases presque textuelles à François Ogier : « Qu'est-ce que *le Cyclope* d'Euripide, qu'une tragicomédie pleine de railleries et de vin, de Satyres et de Silènes d'un costé, de sang et de rage de Polyphème éborgné de l'autre? (Fr. Ogier, collect. de l'*Ancien théâtre François*, t. VIII, p. 21). — *Le Cyclope* d'Euripide où la moitié de la scène regorge de sang, et l'autre nage dans le vin... » (Mairet, édit. Otto, l. 439).

2. La luxueuse édition de la *Silvanire* est calquée, comme disposition typographique, sur l'édit. Venitienne du *Pastor* en 1602 (voy. Otto, p. LXIX).

3. « Il faut d'autres moyens pour atteindre la vraysemblance » (Mareschal). — « Tous ceux qui méritent l'estime observent les douze heures à cause de la vraysemblance » (Gombauld). — Cf. Isnard. — Il s'agit d'ailleurs de la vrai

Même, le débat a singulièrement perdu de son ampleur. Toute la première partie de la préface de Mairet, sur le génie poétique, l'inspiration et le jugement, la différence des poèmes et les parties principales de la comédie n'est qu'un morceau banal de vulgarisation. Pour les défenseurs du théâtre régulier, il ne s'agit plus de savoir si la tragi-comédie est ou non légitime (Mairet adopte ce titre aussi bien que Mareschal), mais seulement d'établir quelle doit être la durée de l'action dramatique, l'unité de lieu dérivant comme une conséquence naturelle de l'unité de temps.

Sur ce point, ils sont intraitables. Peu leur importe que certaines œuvres classiques aient peine à entrer dans ces limites, que l'*Antigone* de Sophocle, par exemple, exige une durée plus longue que celle d'un jour : « C'est une question de droit et non pas de fait, répond Isnard ; l'on ne dispute pas si toujours les anciens ont gardé les règles ponctuellement, mais bien si le précepte et l'exemple dont ils l'ont authorisé nous y doiuent obliger et sousmettre. » Mairet professe une obéissance plus aveugle encore : « Ie m'estonne que de nos escriuains dramatiques dont aujourd'huy la foule est si grande, les uns ne se soient pas encore aduisez de la garder, et que les autres n'ayent pas assez de discrétion pour s'empescher au moins de la blasmer, s'ils ne sont pas assez raisonnables pour la suiure... » (I, 266.) Et Gombauld, avec un peu d'impatience, quoiqu'il affecte de paraître plus détaché et parle assez légèrement de l'utilité des préfaces : « S'il y en a qui s'obstinent encores à blasmer ce que depuis deux mille ans tous les poètes et les philosophes ont également approuué : ie seray content de les suivre, sitost qu'ils auront tesmoigné par leurs ouurages qu'ils surpassent les Terences, les Séneques, les Euripides, et les Menandres. Mais ie ne pense pas que les caprices et les boutades de nos esprits gaillards produisent de longtemps le chef-d'œuvre d'une si haute sagesse[1]. » Seul, Rayssiguier veut être prudent :

semblance dans la disposition du poème, non pas dans l'invention : à cet égard, elle ne préoccupe personne. Voy. Guarini, prologue de l'*Idropica*.

1. Gombauld exige d'ailleurs les douze heures, au lieu des vingt-quatre dont se contente Mairet.

il « ne blame personne », et, « disant son auis hardiment », il croit que les deux doctrines de la régularité ou de l'indépendance peuvent être défendues; mais il estime que la première gardera le poète de toute faute « contre le sens commun ou contre le iugement », et il excuse seulement la seconde en songeant aux exigences du public.

Il est inutile, sans doute, de pousser plus loin l'histoire de cette querelle[1]. On sait quelle importance elle doit avoir ; l'essentiel ici était de marquer avec quelle netteté les maîtres de la pastorale française ont pris position, avant la naissance de la tragédie véritable, comme champions et défenseurs du théâtre régulier. En face de l'imagination qui ne connaît pas de frein, ils affirment les droits de la tradition et de la raison. Eux-mêmes sont disposés — ils le disent du moins — à sacrifier les ornements inutiles où se complaisait la pastorale de jadis : Les « pointes » d'abord et les « discours fleurys », et aussi les développements de philosophie naturelle ou morale, car ils n'admettent pas sans restriction la théorie, si chère à Scaliger, du théâtre moralisateur. Ici cependant, certaines divergences les séparent. H. d'Urfé prend nettement à son compte le vieil axiome de Guarini : « Le principal dessein du poète doit estre maintenant de plaire, et par accident de profiter[2]... », tandis que Gombauld estime que les dénouements doivent être, autant que possible, d'un bon exemple[3]. Mais l'un et l'autre pensent que tout ce qui ralentit une pièce est une superfluité dangereuse. « Ie ne viens point, ajoute Gombauld, chargé de tant de recueils et de despouilles que le désir de les employer toutes me fasse à tout propos interrompre les passions de mon histoire... C'est

---

1. Cf. en 1634 l'Avertissement de la *Pompe funèbre* de Dalibray. Sur le rôle particulier de Chapelain, voy. Arnaud, *Etude sur la vie et les œuvres de l'abbé d'Aubignac,* appendice IV, et Otto, préface de son édit. de la *Silvanire,* p. 83 et suivantes.

2. « Non per insegnare ma per dilettare » (*Verrato,* p. 282; cf. 228).

3. « l'estime que nous sommes pires que les payens... si les bonnes mœurs ne sont pas la principale fin de nos spectacles et de nos ouvrages, et si nous prenons plaisir à donner ou à voir de mauvais exemples. Ie ne récompense point les inconstans, ny les téméraires : ie punis les meschans ou, à tout le moins, ie frustre leurs desseins : ie laisse là les médiocres, et ne termine rien qu'en faueur des vertueux... »

assez de montrer que l'on ne manque pas de beaux traits, ny de
sentences, quand elles sont nécessaires, sans en mettre de si longues suittes au milieu des intrigues mesmes, et sans faire des
odes au lieu de scènes. » L'auteur dramatique n'est ni un poète
lyrique dont on ait loisir d'admirer la fantaisie, ni un maître de
morale. Son devoir est de tout sacrifier à l'action, mais à une
action logique, liée avec vraisemblance, se développant d'une
marche régulière et rapide. A ces qualités d'ordre, rien ne supplée. Les dons naturels les plus précieux, dit encore Gombauld,
« ne produiront que des monstres et des grotesques si le iugement ne les gouuerne » ; et Isnard, voulant décerner aux vers
de son ami la louange suprême, les déclare « les plus raisonnables que l'on ait encore produits pour l'ornement de nostre
théâtre ». C'est là la conclusion de l'un et de l'autre.

Ce souci de régularité ne suffit pas cependant. Le travail est
un peu vain, qui s'efforce d'ordonner avec vraisemblance les plus
invraisemblables sujets. A la disposition logique de l'intrigue, à
la vérité des caractères doit se joindre la vérité des situations.
Il faut que le théâtre se dégage du romanesque, qu'il s'établisse
sur les fondements solides de l'histoire. En d'autres termes, il
faut, pour que s'achève l'évolution du genre pastoral, que la
pastorale elle-même disparaisse. Malgré tout le soin de Mairet,
et malgré la prédilection qu'il conserve à cette œuvre très étudiée, la *Virginie*, sujet d'invention, ne donne qu'une pièce confuse, artificielle, enchevêtrée, mélange bizarre de tragi-comédie
et de pastorale[1], qui marquerait un pas en arrière plutôt qu'un
progrès. Avec la *Sophonisbe*, au contraire, publiée la même
année (1635), toutes les promesses de *Sylvie* et de *Silvanire*
semblent se réaliser : sobre, puissante et humaine, la tragédie
française est née.

Il est tout naturel que la peinture de la passion y tienne
d'abord une place prépondérante. Ce qui dans ce vieux sujet, si

---

1. Éléments pastoraux : les deux enfants qui passent pour morts, et sont
élevés sous un faux nom. — Le naufrage. — L'amour de Périandre pour Virginie qu'il croit sa sœur. — L'oracle. — Les reconnaissances, etc...

souvent porté au théâtre, a pu séduire Mairet, c'est bien moins
le courage de l'héroïne ou l'impitoyable cruauté romaine que cet
amour violent et tyrannique dont la fatalité pèse sur toute la
pièce[1] : inquiet d'abord et combattu par la crainte, frémissant
de jeunesse dans la scène audacieuse du troisième acte (III, 4),
fortement tragique dans les deux derniers. Pour rendre plus
puissant et direct le drame d'amour, il n'a pas hésité à s'écarter
de ses prédécesseurs et à violer la vérité historique : « l'ay
changé deux incidents de l'histoire assez considérables qui sont
la mort de Syphax que i'ay fait mourir à la bataille afin que le
peuple ne treuuât point étrange que Sophonisbe eût deux maris
viuants, et celle de Massinissa qui vescut iusques à l'extrême
vieillesse. Les moins habiles doivent croire que ie n'ay pas altéré
l'histoire sans sujet[2]... »

C'est de quoi Corneille le raille un peu lourdement : « Après,
je passerois à la *Sophonisbe* que j'entends plaindre avec autant
de justice que Didon se plaint chez un ancien de ce qu'on la fait
moins honnête qu'elle ne fut. Je tacherois à recouvrir l'honneur
de Syphax qui fait moins pitié par le débris de sa fortune et par
le bouleversement de son trône que parce qu'il surprend un poulet que sa femme a envoyé à Massinisse[3]... » On reconnaît ici,
avec une mauvaise humeur que justifie la date de cette riposte,
des idées que Corneille ne reniera jamais. Même devenu plus
juste pour son rival, il continuera à penser que Mairet a eu tort
de déformer les données de l'histoire, et tiendra, en traitant le
même sujet, à réhabiliter la victime de Scipion : « Je lui prête
un peu d'amour, mais elle règne sur lui et ne daigne l'écouter
qu'autant qu'il peut servir à ces passions dominantes qui règnent
sur elle et à qui elle sacrifie toutes les tendresses de son cœur,
Massinisse, Syphax, sa propre vie[4]... »

1.
      C'est en quoi mon offense est plus blamable encore
      De tromper lâchement un mari qui m'adore;
      Mais un *secret destin* que je ne puis forcer,
      Contre ma volonté m'oblige à l'offenser...
                              (I, 3.)

2. Avis au lecteur.

3. *Réponse de ··· à ··· sous le nom d'Ariste*, édit. Marty-Laveaux, t. III,
p. 61.

4. Corneille, *Sophonisbe*. Au lecteur.

Il y a là autre chose que des divergences de détail : il y a deux conceptions opposées de l'art dramatique. Avec son vigoureux bon sens, Corneille confond dans le même mépris le *Pastor*, la *Filis* et la *Silvanire*[1], toutes ces œuvres qui ne mettent en scène que notre faiblesse, et, par lui, l'orientation de la tragédie française se trouve changée. Pour une vingtaine d'années, elle échappe à l'influence de la pastorale. Mais la ligne que Corneille a brisée pourra se renouer : le succès de *Timocrate*, en 1656, et celui de l'*Astrate*, en 1664, s'expliquent comme le succès de la *Sophonisbe*.

---

1. « Cependant il nous étale pour poèmes dramatiques parfaitement beaux : le *Pastor fido*, la *Filis de Scire* et cette malheure *Silvanire*... » (*Avertissement au Besançonnois Mairet*, édit. Marty-Laveaux, t. III, p. 70).

CHAPITRE X.

LES DERNIÈRES TRANSFORMATIONS DE LA PASTORALE.

I. — Les derniers représentants de la tradition pure.
A) L'*Amaranthe* de Gombauld. Les causes de sa réputation. La
physionomie du poète. L'impersonnalité de l'œuvre.
B) Les pastorales poétiques. Le *Palémon* de N. Frenicle. *La Pompe
funèbre* de Dalibray. Epuisement du genre.
II. — La pastorale et la tragi comédie.
A) Leur matière commune. Les préfaces des *Trophées de là fidé-
lité* et de la *Cydippe*.
B) Les procédés de composition. La tragi-comédie à tiroirs : la
Doranise de Guérin. Retour aux épisodes et aux procédés primitifs.
C) Les oppositions tragi-comiques. Les scènes de farce et les scènes
d'horreur : *le Tableau tragique* de Joyel, *la Cour bergère* de
Mareschal. La cause de la pastorale liée à celle de la tragi-comédie.
Les préfaces de Durval.
III. — La fin de la pastorale.
A) Ses adversaires. *Le Berger extravagant.*
B) Conclusion. — La pastorale et les origines de l'opéra.

La *Philine* de La Morelle, la *Clorise* de Baro, l'*Arlette* de
G. Basire ont sombré dans l'oubli : l'*Amaranthe* a survécu [1].
Cette faveur, que ne justifient pas ses mérites propres, s'explique
par la renommée de l'auteur, par ses amitiés illustres, par son
histoire — ou sa légende. Jean Ogier de Gombauld, qui fut parfois un homme d'esprit et souvent un homme de cœur, apparaît
surtout une de ces silhouettes pittoresques chères aux faiseurs
de portraits. L'œuvre est d'une banalité déplorable ; mais la
physionomie du poète est assez originale — et significative en

1. *L'Amaranthe de Gombauld. Pastorale*, Paris, Fr. Pomeray, A. de Sommaville et André Soubron, 1631, in-8°. Privilège du 3 juillet. 1631. Achevé
d'imprimer du 12 juillet.

même temps : un peu ridicule, un peu touchante, amusante en somme à faire revivre. Et puis, les anecdotes abondent ; n'est-ce pas l'essentiel ? Il n'y a qu'à prendre chez ce bavard de Talle-mant [1]...

Sans atteindre à la réputation de l'*Endymion* [2], l'*Amaranthe* dut exciter encore une assez vive curiosité. La dédicace à la reine mère, la préface, cavalière de ton mais si sage de pensée, devaient attirer l'attention. Les vers, sans éclat, étaient d'une bonne tenue, et ce n'est pas à l'originalité, d'ailleurs, que l'on avait coutume de mesurer la valeur d'une pièce de théâtre. Le poète était des amis de Conrart [3] ; après avoir tenu sa place, à côté de Malherbe et de Racan, au nombre des habitués de l'Hôtel de Rambouillet, il comptait maintenant parmi les membres de cette réunion d'où l'Académie française devait sortir, « tous gens de lettres et d'un mérite fort au-dessus du commun » [4]. Cette réputation, en somme, ne souffrit pas trop de la gêne et des inquiétudes de ses dernières années ; l'argent manqua parfois, mais non pas « la bienveillance de tous les grands et de toutes les dames des trois cours qu'il avait connues » [5]. L'avenir pourrait-il demeurer insensible à ses grâces, démentir tant de témoignages honorables ?... Conrart ne le pensait pas.

Malgré le nombre restreint de ses productions dramatiques,

1. Cela dispense de lire autre chose : Paul de Musset (*Originaux du dix-septième siècle*, 3e édit., Paris, 1848) dit son estime sincère pour les vers de l'*Endymion ;* or, à part les deux strophes de l'oracle, l'*Endymion* est entière-ment écrit en prose. — Voy. encore Ch. L. Livet, *Précieux et précieuses,* Paris, Didier, 1859 ; — P. Barbier, *Etudes sur notre ancienne poésie*, Bourg, Dufour, 1873, — et surtout René Kerviler, *La Saintonge et l'Aunis à l'Aca-démie française, Jean Ogier de Gombauld*, dans la *Revue d'Aquitaine*, 1875-76, n°s XI à XXI (tirage à part, Paris, 1876).

2. Paris, Nic. Buon, 1624, in-8°. Privilège du 26 octobre 1624.

3. Voy. l'éloge imprimé en tête des *Traitez et lettres... touchant la reli-gion*, 1669, et reproduit dans l'*Histoire de l'Académie* de l'abbé d'Olivet, p. 94.

4. Pellisson, *Histoire de l'Académie*, p. 5.

5. Conrart. — Cf. Chapelain : « Gombauld est le plus ancien des écrivains François vivans. Il parle avec pureté, esprit, ornement, en vers et en prose et n'est pas ignorant en la langue latine. Depuis plus de cinquante ans, il a roulé dans la cour avec une pension, tantôt bien, tantôt mal payée. Son fort est dans les vers où il paroît soutenu et élevé » (*Mélanges de littérature tirés des lettres manuscrites de Chapelain*, Paris, 1736, p. 230).

les *Mémoires* de Marolles citent Gombauld parmi les gloires de notre théâtre [1]. La *Bibliothèque* de La Vallière, il est vrai, en parle avec quelque mépris, mais les frères Parfait sont plutôt flatteurs. Et ainsi, de proche en proche, par des éloges sans enthousiasme et des critiques sans aigreur, le nom de l'*Amaranthe* s'est maintenu. Les *Bergeries*, la *Silvaniro*, l'*Amaranthe*, — que les œuvres soient de valeur très différente, il n'importe, — les trois titres se suivent et s'attirent, l'habitude est prise. La pastorale de Gombauld reste, parmi les pièces de troisième ou de quatrième rang, une de celles que les précis de littérature ne peuvent pas oublier : et c'est ce que l'on nomme l'immortalité.

Ils ont, pour elle, une de ces formules toute prête que l'on s'abstient de vérifier. G. Bizos le premier, je crois, a eu l'idée de faire de Gombauld un imitateur docile de Mairet : « L'*Amaranthe*... non seulement nous présente l'exacte observation des règles proposées par Mairet, mais encore reproduit le plan, les divisions et presque le sujet de la *Silvanire*[2]... » M. Rigal, si scupuleux d'ordinaire, n'hésite pas à répéter : « L'*Amaranthe* ressemble à la *Silvanire*[3]... » Il faudrait s'entendre cependant. L'achevé d'imprimer de Mairet étant du 31 mars 1631 et celui de Gombauld du 12 juillet, il est hasardeux de parler d'imitation[4]. Si l'auteur de l'*Amaranthe* avait tiré son sujet d'une *Silvanire*, ce serait plutôt de celle de d'Urfé. Mais, en fait, la question ne se pose pas, les deux intrigues ne présentant aucune ressemblance. Tous les éléments qui ont pu sembler communs à Bizos — l'amour de l'héroïne pour un berger d'humble naissance, sa chasteté scrupuleuse, la mélancolie de l'amant, l'orgueil du père, la jalousie de la rivale — sont les éléments traditionnels de la pastorale et se retrouvent dans la plupart des pièces antérieures. Et en revanche, de tout ce qui est particulier à Mairet, rien n'est passé dans l'*Amaranthe*.

---

1. Edit. de 1755, t. II, p. 225.
2. *Etude sur Mairet*, p. 139.
3. *A. Hardy*, p. 540.
4. Les frères Parfait, sans preuve, donnent comme date de représentation 1625, ce qui ne rendrait pas l'hypothèse plus vraisemblable.

S'il est difficile, d'ailleurs, de déterminer de qui, précisément, s'inspire Gombauld, il l'est davantage de trouver de qui il ne s'inspire pas. Il découpe par tranches l'*Aminta*, le *Pastor*, la *Philis*, les *Bergeries* de Racan…, et patiemment, à sa façon, il recoud les morceaux, persuadé que c'est le moyen de faire une œuvre d'art. Rien, pour lui, n'est banal. Avec une conviction

---

1. Voici l'analyse de l'*Amaranthe*, et une liste des sources possibles :

Prologue. — L'aurore, sa légende. [Développement analogue dans l'*Endymion* de La Morelle (I, 1).]

Acte I. — Sc. 1 : C'est le point du jour. Alexis, berger inconnu, sauvé jadis d'un naufrage, fait part à son ami Palémon de son amour pour Amaranthe. [Cf. *Pastor*, I, 2 ; *Endymion* de La Morelle, I, 1 :

> *La Morelle :* Ie meurs pour toy et le dire ie n'ose…
> *Gombauld :* Et ne s'aperçoit point que ie meurs sans le dire…

Pour la description du lever du jour, cf. *Bergeries*, I, 1, etc. — Pour le naufrage, cf. la *Philis*, description de la tempête dans la *Princesse*, I, 3, etc.] — Sc. 2 : Delphise, nymphe de Diane, annonce à Amaranthe que la déesse lui ordonne de choisir un époux. — Sc. 3 : Amaranthe se plaint à Mélite. [Cf. Silvia, dans l'*Aminta*, etc. Amaranthe maudissant sa beauté, cf. la tirade de Célidée dans l'*Astrée*, II, 11.] — Sc. 4 : Daphnis, père d'Amaranthe, et son serviteur Damon : il a vu en songe Timandre qui, parti pour chercher son fils Polydamon disparu, revenait avec lui. Damon est amoureux de Mélite. [Le songe, l'oracle, cf. *Pastor*, etc.; la lutte contre le monstre, cf. *Théocris*, V, 3.] — Sc. 5 : Oronte, fille de Timandre, et par conséquent sœur de Polydamon, est amoureuse d'Alexis en qui elle reconnaîtra son frère. [Cf. la *Philis*; le rôle est analogue à celui de Corisca dans le *Pastor*.] — Chœur sur la beauté.

Acte II. — Sc. 1 : Palémon, ami d'Alexis, interroge Mélite sur les sentiments d'Amaranthe. [Dialogue de Daphné et Tirsis dans l'*Aminta*, II, 2.] — Sc. 2 : Damon, serviteur de Daphnis, amoureux de Mélite. [Quelques vers empruntés au satyre de l'*Aminta*, II, 1 : « Ie penchay l'autre iour mon visage sur l'eau… », repris ensuite dans l'*Arlette* de Basire, III, 4.] — Sc. 3 : Amaranthe accueille très mal Alexis, lui défend de se mettre au rang des prétendants. Développement sur l'honneur. [Cf. *Pastor*, III ; *Bergeries*, I, 3 ; *Sylvanire*, III, 2, etc.] — Sc. 4 : Alexis repousse à son tour les avances d'Oronte. [Cf. *Pastor*, II, 2; *Bergeries*, II, 5, etc.] — Sc. 5 : Oronte, jalouse, veut se venger. [Cf. le premier monologue de Corisca, *Pastor*, I, 3.] — Chœur sur l'amour et l'honneur.

Acte III. — Sc. 1 : Amaranthe, saisie par un faune, a été délivrée par Alexis [scène du Satyre]; elle a perdu sa ceinture [le voile de Silvia dans l'*Aminta*]. — Sc. 2 : Alexis revient avec la ceinture qu'il a trouvée. Palémon l'encourage. [Cf. Alciron encourageant Tirinte dans la *Sylvanire* de d'Urfé, II, 5.] — Sc. 3 : Oronte voit Alexis endormi [cf. l'*Arimène*, III, 3 ; la *Sylvanire*, II, 3, etc.]; elle lui enlève la ceinture d'Amaranthe. — Sc. 4 : Désespoir d'Alexis. — Sc. 5 : Les prétendants sont réunis. Daphnis leur indique la volonté de sa fille : elle choisira celui qui rapportera sa ceinture ou, à défaut, celui qui tuera le premier un

imperturbable, il conte l'histoire du Naufrage et de l'Oracle, il dit la lutte du glorieux Timandre contre le monstre envoyé par les dieux, celle d'Alexis contre « le satyre outrageux » qui menaçait la vertu d'Amaranthe, il écrit l'acte du Jugement, il prépare sa Reconnaissance... Dans ce travail, le poète a voulu seulement faire preuve de jugement et de goût. Sa grande prétention est de connaître le théâtre, c'est-à-dire « d'entendre les règles », de ne pas écrire « à l'auenture », de suivre ces « maximes qui, pour avoir esté receues par tant de siècles et de peuples différens, deuroient bien désormais passer pour uniuerselles »... Nous avons vu déjà l'importance de cette préface. La pièce en est une démonstration — une démonstration fâcheuse, car elle montre surtout les dangers de la théorie. A être ainsi convaincu de la valeur absolue des règles, on se persuade aisément qu'elles suppléent à tout. Pourquoi inventer quand·on arrive si tard, après tant d'auteurs excellents? Imiter suffit. L'imitation la plus prudente est la meilleure. La docilité est, en art dramatique, la grande vertu.

La pastorale est un genre fixé, elle a ses règles particulières et ses modèles ; en faisant effort pour la plier aux lois générales du théâtre, la préoccupation de Gombauld est de ne pas sortir de

cerf. [Cf., dans la *Corine* de Hardy, une idée analogue mais poussée au comique.] — Sc. 6 : Départ des prétendants pour la chasse. — Sc. 7 : Nouveau monologue d'Oronte. [Cf. le deuxième monologue de Corisca, *Pastor*, II, 4.] — Sc. 8 : Amaranthe laisse entendre à Mélite qu'Alexis ne lui est pas indifférent. [Cf. l'aveu beaucoup plus net de Sylvanire, III, 2.] — Chœur sur la jalousie. [Cf. le prologue de *Sidère*.]

Acte IV. — Sc. 1 : Palémon et Daphnis qui trouve Alexis trop pauvre pour sa fille. [Scène des pères, mais à peine indiquée.] — Sc. 2, 3 : Divers épisodes de la chasse ; Amaranthe, par une ruse, a empêché Alexis d'atteindre le cerf. — Sc. 4 : Autre monologue d'Oronte qui commence à se repentir, nous ne savons de quoi. [Cf. la tirade de Lucidas, *Bergeries*, IV, 4.] — Sc. 5 : Récit d'Aristée. On a trouvé mort le cerf frappé par une flèche d'Alexis; à son cou était suspendu un écrit de la main de Diane demandant que le chasseur soit puni. — Chœur sur les passions

Acte V. — Sc. 1 : Timandre revient de son voyage. [*Pastor, Bergeries*, V, 1.] — Sc. 2, 3 : Pour obéir à Diane, on mène Alexis à la mort; Amaranthe qui l'aime maintenant veut mourir avec lui; Timandre retrouve en lui son fils. [Combinaison des dénouements du *Pastor*, de la *Philis* et des *Bergeries*.] — Sc. 4 : Oronte avoue que le prétendu arrêt de Diane était de sa main. [Cf. les aveux de Lucidas, *Bergeries*, IV, 5, et de Tirinte, *Sylvanire*, V, 7.]

ses limites, de donner, avec plus de régularité seulement, une
œuvre de plus suivant la formule que d'autres ont établie et qu'il
n'est plus permis de discuter.

Aussi n'est-il pas choqué de ce qu'ont d'artificiel certains
épisodes. Et il ne cherche pas davantage à mettre en valeur la
vérité générale de certains autres. Tous l'intéressent également.
Du caractère des pères avares et entêtés, plusieurs de ses prédécesseurs immédiats avaient su tirer des effets dramatiques
puissants ; Gombauld écrit la scène à son tour, car *elle doit*
figurer dans une pastorale, mais il se garde de tout effort personnel, et jamais encore elle n'avait paru plus insignifiante et
plus médiocre (IV, 1). A l'imitation de Racan, il commence son
cinquième acte par le monologue du vieux Timandre retrouvant
sa patrie ; et voici tout ce que lui inspire l'admirable morceau
d'Alcidor sur la douceur du ciel natal :

> Grâce aux Dieux immortels qui m'ont sauué des ondes,
> Et qui vont terminer mes erreurs vagabondes
> Ie reuoy ma patrie et leur iuste support
> Me permet de gouster les délices du port.
> Ie reuoy ces rochers et ces bois solitaires
> Qui de tous mes pensers furent les secrétaires,
> Lorsque i'aimay Clarice, et qu'un sort inconstant
> Me la fit acquérir et perdre en un instant...   (V, 1.)

C'est ce qu'il appelle « donner aux vers une douce majesté qui
ne s'eslèue point outre mesure et qui aussi ne tombe point [1]... »
Ce ton, il l'a admirablement soutenu. A part quelques traits
d'esprit, toute la pièce est écrite par un bon ouvrier consciencieux, — qui ne s'émeut pas.

Par malheur, on a quelque peine à se résigner encore à ces
personnages immuables et figés, de psychologie rudimentaire. Je
ne parle pas de l'insupportable pleureur qu'est Alexis ou de la
jalouse Oronte, dont le rôle tient en quelques monologues trans-
posés directement de ceux de Corisca, mais de cette Amaranthe
qui, par delà les jeunes filles pudiques de Racan et de Mairet,
nous ramène aux héroïnes de jadis, insensibles et farouches,

1. Préface.

vouées à Diane, vertueuses à faire haïr la vertu. La réserve délicate de Silvanire ou d'Arténice ne lui suffit pas. Comme l'Amarilli du *Pastor*, elle professe, en tirades solennelles, ce culte de
l'Honneur, inexplicable et impérieux. Mélite et Palémon veulent
bien nous informer que sa cruauté n'est qu'apparente[1]. On ne
s'en douterait pas à l'entendre. Malgré tout, malgré l'ordre de
Diane même, elle s'obstine dans ses rigueurs, elle maudit son
importune beauté (I, 3), elle n'a, en présence d'Alexis, que des
paroles méprisantes ou cruelles (II, 3), elle s'efforce, par tous les
moyens, de lui ravir la victoire qui le mettrait au comble de ses
vœux (IV, 2, 3). Même domptée par l'amour, elle gardera son
impassibilité hautaine; comparez son aveu à celui de Silvanire,
si chaste et passionné :

> I'ay donné ma parole et io la veux deffendre.
> Ie n'ay plus désormais d'autre conseil à prendre.
> Voyant ce que le ciel en a déterminé;
> Ie recoy de bon cœur celuy qu'il m'a donné.
> Ie ne puis désormais changer sans perfidie.
> Ma seule foy m'oblige, et me rend plus hardie :
> Sa deffence est ma gloire et mon contentement
> Et ce n'est plus honneur que de faire autrement. (V. 2.)

En vérité, ç'en est fait de la pastorale dramatique. L'*Amaranthe* suivant à trois mois d'intervalle la *Silvanire*, rien ne
prouve mieux son avortement. Ce qu'il y avait, en elle, de
meilleur trouve, en dehors d'elle, son emploi. Elle touchait à
la fois à la tragédie et à la comédie, elle préparait les voies à
l'une et à l'autre; dès que celles-ci se constituent, elle n'a plus
de raison d'être. Elle se traîne péniblement, tantôt simplement
idyllique, tantôt romanesque et chargée d'incidents, également
monotone sous ces deux formes, incapable désormais de se
renouveler.

Vainement, elle s'adresse à quelques modèles négligés jus-

---

[1].
　　　Si la nymphe parfois en paroist moins rauie,
　　　Elle fuit seulement afin d'estre suiuie.
　　　Qu'auiourd'huy cependant prise de tant d'appas
　　　Elle en face le choix, ie n'en iuterois pas...
　　　　　　　　　　　　(II, 1 ; — cf. III, 2.)

qu'ici et Vion Dalibray, après avoir traduit l'*Aminta*, met en français *la Pompe funèbre* de Cremonini[1]. L'aventure de Damon et Cloris, comme celle de Thirsis et Uranie[2] ou celle de Palémon et Climène[3], c'est toujours l'histoire de Silvia et d'Aminta. Les broderies diffèrent suivant le talent des poètes; ils choisissent, selon leurs goûts, entre les thèmes traditionnels. Mais les uns et les autres s'en tiennent à des développements verbaux; aucun de ces épisodes ne leur apparaît épisode de théâtre; pas une invention nouvelle, pas un effet scénique, pas un effort vers la vie. Ils s'attardent aux descriptions inutiles[4], intercalent aux moments où l'action devrait se presser des églogues ou des débats poétiques[5], engagent des épisodes qu'ils n'achèveront pas[6]. Vion Dalibray se rend compte à merveille que, si l'on voulait représenter sa pièce, il en faudrait supprimer un bon tiers : or, c'est ce tiers surtout qu'il a eu plaisir à écrire[7].

A ces élégances, vieilles déjà de près d'un demi-siècle, des artistes seuls peuvent s'amuser encore. Ils peuvent en tirer des inspirations fines et délicates. La grâce ne manque pas dans le *Palémon* de Frénicle, une grâce un peu molle et fluide, une langueur mélancolique assez pénétrante. Le poète a retrouvé ces longs monologues d'allure indolente où se complaisaient Fon-

---

1. *La Pompe funèbre ou Damon et Cloris. Pastorale,* Paris, Pierre Rocolet, 1634, in-8º. Privilège du 16 mai 1632. L'Avertissement nous fait connaître l'auteur italien de qui la pièce est traduite.

2. *La Chasteté invincible, bergerie en prose,* Paris, Simon Février, 1633, in-8º. Privilège du 3 juillet 1633. Sur l'auteur, J. B. de Crosilles, voy. les *Mémoires de Marolles,* édit. de 1755, t. I, pp.76, 81 et suiv., Beauchamps, t. II, p. 127.

3. *Palémon, fable bocagère et pastoralle de N. Frenicle,* Paris, Iacques Dugast, 1632. Privilège du 29 janvier 1629. Voy. Beauchamps, II, p. 116.

4. Voy., dans *Palémon,* la description en cent quarante-neuf vers du palais qu'Ergaste a vu en rêve, (II, 3), — dans *la Chasteté invincible,* la maison de Charite, V, 1.

5. Voy. *Palémon,* V, 4, l'églogue du Bouvier et de la Bergère.

6. Voy., dans *la Chasteté invincible,* la série des scènes données comme *Intermèdes.* Les chœurs reparaissent dans *la Chasteté invincible* et dans *Palémon.*

7. Voy. à la fin de l'Avertissement le détail des coupures nécessaires : tous les épisodes devraient disparaître, car ils se réduisent tous à des développements oratoires.

teny et Montreux[1], ces récits d'une mignardise étudiée[2], ces lamentations alternées où les répliques se font équilibre[3], cette sorte de lyrisme sans éclat, mais doux et musical et enveloppant. Les vers harmonieux abondent :

> Les tourments que i'endure ont-ils de tels appas
> Que i'en puisse sortir et ne le vueille pas?...   (I, 1.)

et même les vers brillants :

> Nimphes qui de ces eaux habitez le séiour,
> Nayades, si iamais vous connustes l'amour,
> Faites à long replis dessus ces claires ondes
> Éclater au soleil vos cheuelures blondes...   (II, 2.)

A relire le récit de Palémon racontant à Ergaste la première apparition de Climène, on se rappelle d'aimables souvenirs :

> Ie demeurai longtemps à là considérer...
> Son maintien n'étoit point d'une femme mortelle;
> Celles qui dans cette eau se baignoient auec elle
> Aux Grâces ressembloient et d'un soin curieux
> Toujours dessus Climène elles tenoient les yeux ;
> Elles l'accompagnoient pour lui rendre seruice ;
> L'une la recoiffoit et d'un rare artifice
> Arrangeoit ses cheueux en diuerses façons;
> L'autre faisoit parestre en ses belles chansons
> Une vois non pareille à qui tout le riuage
> Répondoit doucement et sembloit faire hommage;
> Une autre auoit près d'elle un panier plein de fleurs
> Et meslant auec art les plus belles couleurs
> Faisoit une guirlande, et du tout attentiue
> A son gentil dessein se panchoit sur la riue...   (I, 4.)

Ce sont là divertissements de lettrés : sur la scène, le charme s'évanouirait. De petites églogues peuvent s'encastrer, comme la *Fidèle Bergère* de Frenicle, dans un roman poétique[4], ou,

---

1. Tirade de Palémon, I, 4 (106 vers), de la magicienne, III, 4 (92 vers).
2. Histoire de Nays, IV, 1. — Cf. dans *la Chasteté invincible* l'histoire de Lysis, II, 2...
3. Lamentations d'Aminte et de Méris, IV, 3.
4. *La fidelle Bergère, comédie pastorale*, intercalée dans l'*Entretien des*

comme l'*Amour caché*... de Scudéry, donner la matière d'un épisode[1]. Elles ne se suffisent plus au théâtre; celui-ci veut maintenant quelque chose de plus vigoureux. De temps à autre, à d'assez longs intervalles, on en rencontrera quelqu'une : telle l'*Arlette* de Gervais Basire, ou cette *Mélisse* que P. Lacroix voudrait attribuer à Molière... Œuvres charmantes, soit, mais qui ne sont que des efforts individuels, des phénomènes particuliers, qui ne tiennent plus au développement de notre théâtre, et demeurent hors de la ligne, en marge[2]. La cause du théâtre régulier, c'est la tragédie qui l'a prise en mains, la tragédie orgueilleusement enfermée dans ses règles de plus en plus étroites, rebelle à tout alliage, dédaigneuse, dans son culte exclusif pour la beauté antique, des œuvres françaises qui lui ont préparé les voies. Entre les deux rivales, il n'y a plus de place pour un genre moyen.

*
* *

La pastorale peut-elle du moins passer dans le camp opposé, et, dépouillée aux yeux des doctes de son prestige, gagner, en devenant franchement tragi-comique, les suffrages de la foule? Jusqu'ici nous l'avons vue hésiter dans cette voie. La tentation est grande cependant. Ayant l'un et l'autre une prédilection pour ces sujets composés où s'entre-croisent « deux ou trois fils »[3], les deux genres ne sont-ils pas voisins? Mieux encore : n'est-ce pas

---

illustres bergers, sorte de roman à l'imitation de Sannazar (14 églogues coupées de morceaux de prose), Paris, J. Dugast, 1634, in-8o.

1. *L'Amour caché par l'amour* donne le 3e, le 4e et le 5e acte de *la Comédie des Comédiens*, Paris, Courbé, 1635, in-8o. Au 2e acte, l'*Eglogue pastoral* d'Iris et Tancrède. — Cf. en 1657 *la Comédie sans comédie*, de Quinault.

2. Je rappelle encore, quoique à vrai dire elles n'appartiennent pas à la littérature française, les pastorales élégantes de l'Agenais François de Cortète, seigneur de Cambes et de Prades, qui servait encore en 1639 sous Adrien de Montluc. Voy. une longue analyse et d'abondantes citations de son *Ramounet tournat de la guèrro* et surtout de sa *Miramondo* dans Noulet, *Essai sur l'hist. littér. des patois du Midi*, p. 141 et suiv. (Les premières éditions de Cortète sont posthumes, Agen, Gayan, 1684, in-8o.)

3. *Traité de la disposition du poëme dramatique*, Paris, 1637, p. 43.

de la pastorale que Guarini a tiré la tragi-comédie moderne? Ce titre de tragi-comédie pastorale ne s'est-il pas, en France même, imposé peu à peu?... Et de la tragi-comédie pastorale à la tragi-comédie pure la distance n'est pas grande ni la distinction facile. La tragi-comédie, pour sa part, a tout fait pour renverser les barrières. Comédies espagnoles, romans chevaleresques ou pastoraux, nouvelles italiennes, tout lui est bon. Elle puise de toutes parts, dans le *Roland*, dans l'*Astrée*, dans les pastorales françaises ; elle s'enrichit de toutes les inventions qui s'offrent à elle ; elle adopte toutes les situations étranges, elle use de tous les procédés, elle copie sans scrupule les scènes émouvantes ou poétiques. Ces infortunes des amants, ces désespoirs profonds, ces enlèvements, ces travestissements, ces admirables exemples de dévouement ou de fidélité, ces rencontres, ces complications amoureuses, ces morts qui ressuscitent, ces enfants qui se retrouvent, ces reconnaissances, toute cette matière est à peu près indivise[1]. La *Dorimène* de Le Comte en 1632, *les Heureuses aventures* de Louis Le Hayer du Perron en 1633, l'*Alcimédon* de Du Ryer en 1635, la *Celine* de Charles Beys en 1636 mettent en scène des situations que nous avons rencontrées déjà. L'*Indienne amoureuse*, « tragi-comédie » imitée de l'Arioste par R. M. Sieur du Rocher en 1631, ne se distingue pas, comme genre, de

---

1. Nous avons signalé déjà les emprunts de la pastorale à la tragi-comédie (p. 337, n. 3). On n'en finirait plus à vouloir dresser une liste de tous les épisodes que celle-ci doit à celle-là. Voy. par exemple, dans l'*Infidelle Confidente* de Pichou (1631), la trahison de Céphalie enlevant à Lorise son amant Lisanor, la retraite de la jeune fille dans un désert, l'accusation qui pèse sur Lisanor... (Il ne faut pas oublier qu'en 1632 Pichou publiera sa traduction de *la Philis de Scire*.) — Des amants hermites encore dans l'*Espérance glorieuse* de Richemont Banchereau (1632), dans *les Aventures de Policandre et de Basolie* de Du Vieuget (1632), dans l'*Orizelle* de Chabrol (1633). — La résurrection de Floridan et de Parthenice dans la *Célinde* de Baro (1629). — Le rôle de la magie dans *les Passions égarées* de Richemont Banchereau (1632), dans l'*Innocente infidélité* de Rotrou (1632). — La jeune princesse exposée sur les flots dans la deuxième journée de la *Pandoste* de Pujet de la Serre (1631). — L'apparition d'une ombre dans *les Passions égarées*, ou de l'Amour dans l'*Espérance glorieuse*, etc. — La scène traditionnelle du baiser se retrouve dans *Tyr et Sidon* de Daniel d'Anchères (1608), dans *les Amours de Dalcmeon et de Flore* d'Etienne Bellone (1621), dans l'*Indienne amoureuse* du Sr du Rocher (1631), dans l'*Agarite* de Durval (1636), etc.

sa *Mélize*, « pastorale comique » en 1634 [1]. *Les Pêcheurs illustres*
de Marcassus, en 1648, rappelleront encore à la fois l'*Isabelle*
de P. Ferry et la *Prodigieuse recognoissance* de Thullin...

Dans la tragi-comédie, la pastorale retrouve jusqu'aux noms
habituels de ses personnages : Cloris et Philidor dans l'*Espérance glorieuse*; Caliante, Arténice, Filandre, et Alcidor dans
les Passions égarées; Bélinde et Polidor dans la *Bélinde* de
Rampale; Lisis, Tirsis et Dorimène dans la *Dorimène* de
Le Comte ; Célidor, Célinde et Timandre dans *le Ravissement de
Florise* de Cormeil. Il lui est difficile, vraiment, de ne pas subir
à son tour l'influence d'un genre de qui la rapprochent tant d'af-
finités.

Les complications de l'intrigue, d'ailleurs, peuvent porter
remède à cette fadeur dont on se lasse et à la monotonie des
sujets toujours identiques. H. d'Urfé lui-même n'a pas hésité.
Auprès des aventures pastorales, il a réservé une place importante
à la série des petits romans épisodiques : et c'est là, semble-t-il,
ce qui, de son œuvre, est resté le plus vivant; c'est, en tout cas,
ce qu'imitent de préférence les adaptateurs dramatiques [2]. Le
théâtre est destiné à la foule, pourquoi résister à ses goûts? Les
successeurs de Mairet et de Gombauld ne songent plus à se faire
de la sobriété un titre de gloire ou à se plaindre des exigences
du public. Ils s'excuseraient, au contraire, quand il leur arrive
d'être simples, de ne pas fournir à sa curiosité assez d'aliments.
Brusquement, le ton des préfaces a changé. L'auteur des *Trophées de la fidélité*, en 1632, explique « aux bons esprits »
quelles raisons l'ont empêché de multiplier autant qu'il aurait
voulu ces « accidens qui diuersifient la scène et soutiennent l'attention du spectateur... » Il plaide les circonstances atténuantes :
« Ie composay cette pièce pour une maison particulière et non

---

1. *L'Indienne amoureuse* réunit à peu près tous les épisodes pastoraux :
Méandre, prince du Mexique, y tient en même temps l'emploi du Satyre et du
Jaloux; Cleraste, croyant sa maîtresse infidèle, se précipite dans les flots,
comme il convient, et, naturellement, en est retiré; il ne manque ni l'amant
dans une solitude, ni le jugement, ni la condamnation, ni la délivrance inévitable.

2. Voy. Appendice I.

pas pour l'Hôtel de Bourgogne... Et parce que ie n'auois pas des gens en abondance pour iouér les personnages nécessaires à une pièce de si longue haleine... ie fus contraint de m'accommo der au nombre que i'auois... » Mais il lui déplairait surtout qu'on le jugeât timide de goûts ou attaché aux règles : « Ie n'ay suiui, ajoute-t-il, que l'impétuosité de mon génie... » Ce poète, qui n'est pas un homme d'étude , s'exprime comme Scudéry. Or, la préface des *Trophées* suit, à quelques mois d'intervalle, celle de l'*Amaranthe*.

L'année suivante, nouveau manifeste en tête de la *Cydippe* du chevalier de Baussays [2]. L'auteur a chargé un de ses amis de l'écrire, et l'ami, que rien n'oblige à être modeste, parle nette- ment : « Nous auons bien des choses merueilleuses dans notre langue, mais pour des vers, nous n'auons jusqu'ici rien veu de semblable. Et vous qui scauez tout ce que la Grèce, l'Italie et l'Espagne ont produit de beau pour le théâtre, ie m'asseure que vous direz que rien de tout cela ne s'égale à cet ouurage. Consi- dérez les meilleurs écrits d'Euripide, de Sénèque, du Tasse, de Guarini, de Lope de Vega, vous n'y verrez point dés vers si doux, si sonnans, si délicats et si majestueux, une inuention plus agréable... Je m'asseure même que vous ne 'rouuerez point de plus beaux vers dans les poèmes héroïques d'Homère, de Vir- gile et du Tasse... » Un ami véritable est une douce chose : le chevalier de Baussays en a au moins un. Ce qui suit est plus in- téressant : « Il arrive souuent que les vers approuués en la lec- ture ne sont pas bien receus du théâtre ; et au contraire, que ceux que le théâtre admire, ne peuuent estre leus auecque atten- tion : l'*Amynte* et le *Pastor fido*, les deux plus belles pastorales de la langue italienne, ont receu ce mauuais traitement sur le théâtre, et surtout du vulgaire, qui préfère à l'*Amynte* (chef-

---

1. Bien qu'une emperlée coronne
la ton noble chef enuironne...,

dit une pièce liminaire à l'auteur, signée L. G. — *Les Trophées de la fidélité* ont paru à Lyon, Claude Cayne, 1632, in-8⁰.

2. *La Cydippe de Monsieur le Chevalier de Baussays, Pastorale*, Paris, Jean Martin, 1633, in-8⁰. Privilège du 13 novembre 1632. La préface, sous le titre de *Lettre à Monsieur D. R.*, est signée T. R. F.

d'œuure de poésie) de malheureuses farses que les honnestes gens
ne veulent pas seulément regarder... » Les poètes doivent-ils
donc se déclarer vaincus et abandonner la place? L'auteur de la
Cydippe ne l'a pas pensé; il a « assemblé l'agrément du théâtre
et de la lecture auecque tant de perfection que ie ne scaurois croire
qu'on y puisse rien désirer. Ce n'est pas qu'il ait eu dessein, non
plus que ces grands hommes, de plaire au vulgaire; mais il a
pris soin de n'ennuyer personne... » Ni l'invention ni la valeur
poétique de la *Cydippe* ne justifient cet enthousiasme. En une
double intrigue à fils parallèles, le chevalier de Baussays imite
tour à tour l'*Aminta*, les pastorales de Hardy, le *Pyrame* de
Théophile; mais il multiplie les récits et les coups de théâtre, il
a réuni en ses cinq actes la matière de plusieurs pièces, il a
trouvé un dénouement ingénieux et piquant[1], la curiosité du
public sera satisfaite. « La pièce est un peu longue, avoue son
panégyriste, mais l'agréable diuersité qui s'y trouue la fait sembler petite. Deux ou trois heures ne suffiraient point peut-être à
la représenter tout entière, *mais on peut retrancher ce que l'on
voudra.* » Voilà un aveu ingénu[2] : le devoir du poète est d'entasser les péripéties et les épisodes; ce n'est pas à lui qu'il appartient de choisir.

A défaut d'une préface retentissante, un titre heureusement
composé peut éveiller la curiosité. Nombre de romans donnent
ainsi à leurs lecteurs un avant-goût de leurs confuses merveilles.
Jacques le Clerc, pour son *Guerrier repenty*, a déjà usé du procédé. Le Sr. de la Charnays[3] imite cet exemple en tête de ses
*Bocage.... Pastorale où l'on void la fuite de Cirine, le duel de
ses amants, les desdains et les ruses d'Amire, l'extrauagance*

---

1. Ce dénouement, plus audacieux que vraisemblable, — et que l'on s'imagine difficilement représenté sur un théâtre, — est la seule nouueauté de la
pièce. Palémon, que repoussait Cydippe, a réussi à obtenir sa main et à l'épouser. En un costume sommaire, il dit son bonheur et se prépare à user de ses
droits. Mais il aperçoit, dans une chambre voisine, sa femme aux bras de son
rival; son amour ne résiste pas à une pareille épreuve...
2. C'est à peu près ce que dit la préface de *la Pompe funèbre*.
3. Sans doute Pierre Cottignon, sieur de la Charnays (ou Charnaye), gentilhomme Niuernois, auteur de *la Muse champestre* de 1623 (voy. Brunet).

de Méliarque, la ialousie d'Éliandre, l'ardeur de Filenie, la froideur de Néristil, la 'vanité des charmes de Tholitris, sa mauuaise fin et les disgrâces de Ponirot[1]... Après *avoir vu* tant de choses, il faut vraiment à Rotrou quelque complaisance pour célébrer le naturel et la naïveté de l'œuvre[2]!

Le *Palémon* de Nicolas Frenicle nous ramenait à la poésie un peu molle de Montreux ou de Jacques Fonteny : avec ces procédés de composition de la pastorale tragi-comique, nous revenons de même aux *Amantes* de Chrestien des Croix, aux *Félicités amoureuses* de Blambeausaut, — mieux encore, au roman pastoral sous sa première forme. L'action principale conserve ici la même importance exactement — je dis la même importance, non pas la même valeur poétique — que l'aventure de Sireno dans la *Diane* ou de Florian dans la *Pyrénée* de Belleforest; elle demeure une sorte de lien par lequel se rattachent tant bien que mal une suite d'épisodes ou d'*histoires* diverses.

Je cite encore un exemple : Crysante, prince d'Arabie, et Doranise, princesse de Chypre, ont dû s'embarquer sur l'ordre d'un oracle; une tempête les sépare ; Doranise, jetée dans l'île de Lydie, est recueillie par des bergers. Crysante la cherche et la retrouve : cela n'est en soi ni nouveau ni compliqué. Mais chacun des moments de cette histoire peut admettre tous les développements

---

1. Paris Toussainct du Bray, 1632. Privilège du 15 mai 1632. C'est, dans toute sa beauté, le procédé ancien de la *Contaminatio* : pour nous en tenir aux œuvres dramatiques et sans parler des éléments empruntés, comme toujours, au *Pastor* ou à l'*Aminta,* la quadruple intrigue de La Charnays combine *la Folie de Silène, les Infidèles fidèles, le Boscage d'amour...* — Même genre de composition dans la *Lizimène,* 1632, où G. de Coste reprend, pour le surcharger de péripéties nouvelles, un épisode de ses *Bergeries de Vesper* (chap. iv); — dans la *Melize* de Du Rocher, 1634 (souvenirs de *Mélite,* de la *Sylvie,* de l'*Isabelle* de P. Ferry, etc.); — dans la *Luciane* de Benesin, 1634 (dans les trois premiers actes, reprise du sujet des *Bergeries* et de la *Diéromène*; une aventure chevaleresque dans les deux derniers); — dans la *Selidore* de Léon Quénel, 1639, etc. — Il y a un peu plus de simplicité, quoique l'intrigue demeure tragi-comique, dans l'*Uranie* de Bridard, 1631, la *Clénide* de la Barre, 1634...

2.   Leur éloquence est naturelle
            Et la naïueté rend ta muse si belle
            Qu'elle charme tous les esprits...

D'autres pièces liminaires de Colletet et Du Ryer.

parasites qu'il plaira à la fantaisie de l'auteur d'y faire entrer. L'île de Lydie est peuplée de satyres, de silvains, de démons, de dryades et de magiciens, et voilà possible toute une première série d'épisodes. Crysante, d'autre part, est tombé entre les mains des corsaires : admirable prétexte à nous décrire des combats acharnés, des naufrages nouveaux, des exploits sans nombre. Et quand il sera temps de réunir les amants, le poète encore n'aura qu'à consulter ses souvenirs : rien de plus simple que de nous montrer le jeune homme arrachant sa maîtresse aux mains d'un satyre, luttant contre des bandits, déjouant les ruses d'un sorcier, de lui rendre un frère qui, par amour, s'était fait berger, de faire survenir son père, victime, de son côté, d'aventures analogues, et de combler les vœux du public par une série de mariages [1]. C'est ainsi que plusieurs romans ou plusieurs pièces entrent l'un dans l'autre : l'*Arcadie* de Sidney n'était pas composée autrement. Chaque pastorale, tour à tour, peut mettre en œuvre *tous* les épisodes connus, ce qui la dispense d'en inventer d'inédits. La tragi-comédie pastorale est essentiellement une pièce à tiroirs, un jeu de patience, médiocrement ingénieux.

Et ainsi, tous les progrès que le genre avait accomplis, grâce à Alexandre Hardy et à Racan, se trouvent perdus. Il renonce à cette simplicité poétique, à cette valeur de psychologie, à cette humanité qu'ils lui avaient données, pour revenir aux complications puériles dont ils avaient su le dégager. Entre les pastorales tragi-comiques qui suivent l'*Amaranthe* et celles que l'on goûtait avant 1610, les analogies sont nombreuses et ne sauraient être fortuites. G. de Coste construit sa *Lizimène* sur le vieux type des pastorales à amours entre-croisés; Marcassus calque son *Eromène* sur la *Diéromène* de Roland Brisset [2]; la double intrigue de la *Luciane* se distribue comme celle de l'*Instabilité des*

---

1. *La Doranise, tragicomédie pastorale du sieur de Guérin* (Guyon Guérin de Bouscal, de Languedoc, conseiller du roi, avocat au conseil), Paris, Claude Cramoisy, 1634, in-8º. — Cf. l'histoire de Cepio dans *les Bergeries de Julliette*, II, 1. — Toute cette matière, évidemment, ne peut être mise en scène. Plusieurs épisodes sont en récits.

2. Sur Marcassus, professeur d'éloquence au collège de la Marche, voy. les *Mémoires de Marolles*, t. I, p. 79; t. III, p. 309.

félicités amoureuses. Les géants reparaissent, et les sauvages, et les ombres[1] ; les magiciens, les chevaliers errants retrouvent toute leur importance de jadis[2]. Les charmes de Tholitris dans les *Bocages* opèrent exactement comme ceux d'Erophile dans les *Infidèles fidèles* ; le principal épisode de la *Cléonice*[3] est emprunté à la *Diane* de Montreux, aux *Amantes* de Chrestien des Croix, à la *Sidère* de Bouchet d'Ambillou; Élise, dans les *Trophées de la fidélité*, se venge comme Delphe dans *Athlette*[4] ; le cinquième acte de *Sélidore* rappelle de très près celui de la *Chaste Bergère*[5]...

On s'attendrait, au moins, à trouver, dans l'agencement de ces matériaux de valeur médiocre, une plus grande habileté technique; mais il semble que, pour les successeurs de Gombauld, les vingt dernières années n'aient porté aucun enseignement. Comme hommes de théâtre, le Sr. de Guérin, le chevalier de Baussays ou P. Cottignon en sont au même point que Chrestien des Croix, J. Estival et le Pasteur Calianthe. Ce sont les mêmes défis à la vraisemblance ou au bon sens, la même désinvolture, la même ignorance des principes les plus élémentaires de l'art dramatique. Quelle que soit la banalité des épisodes, chacun vaut par lui-même : le public n'est pas plus exigeant qu'autrefois sur leur liaison, ni sur la façon dont l'auteur pourra sortir des difficultés qu'il à lui-même accumulées. L'essentiel est qu'après nombre de catastrophes, les amants enfin soient réunis : que ce

1. Voy., dans la *Cléuude*,   ent enchaîné par les bergers et les ombres des femmes d'Émilien et de Marcion; — dans *les Bocages*, le sauvage Ponirot...
2. Comparez l'évocation de la *Doranise*, III, 1, et celle des *Amantes*, II, 1 ; — les chevaliers Larimart et Bellibron dans *les Bocages*, et les princes Polidor et Arminis dans *le Boscage d'amour* (l'analogie des titres est d'ailleurs significative)...
3. Polidor ayant pris les traits de Polémon, IV, 2.
4. La pomme empoisonnée, III, 4.
5. Lusidan surpris dans le temple de Diane, V, 1, 2. — L'analogie va jusqu'à la disposition même du dialogue. Voy., dans la seule *Doranise*, les interminables monologues (première tirade de Doranise 202 vers, etc.), les conversations monotones par une série de répliques de deux vers (II, 4), les répétitions de mots (« Heureux tous mes travaux... Heureuses mille fois... », etc., IV, 3), et tous les artifices de style que nous avons signalés chez les premiers représentants du genre.

soit par une intervention divine ou royale[1], par une reconnaissance[2], par une brusque volte-face de sentiments[3], il s'en soucie
toujours aussi peu. Parfois même, la pièce, telle le roman de
Montemayor, néglige de s'achever[4]. « Quand ie commençay le
premier vers, avoue encore l'auteur de la *Lizimène*, ie n'auois
point dans mon esprit de suiet formé. Tant y a que l'ayant
acheuée elle me réussit de la façon que tu la peus voir[5]. »

Dans cette décadence du genre, les contrastes qui s'étaient
effacés s'accusent de nouveau. La plaisanterie redevient lourde et
obscène, sans esprit. Les équivoques sollicitent la gaieté de la
foule, les gestes accompagnent les paroles, et l'on se demande
comment certains de ces tableaux ont pu être supportés sur le
théâtre. Chaque pastorale, à peu près, a son contingent de grossièretés. Nous avons vu déjà sur quelle scène audacieuse finit la
Cydippe de Baussays; par contre, le *Mercier inventif*, qui tour-
nera par la suite à la tragédie, commence sur un thème de farce
licencieuse; Marcassus a soin d'agrémenter son imitation de la
Diéromène de quelques ornements à sa façon[6], et je ne parle pas

1. *Le Mercier inventif...*, Troyes, Oudot, 1632, in-12. — *La pastorale de
la Constance de Philin et Margoton*, Grenoble, Raban, 1635, in-4°.
2. *La Mélize. — La Clenide. — La Doranise.*
3. *La Lizimène. — La Cydippe.*
4. *Les Bocages.* Cf. le dernier acte de *l'Instabilité des félicitez amoureuses.*
5. *La Lizimène*, Au lecteur. — Voy. aussi la composition de *la Chasteté
invincible*; à côté d'une intrigue toute simple (Thirsis, repoussé par Uranie, se
frappe d'un poignard; un baiser de celle qu'il aime le ranime), une série
d'églogues distinctes, de scènes qui souvent se présentent sans lien, sous le
nom d'*Intermèdes* : les amours heureuses de Phaon et d'Yole, les inconstances de Sireine, les incantations du magicien Licandre, les prédictions d'Aronte,
les méchancetés de Driope, autant de prétextes à des développements purement verbaux, ou à des allusions qui sans doute furent transparentes : Driope,
nous dit-il, représente « diuerses personnes meschantes et odieuses... ».
6. Voy. en particulier le deuxième acte. — Cf., dans *les Bocages*, la déclaration de Méliarque amoureux du magicien Tholitris (III, 5); dans *le Tableau
tragique* de Joyel, le dialogue de Florivale et d'Orcade (II, 2), *la Constance
de Philin et de Margoton* et *la Pastorale de Ianin* de Jean Millet : ces deux
dernières, publiées à Grenoble en 1635 et 1636 et mêlées de français et de
patois, continuent, comme les pastorales de Bertrand Larade en 1607, comme
les pièces réunies dans l'*Antiquité du triomphe de Béziers* ou dans le *Iardin*

de l'*Impuissance* du Sr. Véronneau dont il suffit de citer le titre[1].

Auprès de ces saillies burlesques, des scènes d'horreur aussi naïves et brutales : des disputes, des injures, des batailles et des meurtres. Joyel, qui reprend, une fois de plus, dans son *Tableau tragique*, la scène traditionnelle des pères, s'efforce de la rendre plus saisissante : le vieux Géon, irrité de l'amour que sa belle-fille Florivale a conçu pour Orcade, ne se contente plus des réprimandes et des reproches ordinaires ; c'est un accès de folie furieuse, une pluie de malédictions, une grêle de coups[2]. Vainement, les voisins interviennent ; Lucie, mère de la jeune fille, prend sa défense ; pour avoir raison de l'obstiné vieillard, elle ne trouve qu'un moyen · l'empoisonner. Toute la fin se maintient à ce diapason. Le dénouement surtout est admirable : une véritable furie de suicide a décimé tous les personnages ; seule, la vieille Lucie a survécu, et dans l'obscurité d'une nuit sinistre, à la lueur de quelques « falots », devant les cadavres épars, les spectateurs épouvantés voient l'ombre de Géon sortir de sa tombe, « tordre le cou » à sa femme et l'entraîner, elle aussi, dans le néant. Joyel a largement justifié le titre de son œuvre.

deys musos provensalos de Claude Brueys en 1628, la tradition du théâtre populaire provincial.

1. *L'Impuissance, tragi-comédie pastorale, par le sieur Veronneau Blaisois*, Paris, Toussainct Quinet, 1634, in-8°. — Pour la partie tragi-comique de la pièce (Philinte et Lycaste, accusés d'avoir tué Sylvain et Charixene dont ils ont pris les vêtements), cf. *Agimée*, II, 3.

2. *Le Tableau tragique ou le funeste amour de Florivale et d'Orcade, pastorale. Avec plusieurs stances... et autres fantaisies poétiques par le sieur Ioyel*, Douay, Martin Bogar, 1633, in-8°. Approbation du 20 juin 1633. Voici quelques-unes de ces gentillesses :

> Ie iure Dieu, tais toy, effroyable chenille,
> Craignant que ma raison n'esuade sa coquille...,

crie-t-il à sa femme,

> Ie vay rompre en éclats ton vieil bastiment d'os
> Si tu ne colle point un silence en ta bouche...

(III, 3.)

Les pièces qui terminent le volume donnent des détails intéressants sur le théâtre à Douai : voy. p. 96, « Aux comédiens du Parnasse contre l'insolence des ignorans », et p. 248, des noms de poètes et comédiens de Douai. Joyel a une grande estime pour Hardy à qui il consacre deux pièces : « Sur la mort de M. Hardy, prince des poëtes comiques », et « La descente de M. Hardy aux chans d'Elisée. »

Les inventions tragi-comiques de Guarini ou de Bonarelli sont dépassées. D'autres modèles doivent tenter maintenant la pastorale française. Jusqu'ici, elle avait à peu près ignoré l'*Arcadie* anglaise, traduite pourtant dès 1624 ; avec ses couleurs violemment tranchées, ses complications, ce mélange surtout de fadeur, de mièvrerie ou de brutalité outrancière, le roman de Philippe Sidney ne semblait guère fait à la mesure d'un public français. Mais le temps n'est plus d'être timide et c'est Antoine Mareschal, l'auteur de *l'Inconstance d'Hylas*, qui se charge de porter à la scène le « chef-d'œuure miraculeux »[1]. *La Cour bergère* paraît chez Toussaint Quinet en 1640, après avoir obtenu, s'il faut en croire l'épître dédicatoire, un éclatant succès de représentation[2].

Mareschal a renoncé ici aux qualités de finesse et de mesure dont il avait fait preuve cinq ans plus tôt. Il sait la distance qui sépare l'*Arcadie* de l'*Astrée*, et, en adaptateur consciencieux, il tâche à rendre fidèlement la couleur de son modèle : « Ie l'ay suiuy d'assez près dans les plus belles matières et ne l'ay point abandonné que la bienséance et les rigueurs du théâtre ne m'y contraignissent[3]. » Or, ni la bienséance, ni les rigueurs du théâtre n'exigent trop de sacrifices.

Les trois premiers actes et le cinquième, il est vrai, sont simplement de comédie tour à tour romanesque et bouffonne ; ils ne prétendent pas à secouer violemment les nerfs de la foule. Par crainte d'un oracle, le roi Bazyle a renoncé aux prérogatives du pouvoir et s'est retiré aux champs avec sa femme Gynécie, ses filles Pamele et Phyloclée, son « grand bouuier » Dametas. Cette Cour bergère se ferme jalousement aux étrangers, aux amoureux surtout. Les jeunes princes Pyrocle et Lyzidor parviennent cependant à s'y introduire, à la faveur d'un déguise-

<hr>

1. *La Cour Bergère ou l'Arcadie de Messire Philippes Sidney tragi-comédie*, Paris, T. Quinet, 1640. — Privilège du 15 décembre 1639 ; achevé d'imprimer du 2 janvier 1640. Epître dédicatoire à Robert Sidney.

2 « Ie ne vous entretiendray point de son mérite : c'est assez que le bruit que le Théâtre François en a fait et les applaudissemens qu'il en a receus luy seruent de témoins sans moy de ce qu'il vaut et iustifient l'espérance que i'ay qu'il ne déplaira point à V. E. » (Epît. dédicat.).

3. *Ibid.*

ment : l'un s'est fait embaucher comme berger; l'autre, sous
un costume féminin, passe pour l'amazone Zelmane, et sa bonne
grâce a séduit tous les cœurs... Cette aventure, en somme, ne
dépasse pas les bornes de la niaiserie permise à la pastorale.
Avec un peu d'habitude, on s'y résignerait, si la majesté même
des grands vers tragiques n'accusait la puérilité de la fable, et
ne donnait un air involontaire de parodie aux morceaux les plus
travaillés. Telle, par exemple, la première tirade du vieux roi, —
solennelle et ridicule :

> Puisque vous n'en voulez, destins, qu'à ma puissance,
> Ie suis nu, ie vous cède, épargnez l'innocence ;
> Pour diuertir l'effort de vos trais inhumains,
> Sans sceptre, ie vous tends mes innocentes mains ;
> Ces cheueux gris sont-ils le but d'une tempeste?...

Et plus loin :

> I'ay changé ma couronne en une autre de fleurs;
> Ma teste a moins d'éclat, aussi moins de douleurs ;
> Celle d'or par son poids est suiette à ruine,
> De celle-ci mes mains en ont tiré l'épine :
> Ou si quelqu'une reste à tant de soins prudens
> Ie la porte au dehors, les princes au dedans... (I, 2.)

Çà et là, encore, quelques scènes rivalisent fâcheusement avec la
verve grossière de l'original : les saillies du bouvier Dametas
qui, chargé à la fois de veiller sur la fille aînée de son maître et
sur ses génisses, en arrive à ne plus distinguer très bien entre
ses élèves [1], la passion du monarque poursuivant de ses déclarations la fausse Zelmane et demandant à sa propre fille d'intercéder en sa faveur [2], les ardeurs frémissantes de Gynécie et les
quiproquos du dénouement [3]...

---

1. Voyez en peu de temps comme elle est grande et belle ;
Ma génisse, après tout, n'est pas plus blanche qu'elle ;
I'ai conté ses cheueux, elle a toutes ses dents,
Ie mets à l'engraisser mes soins les plus ardents ;
Elle a plus de seize ans et n'a pas une ride...
Ie prends le mesme soin d'elle que de vos bœufs...
(I, 2.)

2. Ma fille (m'a-t-il dit) voyez ma mort prochaine,
Allez trouuer Zelmane et luy montrez ma peine..
Dites luy qu'on ne peut résister à ses charmes...
(III, 6).

3. Cf. la scène de la grotte dans le *Pastor.*

Mais à la fin du troisième acte un nouveau personnage passe au premier plan : la cruelle Cécropie, qui veut obliger l'une ou l'autre des deux princesses à épouser son fils Amphyale, les a fait enlever par ses soldats. Et tandis que le château est assiégé, que Lyzidor et Amphyale font assaut de courage et de générosité, la mégère s'efforce de réduire ses victimes par la terreur. Elle a machiné une sorte de comédie sinistre ; des fenêtres de son cachot, Phyloclée croira assister au supplice de sa sœur. C'est le point culminant de l'œuvre, et Mareschal, suivant pas à pas son modèle, a réglé avec soin la mise en scène : « Pamele paraît les mains liées, les yeux bandez, la gorge nüe, et un bourreau derrière elle, qui tient un coutelas à la main, et suit deux hommes qui mènent cette princesse au lieu du supplice, qui sera dans un lieu éleué au fond du théâtre et qui se découurira, la tapisserie estant leuée... Le bourreau ayant le bras leué prest à lâcher le coup, on laisse tomber la tapisserie et Phyloclée s'éuanouit. » Ici, un temps d'arrêt, car il faut ménager ses effets, laisser frémir la foule et savamment graduer l'horreur ; puis, la tapisserie se levant de nouveau, apparaît « le corps de Pamele tout ensanglanté, et la teste dans un bassin sur une table[1]... » Il est à peine besoin de dire que ce spectacle n'était qu'une « feinte effroyable[2] », que Pamele n'est pas morte, qu'elle sera délivrée, et que Cécropie ne tardera pas à expier sa cruauté. On la revoit à la scène suivante « sur une platte-forme du château », criant ses colères et ses haines ; l'épée à la main, Amphyale se précipite vers elle ; il se tue à ses yeux, « et Cécropie, reculant de peur, tombe de la platte-forme en bas sur le théâtre »[3].

Avec une donnée pareille, il ne peut être question de poésie ou d'étude de sentiments. C'est, d'ailleurs, en art dramatique, un principe général : la complication de l'intrigue rend les qua-

1. IV, 6.
2. Pamele explique elle-même l'artifice :

Ma mort n'estoit que feinte et ma teste exposée
Près d'un corps emprunté vous tenoit abusée,
Moy bien plus qui, soumise au fer de l'assassin,
Au lieu du coup mortel ne sentis qu'un bassin...

(IV, 10.)

3. IV, 8.

lités d'un autre ordre non seulement inutiles mais dangereuses. Dès l'instant qu'il s'agit de frapper vivement des imaginations naïves, tout effort pour justifier l'évolution des caractères, pour les faire logiques et vrais, pour les rapprocher de la vie serait un effort à contre-sens : rien n'émeut plus que l'inattendu. Si, par rencontre, les exigences du dénouement veulent qu'un amoureux fervent renonce à sa passion, il n'est aucun besoin de nous expliquer la métamorphose : l'important est de nous en informer, et un seul vers y suffit [1].

D'autre part, l'esprit occupé à démêler les fils compliqués de l'histoire n'a pas le loisir de regarder ailleurs ; il veut être fixé aussitôt sur le caractère de chacun. Les personnages doivent réaliser des types bien définis, porter, au besoin, avec eux — tels les héros d'Homère — des étiquettes explicatives [2], se classer aisément en quelques catégories très simples, très distinctes : les amants suivant la formule à qui va, sans hésiter, la sympathie du public, les grotesques qui excitent sa gaîté, les monstres qui le font frémir. Invariablement, les premiers soupirent, les seconds déraisonnent, les troisièmes grincent des dents, et si tout cela n'est pas très vivant, tout cela, du moins, est parfaitement clair. Il y avait quelques nuances encore dans l'Oronte de Gombauld ; il n'y en a plus dans le rôle de Cécropie.

Sur le droit, sur la justice, sur la raison d'Etat, elle a des idées sommaires qui s'expriment aisément en formules cornéliennes :

> Le succez rend tout iuste à qui scait bien tenir ;
> En matière d'estat la iustice est trompée,
> Le plus fort a raison, et le droit suit l'épée...   (III, 5),

et elle s'en tient à cela. Devant les scrupules de son fils, elle se refuse à comprendre :

> Ie ne remarque en luy qu'un point défectueux,
> Qu'il est, à mon humeur, un peu trop vertueux...   (IV, 1.)

---

1. Cf. les dénouements de la *Lizimène* et de *Cydippe*.
2. Voy., dans *les Bocages* : « Neristil qui n'ayme personne et qui ne veut pas estre aymé », — « Méliarque suiet à l'extravagance », — et « Eliandre suiet à la ialousie ».

Pour elle, elle est à l'abri de toute faiblesse. Pas de lutte, d'hésitations ou de remords. Ses cris sont ininterrompus, ses fureurs
sans arrêt ; elle se grise elle-même de ses imprécations :

> Courage ; mon esprit ou plustôt ma fureur
> M'inspire à cet effect un moyen plein d'horreur ;
> Ie la tiens, ie la voy déjà dans ces allarmes...   (IV, 2.)

et quand elle voit sa ruse inutile :

> Appelle à ton secours, auant que de te rendre,
> Des crimes que l'enfer n'oseroit pas apprendre ;
> Sois Médée aux tourments que tu veux inuenter,
> Et sois plus que Médée à les exécuter ;
> Fay venir de l'Enfer l'horreur, les barbaries ;
> Accroy de ta fureur le nombre des furies ;
> Que le feu, les poisons et la peste soient moins
> Que ce qui doit borner ta constance et tes soins... (IV, 8.)

Ce dernier cri enfin qui, si heureusement, achève et résume son
rôle :

> Ie déteste le ciel ; ah ! ie meurs enragée !   (IV, 8.)

C'est dire qu'elle meurt comme elle a vécu.

La destinée de la pastorale se trouve liée maintenant à celle de
la tragi-comédie. Ceci, d'ailleurs, était inévitable. Elle a pu se
poser, un instant, en fidèle observatrice des règles : en fait,
toutes les théories classiques la condamnent. Comment s'intéresser à ces sujets monotones, à tout ce monde de héros conventionnels et puérils, quand on professe que l'histoire seule est
digne de soutenir la majesté du poème dramatique ? Certes, la
tragédie ne répugne pas, pour cela, aux invraisemblances, elle
les recherche au contraire ; mais l'invraisemblable doit être vrai.
Et la pastorale heurte encore et surtout ce préjugé, chaque jour
plus puissant, contre le mélange des genres, ce goût pour les
œuvres de caractère arrêté et défini. Lyrique et dramatique tout
ensemble [1], à égale distance de la tragédie et de la comédie véritables, elle n'est que désordre et confusion.

---

1. Voy., par exemple, l'importance de l'élément lyrique dans l'*Uranie, tragi-
comédie pastorale* de Bridard, Paris, J. Martin, 1631, in-8°.

Or, la cause du théâtre irrégulier est irrémédiablement perdue. De 1630 à 1636, le goût du public, ou pour mieux dire le public lui-même, s'est transformé. Ce n'est plus à la foule turbulente de jadis qu'il s'agit de plaire, l'avenir est aux doctes. Parmi les poètes, les conversions sont nombreuses et bruyantes. Si Rotrou s'obstine dans sa fière indépendance, Scudery fait amende honorable aux savants [1]; Pierre du Ryer, qui n'a pas écrit une seule tragédie avant 1638, n'écrit plus guère autre chose après cette date. Le prestige de la tragi-comédie s'efface. Elle ne peut disparaître, sans doute, du jour au lendemain; mais elle a cessé d'être un genre nettement déterminé, soucieux de justifier le terme qui le désigne; elle n'est plus qu'une forme particulière de la tragédie, une tragédie dont le sujet n'est pas emprunté à l'histoire, ou encore « une pièce dont les principaux personnages sont princes et les accidents graues et funestes mais dont la fin est heureuse, encore qu'il n'y ait rien de comique qui y soit mêlé [2] ». « Ie te puis asseurer, écrivait Durval en tête de son *Agarite* [3], d'un volume de quatre pièces plus iustes et plus nombreuses, chacune desquelles tenant sa partie te fera voir comme alors que ie me suis diverty à cette belle science, i'ay séparément traité la *tragédie*, la *tragi-comédie*, la *pastoralle* et la *comédie*, les unes dans la prétendue règle de vingt-quatre heures, comme poëmes simples, et les autres hors de la même règle, comme poëmes composés. C'eÅt tout ce que mon loisir m'a permis de contribuer à la scène françoise qui ne peut auoir que les quatre faces que ie te monstre. » Trois ans plus tard, ces beaux projets sont abandonnés et le poète s'en explique avec mélancolie : « Quand ie me suis retiré de la scène, ie n'ai pu m'abstenir de faire deux ou trois pièces à son usage... ; c'est tout ce que i'aurai planté de cette nature sur notre Parnasse; aussi bien, depuis que les réguliers en ont, sous prétexte de réforme, usurpé la possession, pour y fonder leur secte, ie ne puis, sans passer pour

1. Voy. l'*Apologie du Théâtre*, Paris, Courbé, 1639, in-4º.
2. Préface du *Scipion* de Desmarets, 1639.
3. *Agarite, tragicomédie*, Paris, Targa, 1636, in-8º. Privilège du 13 mars 1635; achevé d'imprimer, 2 juin 1636.

scandaleux, m'affranchir de la séuérité de leur statut... A cette
règle n'aïant pas trouvé bon d'adiuster mes œuures, ni princi-
palement celle-ci..., il m'est plus séant de faire place aux maîtres qui l'enseignent que de les choquer ; à la vérité, s'ils n'estoient en puissance de plus de trois ans et que ie fusse receuable
à plaider au petitoire, il me serait aisé de mettre ici tout le
plaidoïé de la partie aduerse... » Mais où trouver, maintenant,
des juges impartiaux ? La cause est jugée. Victime résignée et
patiente, Durval en « appelle à la postérité ! [1] »

* * *

On ne voit pas très bien d'ailleurs quel avantage pouvait trouver la tragi-comédie à devenir pastorale, à se faire ainsi de parti
pris plus conventionnelle et plus monotone, à s'embarrasser de
cet attirail usé. Quelle que fût, depuis près d'un demi-siècle, la
faveur du genre, certains déjà avaient senti les ridicules de cette
mode. En 1605 paraît dans *la Gazette françoise* de Marcellin
Allard *un ballet en langage forézien de trois bergers et trois
bergères se gaussant des amoureux qui nomment leurs maîtresses leur doux souvenir, leur belle pensée, leur lis, leur rose,
leur œillet, etc...* [2]. En 1630, le comte de Cramail enveloppe
dans le même mépris *Tristan, Perceforèst*, l'*Astrée*, « tout ce
que les hommes accorts et capables reiettent comme excrémens,

1. Préface de *Panthée, tragédie*, Paris, Cardin Besongne, 1639, in-4°. Privilège du 9 février 1639 ; achevé d'imprimer, 22 février.
2. Sur *la Gazette françoise* (Paris, Chevalier, 1605), voy. Brunet. Le
Ballet... qui se trouve aussi séparément a été réimprimé par G. Brunet, Paris,
Aubry, 1855. — M. E. Roy (*La vie et les œuvres de Charles Sorel*, Paris,
Hachette, 1891, p. 116) semble s'en exagérer la portée. Il est tout à fait excessif de conclure qu'avant le triomphe de l'*Astrée* le roman pastoral était tombé
en désuétude et que la faveur publique avait entièrement « délaissé l'insipide
Ollenix de Montsacré ». — « Les habitants du Forez eux-mêmes, ajoute M. Roy,
si passionnés jadis pour les bergeries, s'en moquaient maintenant et ne faisaient plus que des pastorales burlesques. » Un fait isolé ne peut suffire à
prouver cette prétendue éclipse du genre entre *les Bergeries de Julliette* et
l'œuvre de d'Urfé ; en réalité, sa vogue, soit dans le roman, soit au théâtre,
est ininterrompue.

auortons de l'esprit[1]...» Mais c'est à Charles Sorel qu'il faut faire honneur de cette campagne. Dès l'*Histoire de Francion*[2], dans le *Tombeau des romans*[3] ensuite, bien des traits atteignent le genre à la mode. En 1627, la bataille s'engage franchement, et les six premiers livres du *Berger extravagant* paraissent chez Toussainct du Bray; la deuxième partie (liv. VII à XII) suit de près la première et, l'année suivante, un troisième volume donne les livres XIII et XIV accompagnés des quatorze livres de *Remarques*[4].

Ces commentaires s'ouvrent par un aveu : « Si iamais livre eut besoin d'être deffendu c'est cestuy-ci ou i'ay mis sans crainte tout ce qui estoit nécessaire à mon suiet...; » aussi a-t-il mis un acharnement patient à le justifier presque page par page. Par malheur, cet interminable plaidoyer n'était pas fait pour attirer à l'œuvre beaucoup de lecteurs. « Le *Berger extravagant*, constate M. Roy, réussit médiocrement »[5]; il suffit en effet, pour s'en convaincre, de comparer la liste de ses éditions à celles du *Francion* par exemple. Quant aux causes de cet échec, elles se devinent sans peine. Ce n'est pas impunément que l'on s'attaque à tous les écrivains d'une époque, et, chose plus grave encore, que l'on s'efforce de tourner en ridicule les goûts du public. Ce ton de raillerie continuelle, ce mépris de toutes les fictions romanesques ou poétiques, cette attitude dédaigneuse avaient quelque chose déjà de désobligeant.

Passe encore si le livre eût été amusant : mais si les gens sérieux furent choqués dans leurs admirations, l'auteur nous déclare lui-même que les rieurs aussi furent déçus : « Au premier

---

1. Voy. le *Don Quixote Gascon* dans *les Jeux de l'Inconnu*, édit. de Rouen, 1637, p. 46.

2. *Histoire comique de Francion...*, Paris, Pierre Billaine, 1623. Voy. liv. X, p. 387, le passage sur l'*Astrée* : « Les Bergers y sont philosophes et font l'amour de la même sorte que le plus galant homme du monde. Pourquoi ne composerait-on pas un livre des chevaliers à qui l'on feroit parler le patois des paysans et faire des badineries de village?... » (Cit. par M. Roy, p. 76.)

3. *Le Tombeau des romans...* (par Fancan), Paris, Claude Morlot, 1626.

4. Permis d'imprimer du 12 juin 1627. Voy. l'excellente bibliographie de M. E. Roy, liv. cit.

5. P. 174.

bruit qui a couru qu'il s'estoit fait un liure facétieux, plusieurs
l'ont voulu voir, sans auoir autre pensée, sinon que cela les feroit
bien rire, et i'en scay beaucoup qui s'y sont trompez, ne consi-
dérant pas que i'ay dessein d'apporter plus de profit que de
délectation[1]... » Charles Sorel, en effet, avait redouté de paraître
léger : il n'a que trop réussi.

Il est aisé sans doute, en une étude rapide, de détacher de
l'ensemble telle ou telle scène assez bien venue, de choisir, dans
les premiers livres de préférence, quelques tableaux pittoresques,
quelques traits satiriques ingénieux, et, en négligeant tout le reste,
de présenter l'œuvre à son avantage[2]. Pendant quelques pages,
cette bouffonnerie érudite peut se supporter ; pour un héros de
farce l'indulgence semble naturelle ; on se plaît à reconnaître au
passage des souvenirs, à noter des détails dont Molière fera son
profit ; on est reconnaissant à l'auteur de sa crânerie... Cette
grosse verve d'ailleurs, n'est-ce pas l'esprit gaulois ? Ne fût-ce
que par respect de la tradition, par amour-propre national, il
convient de lui être complaisant...

Mais après avoir lu les quatorze livres du roman, aggravés
des quatorze livres de Remarques, l'indulgence est plus difficile.
Auprès du *Francion*, le *Berger extravagant* a cette infériorité
d'abord de n'être plus un roman satirique, mais une simple
parodie. Or la parodie fatigue bientôt. Toute invention à peu
près lui est interdite ; tout y est prévu, attendu, déterminé ; d'un
bout à l'autre, le même genre de comique, les mêmes procédés
de déformation, aucune fantaisie. Invariablement elle en est
réduite à renchérir sur les œuvres à qui elle s'attaque : avec les
romans que Sorel avait en vue, cela risquait de le mener loin.
Lui-même n'a pas pressenti le danger. Il se réjouit de ses trouvailles burlesques ; il les commente, il les justifie, il les développe, il s'efforce de nous en faire goûter l'ingéniosité travaillée[3].
Il ne songe pas qu'un roman pastoral pris à rebours n'est pas

1. Édit. de 1646, Rouen, Jean Berthelin, t. III, *Remarques*, p. 2.
2. Voy. Le Breton, *Le Roman au XVIIᵉ siècle.* — V. Fournel, *La Littérature indépendante*, Paris, 1862.
3. Voy. l'insistance puérile avec laquelle il explique le portrait allégorique
de Charite (*Remarques* sur le livre II, p. 45 et suiv., et sur le livre VII, p. 205).

moins fatigant qu'un roman pastoral véritable et qu'une seule chose, en somme, égale la folie de Lisis : la sottise de ceux qui le bernent avec cette application. Cela pourtant saute aux yeux. Assez vite, l'ennui l'emporte ; quelquefois aussi le dégoût. Je ne parle pas seulement de quelques crudités de langage, de quelques malpropretés inutiles [1], mais surtout de cette irrémédiable vulgarité d'esprit dont Sorel s'est plu à multiplier des preuves, de ces attaques continuelles contre toute espèce de poésie. Car il en veut à la poésie même, non pas à quelques écrivains. Des plus grands aux plus médiocres, il est incapable de faire aucune distinction. La mythologie d'Homère n'est pas plus vraisemblable que celle du plus mince rimailleur ; cette constatation lui suffit. Les héros de l'Iliade ou de l'Odyssée accomplissent « des actions indignes... Ils tournent la broche, ils font bouillir la marmite [2]... » ; ces prétendus chefs-d'œuvre ne sont donc qu'un amas d'inventions ridicules. Et, très content de lui, Sorel se prononce avec la même désinvolture sur le compte de Virgile, d'Ovide ou de Ronsard. Cette bassesse, vraiment, est pénible.

Ajoutez qu'il n'a pas plus le sens du burlesque que le sens de la poésie. Tout ce qui dépasse la mesure lui échappe également. Il s'attaque à Cervantes — ce qui est au moins de l'ingratitude, — et à Rabelais — ce qui est presque de la sottise. Il travaille à démontrer que son livre ne doit rien au *Don Quichotte* et est d'un autre ordre que le *Pantagruel* : peine inutile. « Pour Rabelais, dit-il, il n'est remply que de sots contes qui sont si monstrueux qu'un homme de bon iugement ne scauroit auoir la patience de lire tout [3]. » C'est aux « hommes de bon jugement » que Sorel destine son œuvre. Il sait exactement ce qu'il leur faut : de la gaîté certes, des plaisanteries grasses, de la bouffonnerie, mais une bouffonnerie raisonnable, sage, pondérée, ne s'échappant jamais hors du vraisemblable ; le bon sens est le propre de l'homme et suffit à tout, tel est le principe fondamental de son esthétique. Il ne l'a pas oublié un seul instant en écrivant son

1. L'ivresse de Carmelin au début du liv. IX..., etc.
2. Liv. XIII et *Remarques*.
3. *Remarques* sur le livre XIV, p. 549.

livre. Ce n'est pas une œuvre de fantaisie, c'est un réquisitoire complet et compact, bien en ordre et bourré de bonne doctrine.

La pastorale dramatique, il est vrai, le préoccupe assez peu. Quel qu'ait été son goût pour le théâtre, les écrivains qui ont tenu la scène avant la grande époque ne semblent pas exister pour lui. « Il n'y a pas fort longtemps, écrit-il en 1642, qu'il n'y auoit à Paris et par toute la France qu'un seul homme qui trauaillât pour de telles représentations, qui étoit le poëte Hardy ; et lorsque les comédiens auoient une pièce nouvelle, ils mettoient seulement dans leur affiche que leur poëte auoit trauaillé sur un sujet excellent, ou chose semblable, sans le nommer pour ce qu'il n'y auoit que lui, ou pour ce que, s'il y en auoit d'autres, l'on ne les nommoit pas non plus pour les distinguer [1]... » S'il nous fait assister, au début du livre III, à la représentation d'une pastorale et d'une farce à l'Hôtel de Bourgogne, c'est surtout pour nous égayer aux dépens de Lisis qui a voulu s'y rendre en costume traditionnel et qui trouble la pièce de ses saillies ; mais aucun trait ne permet de voir en tout cela la moindre allusion à une pastorale déterminée. Quant aux jeux décrits au IXe livre, quelques pièces purement mythologiques en font tous les frais [2].

Cette réserve, pourtant, n'enlève rien à l'importance du *Berger extravagant* dans l'histoire de notre théâtre. Sous ses formes diverses, la matière de la pastorale est identique, et les railleries qui atteignent le roman, atteignent la tragi-comédie du même coup. Or, tous les romans ont leur tour : l'*Astrée* d'abord, que tant d'enthousiasmes ont consacrée, et, à peu près sur le même plan, ces *Bergeries de Julliette* responsables à ses yeux de tout

1. *Maison des jeux*, t. I, p. 427. Cité par M. Roy, p. 363. On connaît la phrase analogue de la *Bibliothèque françoise* de 1664 : Sorel cite seulement la *Thisbé* de Théophile, les *Bergeries* de Racan, la *Sylvie* et l'*Amaranthe*, (p. 183).

2. Voy. en particulier la parodie du *Ravissement de Proserpine* de Hardy. Parmi les pièces étrangères, *le Berger extrauagant* ne nomme que le *Pastor fido*. — A citer encore une allusion à Bellerose (l. I, p. 2) et aux jeux en honneur dans les collèges (l. I, p. 17). Les noms de La Roque et de Boucher d'Ambillou reviennent plusieurs fois dans les *Remarques*, mais jamais comme auteurs dramatiques.

le mal [1] ; puis la *Diane* de Montemayor, l'*Arcadie* de Sidney, les *Bergeries de Vesper* à qui cependant il veut bien reconnaître quelques mérites [2] ; la foule enfin des reprises et des imitations. Sorel n'a rien oublié qui fût important.

Aux héros que Bellerose incarne à la grande joie de la foule, Lisis n'a pas seulement emprunté leur costume galant et léger, leur « pannetière de peau de fouyne », leur houlette « aussy bien peinte que le baston d'un maistre de cérémonies » [3]. Il a pris leurs manies, leurs ridicules, leur langage, leur âme naïve et compliquée. Il sera le berger complet, le berger type. Dès son enfance, au désespoir de son tuteur, il étudiait déjà son rôle, prenant en guise de houlette « tantost un ballet et tantost une rotissoire » [4]. Jamais il n'admettra que les champs puissent être le séjour de paysans grossiers, adonnés à de pénibles travaux : il n'y voit que poètes et demi-dieux. Chassant devant soi « une demie douzaine de brebis galeuses [5] », victime prédestinée de toutes les mystifications, les plus grossières mascarades suffisent à le tromper. Bien mieux, il se trompe lui-même, car sa joie est d'être trompé. Il lui faut à tout prix avoir commerce avec des êtres mystérieux, satyres, driades, géants ou magiciens. A lui seul, il doit vivre toutes les belles aventures que content ses romans favoris, et le voici, travesti tour à tour en berger, en femme, en guerrier à l'antique, qui préside à de doctes entre-

1. « Pour les Bergeries de Iuliette, d'autant que ie croy que c'est le premier liure que l'on a composé en France sur ce suiet... » (l. XIII, p. 63). Nous avons vu que c'est là une erreur.
2. Voy. *Remarques* sur le premier livre, p. 41. — *Les Bergeries de Vesper ou les amours d'Antonin, Florelle et autres bergers et bergères de Placemont et Beau-Séjour, par le Sr Guillaume Coste, gentilhomme Provençal*, Paris, Joseph Bouïllerot, 1618, in-12; privilège du 26 juin 1618. — Celui-ci est, en effet, le plus sobre des romans pastoraux et le plus bref, — le seul aussi où Sorel ait pu trouver quelques tableaux sincères et pittoresques. Voy., au chap. III, la messe au village : « Voilà le dernier coup de la grande messe qui sonne. M. le Curé et son Vicaire commencent à chanter autour du letrin avec un tas de marmaille du village qui étoient capables de rompre les oreilles aux sourds... Il y auoit déjà dans l'église force belles filles..., etc. » (p. 27); au chap. v, le repas champêtre (p. 57), etc.
3. L. I, p. 2.
4. *Ibid.*, p. 17.
5. *Ibid.*, p. 2.

tiens, dresse aux belles manières son valet Carmelin, honore
d'un culte mystique une fille de chambre, ahurie de tous ces
égards, part à la conquête d'un château enchanté, soutient des
combats prodigieux, ou encore, convaincu qu'une divinité l'a
métamorphosé en arbre, demeure immobile dans le creux d'un
vieux saule pourri par la pluie[1]. A l'image de Céladon, il est
prêt à affronter les épreuves les plus pénibles. Pour une parole
rigoureuse de Charite il n'hésiterait pas à se jeter dans le Lignon ;
une seule chose l'inquiète : les nymphes du voisinage seront-
elles, comme lui, au courant de leur rôle, et arriveront-elles à
temps pour l'en tirer[2]?... Mais pourquoi s'effrayer, en somme ?
La conclusion de tous les romans est rassurante, et, quand un
berger meurt, c'est pour avoir le plaisir de ressusciter[3]. Dupé,
berné, bafoué, inondé de liquides malodorants ou roué de
coups, Lisis conservera toujours le trésor précieux de ses illusions.

C'est ainsi que défilent à nos yeux, déformés de façon identique,
tous les épisodes communs au roman et au drame pastoral. Même
languissant, grossier et souvent injuste, un livre de ce genre ne
pouvait être sans portée. Il ne s'agissait plus ici de quelques
boutades, mais d'un acte d'accusation en règle qui n'oubliait
rien, ne ménageait rien, et dont tous les articles s'appuyaient
de preuves et de raisons. Ces ornements poétiques qui avaient
séduit plusieurs générations, ces épisodes qui, mis en œuvre si
souvent, prétendaient à une éternelle jeunesse, quelqu'un, pour
la première fois, s'était rencontré qui en démontrait l'extravagance ; et s'il parlait au nom d'un bon sens assez vulgaire, ce bon
sens, après tout, n'avait pas tort. L'œuvre fut accueillie froide-

---

1. Le déguisement, liv. IV. — La métamorphose, liv. V. — Lysis et Carmelin, liv. VI. — Le château enchanté, liv. X, etc.

2. « Que me voulez vous donc conseiller de faire? reprit Lysis. Il n'y a
point de doute, respondit Anselme, qu'il faut que vous vous iettiez dans la
riuière de Lignon à la moindre parole rigoureuse que vous dira Charite. Faites
moy donc tenir trois nymphes sur le riuage toutes prestes à me tirer de l'eau,
répliqua Lysis, car que scay ie si elles y viendroient, si l'on ne les en auertis-
soit : ie me pourrois noyer en attendant : car ie ne scay pas nager... » (l. IV,
p. 225-26).

3. Voy. l. XII.

ment, peut-être, mais le titre au moins fit quelque bruit[1] ; à la rigueur, cela suffisait : le temps ferait le reste. Après cinq années de silence, le *Berger extravagant* reparaît en 1633-1634, assez peu transformé, mais avec un titre nouveau qui en marque l'intention plus nettement : *l'Anti-Roman ou l'histoire du berger Lysis, accompagnée de ses remarques par Jean de la Lande, Poitevin*; puis, de nouveau, sous l'un ou l'autre nom, à Rouen en 1639, à Paris en 1642 et 1645, à Rouen encore et à Paris en 1646.

En le portant à la scène, Thomas Corneille tient à rendre hommage à son prédécesseur : « Ce n'est pas qu'il n'y ait long-temps que Lysis fait vanité de sa folie et que ce qu'un autre tiendroit à honte ne lui ait été assez glorieux pour l'auoir obligé depuis plusieurs années à paraître sans confusion deuant ceux mêmes qui, par délicatesse d'esprit, font profession ouuerte de n'approuuer que fort peu de choses. Il est vrai qu'il tient cet auantage d'une des meilleures plumes de notre temps, à qui notre langue ne pouuoit être redeuable d'une plus ingénieuse satyre[2]... » Il *tient cet avantage* surtout du changement qui s'est opéré dans les esprits. La bataille, douteuse en 1627, est gagnée dix ans plus tard. Le bon sens l'a emporté.

Nous pouvons arrêter ici cette histoire de la pastorale dramatique : son rôle est terminé, et, si son influence persiste, la plupart de ceux mêmes qui la subissent — très indirectement — sont les premiers à la mépriser. Il est un domaine cependant dont elle va s'emparer encore, au moment où on la croirait morte, et sur lequel elle régnera tyranniquement : ce domaine, c'est le drame musical.

1. Quelques romans nous le prouvent, dont le titre, manifestement, s'inspire de celui de Sorel : *Le Gascon extravagant* de Du Bail, *le Cheualier hypocondriaque* de Du Verdier (voy. *Biblioth. franç.*, p. 177).

2. *Le Berger extravagant, pastorale burlesque*, Rouen, L. Maurri, 1653, in-12. — Une comédie manuscrite, qui de la bibliothèque Paulmy est passée à l'Arsenal (*Le poëte satirique, comédie pastorale* en 5 actes, in-4°, 3111) et qui doit appartenir au milieu du dix-septième siècle, semble s'être inspirée pour plusieurs scènes du *Berger extravagant* : voy. le rôle du poète Triphante rendu à moitié fou par ses propres inventions, en particuler les scènes II, 3, et III, 4.

Ici, ses qualités retrouvent tout leur prix, ses défauts aident à son action. Monotone et languissante, avec ses développements de douceur mélancolique, elle se prête à merveille à l'expression musicale; depuis longtemps, nous avons remarqué sa prédilection pour cette forme de dialogues où les répliques se balancent, s'opposent ou se répondent, pour ces tirades qui arrêtent le mouvement de la pièce, pour ces morceaux purement lyriques, stances et chansons, auxquels elle n'a jamais renoncé. La musique n'est-elle pas l'âme même de cette poésie sans vigueur, mais languide, d'une harmonie voluptueuse? Ses sujets sont presque toujours identiques, elle ignore les grands cris de passion sincère, ses héros sont des êtres de rêve, mais l'opéra doit vivre de convention. Aucune espèce de drame, déclare G. B. Doni, n'est mieux fait pour le chant[1]... La fantaisie du musicien, l'imagination du décorateur sont libres; point de règles, de préjugés ou de vraisemblance qui les entrave. L'action peut s'attarder à leur gré, s'interrompre même, pour laisser le champ libre à la mélodie et aux machines. Peinture, mécanique, musique et poésie collaborent étroitement, et, des divers collaborateurs, la part est égale dans la beauté de l'œuvre.

En entrant dans cette voie, la France ne fera d'ailleurs que se conformer à la tradition. Nous n'avons pas à revenir sur les origines de l'opéra italien. Les travaux de M. d'Ancona ont montré quelle place tiennent la mise en scène, les intermèdes et la musique dans la *Sacra Rappresentazione* d'abord, dans la tragédie et même la comédie à l'antique ensuite, dans le drame pastoral enfin[2]. Tout ce théâtre veut éblouir autant que charmer; il est destiné à mettre en lumière la munificence des Mécènes autant que le génie des poètes : il n'aurait garde de dédaigner aucun élément de beauté. L'*Aminta* et le *Pastor* sont, à certains égards, des opéras; — ils sont suivis d'une véritable éclosion d'opéras pastoraux. Dès cette époque, la France

---

1. Cité par R. Rolland, l'*Opéra avant l'opéra*, *Revue de Paris*, 1er février 1904.

2. D'Ancona, *Origini del teatro italiano*, liv. cit. — Cf. les études de M. Angelo Solerti, — et Romain Rolland, *Histoire de l'opéra en Europe avant Lully et Scarlatti*, Paris, Thorin, 1895, in-8o.

n'a pu demeurer insensible à la renommée de ces merveilles. Après le légendaire *Ballet de la reine*, l'*Arimène* de Montreux s'est efforcé d'acclimater chez nous la splendeur des spectacles italiens... Mais les conditions sont loin d'être aussi favorables.

La race, d'abord, est moins sensible à la musique : elle a besoin, du moins, pour la goûter, d'une assez longue éducation ; elle se défie de ces divertissements où l'esprit n'a pas la première part, et qui, pourtant, demandent un effort. « Au commencement des concerts, écrira encore Saint-Évremond en 1677, la justesse des accords est remarquée ; il n'échappe rien de toutes les diversités qui s'unissent pour former la douceur de l'harmonie ; quelque temps après, les instruments nous étourdissent, la musique n'est plus aux oreilles qu'un bruit confus qui ne laisse rien distinguer... L'esprit, qui s'est prêté vainement aux impressions du dehors, se laisse aller à la rêverie ou se déplaît dans son inutilité... Mon âme, d'intelligence avec mon esprit plus qu'avec mes sens, forme une résistance secrète aux impressions qu'elle peut recevoir ou, pour le moins, elle manque d'y prêter un consentement agréable sans lequel les objets les plus voluptueux même ne sauroient me donner un grand plaisir[1]... » Les contemporains d'Henri IV ou de Louis XIII ne seraient peut-être pas capables d'analyser aussi finement leurs impressions ; mais, d'instinct, ils sentiraient comme lui. Pour charmer les yeux dans les fêtes de cour, il suffit des ballets dont la vogue ne fera que croître et qui n'exigent grand'peine ni des auteurs, ni des exécutants, ni des spectateurs[2].

1. *Sur les opéras.* A M. le duc de Buckingham. *Œuvres mêlées*, édit. Ch. Giraud, Paris, Techener, 1866, t. II, p. 390. — Cf., la même année, l'épître de La Fontaine à M. de Niert.

2. On sait le rôle qui dans les ballets revient aux sorciers, aux nymphes e aux bergers, et l'importance des thèmes pastoraux. Voy., par exemple, la qua trième partie du ballet de Madame en 1615 (*Les Oracles françois ou explication allégorique du balet de Madame, sœur aisnée du Roy... par Elie Garel*, Paris, Chevalier, 1615), — l'entrée d'Ismen et des « deitez bocagères » dans le ballet du Roy, en 1619 (*Relation du grand ballet du Roy dancé en la salle du Louvre...* Paris, Jean Sara, 1619), — *le Ballet de la Royne dansé par les nymphes des jardins en la grand'salle du Louvre au mois de février*

Quant aux pièces à machines, à intermèdes ou à décoration compliquée, elles ne peuvent être que l'exception[1]. Le théâtre, chez nous, ne demeure pas dans les palais des princes. Il court la province avec les troupes de comédiens, avant de s'installer à l'Hôtel de Bourgogne, au milieu des difficultés que l'on sait. Dans les châteaux ou dans les collèges qui lui donnent asile, les ressources ne sont pas toujours égales à la bonne volonté. Il ne peut s'accompagner d'un bagage somptueux, il doit être modeste. Chrestien des Croix, en traduisant le *Ravissement de Céphale représenté à Florence aux nopces royalles*, regrette de présenter ces merveilles « non sur un magnifique théâtre, mais sur des feuilles[2] », et Hardy, traitant un sujet analogue, cherchera à en tirer une pièce de caractère purement humain. Presque réduit — à part la dernière scène des Bacchantes, et les deux chansons du quatrième acte — à quelques dialogues et à la vieille opposition du Chasseur insensible et du « Berger Amoureux », l'*Orphée* de Charles de l'Espine rappelle

---

1624, Paris, Jehan de Bordeaux, — le *Cléosandre* de Baro, Toulouse, Boude, 1624, etc. — Sur les ballets, cf. encore le *Recueil des plus excellents ballets de ce temps*, Paris, Toussaint du Bray, 1612 ; — le *Mercure françois* (en particulier, t. IV, p. 15, p. 301 et suiv., t. V, p. 86, t. IX, p. 427, t. X, p. 364, t. XVIII, p. 32, etc.); les Mémoires de Lestoile et de Bassompierre ; les lettres de Malherbe ; les œuvres de Ronsard, Jodelle, Baïf, Passerat, Desportes, etc.; — Ménestrier, *Des Ballets anciens et modernes...* Paris, Guignard, 1682 ; le catalogue de La Vallière (*Ballets, opéras et autres ouvrages lyriques*, Paris, 1760) et celui de Beauchamps (*Recherches*, t. III). Parmi les modernes : *Ballets et mascarades de cour...* publ. par P. Lacroix, Genève et Turin, J. Gay, 1868-70 ; — V. Fournel, *Histoire du ballet de Cour*, au second volume de ses *Contemporains de Molière*, Paris, Didot, 1866 ; — A. Royer, *Histoire universelle du théâtre*, t. III, etc.

1. *Les Amantes* de Chrestien des Croix, — *Le mariage d'amour* de Du Ryer : ici, c'est une intrigue accessoire qui prend le nom d'Intermède. De même dans *la Chasteté invincible*. — A la fin de la *Pompe funèbre* : *la Réforme du royaume d'amour*, *Intermèdes représentez avec la pastorale*.

2. Il se console en décrivant avec minutie ce que l'on ne pourra voir : au 1er acte « le Parnasse à deux testes », et la descente de l'Aurore ; au 2e la mer « où le père Océan vient monté sur un dauphin » et le soleil « sur un carosse tout flammeux », puis les figures célestes, le ciel qui s'entr'ouvre pour un divin concert, Jupiter sur son aigle... (Rouen, Théodore Reinsart, 1608, in-12). — Cf. de Hardy, *Procris ou la Jalousie infortunée*. — En 1622, le *Magnifique et royal ballet dansé à Lyon en présence des deux reynes. Sous le nom de l'Aurore et Céphale*, Paris, Jean Martin, in-8°.

le poème archaïque de Poliziano, plutôt qu'il n'annonce *la Grande Journée des Machines* de Chappoton[1].

Pour passer les Alpes, les sujets de l'opéra italien doivent d'abord s'accommoder aux exigences du théâtre et du public français. Ils abandonnent cet élément musical qui était leur première raison d'être. Mais, ainsi dépouillés, ils semblent piquer encore la curiosité. Les pièces mythologiques ont une place importante dans le répertoire des premières années du dix-septième siècle; il suffit, pour s'en convaincre, de parcourir les recueils de Hardy. Après l'*Orphée* et le *Céphale*, c'est la lutte des géants, qui avait fourni un intermède à l'*Arimène* et qui devient un « poème dramatique » en cinq actes[2]; c'est l'abandon d'Ariane[3]; c'est le *Ravissement de Proserpine*, « pièce fort commune », nous dit Sorel, et fréquemment représentée[4]; ce sont les amours d'Endymion et de Diane[5]; c'est l'aventure de Phaéton, qui ouvre le volume de l'éditeur Mansan[6].

Or, la plupart de ces œuvres ne tiennent pas moins de la pastorale que de l'opéra. Elle aussi, un *Orfeo* et un *Cefalo* ont marqué ses premiers pas. Cette mythologie lui appartient et elle continue d'en user avec familiarité. Plus qu'à tout autre genre, d'autre part, les grands effets de mise en scène lui sont permis : apparitions, ou évocations magiques, métamorphoses, combats et enchantements[7]. En elle viennent se fondre les éléments divers.

---

1. *La Descente d'Orphée aux enfers*, par *Charles de l'Espine, Parisien*, Lovanii, typis P. Dormalii, 1614. — Chapoton, *La Descente d'Orphée aux enfers*, Paris, T. Quinet, 1640; réimpr. sous le titre : *La Grande journée des machines ou le mariage d'Orphée et d'Euridice*, Paris, T. Quinet, 1648 (cf. Parfait, t. VI, p. 101), — l'*Orfeo* de Monteverde, représenté à Mantoue en 1607

2. *La Gigantomachie...*, Hardy, t. III.

3. En 1608, à Mantoue, une *Arianna, favola in musica*, de Monteverde (perdue). — *Ariadne ravie*, Hardy, t. I.

4. Hardy, t. III. — Voy. le *Berger extravagant*, l. IX.

5. En 1617, à Parme, un opéra de Monteverde. — L'*Endymion* de La Morelle.

6. *Le Trébuchement de Phaeton.* — Il semble y avoir aussi de certaines analogies entre l'*Amour déplumé* de J. Mouqué et l'*Eumelio, dramma pastorale*, mis en musique par Agazzari et joué au séminaire Romain au carnaval de 1606 (voy. R. Rolland, liv. cit.).

7. Voy. les scènes purement pastorales du *Ravissement de Proserpine* de

L'*Amphytrite* de Monléon en 1630 est intéressante à cet égard
et marque nettement la transition[1]. On ne peut dire que l'auteur
en ait conscience, mais il est fier du sérieux de son œuvre. « J'ay
choisi, dit-il, une matière toute diuine », et il n'a que mépris
pour les poètes qui s'adressent à la populace. Cette *matière*
divine est assez commune pourtant : le Soleil, épris de Clytie,
dédaigne l'amour d'Amphytrite ; la déesse abandonnée se prend
de passion pour le berger Léandre et repousse à son tour les
déclarations de Jupiter et de Neptune... Nous avons rencontré
souvent ces combinaisons. Le détail des épisodes n'est pas
plus nouveau : le Soleil déguisé en berger, comme un prince de
pastorale, l'inévitable scène des parents (l'Océan et Thétys reprochant sa conduite à leur fille Amphytrite)... Mais la qualité des
personnages donne une autre dignité à l'action où ils sont mêlés :
le monde entier doit souffrir de leurs peines et de leurs rages
amoureuses. Léandre métamorphosé en rocher, Sylvie désespérée, cela ne peut leur suffire. Neptune, furieux, déchaîne
d'épouvantables orages, l'Amour embrase le monde; c'est un
cataclysme universel ; des plaintes, des « cris confus » se font
entendre, puis, sur l'ordre du maître suprême, les flammes
s'éteignent, les gémissements se calment et, dans les cieux ras-
sérénés

> Avec mille couleurs, Iris dessous la nue
> Par un arc recourbé témoigne sa venue[2]...

La musique exprimerait à merveille tout cela. Timidement,
d'ailleurs, elle prend sa place, et, au dernier acte, dans la grotte
où sont assemblés les dieux, « les Serenes et les Tritons font un
concert ».

Ce n'est qu'un début modeste, mais en somme le futur opéra

Hardy (acte II), et d'autre part la lutte de Partenis contre « les Fères » dans
la *Philistée* de Troterel, ou le 5e acte de la *Sylvie* avec les gémissements des
deux amants, les épreuves de Florestan, les fantômes, les visions, les coups de
tonnerre...

1. *L'Amphytrite de M. de Monléon*, *dédiée à Monseigneur le marquis
Deffiat*, Paris, Guillemot, 1630. Privilège du 4 mars.

2. C'est, avec plus d'ampleur, la grande scène du *Trébuchement de Phaeton*.

français n'aura qu'à se souvenir; la voie est tracée[1]. Lorsqu'en
1659 l'abbé Perrin et Cambert s'aviseront de donner à la France
ce qu'elle avait jusqu'ici emprunté à l'Italie, tout naturellement,
ce premier essai se présentera sous le titre nouveau de *Pastorale en musique*; et quand dix ans plus tard le Privilège du
28 juin 1669 aura créé définitivement l'Académie royale, le
théâtre de la rue Guénégaud s'ouvrira en 1671 avec la *Pastorale*
de *Pomone*, suivie la même année de la *Pastorale héroïque* des
Peines et des plaisirs de l'Amour, et, un an plus tard, de la
Pastorale, encore, des *Festes de l'Amour et de Bacchus* : celle-ci
marque à la fois l'entrée en scène de Lully et les débuts de sa
collaboration féconde avec Philippe Quinault[2].

Serait-il hasardeux, au surplus, de prétendre que, même dans
ses tragédies et si grande que paraisse la différence des sujets,
Quinault reste toujours le type accompli du poète pastoral, —
que Boileau, sans le dire expressément, ne lui reproche pas
autre chose, — et que toute son importance historique se
ramène à cela?... Rien ne finit en histoire. Il ne faudrait pas
en conclure cependant que la pastorale dramatique puisse
renaître. Sous l'influence de la tragédie nouvelle, elle semble
retrouver, un instant, comme un regain de faveur. Des traducteurs reviennent aux grandes œuvres italiennes[3]. A *la Généreuse ingratitude* et à *la Comédie sans comédie* de Quinault
succèdent, de 1661 à 1672, *l'Inconstant vaincu pastorale en chanson*, *les Amours d'Ovide pastorale héroïque* de Gabriel Gilbert,

1. Peut-être pourrait-on reconnaître, de même, dans *les Nopces de Vaugirard... Pastorelle dédiée à ceux qui veulent rire; par L. C. D.* (Paris,
Guignard, 1638), le germe du futur opéra-comique : c'est bien le même genre
de naïveté champêtre, le même mélange de comique enfantin et de niaiserie
sentimentale avec accompagnement de flûtes, de violons (voy. en particulier la
scène de la noce avec les danses des paysans, I, 4; la sérénade du vieux
Pancrace à la vieille Luciane, II, 3; le tableau de l'incendie, IV, 2).
2. En novembre 1692, *l'Astrée* de La Fontaine, musique de Colasse. Voy.
Menestrier, *les Représentations en musique anciennes et modernes*, Paris,
Guignard, 1681; — L. Celler, *les Origines de l'Opéra*, Paris, Didier, 1868; —
T. de Lajarte, *Bibliothèque musicale du théâtre de l'Opéra*, Paris, Jouaust,
1878.
3. Pour *l'Aminta*, trad. de Torches. Pour le *Pastor*, trad. de Marande, de
Torches, Teppati. Pour la *Philis*, trad. A. Bauderon de Sénécé et de Torches

la Métamorphose des yeux de Philis... de Boursault, *Melicerte,*
l'Alcimène de Bonpart de Saint-Victor, la *Délie* que s'attribue, à
tort peut-être, Donneau de Visé, la *Lisimène* de Boyer... Vogue
artificielle et qui ne peut durer.

« Pourquoi toujours des bergers ? » demande M. Jourdain, qui,
parfois, est un homme de sens. La vie maintenant est ailleurs.

APPENDICE

APPENDICE

I

NOTE SUR L'« ASTRÉE »

Je voudrais donner ici non pas une analyse, mais une Table sommaire de l'*Astrée*, — indiquer simplement la distribution de la matière.

I. — Trame de l'œuvre.

A. — Histoires pastorales.

1º *Histoire d'Astrée et de Céladon.* [Céladon chassé par Astrée se précipite dans le Lignon, I, 1. — Céladon sauvé par les nymphes; aimé de Galathée, I, 2, 3. — La jeunesse de Céladon, I, 4. — Son évasion, I, 12; II, 1, 3. — Le temple d'Astrée, II, 5, 8. — Céladon sous le nom d'Alexis, II, 10; III, 5; IV, 1, 11; V, 4, 5. — Astrée découvre la supercherie et le chasse de nouveau, V, 6. — Épisode de la fontaine de vérité; dénouement, V, 9, 12.]

2º *Histoire de Diane et de Sylvandre.* [Le premier amour de Diane; la mort de Filandre, I, 6. — La jeunesse de Sylvandre; Azaïde, fils d'Abariel, essaye de le faire périr, I, 8. — Par jeu d'abord, il se fait le serviteur de Diane, mais il ne tarde pas à l'aimer vraiment; sa rivalité avec Pâris, fils du druide Adamas, I, 8; II, 1; III, 5, 9, 10. — La jalousie fait naître l'amour chez Diane, III, 11; IV, 2, 3, 5, 6. — Son aveu, V, 1. — Ses parents veulent la donner à Pâris, V, 6.

— Épisode de la fontaine de vérité ; dénouement, V, 9, 11, 12 [1].]

B. — HISTOIRE ACCESSOIRE, parallèle aux précédentes.

Histoire d'Hylas. [Ses diverses amours; son voyage sur le Rhône, I, 8. — Son séjour à Lyon, II, 3, 4; III, 7. — Le contrat de Stelle et d'Hylas, III, 9. — Leur amour, V, 1-12 [2].]

C. — HISTOIRES CHEVALERESQUES.

1º *Histoire de Galathée et de Lindamor.* [Amour de Galathée pour Lindamor; jalousie de Polémas; départ de Lindamor pour la guerre, I, 9. — Amoureuse de Céladon, Galathée oublie Lindamor, II, 10. — Lindamor auprès de Childéric, III, 12. — Révolte de Polémas, IV, 1. — Siège du château de Marcilly, IV, 11, 12; V, 2. — Lindamor tue Polémas, V, 3. — Il épouse Galathée, V, 12 [3].]

2º *Histoire de Dorinde, de Gondebaud et de Sigismond.* [Après plusieurs aventures, IV, 4, Dorinde, prisonnière des Burgondes, est aimée à la fois de Gondebaud et de son fils Sigismond, IV, 7. — Elle prend la fuite et se réfugie au château de Marcilly; Gondebaud s'allie avec Polémas, IV, 8. — Sigismond vient au secours des assiégés, V, 2. — Le château délivré, V, 3. — Dénouement, V, 11, 12 [4].]

II. — **Histoires épisodiques liées aux précédentes.** — Se rattachent :

A. — A L'HISTOIRE D'ASTRÉE :

1º *Histoire d'Alcippe,* père de Céladon. [Sa jeunesse, ses amours, ses exploits; il épouse Amaryllis, I, 2.]

ADAPTATIONS DRAMATIQUES :

1. Rayssiguier, *Trag. com. pastor.* où *les Amours d'Astrée et de Céladon sont meslées à celles de Diane, de Silvandre et de Pàris...* 1632.
2. Mareschal, *L'inconstance d'Hylas...* 1635.
3. En 1652, *La ville de Paris en vers burlesques* de Berthod signale une *Galatée;* il est peu probable que ce soit celle de Fonteny ; peut-être une adaptation de l'*Astrée.* — Dans le *Mémoire* de Mahelot, fol. 41, *La Prise de Marcilly de M.* (Une autre main a ajouté : Durval. — Pièce perdue.)
4. Auvray, *La Dorinde,* 1631.

2⁰ *Histoire de Phylis et de Lycidas,* frère de Céladon. [Leur amour, I, 1. — L'infidélité de Lycidas; Phylis lui pardonne, I, 4. — Lycidas jaloux de Sylvandre, I, 8; II, 1; III, 9, 10. — Dénouement, V, 12.]

B. — A L'HISTOIRE DE DIANE :

1⁰ *Histoire de Celion et de Bellinde,* les parents de Diane. [Ils s'aiment dès l'enfance, mais les parents de Pellinde veulent la donner à Ergaste; elle va obéir, le cœur déchiré, mais c'est Ergaste lui-même qui refuse son sacrifice, I, 10 '.]

2⁰ *Histoire d'Ergaste,* frère de Diane. [Il épouse Léonide, V, 12.]

3⁰ *Histoire d'Azaïde.* [Il croit avoir tué Sylvandre, I, 8, et devient fou, V, 10.]

C. — A L'HISTOIRE D'HYLAS :

1⁰ *Histoire de Cloris et Rosidor* [Fidélité conjugale, I, 8.]

2⁰ *Histoire de Cyrcène, Parthenopé, Florice et Dorinde.* [Hylas les aime tour à tour ou simultanément; peu de succès de ses perfidies, II, 4.]

3⁰ *Histoire d'Alcandre, Amilcar, Circène, Palinice et Florice.* [Suite de la précédente; histoire très compliquée d'amours contraires, IV, 9; V, 4².]

4⁰ *Histoire de Stelle.* [Sa légèreté et sa coquetterie ont désespéré Corilas, I, 5. — Son histoire va se fondre dans celle d'Hylas, III, 9.]

D. — A L'HISTOIRE DE GALATHÉE :

1⁰ *Histoire de Sylvie,* compagne de Galathée. [Sa cruauté, I, 3. — Ligdamon, repoussé par elle, est parti avec Lindamor pour le camp de Mérovée; sa ressemblance avec Lydias, meurtrier d'Aronte, le fait condamner à mort; l'amour d'Amerine, qui le prend elle aussi pour Lydias, pourrait le sauver, mais il s'empoisonne; regrets de Sylvie, I, 11. — Sauvé de la mort, il arrive au secours du château de Mar-

---

ADAPTATIONS DRAMATIQUES :

1. Baro, *La Clorise,* 1634.
2. Rayssiguier, *Palinice, Circène et Florice,* 1634.

cilly et de Sylvie, prisonnière de Polémas, IV, 11. — Nouvelles confusions amenées par sa ressemblance avec Lydias;
Sylvie délivrée, IV, 12 [1].]

2º *Histoire de Lydias et de Mélandre.* [Lydias fuyant son pays
après le meurtre d'Aronte est passé en Angleterre; à son
retour, il est emprisonné à Calais par Lipandas; Mélandre,
sous un costume masculin, le délivre, mais il conserve son
amour à Amerine, I, 12. — Lipandas épouse Mélandre,
IV, 12.]

3º *Histoire de Damon et de Madonte.* [Histoire chevaleresque :
infidélité de Damon; le jugement de Dieu, II, 6; III, 1, 6.
— Se confond avec l'histoire de Galathée, III, 12 [2].]

4º *Histoire de Rosanire, Celiodante et Rosiléon.* [Roman
héroïque : le chevalier errant Policandre; l'oracle de Mélu-
sine; substitution d'enfants; Celiodante sous le nom de
Rosiléon; son désespoir d'amour et sa folie, IV, 10. — Son
rôle dans la défense du château, V, 3 [3].]

E. — A L'HISTOIRE DE GONDEBAUD.

Histoire de Chriseide et Arimant. [Chriséide, aimée d'Arimant, est prisonnière de Gondebaud, III, 7. — Le dévouement de Bellaris lui permet de s'évader, III, 8 [4].]

III. — Histoires épisodiques indépendantes.

A. — ROMANS HISTORIQUES.

1º *Histoire de Placidie et d'Eudoxe.* [Placidie, fille de Théodose, sauve Rome pendant l'invasion d'Attila; son mariage
avec Constance; son fils Valentinien épouse Eudoxe, II, 11.
— Amour d'Ursace pour Eudoxe; amour de Valentinien

ADAPTATIONS DRAMATIQUES :

1. Scudéry, *Ligdamon et Lydias*, 1631.
2. Cotignon, *Madonthe*, 1623. — Auvray, *Madonte*, 1631.
3. Sur le *Rosileon* de Pichou, voy. la préface d'Isnard à sa Philis. —
L'ouverture des jours gras... de 1634 (voy. Fournier, *Variétés histor.*,
II, p. 345) cite un *Rossyleon* de Du Ryer (?).
4. Mairet, *Chriseide et Arimant*, 1630.

pour Isidore; Maxime empereur; Genseric s'empare de Rome, II, 12. — Genseric et Eudoxe à Carthage, V, 8[1].]

2[o] *Histoire d'Euric, Daphnide et Alcidon.* [Les Wisigoths en Provence; la prise d'Arles, III, 3. — L'amour d'Euric pour Daphnide, aimée d'Alcidon; Euric assassiné, III, 4.]

3[o] *Histoire de Childéric, Silviane et Andrimarte.* [Childéric amoureux de Silviane, aimée d'Andrimarte; Silviane fuit; Childéric déposé par « les grands », III, 12. — Entrevue d'2 Childéric détrôné et repentant et de sa mère, V, 3.]

B. — ÉPISODES PASTORAUX.

1[o] *Histoire de Damon et de Fortune.* [La jalousie de la magicienne Mandrague, histoire représentée sur des tableaux, I, 11.]

2[o] *Histoire de Doris et Palemon.* [Histoire de jalousie, plaidoyers devant Léonide prise pour juge; la folie d'Adraste, II, 9; V, 5.]

3[o] *Histoire de Delphire et Dorisée.* [Histoire de jalousie; jugement de Diane, IV, 6.]

C. — NOUVELLES DRAMATIQUES.

1[o] *Histoire de Tircis et Laonice.* [Tircis aimait Cléon, mais elle meurt de la peste; Laonice essaye en vain de lui imposer son amour, I, 1, 7. — Elle n'y parvient qu'en lui faisant croire que l'ombre de Cléon désire leur union, V, 9.]

2[o] *Histoire de Célidée, Thamyre et Calydon.* [Célidée aimée de Thamyre et de Calydon, II, 1. — Voyant combien les deux amis souffrent de cette rivalité, elle se défigure, II, 11; V, 5[2].]

3[o] *Histoire de Silvanire.* [Amour de Silvanire et d'Aglante; le miroir magique; la « morte-vive » se réveillant de son sommeil léthargique; le jugement, IV, 3[3].]

ADAPTATIONS DRAMATIQUES :

1. Scudéry, *Eudoxe*, 1641. — Abel de Sainte-Marthe, *Isidore ou la pudicité vengée*, 1645 (cité par Léris).
2. Rayssiguier, *Alidor et Oronte, ou la Célidée ou la Calirie*, 1636.
3. H. d'Urfé, *La Sylvanire*, 1627. — Mairet, *La Silvanire*, 1631.

II

NOTE SUR LA « SYLVANIRE »

Voici une des grandes scènes de la *Sylvanire,* sous ses formes différentes : épisode de la quatrième partie de l'*Astrée* (publ. par Baro),
pastorale de d'Urfé, tragi-comédie de Mairet. Je cite les trois morceaux
dans cet ordre, sans rien préjuger de la date respective des deux premiers. Sur cette embarrassante question, voyez Lombard (*Bull. du
biblioph.,* 1859), Koerting et Dannheisser, liv. cit. — H. d'Urfé a-t-il
porté au théâtre une histoire qu'il avait lui-même écrite d'abord, en
forme de récit, pour la quatrième partie de l'*Astrée*? A-t-il, au contraire, introduit après coup, parmi les matériaux de cette quatrième
partie, une adaptation de sa pastorale à l'italienne? Ou, enfin, l'épisode
du roman n'est-il qu'une transposition due à Baro? Il est assez difficile
de se prononcer. Il semble pourtant qu'il faille adopter l'une de ces deux
dernières solutions et que d'Urfé ait vu en premier lieu, dans l'aventure
de la *Morte-Vive,* un sujet de théâtre. Les modèles dont il s'inspire ne
sont plus les modèles de l'*Astrée;* les préoccupations sont d'un autre
ordre... Ce qui, de toute façon, est certain, c'est l'étroite parenté des
deux tragi-comédies : nous avons vu que Mairet a évidemment travaillé
sur le scénario de son prédécesseur. Il faut remarquer, d'autre part, que
les éléments italiens que d'Urfé avait introduits dans sa pièce et que
Mairet éliminera (l'épisode du satyre, par exemple) ont également disparu dans l'épisode du roman.

La quatriesme partie d'ASTRÉE, Livre troisiesme.

Voyez-vous, dit-elle, tournant les yeux vers Menandre et Lerice et mons-
trant de la main Aglante, ce Berger qui est au pied de mon lict et qui monstre vn
si grand ressentiment de mon mal, sçachez, ô mon père, et vous ma mère aussi,
que, depuis nostre aage plus tendre, il a conceu vne si grande affection pour
moy, que peut-estre ne s'en est-il veu le long des riues de Lignon vne autre
qui la puisse égaler, et toutefois ie puis iurer qu'en tout ce temps ie n'ay iamais
remarqué chose en luy, ny en ses paroles, ny en ses actions, dont vne fille bien
née se put offencer. Or les Dieux qui ont veu non seulement mes actions et
mes paroles, mais le profond de mes pensées, ces grands Dieux, dis-ie, soient
mes témoings et mes iuges si, durant tout ce temps-là i'ay iamais donné

cognoissance à ce Berger, non pas d'auoir agréable son amitié ny sa recherche, mais seulement de la cognoistre, et toutefois ô Aglante, ne croy pas que quelque mépris en ait esté la cause, çar ie sçay que tu vaux mieux que ce que tu désires, mais le seul dèuoir d'vne fille telle que ie suis m'a contrainte d'en vser ainsi.

A ce mot, se sentant grandement pressée du mal, ô mort, dit-elle, auec vn grand souspir, attends encore vn peu, et me donne loisir que ie puisse acheuer mon discours commencé, et lors reprenant vn peu d'haleine : Encore, ô Aglante, que i'aye tousiours esté nourrie dans ces bois, et parmy ces rochers sauuages, ie ne suis pas pourtant insensible comme eux, ta vertu, ton amour et ta discrétion ont fait en moy le coup que tu as désiré, mais sçachant que mon père auoit fait dessein de m'allier ailleurs qu'auec toy, estant résolue de ne leur désobeyr iamais, ie fis aussi dessein de mon costé de ne te donner iamais cognoissance du bien que ie te voulois, et de là sont procédées toutes les inciuilitez, ou plustost discourtoisies, que tu as recognües en moy : Mais maintenant que les Dieux tous bons et tous sages, ont par ma mort dénoüé les nœuds qui me lioient la langue, et que ceux qui ont tout pouuoir sur moy m'en donnent comme tu vois le congé, sçaches amy, que iamais vne plus grande affection n'a esté conceuë, que celle que Syluanire te porte ; et afin que ie puisse partir du tout nette de cette ingratitude dont ie pouuois estre taxée, me le permettez-vous, ô mon père, et vous aussi ma mère, dit-elle, tournant la teste vers eux auec vn œil mourant : Nous le te permettons, respondit Menandre tout couuert de larmes, et Lerice aussi. Alors, après auoir essayé de leur baiser les mains pour les en remercier, elle se hasta de proférer ces paroles : Hélas, ie n'en puis plus, et lors tendant la main au Berger, elle luy dit, reçois ma main Aglante, pour asseurance que si ie n'ay pù viure femme d'Aglante, ie meurs femme d'Aglante... (P. IV, l. iii, édit, de 1647, t. IV, p. 222.)

La SYLVANIRE ou la MORTE-VIVE..., de Messire Honoré d'Urfé.

(IV, 6.)

SYLVANIRE

Voyez-vous ce berger,
Dont le visage est tout couuert de pleurs,
Sçachez mon père, et vous ma mère aussi,
Que quatre ans sont passez
Qu'il ayme Syluanire,
Mais d'vne telle amour
Que ie puis dire en quatre ans qu'elle dure
N'auoir iamais remarqué chose en luy,
Ny dans ses actions,
Ny parmy ses paroles,
Dont une honneste fille
Se peust croire offensée.
Or les Dieux soient tesmoins,
Il le sçait bien luy-mesme,
Si durant ces quatre ans
Iamais mes actions,

Ny iamais mes paroles,
Ont rendu cognoissance,
Ny que ie recogneusse,
Ny que i'eusse agréable,
Ceste amour estimable.
Mais ne croy pas, Aglante,
Que nul mespris en ait esté la cause,
Ie sçay que tu vaux mieux
Que ce que tu recherches :
Le seul deuoir d'une fille bien née
Me contraignoit d'en vser de la sorte :
N'en doute point, Aglante,
Car encor que ie sois
Dans ces bois d'ordinaire,
Ie ne suis pas pourtant
Insensible comme eux :
Ta vertu, ton amour,
Et ta discrétion
Firent sur moy le coup que tu voulois.
O mort! attends, attends encor un peu,
Que ie puisse finir
Auant que tu finisses.
Mais sçachant bien que mon père et ma mère
Faisoient dessein de m'allier ailleurs,
Ie fis dessein aussi
De faire à ceste amour
Vn tombeau de silence,
Voulant plustost mourir
Que de contreuenir
Au respect que ie dois
A ceux qui m'ont fait naistre.
Mais maintenant que les Dieux ont voulu,
Les Dieux tous bons et sages,
Par ma fin aduancée,
Tous les nœuds dénoüer,
Auant qu'estre noüez,
Du futur mariage,
Et que ceux qui sur moy
Ont tout pouuoir m'en donnent le congé :
Sçaches, amy, qu'amour iamais plus grande
Ne s'esprit dans un cœur,
Que celle que pour toy
Syluanire a conceuë,
Et pour enfin partir
Du tout exempte et du tout deschargée
De ceste ingratitude,
Le voulez-vous tous deux ?

MENANDRE

Nous le voulons ma fille.

SYLVANIRE

Hélas, ie n'en puis plus !
Tends-moy la main, Aglante,
Et la mienne reçois ·
Si ie n'ay peu viure femme d'Aglante,
Ie meurs femme d'Aglante :
Le veux-tu bien, berger ?

AGLANTE

O Dieux ! si ie le veux ?

SYLVANIRE

Et vous mon père, et vous ma mère aussi,
Ne le voulez-vous pas ?

MENANDRE

Nous le voulons, ma fille.
A quoy sert-il de le luy refuser ;
Aussi bien elle est morte.
Voicy le Dieu, Lerice,
Dont iadis Syluanire
Vouloit estre Druyde,
Et seruir les autels.

SYLVANIRE

O Dieu, ie meurs ! mais ie meurs bien contente
De mourir tienne, Aglante.....

(Pp. 297 et suiv.)

La SILVANIRE ou la MORTE-VIVE du Sr. Mairet.
(IV, 4.)

SILVANIRE

Auec vostre plaisir i'oseray donc le dire,
Ah ! que n'est-il plustost à mon choix dé l'escrire,
Voyez-vous ce Berger, dont les pleurs et les soins
D'vne parfaite amour sont les tristes tesmoins ?
Nos bleds par quatre fois ont senty la faucille
Depuis qu'il daigne aimer vostre mourante fille,
Mais d'vne ardeur si chaste et si parfaite aussi,
Que si l'on aime au Ciel on doit aimer ainsi.

« Iamais lampe d'Amour si long temps allumée
« Ne ietta tant de flame et si peu de fumée.
Or ie iure le Stix et le Iuge infernal
Qui me cite desia deuant son tribunal,
(Luy mesme le sçait bien) que durant ce long terme
Capable d'esbranler vne pudeur moins ferme,
Ie n'ay iamais rien dit ny fait nulle action
A le faire durer en cette affection,
Et s'il veut l'auoüer, quel regret que i'en eusse,
Il n'a iamais connu que ie la reconneusse :
« L'honneur dont le parfum est de si bonne odeur,
Me commandoit de viure auec cette froideur :
« Mesme n'ignorant pas qu'vne fille bien née
« Ne se fait qu'vn portrait d'Amour et d'Hymenée,
Et qu'en fin vn mary n'estoit pas à mon choix,
Ie tirois des glaçons du feu que ie cachois,
A qui tant seulement ie défendois de luire,
Ne pouuant l'empescher de brusler et de nuire.
Toy dont le bras fatal sur ma teste est leué,
O mort ! n'acheue pas que ie n'aye acheué,
Maintenant que les Dieux de ma nopce prochaine
Et de mes ieunes ans vont deffaire la chaine,
Mon esprit voudroit bien se pouuoir descharger
De toute ingratitude auant que desloger,
Pourueu que de tous deux il en eust la licence.

MENANDRE

Nous t'en donnons ma fille vne plaine puissance.

SILVANIRE

Hélas ! ie n'en puis plus, Aglante approche toy,
Et prens ma froide main pour gage de ma foy,
Ce doux penser au moins consolera mon ame,
Que tu vis mon espoux et que ie meurs ta fame :
Y consens-tu, Berger ?

AGLANTE

O Dieux ! que dites-vous.

SILVANIRE

Et vous mes chers parens ?

MENANDRE

          Ouy, nous le voulons tous,
Cette grace inutile et qui peu nous importe
Ne contente aussi bien qu'vne personne morte.

SILVANIRE

Adieu triste contrée, où la Mort aujourd'huy
Fait triompher l'Amour, puis triomphe de luy,
Vous qui m'auez fait naistre, adieu, ie meurs contente,
Puisque i'ay le bonheur de mourir tienne, Aglan*e* ...

(Pp. 107 et suiv.)

III

LES COSTUMES DE LA PASTORALE DRAMATIQUE

Je reproduis quelques documents relatifs aux costumes de la pastorale
dramatique. D'abord, ce fragment de Leone Hebreo de Sommi : *Dia-*
loghi in materia di rappresentazione scenica (vers 1565), publié par
M. d'Ancona, *Origini del teatro Italiano*, appendice, t. II, p. 578 :

VERIDICO. — Circa alle scene pastorali parleremo con gl' altri apparati di-
mane; hora circa al modo del vestirle dico, che se il poeta vi havrà introdotto
alcuna deità od altra nova inventione, bisogna in ᵗᵘesto servire alla intention
sua; ma circa al vestir i Pastori si havrà prima quello avertimento, che si è
detto anco convenire nelle comedie; cioè, farli tra lor più differenti che si può :
et quanto al generale il lor vestito sarà questo. Coprir le gambe et le braccia
di drappo di color di carne; et se sarà il recitante giovane et bello, non si dis-
converà lo haver le braccia et le gambe ignude, ma non mai i piedi, i quali
sempre hanno da essere da cothurni o da socchi leggiadramente calzati;
habbia poi una camisciola di zendado o altro drappo di color vago, ma senza
maniche, e sopra quelle due pelli (nel modo che descrive Homero ne l' habito
del pastor troiano) o di pardo o di altro vago animale, una su 'l petto et l' altra
su 'l dorso, legandole insieme, con li piedi di esse pelli, sopra le spalle del pastore et sotto i fianchi. Et non è male per variare, legarne ad alcuni pastori
sopra ʳ·ʷna spalla sola. Habbia poi alcuno d' essi un fiaschetto o una scodella dᵢ
qualche bel legno a cintola, altri un zaino legato sopra una spalla, che glᵢ
penda sotto l' opposito fianco. Habbiano ognun d' essi un bastone, altri mondo,
altri fronzuto in mano, et se sarà più stravagante, sarà più a proposito. In
capo, le capillature, o finte o naturali; altri arricciati et altri stesi et culti; ad
alcuno si può cinger le tempie d' alloro o d' hedera per variare; et con questᵢ
modi o simili si potrà dire che honorevolmente sia nel suo grado vestito,
variando i pastori l' uno da l' altrò ne i colori et qualità delle pelli diverse,
nella carnagione et nella portatura del capo et simile altre cose che insegnar
non si possono, se non in fatti e con il proprio giudicio.

Alle Nimphe poi, dopo l' essersi osservate le proprietà loro descritte da' poeti, convengono le camiscie da donna, lavorate et varie, ma con le maniche; et io soglio usare di farci dar la salda, acciò che legandole coi manili o con cinti di seta colorata et oro, facciano poi alcuni gonfi, che empiano gl' occhi et comparano leggiadrissimamente. Gli addice poi una veste dalla cintura in giù, di qualche bel drappo colorato et vago, succinta tanto che ne apaia il collo del piede; il quale sia calzato d'un socco dorato all' antica et con atilatura, overo di qualche somacco colorato. Gli richiede poi un manto sontuoso, che da sotto ad un fianco si vadi ad agroppare sopra la oposita spalla; le chiome folte et bionde, che paiano naturali, et ad alcuna si potranno lasciar ir sciolte per le spalle, con una ghirlandetta in capo; ad altra, per variare, aggiungere un frontale d'oro; ad altre poi non fia sdicevole annodarle con nastri di seta, coperte con di quei veli sutilissimi et cadenti giù per le spalle, che nel civil vestire cotanta vaghezza accrescono; et questo (come dico) si potrà concedere anco in questi spettacoli pastorali poi che generalmente il velo sventoleggiante è quello che avanza tutti gli altri ornamenti del capo d'una donna et ha però assai del puro et del semplice, come par che ricerca l' habito d'una habitatrice de' boschi. In mano poi abbiano queste nimphe, alcune di esse un arco et al fianco la pharetra : altre abbiano un solo dardo da lanciare ; alcune poi habbiano et l' uno et l' altro, et sopra tutti gl' avvertimenti bisogna che chi esercita questi poemi, sia bene esercitato, per che è molto più difficile condur una si fatta rappresentatione che stia bene, che non è a condurre una comedia; et per la verità fa anco molto più grato et bello spettacolo.

Santino. — Sotto questo nome di Nimphe voi non comprendete già tutte le sorti di donne che il tali spettacoli s' intropongono? nè sotto il nome di Pastori tutti gli huomeni?

Veridico. — Anzi no, per che se il poeta v' introducesse (come sarebbe per esempio) una maga, bisognerà vestirla, secondo la sua intentione, o se v' introdurrà un bifolco, con l' habito rozzo et villanesco bisognarà figurarlo, ma se vi saranno, come sarebbe, pastorelle, il modo del vestir delle nimphe le potrà ben dar la norma; senza manto, variandolo dal più sontuoso al meno, et senza darle altro in mano che un bastone pastorale. Et si come rende gran vaghezza, se il pastore havrà seco alle volte uno o più cani, così mi piacerebbe che alcuna delle nimphe de' boschi ne havesse, ma di più gentili, con collari vaghi et copertine leggiadre, et per finire quello che a me pare a questi poemi convenirsi, dico che si come nella lor testura il se ricerca il verso, così bisogna che chi li veste o essercita, facci accompagnare la presenza e i movimenti di chi vi recita alla gravità, che con li versi li havrà dato il poeta.....

En Espagne, le costume demeure à peu près semblable, mais avec certaines modifications bien espagnoles. Il est inutile de rassembler tous les détails que nous fournit à cet égard la *Diane* de Montemayor. La fantaisie du romancier a pu se donner libre carrière. Mais un passage de *la Filosofia antigua poética* d'A. López Pinciano décrit l'accoutrement des bergers de théâtre (cité par Schack, I, ch. x) :

Mientras tanto comienzan los músicos á templar los instrumentos detrás de a escena : asoma un actor en traje pastoril por el telón, y da motivo á los

amigos para hacer varias reflexiones acerca de su traje, ya por el zamarro que
llevaba con listas doradas, ya por su galana caperuza, ya, en fin, por su gran
cuello con lechuguilla muy tiesa, que debia tener una libra de almidón. Extra-
ñan la relación, que puede haber entre un pastor y una tragedia, y hasta para
pastor encuentran su traje inconveniente. Á propósito de esto, exponen algunas
reglas, que deben observarse en la decoración y en los vestidos de los acto-
res.....

Voici les costumes de l'*Arimène* française :

Ces acteurs estoient habillez à la forme des pasteurs d'Arcadie, tout de satin
de diuerses couleurs, enrichiz de clincamp, la panetiere de clincamp, les boti-
nes de la couleur de leurs habits, semées de roses de clincamp, leurs chapeaux
de mesme et la houlette argentée en la main, les habits fort esclatants, riches
et bien faicts.

> Arimène, habillée de satin orangé.
> Ermange, vieil pasteur, de satin á couleur de feuille morte.
> Floridor, habillé á la françoise, de satin cramoisi, la cape de mesme,
> doublée de clincamp, l'épée dorée et le fourreau de velours cramoisi.
> Cloridan, habillé de satin blanc.
> Circimant, habillé de satin noir, à la mode des anciens mages d'Egypte.
> Furluquin, serviteur de Floridor, habillé à la harlequine.
> Alphize, de satin jaulne paillé, avec un jauelot en sa superbe main.
> Argence, vieille bergère, de satin gris.
> Clorice, bergère, de satin vert.
> Assauc, le pédant, de noir, en robbe pédantesque.
> Aldire, sage pasteur, de tanné.
> Orithie, nymphe, de jaulne doré, avec une coiffure poinctue, à la mode
> des nymphes.

Cf. dans le *Mercure françois* (t. V, p. 86) la relation du ballet
dansé le 12 février 1619 dans la grande salle du Louvre pour l'arrivée
du prince de Piémont; comme sujet, *la Fable de la forêt enchantée*,
d'après le Tasse. Le magicien Ismen y tient son rôle, « affreux en son
aspect, la teste en feu, un liure à la main gauche et une verge à la
droicte,.. Vêtu d'une sottane de satin noir ayant par dessus une robbe
courte de mesme étoffe avec lambrequins au bout des manches, le tout
chamarré de passements d'or. Et à la teste une toque en forme de chap-
peron auec une queue. En cest équipage parut cet enchanteur et, d'une
voix effroyable, chanta quantité de vers sur le subiet pour lequel il
vouloit enchanter la forest... »

Au début, enfin, du *Berger extravagant*, Ch. Sorel donne à son
héros le costume de Bellerose, dans le *Pastor* .

Son habit estoit si leste... que l'on voyoit bien que c'estoit là un Berger de réputation. Il auoit un chapeau de paille dont le bord estoit retroussé, une roupille et un haut de chausse de tabis blanc, un bas de soye gris de perle, et des soulliers blancs auec des nœuds de taffetas verd. Il portoit en escharpe une pannetiere de peau de fouyne, et tenoit une houlette aussi bien peinte que le baston d'un maistre de ceremonies, de sorte qu'auec tout cet équipage, il estoit fait à peu près comme Belleroze, lorsqu'il va représenter Myrtil à la pastoralle du Berger fidelle.....

(Voy. planche XV la reproduction du frontispice.)

APPENDICE ICONOGRAPHIQUE

I. — La mise en scène.

PLANCHE I. — La scène satyrique d'après le Vitruve de Jean Martin, 1547.

> Sur l'importance de Vitruve dans l'histoire de la mise en scène, voy. ci-dessus, p. 2. Le dessin est d'ailleurs de pure fantaisie.

PLANCHE II. — Gravure extraite du *Balet comique de la Royne...* Paris, A. le Roy, 1582.

> La pièce est une sorte de pastorale allégorique. Le décor, en trois parties, nous donne le principe du décor pastoral : celui-ci, seulement, ne sera plus réparti entre la scène et la salle. L'*Arimène* de Montreux marque la transition du ballet de cour à la pastorale dramatique. Voy. ci-dessus, p. 214.

PLANCHES III-VII. — Décorations extraites du *Mémoire de Mahelot*.

II. — Titres et frontispices.

PLANCHE VIII. — Frontispice du tome IV de Hardy.

PLANCHE IX. — Frontispice de la *Licoris* de Basire.

PLANCHES X-XIV. — Gravures de Michel Lasne pour la *Silvanire* de Mairet.

PLANCHE XV. — Gravure pour le livre premier du *Berger extravagant*.

> Voy. ci-dessus : Appendice III, *Les costumes de la pastorale dramatique*.

a

La scène satyrique, d'après le *Vitruve* de Jean Martin.

Gravure extraite du *Balet comique de la Royne*

Décoration d'*Amarillis*, d'après le *Mémoire* de Mahelot (f° 10).

Décoration d'*Amaranthe*, d'après le *Mémoire* de Ma relot (f° 12.)

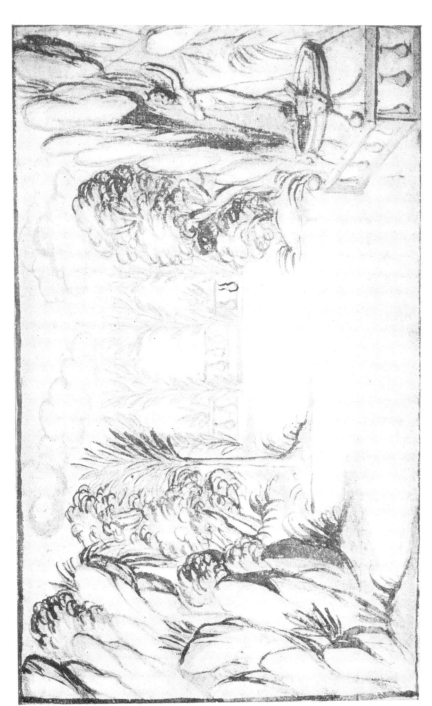

Décoration de *Clorise*, d'après le *Mémoire* de Mahelot (fo 13).

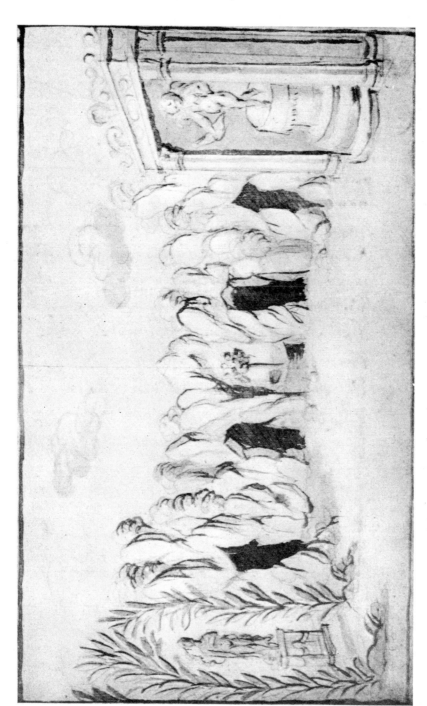

Décoration d'*Astrée et Céladon*, d'après le *Mémoire* de Mahelot (f° 34).

Décoration de *Silvanire*, d'après le *Mémoire* de Mahelot (f° 49).

Frontispice du tome IV de Hardy.

LICORIS

OV.

L'HEVREVSE

BERGERE.

TRAGEDIE PASTORALLE

A neuf Perſonnages.

Par Inconnu.

PARIS.

M DCXXXI.

BIBLIOTHÈQUE DE L'ARSENAL

Titre de *Licoris*, de G. Basire.

Gravure de Michel Lasne pour le 1er acte de *Silvanire*.

Gravure de Michel Lasne pour le 2ᵉ acte de *Silvanire*.

Gravure de Michel Lasne pour le 3e acte de *Silvanıre*.

Gravure de Michel Lasne pour le 4ᵉ acte de *Silvanire*.

Gravure de Michel Lasne pour le 5ᵉ acte de *Silvanire*.

Gravure pour le premier livre du *Berger extravagant*

BIBLIOGRAPHIE

I

LA PASTORALE ITALIENNE[1]

(Chap. I et II.)

I. — Études générales.

Histoires générales de la littérature italienne : Crescimbeni, Tiraboschi, Quadrio, Ginguené, F. de Sanctis, Gaspary, etc.

U. A. Canello, *Storia della letteratura italiana nel secolo XVI.* Milano, Vallardi, 1880. [Intéressante, mais trop systématique.] *Storia letteraria d'Italia scritta da una Società di Professori.* Milano, Vallardi. [*Il quattrocento,* par V. Rossi. — *Il cinquecento,* par F. Flamini. — A chaque volume, un important appendice de bibliographie critique.]

J. Burckhardt, *La civilisation en Italie au temps de la Renaissance,* trad. Schmitt. Paris, Plon, 1885.

Alessandro d'Ancona, *Origini del teatro Italiano,* 2da edizione. Torino, Loescher, 1891. [En appendice, *La rappresentazione drammatica del contado Toscano* et *Il teatro Mantovano nel secolo XVI.*]

Achille Mazzóleni, *La poesia drammatica pastorale in Italia.* Bergamo, Bolis, 1888.

---

1. Il est évident que je dois me contenter d'indications sommaires. Je cite seulement les ouvrages essentiels, ceux de préférence où l'on pourra trouver des renseignements bibliographiques.

31

Giosuè Carducci, *Studi letterari,* 2ᵈᵃ ediz. Livorno, Vigo, 1880. [*Dello svolgimento della letteratura nazionale.*]

,Francesco Torraca, *Studi di storia letteraria Napoletana.* Livorno, Vigo, 1884.

Rassegna critica della letteratura italiana, pubblicata da Erasmo Pércopo e Nicolas Zingarelli. Napoli, Pierro e Veraldi, 1896 et années suivantes.

Giornale storico...

II. — Textes.

Le rime di Serafino de' Ciminelli dell' Aquila, édit. Menghini. Bologna, 1894. [Préface, étude bibliographique. — Les églogues dans le premier volume.]

B. Bellincioni, Rime, édit. Fanfani. Bologna, Romagnoli, 1878.

Le Stanze, l'Orfeo e le rime di messer Angelo Ambrogini Poliziano, édit. Carducci. Firenze, 1863. [Introduction et commentaire important.] — *Opere volgari,* édit. T. Casini. Firenze, Sansoni, 1885.

L'Atteone e le rime di Baldassare Taccone, édit. F. Bariola. Firenze, 1884.

Il teatro italiano dei secoli XIII, XIV e XV, édit. F. Torraca. Firenze, Sansoni, 1885. [*Rappresentazione allegorica di Serafino dell' Aquila. — Timone di M. M. Bojardo. — Il Tirsi di B. Castiglione,* etc.]

L'ecloga ed i poemetti di L. Tansillo, édit. F. Flamini. Napoli, 1893.

Arcadia di Jacobo Sannazaro secondo i manoscritti e le prime Stampe, con note ed introduzione di Michele Scherillo. Torino, Loescher, 1888. [Édit. critique.]

Aretusa, commedia pastorale di M. A. Lollio, pubbl. secondo l'autografo, édit. A. F. Pavanello. Ferrara, Zuffi, 1901.

Opere minori in versi di T. Tasso, édit. critique d'Angelo Solerti. Bologna, Zanichelli, 1891-95. [Au troisième volume, le théâtre. Bonne bibliographie de l'*Aminta.*]

T. Tasso : I discorsi dell' arte poetica, il Padre di famiglia e l'Aminta annotati per cura di A. Solerti. Torino, Paravia, 1901. [En notes, les emprunts et imitations du Tasse.]

Cesare Guasti, *Le lettere di T. Tasso disposte per ordine di tempo ed illustrate*. Firenze, Lemonnier, 1853-55.

*Aminta... con le annotationi d'*Egidio Menagio. Parigi, Agostino Curbé, 1655.

Guarini : *Opere*. Verona, Tumermani, 1737. [Edit. collective, avec les polémiques relatives au *Pastor*.]

Guarini : *Lettere... da Agostino Michele raccolte*, 2da ediz. Venezia, G. B. Ciotti, 1594.

Opere del Co. Guid' Ubaldo Bonarelli della Rovere. Roma, L. Grignani, 1640.

Angelo Ingegneri : *Della poesia rappresentativa et del modo di rappresentare le favole sceniche*. Ferrara, V. Baldini, 1598.

Ludovico Zuccolo : *Dialogo dell' eminenza della pastorale*. Venezia, Baba, 1613.

III. — Études particulières.

A. d'Ancona, *Studj sulla letteratura italiana de' primi secoli*. Ancona, Morelli, 1884. [Un article *Del secentismo nella poesia cortigiana del secolo XV*.]

Sur Sannazar.

A. de Tréverret, *L'Italie au seizième siècle*. Paris, Hachette, 1877-79. [Dans la première série, une étude sur Sannazar.]

F. Torraca, *La materia dell' Arcadia del Sannazaro*. Città di Castello, 1888.

E. Bellon, *De Sannazarii vita et operibus*. Paris, J. Mersch, 1895. [Quelques erreurs, relevées par E. Pércopo, *Rassegna critica...*, I, p. 113.]

E. Pércopo, *La prima imitazione dell' Arcadia*. Napoli, 1894.

Sur Le Tasse.

V. Cherbuliez, *Le prince Vitale, essai et récit à propos de la folie du Tasse*. Paris, Michel Lévy, 1864.

Giosuè Carducci, *Su l'Aminta di T. Tasso, saggi tre... con una pastorale inedita di G. B. Giraldi Cinthio*. Firenze, Sansoni, 1896. [Trois études très précises : *L'Aminta e la vecchia poesia pastorale. — Precedenti dell' Aminta. — Storia dell' Aminta*.]

Angelo Solerti, *Ferrara e la corte estense nella seconda metà del secolo XVI. I discorsi di Annibale Romei*. Città di Castello, Lapi, 1891.

Angelo Solerti, *Vita di T. Tasso*. Torino, Loescher, 1895. [T. I :
La Vita; — t. II : *Lettere inedite*...; — t. III : *Documenti,
appendici, bibliografia*. [Bibliographie très complète jusqu'en
1895 ; pour les travaux de l'année 1895, troisième centenaire du
Tasse, voyez Solerti, *Giornale storico*, XXVII, p. 391 ; pour
les années suivantes, voyez *Rassegna critica*...]

Sur Guarini.

Vittorio Rossi, *Battista Guarini ed il Pastor fido, studio biografico-critico con documenti inediti*. Torino, Loescher, 1886.
[Bibliographie des ouvrages antérieurs, p. 1 ; en appendice,
bibliographie du *Pastor*. — Du même, un article dans le *Giornale storico*..., XXXI, p. 108.]

Stiefel, *Vittorio Rossi und sein Buch, Guarini e il Pastor fido*.
[*Literaturblatt für germanische und romanische Philologie
von 11 November 1891*, col. 378.]

Sur Bonarelli.

*Vita del Conte Guid' Ubaldo Bonarelli della Rovere, descritta
da Francesco Ronconi*. [En tête de l'édit. de Rome, 1640.]

Éloge de Ménage dans l'édition de Paris. Cramoisy, 1654. [Réimpr.
1656.]

G. Malagoli, *Studi, amori e lettere inedite di Guidubaldo Bonarelli*. [*Giornale storico*..., XVII, p. 177 ; bibliographie des
travaux antérieurs.]

II

LA PASTORALE ESPAGNOLE

(Chap. III et IV.)

I. — Études générales.

Pour les ouvrages d'ensemble, voyez les notes bibliographiques de
J. Fitzmaurice Kelly, *Littérature espagnole*, trad. Henry-
D. Davray. Paris, Colin, 1904.

George Ticknor, *Histoire de la littérature espagnole*, trad. Magnabal. Paris, Hachette. [Voyez en particulier les notes et additions des traducteurs espagnols P. de Gayangos et E. de Vedia.]

A. F. Schack, *Geschichte der dramatischen Literatur und Kunst in Spanien*. Berlin, 1845-46. [Trad. esp. Eduardo de Mier, Madrid, M. Tello, 1885-87.]

M. Menéndez y Pelayo, *Historia de las ideas estéticas en España*. Madrid, Pérez Dubrull, 1883 et suiv. [En cours de publication.]

D. Cayetano Alberto de la Barrera y Leirado, *Catálogo bibliográfico y biográfico del teatro antiguo español*. Madrid, Rivadeneyra, 1860.

P. Salvá y Mallén, *Catálogo de la biblioteca de Salvá*. Valencia, 1872.

Catalogue de la bibliothèque de M. Ricardo Heredia... Paris, Em. Paul, 1891-94.

Catalogue de livres espagnols rares et précieux. Paris, Paul et Guillemin, 1899. [Quelques additions ou rectifications aux précédents.]

D. García Peres, *Catálogo razonado biográfico y bibliográfico de los autores portugueses que escribieron en castellano*. Madrid, Impr. del Col. Nac. de Sordo-Mudos, 1890. [Bibliogr. de Montemayor, etc.]

Th. Braga, *Manual da historia da litteratura Portugueza*. Porto, Magalhães et Moniz, 1875.

A. Loiseau, *Histoire de la littérature portugaise*. Paris, Thorin, 1886. [Les sources indiquées à la fin du volume.]

A. Gassier, *Le Théâtre espagnol*. Paris, Ollendorff, 1898. [Étude précédant une traduction de *San Gil de Portugal*. Bibliographie à la p. 354.]

A. Morel-Fatio et Léo Rouanet, *Le Théâtre espagnol*. Paris, Fontemoing. [*Bibliothèque des Bibliographies critiques*.]

II. — Textes.

Pour tout ce qui a trait au théâtre (Répertoires de Moratin, de Gallardo, etc., ou éditions d'auteurs dramatiques antérieurs à Lope de Vega), je ne puis que renvoyer à l'excellente bibliographie de MM. Morel-Fatio et Rouanet.

Obras de Lope de Vega, publicadas por la Real Academia española. [Le tome V (Madrid, 1895) contient, avec la fin des *Comedias de vidas de Santos*, les *Comedias pastoriles*. — *Observaciones preliminares* de Menéndez y Pelayo.]

Colección escogida de obras no dramáticas de Frey Lope Félix de Vega Carpio, por D. Cayetano Rosell. Bibl. Rivadeneyra, Madrid, 1856.

Lope de Vega : Arte nuevo de hacer comedias, publ. et annoté par A. Morel-Fatio dans le *Bulletin hispanique,* octobre-décembre 1901. [Trad. dans la *Collection des chefs-d'œuvre des théâtres étrangers.* Paris, 1822-23.]

Garcilasso de la Vega, œuvres dans les *Poetas liricos de los siglos XVI y XVII, colección ordenada por* D. Adolfo de Castro. Tome I, Bibl. Rivadeneyra. Madrid, 1872.

Menéndez y Pelayo, *Antologia de poetas liricos castellanos.* [*Encina,* au tome VII. Madrid, 1898.]

Carolina Michaelis de Vasconcellos, *Poesias de Sâ de Miranda, ediçâo feita sobre cinco manuscriptos ineditos e tódas as ediçôes impressas.* Halle, Niemeyer, 1885.

Montemayor. Voy. la bibliogr. de Schönherr et celle de García Peres, liv. cités.

Jorge de Montemayor : La Diana. Barcelona, 1886. [M. Menéndez y Pelayo prépare une édition de *la Diana* avec introduction biographique et critique.]

A.-M. Fabié, *Viajes por España de Jorge de Einghen... y de Andrés Navajero.* Madrid, 1879. [Collect. des *Libros de Antaño.*]

III. — **Études particulières.**

Cte de Puymaigre, *La cour littéraire de Don Juan II, roi de Portugal,* Paris, Franck, 1873.

Villemain, *Tableau de la littérature au Moyen-âge.* Nouv. édit. Paris, Didier, 1858 [t. II, leçons xxiii et xxiv].

E. Cotarelo y Mori, *Estudios de historia literaria.* Madrid, 1901. [Études sur Juan del Encina, sur Lope de Rueda... extraites de la *España moderna,* 1894, et de la *Revista de Archivos...,* 1898.]

Manuel Cañete, *Teatro español del siglo XVI.* Madrid, M. Tello, 1885. [Une étude sur L. Fernandez.]

Menéndez y Pelayo, *Bartolomé de Torres Naharro y su Propaladia.* Madrid, 1900.

E. González Pedroso, Préface à sa collection d'*Autos sacramentales...* Bibl. Rivadeneyra, 1865.

Léo Rouanet, Préface à sa traduction d'*Intermèdes espagnols du seizième siècle*. Paris, Charles, 1897.

E. Chasles, *M. de Cervantes, sa vie et son temps*. Paris, Didier, 1866, 2ᵉ édit.

R. L. Mainez, *Cervantes y su época*. Jerez de la Frontera, 1901.

J. H. Wiffen, *The works of Garcilasso de la Vega... translated in english verses*. London, Hurst, Robinson, 1823. [En tête, un essai critique et historique.]

E. Fernández de Navarrete, *Vida de Garcilasso de la Vega*, dans *Documentos inéditos*, t. XVI.

Georg Schönherr, *Jorge de Montemayor, sein Leben und sein Schäfferroman...* Halle, Max Niemeyer, 1886. [Liste des travaux antérieurs, p. 10; importante bibliographie en appendice, p. 79; discute la date de la prétendue édition de 1542.]

H. A. Rennert, *The spanish pastoral novel*. Baltimore, 1892.

H. Castonnet des Fossés, *La poésie pastorale portugaise*. Angers, Lachèse, 1886. [Extr. de *l'Instruction publique*.]

III

L'ITALIANISME ET L'HISPANISME EN FRANCE

(Chap. V.)

I. — Sources générales.

Louis P. Betz, *La Littérature comparée. Essai bibliographique*. Strasbourg, Karl j. Trübner, 1900.

Alphonse Royer, *Histoire universelle du théâtre*, t. II. Paris, Franck, 1869.

Alfred Bougeault, *Histoire des littératures étrangères*, t. III. Paris, Plon, 1876.

Demogeot, *Histoire des littératures étrangères considérées dans leurs rapports avec le développement de la littérature française*. Paris, Hachette, 1880.

Wilhelm Creizenach, *Geschichte des neueren Dramas*. Halle, Niemeyer, 1893-1903. [En cours de publication.]

Gregory Smith, *The Transition period.* Edinburgh, W. Blackwood, 1900. [Dans *Periods of European Literature.*]

Victor du Bled, *La Société française du seizième au vingtième siècle,* t. I. Paris, Perrin, 1900.

H. Bourciez, *Les Mœurs polies et la Littérature de cour sous Henri II.* Paris, 1886.

Abel Lefranc, *Le Platonisme dans la littérature en France à l'époque de la Renaissance.* [*Revue d'hist. littér.*, 1896.]

Brantôme, *Œu̇res complètes,* édit. Lud. Lalanne. Paris, Renouard, 1864-96.

E. Pasquier, *Les œuvres.* Amsterdam, 1723. [Voy. les *Lettres,* le *Monophile.*]

Opuscules d'amour, par Heroet, La Borderie et autres diuins poëtes. Lyon, Jean de Tournes, 1547.

Les Sérées de Guillaume Bouchet, sieur de Brocourt... Paris, Jérôme Perier, 1608.

Chapelain, *Lettres* publiées par Tamizey de Larroque. Paris, Impr. nat., 1880-83. [Voy. en particulier les Lettres à Carrel de Sainte-Garde.]

Ed. Fournier, *Variétés historiques et littéraires.* Paris, Jannet, 1855-63. [*Biblioth. elzévirienne.*]

II. — L'Italianisme.

Joseph Blanc, *Bibliographie italico-française universelle...* Paris, H. Welter, 1886. [Ouvr. utile, mais dont on ne peut accepter sans contrôle les indications.]

Rathery, *De l'influence de l'Italie sur les lettres françaises.* Paris, Didot, 1853.

Armand Baschet, *Les comédiens italiens à la cour de France sous Charles IX, Henri III, Henri IV et Louis XIII...* Paris, Plon, 1882.

Fr. Flamini, *Studi di storia letteraria italiana e straniera.* Livorno, Giusti, 1895. [Articles sur : *Le lettere italiane alla corte di Francesco I, re di Francia; — Le rime di Odetto de la Noue e l'italianismo a tempo d'Enrico III.*]

J. Texte, *Études de littérature européenne.* Paris, Colin, 1898. [*L'influence italienne dans la Renaissance française.*]

H. Hauvette, *Les relations de la France et de l'Italie.* [Annales de l'Université de Grenoble, VII, n° 2, 1895.]

— *Luigi Alamanni, sa vie et son œuvre.* Paris, Hachette, 1903.

Fr. Torraca, *Gl' imitatori stranieri di J. Sannazaro.* Roma, Loescher, 1882.

P. Marcel, *Un vulgarisateur, Jean Martin.* Paris, Garnier.

Reinhold Dezeimeris, *Notice sur Pierre de Brach, poëte bordelais du seizième siècle.* Paris, Aubry, 1858.

Charlotte Banti, *L'« Amyntas » du Tasse et l'« Astrée » d'Honoré d'Urfé.* Milan, 1895. [Publ. à l'occasion de l'anniversaire de la mort du Tasse.]

Émile Roy, *Les premiers cercles du dix-septième siècle, Mathurin Regnier et Guidubaldo Bonarelli della Rovere.* [Rev. d'Hist. littér., 1897.]

Ch.-W. Cadeen, *L'influence de G. B. Marino sur la littérature française dans la première moitié du dix-septième siècle.* Grenoble, Allier, 1904.

Lemaire de Belges, édit. Stecher. Louvain, Lefever, 1882-91. [Au t. III, *le Traicté intitulé la concorde des deux langages.*]

H. Estienne, *Deux dialogues du langage françois italianisé.* Genève, 1578.

Bulletin italien. [Articles d'E. Picot, P. Toldo, J. Vianey, Hauvette, etc.]

III. — L'Hispanisme.

A. de Puibusque, *Histoire comparée des littératures espagnole et française.* Paris, Dentu, 1843.

Baret, *De l'Amadis de Gaule et de son influence sur les mœurs et la littérature au seizième et au dix-septième siècles.* Paris, 1853.

A. Pagès, *Amadis de Gaule.* Paris, Acad. des bibliophiles, 1868.

Philarete Chasles, *Études sur l'Espagne et sur les influences de la littérature espagnole en France et en Italie.* Paris, Amyot, 1847.

Ed. Fournier, *L'Espagne et ses comédiens en France au dix-septième siècle,* dans la *Revue des Provinces,* 15 sept. 1864.

Mignet, *Antonio Perez et Philippe II.* Paris, Impr. Royale, 1845.

A. Morel-Fatio, *Études sur l'Espagne*, 1re série, 2e édit. Paris, Bouillon, 1895. [Un article sur *l'Espagne en France*.]

— *Ambrosio de Salazar et l'étude de l'espagnol en France sous Louis XIII.* Paris, Picard, 1901.

E. Martinenche, *La Comedia espagnole en France de Hardy à Racine.* Paris, Hachette, 1900.

G. Huszar, *P. Corneille et le théâtre espagnol.* Paris, Bouillon, 1903.

G. Honotaux, *Études historiques sur le seizième et le dix-septième siècles en France.* Paris, Hachette, 1886. [*De l'influence espagnole en France à propos de Brantôme.*]

F. Brunetière, *Études critiques sur l'histoire de la littérature française.* Paris, 1891. [*L'influence de l'Espagne dans la littérature française*, dans la *Revue des Deux-Mondes,* mai 1891.]

G. Lanson, *Études sur les rapports de la littérature espagnole et de la littérature française au dix-septième siècle.* [*Rev. d'Hist. litt.*, 1896-97.]

IV

LA PASTORALE FRANÇAISE

(Chap. VI-X.)

I. — Sources générales.

Répertoires. — *Bibliothèques* de La Croix du Maine et du Verdier (édit. Rigoley de Juvigny), — de Sorel, — de Lelong et Fevret de Fontette, — de Goujet. — *Jugement des sçavants* de Baillet. — *Histoire de l'Académie* de Pellisson et d'Olivet. — *Mémoires* de Niceron. — *Histoire du théâtre françois* des frères Parfait. — *Bibliothèque* de La Vallière. — *Recherches* de Beauchamps. — *Dictionnaire* de Léris (2e édit.). — *Bibliothèque des romans.* — *Catalogues* La Vallière, — Soleinne, — Pont de Vesles, — Viollet-le-Duc, etc. — *Dictionnaire des ouvrages anonymes* de Barbier. — *Manuel* de Brunet. — *Bibliographie des Recueils collectifs...* de Fr. Lachèvre...

Mémoires ou **Journaux** de Lestoile, Héroard, Bassompierre, Tallemant, Marolles, Segrais (*Œuvres diverses*, 1re partie). — *Mercure françois* (1589-1644). — *Muze historique* de Loret.

Correspondances de Malherbe, Chapelain (édit. Tamizey de Larroque). — *Mélanges de littérature tirés des lettres inédites
de Chapelain*. Paris, 1736.

Théoriciens :

Vauquelin de la Fresnaie, *Les diverses poésies*, édit. Travers.
Caen, Le Blanc-Hardel, 1869-72.

Traité de la disposition du poëme dramatique... Paris, 1637.

Sarazin, *Discours de la tragédie...* En tête de l'*Amour tyrannique* de Scudéry. Paris, 1639.

La poétique de Jules de la Mesnardière. Paris, Sommaville,
1640.

La pratique du théâtre, par l'abbé d'Aubignac. Amsterdam,
1715.

Chapuzeau, *Le théâtre françois divisé en trois livres*. Lyon,
Michel Mayer, 1674.

H. Breitinger, *Les unités d'Aristote avant le Cid de Corneille, Étude de littérature comparée*. Genève, Georg,
1879.

Ch. Arnaud, *Les théories dramatiques au dix-septième siècle,
Étude sur la vie et les œuvres de l'abbé d'Aubignac*.
Paris, Picard, 1888.

R. Otto, Préface à son édition de *la Silvanire*. Bamberg, Buchner, 1890.

E. Dannheisser, *Zur geschichte der Einheiten in Frankreich*.
[*Zeitschrift für franz. Sprache und litteratur*, 1892.]

Critiques :

Saint-Marc Girardin, *Cours de littérature dramatique*, t. III.
Paris, Charpentier.

Sainte-Beuve, *Tableau historique et critique de la poésie
française et du théâtre français au seizième siècle*. Édit.
définitive. Paris, Lemerre, 1876.

Petit de Julleville, *Histoire du théâtre en France : Les
comédiens en France au Moyen-âge; — La comédie et les
mœurs...; — Répertoire du théâtre comique...* Paris, Cerf,
1885-86.

E. Faguet, *La tragédie française au seizième siècle.* Paris, Hachette, 1883.

F. Robiou, *Essai sur l'histoire de la littérature et des mœurs sous le règne de Henri IV.* Nouv. édit. Paris, Didier, 1883.

P. Toldo, *La comédie française de la Renaissance.* [Dans la *Revue d'hist. littér.*, années 1897 et suiv.]

V. Fournel, *La littérature indépendante et les écrivains oubliés.* Paris, Didier, 1862.

— *La Pastorale dramatique au dix-septième siècle.* [Rev. *Le livre*, octobre 1888.]

G. Weinberg, *Das Französische Schäferspiel in der ersten Hälfte des siebzehnten Jahrhunderts.* Frankfurt, Knauer, 1884. [D'après les frères Parfait.]

E. Dannheisser, *Zur geschichte des Schäferspiels in Frankreich.* [Dans *Zeitschrift für französische Sprache und Litteratur...* Oppeln und Leipzig, Franck, 1889.]

Organisation du Théâtre :

V. Fournel, *Les contemporains de Molière... avec l'histoire de chaque théâtre.* Paris, Didot, 1863-75.

— *Curiosités théâtrales anciennes et modernes.* Paris, A. Delahays, 1859.

E. Despois, *Le théâtre français sous Louis XIV.* Paris, Hachette, 1874.

E. Rigal, *Hôtel de Bourgogne et Marais. Esquisse d'une histoire des théâtres de Paris,* de 1548 à 1635. Paris, Dupret, 1887.

— *Le théâtre français avant la période classique.* Paris, Hachette, 1901. [Importante bibliographie.]

G. Lanson, *Études sur les origines de la tragédie classique en France. Comment s'est opérée la substitution de la tragédie aux mystères et moralités.* [Articles de la *Revue d'hist. littér.*, 1903.]

E. Boysse, *Le théâtre des Jésuites.* Paris, Vaton, 1880.

L. Celler, *Les décors, les costumes et la mise en scène au dix-septième siècle (1615-1680).* Paris, Liepmannshon et Dufour, 1869.

A. Jullien, *Histoire du costume au théâtre...* Paris, Charpentier. 1880.

E. Dacier, *La mise en scène à Paris au dix-septième siècle. Mémoire de Laurent Mahelot et Michel Laurent, publié avec une notice et des notes.* Paris, 1901. [Tirage à part des *Mémoires de la Société de l'histoire de Paris.*]

Le Théâtre en province :

H. Chardon, *La troupe du roman comique dévoilée et les comédiens de campagne au dix-septième siècle.* Paris, Champion, 1876.

— *Scarron inconnu et les types des personnages du roman comique.* Paris, Champion, 1904.

F. Faber, *Histoire du théâtre français en Belgique depuis son origine jusqu'à nos jours...* Bruxelles, Ollivier, et Paris, Tresse, 1878-1880, 5 vol. [Deux vol. de *Documents authentiques et inédits.*]

J. B. Monfalcon, *Histoire de Lyon.* Lyon, L. Perrin, 1845-47, édit. en trois volumes. [Voy. la *Bibliographie lyonnaise.*]

C. Brouchoud, *Les origines du théâtre de Lyon.* Lyon, Scheuring, 1865.

Mme N.-N. Oursel, *Nouvelle biographie normande.* Paris, Picard, 1886-88, 2 vol. et supplément.

(Dr Giraudet), *Une association d'imprimeurs et de libraires de Paris réfugiés à Tours au seizième siècle.* Tours, Rouillé-Ladevèze, 1877.

Dreux du Radier continué par Lastic-Saint-Jal, *Histoire littéraire du Poitou.* Niort, Robin, 1842-49, 3 vol.

H. Clouzot, *L'ancien théâtre en Poitou.* Niort, Clouzot, 1901. [Importante bibliographie.—Voy. le journal des Le Riche, 1534-86, édit. de La Fontenelle de Vaudoré. Saint-Maixent, 1846.]

E. Destranges. *Le théâtre à Nantes depuis ses origines...* Paris, Fischbacher, 1893.

Hauréau, *Histoire littéraire du Maine,* nouv. édit. Paris, 1870-77, 10 vol.

G. Lecoq, *Histoire du théâtre en Picardie depuis son origine jusqu'à la fin du seizième siècle.* Paris, Menu, 1880.

L. Paris, *Le théâtre à Reims depuis les Romains...* Reims, Michaud, 1885.

L. de Gouvenain, *Le théâtre à Dijon (1422-1790).* Dijon, Jobard, 1888.

J. Durandeau, *Aimé Piron et la vie littéraire à Dijon pendant le dix-septième siècle*. Dijon, Librairie nouvelle, 1888.

C. Latreille, *Pierre de Boissat et le mouvement littéraire en Dauphiné*. Grenoble, Allier, 1900.

A. Detcheverry, *Histoire des théâtres de Bordeaux*. Bordeaux, Delmas, 1860.

J.-B. Noulet, *Essai sur l'histoire littéraire des patois du midi de la France aux seizième et dix-septième siécles*. Paris, Techener, 1859. [Il serait facile de prolonger cette liste des ouvrages relatifs à la vie littéraire provinciale. J'ai cité seulement ceux qui m'ont été utiles. Voy. d'autres indications dans G. Lanson, art. cité, et dans le *Manuel de bibliographie générale* de H. Stein, Paris, Picard, 1898.]

II. — Études particulières.

P. de Longuemare, *Une famille d'auteurs aux seizième, dix-septième et dix-huitième siècles : les Sainte-Marthe*. Paris, Picard, 1902.

L. Lacour, *Mise en scène et représentation d'un opéra en province vers la fin du seizième siècle*. Paris, Aubry, 1858. [Tirage à part de la *Revue française*. — Représentation de l'*Arimène*.]

Petit de Julleville, Notice de son édition des *Œuvres de Montchrétien*. Paris, Jannet, 1891. [*Biblioth. elzévirienne*.]

G. Lanson, *La littérature sous Henri IV, A. de Montchrétien*. [Article de la *Revue des Deux-Mondes*, sept. 1891.]

E. Rigal, *A. Hardy et le théâtre français à la fin du seizième et au commencement du dix-septième siècles*. Paris, Hachette, 1889. [Très abondante bibliographie.]

Aug. Bernard, *Les d'Urfé, souvenirs historiques et littéraires du Forez au seizième et au dix-septième siècles*. Paris, Impr. royale, 1839.

— *Recherches bibliographiques sur le roman d'Astrée*. [Article du *Bulletin du bibliophile*, août 1859.]

N. Bonafous, *Etude sur l'Astrée et sur H. d'Urfé*. Paris, Didot, 1846.

De Loménie, *L'Astrée et le roman pastoral*. [Art. de la *Revue des Deux-Mondes*, juillet 1858.]

L. Feugère, *Honoré d'Urfé*. [A la suite de *Les femmes poètes au dix-septième siècle*. Paris, 1860.]

H. Koerting, *Geschichte des französischen Romans in XVII⁰ Jahrhundert*. Leipzig, Franck, 1887.

A. le Breton, *Le roman au dix-septième siècle*. Paris, Hachette, 1890.

Ph. Godet, *Le roman de l'amour platonique : l'Astrée d'H. d'Urfé*. [Art. de la *Vie contemporaine*, déc. 1893.]

B. Germa, *L'Astrée d'H. d'Urfé. Sa composition, son influence*. Toulouse, Privat, 1904. [Étude purement littéraire qui n'apporte pas de données nouvelles. Voy. plus loin les études de Dannheisser sur la *Chronologie de Mairet*, et, à ce propos, sur le quatrième livre de d'Urfé, *Zur Quellenkunde der Silvanire*.]

P. Blanchemain, *Notice sur François de Maynard* en tête de son édition du *Philandre*. Genève, Gay, 1867. [Biogr. du président d'Aurillac, d'après la notice de Colletet, et les *Lettres bibliographiques* de Labouïsse-Rochefort. Toulouse, 1846.]

G. Garrisson, Notice en tête de son édition. Paris, Lemerre, 1885-88. [Confond les deux homonymes.]

F. Lachèvre et Durand-Lapie, *Deux homonymes du dix-septième siècle : François Maynard, président au présidial d'Aurillac et François Ménard, avocat en cour de parlement de Toulouse*. Paris, Champion, 1899.

A. de Latour, Notice à son édition de Racan. Paris, Jannet, 1857. [*Bibliothèque elzévirienne*.]

L. Arnould, *Racan, Histoire anecdotique de sa vie et de ses œuvres*. Paris, Colin, 1896 ; édit. refondue, *ibid*., 1901. [Importante bibliographie. — Voy. plus loin le livre de E. Dannheisser sur *Mairet* : un chapitre *Zeitbestimmung von Racan's Bergeries*.]

G. Bizos, *Étude sur la vie et les œuvres de Jean de Mairet*. Paris, Thorin, 1877.

E. Dannheisser, *Studien zu Jean de Mairet's Leben und Wirken. Inaugural-Dissertation...* Ludwigshafen. a Rh., J. Waldkirch, 1888.

— *Zur Chronologie der Dramen Jean de Mairet's*. [*Romanische Forschungen organ...*, nov. 1889.]

SCHIRMAKER, *Theophile de Viau, sein Leben und seine Werke.* Leipzig, 1897. [Sur les emprunts de Mairet, voy. pp. 244 et suiv.]

P. DE MUSSET, *Originaux du dix-septième siècle...* Paris, Charpentier, 1848. [*Le poète Gombauld.*]

CH. L. LIVET, *Précieux et Précieuses.* Paris, Didier, 1859.

P. BARBIER, *Études sur notre ancienne poésie.* Bourg, Dufour, 1873.

R. KERVILER, *La Saintonge et l'Aunis à l'Académie française : Jean Ogier de Gombauld.* Paris, 1876. [Tirage à part de la *Revue d'Aquitaine*, 1875-76, nos XI à XXI.]

J. JARRY, *Essai sur les œuvres dramatiques de Jean Rotrou.* Lille, Quarré; Paris, Durand, 1868. [Essai à peu près purement littéraire.]

H. CHARDON, *La vie de Rotrou mieux connue. Documents inédits sur la société polie de son temps et la querelle du Cid.* Paris, A. Picard; Le Mans, Pellechat, 1884. [Dans les premières pages, une bibliographie assez complète des études antérieures relatives à Rotrou. Il faut citer, depuis, les travaux de Stiefel, Steffens, J. Vianey sur la chronologie et les sources de Rotrou.]

E. ROY, *La vie et les œuvres de Charles Sorel, sieur de Souvigny.* Paris, Hachette, 1891. [Excellente bibliographie.]

G. REYNIER, *Thomas Corneille, sa vie et son théâtre.* Paris, 1892.

N.-M. BERNARDIN, *Un précurseur de Racine, Tristan l'Hermite, sieur du Solier; sa famille, sa vie, ses œuvres.* Paris, Picard, 1895.

O. LANGHEIM, *De Visé, sein Leben und seine Dramen, Inaugural-Dissertation...* Wolfenbüttel, R. Angermann, 1903.

MENESTRIER, *Les représentations en musique anciennes et modernes.* Paris, Guignard, 1681.

L. CELLER, *Les origines de l'opéra et le ballet de la reine.* Paris, Didier, 1868.

R. ROLLAND, *Histoire de l'opéra en Europe avant Lulli et Scarlatti.* Paris, Thorin, 1895. [Du même, un article de la *Revue de Paris*, févr. 1904 : *L'opéra avant l'opéra.*]

V

TRADUCTIONS DE L'ITALIEN

Boccace.

Flammette. Cöplainte des tristes amours de Flämette à son amy Päphile, translatée d'italien en vulgaire françoys... Lyon, 1532, petit in-8°. [Plusieurs éditions ou réimpressions à Lyon et Paris. Voy. Brunet. — Trad. Gabriel Chappuis. Paris, Abel L'Angelier, 1585, in-12. — Réimpr. Paris, Guillemot, 1609...]

Le nymphal Fliessolan de M. Jean Boccace, traduit en françois par Ant. Guercin du Crest. Lyon, Gabriel Cotier, 1556, in-12.

Le Philocope de Jean Boccace, contenant l'histoire de Fleury et Blanchefleur, trad. d'italien en françois par Adrian Sevin. Paris, Robinot, 1575, in-12. [Brunet indique des éditions de Paris, Denis Janot, 1542, in-f°; Paris, Magdaleine Boursette ou Gilles Corrozet, 1555, in-8°, et des exemplaires de 1575 sous le nom de divers éditeurs.]

Le laberinthe d'amour, autrement inuectiue contre une mauuaise femme, mis nouuellement d'italien en françoys. Paris, Ruelle, 1571 ou 1573. [Trad. Fr. de Belleforest.]

Philosophie d'amour.

Les Azolains de Monseigneur Bembo, De la nature d'Amour. Traduictz d'italien en françoys par Ian Martin. Paris, Michel de Vascozan, 1545, in-8°. [Privilège du 2 juin 1545. — *Seconde édition corrigée et émendée.* Ibid., 1547, in-8°. — Réimpr. Lyon, Rouille, 1552; Paris, Gaillot Dupré et Christofle Foloppe, 1553; Vincent Normand, 1572, in-16.]

Philosophie d'amour de M. Léon Hebreu, traduicte d'italien en françoys par le seigneur du Parc Champenois (Denys Sauvage). Lyon, Guillaume Rouille, 1551, in-8°.

Les dialogues de Messire Speron Sperone Italien, traduitz en françoys par Claude Gruget, Parisien. Paris, 1551, in-8°. [Privilège du 28 avril 1551. Achevé d'imprimer 15 juillet.]

Les six livres de Mario Equicola d'Alveto, de la nature d'amour... mis en françois par Gabriel Chappuis, Tourangeau. Paris,

Houzé, 1584, in-8°. [Dédic. à Desportes du 1er juin 1584.
Réimpr. Houzé, 1589, et Lyon, Veyrat, 1598, in-12.]

Sannazar.

*L'Arcadie de Messire Iaques Sannazar, gentilhomme napolitain,
excellent poëte entre les modernes, mise d'italien en françoys
par Iehan Martin...* Paris, Vascosan, 1544, in-8°. [Privilège du
11 avril 1543.]

Le Tasse.

*Imitations de Pierre de Brach, conseiller du roy et contrerolleur
en sa chancellerie de Bourdeaus...* Bourdeaus, S. Millanges,
1584, in-4°. [Dédic. à Marguerite de France, royne de Navarre,
du 27 août 1584. — *Aminte, fable bocagère prise de l'italien
de Torquato Tasso.* Vers décasyll. — Réimpr. R. Dezeimeris,
Paris, Aubry, 1862.]

Aminte, pastorale de Torquato Tasso. Tours, Iamet Mettayer,
1591, in-12. [Trad. en prose de De La Brosse. — Réimpr. *ibid.*,
1593; Lyon, Benoist Rigauld, 1597, in-16.]

*Aminte, fable boscagère du seigneur Torquato Tasso, Italien,
mise en prose françoise par G. Belliard.* Paris, Abel l'Angelier, 1596, in-12. [Le privilège est daté, par erreur sans doute,
du 29 novembre 1586. La traduction seulement. — Réimpr. avec
le texte italien, Rouen, Cl. le Villain ou Jean Petit, 1598, 1603,
1609, in-12.]

Pour les traductions postérieures, voy. la très exacte bibliographie
de A. Solerti, liv. cit. — On peut ajouter : la *Mylas* de Claude
de Bassecourt en 1594; la *Lydie* de Du Mas en 1609 (voy. plus
loin : PASTORALES DRAMATIQUES FRANÇAISES); — d'après La Croix
du Maine, une trad. non publiée d'Henriette de Clèves en 1584;
— une trad. de R. Bonneau aux environs de 1634 (voy. pièce
liminaire de la *Luciane*).

Guarini.

*Le Berger fidelle, pastorale de l'italien du seigneur Baptiste
Guarini, cheualier.* Paris, Jamet Mettayer, 1595, in-12. [En
prose mêlée de vers. A la fin, la *Chanson bocagère* du Tasse
sur l'âge d'or. Gravures en tête de chaque acte. V. Rossi la donne
comme anonyme; mais elle porte l'anagramme de Rolland
Brisset : *Rus subit ardens sol.* — Je ne connais pas l'édition de

1593 dônnée par le catalogue Soleinne; il semble que ce soit une erreur de date. Brunet donne 1598.]

Le Berger fidelle, pastoralle de l'italien du seigneur Baptiste Guarini, cheualier. Augmenté de plusieurs poulets d'amour et autres poésies non encor veues. Dernière édition. Rouen, N. et P. l'Oyselet, 1600, in-12. [Même trad. sans les gravures. — Réimpression de la traduction encore seule (*ibid.*, 1609, in-12), avec de nouvelles gravures. — Non citées par Rossi.]

Il Pastor fido, le Berger fidelle faict italien et françois pour l'utilité de ceux qui désirent apprandre les deux langues. Paris, Mathieu Guillemot, 1609, in-12. [Même traduction, édition bilingue. Privilège du 12 déc. 1608. Achevé d'imprimer du 17 août 1609. Non cit. par Rossi. — D'après Goujet, deux éditions en 1610. — Réimpr. avec un simple changement de date en 1622; à Rouen, Cl. le Villain, 1624, in-12; à Rouen, Adrian Ouyn, 1625, in-12.]

Le Pasteur fidelle, tragi-comédie pastoralle de J. B. Guarini .. traduit d'italien en vers françois par Anthoine de Giraud, lyonnois... Paris, Cl. Cramoisy, 1623, in-12.

Le Berger fidelle. Paris, A. Courbé, 1637, in-8°. [Traduct. nouvelle en prose attribuée à Du Bueil par Barbier, et à Marans par Paul Lacroix. Privilège du 11 sept. 1637. Achevé d'impr. du 18 sept.]

Pour les traductions postérieures, voy. la bibliographie de M. Vittorio Rossi, liv. cit. — On peut ajouter une traduction de quelques fragments : *Les souspirs de Myrtil.* Lyon, Iaques Roussin, 1597, in-12. [Vers alexandrins. — A la suite : *Les regrets de Corisque* et *Les vœux d'Amarillis.*]

Luigi Grotto.

La Dieromène ou le Repentir d'amour, pastorale imitée de l'italien de L. G. C. d'H. par R. B. G. T. (Rolland Brisset). Tours, Mathurin le Mercier, 1591, pet. in-12. [En prose avec quelques passages en vers. — Réimpr. *ibid.*, 1592 (d'après le catal. Soleinne [?]); Paris, Langelier ou G. Drobet, 1595; Paris, Guillemot, 1598 et 1609, sous le titre *le Repentir d'amour de Diéromène.*]

Le Repentir amoureus, eglogue traduicte d'italien en françois par R. D. J. Tours, 1590. [Manuscrit de la Bibl. de l'Arsenal

3 263. — Traduct. en prose avec les chansons en vers; différente de la précédente; attribuée à Roland du Jardin, sieur des Roches.]

Voy. plus loin, PASTORALES DRAMATIQUES FRANÇAISES, l'*Éromène* de Marcassus en 1633, l'*Amarillis* de 1650.

A. Ongaro.

Alcée, Pescherie ou comoedie marine. En laquelle soubs le nom de Pescheurs sont représentées plusieurs naïfues passions d'amour. De l'italien d'Antonio Ongaro. Paris, Pierre Mettayer, 1596, in-12. [Prose, chœurs en vers. Dédic. signée R. Brisset. A la fin, l'anagramme *Rus subit ardens sol.* — Autre édit. Rouen, Claude le Villain, 1602, in-12.]

Les estranges et merueilleuses trauerses d'amour en forme de comédie marine. Lyon, Thibaud Ancelin, 1606, in-12.

I. Andreini

Myrtille, bergerie d'Isabelle Andreini, comediante des Ialoux, mise en françois. Paris, Mathieu Guillemot, 1602, in-12. [En prose. Dédic. signée Abradan.]

Une autre traduction en prose, manuscrite, sous le titre *Amours de Bergers*, à Paris, 1599. [Bibl. nat., fr. 25 483. Le monogramme qui termine la dédicace et la pièce se retrouve dans les armes de Roland du Iardin, sr des Roches, reportées en *ex libris* sur le premier feuillet.]

F. Bracciolini.

Le dédain amoureux, pastorale faite françoise sur l'italien du sieur François Braccioliny. Paris, Mathieu Guillemot, 1603, in-12. [Trad. bilingue en vers. Dédic. signée I. F. S. Privilège du 16 déc. 1602.]

Le dédain amoureux de Bracciolini, pastorale mise en vers françois par Isaac de La Grange. Paris, Jean Libert, 1612, in-8°.

Bonarelli

Dialogue de Cloris et de Philis de Regnier, dans le *Cabinet des Muses.* Rouen, David du Petit Val, 1619, t. I, p. 251. [Entre dans l'édit. de Regnier des Elzeviers, Leyden, 1652. Combinaison de divers morceaux empruntés à la *Philis* : voy. le détail dans Emile Roy, art. cit. de la *Rev. d'hist. littér.*, 1897, p. 26.]

Fillis de Scire, comédie pastorale tirée de l'italien. Tolose, Raimond Colomiez, 1624, in-8°. [Prose.]

La Fillis de Scire du sieur du Cros. Paris, A. de Sommaville, 1630, in-8°. [Vers alexandrins. Dédic. du 15 oct. 1629.]

La Philis de Scire, imitée de l'italien par S. du Cros. Paris, A. Courbé, 1647, in-4°. [La même, entièrement refaite.]

La Filis de Scire, comédie pastorale tirée de l'italien par le sieur Pichou. Paris, F. Targa, 1631, in-8°. [Vers alexandrins. Préface d'Isnard.]

La Philis de Scire, pastorale du comte de Bonnarelli, traduite en vers libres. Paris, Estienne Loyson, 1667, in-12. [Le 1er acte seulement. Avec le texte italien. Signée A. B. D. S. (Bauderon de Senecé, d'après P. Lacroix, ou Somaize, d'après M. E. Roy, art. cit.).]

La Philis de Scire, pastorale du comte Bonnarelli, nouvellement traduite en vers françois avec l'italien à costé. Paris, Jean Ribou, 1669, in-12. [Dédic. signée D. T. (de Torches). Vers libres. Privilège d'oct. 1667. Achevé d'impr. du 8 août 1669. — La même, sans l'italien, Paris, Estienne Loyson, 1669, in-12.]

La Philis de Sciro du comte Bonarelli, traduit en françois avec la dissertation du même auteur sur le double amour de Celie, par M***. Bruxelles, A. Claudinot, 1707, in-12. [L. Fr. du Bois de Saint Gelais.]

C. Cremonini.

La Pompe funèbre ou Damon et Cloris, Pastorale. Paris, Pierre Rocolet, 1634, in-8°. [Vers alexandrins. Dédic. signée Dalibray. Privilège du 16 mai 1632. Achevé d'imprimer 1er mars 1634. — A la fin, *La Réforme du Royaume d'amour. Intermèdes représentez auec la Pastorale.*]

VI

TRADUCTIONS ET IMITATIONS DE L'ESPAGNOL

La pastorale amoureuse... par Fr. de Belleforest. Paris, Jean Hulpeau, 1569. [Imitée de la 2e églogue de Garcilasso. — Voy. plus loin : PASTORALES DRAMATIQUES FRANÇAISES.]

*La Pyrénée et Pastorale amoureuse, contenant diuers accidens
amoureux, descriptions de païsages... par François de Belleforest, Comingeois.* Paris, Gervais Mallot, 1571, in-8°. [Privi-
lège du 27 nov. 1570. Dédic. à Jean de Villevault du 20 févr. 1571.]

*Les sept livres de la Diane de George de Montemaior, esquels
par plusieurs plaisantes histoires... sont decrits les variables
et estranges effects de l'honneste amour, traduits de l'espagnol en françois par Nicole Collin.* Rheims, Jean de Foigny,
1578, pet. in-8°. [Dédicace à Loys de Lorraine, archevesque duc
de Rheims, du 28 janvier 1578. — Réimpr. à Reims, en 1579,
in-12.]

*La Diane de George de Montemaior diuisée en trois parties et
traduites d'espagnol en françois.* Paris, Nicolas Bonfons, 1587,
in-12. [Les trois parties avec pagination et titres spéciaux : *La
première partie de la Diane...*, trad. de Collin, avec la même
dédicace du 28 janvier 1578; *La seconde partie...*, dédicace à
Charles de Lorraine, duc de Mayenne, datée « ce 18 féurier » et
signée Chappuys; *La troisième partie...*, trad. de Chappuis,
dédicace à Cl. de Crémeaulx, datée de Lyon le 1er avril 1582. —
Du Verdier donne pour la première édition des deux parties traduites par Chappuis : Lyon, Loys Cloquemin, 1582, in-16. (Je
ne connais pas d'exemplaire à cette date, que semble confirmer
d'ailleurs la dédicace.)]

La Diane de George de Montemaior diuisée en trois parties...
Tours, Jamet Mettayer, 1592, in-12. [Revue et augmentée. Des
exemplaires au nom de Sébastien Moulin, Mathieu Guillemot et
autres libraires associés à Tours.]

Pour les éditions suivantes, voy. la bibliographie de Schönherr,
liv. cit. Je précise seulement certaines indications : le privilège
de l'édition bilingue de Pavillon est du 4 juin 1603, ainsi que la
dédicace à Henri de Savoie; — la traduction Antoine Vitray, à
Paris, Robert Fouet, 1623, in-8°, planches de Crispin de Passe;
— privilège de la trad. A. Remy du 16 février 1624; celle-ci est
réimprimée par la Société des libraires en 1625. — Voy. plus
loin : PASTORALES DRAMATIQUES FRANÇAISES, *Les Charmes de
Félicie, tirés de la Diane de Montemayor,* par J. Pousset,
Sr de Montauban, en 1654. — Bertaut a écrit un sonnet sur une
traduction de Mme de Neufvy (?).

Liure des Bergeries de Iulliette, auquel par les

amours de bergers et bergères... de; l'inuention d'Ollenix du
Mont Sacré. Paris, Gilles Beys, 1585, in-8°. [Privilège du
14 juin 1585. Dédicace à François de Bourbon, de Paris, 16 juin.
— Deuxième édit., Paris, Gilles Beys, 1587, in-8°. — Cinquième
édit., revue et corrigée, à Tours, Jamet Mettayer ou autres
libraires associés, 1592, in-12. — Une édit. à Lyon, Jean Veyrat,
1592, in-8°.]

Le second liure des Bergeries de Iulliette... Paris, Gilles Beys,
1587, in-8°. [Dédic. au duc d'Espernon, de Paris, 6 juin 1587. —
Troisième édit., revue et corrigée, Tours, 1592, in-12.]

Le troisiesme liure des Bergeries de Iulliette... Tours, Jamet,
Mettayer, 1594, in-12. [Privilège du 3o oct. 1593.] — *Le qua-*
triesme livre... Paris, Abraham Saugrain ou Guillaume des
Rues, 1595, in-12. [Privilège du 18 déc. 1594.] — *Le cinquiesme*
et dernier livre... Paris, A. Saugrain, 1598, in-12. [Même privilège. Achevé d'imprimer du 5 mars 1598.]

L'Arcadie françoise de la nymphe Amarille, tirée des Bergeries
de Iulliette. Paris, A. Robinot ou Gilles et Antoine Robinot,
1625, in-8°. [Privilège du 16 oct. 1624.]

Homicidio de la fidelidad y la defensa del honor : le meurtre
de la fidélité et la défense de l'honneur, où est racontée la
triste et pitoyable auanture du berger Philidon et les rai-
sons de la belle et chaste Marcelle accusée de sa mort. Paris,
Jean Richer, 1609, in-12. [Premier épisode traduit du *Don*
Quichotte.]

La Constante Amarilis, de Cristoval Suarez de Figueroa.
Diuisée en quatre discours. Traduite d'espagnol en françois
par N. L., Parisien. Lyon, Claude Morillon, 1614, in-8°. [Dédic.
à Mme de Maugiron, signée N. Lancelot. Privilège du 17 février
1614. Achevé d'imprimer du 20 mars.]

Les délices de la vie pastoralle de l'Arcadie. Traduction de
Lope de Vega, fameus autheur espagnol. Mis en françois
par L. S. L. Lyon, Pierre Rigaud, 1624, in-8°. [Dédic. à la
même, signée Lancelot. Privilège du 22 juin 1622. — Les autres
traductions de Lancelot sont étrangères au genre pastoral.]

La Diane françoise, de Du Verdier. Paris, A. de Sommaville,
1624, in-8°. [Privilège du 27 juillet 1624.]

La Diane des bois, par le sieur de Préfontaine. Rouen, Jacque
Cailloué, 1632, in-8°. [Privilège du dernier jour de mars 1628.]

L'Arcadie, de la comtesse de Pembroke. Trad. Baudouin. Paris,
Toussaint du Bray, 1re et 2e parties 1624, 3e partie 1625, in-8°.
[Privilège pour les trois parties du 4 mars 1623. Achevé d'imprimer de la 1re, 15 juin 1624; de la 2e, 20 nov. 1624; de la 3e,
22 mars 1625. — Il existe une autre traduction non signée
(Paris, Robert Fouet, 1625, in-8°), avec privilège du 1er décembre 1624. Voy. dans les Avis aux lecteurs les polémiques des
deux traducteurs. — Voy. plus loin l'adaptation dramatique de
Mareschal en 1640.]

VII

PASTORALES DRAMATIQUES FRANÇAISES[1]

1561. — *La Soltane, tragédie, par Gabriel Bounin, lieu-tenant de
Chateau-rous en Berry.* Paris, Guillaume Morel, 1561,
in-4°. [A la suite, une *Pastorale* à quatre personnages, en
vers.]

1566. — *Les théâtres de Gaillon à la Royne.* Rouen, Georges Loyselet, 1566, in-4°. [Quatre églogues : *Les Naïades, Charlot,
Téthys, Francine.* — *La Lucrèce.* — *Les Ombres,* 5 actes,
vers de 12 pieds. — *Vers pour la mascarade d'après les
Ombres.*]

1569. — *La pastorale amoureuse, contenant plusieurs discours non
moins proufitables que récréatifs. Auec des descriptions
de paisages par F. de Belleforest, Comingeois.* Paris, Jean
Hulpeau, 1569, in-12. [Sans dist. d'actes ni de scènes; vers
de 12 pieds. Privilège du 19 février 1569. Dédic. à Loys de
Tournon, seigneur d'Arlan.]

Depuis 1576. — *Jeux de l'Infanterie dijonnoise,* pièces inédites
publiées par J. Durandeau. Dijon, Darantière, 1887, in-12.

1585. — *Esther, tragédie de Pierre Matthieu, histoire tragique en
laquelle...* Lyon, Jean Stratius, 1585, in-12. [A la suite,
Pastorale à Messieurs de Vercel, à deux personnages, en
vers de 12 pieds.]

---

1. Pour les simples églogues ou les pièces de circonstance, voyez la note de
la page 174.

1585. — *Nicolas de Montreux* (Ollenix du Mont Sacré) : *Athlette pastourelle ou fable bocagère.* Paris, Gilles Beys, 1585, in-8º. [3 actes, vers de 10 pieds, à la suite du *Premier liure des Bergeries de Iulliette.* Privilège du 14 juin 1585. Dédicace à François de Bourbon, 16 juin 1585. — Réimpress. chez Gilles Beys, 1587, 88, in-8º; — en 1592, 5º édit. Tours, G. Drobet, in-12. — Edit. de Lyon, Jean Veyrat, 1592, in-8º.]

1587. — *La première partie des esbats poétiques de Iacques de Fonteny. Contenant une Pastoralle du beau Pasteur.* Guillaume Linocier, 1587, in-12. [*L'Eumorfopémie ou le beau Pasteur.* Sans distinct. d'actes, vers de 12 pieds, sonnet, odelette. Achevé d'imprimer, 21 février 1587. Dédicace à Mme Isabeau Babou, dame de Sourdy. — Réimpr. dans *le Bocage d'amour,* de 1615.]

Après 1590. — *J. de Fonteny : La Galathée diuinement déliurée,* in-12. [5 actes, vers de 12 pieds. Le titre et la date manquent sur le seul exemplaire que j'aie pu trouver, Bibl. Arsenal, B. L. 11363 *bis.* — A la suite, *Les ressentiments amoureux du sieur de Fonteny pour sa Céleste.* Dédicace à Messieurs de Fourcy et de Donon. Voy. plus haut, p. 185.

1594. — *La Diane d'Ollenix du Mont-Sacré, gentilhomme du Maine, pastourelle ou fable bosquagère.* Tours, Jamet Mettayer, 1594, in-12. [3 actes, vers de 10 pieds, chœur aux deux premiers actes; à la suite du *Troisiesme liure des Bergeries de Iulliette.* Privilège du 30 octobre 1593. Dédicace à Henri de Bourbon, duc de Montpensier.]

1594. — *Trage-comédie Pastoralle et autres pièces déclarées en la page suiuante par Claude de Bassecourt Haynaunois.* Anvers, Arnould Coninx, 1594, in-12. [5 actes, vers de 12 pieds et vers lyriques, chœurs. Dédicace du 2 mai 1593, à Charles de Croy, prince de Chymay. Approbation des Ides de Janvier 1594.]

1597. — *L'Arimène ou berger désespéré, pastorale par Ollenix du Mont Sacré, gentilhomme du Maine.* Paris, Abraham Saugrain, 1597, in-12. [5 actes, vers de 10 pieds, intermèdes. Dédicace au duc de Mercœur. Des exemplaires au nom de Dominique Salis. Edition à Nantes, chez Pierre Dorion, 1597.]

1597. — *Les œuvres du Sieur de la Roque de Clermont en Beau-*

voisis. De nouueau reueues, corrigées et augmentées par l'autheur. Paris, Robert Micard, 1597, in-12. [Première édition de *la Chaste bergère, pastorale,* 5 actes, vers octosyllabiques mêlés de vers de 12 et de 7 pieds. Chansons, sonnets. Déd. à Madame. — Edit. de 1599, Rouen, Raphaël du Petit Val, — de 1602, — de 1609, Paris, vᵉ Claude de Monstroeil. — Réimpr. dans *le Bocage d'amour* de 1615.]

1598. — *Clorinde ou le sort des Amants, pastorale de l'inuention de P. Poullet.* Paris, Anth. du Brueil, 1598, in-12. [5 actes, prose et vers de 12 pieds. Dédicace à M. Du Pesché, gouverneur du duché de Guyse.]

1599. — *Amour vaincu, tragecomédie représentée dauant très illustre prince Henry de Bourbon, duc de Montpensier... et tres excellente Princesse Catherine de Joyeuse le 10 Septembre 1599 en leur chasteau de Myrebeau... par Jacques de la Fons, natif du dit Myrebeau...* Poictiers, 1599, pet. in-4°. [5 actes, vers de 12 pieds et morceaux lyriques.]

1601. — *Les tragedies de Ant. de Montchrestien, Sieur de Vasteville, plus une bergerie et un poëme de Susan.* Rouen, Jean Petit, s. d., in-8°. [5 actes, prose et vers, chœurs. Privilège de Paris, 12 déc. 1600, et de Rouen, 9 janvier 1601. Dédic. à Henry de Bourbon, prince de Condé. — La *Bergerie* figure encore dans l'édition de 1627, Rouen, Pierre de la Motte.]

1602. — *Les œuvres poétiques du sieur de la Vallettrye.* Paris, Estienne Vallet, 1602, in-12. [*La Chasteté repentie, pastorelle,* 5 actes, vers de 12 pieds. Dédic. à Mᵍʳ de Rosny. Privilège du 2 octobre 1602.]

1603. — *Les infideles fidèles, fable boscagère de l'inuention du Pasteur Calianthe.* Paris, Th. de la Ruelle, 1603, in-12. [5 actes, vers de 12 pieds, chansons. Dédic. à Charles de Maillé, comte de Carman. Privilège du 24 mai 1603.]

1605. — *L'instabilité des félicitez amoureuses ou la tragi-pastoralle des amours infortunées de Phélamas et Gaillargeste. De l'inuention de I. D. L., sieur de Blanbeausaut* (Laffemas?), Rouen, Claude le Villain, 1605, pet. in-12. [5 actes, vers de 12 pieds, chanson. Dédic. à Mᵐᵉ de Verdun, du 15 septembre 1604.]

1605. — *Ballet, en langage foresien, de trois bergers et trois bergères se gaussant des amoureux qui nomment leurs maîtresses leur doux sourire, leur belle pensée, leur lis, leur rose, leur œillet, par Marcellin Allard* (Paris, 1605), in-8°. [Dans *la Gazette française*. Paris, Chevalier, 1605. Réimpr. par G. Brunet. Paris, Aubry, 1855.]

1606. — *L'union d'amour et de chasteté, pastorale de l'inuention d'A. Gautier, apotiquaire auranchois*. Poictiers, v° Jehan Blanchet, 1606, in-12. [5 actes, vers de 12 pieds, chansons et chœurs. Dédic. à Mgr de Fiesque.]

1606. — *La driade amoureuse, pastoralle de l'inuention de P. Troterel, sieur d'Aves*. Rouen, Raphaël du Petit Val, 1606, in-12. [5 actes, vers de 12 pieds. Dédic. à Charlotte de Haute-Mer, dame de Médauy.]

1607. — *La Muse gasconne de Bertran Larade, de Monreiau d'Aribère, Boudade et dédicade à Mounsenr Bertran Filère, Tholozan*. Tolose, v° Colomiez, 1607, in-12. [3 pastorales, dont *Las amous de Benus et Adonis dam la gelousie de Mars. — Voy. Noulet, Essai sur l'hist. littér. des patois du Midi...*, p. 45.]

1608. — *Le boscage d'amour ou les rets d'une bergère sont inéuitables, par I. Estival*. Paris, Jean Millot, 1608, in-12. [5 actes, vers décasyllab. Dédic. à Madame de Thémines.]

1609. — *L'Amphiteatre pastoral, ou le sacré trophée de la fleur-de-lys triomphante de l'ambition espagnole, poëme bocager de l'invention de P. du Pescher, parisien*, Paris, Abraham Saugrain, 1609, in-12. [5 actes.]

1609. — *Sidère, pastorelle de l'inuention du sieur d'Ambillou, plus les amours de Sidère, de Pasithée et autres poésies du mesme autheur*. Paris, Robert Estienne, 1609, in-12. [5 actes, prose, quelques scènes en alexandrins, chœurs. Dédic. à la princesse de Conti. Privilège du 22 septembre 1609.]

1609. — *Le temps perdu d'Isaac du Ryer, seconde édition reueue et augmentée*. Paris, Jean Regnoul, 1609, in-12. [*Pastourelle*, 3 actes, vers alexandrins. Dédic. à Mgr de Bellegarde. Je n'ai pas trouvé la première édition. — Autre édition. Paris, Toussainct du Bray, 1610, in-8° : la *Pastourelle*, reproduite avec quelques variantes sous le titre . *Les amours contraires*. Privilège du 20 octobre 1610.]

1609. — *Lydie, fable champestre imitée en partie de l'Aminthe de Torquato Tasso, par le S. Du Mas.* Paris, Jean Millot, 1609, in-8°. [5 actes.]

1610. — *Theocris, pastorale de l'inuention de P. Troterel, escuyer, sieur d'Aves.* Rouen, Raphaël du Petit Val, 1610, in-12. [5 actes, vers alexandrins. Dédic. « à un sien amy ».]

1610. — *Les premières œuures poétiques de Paul Ferry messin, où soubs la douce diuersité de ses conceptions se rencontrent les honnestes libertés d'une jeunesse.* Lyon, Pierre Coderc, 1610, pet. in-8°. [*Isabelle, ou le desdain de l'amour, pastoralle,* 6 actes, vers alexandrins. Dédic. à M. Joly, conseiller du Roy.]

1612. — *L'amour desplumé, ou la victoire de l'amour diuin, pastorelle chrestienne de l'inuention de J. M.* (Jean Mouqué), *boulenois.* Paris, Charles Chappellain, 1612, in-8°. [5 actes, vers alexandrins.]

1613. — *Les Amantes, ou la grande pastorelle enrichie de plusieurs belles et rares inuentions et releuée d'intermèdes héroyques à l'honneur des François, par Nicolas Chrestien, sieur des Croix.* [5 actes, vers décasyll., chansons, intermèdes en alexandrins. Dédic. au Roy.]

1613. — *Les œuvres de François Ménard, dédiées à Monseigneur le marquis d'Ancre.* Paris, François Jacquin, 1613, in-12. [*Pastorale,* 5 actes, vers alexandrins. Privilège du 17 février 1613.]

1613. — *L'heureux désespéré, trage-comédie pastorelle, par C. A., seigneur de C.* Paris, Claude Collet, 1613, in-12. [5 actes, prose, quelques scènes en vers, chœur au premier acte. Dédic. A. S. B. M.]

1614. — *La vengeance des Satyres, pastorelle représentée dans la grande salle de l'église du Temple de Paris, de l'inuention du sieur Du Ryer, secrétaire de la chambre du Roy, auec quelques meslanges du mesme autheur.* Paris, Toussainct du Bray, 1614, in-12. [5 actes, vers alexandrins, prologue, chanson. Refonte de la *Pastourelle* de 1609 et des *Amours contraires* de 1610. Le catal. Soleinne signale une édition de Paris, Pierre des Hayes, 1624, avec *le Mariage d'amour* de 1621, sous l'ancien titre *Le temps perdu et gayetez d'Isaac du Ryer.*]

1614. — *Lycoris, òu l'heureuse bergère, tragédie-pastoralle* (de Gervais Basire d'Amblainville) *à neuf personnages.* Paris, René Ruelle, 1614, in-12. [5 actes, vers décasyll., chœurs. Réimpress. René Ruelle, s. d. — Troyes, Nicolas Oudot, 1627. Paris, 1631. — La même, corrigée, sous les titres : *Le berger inconneu...*, 1621, èt *La princesse où l'heureuse bergère*, 1627.]

1615. — *Le bôcage d'amour, contenant deux pastorelles. L'une du Beau pasteur, l'autre de la Chaste bergère.* Paris, François Iulliot, 1615, in-12. [Réimpression de ces deux pastorales, la première sous le nom de Jacques de Fonteny, la seconde sans nom d'auteur. — Le catalogue Soleinne signale un exemplaire au nom de Jean Corrozet, 1615. — Autre édition, Jean Corrozet, 1624.]

1615. — *L'Amour triomphant, pastorale comique où, soubs les noms du berger Pirandre et de la belle Orcade du Mont Olympe, sont descrittes les amoureuses aduantures de quelques grands princes. Le tout enrichy de plusieurs belles remarques, inuentions, histoires, raisons, arguments et discours tirés de la philosophie tant moralle que naturelle, par P. Troterel, escuyer, sieur d'Aves.* Paris, Samuel Thiboust, 1615, in-8°. [5 actes, prose. Dédic. à Pierre de Rouxel, seigneur de Medaui. Privilège du 7 août 1615.]

1618. — *Les tragédies et histoires sainctes de Jean Boissin de Gallardon... la troisième les urnes viuantes ou les amours de Phélidon et Polibelle.* Lyon, Simon Rigaud, 1618, in-12. [4 actes, vers alexandrins. Dédicace à M. de Ioniac, gentilhomme ordinaire de la Maison du Roy.]

1620. — *Iris, pastorale de l'inuention du sieur de Coignée de Bourron.* Rouen, David du Petit Val, 1620, in-12. [5 actes, vers alexandrins. Dedic. à Mme de la Beccherelle.]

1621. — *Le mariage d'amour, pastorelle de l'inuention du sieur Du Ryer, auec quelques meslanges du mesme autheur.* Paris, Pierre des Hayes, 1621, in-12. [5 actes, vers alexandrins, intermède, prologue, remerciement. — Reimpr. avec *La vengeance des Satyres*, de 1614. Paris, Pierre des Hayes, 1624.]

1621. — *Le berger inconneu, pastoralle où par une merueilleuse aduenture une bergère d'Arcadie deuient reine de Cy-*

pre. De l'inuention du sieur De B. (Basire). Rouen, Claude
le Villain, 1621, in-12. [5 actes, vers décasyllab., chœurs.
Même pièce, avec des corrections, que la *Lycoris* de 1614.]

1622. — *La tragédie des Rebelles où, sous les noms feints, on void
leurs conspirations, machines, monopoles, assemblées,
prattiques et rébellions découuertes,* par P. D. B. (Pierre
de Brinon?). Paris, vᵉ Ducarroy, 1622, in-8°. [5 actes, vers
décasyll. Déd. à la reine. — Beauchamps indique une édition
de 1628.]

1624. — *Le Théâtre françois. Contenant... La folie de Silène.*
Paris, Paul Mansan et Claude Colet, 1624, in-12. [5 actes,
vers alexandrins, et, pour les scènes de farce, vers de 8 pieds.
Dédic. du recueil « A un ami ». Privilège du 10 oct. 1623.]

1624. — *Le théâtre d'Alexandre Hardy P. Contenant... Alphée pastorale nouuelle.* Paris, Jacques Quesnel, 1624, in-8°. [5 actes,
décasyllab. Privilège général du 8 oct. 1622 et privil. particulier du 16 mars 1624. Dédic. à Mᵍʳ de Montmorancy. —
En 1625, contrefaçon de Francfort, Herman et Kof Wormen,
in-12. — En 1626, seconde édition de J. Quesnel, in-8°, portant la mention « tome premier ». — Cf. Rigal, liv. cité,
p. 67 ; — Édit. moderne du *Théâtre de Hardy,* par E. Sten-
gel, Marburg et Paris, Le Soudier, 1883-84, 5 vol. in-8°.]

1625. — *Le Théâtre d'Alexandre Hardy, Parisien, tome second.
Dédié à Monseigneur le duc d'Aluyn.* Paris, Jacques Quesnel, 1625, in-8°. [Contient *Alcée ou l'infidélité, pastorale.*
5 actes, décasyllab. Privilège du 28 mai 1625. — Réimpr. en
1632.]

1625. — *Les Bergeries de Messire Honorat de Bueil, cheualier,
sieur de Racan, dédiées au Roy.* Paris, Toussainct du Bray,
1625, in-8°. [5 actes, vers alexandrins, chœurs. Privilège du
8 avril 1625. — Sur les éditions suivantes, 1626, 1627, 1628,
1630, 1632, 1635, voy. la *Bibliographie* de M. Arnould,
liv. cité, p. 643. — Je signale seulement, ne l'ayant vue indiquée nulle part, une contrefaçon sans nom d'auteur ni d'imprimeur et sans date, sous le titre *L'Artenice,* in-8°, 5 feuillets
non chiffrés et 116 pages, les noms des acteurs orthographiés
comme dans la 1ʳᵉ édition, le texte corrigé suivant l'erratum.]

1625. — *La Chasse royalle, comédie où l'on voit le contentement et
l'exercice de la chasse des cerfs, des sangliers et des*

ours, ensemble la subtilité dont usa une chasseresse vers un satyre qui la poursuiuoit d'amour, par P. Mainfray. Troyes, Nicolas Oudot, 1625, in-8°. [4 actes, vers alexandrins.]

1625. — *Le Guerrier repenty, pastoralle tragique et morale en laquelle les passions de l'homme sont manifestement représentées auec le contentement de la vie solitaire de l'Hermite Hysipille; les aduantureuses rencontres de la belle nymphe Rosymène, entre lesquelles reluyt le flambeau radieux de sa chasteté parmi les erreurs du Guerrier Phallacide qui, enfin touché d'un sainct remord de ses meurtres sanglants, se réduit à la vie religieuse et solitaire auec Hysipille dans les déserts. Par maistre Jacques Le Clerc, prestre indigne, praecepteur des Lettres Latines à Sainct Vualléry sur Somme.* Rouen, David Ferrand, 1625, in-12. [5 actes, vers alexandrins, chœurs. Dédic. à N. de la Haye, gouverneur de Saint-Valery.]

1626. — *Le Théâtre d'Alexandre Hardy, Parisien, tome troisiesme. Dédié à Monseigneur le Premier.* Paris, Jacques Quesnel, 1626, in-8°. [Contient *Corine ou le Silence, pastorale.* 5 actes, décasyll. Même privilège que pour le tome II; la pastorale y est désignée sous le titre : *le Iugement d'amour.* Achevé d'imprimer le 20 déc. 1625.]

1626. — *Le Théâtre d'Alexandre Hardy, Parisien. Dédié à Monseigneur le Prince. Tome quatriesme.* Rouen, David du Petit Val, 1626, in-8°. [Contient *Le Triomfe d'amour, pastoralle,* 5 actes, décasyllab. Privilège du 26 juin 1626.]

1626. — *La Carline, comédie pastorale de l'inuention d'Antoine Gaillard, Sieur de la Porteneille. Auec quelques autres pièces du mesme autheur.* Paris, Jean Corrozet, 1626, in-8°. [5 actes, décasyllab. Dédic. au baron d'Arros.]

1626. — *Aristène, pastorale. De l'inuention de Pierre Troterel, Sieur d'Aves.* Rouen, David du Petit Val, 1626, in-12. [5 actes, décasyllab. Dédic. à M. le comte de Grand Cey et de Médauy.]

1627. — *Philistée, pastorale. De l'inuention du Sieur d'Aves.* Rouen, David du Petit Val, 1627, in-12. [5 actes, décasyllab. Dédic. à noble et vertueuse dame Renée de Rouxel de Médauy, marquise de La Londe.]

1627. — *La Sylvanire ou la Morte-Vive, fable bocagère de Messire Honoré d'Urfé...* Paris, Robert Fouet, 1627, in-8°. [5 actes, vers blancs libres, chœurs en vers rimés. Dédic. à la Reine mère. Privilège du 12 avril 1625.]

1627. — *La tragi-comédie pastorale de Carite.* Paris, Toussaint du Bray, 1627, in-12. [5 actes, vers alexandrins. Privilège du 2 juin 1627.] '

1627. — *Les Princes victorieux, tragédies françoises... Ensuite une pastorale où se void la justice d'amour, par Monsieur Borée.* Lyon, Vincent de Cœursilly, 1627, in-8°. [*La Justice d'amour*, 5 actes, décasyll. Dédic. à Marie de Bourbon, princesse de Carignan. Privilège du 22 juillet 1627.]

1627. — *Endymion ou le Ravissement, tragi-comédie pastorale, dédiée à Madame la Duchesse d'Orléans par le sieur de la Morelle.* Paris, Henry Sara, 1627, in-8°. [5 actes, décasyll.]

1627. — *La Princesse ou l'heureuse Bergère, pastoralle. De l'inuention du Sieur de Basire.* Rouen, Claude le Villain, 1627, in-12. [5 actes, décasyll., chœurs. Dédic. à la reine d'Angleterre. — Même pièce que *le Berger inconneu* de 1621 et que *Lycoris* de 1614, mais avec de continuelles retouches.]

1628. — *Le Théâtre d'Alexandre Hardy, parisien, tome cinquiesme. Contenant... L'Amour victorieux ou vengé.* Paris, François Targa, 1628, in-8°. [5 actes, vers décasyllab. Dédic. à Monseigneur de Liancourt. Privilège du 24 juillet 1628. Achevé d'imprimer du 18 août.]

1628. — *La Sylvie du sieur Mairet, tragi comédie pastorale, dédiée à monseigneur de Montmorency.* Paris, François Targa, 1628, in-8°. [5 actes, alexandrins. Privilège du 17 septembre 1627, entheriné aux Requestes de l'Hostel le 10 novembre 1627. — Réimpress. en 1629. — Troisième édit. reveue et corrigée, Paris, Targa, 1630. — Quatrième édit., Paris, Targa, 1634...]

1628. — *La prodigieuse recognoissance de Daphnis et de Cloris, leurs amours, aduentures et leur mariage. Le tout rédigé en une comédie dédiée aux beaux esprits de ce temps, par le sieur Thullin.* Paris, Jean Bessin, 1628, in-8°. [4 actes, alexandrins.]

1628. — *L'Antiquité du triomphe de Beziers au jour de l'Ascension, dédiée par l'imprimeur à Messieurs les habitans de la dite ville, contenant les plus rares histoires qui ont été représentées au susdit jour ces dernières années.* Béziers, Jean Martel, 1628, in-12. [Contient treize pièces, dont : *Le jugement de Pâris à huit personnages,* vers alexandrins, une partie en patois; *Les mariages r'habillés, pastorale à cinq personnages,* vers patois de 12 pieds, etc. — Réimpression moderne : *Le théâtre de Béziers, ou recueil des plus belles pastorales et autres pièces historiées...* Béziers, Me Domairon, 1844, in-8°. Cf. Noulet, liv. cit., ch. v.]

1629. — *La Climène, tragicomédie pastorale, par le s^r de la Croix, avec plusieurs autres œuures du mesme autheur.* Paris, Jean Corrozet, 1629, in-8°. [5 actes, alexandrins. Dédic. à Mme des Loges. Privilège du 24 novembre 1628. Plagiat de l'*Isabelle* de P. Ferry. — Jordan, *Voyage littéraire,* donne comme date 1632. Le catal. Soleinne porte des exemplaires de Paris, Corrozet, 1636 et 1637.]

1629. — *Agimée, ou l'amour extravagant, tragicomédie dédiée à Madame de Chalais.* Paris, Jean Martin, 1629, in-12. [5 actes, alexandrins. Dédic. signée S. B. (Bridard?. — Une des pièces liminaires est signée de son nom.) Privilège du 3 décembre 1628.]

1630. — *Cleonice ou l'Amour téméraire, tragicomédie pastorale.* Paris, Nicolas Rousset et Jean Martin, 1630, in-12. [5 actes, alexandrins. Dédicace au roi signée P. B. (Passard, d'après Mahelot). Privilège du 1er février 1630.]

1630. — *Philine ou l'amour contraire, pastoralle. Dédiée à Madame la Princesse de Guéméné, par le sieur de La Morelle.* Paris, Martin Collet, 1630, in-8°. [5 actes, alexandrins.]

1630. — *L'Amphitrite, poëme de nouuelle inuention de M. de Monleon.* Paris, veuve M. Guillemot, 1630, in-8°. [5 actes, vers alexandrins. Dédic. au marquis d'Effiat.]

1630. — *Tragicomédie pastorale où les amours d'Astrée et de Céladon sont meslées à celles de Diane de Siluandre et de Paris auec les inconstances d'Hylas, par le sieur de Rayssiguier.* Paris, Nicolas Bessin, 1630, in-8°. [5 actes, alexandrins. Dédic. à Mlle de Ragny. Privilège du 26 janvier 1630. — Autre édition, Paris, Pierre David, 1632, in-8°.]

1631. — *La Silvanire ou la Morte-Vive du s^r Mairet, tragi-comédie vastorale dédiée à Madame la duchesse de Montmorency, auec les figures de Michel Lasne.* Paris, François Targa, 1631, in-8º. [5 actes, alexandrins, chœurs. Privilège du 3 février 1631. Achevé d'imprimer du 31 mars 1631. Edit. moderne de Richard Otto, Bamberg, Buchner, 1890, in-8º.]

1631. — *L'Amaranthe de Gombauld, pastorale.* Paris, Fr. Pomeray, A. de Sommaville et A. Soubron, 1631, in-8º. [5 actes, alexandrins, chœurs. Dédic. à la Reine Mère. Privilège du 3 juillet 1631. Achevé d'imprimer du 12 juillet 1631.]

1631. — *Uranie, tragicomédie pastorale dédiée à Mademoiselle de Bourbon par le sieur Bridard.* Paris, Jean Martin, 1631, in-8º. [5 actes, alexandrins, plusieurs scènes lyriques. Privilège du dernier jour de novembre 1630.]

1632. — *L'Aminte du Tasse, tragicomédie pastoralle accommodée au théâtre françois par le sieur de Rayssiguier.* Paris, A. Courbé, 1632, in-8º. [5 actes, alexandrins. Privilège du 15 août 1631. Achevé d'imprimer du 30 janvier 1632.]

1632. — *La Clorise de Baro, pastoralle.* Paris, François Pomeray, 1632, in-8º. [5 actes, alexandrins. Dédic. au cardinal de Richelieu. Privilège du 3 septembre 1631. Achevé d'impr. du dernier jour de novembre 1631. — Réimpr. par A. de Sommaville, 1634, in-8º.]

1632. — *Palemon, fable bocagère et pastoralle de N. Frenicle.* Paris, Jacques Dugast, 1632, in-8º. [5 actes, alexandrins, chœurs. Privilège général donné à Jean de Bordeaux le 29 janvier 1629, transféré à J. Dugast le 17 juillet 1629.]

1632. — *Les Bocages, du sieur de la Charnays, pastorale où l'on void la fuite de Cirine, le duel de ses amants, les desdains et les ruses d'Amire, l'extrauagance de Meliarque, la ialousie d'Eliandre, l'ardeur de Filenie, la froideur de Néristil, la vanité des charmes de Tholitris, sa mauuaise fin et les disgrâces de Ponirot.* Paris, T. du Bray, 1632, in-8º. [5 actes, alexandrins, scènes lyriques. Privilège du 15 mai 1632.]

1632. — *Les Trophées de la fidélité, trage-comédie pastorale. Aux bons esprits.* Lyon, Claude Cayne, 1632, in-8º. [5 actes, alexandrins.]

1632. — *La Lizimène, comédie pastoralle, par le sieur G. de Coste.* Paris, Th. de la Ruelle, 1632, in-8º. [5 actes, alexandrins. Dédic. à Mlle de Guise. Privilège du 28 novembre 1631.]

i632. — *Le Mercier inventif, pastorale.* Troyes, Nicolas Oudot, i63?.
[5 actes.]

i633. — *La Cydippe de Monsieur le chevalier de Baüssays, pastorale.* Paris, Jean Martin, 1633, in-8°. [5 actes, alexandrins, chœurs, chansons. Privilège du 13 nov. i632.]

i633. — *Le tableau tragique ou le funeste amour de Florivale et d'Orcade, pastorale. Avec plusieurs stances, odes et autres fantaisies poétiques, par le sieur Ioyel.* Douay, Martin Bogar, 1633, in-8°. [5 actes, alexandrins. Dédicace à Monseigneur Messire Ponthus Dassonville..., bourguemaistre de la ville de Douay. Approbation du 20 juin i633. — A la fin, plusieurs pièces relatives aux comédiens de Douai et à Alexandre Hardy « prince des poëtes comiques ». Voy. plus haut, chap. x, p. 4i1, n. 2. — Le catal. Soleinne donne un exemplaire de Paris, Jean Petit, 1633, in-8°.]

i633. — *L'Eromène, de Marcassus, pastorale.* Paris, Pierre Rocolet, 1633, in-8°. [5 actes, alexandrins. Dédic. au marquis du Pont de Courlay. Privilège du 2 juillet i633. Achevé d'imprimer du 11 août i633. — Adaptation de la *Diéromène,* de R. Brisset.]

i633. — *Chasteté invincible, bergerie en prose* (de J. B. Crosilles). Paris, Simon Février, i633, in-8°. [5 actes, prose, chœurs en vers. Privilège du 3 juillet i633. Le catal. Soleinne signale une édition de la même année sous le titre de *Tircis et Uranie* et une édition de i634 avec le premier titre.]

i633. — *Pastorale et tragicomédie de Ianin représentée dans la ville de Grenoble, dédiée à Mgr le Président de Pourroy par I. Millet.* Grenoble, Richard Cocson, i633, pet. in-4°. [5 actes, mêlée de patois. Permission du 11 mai i633. — Sur les différentes éditions, Grenoble et Lyon, i636, i642, i648, i650, i659, 1676, i686, i692, 1700, etc. voy. Brunet; des exemplaires de i686 à Lyon chez la veuve Moulu, in-8°.]

i634. — *L'entretien des illustres bergers, par N. Frenicle.* Paris, Jacques Dugast, i634, in-8°. [Au livre II, *la Fidelle bergère, comédie pastorale,* 5 actes, alexandrins, chœurs.]

i634. — *La Pompe funèbre ou Damon et Cloris, pastorale.* Paris, Rocolet, i634. [Trad. de Cremonini par Vion Dalibray. Voy. plus haut, TRADUCTIONS DE L'ITALIEN.]

i634. — *La Doranise, tragicomédie pastorale du sieur de Guérin.*

Paris, Cl. Cramoisy, 1634, in-8º. [5 actes, alexandrins. Dédic. à Marguerite de Rohan.]

1634. — *La Mélize, pastorale comique dédiée à Madame de Montbazon par le sieur du Rocher.* Paris, Jean Corrozet, 1634, in-8º. [5 actes, alexandrins, scènes lyriques. Privilège du 3 février 1634.]

1634. — *La Clenide, tragicomédie pastorale dédiée à Monseigneur le duc de Luyne, pair de France, par le sieur de la Barre.* Paris, T. Quinet, 1634, in-8º. [5 actes, alexandrins. — Réimpr. en 1640 chez T. Quinet sous le titre de *Celidor et Clenide*, avec le nom de Cormeil.]

1634. — *Luciane ou la crédulité blasmable, tragicomédie pastorale dédiée à M. de Villemontée.* Poictiers, Abraham Mounin, 1634, in-8º. [5 actes, alexandrins. Dédic. signée de Benesin. Permission du 10 juillet 1634.]

1634. — *L'Impuissance, tragicomédie pastorale par le sieur Véronneau, Blaisois.* Paris, T. Quinet, 1634, in-8º. [5 actes, alexandrins. — Réimpr. dans la collection de l'*Ancien théâtre français. Bibl. Elzévir.*, t. VIII, Paris, Jannet, 1856.]

1635. — *L'inconstance d'Hylas, tragecomédie pastorale, par le sieur Mareschal.* Paris, François Targa, 1635, in-8º. [5 actes, alexandrins, stances. Dédic. à Henry de Lorraine, archevêque de Rheims. Privilège du 28 mars 1635.]

1635. — *La pastorale de la constance de Philin et Margoton. Dédiée à Monseigneur le comte de Sault par I. Millet.* Grenoble, Edouard Raban, 1635, in-4º. [5 actes, alexandrins, décasyll. et octosyll. Mêlée de français et de patois. Permission du 8 février 1635.]

1635. — *La comédie des comédiens, poëme de nouuelle inuention par Monsieur de Scudery.* Paris, A. Courbé, 1635, in-8º. [5 actes, prose et vers. Au second acte, une *Églogue* en alexandrins; aux 3e, 4e et 5e, *L'Amour caché par l'amour*, pastorale en 3 actes. Alexandrins, stances. Dédic. au marquis de Coalin. Privilège du 20 avril 1635.]

1638. — *Les Nopces de Vaugirard ou les Naifuetez champestres. Pastoralle dédiée à ceux qui veulent rire, par L. C. D. (Discret).* Paris, Jean Guignard, 1638, pet. in-8º. [5 actes, alexandrins. Privilège du 22 mai 1638.]

1638. — *Arlette, pastorale ou fable bocagère de l'inuention du sieur de Basire.* Paris, Rolet Boutonné, 1638, in-12. [5 actes, alexandrins, scène lyrique. Dédic. à Marie de Rohan, duchesse de Chevreuse. Privilège du 20 mai 1638.]

1639. — *Selidore ou l'Amante victorieuse à la Reyne. Tragecomédie pastorale faict par Léon Quenel.* Rouen, Raphaël Malassis, 1639, pet. in-8°. [5 actes, alexandrins, scènes lyriques, chœurs. Dans le catal. Soleinne, un exemplaire, Paris, Lamy, 1639.]

1639. — *Les aduantures de Thyrsis, tragicomédie pastorale.* Rouen, Jacques Cailloüe, in-8°, 1639. [5 actes, alexandrins.]

1640. — *La Cour bergère ou l'Arcadie de Messire Philippes Sidney, tragicomédie* (de Mareschal). Paris, T. Quinet, 1640, in-4°. [5 actes, alexandrins. Dédic. à Robert Sidney. Privilège du 15 décembre 1639. Achevé d'imprimer du 2 janvier 1640.]

1650. — *Amarillis, pastorale* (de P. du Ryer). Paris, T. Quinet, 1651, in-4°. [5 actes, alexandrins. Privilège du 26 septembre 1650. Achevé d'imprimer du 22 septembre. Adaptation encore de la *Diéromène*. Attribution à Du Ryer contestée par Parfait, t. VII, p. 279.]

1653. — *La Célimène de M. de Rotrou accommodée au théâtre sous le nom d'Amarillis, pastorale par M. Tristan.* Paris, A. de Sommaville, 1653, in-4°. [5 actes, alexandrins; lettres, stances et chansons en vers lyriques. Publ. avec le privilège de la *Célimène* de Rotrou (sept. 1636). La même se trouve aussi sous le titre *Amarillis, pastorale par M. de Rotrou.* — Le catalogue de Pont de Vesles signale une édition imprimée à Rouen, vendue à Paris chez G. de Luynes, 1661, in-12.]

1653. — *Le Berger extravagant, pastorale burlesque* de Thomas Corneille. Rouen, Laurens Maurri, 1653, in-12. [5 actes, alexandrins. Des exemplaires chez Guill. de Luynes. — Nombreuses réimpressions : A. Courbé, 1654; *id.*, s. l. n. d.; A. de Sommaville, 1656; édit. hollandaises, 1661, 1663, etc.]

1654. — *Les Charmes de Félicie, tirés de la Diane de Montemaior, pastorale* (de Montauban). Paris, Guill. de Luine, 1654, in-12. [5 actes, alexandrins. Dédic. à Mlle de Montmorency de Loresse. Privilège du 22 septembre 1653. Achevé d'imprimer du 3 février 1654. — Réimpr. des Elzevirs, 1657, in-12.]

S. D. — *Melisse, tragicomédie pastorale.* S. l. n. d., in-12. [5 actes,
     alexandrins. Réimpr. par P. Lacroix, qui l'attribue à Molière.
     Paris, Jouaust, 1879, in-12.]

Manuscrites. — *Les amours de la fille de l'Amour, comédie en 5 actes
     et en vers.* [Man. de dédicace à *Sa Majesté très chrestienne
     Louis* (XIII). Catal. Soleinne, 3o83.]

—   *Asterie, pastorale* (par P. du Faultrey). [Man. autographe.
     Catal. Soleinne, 3o85.]

—   *Le poëte satirique, comédie pastorale,* in-4° allongé. [Man.
     sur parchemin, du milieu du dix-septième siècle. [5 actes,
     vers alexandrins. De la bibliothèque Paulmy. Arsenal, 3111.]

Perdues. — *La folie de Turlupin, pièce de M. Hardy.* [Mém. de
     Mahelot, fol. 18 et 19. Voy. ci-dessus, chap. IX, p. 347,
     n. 2.]

—   *L'heureuse inconstance de M. Passar.* [Mém. de Mahelot,
     fol. 64 : « Le théâtre en pastoralle de l'inuention du fein-
     teur... »]

—   *La Florante ou les Desdains amoureux de M. de Rotrou.*
     [Mém. de Mahelot, fol. 69. Voy. ci-dessus, chap. IX, p. 363,
     n. 1.]

—   *La Galatée.* [Cit. dans *La ville de Paris en vers burlesques*
     de Berthod, 1652 (?).]

TABLE DES MATIÈRES

CHAPITRE VI.

CHAPITRE VII.

CHAPITRE IX.